U0727294

本书承蒙：国家哲学社会科学规划项目“汉语词缀的历史发展研究”（14BYY114）、国家语委语言文字科研项目优秀成果后期资助“汉语构词的历史考察与阐释”（HQ135-28）、河南师范大学2019年度学术著作出版等多项基金支持，谨致谢忱！

汉语构词的历史考察与阐释

崔应贤 著

新华出版社

图书在版编目（CIP）数据

汉语构词的历史考察与阐释 / 崔应贤著 . —北京：
新华出版社，2019. 6
ISBN 978-7-5166-4728-8
Ⅰ. ①汉…　Ⅱ. ①崔…　Ⅲ. ①汉语—构词法—研究
Ⅳ. ①H146. 1
中国版本图书馆 CIP 数据核字（2019）第 135620 号

汉语构词的历史考察与阐释
作　　者：崔应贤

责任编辑：徐文贤
装帧设计：马　佳

出版发行：新华出版社
地　　址：北京石景山区京原路 8 号　　**邮　　编**：100040
网　　址：http：//www. xinhuapub. com
经　　销：新华书店
购书热线：010-63077122　　**中国新闻书店购书热线**：010-63072012

照　　排：北京人文在线文化艺术有限公司
印　　刷：天津雅泽印刷有限公司
成品尺寸：185mm×260mm　1/16
印　　张：32. 75　　**字　　数**：630 千字
版　　次：2019 年 12 月第一版　　**印　　次**：2019 年 12 月北京第一次印刷
书　　号：ISBN 978-7-5166-4728-8
定　　价：98. 00 元

汉语的词法可以更丰富些

——序崔应贤《汉语构词的历史考察与阐释》

崔应贤是我大学挚友。成为挚友，不仅为人处世的观念一致，还因为都喜爱语言学，且至今都在坚守着专业。我们当年就读的本科专业是中国语言文学，一个年级有4个班100多人，但喜欢文学者是绝大多数，喜欢语言学、最后做语言学者，只有几人而已。这种百分之几的比例，在今日之中文系里不知有所改变没有。

读书时，专业是一种爱好；毕业后工作，专业就是职业；如果不让人催促就饶有兴致地做这份职业，职业就成了事业。事业是人生的精神家园，不因条件足否而弃止，不因年龄渐老而释手。应贤就是在这精神家园中的躬耕者，这部《汉语构词的历史考察与阐释》就是他精心耕耘的成果。

应贤这部五十万言的大著，特点之一是资料异常丰富。书中列举了先秦至今丰富的语言素材，还重视注明例证出处。不管是何流派的语言学，都需要对语言材料进行全面、深入的观察，从中发现语言的构造规律和运用规律，或是发现语言的历史演变规律。以不全面的甚至只是若干典型事例的观察，就宣称获取了人类语言的普遍规律，这种“无米之炊”实在难以果腹。现在有了各种语料库，可以大大方便研究者，但这并不能代替研究者对真实语料的长期收集与观察。

应贤这部著作的资料丰富，还突出表现在对已有研究成果的搜集运用上。我的感觉是，与此相关的研究著作、论文，特别是国内的相关研究成果，应贤几乎都网罗殆尽。做一个课题，尽量参考已有研究成果，这在学术上应是常识，而这些资料也需要长期积累。但是也有一些研究者，不靠平时阅读，而靠“知网”搜索，这对文献理解如何不说，搜索本身难以全面，一些资料没有进入知网，进入知网者也可能因标注问题而“漏网”。

语言信息化为语言学研究提供了便利，但是观察语料、阅读文献的基本功还是必须的，是偷不得懒、取不了巧的。应贤此著，语料之丰富就如汉语构词的语料库，文献之丰富就如同汉语构词的文献库。有此语料和文献，能够取得很好的科学成就那就是可想而知的了。这部著作，几乎涉及了汉语构词的所有问题，描述了汉语的主要词缀及其功能的古今演变，刻画了汉语词语结构的历史嬗变，评价了关于构词的各层面的理论及研究方法，特别是对于语法化和词汇化问题，阐述细腻，评价中肯，运用得当。

最有意思的是，应贤把不少精力投在构词法和造词法上。汉语的构词法是逐渐产生、逐渐复杂起来的。早期汉语以单音节为主，单音节没有构词法。后来，双音节逐渐发展，并逐渐成为词汇主体。双音节词有单纯词和复合词之分，复合词有内部结构，结构关系也各种各样。今天，汉语仍以双音节为主。如《义务教育常用词表（草案）》(苏新春主编，商务印书馆 2019 年)，收词 15114 个，其中单音节 1651 个，双音节 10498 个，三音节 387 个，四音节 2578 个。这个教育词表与真实的语言生活有差距，但也可以反映现代汉语词汇以双音节为主的基本面貌。三音节在汉语史上也产生很早，且其数量和结构种类也逐渐发展。三音节词语构造的最大特点，是出现了构词层次，比如“机器人”，“机”与“器”先组合，“机器”再与“人”组合。构词法中出现层次，就使得构词与造句更加近似，词法与句法更相似了。应贤把《中国语言生活状况报告》2006-2010 年发布的新词语的音节状况做了列表分析：

年度 \ 音节数		1	2	3	4	5	6 及以上	总数
2006	数量（个）	1	56	53	45	11	5	171
	比例（%）	0.58	32.74	30.99	26.31	6.43	2.95	100
2007	数量（个）	0	47	94	73	27	13	254
	比例（%）	0.00	18.50	37.00	28.74	10.63	5.13	100
2008	数量（个）	3	55	171	100	22	8	359
	比例（%）	0.84	15.32	47.63	27.85	6.13	2.23	100
2009	数量（个）	3	74	202	69	38	10	396
	比例（%）	0.76	18.69	51.01	17.42	9.59	2.53	100
2010	数量（个）	0	82	269	113	30	2	497
	比例（%）	0.00	16.70	54.21	22.74	6.04	0.40	100

此表显示，2006 年的汉语新词语中，双音节数量还略高于三音节；2007 年三音节就领先了；2009 年之后，三音节不仅远远超过双音节，而且占到了新词语的 50%。这种情况表明，现代汉语虽然以双音节为主，但新造词已经以三音节为主了。

汉语的造词法则古来就有，单音节词也有造词问题。要准确把握词义，只靠构词法远远不够，还必须参之以造词法。比如“电视”，构词法只能告诉我们它是偏正结构，“电”修饰“视”；只有进一步从造词法的角度才能说清“电视”既可以表示“电视机”，又可以表示电视机播放的内容。也只有结合造词法，才能说清“电视、电话、电影、电灯、电扇”与“电霸、电表、电波、电池、电流”都是偏正关系，但内部语义关系却不相同。

如此说来，把造词法纳入到词法范畴是有积极意义的，这样可以更好地解释词义，更加深入地分析词语内部的语义关系和语法关系，可以更深入地探讨词语的构成。比如，“视”的现代说法是“看”，但“电视”为何不叫“电看”?“视”的造词能力依然活跃，如“视差、视察、视窗、视角、视觉、视力、视频、视听、视图、视线、视野、视域、近视、轻视、探视、影视”等；“看”的构词能力也不弱，如“看病、看穿、看待、看点、看淡、看法、看见、看客、看破、看齐、看上、看台、看透、看望、看中、查看、观看、照看”，那么，“视×/×视”与“看×/×看”构词上有何特点？何时用“视”，何时用“看”？为何用“视”，为何用“看”？只有把构词法和造词法结合起来，逐一分析，有时还需要进行汉语史分析，才能回答上述问题。其实这类问题，比比皆是，把造词法纳入到词法中十分必要。

汉语的词的研究，其实还有一个“字”的问题。西方传入的现代语言学中，几乎没有“文字”的地位。而就汉语学而言，文字应有一席之地。文字可以让一定数量的同音语素存在而不至于带来混乱；可以将历史上的词义、语素义带入今天的造词中，研究词义的构成需要更多地参考历史因素；带有文字的眼光可以更加便利地研究汉语的语法化、词汇化问题；汉语词汇教学中，不管是母语教学还是第二语言教学，借助文字会有较大便利。然而如何把文字学的一些内容纳入到词法中，现在还是一个在务虚层面思考的问题。

世界上的语言，有的词法重要，有的句法重要。反映到语法研究和语法教学中，有重词法轻句法、重句法轻词法两种类型。汉语语法学是重句法轻词法的，随着双音节、三音节词的发展而带来构词法的相应发展，而且如果再把造词法甚至一些文字学的内容都融入词法，那么汉语的词法也就会更丰富些，在语言研究和语言教学中占取更大比重。

一部好的著作，不仅能够让人读到很多，更能够让人由此想到很多。应贤的《汉语构词的历史考察与阐释》就是这样一部著作，也只有把语言学作为事业的人，才能写出这样的著作。写这样的著作，需要长期的积累、观察语料，需要长期的关注、阅读文献，需要长期的学术思考……

李宇明
2019 年 6 月 7 日，农历端午
序于北京惧闲聊斋

目 录

上编 汉语复合构词研究论析

上编

汉语复合构词研究论析

第一章　先秦至20世纪80年代末的汉语构词研究

第一节　先秦至《马氏文通》的汉语构词研究

一、先秦的汉语构词研究

莫里斯在其《开放的自我》一书中指出："符号研究兴趣的最高时期是在普遍进行社会变革的时期。"先秦时期，也正是中华民族传统文化的发展奠定时期。诸侯割据、百家争鸣的兴起，为语言思想的活跃提供了深厚的社会基础。儒家、道家、墨家、名家等，都给予了语言的功能效应以极大的关注。"鼓天下之动者存乎辞。"（《周易·系辞上》）孔子指出："言行，君子之枢机。枢机之发，荣辱之主也。言行，君子之所以发动天地也，可不慎乎？"（《周易·系辞上》）孔子在回答子路"为政，子将奚先"的问题时说："君子于其所不知，盖阙如也。名不正，则言不顺；言不顺，则事不成；事不成，则礼乐不兴；礼乐不兴，则刑罚不中；刑罚不中，则民无所措手足。故君子名之必可言也，言之必可行也。君子于其言，无所苟而已矣。"（《论语·子路》）虽然孔子这里所强调的"名"更多地侧重于词语所蕴含的政治伦理上，于语言本体的负载形式也必然有相应的要求。例如，《礼记·王制》中的两段文字：

丧、祭，用不足曰"暴"，有余曰"浩"。祭，丰年不奢，凶年不俭。国无九年之蓄曰"不足"，无六年之蓄曰"急"，无三年之蓄曰"国非其国"也。

中国、夷、蛮、戎、狄，皆有安居，和味，宜服，利用，备器。五方之民，言语不通，嗜欲不同，达其志，通其欲，东方曰寄，南方曰象，西方曰狄鞮，北方曰译。

从第一段文字上的措辞，我们可以感受儒家对于国家政治理念的情怀。由第二段文字可知，那一时期即已开始了不同语言之间的翻译交流，词语上面也必然有所反映。

再看《礼记·礼运》中的一段记载：

孔子曰："大道之行也，天下为公，选贤与能，讲信修睦。故人不独亲其亲，不独子其子，使老有所终，壮有所用，幼有所长，矜寡孤独废疾者皆有所养，男有分，女有归。货恶其弃于地也，不必藏于己；力恶其不出于身也，不必为己。是故谋闭而不兴，盗窃乱贼而不作，故外户而不闭，是谓大同。

众所周知，语素是语言的最小单位，也是构词的基础。由于各种条件的限制，人们较多地倾向于将表意的基本单位落实在一个音节的语素上面；讲究语言经济效能的同时，并不妨碍他们对意义精确性的缜密辨析。如例中的“矜寡孤独”连用，《礼记·王制》中即有详细的阐释：“少而无父者谓之孤，老而无子者谓之独，老而无妻者谓之矜，老而无夫者谓之寡。”《孟子·梁惠王下》中给予了同样的呼应：“老而无妻曰鳏，老而无夫曰寡，老而无子曰独，幼而无父曰孤。”（“矜”和“鳏”，《康熙字典》：“通声互用”）正是这种语义上的精细区分，给人们的分门别类、进一步地再概括抽象提供了基础和根据。我们可以看到，这一时期即出现了比较多的双音组合的语言使用情形：

（1）不侮矜寡，不畏强御。（《诗·大雅·烝民》）
（2）爰及矜人，哀此鳏寡。（《诗·小雅·鸿雁》）
（3）养孤老，食常疾，收矜寡。（《管子·幼官》）
（4）赐鳏寡，振孤独，贷无种，与无赋，所以劝弱民。（《管子·禁藏》）
（5）虽孤独鳏寡，必不加焉。（《荀子·王霸篇》）
（6）是其为人，哀鳏寡，恤孤独，振困穷，补不足。（《战国策·齐策》）
（7）强者胁弱，众者暴寡，知者诈愚，勇者苦怯，疾病不养，老幼孤独不得其所，此大乱之道也。（《礼记·乐记》）

不仅如此，人们还可以就社会的需要，对词语的意义进行新的解释，进一步扩大其使用的范围，增强其使用效能。例如，《荀子·君道篇》中指出：“人主无便嬖左右足信者谓之暗，无卿相辅佐足任者谓之独，所使于四邻诸侯者非其人谓之孤，孤独而晦谓之危。”这种新的理解也出现在类似的表达中：

（8）勇士不以众强凌孤独，明惠之君不拂是以行其所欲。（《晏子春秋·谏下二》）
（9）义则敌孤独，敌孤独则上下虚，民解落；孤独则父兄怨，贤者诽，乱内作。（《吕氏春秋·决胜》）

显然，这一时期人们于语言语词意义的细微差别中不断地调整组合，为单音节词向双音节词的发展提供了一个良好的条件。

这一时期对这一现象真正给予理论上的说明解释，公孙龙、墨子和荀子这三家的贡献是比较显著的。

（一）公孙龙

公孙龙可以说是一位比较纯粹的逻辑语言学家。在公元前 300 年前后，即提出了语言学指称论的思想。于汉语构词上面迄今仍对我们有深刻教益的，就是他的“名实分辨”。他指出：“彼彼止于彼，此此止于此，可。彼此而彼且此，此彼而此且彼，不可。”（《名实论》）这里采用并贯彻的是排中律。对语言命名来讲，那就是要指称明确，界限清晰。“夫名，实谓也。知此之非此也，知此之不在此也，则不谓也；知彼之非彼也，知彼之不在彼也，则不谓也。”（《名实论》）也就是说，在命名问题上还要有发展的观点：彼此事物已经变化，那么名称也得有所调整。

与此同时，他还非常重视上下位概念不等同的分辨，那就是著名的“白马非马”论。很多人之所以也为该论题所缠绕，主要在于对古语词意义的把握上。他的《迹府》篇中通过具体事实对该问题的辨析颇能解疑释惑：

龙于孔穿会赵平原君家。穿曰：“素闻先生高谊，愿为弟子久，但不取先生以白马为非马耳！请去此术，则穿请为弟子。”

龙曰：“先生之言悖。龙之所以为名者，乃以白马之论尔！今使龙去之，则无以教焉。且欲师之者，以智与学不如也。今使龙去之，此先教而后师也；先教而后师之者，悖。”

“且白马非马，乃仲尼之所取。龙闻楚王张繁弱之弓，载亡归之矢，以射蛟口于云梦之圃，丧其弓。左右请求之。王曰：‘止。楚人遗弓，楚人得之，又何求乎？’仲尼闻之曰：‘楚王仁义而未遂也。亦曰人亡弓，人得之而已，何必楚？’若此，仲尼异‘楚人’与所谓‘人’。夫是仲尼异‘楚人’与所谓‘人’，而非龙‘白马’于所谓‘马’，悖。”

“先生修儒术而非仲尼之所取，欲学而使龙去所教，则虽百龙，固不能当前矣。”孔穿无以应焉。

（二）墨子

墨子于语言学上比较突出的学说主张主要有以下两点。

一是类的观念。他指出：

夫辩者，将以明是非之分，审治乱之纪，明同异之处，察名实之理，处利害，决嫌疑。焉摹略万物之然，论求群言之比。以名举实，以辞抒意，以说出故。以类取，以类予。有诸己不非诸人，无诸己不求诸人。（《小取》）

夫物有以同而不率遂同。辞之侔也，有所至而正。其然也，有所以然也；其然也同，其所以然不必同。其取之也，有所以取之；其取之也同，其所以取之不必同。是故辟、侔、援、推之辞，行而异，转而危，远而失，流而离本，则不可不审也，不可常用也。故言多方，殊类，异故，则不可偏观也。（同上）

在先秦诸子中，唯有墨子具有自然科学方面的思维和技艺，并有专门的著述，如《经上》《经下》《经说上》《经说下》《大取》《小取》等篇章，因此具有类属观念也就不足为奇了。

二是对词语命名理据的讨论。他指出："所以谓，名也。所谓，实也。名实耦，合也。志行，为也。"（《经说上》）看他对一组词语命名成立与否的分析：

之马之目盼，则为之马盼。之马之目大，而不谓之马大。之牛之毛黄，则谓之牛黄，之牛之毛众，而不谓之牛众。一马，马也，二马，马也。马四足者，一马而四足也，非两马而四足也。马或白者，二马而或白也，非一马而或白。此乃一是而一非也。(同上)

他给相当多的语词下了定义，并辨析它们之间的细微区别，提醒人们注意辨析的侧重点。

（三）荀子

荀子的语言学思想主要体现在《正名》篇中。其突出的思想观念有：

一是有关能指所指之间的关系，他认为二者之间没有必然的关系，然而一旦社会约定俗成了，社会中的个体则又必须遵循它："名无固宜，约之以命，约定俗成谓之宜，异于约则谓之不宜。名无固实，约之以命实，约定俗成，谓之实名。名有固善，径易而不拂，谓之善名。"

二是有关指称命名问题。这一点他表述得非常精确到位，甚至分析到了构词的具体方式，单双音节也都考虑进来了：

然后随而命之，同则同之，异则异之。单足以喻则单，单不足以喻则兼；单与兼无所相避则共；虽共不为害矣。知异实者之异名也，故使异实者莫不异名也，不可乱也，犹使同实者莫不同名也。

故万物虽众，有时而欲无举之，故谓之物；物也者，大共名也。推而共之，共则有共，至于无共然后止。有时而欲偏举之，故谓之鸟兽。鸟兽也者，大别名也。推而别之，别则有别，至于无别然后至。

二、两汉的汉语构词研究

两汉时期是传统训诂学的开创时期，很多著名的开山之作都在这一时期建立。这是一个语言学本体研究自觉的时代，主要表现在《尔雅》《方言》《说文解字》（以下简称《说文》）等系列著作的问世上面。虽然它们的主导意图在于"释古今之异言，通方俗之殊语"（郭璞《尔雅注》），以便于读经，更准确地理解意义；然于词语客观上的描摹反映，也在很大程度上给汉语由单音节词向双音节词转变提供了非常坚实的佐证。

以《尔雅》为例。全书13113字，共2091条，收词4300个。前边的《释诂第一》《释言第二》还大都是单音节词对单音节词的释义；《释训第三》则显得非常特殊，多为对先秦双音节叠音词的训释，共有145条，而相对的释义词语又大都为单音节词。这体现了这样一种事实现象：先秦时期叠音词繁多也是值得注意的一种词汇现象。中间比较多的内容又多采取了“释义在前，被释对象在后”的表述性方式。例如：“木豆谓之豆。竹豆谓之笾。瓦豆谓之登。”（《释器第六》）“邑外谓之郊。郊外谓之牧。牧外谓之野。野外谓之林。林外谓之坰。”（《释地第九》）到了《释草第十三》至终，则统一地采取了定义的常规语序方式，即被释对象在前，释义部分在后；且前者多为单音节，后者多为双音节。在相当程度上显示了汉语词汇形式处于转变中的事实状态。

这些字典、词典著述对汉语构词的揭示主要体现在以下两个方面。

一是同义词语的训释，为同义并列复合组词提供了属性上的依据。例如：

《尔雅·释言第二》：“泳，游也。”“降，下也。”“强，暴也。”“集，会也。”

比较典型的是大量出现在《说文》中的释义。因为它是字典，又因为古汉语词毕竟是以单音节为主，故它偏向于将已有的复合词拆开来作为单项解释其义便很容易理解了：

脂膏：“脂”（戴角者脂，无角者膏）；“膏”（肥少）。

言语：“言”（直言曰言，论难曰语）；“语”（论也）。

饥馑：“饥”（谷不熟为饥）；“馑”（蔬不熟为馑）。

说到词语意义的相同相近，互训很有一定的典型性：

“继，续也。”“续，继也。”（《系部》）

“玩，弄也。”“弄，玩也。”（《页部》）

“追，逐也。”“逐，追也。”（《辵部》）

甚至还包括了一定量的递训：

“议，语也。”“语，论也。”“论，议也。”（《言部》）

“恨，怨也。”“怨，恚也。”“恚，怒也。”（《心部》）

同义相释，重在类的聚合，但过简让人们难以看到词语演进的前后变化过程。如《说文》：“呻，吟也。”“吟，呻也。”段注：“呻者，吟之舒。吟者，呻之急。浑言则不别也。”（《说文·口部》）后者的解释可以让人们想象到更多的东西。

后继者的一系列著作，像《小尔雅》《释名》等，也在一定方面进一步做了丰富和补充。如《小尔雅·广诂》：“缟、皓、素，白也。”《小尔雅·广言》中又道：“缯之精者曰缟，缟之粗者曰素。”同异都涉及了。再如“尝”，《说文》：“口味之也。”《小尔雅·广言》：“试也。”显然后者解释的是发展了的新义项。不难看到的是，这些厘析分辨的同义单位，在一定程度上强化了人们的类别意识。很多后起的双音节复合词，大都是在这种同义或近义基础上组合形成的。再如刘熙于《释名·释言语》中所表述的“会集众字以成词谊”，已经有了比较朦胧的组合成词的意识。

二是它们比较普遍地呈现出用当时已具有发展势头的双音节复合词来解释先前的

单音节词。我们来看《尔雅·释木第十四》中对各种“枣”的解释：

壶枣，边要枣。櫅，白枣。樲，酸枣。杨彻，齐枣。遵，羊枣。洗，大枣。煮，填枣。蹶泄，苦枣。皙，无实枣。还味，棯枣。

显然，《尔雅》近正，后起解释性的词语都是容易理解的复合性双音或多音节词，总分关系明确，意义展示显豁，相对于每一种小类都用专名显示来讲，甚至包括用各色各样的方音来讲，体现着极大的进步。

有些记述还具有极为难得的语源价值和文献价值。比如《方言》卷八对“蝙蝠”的解释：“自关而东谓之服翼，或谓之飞鼠，或谓之老鼠，或谓之仙鼠。”这恐怕是迄今为止能够见着的“老鼠”一词的最早记录。这对于考察“老”的实词虚化，显然是不能忽视的重要史料。另外，《方言》中的“秦晋之间美貌谓之娥，美状为窕，美色为艳，美心为窈”也直接关系词语内部的性质判定问题，迄今也没能够做到更好的解释。

三、魏晋至明代的汉语构词研究

传统语文学里边比较多地偏重于文论而忽略考据。由魏晋至明代，对汉语本体的研究进展并不显著。虽然其中关于经学注疏的著作也荦荦大端，但终不及文学始终占据着主流；如果说对语言研究有所涉及的，也多在音韵和修辞上。正因为如此，即便有内容与汉语构词略有关系的，倒是教训性的东西似乎更多一些。如颜之推《颜氏家训·文章》对陆机《与长沙顾母书》中的表述“痛心拔脑，有如孔怀”提出批评，说：“观其此意，当谓亲兄弟为‘孔怀’。《诗》云：‘父母孔迩。’而呼二亲为‘孔迩’于义通乎？”《勉学》篇对很多用典造词也给予了否定，指出：“呼征质为‘周郑’，谓霍乱为‘博陆’，上荆州必称‘陕西’，下扬都言去‘海郡’，言食则‘餬口’，道钱则‘孔方’，问移则‘楚丘’，论婚则‘宴尔’……”《书证》篇对“犹豫”一词的论述就更显得牵强，“礼云：‘定犹豫，决嫌疑。’《离骚》曰：‘心犹豫而狐疑。’先儒未有释者。案：尸子曰：‘五尺犬为犹。’《说文》云：‘陇西谓犬子为犹。’吾以为人将犬行，犬好豫在人前，待人不得，又来迎候，如此返往，至于终日，斯乃豫之所以为未定也，故称犹豫。或以《尔雅》曰：‘犹如麂，善登木。’犹，兽名也，既闻人声，乃豫缘木，如此上下，故称犹豫。狐之为兽，又多猜疑，故听河冰无流水声，然后敢渡。今俗云：‘狐疑，虎卜。’则其义也”。其后相当一些著述对类似的截取造词、偏义复词现象等都给予了关注，但大多持否定态度，却缺乏全面理性的分析。如陈骙《文则》：“病辞者，读其辞则病，究其意则安。如《曲礼》曰：‘猩猩能言，不离禽兽。’《系辞》曰：‘润之以风雨。’盖‘禽’字于猩猩为病，‘润’字于风为病也。”由此不难看到这样一种状貌：这一时段的古典文论，即诗话、词话、小说评点等颇有成就，对作品语言本体的关注，比较多地偏重于从修辞艺术的角度来看问题；真正涉及语法或构词的现象，又过分地从规范层面上进行苛刻的要求，结果导致很多判断都失之偏颇。

四、清代的汉语构词研究

清代小学是非常值得肯定的。其缘起与革除宋明理学空泛浅薄、游谈无据的弊端有关，既是对汉学的一种继承复兴，又有自己的创立鼎新。它发轫于明末清初的顾炎武、黄宗羲，兴盛于以段玉裁、王念孙为代表的“乾嘉学派”，一直延续至殿军章学诚、章太炎，名家辈出，成就斐然。其基本定位就是：由语言文字入手；探赜索隐，实证互参，建立起以考据为主要内容的实证方法；具有实事求是、蕴藉无华的朴学风范。

清代于构词上面的贡献主要基于“因声求义”的治学理念。“读九经自考文始，考文自知音始。”（顾炎武《答李子德书》）这一思想可以说奠定了整个清代训诂学研究的基本精神，且于汉语构词上面，为连绵词的准确认定提供了坚实的依据。刘又辛对此论述说：“连绵词是只含一个词素的双音节词，词中的每个字仅有记音作用，字义往往与词无关，没有固定的书写形式，释这类词不能拆骈为单，不能望文生义。王念孙认为：‘大氐双声叠韵之字，其义即存乎声，求诸其声则得，求诸其文则惑矣。’又说：‘凡连语之字，皆上下同义，不可分割，说者望文生义，往往穿凿而失其本指。’他们依据古音，考证了一些连绵词的各种形式，纠正了前人分训连绵词的谬误。”①

俞樾在《古书疑义举例》卷四中立“语词复用例”，卷七中立“两字一义而误解例”。另外，还有人称“重言”“连言”“连文”“复词”等。

“大名冠小名”现象是清代训诂学家揭示的又一条重要规律。《礼记·月令》：“（孟夏）行春令，则蝗虫为灾。”又，“（仲冬）行春令，则蝗虫为败。”王引之认为：“蝗虫皆当为虫蝗。此言虫蝗，犹上言‘虫螟’，亦犹《礼》言‘草矛’，《传》言‘鸟乌’，《荀子》言‘禽犊’，今人言‘虫蚁’耳。《汉书·五行志》引《京房易传》曰：‘厥风微而温，生虫蝗，害五谷’。《说文》曰：‘禽兽虫蝗之怪谓之蠥’是也。后人不知而改为蝗虫，谬矣。注及正义作‘蝗虫’，《释文》出‘则蝗’二字而无‘虫’字，皆是后人所改。自宋抚州本已然，而各本皆言其误。”（《经义述闻》卷十四）俞樾提出的“以大名冠小名”，正是根据王引之这条立说的，并进一步做了丰富补充。

“偏义复词”现象出现较早，至迟在西周就已经有了。人们对“偏义复词”的认识也比较早，三国时期王肃即指出了这一现象。《左传·昭公十三年》：“郑，伯男也，而使从公侯之恭。”王注：“郑，伯爵，而连男言之，犹言曰公侯，足句辞也。”

对连绵词的解释也很到位。以黄生《义府》对“犹豫”的释义为例：

犹豫，犹容与也。容与者，闲适之貌。犹豫者，迟疑之情。字本无义，以声取之

① 刘又辛，李茂康．训诂学新论［M］．成都：巴蜀书社，1989：205-211.

尔。俗人妄生解说，谓兽性多疑。此何异以蹲鸱为怪鸟哉！考诸传记，惟文帝纪作“犹豫未定”。杨敞传“犹与无决”，陈汤传“将卒犹与”，后汉来歙伏隆传皆作“冘与未决”。盖以声状意，初无一定之字。妄解兽名者眼缝自未开尔。

对照《颜氏家训》中的有关表述，显然这里稳妥多了。关键在于多方参证，持之有据。

《礼记·乐记》篇：“肃肃，敬也。雍雍，和也。”顾氏《日知录》曰：“《诗》本‘肃’、‘雍’一字，而引之二字者，长言之也。《诗》云：‘有洸有溃’。毛公传之曰：‘洸洸，武也。溃溃，怒也。’即其例也。”（俞樾《古书疑义举例·以重言释一言例》）

叠音词是什么意思？肯定有它的本字基础，所以注意二者之间的关系显然是应该的。当然，对于是什么促成了这多样的变体形式，显然还需要深入地讨论。

在《毛诗》《小尔雅》的基础上，就其他词语内部的阐释，非常有助于对整个词组合方式的理解。例如：

文王传：“有周，周也”。“不显，显也”。“有”字“不”字皆发声，无实义。（陈奂《毛诗说》）

（墨子）：“古者圣王，唯毋得贤人而使之，般爵以贵之，裂地以封之，终身不厌，贤人唯毋得明君而事之，竭四肢之力，以任君之事，终身不倦”，毕改毋为母，云母读如习贯之贯。念孙案：毕改非也，“毋”语词耳，本无意义。唯毋得贤人而使之者，唯得贤人而使之也。若读毋为贯习之贯，则文不成义矣。……非乐上篇曰：“今王公大人，虽无造为乐器，以为事乎国家”。又曰：“今王公大人唯毋处高台厚榭之上而视之”。又曰：“今王公大人唯毋为乐，亏夺民衣食之财，以拊乐如此之多。”……以上诸篇，其字或作“毋”，或作“无”，皆是语词，非有实义也。（王念孙《读书杂志》九）

有些词语意义的训释，非常有利于对其结构的把握。如黄生《义府》对“酝藉”一词的解释：

《汉书·匡张孔马传赞》：“服儒衣冠，传先王语，其酝藉可也”。“酝”谓醇，“藉”为厚，言不露丰稜也。后人用酝藉二字本此。

对于一个合成词来讲，对个体单位意义的理解，显然是理解整个单位结构意义的基础。像“酝藉”这样的词就是这样，如果不加追溯，化难为易，其组合方式是很难判定的，上边的解释提供了很大的便利。再如“燥湿”：

《三国志·骆统传》：“人人别进，问其燥湿。”燥湿，犹寒暄，言人人以情意相接洽也。

解释看上去似乎有点远博，但很能启发人的思路。只有知道了它造词的方式来源与转喻，对于其结构的判断才更有价值。

第二节　《马氏文通》至 20 世纪 80 年末的汉语构词研究

一、《马氏文通》的汉语构词研究

众所周知，真正意义上的汉语语法学研究是自 1898 年《马氏文通》问世开始的。其作为初次汉语语法系统的建设，筚路蓝缕，艰难可知。用马建忠自己的话说："一时草创，未暇审定，本不敢出以问世。"① 正因为如此，我们就不能苛求其体系的准确完善。如果客观给予评价的话，反映于其中的，并不像后来一些人所说的那样，是纯粹模仿之产物；从一定意义上讲，它在相当程度上注意到了中西方语法上的根本差异。比如他指出："泰西文字，若希腊辣丁，于主宾两次之外，更立四次，以尽实字相关之情变，故名代诸字各变六次。中国文字无变也，乃以介字济其穷。"他还说："助字者，华文所独，所以济夫动字不变之穷。"如果我们理解不错的话，这里涉及的其实就是有无形态这一根本差异点的问题。因为马建忠研究的是古代汉语，所以他的字（词）本位并非模仿他人而是看准对象特征的缘故。非常难得的是，《马氏文通》中有关汉语构词，仍有非常丰富的内容，如已经具有单纯词与复合词的对立意识，指出：

古籍中诸名，往往取双字同义者，或两字对待者，较单辞双字，其辞气稍觉浑厚。（38 页）

由此也透露出了这样的信息：他的动字、静字的字显然与这里所说的双字是不一样的，有词和真正的字的分辨。"双字同义"是复合词，"单辞双字"是单纯词。这种分辨在《马氏文通》诸多内容里面曾多次得以显示，如在《实字卷之五》中就比较集中地列举了他所收集到的大量例证，清楚地区分了这两类词。不过后来他又改用作"双声叠韵"称谓。在《实字卷之六》中于该类还分析出了"双声叠韵且同一偏旁"者，并扩充了"匈匈""默默""郁郁""融融"等这样的重言类，"～然/焉/如/乎/尔/若/斯/诸"等字煞尾类。

他还说："汉文最浑厚，其名字多用双字。"从他所举的例子看，像"须髯""箕帚""珍宝""妇女""吏民""府库""丁壮""老弱""律令""甲兵""斧钺"等，大都为一般名词，也就是他在复合词中做出的再区分，即所谓的"双字同义"这一小类；即便如此，他已惊叹说："盖有不可胜指者。"在此基础上，他又着力于偏正型的复合词。他论述道："名字之前，加静字以表其已然之情者，常也，兹不具论。而有时加一状字（如'不'字、'无'字）于静字名字之先，而并为一名者。"（38 页）例如《左隐元》："多行不义。""义"，静字；"不"字先之，并成一名，指不义之事。韩愈

① 马建忠．马氏文通［M］．北京：商务印书馆，1983：245.

《与柳中丞书》："屠烧县邑，贼杀不辜。""不辜"，无辜之人。《韦公墓志铭》："上书告公所为不法若干条。""不法"，非法之事。显然，马建忠在《毛诗》《小尔雅》的基础上已经注意到其他的组词方式。

特别难得的是，马建忠于有些具体词语的运用组合现象有相当独到的认识和发现。正如吕叔湘先生评价《马氏文通》说的那样：例证宏富，体现出了一种诚挚认真的科学态度。看他于这样一组词语的论析：

"讵"字，《广韵》云："岂也。"与"巨"、"渠"、"遽"、"钜"、"距"通。《汉书·高帝纪》云："沛公不先破关中兵，公巨能入乎！"《史记·项羽本纪》作："公岂也入乎！"故"巨"与"岂"同解而互用也。《吴语》云："此志也，岂遽忘於诸侯之耳乎！"《荀子·正论》："是岂钜知见侮之为不辱哉！"《史记·陆贾传》云："使我居中国，何渠不若汉！"《庄子·齐物论》云："庸讵知吾所谓知之非不知邪！庸讵知吾所谓不知之非知邪！"《史记·张仪列传》云："且苏君在，仪宁渠能乎！"曰："岂遽"，曰"岂钜"，曰"何渠"，曰"庸讵"，曰"宁渠"，皆重言一义而已。(243页)

当然，《马氏文通》的着眼点重在句读而非构词，加之类属的观念还不是很严密清晰，故其边界很多时候还把握得不是那么到位。比如他承继了先前像《经传释词》较全面列举的"有"字头现象：有虞、有夏、有殷、有周之类，并归纳说"名有一定不成词，间加'有'以配之者，《诗》《书》习用之。"（39页）由此再过渡到"～者""～也"，特别是后者，明显是越出了词法的范围。很多地方也多是这样，词法和句法、语法和修辞是搅揉在一起的。有些地方有比较清晰地分辨，如《实字卷之三》中说"以为"有两解：一作谓辞者，则以为二字必联用，一作以此为彼者，则以为二字可拆用，而为字先后两语必同次。(105页）同一形式为什么有这样两种不同的功能，两者关系应该是怎样的，可惜马建忠没能进一步深入讨论。

二、20世纪前期的复音词研究

由马建忠所开创的汉语语法学问世，这种体现着现代科学系统观念的研究，不管人们是否能够认识到它的实际根底，从此有关的研究便一发而不可收了。无论是自1924年之前的古汉语研究还是之后的现代汉语研究，很多著述往往都有意无意地涉及构词法的有关内容。像1907年章士钊出版的《中等国文典》，第一次提出了词的概念。这对于词法和句法的建立，词内部的描写都不无重大的价值与意义。胡以鲁的《国语学草创》（1913），体现了研究方式从传统到现代的转变，即传统语文学和西方语言学理论的结合，形成了更符合语言学本体特征的二分法框架。由单音词研究向复音词研究的转变，比较多地注意到汉语构形的变化。于"形式部"论述"儿""子"等，说它们"虽不无意义之可解，然而本义微矣。"薛祥绥的《中国言语文字说略》（1919），对词的构成问题在当时可以说讨论得尤为详尽，为汉语构词法体系勾勒出一个比较完整的轮廓。他主要采取语义认定的方法将汉语双音节词分作三类。第一类与梵文“六合释”相对应，其中又分为五小类：“叠语”“连语”“限定”“假借”“带数”。第二类不与“六合释”相对应：“译音之字”“表声之字”“虚助之字”“随文异义之字”。第三类是随文创造：“合名为词”“截名为词”“破字为词”“隐语为词”“歇后为词”。其中比较明确地离析开了“语根”“语系”（相当于“词根”“词缀”）这样一对概念，指出：“语根不变，缀以语系，职因语系而明。”

这一时期值得注意的是廖庶谦《口语语法》（1946），其中有关构词法的内容颇为丰富，即便在今天看来，仍有极大的参考价值。比如仅复合词中的“名+名”关系就析出“名物修饰语+名词”和“名词+名物修饰语”两大类，并对其内部再进行小类划分。

1. 名物修饰语+名词

（1）上面加一个声音：阿哥　老鼠　小林

（2）上面加一种质料：瓦屋　铁锅　石砚

（3）上面加一个种名：柳树　煤矿　人类

（4）上面加一种性状：长城　小孩　白天

（5）上面加一个用场：衣箱　酒店　牙刷

（6）上面加物的动作：摇篮　靠椅　食盐

（7）上面加一个动作：来人　去年　飞机

（8）上面加一个产地：海味　广货　湖笔

（9）上面加一个时间：陈酒　时事　年鉴

（10）上面加一个数量：两广　诸位　个人

2. 名词+名物修饰语

（11）下面带着一个空间：家里　湖南　早上

（12）下面带着一个时间：午前　年终　日后

（13）下面带着一个数量：民众　月半　部首

（14）下面带着一种单位：马匹　纸张　军队

（15）下面带着一个性质：月亮　葱白　饼干

（16）下面带着一个状态：雨点　路线　面条

（17）下面带着一个形状：石头　花儿　瓶子

这纯粹是意义的区分，但也给人们留下了值得深入思考的东西：传统的语文学多是从语义及其关系对语言给出内涵上的认定，国外语言学引入后，类型划分才变得繁富起来。这看起来非常合乎汉语这种不讲究形态的特征，也非常能够吻合人们的直觉感受。问题是这种方法的可操作性有多强？怎样做才能将其中的科学含量提升？

三、从《汉语的构词法》到《汉语口语语法》

陆志韦于1949年之后将语言学研究的方向多放在词汇，特别是汉语词汇的组合结构上。1951 年他出版的《北京话单音词词汇》，可以说是以词为单位探讨现代汉语词汇现象的专著。其第一次提出了确定词的原则——同形替代法，原则是“互相替代的成分不单属于同一个词类，并且意义要相仿，从形式和意义两方面说，它们在整个格式里占有同等的地位”。也就是说，他开始注意形式操作的可验证性问题。

陆志韦的《汉语的构词法》是将美国描写语言学的理论方法引入进来全面分析汉语构词法的一项扎实研究，其很多精当的表述和定位直到今天仍值得人们记取：（一）以句法定位词。“序言”中即言：“词是从句子里边摘出来的，不是先有了‘先天的’词，超脱句子的现成的词，然后用来造句的。”这是一个语法观的问题，很能引发我们诸多的思考。（二）词与非词还是能够确认的。第一章“构词学的对象和手续”：“（同一个语言成分）有时是词，有时不是词，可不能同时又是词又不是词。”这种认识对于汉语的构词法比在一些别的语言里更为重要。（三）构词法的主要对象是复合式构词：“最方便，也是最合理的办法是把凡是有意义的音节先都当作语素……当它在语言片段里不能自由运用的时候，语素+语素才是词。”正因为如此，“据我们看来，汉语的构词法，与其说是‘形态学’的一部分，或是大部分，还不如说是‘结构学’的一部分。汉语里，造句的形式和构词的形式基本上是相同的。”“汉语的构词法，除了要研究一些类似印欧语的形态成分和轻重音标志之外，还必须研究各个成分在语言片段里所处的地位和前后次序”，也就是“分布”、位序和功能。据此，对 4 万多条合成词进行系统的结构分析，用十章内容重点讲各种类型的“偏正格”，接下来依次讲“后补格”“动宾格”“主谓格”“并列格”和“重叠格”，最后是“后置成分（附前置成分）”。其建立起来的共时汉语构词法系统应该说全是描写性质的。颇为难得的是，该研究已经注意到了对构词来源的参照。在书中作者客观地交代：其中还有 100 多条不容易归类，像“广梨”“丁香”“知道”“便宜”等，并举例道：“‘垄断’原是孟子的‘龙断’。‘有私龙断焉’，赵注，‘有此私登龙断之类也’，意义仍然不明确。改写成‘垄断’之后，才能把它解释成偏正格。”

在采用结构主义形式的描写方法对汉语构词进行研究上，应该说赵元任与陆志韦是相呼应的。早在 1948 年，赵元任于《国语入门》一书中提出，对复合词可以通过“讨论成素与成素之间的造句关系”认定其类型。1968 年出版的《中国话的文法》，可以说是依照这种设想所做出的具体而详尽的实践展示。根据吕叔湘 1979 年所翻译的《汉语口语语法》可知，虽然全面展示的是一种全新的汉语语法描写体系，然而构词法却是其中最为丰足的一项内容。第四章“形态类型”、第六章“复合词”都是相对独立地讲构词法。即便是其他章节，也不乏相关内容的阐释。综观其论述，以下几方面是能够给人以突出感受的。

（一）结合实际的应用讲构词，从而构建起一个最为宏大的构词法系统

因为是针对汉语的具体应用，不是为分析而分析，为划类而划类，关键在于揭示汉语真切的面貌，所以着力点在过渡环节中做了相当多的缜密而细致的描写。例如

“自由：句法词”这一大类中即有两极的“临时词”和“不加分析复合词”两类，当然，中间是最大块的复合词。而在语素的分辨中，就“粘着”来讲，又有“根词”“根语素”同“语缀”“助词”的对立，两组里边又呈现出同异之间的既联系又区别的状态。这时候我们便知道，为什么该体系将通常人们看作相对独立的结构助词“的”“得”和时态助词“了”“着”“过”也看作构词附缀成分了。

（二）深入描写具体单位的特征，从而树立起描写语言学研究的实际范例

其中比较典型的是对后缀“儿”和“子”准确而细腻、丰富的论述。对它们可能的语境来源、本原形式与加后缀的同异辨析，包括两词缀间的组合情况以及语义区别等，做了深入细致的描写刻画。即便到今天，仍具有极好的示范意义。

（三）注意古今及方言等多方参证，对汉语构词进行历史追溯有启发价值

在那个时候，《汉语口语语法》对汉语复合词已经作出了“语法结构的和非语法结构的”两类区分。所谓“非语法结构的”，“指不合于正常的语法结构规则的”。赵元任响应陆志韦所指出的那100多个词，说它们“其构成是模糊的”，“当然，历史的研究可能发现它们的来源，但是在描写的平面上它们是非语法结构的，近乎‘不能分析的复合词’”。（184页）该书中的许多的分析已经在采用历史发展推延的方法。如分析“头”，即给出了“头（名）”—“-头（量）”—“-头（后缀）”这样一种演化途径。再如对具体复合词的分析：“如果一个或两个成分显然是非动词，一经分析往往发现它是由别的形类转化成动词性质。如‘满足’，原为形容词，近来才转为动词……‘短’和‘少’都可以作动词用，因此‘短少’应分析为两个动词的结合。‘牺牲’是由名词转为致使动词。‘希罕’是形容词转为意谓动词。”（187页）

四、从《汉语词汇》到《汉语描写词汇学》

1956年，孙常叙出版了他的《汉语词汇》一书。该著作有两个突出的特点：一个是“造词”的概念，一个是根据这一理念所提出的分化造词中的“语义作用”问题。有关前者，1981年任学良的《汉语造词法》给予了最为明确的呼应，其解释对于认识“构词”和“造词”的区分也应该是最有益的。其中辨析说：“造词的要素方法可以决定词的结构，可是词的结构却不能完全反映造词方法，因为不同的造词方法是可以产生相同的结构关系和形式的。”比如人们不难理解“白菜”是菜，而“木马”不是马。之所以如此，就在于“‘白菜’是用句法学造词造成的，属主从式构词法；‘木马’是‘主从—比喻’这两种方法（综合式造词法）造成的。造词方法不同，作同样的分析就不能正确反映客观实际”。（4—5页）实际上，在这之前，这两种名称和叫法，其内涵究竟同一与否，人们观念上并不完全清晰。这由《辞海》给出的定义就可以看出：“词的构成法则，即由词素构成不同的词的法则，也指语言中创造新词的方法。”其中即体现了两种不同的认识定位。任学良于该著作中辨析说：“研究用什么材料和方法创造新词，这是造词法问题。”“研究词的内部结构形式，这是构词法问题。”然而我们从任学良的辨析中并不能获得一种本质性的区别划分。再看他著作中具体增添的内容，主要体现在修辞造词那一部分。对此，张寿康在《构词法说略》一文中对“造词法”的提法提出反驳：“银耳”这样的词并不像任学良所解释的那样没有结构问题，任何合成词都不能脱离结构而存在，它很明显是一个偏正型的复合词。事实上，任学良在解释“木马”的构造方式的时候已经采取了双重认定的方式，无非是多了一道手续，即“比喻”罢了。

于此，建立相对比较严密体系的是刘叔新的《汉语描写词汇学》，虽然这部著作没有以“造词法”命名，但有关内容相对于其他同样观点的论著应该说是最为详尽的。他也肯定说：单纯构词法的静态描写是不够的，须要从动态的角度考察新词产生的方法或途径。虽然他比较多地强调了他所建立的造词法的共时性，但从他所选取的材料及其分析看，不期而然地就有了历时的参照。鉴于任学良的造词法多个标准划分的不足，他采用“语言材料”这种单一性的特征重新进行全面整合，梳理出了更为严密、完善的一个新系统。当然，该著作真正对造词的方式、途径做出可喜探索的是其6.7节“词的内部形式”部分。正像这一节开宗明义所阐明的那样：“词语的意义总是同词语的语音形式和一定的构造形式结合着，以它们为装载、巩固和表现自己的物质形式。但词语意义还可以有自身的展现形式。”“词的内部形式是词义最初形成时反映事物对象的特点所采取的形式，它为词形所制约和固定。”这种形式分为“实质的”和“表征的”两大类。前者包含“定性式”“选性式”“联结式”“重合式”四种，后者包含“体现式”“显示式”两种。从词反映对象特点的途径看，复合词内部形式又可分为“直接的”“喻指的”“引指的”三类。正因为作者对词汇现象有宏观的把握和具体现象的深入描写，故在整体认识上的提升便成了水到渠成的事：“全部词语按相互的意义结构关联所构成的复杂组织系列，贯串其中有一定的内部关系和集约区分，有一定的组织条理，因而它具备体系的基本特征，基本上取得体系的资格。”（411页）但值得指出的是：刘叔新曾否认词汇是一个系统①；即便如此，从整个表述来看，他仍是有所保留的。那么，这里边的悖论之处原因何在呢？

对此，张永言《词汇学简论》中的有关论述能够说明这一问题。该书给出的定义是：“语言里的词互相结合而构成一个统一的整体，这就是语言的词汇体系。”（13页）这句话表述得不够清楚：怎么叫作“相互结合”？具体的解释是：“在这个体系里，词与词之间存在着复杂的语义联系，一个词的意义既依赖于它的同义词和跟它属于同一‘义类’（simanticgroup troup）的别的词，也依赖于在使用中跟它相结合的别的词。”这还是不够恰当：同义词之间是有机的必然的关系吗？或得使用中的组合搭配那是语法在起着作用，跟词汇没有直接的关系。不过接下来的表述就很好理解了：“正因为词汇体系里的各个单位在语义上是彼此联系、相互制约的，所以只要词汇里一有

① 刘叔新．论词汇体系问题——与黄景欣同志商榷［J］．中国语文，1964（3）．

新的成分出现或旧的成分消失，就会导致词义的重新分配。例如，‘跑’（pao）的出现引起‘走’和‘行’的意义的变化，即‘跑’取代了‘走’原来的run义，而‘走’又取代了‘行’原来的walk义；‘觉’的‘睡醒’义在口语里消失，促成‘醒’的意义由‘酒醒’扩大到‘睡醒’。”（13页）因为张永言有着历时的认识观念，看到了整个词汇依附于语法而形成发展过程中的相互制衡关系，所提供的论据就非常具有说服人的力量。正因为如此，张永言十分难得地在语言学界率先提出了语法化和词汇化的命题：“如果从历史发展的角度来观察，词汇和语法的联系也是表现得很明白的。这里‘词汇单位语法化’和‘语法形式词汇化’的过程是最好的例子。”“由语言的词汇单位变为语法成分的过程就叫作‘词汇单位的语法化’。”“一个词的某种语法形式由于衍生出新的词汇意义而脱离它原来所属的词形体系，成了另一个独立的词汇单位。这种过程就叫作‘语法形式的词汇化’。”（17页）不仅如此，张永言虽然没有提出“造词法”的概念，但有关词语创制的理据问题也有非常精当的论述：“事实上，任何语言的构词手段和构词方法在历史上都是变化着的。它们可以是能产的，也可以是不能产的。在语言发展的某一阶段，在能产的构词手段和构词方法当中，有的是创造新词时惯用的，而有的则用得少一些。在语言发展过程中，有的构词手段和构词方法的能产性可以增长，而有的则可能下降。”（89页）这是具有卓越宏观眼光的立论，具有丰富的信息量和概括力。当然，在那个学术刚刚复兴的时期，其价值并非能够为人们全部认识到。

刘叔新所坚守的就是共时研究，以保持课题研究的纯正性。比如他指出：“凡内部形式能被相当一部分人所知晓的复合词，都应列入共时分析的范围；而凡内部形式都要做历史的考察才能得知，仅为很少的专业人员所明了的，应该排除出去。后一种复合词在产生之初有什么样的内部形式，要由词源学去研究。”（《汉语描写词汇学》，238页）只要是词的结构研究，要想割断与历时的联系显然是不可能的；人为地囿于边界，画地为牢，只能对实际状貌有所损伤。比如《汉语描写词汇学》中的判断：“组合型是从古代不断发展下来的，附加型却较晚产生而于现代才兴起。”显然有悖于真实的情况。

对汉语词汇的发展，张永言在他的书中响应了王力在《汉语史稿》“语法史”中的判断：“在汉语词汇史上，词的双音节化是一个重要的趋势，而这一趋势形成的原因之一就是由汉语音节构造的逐步简化而引起的同音单音节词的大量增加。”（14页）

这一时期，还有很多著述在具体的方面做了一定的探究，如周祖谟的《汉语词汇讲话》，武占坤、王勤的《现代汉语词汇概要》，符淮青的《现代汉语词汇》等。周法高《中国古代语法：构词编》，试图全面总结古代汉语的构词法，主要从音变、重叠、附加语和复词四个方面进行了研究。

第二章 20世纪90年代迄今的汉语构词研究

这一时期最鲜明的特点就是语法化、词汇化研究的自觉。

如上所述，着眼于历时的角度看语言本体的发展，由此以揭示其运作的规律现象，这在有宏观视界并善于思考的人们那里老早即得到了一定程度的反映。比如早在元代，周伯琦《六书正伪》中指出“大抵古人制字，皆从事物上起。今之虚字，皆古之实字”。这种动态整体的认识观念，比之于今天研究语法化、词汇化的人们耳熟能详的Givón的名言：今天的词法曾是昨天的句法，显然起点早得多。北京师范大学中文系汉语教研组《五四以来汉语书面语言的变迁和发展》第一次从发展角度讲构词法，将五四以后的汉语构词法发展归为五个方面：（1）句法构词能力的提高；（2）部分构词成分的词缀化倾向；（3）多音词的骤增；（4）词组的词汇化；（5）词组简称格式多样化。再如，刘世儒的《魏晋南北朝量词研究》一书，第一次对古代汉语的构词法进行断代研究，认为该时期的量词在构词法上特点有三：（1）复音量词的出现，大多是外来词；（2）词缀化构词法的形成，量词做词尾，构成名词；（3）由量词构成的复合词大量通行。该书以其扎实细致的描写为人们提供了词汇化研究的颇佳范本。改革开放伊始，马真即以她的《先秦复音词初探》先声夺人。程湘清更是以系列性的汉语史论文及著作奠定了汉语历史构词研究的扎实成绩。虽然当时没有人提出“词汇化”的概念，但真实的课题研究却已蔚然成一气象：到了1994年，孙朝奋的《〈虚化论〉评介》在《国外语言学》上发表；同年，沈家煊《“语法化”研究纵观》在《外语教学与研究》上发表；次年，刘坚、曹广顺、吴福祥的《论诱发汉语词汇语法化的若干因素》在《中国语文》上发表，介引国外语法化的理论，并将其应用到对汉语语法现象的分析上，从此，才带来了汉语语法学界有关语法化、词汇化研究的真正热潮。自首届“汉语语法化国际学术研讨会”于2001年在南开大学召开以来已成功举办了八届，迄今方兴未艾。发表论文以及硕士博士学位论文达到上千篇之多。无论是作为理论上的探讨还是具体语言现象的描写，其广度和深度都是同时期其他的语法研究观念方法，如配价语法、功能语法等所不能比拟的，即便新起的构式语法，也不能取代它的影响力。由此可以看到它所体现出来的巨大效用。

当然，从整体的研究情况看，呈现出以语法化为先导、以词汇化为主要内容，或者说开始多谈语法化，尔后趋于沉静，大家多以具体词语的源流描写为主的境况。20 年的研究表明，这样的一些问题普遍地得到了比较多的关注。

第一节　语法化与词汇化的异同

一、国外有关两者的分辨

“语法化（grammaticalization）”最早是由法国语言学家梅耶（Meilleto）在其所出版的《语法形式的演变》（1912）一书中提出来的，用以描写词法形式向语法成分转化的语言现象。在此基础上他还给出了理论上的解释：虚化形成的新的局部的语法形式会对整个语法系统产生影响；语法化是一个连续不断的过程，其发展的阶段性是可以描述的；虚化的程度跟使用频率成正比关系。“语法化”的研究，就在于揭示“自主词向语法成分作用的演变”。

只要关注语言结构的历史发展，就不可能不注意到句法到词法的演变。前些阶段的语法学研究，往往出于科学理念的纯粹性，多固守一个方面进行开掘，要么是生成语法的要么是功能语法的。事实证明没有历史事实的参照旁证，没有宏观整体的见识眼光，到一定时候就会面临此路不通的困窘。于是，语法化和词汇化便逐渐成为大家所关注的焦点。正像 Brinton 和 Traugott 在她们合著的《词汇化与语言演变》（2005/2011）一书中所指出的那样：“近年来频繁讨论的问题是关于‘词汇化’和‘语法化’的关系。”她们认为，不同的理论背景，不同的认识角度，偏重共时或偏重历时，都会对对象的认识造成差异。能够得到共识的，即“词汇化（及语法化）主要被认为是受制于语言演变常规的历史的过程”。相对来说，语法化的研究更成熟一些，就像 Givón（1979：209）给出的语法化图式：

语篇>句法>词法>词素音位>零形式

相比较词汇化仍处于比较多的争议性，语法化则提出了“去范畴化”（decategorialization）、“渐变性”（gradualness）、“溶合”（fusion）与“聚结”（coalescence）等一系列理论概括。她们于整部著述中着力进行了语法化和词汇化的异同辨析。她们认为，词汇化的主要特征表现在如下方面。

其中包括：

（1）复合。其中所举的一个例子颇能说明问题：“blackboard”（黑板），在“black+board”［Adj+N（形容词+名词）］>“blackboard”［N（名词）］，重音转移到第一个音节，并且语义理据性丢失（黑板可能是黑色、蓝色、绿色或褐色，但不可能是白色）。

（2）派生。这是词汇化的关键手段，但它与屈折演变的语法化又相联系。两者区别的重要标准在于组合的强制性与非强制性。

（3）类转。类转即指一个范畴到另一个范畴的功能转换（functional shift）。

（4）略写与省略。

（5）截搭。这种方法可以看作复合和略写的综合方式。

（6）逆构。由复杂形式类推为简单形式。

（7）缩略。相当于字母词。

（8）借译。

（9）新造。

（10）元语引用。

在此基础上，她们比较了语法化和词汇化的异同：它们在渐变性、单向性、融合、聚合、去理据性、隐喻化和转喻化方面是一致的；然而在去范畴化、词义淡化、主观化、能产性、频率、类型普遍性等方面却差异甚大。由此，她们给予词汇化和语法化以不同的定义：

词汇化是这样一种演变：通过该演变，在某些特定的语言环境中，说话人使用一个句法构式或者构词法，作为新的带有形式和语义特征的实义形式，该形式不能完全从构式成分或者构词法中派生或者推断出来。随着时间的推移，其内部组构性进一步丧失，该项可能变得更像一个词汇。

语法化是这样一种演变：通过该演变，说话人在某些特定语境中，使用一个具有某种语法功能构式的某些部分。随着时间的推移，作为结果的语法项可变成更多语法的，因为获得更多的语法功能并扩展了它的主导类别。

Brinton 和 Traugott 在其著作中可以说是对国外这项研究进行了全面的梳理和总结，对于认识兴盛于当前的语法化和词汇化研究，给人们提供了一个整体的概貌。在这之前的诸多语言学家于该课题也多有涉及。如索绪尔（1916，1980）指出："粘合是指两个或者几个原来分开的但常在句子内部的句段里相遇的要素互相熔合成为一个绝对的或者难以分析的单位。这就是粘合的过程。"（《普通语言学教程》，248 页）王力在《汉语史稿》中指出："仂语在发展过程中凝固起来，成为单词。"（401 页）"汉语新词的产生，其重要手段之一，本来就靠仂语的凝固化。"（397 页）只是没有将此作为一种系统的认识方法及途径给予理论上的概括。这对国外的语言学来讲，或许是一个自然的演进过程。这对汉语的语法及构词研究来讲，或许带给我们的思考会更多一些。

二、国内对两者不同的界说

迄今为止，国内对此讨论的还不能算充分。值得注意的有江蓝生的辨析。她在《跨层非短语结构"的话"的词汇化》（2004）一文中对这两个重要概念做了这样的区分："语法化通常包括虚化（有实在意义的词演变为意义空灵的语法成分的过程）和词汇化（短语或词组逐渐凝固或变得紧凑而变为单词的过程）两个重要方面，'的话'

成词是词汇化现象，而且是不在同一个句法层次上（在‘X的话’结构中，‘的’属于修饰语X的后附成分，‘话’是中心语），只是表层形式上相邻近的两个成分的组合，因谓之‘跨层非短语结构’。”而恰恰类似的具体现象，Brinton和Traugott在她们的著作中还特别给予了辨析，认为是“短语性的话语标记”，“尽管这些形式表现出（部分地）溶合和语义的去理据性，但它们最好理解为语法化，因为在它们的发展过程中，经历了许多语法化特有的演变（在它们中主要是去范畴化），并且它们变得成为一个功能的，而不是词汇的词类。而且，我们认为它们可以理解为语法化而不是语用化，因为现在意识到许多核心的语法范畴，传达非真值条件意义。”（《词汇化与语言演变》，251页）显然，不同语言、不同的历史演化方式，在认识判断上有了交集和碰撞。

于此有着系统建树的，应该说是董秀芳的《词汇化：汉语双音词的衍生和发展》（2002，2013）。该著作可以说是第一次比较明确地提出了汉语词汇化的概念：“除连绵词与音译词以外，占现代汉语词汇系统主体的双音词在历史上的产生和发展就是一个词汇化的过程（也包括一些语法化现象在内），即一个从句法层面的自由组合到固定的词汇单位的演变过程。”并概括出三类主要的历史来源：“一是全部由实词组成的短语降格而来，二是从由语法性成分参与形成的句法结构中衍生出来，三是从本来不在同一个句法层次上的跨层结构中脱胎出来。其中，从短语降格而来的双音词最多。”（322页）

三、有关“跨层结构”的命名

“跨层结构”这个概念最初是由吴竞存、梁伯枢在《现代汉语句法结构和分析》（1992）一书中提出的：“不在同一层次上的两个成分在发展过程中跨越原有的组合层次，彼此靠拢，逐渐凝固，最后组合成一个新的结构体，这种新的结构体可称为‘跨层结构’。”（352页）董秀芳所下定义是：“跨层结构是指不在同一个句法层次上而只是在表层形式上相邻近的两个成分的组合。”（273页）如上，江蓝生则称之为“跨层非短语结构”。吴福祥则在《汉语语法化演变的几个类型学特征》（2005）一文中用“词汇序列”或“非直接成分的词汇序列”来进行指称：“但与构词过程不同，词汇化过程不具有类推性和能产性，但它却包含了一个历史演变的过程，并且总是以特定的句法结构式或词汇序列作为新词项的语源。”在文后的附注中提道：“‘词汇化’在一般语言学文献里所指并不一致……这里所说的词汇化主要指包含语法词或附着词的句法结构或非直接成分的词汇序列演变成一个独立的实义词的过程。”刘红妮在其博士论文《汉语非句法结构的词汇化》（2009）中称述为“非句法结构”：“‘非句法结构的词汇化’，则与‘句法结构的词汇化’相对，指的是：两个没有直接结合关系、而只在句子线性序列上相邻的序列成分经由词汇化而成为一个独立的词的语言演变过程。非句法结构的词汇化不是通过句法结构途径成词的，不是按照一般句法结构所组成的并列、偏正、主谓、述宾、述补、连动、介宾等结构的词汇化。”

汉语学界之所以对这一构词现象给予了比较多的关注，客观原因在于这种构词方式确实具有其他语言少有甚至难得见到的特殊性。正因为如此，借用原有的术语信息都很难准确地反映这种组合的特点。“重新分析”倒是能将这种现象囊括进来，但是这样一来，却又加重了这一理论表述内部的复杂性。它的结果是，真真正正地“在描写的平面上它们是非语法结构的，近乎‘不能分析的复合词’”。所以，有关讨论极大地拓展了人们的视野，虽然很难在表述上面求得完全的一致。

第二节　词与非词的界限

赵元任（1979）：“一般地说，什么样儿的一个语素组合代表一个概念，这个问题不是一个可以用语言学上的考虑得出答案的问题。‘河马’是一个概念还是两个概念？……概念至多只能提供一点有用的线索。”“唯一可以把握的方法是通过结构的单一性来认识词的单一性”，但同时也认为：“意义的专门化和形式特征之间有一定程度的关联”，“一个临时词有特殊的意义，有资格收进词典，例如‘半天’，除 1/2 天的意思之外，还有‘好长时间’的意思；‘半夜’，除了 1/2 夜的意思外还指零时前后的时间”。

吕叔湘（1979）：“组合不自由，就是有熟语性，这是复合词的特点。”（《汉语语法分析问题》，17 页）“两字并列是汉语造词广泛应用的格式。有的，原来的单字意义有分别，造出来的字包括两个字的意义，不只等于其中一个。例如‘诊疗’包括诊断和治疗，‘钢铁’不只是钢，也不只是铁。”①

词与非词的区分，对于相对稳定的现代汉语来说，就是一个“老大难”的问题。之所以如此，就在于它“上挂下联”：下面是语素，上面是短语，都有一个区分问题。赵元任指出：“广义的词汇里头，包括不但是狭义的词汇，并且包括凡是意义的结合不等于结合的意义的复词。”② 王力还专门撰文《词和仂语的界限》，说：“必须承认，词和仂语之间没有绝对的界限。”③ 吕叔湘（1979）也说：“语法上可认为是一个，而词汇上宁可认为是一个短语……词汇上可认为是一个词，而语法上宁可认为是一个短语。”（《汉语语法分析问题》，31 页）他们的这些表述，还多是侧重现代汉语来讲的。对于古代汉语来说，似乎它在语素区分方面相对轻松。众所周知，上古汉语以单音节词为主，绝大部分都可以看作自由语素。问题在于，古人词的概念模糊，还直接影响到它与字的辨析问题。如《道德经》中的表述：“豫兮若冬涉川，犹兮若畏四邻。”“道之为物，惟恍惟惚。惚兮恍兮，其中有象；恍兮惚兮，其中有物。窈兮冥兮，其中

① 吕叔湘．吕叔湘文集：第 2 卷［M］．北京：商务印书馆，2004：420.

② 赵元任．语言问题［M］．北京：商务印书馆，1980：48.

③ 王力．龙虫并雕斋文集：第二册［M］．北京：中华书局，1980：551.

有精；其精甚真，其中有信。”其中的“犹豫”“恍惚”“窈冥”拆开来用是很自由的。至于词与短语的分辨，从以往的研究成果看，问题就显得较为突出。因为不要说现代汉语和古代汉语的区分，就是它们各自的不同时期，同一形式词与非词的确认都有非常难以把握的地方，有些语言单位特殊的意义表达甚至就是昙花一现。不同的人在依据标准上面也会有宽严量质界限上的很大出入，其认定就会体现出很大的差异。再则，就像张双棣在其专著《〈吕氏春秋〉词汇研究》中指出的那样：对于那时的词语是不是复音词，不能用拆开或插入别的成分的方法来检验它结合得是否紧密。（274页）正因为如此，即便是大家现时多采用了数量统计的方法，结论也给人以非常扎实的感觉；然而这种统计必须解决的一个前提就是认定的标准。如李仕春在他的《汉语构词法和造词法研究》中归总的一个事实：同样的对象，每个人得出的数字都不相同，见下表。①

文献	墨子	墨子	孟子	孟子	孟子	庄子	庄子	荀子	荀子	世说新语	世说新语	世说新语
复合词总数	182	1295	234	260	591	1754	424	1264	1250	1343	1686	1184
联合式及其占复合词总数的百分比	102 56.0	728 56.2	105 44.9	146 56.8	245 41.5	861 49.1	201 47.4	681 53.9	767 61.4	714 53.2	926 54.9	552 46.6
偏正式及其占复合词总数的百分比	55 30.2	476 36.8	90 38.5	100 38.9	237 40.1	825 47.0	200 47.2	522 41.3	463 37.0	556 41.4	573 34.0	548 46.3

也有人看到了数字统计上的巨大差距。如张延成（1998）提到的一个结果：“对古代典籍中的复音词的确定，往往仁者见仁，智者见智，各不相同。例如对《诗经》使用复音词数量的统计，马真、潘祖炎、向熹分别为712、1200、1327，可见，由于标准的差异，往往造成统计数量的悬殊。”再如《左传》中的复音词，陈克炯统计有284个，马真的是489个，伍宗文则认为有1185个。这样的结果同样让人们无从采纳。

一、区分标准问题

张永言的《词汇学简论》是兼及古今的。他认为：汉语少形态，词语本身没有外在标志，不能自足地呈现。根据汉语词汇的特点，基本原则是考察词的结构整体性、词的完整定形性和词的意义融合性。（20页）但这是一个总的原则，并不好操作。马真在《先秦复音词初探》（1980）一文中则提出了五条定词的标准：（1）两个成分结合后，构成新义，各成分的原义融化在新的整体意义中，这样的复音组合是词，不是

① 表中同一部著作而不同的数据，为不同的研究者所得。李仁春（2011）已经一一标出了，这里恕不重复。

短语，如“先生”“京师”；（2）两个同义或近义成分结合，意义互补，凝结成一个更概括的意义，这样的复音组合是词，不是短语，如“道路”“恭敬”；（3）两个成分结合后，其中一个的意义消失，只保留一个成分的意义，这样的复音组合是词，不是短语，如“市井”“场圃”；（4）重叠的复音组合，如果重叠后不是原义的简单重复，而是在原义的基础上增加某种附加意义，这样的重叠式是词，不是短语，如“冥冥”“滔滔”；（5）两个结合的成分，其中一个是没有具体词汇意义的附加成分，这样的复音组合是词，不是短语，如“惠然”“率尔”等。显然，虽然具体化了五条标准，操作性增强了，归总到一起，也就是一个词汇意义的判定方法，即考察复音词组合的结合程度是否紧密，它们是否已经成为具有完整意义的不可分割的整体。伍宗文（2001）继承马真这种将意义标准细化的做法，进而做出自己的判断：（1）表示动作、性质状态或名物的两个义位，结合前与结合后对比，如果发生了由此及彼的转移，一般视为复音词；（2）一个双音组合的句法功能乃至意义如果跟对应的一个单音词相当，视为复音词；（3）两个音义相同或最相近的动词共用一个宾语，如果不是分别跟宾语维持着单线关系，而是完全融合，共同和宾语发生语义联系，这组共用宾词的联合动词可以视为复音词。将意义标准再细化并使其具有可操作性，可以说是古汉语词汇化研究中的一个贡献。

这种意义标准单一化，或说意义标准为主的认识，是相当一部分人所赞同的。比如张双棣（1989）就主张：判断复音词“主要是凭借意义，同时参考出现频率及同时代其他文献的使用情况。”“确定先秦汉语复音词，意义标准是至关重要的，是决定性的。即使判断结构上结合得紧密不紧密，也要靠意义。”“复音词的词义特点在于它的意义是统一的，它的意义不等于构成语素意义的简单相加，而是构成新义，或形成概括义，或产生特指义，或具有偏指义。”毛远明（1999）也强调意义标准的重要性。他认为应该把意义的融合性、整体性放到首要的位置来考察。如果在具体的语境中，一个言语片段的意义是各构成成分意义的综合、抽象，或者表示别的、新的确定意义，便可以判断为词。在强调意义标准的前提下，还要充分考虑复音词结构固定性、考虑一个复音言语片段与构成它的语言成分的词性是否有转变、考虑其使用频率以及词的流传情况。

当然，也有些人是持否定意见的。如周生亚（1982）认为：以什么为主，这个提法不见得好。还是要把意义和形式的分析结合起来，既要看意义变化、结合松紧；还要看结构对比和结合关系。词都是有其语法特点的，句中词与词的结合都不是任意的，总是为一定的语法关系所制约，据此，也可以判定词与词组的区别。廖集玲（1991）也认为，词兼有词汇和语法的二重性，所以要确定一个组合是不是复音词，须兼顾词的词汇特点和语法特点两个方面。

更多的人则像程湘清一样，认为“规定标准要从多方面着眼”。“吕叔湘先生说得对：‘由于汉语缺少发达的形态，因而在做出一个决定的时候往往难以根据单一标准，而是常常要综合几方面的标准。’具体到认定一个双音词，就要从语法形式、词汇意义、修辞手法以至使用频率等多方面进行考虑。”①

持多标准划分词与非词界限的人显然呈多数。但具体表现为哪些标准却不尽相同。

唐钰明认为：“实际上，汉语，尤其是上古汉语，其复音词往往是词组凝固化的结果，复音词和词组之间并没有严格的不可逾越的界限……标准主要是三条：(一) 看看这个组合的两个部分在语义上是否融合，是否表达一个完整的概念。(二) 看看这个组合是否具有连续性。也就是说，上是否见之于甲骨文，下是否有典籍的佐证。(三) 看看这个组合是否有‘合文’这个形式标志。”②

王宁（1997）提出四条标准：“具有以下特性之一的，可认定为结合紧密的双音词：1. 语素不自由的特性；2. 非词源化的特性；3. 非现代语法的特性；4. 非直接语义搭配的特性。”

伍宗文在其《先秦汉语复音词研究》中提出了五项标准：1. 形式标志。学者们提出以“合文”作为形式标志。2. 意义标准。对此，他引述张双棣的话说：“确定先秦汉语复音词，意义标准是至关重要的，是决定性的。即使判断结构上结合得紧密不紧密，也要靠意义。”3. 修辞手段。这一标准涉及构词的成因。王力说：“词义的变迁，和修辞学的关系是很紧密的。在许多情况下，由于修辞手段的经常运用，引起了词义的变迁。”只要其实际意义跟字面意义并不“等值”，前者的意义范围大于后者时，这样的组合都应视为复词；如果当作词组，把它们的意义坐实，就可能对上述文句造成误解。4. 语法性质。先秦汉语的复音词可以从语法的角度来审视，一个双音组合语法性质的转换即其一端。这样的转换通常以其组成成分意义的引申为基础，并最终通过其整体意义的转换来实现。5. 见次频率。

有些学者还把双音复合结构两个语素之间是否存在语音停顿作为划分词与非词的一个参考依据。代表性的观点有刘叔新（1984）：“词的内部，不论有无组成部分之间的联结，也不论说出的速度如何，都是不存在或习惯上不可有任何停顿的。”丁喜霞（2005）也说：“语音的连续性指的是，双音词的两个语素之间原则上或习惯上没有语音停顿，这可以作为词的一种语音标志。”

除非我们不搞这项研究，如果要研究，其前提就是必须有词与非词的确认。董秀芳在其所著的《词汇化：汉语双音词的衍生和发展》，第一章是“汉语双音词的主要衍生方式”，主要也是谈这个问题的。作者借助 Bloomfield（1933）的话来进行定位：语言之间词法上的差异大于句法上的差异。认为汉语词和短语的划分始终是一个难题，而汉语中的词汇化缺乏形式标志就进一步增加了问题的难度。这也跟词汇化有关联，因为很多复合词是由短语演变而来的，在它们还处在由短语向词转变的过程中尚未完

---

① 程湘清. 汉语专书复音词研究（增订本）[M]. 北京：商务印书馆，2008：40.

② 唐钰明. 金文复音词简论 [D]. 广州：中山大学出版社，1986. 合文：不仅是个书写单位，而且是个语义单位。

全固化的时候，很难将它们截然区分开来。王洪君（1994）提出从字组中字与字的结合关系出发，先找出短语规则，再以排除法确定词。董秀芳认为，在对词直接定义困难比较大的情况下这应该是一条比较可行的途径。但这条途径具体操作起来仍是不容易的，恐怕一时仍解决不了根本问题。于是第三节谈“双音词衍生的基本条件”，实际上仍在谈自己确立词与非词的区分标准。具体体现为以下四个方面：

（1）语音限制。汉语从单音节变为双音节。将这一条排在第一的位置，虽然董秀芳没有给出具体的判别规则，仅仅给出了最表象化的形式特征，但不能不说，其中仍有许多的语言事实现象有待于揭示。在第一节的注释中，董秀芳也曾表示：“江蓝生（1999a）通过历史文献和方言材料证明了汉语实词虚化的过程伴随着一个连续渐进的语音弱化的过程。据此推测，当一个短语变为词后在语音形式上可能也是有变化的，但由于汉字不是表音文字，因而掩盖住了不少语音变化的轨迹。”她曾举出现代汉语仍然存活的同形短语和双音词的例子：一个双音短语变为双音词之后，后一个音节往往发生轻化。这不但有她指出的轻声现象，还有变调、儿化等。事实上，我们在描写汉语词汇化演变历程的时候多关注的是书面材料，且多注意的是由单音节词到双音节词这一整体的变化。与此同时，在口语方面却能够看到另外一种情况，即由双音节词到合音词的更进一步的演变，如由“什么”到“啥”。这样做的结果可以促进进一步的词汇化：普通话“里头（lǐtou）” “房子里头（fángzi lǐtou）” “清早起来（qīngzǎo qǐlái）”——河南话分别说成“liù”“fàngliù”“qiaōngqiè”。

（2）原有两个分立成分必须在线性顺序上贴近。这一标准是针对大多数情况来说的，对于比较典型的跨层次结构的词汇化来讲更是如此，但不一定带有强制性。对于相当一些节缩成词的现象来说，解释力相对就弱了。例如：

“景仰” < “高山仰止，景行行止。”（《诗·小雅·车》）

“瓜李” < “瓜田不纳履，李下不正冠。”（曹植《君子行》）

（3）语义上有一定的改造。对此国外有关语法化、词汇化的描写和解释比较成熟，具体表现为：“部分语义弱化甚至脱落”“隐喻”“转喻”“词性转类”等。

（4）该词的使用频率一定要高。

董秀芳在《“不”与所修饰的中心词的粘合现象》（2003）一文中对具体现象的处理上面再一次谈到了在这个问题上她所采取的方法及步骤。她表述说：为了使讨论能在一个合理可靠的基础上进行，用来分析的例子将尽可能选用典型的在定性上不会引起太大分歧的那些词语。基本的判断准则是：短语的各个成分之间句法关系是明显的、可以分析的；短语的意义可以从其组成成分的意义的组合中得到。具体到文中要分析的“不”与动词性成分的组合，将补充采用下面这条标准：如果存在一个与“不+动/形”意义上相对应的动/形肯定形式，我们就认为不+动/形是短语。相对应的，如果具备这样两个条件：①作为词的意义产生在同形的短语的意义之后；②词的意义与同形短语的意义有明显的联系，那么就可以认为它们之间存在历史演变关系。在这两个条件中，后者是最重要的，前者有时并不能满足。因为一个形式产生了新意义之后，旧的意义不一定马上消失，往往存在一个新旧意义并存的阶段，甚至这个阶段还可能持续很长时间；再者，书面语是有限的，一些语言形式最初的表现可能并没有在文献中保存下来。这就可能造成这样的情况：同一形式的短语和词的用法从文献证据上分不出先后。这时，第二个条件就成为主要依据。只要词的意义和短语的意义有比较明显的关联，就可以认为它们之间存在历时演变的关系。

应该说，这种基于语言事实上的划分判断最具体并具有实际的操作效用。

陈明娥（2003）的博士论文《敦煌变文词汇研究》关于变文双音词的判定标准也有值得人们借鉴之处。她从四个方面给予具体的鉴别：

（1）语义整体考察法。①语义凝固化；②组合成分的不自由化；③语义转指化。

（2）义位搭配分析法。①义位互补性；②义位偏指性；③义位虚化性。

（3）共时历时结合法。①考证组合的来源；②探索义位的选择规律；③注意口语俗语语词。

（4）语法、语用、语境综合法。①运用语法手段；②注意修辞方法；③考察具体语境；④统计出现频率。

二、复合词出现时间的判定

词与非词的区分，并非仅仅一个理论问题，它直接关系到对具体事实现象的认识。这最典型的就反映在复音词何时出现，分歧的焦点集中在最早期的文字形式甲骨文有还是没有。持肯定意见的是唐钰明（1986），他认为“汉语复音化并非始于春秋战国，而是始于商周，这点应该是确定无疑的”，而“在构成汉语复音词的过程中，结构造词早于语音造词；结构造词中，偏正式又占了绝对优势”。因此“实际上揭开汉语复音化序幕的却是偏正式……这就表明汉语复音化原始动力并不是为了解决语音形式上的问题，而是为了追求语义的精密化”。并且他还做了比较详细的统计，除了人名、地名外，甲骨文已有复音词 35 个。在结构方式上除了偏正、联合外，已有个别动宾式。据此，他认为：“甲骨文的词汇已出现复音化的萌芽。”持这种观点的人比较多。潘允中（1989）说：“上古前期，古人就有了复合词的萌芽。”王绍新（1987）说：“单音词是甲骨词汇的主体，殷商时代也有了少量双音词。”伍宗文（2001）认为，甲骨卜辞的双音词是汉语复音词的萌芽。甲骨文中的“复音专名”是“最古老的那批复音词之一”以来最早的复音词。持同样观点的还有陈婷珠（2004），她在《试论甲骨文复音词的形成原因》一文中不仅肯定了先前多人的认识，还认为甲骨文中有附加式构词，即“有~”式。其例为：

勿燎禘于有户。（《合》14686 反）

乙巳卜，且贞：翌丁未酒禽岁丁，尊有玉。（《合》4059）

有的学者则持否定意见，如郭锡良、史存直、朱广祁、程湘清等。郭锡良（1997）认为："卜辞中的复音结构……都还是词组，而不宜看作复音词"，"甲骨文时代的语言可以说还是一种单音节语，只有单音节的词。""甲骨文时代的语言还只是一种单音节语，被有些学者认为是双音节的词在甲骨文时代应该算作词组。"不过这部分学者也多不采取这种决绝的判断方式，不走极端。比如史存直（1989）把复音词的产生定为西周，但是他认为甲骨文中有些人名、部族名等少数词语是双音词。还有一些学者单纯表述起点问题，回避这种过于率直的认定。如朱广祁（1985）把《诗经》主要作品的产生时代西周"看作双音复合词产生并发展的开始阶段"。程湘清（2008）认为："汉语词汇从以单音词为主，过渡到以复音词为主，是汉语发展史上的一大变化……在距今两千多年的先秦两周时代，这一变化就已经开始了。""表现在词汇上，一个最显著的事实就是在这个时期内出现了相当数量的双音词和双音词组，就是说，开始迈出了汉语词汇复音化的第一步。"

特别是到了具体事实现象的认定上面，不同的见解认识似乎更迥然不同。《孟子·离娄上》："人恒有言，皆曰'天下国家'。"张联荣（1997/2009）就认定其中的"国家"是词组。为什么这样认定，他没解释。不难推想的是，他可能看中了该句的后边有这样的表述："天下之本在国，国之本在家，家之本在身。"因为是拆开了的，于是就判定为词组。接下来他又判断说，《左传·成公十三年》："穆为不吊，蔑死我君，寡我襄公，迭我肴地，奸绝我好，伐我保城，殄灭我费滑，散离我兄弟，挠乱我同盟，倾覆我国家。"说这里边的"国家"是词。凭据是什么，仍没说。大概是因为上下文中没有分拆与之对应，实际上这是没有说服力的。因为我们现代汉语中也有"没有国哪有家？没有家哪有我？"的说法，不能由此证明它不是一个词。程湘清似乎对这种认识主张是非常赞同的。就"怎样区分先秦汉语的双音词和双音词组"这一问题上，其所采用的多标准的第三项就明确认定说："一个双音组合若能够在同一个语言环境中拆开单用，则可认定其为词组而不是词。"所举例证也正好能够验证张联荣的所思所想：

《韩非子·十过》："鲍叔牙为人，刚愎而上悍。刚则犯民以暴，愎则不得民心，悍则下不为用，其心不惧。"

《韩非子·解老》："故定理有存亡，有死生，有盛衰。夫物之一存一亡，乍死乍生，初盛而后衰者，不可谓常。"

然而张双棣的《〈吕氏春秋〉词汇研究》却与这种主张截然相反，指出："我们不能因为单音词还大量应用就否定双音词的存在，认为它是双音形式拆开的结果。"同样举有类似的多个例证来说明这一点。

（1）《禁塞》："世有兴主仁士，深意念此，亦可以痛心矣，亦可以悲哀矣。"

《适音》："亡国之音悲以哀，其政险也。"

（2）《劝学》："君子行于道路，其有父者可知也。"

《介立》："将有适也，而饿于道。"

《上德》："弱请先死以除路。"

张双棣甚至认为，像例（2），复音形式尽管只出现了 4 次，单音词"道"出现 38 次，"路"出现了 11 次，即便如此也不能否定"道路"已经作为一个词存在的资格。这是因为："先秦汉语复音词存在的一个突出特点是复音词和单音词同时并存。"（274 页）是不是词，"不能像活在人们口头的现代汉语那样任意用拆开、插入、转换的方法去检验。"

正因为词与非词区分的巨大难度，有人主张取消其区分，以"词语"笼统代之："词语这个语法范畴，是单音节非形态语汉语所特有的……汉语的词是单音节的，所以汉语是一种单音节非形态语。这种性质的语言存在着同音词问题，这就决定了汉语的语法手段之一是用词与词搭配成词语以区别同音词。既是用词与词进行搭配，那就是语法问题而不是词汇问题，所以在汉语里划分什么样的语言单位是词或不是词，是合成词还是单纯词，既无可能，也无必要。"（戚桂宴，1992）当然，这种主张显然有情感的因素在里面。王洪君（1994）则从字本位的观念认识出发，认为应该先找出字与字之间和短语内部自由组合之间的差异，再用排除法确定词。她把词化程度无级递增的序列切分为自由短语、类词短语、准词、离合词、词五个层次。这种思路在一定程度上吻合了家族相似性原理的连续模式，能够反映不同语言单位间的复杂性，然而其确认仍有一个量质的界线问题。

第三节　构词法与句法的异同

一、从历时角度进行认识

基于这一认识角度，很多人认为现代汉语的双音节词来自古代汉语的词组。这种思想观念表现得最鲜明、最突出的就是王力先生，在他不同时期多样的著作之中，多次申明词组（仂语）演变为词的语言变化规律。他在《汉语史稿》中指出："仂语的凝固化是复音词产生的主要方式。""至于仂语的凝固化，就是说，仂语在发展过程中凝固起来，成为单词，如上古的'天子'，中古的'欢喜'等，在汉语构词法中是主要的。"他在《汉语语法史》中同样表述说："上古汉语里还有一些双音词是由词组演变而成的。"

20 世纪 90 年代，语法化理论引入，其中的一个重要假设就是从"句法到词法"的演变。于是这种思想得到了很多人的赞同并将它当作一种普遍性的原理而得到反复的强调。徐时仪（1998）是对这项研究起步比较早的一个，而且对该认定给予了肯定。他认为，词组演变为词实际上就是词汇语法化的过程。董志翘（2000）给出论证说："由词组的凝缩进而词化，这是汉语词化发展中经济原则的具体体现；这一现象伴随着词的双音化而产生，故由来已久，在汉魏时期已常可见到。"王灿龙（2005）指出：词汇化就是一种句法单位成词的凝固化。吴福祥（2005）进一步论证说："这在一些印欧语言中主要表现为独立的词变为粘附成分（clitics），进而演变为词缀、屈折成分。汉语作为孤立语，词缀不发达，屈折成分除了变调构词法外几近于无，且造字法、构词法和造句法的规则基本上相似，故句法到词法的变化主要以双音句法单位演变为双音词的形式表现出来，这是汉语的一个特点。"

对该观点做出了比较充分论证的是董秀芳，她在其所著的《词汇化：汉语双音词的衍生和发展》一书中，第一章第一节"汉语双音词的主要来源"，辨析的就是这个问题。她指出：

对于复合词的出生地，以下两种看法颇有代表性：一种认为复合词产生于句法，另一种则认为复合词产生于词法。这两种看法都能在共时语言系统中找到一定的证据。但从历时角度看，汉语最早的复合词是来源于句法的，在那时还没有复合构词法；当复合词不断地从句法中衍生出来之后，复合构词法就产生了，这以后复合词就可以不通过句法而被语言使用者独立地创造出来了。把范围定在双音词，情况也是如此。如果考虑双音最初产生时的情况的话，就可以说大量双音词来源于句法。

与此同时，董秀芳还用相当多的词语例证来进一步说明自己的观点。像"窗户""牺牲""规矩""准绳""消息""鼓舞""聪明""孤独"等，光是类似的并列式，就列举了10多个，试图证明的一个观点就是这些双音节词都是来源于"短语词汇化"。

此外，还有很多学者对此进行质疑。如戴昭铭（1988）首先发难，指出，汉语复合词中存在着句法中所没有的结构关系，复合词和句法的组合结构并非一致。刘叔新（1990）的主张更鲜明，即否认相互之间的相同性。当然，有的说的不是那么绝对，但对两者的差异则是非常看重的。周荐（1991、1992、2004）多次重申：复合词的构成深受句法模式的影响，但词法里边的"意合式复合词""逆序式复合词"无法套用句法结构关系来解释。王宁（2008）也认为："汉语构词法有着非常明显的非句法特征"，很难将这两者对应起来，用句法来解释构词法很难得出准确的认识。丁西霞（2005）有针对性地提出："这类词是在汉语词汇双音化的驱动作用和同义并列构词法的类推作用下，运用同义联想，通过词法途径把两个意义相同或相近的单音词并连在一起构成的，不需要经过由短语到词的句法演变。"

持同样看法的还有刘晓然，他的博士论文《双音短语的词汇化：以〈太平经〉为例》（2007）认为：所谓短语的词汇化，主要侧重理论的探讨，在材料的选择上具有随机性，这种成说可能只是停留在观察印象的层面，它在多大程度、多大范围内刻画了汉语词汇历史发展的本来面貌，还有待更细致深入的论证。该文根据对《太平经》

100 高频词的考察，发现经由短语词汇化转变来的双音词："在词汇总量中只占很少一部分，以本经 100 高频词为例，具体数据是：来自短语词汇化的双音词占本经 100 词例的 15%；来自短语词汇化路径的双音词占可解释成五种基本句法关系的全部结构的 25%；包括句法结构、跨层结构在内的来自词汇化路径的双音词占本经 100 词例的 27%。这与以往认为双音词绝大部分是由短语固化而来的成说大相径庭。而且，有很多公认的来自短语的复合词，如'妻子'、'月亮'等，尽管这些语言单位在汉语史上确实有过用如短语的情形，但那些短语与同形的复合词之间并不存在衍生关系，它们只是偶然同形，这些词其实是通过词根复合法直接黏合而成的。词汇化理论可以涵盖句法结构（如'不及'、'不能'、'不足'等）、跨层结构（如'以为'、'所以'、'以来'等）的成词现象，但认为双音词的来源主要是短语的词汇化，则夸大了词汇化在汉语词汇发展史上所实际产生的作用。"（8 页）"汉语的双音词，绝大多数都是词法路径的产物，其中主要的又是词根复合法的产物。"

正是在此基础上，刘晓然于《太平经》中词与非词的区分，完全采用语义标准。之所以如此，他认为：语义的曲折性是词的语义的首要特性。他比较多地借助了朱彦（2005）在这个问题上的分析论述，即双音短语的词汇化必然导致这个词语（短语）意义的虚化和结构功能的虚化，最终整个结构的意义不能凭借构成成分的意义预测出来，即消失了透明度（transparency）。语义的曲折性（indirectness），概括地来说就是，如果一个语言结构所表达的意思不能直接从其字面义（包括成分义和成分之间的结构义）得到，则具体体现在如下两个层面上：①成分义和整体义的关系层面，曲折性表现为成分义的组合不等于整体义，即整体义在成分义组成的基础上发生了变化；②成分义之间的关系层面，曲折性体现为，形式上的直接成分没有语义上的直接关系。对于双音词而言，其语义的曲折性也表现为两个方面：其一，双音词表示的是词汇意义，不是构成语素意义的加合。双音词的词汇意义有些是构成语素意义的转喻引申或隐喻引申，有些是构成语素部分意义脱落之后的残余意义，有些是转类之后新生的相关意义。总之，双音词的词汇意义与构成语素意义的加合是不对等的，凡是符合这个标准的双音组合，我们都把它看成是词。其二，双音词的构成语素之间没有语义上的直接关系。

由此不难看出，刘晓然的区分词与非词的标准也是建立在同形语言单位而非词与词组对应基础上，也就是说，并不看重它们之间有一种历时的延续承继关系。

事实上，古今汉语词语上先后发展变化的状貌是复杂多样的，全称性的判断很容易将事情的真实情况简单化，必须清楚的是：所谓单双音节词为主的说法，多是着眼于书面语来说，如果将口语也包括进来，或许就要重新进行斟酌。对此，如果查证一下由北京语言学院语言教学研究所（1986）所编《现代汉语频率词典》给出的结果即可看得明白：出现在使用频率最高的前 20 个词，全都是单音节词，出现在使用频率最高的前 200 个词，仅有 41 个是双音节词。也就是说，双音节词仅占总数的 1/5 强。即便如此，该频率词典所统计的材料更多的还是倾向于书面语。

在整个语法化、词汇化的研究中，还是有些学者注意到了这样的问题。如车录彬的论文《汉语词汇复音化的再思考》认为，诸如下面一些判断：“到战国末期，汉语复音词在数量上已接近单音词，显示了它将取代单音词而占主要地位的趋势，单音词在语言中已不再占‘优势’。”（廖集玲，1991）通过对《颜氏家训》中复音词数量的统计，得出“到南北朝时期，在文白杂糅的文人作品中，单音词占优势的现象已经有了改变”的结论。（王忻，1998）“复音化的形成是复音词发展到一定数量、具有一定规模、成为一种态势的结果。”（冯英，2005）都还需要再斟酌。要全面、准确地反映汉语词汇复音化的真实面貌，还必须考虑这三个因素：使用频次、义项多少和语体区别，其中对“使用频次”讨论最为精细。车录彬指出：“词语的数量和使用频次是两个不同的概念，前者指语言材料中不计重复的词语个数，而后者指语言材料中词语实际出现的频率与次数。”显然，《汉语词汇多音化的再思考》的这种辨析是非常重要的，甚至还牵涉到性质的认定。众所周知，现代汉语普通话语音系统，辅音 22 个，元音才 10 个。单纯从数量上来讲多少问题不言而喻，但作为一条重要的规则认定，教科书中往往写明的是“元音占优势”。之所以如此，就在于“对于音节的组成来讲，元音必须出现，辅音则可以出现也可以不出现；可以有复元音，但是不能有复辅音”。《汉语词汇复音化的再思考》还以俞理明、谭代龙对唐代译经《根本说一切有部毗奈耶破僧事》中词汇的详细统计为例：单从词量上看，复音词多达 4128 个，占 73.07%，而单音词仅 1521 个，占 26.93%，复音词的数量相当于单音词的三倍，已经占据绝对优势。但从语用层面上看，该书复音词的使用频次只有单音词的 1/10（5.06∶49.22），占全书词量 1/4 的单音词，出现次数竟然占到 3/4 以上。由此得出结论：“唐代虽然出现了大量的复音词语，可是组成语句的主要词汇形式还是单音成分，复音成分在语句中并不占据主导地位。以前认为汉语词汇复音化的程度在唐代‘已经很高’的说法要大打折扣。”

《汉语词汇复音化的再思考》还进一步考察了现代汉语词汇使用中的情况。以苏新春的统计为例：《现代汉语词典》（第二版）共收 56147 条，其中单音词 10540 条，复音词 45067 条——复音词数量是单音词的 4.3 倍。不考虑频次，完全可以说现代汉语已经复音化了，因为它在词汇系统中占据绝对优势。但《现代汉语频率词典》中反映的情况是：最常用的 2000 个词中，单音词有 957 个，复音词有 1043 个，二者数量大致持平；但单、复音词的使用率之比却为 2.5∶1。

“单音词作为汉语基本词汇的主要组成部分，在语用中非常普遍地存在着，汉语词汇复音化的程度并非我们想象得那样彻底。”

由此可以这样说：大家大可不必因为都在讨论复合词现象，就对该现象给予不够真实的强调。至于有的文章根据赵元任（1968）用比较多的篇幅来描写汉语复合词的构成，所揭示的大多为句法结构关系，推论说：“如果仔细推究赵元任的这个复合词表，可以发现很多句法结构的复合词其实就是由相应的短语词汇化而来的。”（刘红妮，2009）其拟想的成分也有些过重了，因为赵元任所讨论的对象仍是现代汉语，并非在做历时的追溯。

二、从共时角度进行认识

从这一角度出发，“词法和句法的组合结构关系有着对应一致性”，有着广泛的影响。

早在1948年，赵元任即在其所著的《国语入门》一书中开始了以句法分析的方式研究复合词结构的尝试。他对复合词进行分类时指出：可以通过“组成复合词的字当中有没有造句的关系”和“复合词在语法里的功用是不是跟组成复合词的字一样”等方法来认定。他把复合词分成六类：主谓、并列、向心、动宾、补足和单词化等，开创了现代汉语构词法系统研究的先河。但老实说，赵元任在进行这种结构分类描述的时候，并没有由此来说明它们来自古汉语句法的意思，倒是纯粹从共时角度看它和句法结构关系的对应性，因为他的书里边刚讲过“造句法”，紧接着就是这些内容的“造词法”。之后，有一系列类似的论述也大都是基于这种观念进行强调立论的。如吕叔湘、朱德熙《语法修辞讲话》中指出：“双音词的构成跟短语相似。”陆志韦《汉语的构词法》中明确指出：“汉语里，造句的形式和构词的形式基本上是相同的。”周祖谟《汉语词汇讲话》中“词的构造”一节，把词分成单纯词和合成词，而合成词的构造方式，也用基本的造词方式给予反映。

这种观点中最有影响力的，就是朱德熙于他的《语法问答》中所申明的汉语语法两大特点之一：汉语句子的构造原则跟词组的构造原则基本上是一致的。这种认识主张于20世纪七八十年代取得了广泛的共识，进而推及词法。如郭绍虞的《汉语语法修辞新探》、张志公主编的《现代汉语》、黄廖本的《现代汉语》，都将它作为鲜明的特征给予了突出的反映。

这些观点主张，显然都跟词法来源于句法这种着眼于词汇化的判断是没有关联的。这样一来，是不是就可以否定“今天的词法即为过去的句法”这种基本的设定了呢?恐怕还不能这么说。但是，说“汉语双音词最主要的来源：从短语演变为双音词”，在一定程度上也可能使人产生某种误解，会被人们认为，过去繁富复杂的短语形式大都通过思维的严谨化从而浓缩凝聚为今天的双音节词。连这种主张最鲜明的董秀芳自己举的例子“滥觞”，是不是最开初的形式就是短语，恐怕也不容易下断语。其他所举用来说明其观点的一系列例子，说一开始其中的每一个个体单位意义独立，并有一定的自由度，后来这些特点都趋于消解，从而实现了向词的转化。如果仅从这种意义上来证明，这跟通常的理解还是有一定距离的。这里仅以“经济”一词的来历情况为例做一描述。

一开始，“经济”一词中的每一个单位确确实实就是独立的词：

(1) 君不私国，臣不诬能，行此道者，虽未大治，正民之经也。今以诬能之臣事私国之君，而能济功名者，古今无之。(《管子·法法第十六》)

(2) 养生以经世，抱德以终年，可谓能体道矣。若然者，血脉无郁滞，五藏无蔚气，祸福弗能挠滑，非誉弗能尘垢，故能致其极。非有其世，孰能济焉？(《淮南子·俶真训》)

"经"，《说文》释义为："织也。"由织布之经纬引申为"治理、管理"，如《诗经·大雅·文王之什》："经始灵台，经之营之。"（这可以说是"经营"一词的最早形式。该词如果说是由短语而来似乎比较合乎事实。）"济"的本义是"渡河"。至今成语中还保留着这种意义，如"同舟共济"。引申为"补益、成就"，如"无济于事"。由此可以看到，上述（1）、（2）两例都是两词隐喻引申而实现意义转指的。因为它们在意义上比较相近，故能在同类语义的表达择选中逐渐地接近并组合在一起：

(3) 故黄帝职道义，经天地，纪人伦，序万物，以信与仁为天下先。然后，济东海，入江内，取绿图，西济积石，涉流沙，登于昆仑。（贾谊《新书·修正语上》）

(4) 圣人作经，艺者传记，匡济薄俗，驱民使之归实诚也。（王充《论衡·对作》）

(5) 盘旋三千之仪，攻守进趣之术，轻身重义之节，欢忧礼乐之事，经世济俗之略，儒者之所务也。(《抱朴子·内篇明本卷十》)

(6) 龙骧将军交州刺史檀和之，忠果到列，思略经济，禀命攻讨。(《宋书·卷九十七》)

(7) 足下沉识淹长，思综通练，起而明之，足以经济。(《晋书·卷七十七》)

(8) 岘之文学，可以经济；自谓疏脱，不谋宦游。(袁郊《甘泽谣·陶岘》)

"经世济民"这种基本意义，一直到清代还沿用着：

(9) 宝玉听了，大觉逆耳，便道："姑娘请别的屋里坐坐罢，我这里仔细腌臜了你这样知经济的人!"(《红楼梦·第三十二回》)

由此可以看出，现代汉语里的一个双音节复合词的形成，情况是复杂多样的。即便是中间有那么一个短语阶段，也只能说是一种现象，并非其终极源头就是短语。(当然，这一个例证并不足以说明普遍性的源流发展状貌，下文将由更多的事实来展示其多样化。）正因为如此，有些学者对该现象的表述就比较谨慎。如沈家煊（2004）认为，所谓词汇化，应该是指词的组连（指两个或多个词连接在一起的序列）变为词的演变，这种意义上的"词汇化"相当多见。"词的组连"，如果理解不错的话，显然就避免了由短语转变为词这种来源判断的单一性。特别是前一阶段人们较多关注的"跨层结构"，就远远超越了短语的范围。陆志韦的《汉语构词法》，北大中文系现代汉语教研室编《现代汉语》，都根据自己的研究划归了部分词内部的还不好确认。比如后者说道："有些合成词来源比较复杂，组成它的语素的意义有的很难说清楚，词的结构类型不易确定，如'丁香''感冒''陌生''沉着'等。"杨梅（2006）进而将这种情况归结为词的内部构造有可能的不透明性。这与词组的构造有着明确的区分。这种不透明主要体现在以下三个方面：第一是结构不透明，合成词的内部结构关系无法判断，如"敢情、郎中、行李、零星"等。第二是意义不透明，整体意义无法完全从构成成分推知，如"陛下、知音"等。第三是功能不透明，整体语法功能不能由内部结构推出。

第四节 词汇化的诱因机制

一、早期的解释

王力的《汉语史稿》的价值是有目共睹的：从史的角度对汉语语音、词汇、语法三大要素的发展变化，第一次进行了比较清晰的梳理，并提供出了一个大致的脉络框架。许多地方还注意到了对其现象理据的追溯，非常具有启发性。对汉语构词的描述也是如此，难能可贵的是还进一步论述了汉语复音化的原因。他认为："汉语复音化有两个主要的因素：第一是语音的简化，第二是外语的吸收。"（317页）在于该书基础上所撰写的《汉语语法史》中。他对该观点做了进一步发挥，说："双音词的发展是对语音简单化的一种平衡力量。由于汉语语音系统逐渐简单化，同音词逐渐增加，造成信息传达的障碍，双音词增加了，同音词就减少了，语音系统简单化造成的损失，在词汇发展中得到了补偿。"从语言本体各要素之间的系统制衡出发来揭示双音词产生的必要性，应该说很能切中其根本。众所周知，语言表现形式的简约性与繁富性是一对矛盾。前者有利于人们熟悉掌握，后者则便于语言表达的精细。一如汉字的简化，超过了一定的界限，带来的必然是分辨率的低下。这就需要人们要么将它控制在一定的范围内，要么采取其他的方法给予补偿。语音系统的简化也是这样，语音系统中最小单位的减少，也必然带来分辨率的降低。而在表义的基本单位词里边增加音节的数量，相当于有限单位排列组合的能力增加，自然就弥补了这种负效应。有的研究也进一步强调了这种观念。如齐佩瑢的《训诂学概论》指出："汉语同音词太多，易生误会，所以除了用后起的四声别义的方法加以补救外，较古一点的区别方法就是把单音词化为复音词。"当然，也有人对这种观点提出疑问。程湘清于他的《先秦复音词研究》一书中指出："词语的双音节化才导致了语音系统的简化。"骆晓平（1990）也指出："通常认为，汉语词汇的双音化是由于外来词的吸收和语音的简化。其实，这两点在魏晋六朝时期的作用并不突出。"两种看法，因果正好倒置，给现今和以后的研究提出了一个大课题。在这个问题上，就是王力自己似乎认识得也不那么清晰，他的《汉语语音史》中的相关内容就能体现这一点：由上古到中古，语音系统是繁化而不是简化。

先秦：声母 33，韵母 29

魏晋：声母 42，韵母 42，声调 4

他自己也客观地表述说："从史料看来，秦汉以后，汉语的双音词越来越多；五四运动之后，由于受西洋文化的影响，双音词的增长速度远远超过前代。"吕叔湘对这个问题也有些把握不定。他在《现代汉语单、双音节问题初探》一文中指出："由于语音的演变，很多古代不同音的字变成了同音字，双音化为一种补偿手段。北方话里同音字较多，双音化的倾向也较强。广东、福建等地的方言里同音字比较少些，双音化的倾向也就差些。"但他又说："北方话的语音面貌在最近几百年里并没有多大变化，可是双音词的增加以近百年为甚，而且大部分是与经济、政治和文化生活有关的所谓'新名词'。"由此可见，"双音补偿"说即便是一种客观的事实，也不免有些消极，同样也不可能是唯一的因素。

《汉语语法史》对一些词只是拟想性地进行了列举归属，也给人们进一步探讨留下了空间："另有一种双音词，既非双声，又非迭韵，也不像是由词组变来，也可以认为是一种连绵字。例如：'屏当'、'处分'、'处置'、'勾当'、'好生'、'伴当'、'生受'、'了当'、'准备'、'应副'、'应付'。"

二、外部或内部因素的解释

嗣后，相当多的研究都触及了这一根本问题。总的来说，大都不过从外部或内部因素，甚或综合起来进行阐释。

（一）外部因素

外部因素往往从社会发展的需要来进行认识，即主要着眼于语言的功能。

1. "精确表意"说

这种观点提出的时间比较早，坚持的人也多。

早在 1958 年，殷孟伦就在其《关于汉语复音词构词形式二三例试解》中指出："由于汉语的特性，当然表达每个概念的词儿不能永久停滞在单音方面，而汉语中声音相同的词又非常多，如果永久停滞在单音节方面，在使用上就会发生障碍和误解，以至混乱，这也是无可避免的事实。为了语言表达的明确和稳固，不期而然地就会有这样的发展趋势：单音节不够表达的时候，就用双音节。双音节表达仍感不够的时候，就会增加成三个音或者四个音的复音构词形式来作表达。"马真（1980）同样认为，古汉语词汇复音化的原因在于"当时需要大量增加新词这种要求和旧的词汇体系局限性的矛盾"。显然，这是从社会进步、人们思维丰富化这种积极意义上谈的。在此基础上，马真还将古汉语词汇复音化的途径具体描述为："第一条途径是在音变造词方式的基础上开始的。即可以在一个音节的声母和韵母的方式（部分重叠）来造词。"第二条途径，“也是更主要的途径，就是结构造词方式。结构造词是汉语复音化的必然结果”。“音变造词方式构成的复音词都是单纯词，结构造词方式构成的复音词都是复合词。”

2. “译经影响”说

持这种观点的，主要以梁晓虹、朱庆之为代表。早在 20 世纪 80 年代他们基本上是同一时间即开始了对汉文佛典词汇的研究，并都关注到了其对汉语双音节词汇所起到的重要推动作用。如梁晓虹的《简论佛教对汉语的影响》一文论述说：受佛典原文梵语的影响，汉文佛典的语言与汉语传统的文献语言有明显的区别，如刻意地讲求节律，多以四字构成一大的节拍；不押韵，不求骈偶对仗。如果音节上不能满足此要求时，往往以虚字凑齐。在《佛教词语的构造与汉语词汇的发展》一书中，梁晓虹进一步提出佛典翻译有这样两项贡献：（1）不仅创造了许多新的词形，而且发明了一些新翻译方法；（2）促使汉语既有的构词法有更进一步的发展。音节多样化的音译方式造就了音节多样化的音译词，汉外兼顾构造出大量的合璧词，音义兼顾也产生出相当多的音义兼译词。很明显的事实是：先秦时代少见的动宾式、补充式、主谓式复合词，在汉译佛典里大大地增加了。附加复合词也体现出前所未有的特色。像“行～”等前缀及“～师”等后缀的大量使用就是极好的例证。朱庆之也在自己的《试论佛典翻译对中古汉语词汇发展的若干影响》《论佛教对古代汉语词汇发展演变的影响（上、下）》等系列论文中对类似的认识给予了比较充分的表述。如果说有差异的话，就是从宏观的角度上对佛经翻译的历史价值做了更高意义上的肯定。他认为，双音化的主要过程发生在魏晋南北朝（220—589）的 300 多年间，是什么因素促成如此急遽的变革呢？准确地说，是在举国的宗教热忱及统治阶级的全力支持下兴盛的佛经翻译事业的结果。佛典的汉译，是汉语的首次欧化，可与五四运动前后发生的大规模欧化相媲美。它所带来的影响不仅仅是增加一些佛学名相与专有名词，实则涵盖了语言的各个层面，包括构词法与句法等。

说佛教经典的汉译对汉语词汇的双音节化有积极的促进作用，肯定是对的；至于论述同样话题的有的论文将具体的语言事实推至极致，甚至认为语句中的及物动词要加上“于”作为标记，也是受了佛经翻译的影响，就有些过了。至于同一时期的作品《太平经》中的词语双音节化也能达到相当高的比例，其根由也是值得人们深入研究的。

3. “审美观念”说

周汝昌在《当代楹联墨迹·序》中指出：“我们民族的思想方法，从来有独到之处，就是善于观察、理解和表达一个真理——世界事物具有两面性。骈俪的根源不仅仅是个文字问题，也在于哲学观点和思想方法，人的神理运裁百虑时，就看到‘相须、成对’这一条矛盾统一的客观真理，以阴、阳来概括宇宙万物的认识，几千年来就成立了。”这种宏观的哲学思维方式表现在具体的汉语上面，即为重使用，重美感，不重语法，重修辞等特点。因此有一些论及汉语词汇化成因的论著，很自然地就将该特征给予了表述。杨琳（1995）认为，汉民族传统的审美观念喜欢对偶骈体，所以“汉民族自古以来在讲话作文时惯于以两个音节为一节拍，喜欢成双成对地使用词语，而语言工作者在确定词的身份的时候也以双音作为十分重要的原则。客观使用与主观认同相结合，就有了汉语词汇复音化的结果。”吕云生（1999）也认为，汉语节律的双音步要求是并列合成词生成的“最直接最重要的动力”。

于是有些人从具体的方面来给出解释。徐世荣（1984）指出：“现在讲词汇结构（造词法）的，多从词性、词义立论，语音条件考虑较少。至多谈到‘拟声’、‘重叠’（‘重叠’也多从汉字字形着眼），而没有提出借‘音乐性’增强表演效果这一原则。这不仅仅是‘修辞’的问题，也是‘造词’的一条规律，这条规律实际是存在的，历史上已按这条规律造成若干语词，而成为语言中表情达意的好材料。”徐世荣还将这种规律的实施具体归纳为 4 条：1. 音节重叠：联比式、双尾式、双头式、复叠式、跳跃式；2. 声韵重叠：双声、叠韵；3. 平仄相对：反义词、同义词、相对相关的事物；4. 平仄搭配；等等。

不过，着眼于文化审美，包括不同语体功能追求这一类的论述中，因为众说纷纭，也不免有些单纯凭借自己感觉理解就做出判断的。如辰苏文（1984）撰文指出：“由于复音词是在人们从事交际过程中为了区别口语而发展起来的，而书面语与口语的特征又要求前者务求简明，后者则立足于区别，为此在书面语言中，特别是在古汉语中单音词往往占据相当优势，而口语为了区别同音异义词，避免产生误解，自然而然地要尽量向以双音节为主的复音化方面发展……因此，我们有理由说，复音词在某种意义上正是为便利交际，避免误解，区别口语中的同音词而发展起来的。”这种辨析似乎就与现时人们对语言的通常感觉相冲突：现代汉语中的两大语体口语和书面语，最突出的差异就是前者多单音节后者多双音节。当然，辰苏文文中表达的是中古时候汉语词汇上面出现的重大变化情况，似乎确实是一种逆反状貌：由书面到口语，由单音节到双音节。怎样理解这种悖论事实？这就得另外找原因了。现代汉语中的差异重在题材内容：口语多表现的是日常生活，书面则多倾向于正规的社会文化。上古到中古应该说没有这种题材上的重大变化，从这种意义上讲，辰苏文的文章所反映的似乎真实。然而即便是两汉，同样的内容记述，情况也并不尽然。看《史记》与《汉书》中的文辞，以《高祖本纪》和《高帝纪》的部分对应语句为例：

（1）a. 仁而爱人，喜施，意豁如也。

b. 宽仁爱人，意豁如也。

（2）a. 秦始皇帝常曰“东南有天子气”，于是东游以厌之。

b. 秦始皇帝尝曰“东南有天子气”，于是东游以猒当之。

（3）a. 到南郑，诸将及士卒多道亡归，士卒皆歌思东归。

b. 汉王既至南郑，诸将及士卒皆歌讴思东归，多道亡还者。

（4）a. 愿君王出武关，项羽必引兵南走，王深壁，令荥阳成皋间且得休。

b. 愿君王出武关，项羽必引兵南走，王深壁，令荥阳成皋间且得休息。

（5）a. 汉得休，复与之战，破楚必矣。

b. 汉得休息，复与之战，破楚必矣。

这种对应词语单双的变化，应该说没有其他因素的影响，但语言本身仍以它自身的发展特征在证明着潜移默化的变化，恐怕这种变化连使用主体都不一定能自觉认识到。所以，单纯以口语书面两大项语体泛言，恐怕还不能说明问题。

有些语体的因素确实对词语音节的单双会产生一定的作用，如韵文和非韵文形式，肯定是不一样的。比如向熹（1987）统计，《诗经》305篇作品共7284句，四字句就有6667句，约占全部歌词总数的92%以上。单音词为2826个，双音词约为1000个。从其比例来讲，在那么早的时间内，单双音节的词居然能达到2.8：1的程度，似乎有点儿不可思议了。之所以如此，可以判断说，是韵文这种语体使然。偶数音节的总体化迫使多种手段方式起作用。一个终极的趋向：偶数音节化，以求得对应工整、音律和谐。

为了这种目的，甚至在极普通的表述中都可能背离其基本的使用习惯。上面所举《史记》《汉书》先后两百年左右的时间中，词汇在进行着趋向于双音节的努力，但偶然之间，也能见到其反例：

（6）a. 怀王约入秦无暴掠，羽烧秦宫室，掘始皇帝冢，收私其财物，罪四也。

b. 怀王约入秦无暴掠，羽烧秦宫室，掘始皇帝冢，收私其财，罪四也。

如果细心体味的话就会感觉到，班固在求取偶数音节的效果。因为此时“财物”一词在春秋战国时期已经普遍使用，还不至于到他这个时候，他这样的水准还不知道它的存在。

当然，还有人从修辞的角度来看待双音节的产生。赵克勤（1987）认为，古汉语某些复音词的形成，往往跟修辞手法的运用有关。如比喻、借代、割裂、用典、委婉等，都是产生复音词的不同途径。刘大为（2004）则从活比喻到死比喻词语使用及意义固化的历程解说了词汇化的复杂性。

（二）内部因素

内部因素则多从汉语的自身特点上来找根据。如盛九畴（1983）认为：“促使汉语构词复音化的内在根据是单音节孤立语这个上古汉语的本质特点。”徐时仪（2005）也认为：“汉语词汇化的内部原因得从汉语自身的特点来探索，是由汉语表词达意的特点决定的。”

从这一角度进行开掘的也有多种成说，其中主要的有以下几种。

1. “义项分离”说

这一观点由徐通锵在他的《语言论》一书中提出。他解释说，汉语发展的早期，采用类项合一的单字编码方式，即一个字义等于一个义类乘以一个义项。如一些表示动作的字往往与特定的对象相联系，如刻金曰“雕”，雕玉曰“琢”，追人曰“追”，追兽曰“逐”，这种方式同先民的思维方式和认识水平有关。但生活现象是无限的，每一种现象就造一个字，思维将无法承载这一繁重的记忆任务。随着人们认识水平的提高，词义开始了从个别到一般，从具体到抽象的发展，从而造成单音词中所带的某些类义素消失，次类义的丰富就需要外加限制成分，原来的单音词就变成双音词。例如，“匠”—“木匠”，“牡”—“公牛”，“骏”—“骏马”，“盥”—“洗手”。

应该说这种解释也是有一定道理的。众所周知，一词一义，形式多而意义少，肯定会给人们的记忆带来负担。于是通过人们各种各样的联想能力使得同一种形式中不断延伸出相关联的多个义项来。但是，过多的义项也会带来负效应，那就是表意的精确受到一定的损伤。古代汉语中除了专指性的词语，大都是多义，加之通假和活用，词义的理解是个问题。先秦文献往后不久即意义训诂，不能不说这跟单音节词意义的繁重有着直接的关系。双音节词对此有一个化解作用，应该说不难理解。但“义项分离”说的有关阐发却不够充分，加之其理论基础是建立在字本位观念上的，故其说服力不强。正像伍宗文（2001）所批评的那样：“从本质上说，‘字’不能作为上古汉语的基本结构单位，既然如此，建立在‘字’本位基础上的义类、义象及其合一与分离与否，当然也就说明不了汉语词汇的双音化。”

2. “韵律构词”说

这是近些年来颇受关注、影响很大的一种观点。自20世纪90年代以来，冯胜利、端木三、王洪君等就在这方面做了比较多的开创性工作。这种学说深受国外有关理论的影响，同时又能跟古音构拟研究相结合，在一定程度上能够解释汉语由单音节词向双音节词转变的成因问题，故对国内语言学界产生了不小的正面影响。

冯胜利在1996年的研究中创立了“韵律词”的概念。他指出，“词”一般是从句法学角度定义的，而“韵律词”是从语言中的韵律学角度定义的，指最小的能够自由运用的（韵律）单位。他认为，汉语的复合词必须首先是一个韵律词。汉语中的最基本的音步是两个音节，即汉语的标准韵律词只能是两个音节。这是因为：一个标准音步必须以轻重为一个单位，这里说的“轻重”是相对轻重，一个标准音步必然有两个成分；而单音节的“蜕化音步”，三音节的“超音步”，它们的出现往往要受到条件的限制。其后端木三（1999）、王洪君（2000）等也大都采纳其观点。如前者认为，语言的韵律除了和音步有关之外，还和重音有关。“一个音步是节拍的一次轻重交替。”语言的节奏就是“轻重拍交替，每交替一次叫一个音步或称双拍步”，“音步”和重音是共存的，有音步就有重音，有重音就有音步。“重音需要落在双音节上。多词结构里，辅助词比中心词重，所以辅助词往往需要用双音节，而中心词不必用双音节。”后者稍有改变的则是结合句法规则和语音规则来定义韵律词和韵律短语。王洪君认为，“韵律词：在语法上凝固的、节律上稳定的单音步或凝固的复二步。韵律短语：有规则性的语法结构的、停延和音步的音域展敛可以用规则控制的可能多音步。”正是在此基础上，冯胜利（2000）依照丁邦新（1979）等对古音构拟的研究推论说：上古音的特点有复辅音、有浊塞音，却没有声调；由于上古声韵的组合较为复杂，一个音节有可能分成一轻一重的韵素音步。后来语音系统发生重大变化：复辅音尾脱落，缩短了音节的长度，一个音节不足以形成一个音步。但是韵律结构必须以“轻重”为一个单位，由此导致了双音节音步的产生。

语言中有韵律，这是无可争辩的事实。然而说由此就决定了词汇化由单音节向双音节的走向，语音形式的需要引发了这种根本性的变化，恐怕还不能给出确实的认定。

3. “四声规律”说

这是传统意义上的规则描述。

1969 年，丁邦新在《国语中双音节并列语两成分间的声调关系》一文中，考察了《国语辞典》中所收的 3056 条双音节并列语（包括双音节词和词组）中声调的分布情况。统计的时候，丁邦新还有意识地排除了两类“疑似并列语”的单位：（1）跟亲属称谓或传统礼法有关的序列语，如“父母”“君臣”“主仆”“老幼”等；（2）跟时间先后有关的序列语，如“秦汉”“黄老”“孔孟”“文字”等。以便使词的范围更趋于严密。最终得出影响其内部组合次序的两条规则：1. 从现代读音去看，除属同一声调外，其排列大致以阴平、阳平、上声、去声为序。不符合这一规则的例外共有 447 条，约占总数的 14%。2. 从中古读音去看，除属同一声调外，其排列以平、上、去、入为序。

陈爱文、于平（1979）同样采用这种方法，对《普通话三千常用字表》中 525 个并列双音词内部的声调配合情况进行考察，得出的结论是：按中古声调统计，除去同声调的 145 个，合于调序的 299 个，占 78.7%，不合的 81 个，占 21.3%。因此认为“决定并列双音词字序的因素有两个：意义和声调。意义的作用是人们自觉注意的，声调的作用是发音的生理机能所要求的，是不自觉的”。

侯敏（1987）从五四时期几百万字的书面材料中搜集了 246 对词素异序词，观察它们到今天的发展变化，其中 A 存 B 失，共 188 对。作者根据这些词内部语素的声调组合情况分为 7 组 13 类，在进行了定量统计之后，得出结论：“在同素异序词的发展定型中，如果意义不起强制性作用，按声调顺序排列的语素次序为人们选中的可能性大；当阳平与上声或去声组合在一起时，语素次序基本不受声调限制；同声调的同素异序词中，人们可能选择以开口度大的音节收尾的排列次序。”

（三）综合成因

通过以上各种成因的解释，人们不难看出，大家都在从纵横两个方面不断地进行发掘，试图揭示出深层次的，或者说决定性地推助这一重大历史变化的根由。但语言是一项系统工程，是一种社会现象，还有自它产生以来自身各要素的相互制衡问题，单一的条件往往不足以囊括其根本。所以，有些研究人员便综合考虑，试图解释得更圆满一些。如石锓（1999）认为，古汉语词汇复音化的原因有外因和内因两方面。外因是社会发展，要求语言表达既丰富又精确，这就迫使原来同义或近义的词相结合造就大量的复音词以适应这种需要。内因是语言内部语音简化，自然使得同音词大量增加，改变这种情况的有效方式就是由单音节词负载的信息转由多音节词来负载，最终导致原来由语音形式负载的信息转向由语法形式负载。这也就促成了复音词的产生。外来语在汉语中的同化也是影响复音词产生的原因之一，但不是主要的，可能只是一种催化剂。汉语词汇复音化的途径有三：一条是语音，由此产生了“叠音词”和“双声叠韵”等单纯词；一条是语法，由此产生了由各种结构方式构成的复合词；一条是语用，由此产生了“偏义复词”和各种因修辞手法的运用而形成的复音词。李如龙（2002）也采取这样的思路来解释词汇创制的种种因素。他将从古至今汉语词汇衍生的方式归为四大类：音义相生、语素合成、语法类推、修辞转化。

马清华在该课题的研讨上下了比较大的功夫。他曾汇总各色各样的有关阐发并进行归类梳理，《词汇语法化的动因》一文，将广义语法化的机制，亦即诱因及方式归结为多种类型：如解惠全（1987）的“要以意义为依据，以句法地位的固定为途径”；孙朝奋（1994）的“上下文诱发新解释、重新分析、词义自身特点”；刘坚、曹广顺、吴福祥（1995）：“重新分析、句法位置变化、语境影响（主要指句法环境）、词义变化”；沈家煊（1998）的“隐喻、推理、泛化、和谐、吸收”；石毓智（2001）的“类推、重新分析”；刘丹青（2001）的“叠加”。在此基础上，形成自己的解释系统，认为“现实作用力、心理力量（包括认识和态度、激情、情感联想、通感、认知联想、求新和猎奇、注意、附会）、语言接触、语言内部力量（包括经济性原则、习惯组合、词义磨损、表达力更新和加强、词类分配、体系调整）”这四种力量，不管过去已揭示出多少条，但概括其要者，推动词汇语法化的力量都不外乎此。纵观其论述，虽然名目为“词汇语法化”，因为没有给予一个严格的界定，于是暗中实现了迁移，词汇没有了，变成了宽泛意义的语法化。尽管如此，该研究能够汇总起来形成一个相对完整的系统，仍然是有价值的。再则，其中有相当多的内容跟词汇化仍有密切的关系，如将通常人们所说的“重新分析”归入心理力量一块。之所以如此，他分析说：“重新分析本身也是有原因的，它可源于旧结构僵化和由此引起使用者理解上对旧形式的隔膜和朦胧，从而产生结构附会，结构变化导致概念转化，也可以是故意曲解其义，以巩固因节律等缘故而改变的结构。”这就不仅仅是像一些人的做法那样，似乎到了“重新分析”的认定就算找到了归属，而是在基础上向更深处去开掘，着力解释心理认知上的成因。这应该说是十分难得的。而该方法手段，最终的指向也往往是复合词。

第五节　单纯词与合成词的分辨

一、合音词问题

从现代汉语的观念出发，说各级语言单位内部的组合结构关系有着对应一致性，毫无疑问是正确的。从书面语的角度看问题，确确实实，当今汉语词汇与古代汉语相比在构词方式上变得比较单纯。这只要看一看先秦语言中的情况就可以得出一个大致的结论，如果当时还有比较多的利用双音节形式，即重言和连绵，来构成单一意义的语素词的话，而今这些造词方式已经明显趋于式微甚至消亡；相对应的，复合式构词便显得突出。不过话又说回来了：说到构词法的研究，却又不能不将历时已经沉寂的东西唤醒。不这样的话，我们就很难识见民族的思维方式在其中经过了一个怎样的筛选进化过程。人们不难看到，当今词汇化的研究有突破单一框架的效用，有一种综合认识的态势。如崔金涛在《汉语词汇双音化途径试析》一文中就认为，过去的研究"较少关注汉语各个子系统之间相互影响的作用"，"对汉语词汇双音化的途径或避而不谈，或语焉不详"。鉴于双音化是一种涉及整个汉语结构系统的复杂现象，对于其发生发展原因的探讨，也理应从汉语整体音义格局的变动入手，而不是胶着于某一子系统的静态特征进行单纯的认识。从系统性的观念出发，他将汉语词汇双音节化的主要手段用"截取""分音""组合""加注"和"词化"五种形式进行概括。其中截取和分音，属于语音层面；组合和加注，属于语义层面；而词化则属于语法层面，并且已经涉及言语层面对语言结构的影响。他所归总的各种类型应该说是比较全面的，所浸润的古代汉语元素显然就比较多。比如"分音"这种造词手段，放在现代汉语普通话中，基本上可以说已经失去功能。但放在古汉语里或方言里，可以说就很有价值了。除了他所举的"寻—踅摸""沓—嘚啵"外，前人对该现象也早已有所关注。

《左传·宣公四年》："楚人谓乳谷，谓虎於菟。"如果推究上古音："虎"，晓母鱼部；"於菟"，上字影母鱼部，下字透母鱼部。虎、於邻纽，虎、菟叠韵，虎即於菟的合音，反过来也可以说虎的分音。因为虎的记载在前，於菟的记载在后。再有《方言》："虎，陈魏宋楚之间或谓之李父，江淮南楚之间谓之李耳，或谓之于纤。自关东西或谓之伯都。"说明当时口语中普遍使用的是双音节词，只不过各地读音上有差异。问题在于，人们往往到此为止，并未上溯到早期的造词之始。前贤已有这方面的尝试。如章太炎《国故论衡·语言源起说》："诸言语皆有根，先征之有形之物则可睹矣：何以言'雀'？谓其音'即足'也；何以言'鹊'？谓其音'错错'也；何以言'鸦'？谓其音'亚亚'也；何以言'雁'？谓其音'岸岸'也；何以言'驾鹅'？谓其音'加我'也；何以言'鹘鸼'？谓其音'磔格钩鸼'也。此皆以音为表者也。"

笔者家乡话中许多鸟虫的名字至今记得分明，也大都是以声音或形象命名的。例如："猫头鹰—咕咕喵""啄木鸟—叨树梆梆""灰喜鹊—咯哟""苇鸮—苇啧啧""乌鸦—老聒""黑卷尾—呲呗喳"。形象思维是人类思维当中最基本的思维，特别是摹声，连聪明的鸟类都具备该能力，人类的早期阶段、文化层次相对低下的农村，摹声命名就更是见怪不怪了。

黄侃《声韵略说》："凡声之起，非以表情感，即以写物音，由是而义傅焉。声义具而造形以表之，然后文字萌生。"古人有关这方面所举例证甚多。再如顾炎武《音论》，连举 20 余个合音词例，如"蒺藜—茨""终葵—椎"等。就是今天现代汉语中，仍能看到书面和口语相逆的两种状态：书面是单音节词，口语却是双音节词。例如："蓬—扑棱""拱—骨甬""孔—窟窿""蜷—拳联""俑—翁仲""角—圪落""浑—囫囵""梗—圪陵""活—活络""眍—坷瞜""瓠—葫芦""诸—之乎""飙—扶摇""崒—崔嵬"等。洪迈《容斋随笔·三笔》卷十六"切脚语"条谓："蓬曰勃笼，盘曰勃阑，蒲曰勃卢，铎曰突落，螳曰突郎，精曰即零，团曰突栾。"睢景臣《高祖还乡》："一面旗红曲连打着个毕月乌。""曲连"即"圈"。《容斋随笔》谓："圈为屈挛。"可见这种情况并不是少数，可惜这方面的研究迄今没能形成系统。

还说"於菟"：可能是比较权威的《左传》提到了这个方言读音，它又迎合了双音节化的趋势，于是它在文人的笔下会不时出现：

(1) 仲卿辄召主掌挞其胸背，或解衣倒曳于荆棘中，时人谓之於菟。(《北史·卷六十九》)

(2) 於菟侵客恨，粔籹作人情。(杜甫《戏作俳谐体遣闷》诗之二)

(3) 何用知如此，文采似於菟。(黄庭坚《奉和文潜赠无咎以既见君子胡为不喜为韵》)

(4) 杀人放火惯为非，好似於菟插翅飞。(《水浒传·第四十三回》)

当然，在"虎"到唐代已双音节化为"老虎"之时，再用"於菟"则纯粹是一种文字游戏了。但分合音不仅是造成同义词的一种手段，还是重要的论证方法。比如现时口语中河南话的单音词最多，一如侯宝林相声里调侃的那样：河南人说话最简练。关键的因素就是合音词多。它甚至可以将不同语句中不同组块中的单位由于韵律的需要而拼合成词，也就是过去人们常说的跨层次结构而拼接成词。看豫北地区人们于动词未然和完成状态的区分：

(5) 你跑［po^{23}］不跑？

(6) 跑^{D}［$p\tilde{o}^{32}$］场上瞧他在不在。

(7) 你拴［$suan^{44}$］不拴？

(8) 拴^{D}［$su\tilde{a}^{42}$］他树上！

显然，未然状态都是单音动词的本音，而完成状态都要变韵，其实就是"V 到"的合音。这时候我们就知道了，现代汉语语法学界一直都在争执的"跑到操场上"是动补结构还是动宾结构的问题，无非就是由前者到后者的重新分析。这在河南豫北方言里已经完全实现了。

也就是说，分合音的组词问题还有非常大的研究空间。

不能不说，有些是直接成词的。这主要体现在那些摹声造词法上面。当然，各地摹音不同，用来标注其音的字也就不同。如扬雄《方言》："布谷，自关东西梁楚之间谓之结诰，周魏之间谓之击谷，自关而西或谓之布谷。"赵元任《语言问题》第四讲"词汇跟语法"中举的例子："秋天的小一点儿的一种蝉是一句一句地叫的。在我们家乡江苏常州话里头啊，管这个虫儿叫'杨息哩'，因为我们觉得这个虫儿叫的声音是'杨息哩，杨息哩'这么叫的。我们觉得这个名词像得很。可是在河北（我不知道这是保定话还是北京话，我小的时候儿听了人家学的），他们管这个虫儿叫'夫地夫凉儿'，为什么呐？因为你听！他们不是在那儿'夫地，夫凉儿，夫地，夫凉儿'那么叫吗？在每处人他们都觉得象声字就像那个东西，可是'杨息哩'跟'夫地夫凉儿'差那么远。"（40—41 页）当然，作为摹声词，不管它是怎样的同音代替，都不涉及内部结构组合问题。

有的就不一定了。因为历史的久远，命名之初人们并不一定都能有清醒的意识给予明确的记录。后来人们对它的认识便带有了比较多的推测成分。例如古代良弓"乌号"，命名之因，就有数种说法，如《史记·卷二十八》中：

黄帝采首山铜，铸鼎于荆山下。鼎既成，有龙垂胡须下迎黄帝。黄帝上骑，群臣后宫从上者七十余人，龙乃上去。余小臣不得上，乃悉持龙须，龙须拔，堕，堕黄帝之弓。百姓仰望黄帝既上天，乃抱其弓与胡须号，故后世因名其处曰鼎湖，其弓曰乌号。于是天子曰：嗟乎！吾诚得如黄帝，吾视去妻子如脱骊耳。

这里说的是百姓"抱其弓与胡须号"，以事件之中突出的行为"（乌）号"称代了对弓的命名。后边人们对它的解说还有很多，《淮南子·原道训》也用到了该词："射者扜乌号之弓，弯棊卫之箭。"对此高诱注具有汇总性质：

乌号，桑柘，其材坚劲，乌峙其上，及其将飞，枝必桡下，劲能复巢，乌随之，乌不敢飞，号呼其上。伐其枝以为弓，因曰乌号之弓也。一说黄帝铸鼎于荆山鼎湖，得道而仙，乘龙而上，其臣援弓射龙，欲下黄帝，不能也。乌，於也；号，呼也。於是抱弓而号。因名其弓为乌号之弓也。

显而易见，这里有两种说法：一是乌的鸣叫，二是其臣的呼号。如果是前者，那就肯定是复合式构词；如果是后者，那就是摹声性的单纯词。

然而后者虽然记述的早一些，但它的神话传说性质也太显豁了，现实可能性也太小了。做一些事实依据的考证，它似乎与当时的秦文化有关。如《汉书·地理志》："天水、陇西，山多林木，民以板为室屋。及安定、北地、上郡、西河，皆迫近戎狄，修习战备，高上气力，以射猎为先。"《史记·李斯列传》："夫击瓮叩缶，弹筝搏髀，而歌呼呜呜快耳者，真秦声也。”《汉书·杨恽传》：“家本秦也，能为秦声。妇，赵女也，雅善鼓瑟。奴婢歌者数人，酒后耳热，仰天拊缶而呼乌乌。”《论衡·顺鼓》：“夫礼，以鼓助号呼，明声响也。”众所周知，秦人最初多与西域少数民族文化相接近，征战与歌舞都能体现其最突出的个性特点。武器作为最便利的歌舞道具是原始状态文化的一种反映，将它联系起来进行称指也是可行的。至于后来改用最简单的乐器缶，则标志着歌舞独立形式的明确化。尽管它显得简陋、粗糙，但其象征意义都是鲜明的。故后来的人们往往以此来喻比，如陆游《小饮赏菊》：“举袖舞翩仙，击缶歌乌乌。”范大成《大厅后堂南窗负暄》：“端如拥褐茅檐下，祇欠乌乌击缶歌。”由此我们可以说，所谓的“乌号”，其实还是属于摹声词。

由此我们不难看到，构词法的问题，不能仅局限于在现成词的内部结构关系上进行认定，需要上溯到它的最初源头。词源造词法的研究虽属语言学，但其内容却涉及历史、文化、政治、经济、天文、地理、生物、民俗等诸多领域，欲求一词之源，往往需要多方求证，斟酌取舍。但与此同时，进行认定的时候，是侧重历时还是侧重共时要有一个比较准确的判断标准。自古至今，即存在着对双音节词倾向于拆解还是统释两种不同的认识观念。《尔雅》《说文解字》等，虽然它们没有犹如我们今天这样的构词意识，但遵从语言的发展规律，在所处的时代中，用当时的通言俗语去解释过去的词语，客观上即体现了词与非词、字与语素的区分。如《尔雅》的释词：

仓庚，商庚。　　　　蝙蝠，服翼。

萑，老鵵。　　　　　鶠，负雀。

蝾螈，蜥蜴。蜥蜴，蝘蜓。蝘蜓，守宫也。

式微式微，微乎微者也。

狒狒，如人，被发，迅走，食人。

由这些例子就可以看得很清楚，《尔雅》是很少将联绵词拆开来解释的。即便我们现在说的附加式，如“式微”，其释丢掉“式”，也足以体现其已经看到它的不表意特征。

《说文解字》属于字典性质，所以它就不能像《尔雅》那样对词的观念反映得很鲜明。但是它的解释也是很有特点的。比如：

蝙，蝙蝠，服翼也。　　　蝠，蝙蝠也。

蝃，蝃蝀，虹也。　　　　蝀，蝃蝀也。

鵃，鵃鸠，鸟名。　　　　鸠，鵃鸠也。

璠，璠玙，鲁之宝玉也。　玙，璠玙也。

鹦，鹦䳇，能言鸟也。　　䳇，鹦䳇也。

很明显，对于那些没有意义的字，它所在的词即反映了它的意义作用。

这种好的传统在后来的许多同类著作中都有良好的体现，并在乾嘉学派的研究里得到了一定程度的理论反映。王筠甚至大胆推测说：“梵书有二合音，吾儒未尝无也。彼有二合音，不复有两字分其音，是以长存也。吾儒有二合音，又有两字分寄其音，是以沿袭而不觉也，双声叠韵非乎？”“小虫之属，则蜥易也，蝘蜓也，蠨蛸也，悉蟀也，螟蛉也，蜱蛸也，蛱蜨也，蛜威也，蛁蟟也……”又说：“圣人正名百物，大物皆一字为名，小物乃两字为名，其尤不足道者，乃以双声迭韵为名，右所辑小虫之属三十，他物未尝有也。”《说文释例・卷十二》所设想勾勒的造词系统是不是能够成立当然可以讨论，但其对字词意义的明确划分还是非常值得称道的。

与此相对的就是分拆的观念。人们多以《方言》为例：“楚谓无缘之衣曰褴，紩衣谓之褛”。（卷四）但总的来说，扬雄还不至于太过。倒是在先秦时期这种思想观念就开始了，甚至还把它当作一种论证方法，如《孟子・梁惠王下》：“从流下而忘反谓之流，从流上而忘反谓之连，从兽无厌谓之荒，乐酒无厌谓之亡，先王无流连之乐，荒亡之行。”而扬雄的释义，侧重的是借用不同时地的读音形式，并不体现他个人分别解释的意识。就以后例来说，他在《方言・卷三》中又解说道：“褛裂、须捷，挟斯，败也。南楚凡人贫，衣被丑敝谓之须捷，或谓之褛裂，或谓之褴褛。故《左传》曰：‘筚路褴褛，以启山林。’殆谓此也。或谓之挟斯。器物弊亦谓之挟斯。”

再如“辗转”，孔颖达疏：“反侧犹反覆，辗转犹婉转，俱是迴动，大同小异。”应该是很对的。然而朱熹的《诗集传》：“辗者转之半，转者辗之周，反者辗之过，侧者转之留，皆卧不安席之意。”却反映了一种退步。

李时珍的《本草纲目》作为中医中药之集大成者，其地位备受称誉；然而该著作不足的地方是过多地专注于对名物的释义，所采取的方法又多是因声求义，单凭想象而穿凿附会，将众多联绵词肢解得面目全非。例如：

葡萄：“《汉书》作蒲桃，可造酒，人酺饮之，则陶然而醉，故有是名……”

螳螂：“两臂如斧，当辄不避，故得当郎之名。”

虎魄（琥珀）：“虎死则精魂入地化为石，此物状似之，故谓之虎魄。”

慈姑：“一根岁生十二子，如慈姑之乳诸子，故以名之。”

莽草：“此物有毒，食之令人迷罔，故名。”

壶卢：“壶，酒器也。卢，饭器也。此物各像其形，又可为酒饭之器，因以名之。俗做葫芦者，非矣。葫乃蒜名，芦乃苇属也。其圆者曰瓠，亦曰瓢，因其可以浮水如泡，如漂也。”

二、有关“蝴蝶”“狼狈”的讨论

到了今天，基于共时还是看重历时，在对汉语单纯词还是合成词的分辨上仍颇具争议，这由“蝴蝶”“狼狈”两词的讨论即可看得清楚。

1993年，沈怀兴发表了《研究现代汉语也需要有历史观点——从“蝴蝶”、“凤凰”二词的结构说起》。由题目即可以看得清楚，作者主张共时研究需要具备历时观念意识。这种主张应该说是不错的，然而要从两者之间选取一种准确的定位又颇为不易。作者追溯的结果是将“蝴蝶”“凤凰”都看作两语素的复合词。其后此风大涨，刘萍的《“蝴蝶”考》，周一民的《语素辨认的方法和原则》，严修鸿的《也谈“蝴蝶”的命名理据——〈蝴蝶考〉读后札记》，沈怀兴的《关于“蝴蝶”的讨论——〈‘蝴蝶’考〉献疑》等，都赞同将上述对象看作复合词。相对应的，连蜀在他的《谈汉语语素的识别》一文却认为：“从古代汉语的角度还是从现代汉语的角度来辨识语素都是有差别的，甚至有时会得出截然不同的结论……但是确认语素是在现代汉语的平面上进行的，要严格遵照共时的原则，如果将历时和共时混为一谈，由于推动了分析的依据，从而也就失去了分析的意义。”2006年，詹人凤发表于《南大语言学》上的长文《一用语素和代表语素》，借用国外语言学理论和训诂学的方法进行论证，也强调说：“历时的表现只是在构词的理据上有某种参考价值，即词源学的意义，不是论证词的结构的必要或者主要的根据。”“对现代汉语构词来说，仍需利用共时原则去衡量。”张斌在其主编的《简明现代汉语》中也说：“据考证，‘蝴’在古代汉语中曾经是有音有义的语素，我们暂时并不考虑古汉语的情况。”马曼曼的《“蝴蝶”是几个语素》也坚持这种观点。总的来看，有关“蝴蝶”类是单一语素还是两个语素的讨论还会进行下去。问题表现比较突出的是：坚持前者的论证方法，大多要么承继过去传统中多采用的流俗词源的臆测方式，要么采用声训和同旁字同义类推的方式。如近期刘国潭、赖积船的论文《“蝴蝶”新考》，说是“新考”，用的却仍然是老办法：先从“胡”的意义说起，说“蝴”是根据它的腹部状态及构造命名。本义是牛颈下的垂肉，后扩大到具有“下垂”的特点。然而从“古”的同源词考察，从其得声的词具有“环合”“充塞”的特点。其次重点论述的是“蝶”字是依据其翅膀的构造命名的：成双且扁薄。其依据还是《本草纲目》：“蝴蝶轻薄，夹翅而飞，蝴蝶轻薄，枼枼然也，蝶美于须……故又名‘胡蝶’，俗谓‘须’为‘胡’也。”因为凭借的不是“信而有征”，故说服力也不强。再则就是语言是发展的，即便证明了古代汉语是语素，现代汉语就要做同样的判断；以古律今，时代错位，得不偿失。

对“狼狈”一词的讨论能进一步加强这方面的认识。

对该词的讨论争议性并不太大，却表现出一种很好的倾向，就是大家大都在努力澄清它的发生发展过程，评价古人对它阐释的经验及其教训。因为该词先后演变的特殊性以及人们对它训诂得失的典型性，颇引发了今天人们的极大兴趣。这一时期发表的文章数量多，一些文章对其较详尽的论述也有相当的深度。主要有：金文明的《“狼狈”探源》，蔡镜浩的《“狼狈”别释》，刘敬的《“狼狈”探源》，谢庆芳的《“狼狈”辨释》，岳梅珍的《“狼狈”质疑》，张海鹰的《“狼狈”考辨》，吾三省的《“犹豫”和“狼狈”》，陈良煜的《“狼跋其胡”质疑》，张圣荟的《探究“狼狈”》等。

该词源自《诗·豳风·狼跋》:“狼跋其胡，载疐其尾。”大家比较一致地认为，由开始的“狼跋”演化为后来的“狼狈”，形式上的变化并不怎么重要，重要的是词义上的根本改变，即由“(处境的) 困顿窘迫”再延伸出“坏人联盟”。关键在于段成式《酉阳杂俎·毛篇》望文生义而做出的解说:“或言狼狈是两物，狈前足绝短，每行常驾两狼，失狼则不能动，故世言乖者称狼狈。”《四库全书总目》称该书:“多诡怪不经之谈，荒渺无稽之物，而遗文秘籍，亦往往错出其中，故论者虽病其浮夸，而不能不相征引。”但这种总体的共识并不意味着问题的彻底解决。比如最初的语言形式“狼跋”是复合词还是单纯词?《毛传》首开纪录，给出的解释是:“跋，躐;疐，跲也。老狼有胡，进则躐其胡，退则疐其尾，进退有难。”这种解释语意很鲜明:狼是狼，跋是跋，各行其是，是典型的句法组合。但《说文》中系列字词的释义却又使问题归入繁难，如“跋，蹎也。”“蹎，跋也。”参之以《毛传》的释义可知，“跋”又跟“躐”“疐”“跲”同义。再看《说文》对其他字的解释:“踬，步行躐跋也。”段注:“跋，经传多假借沛字为之。《大雅》、《论语》颠沛皆即颠跋也。《毛传》颠，仆也。沛，拔也。拔同跋。《豳风》狼跋亦或作拔。”犮，《说文》:“走犬貌。从犬而丿之。曳其足则剌犮也。”段注:“剌犮，行貌。剌音辣。犮与癶音义同。癶下曰:足剌癶也。”正因为如此，今人的研究文章中才有将它们看作同义的联绵词系列的。一如古人之中正好跟《毛传》完全相反的一种观念，即《声类》《一切经音义》所表述的:“狼踬，颠踬也。”“狼踬，又作‘跋’同，补盖切，狼踬犹颠跋也。”《辞通》“狼狈”条下还列有:狼贝、狼踬、狼跋等。《联绵字典》甚至认为可转为“剌𣥂”，再转为“剌犮”“猎跋”“剌谬”等。这些还能得到一定语用事实的证明:

(1) 君子无终食之间违仁，造次必于是，颠沛必于是。(《论语·里仁》)

(2) 杜回踬而颠。(《左传·宣十五年》)

(3) 更始二年春，世祖自蓟还，狼贝不知所向。(《后汉书·卷二十一》)

(4) 臣之进退，实为狼狈。(李密《陈情表》)

(5) 焰灰非喻，荑枯未拟，抠衣聚足，颠狈不胜。(《梁书·卷三十一》)

但问题在于:能够证明“狼跋”为联绵词的实际例证却不多见，有的也就是后人的直接援引。“音近义通”毕竟是一条粗疏的原理，作为规律却没有周遍性。真正与此相近的联绵词，如“狼抢”“狼犺”“狼抗”① 等，也是后来才产生的。有人认为，一个词的多种写法也是证明联绵词的一种重要手段，如:

邋遢:剌塔、剌搭、剌达、剌答、邋塔

---

① 《资治通鉴·卷九十二》:“太子中庶子温峤谓仆射周顗曰:‘大将军此举似有所在，当无滥邪?’顗曰:‘不然，人主自非尧、舜，何能无失，人臣安可举兵以胁之!举动如此，岂得云非乱乎!处仲狼抗无上，其意宁有限邪!’”胡注:“王敦，字处仲。狼似犬，锐头白颊，高前广后，贪而敢抗人，故以为喻。”

踌躇：踯躅、踞跦、踟躇、踟蹰、踟伫、踯躅、彳亍

逶迤：委移、逶陀、委它、委他、威夷、委蛇、委施

彷徨：方皇、旁皇、房皇、徬徨

逶迤：委移、逶陀、委它、委他、威夷、委蛇、委施

黾勉：闵勉、闵免、文莫、密勿

望洋：望羊、望阳、旺洋、盳洋

能够进一步说明的就在于有部分联绵词和叠音词之间都可以形成异形关系：

飒飒——飒逻　　发发——觱发　　营营——苍蝇

迷迷——迷离、迷罔、迷阳

丁丁——丁宁、丁零、玎玲

彭彭——彭魄、旁薄、磅礴

列列、烈烈——栗烈、凛冽

梦梦——蒙蒙、芒芒、茫洋、望羊、望洋

这可以作为一种重要的参考项，但具体到异体形式的数量，就又不好断然认定了。所以，对此恐怕还需要发掘更多的材料、用更严谨的方法才可能得出让人信服的结论。

第六节　构词法和造词法的分辨

一、问题质疑

语法化、词汇化的研究，直接原因来自国外语言学的影响，但也是国内相关性研究的有效继承，是很实在的一个方面，跟孙常叙、任学良先后发出要将构词法变为造词法的呼吁是分不开的。它给语言学界带来的影响不单是加深了对句法结构、词法结构自身的认识，还很大程度上唤醒了人们的历史观念，开阔了视野。如上所述，经过诸多名家的一再申明，各级语言单位内部的组合方式有着对应一致性，似乎已经成为一种通则，为广大初学者所熟知。与此同时，教科书中也都是有意无意地将那些典型的事例列举给学生，客观上无疑强化了这样一种意识：所有的词都是按照一定的规则进行组合的，所有的词的建构也都是有理据的。于是有些学者基于这种理念便尝试着依照句法里的做法，也给语素认定词性，让词的构成描写更具有扎实的依据。① 崔应贤（1993）曾质疑这种情况，认为“词内部的组合与短语相比要复杂得多”。“在语言里边，词作为准确明晰的最基本的意义单位，相互间的组合及关系往往容易判定，还有一定的形式标志作参照；而合成词内部的情况就不同了。句法组合中所有的优势多

① 尹斌庸．汉语语素的定量研究［J］．中国语文，1984（5）．

不具备，它的形成往往是对事物高度抽象概括的结果，是反映多种特征性质的复杂词语的高度凝缩。”“那些在人们心目中认为足以用来构词的关键性字眼并不一定适合语素词性位置形式表现多种句法结构关系。正因为如此，便出现了一种语素词性位置形式表现多种句法结构关系和一种结构关系又与多种词性位置形式相对照的情形。”并以表格的形式来具体说明这种情况：

语　　序	结构关系	例　　词
名+名	联合	国家　窗户　手足　道路
	偏正	茶杯　门口　军舰　铁柄
动+名	述宾	理发　出场　抬杠　裹腿
	偏正	飞机　摇铃　拖鞋　围巾
形+名	偏正	彩云　长笛　方桌　暗语
	述宾	迷人　快意　宽心
动+动	联合	进退　出产　思想　抓挠
	偏正	试办　推想　误伤　偷看
	述宾	吃请　割爱　打援　停办
	述补	打翻　摧垮　促进　变成
名+动	主谓	月食　花生　民办　军用
	偏正	笔谈　路遇　蚕食　火葬
形+动	偏正	多谢　广播　热爱　轻视
	述补	干透　稳住
形+形	联合	高大　反正　好歹　美丽
	偏正	深蓝　火热　暴富　足赤
	述补	急坏
名+形	偏正	草绿　雪白　杏黄　火红
	主谓	性急　命薄　眼花　心虚
动+形	述补	挑明　看清　洗净　说白
	述宾	露富　吃香　欺小　帮忙
	偏正	赶快　迸脆　滚热　透亮

显然，对词内部的组合试图通过类似句法组合的方式进行认识，恐怕是不容易将其对象的特征性质完全揭示清楚的。因为一个新词的构成并非按照既定的模式拼接在一起就可以了，语言是一个庞大的系统，且这个庞大的系统也并非一上来就成熟了，

作为人类思想意识不断地由低级到高级、由简单到复杂、由自在到自为、由不自觉到自觉的一种反映，任何局部，包括最小单位的实现，都需要满足工具完善性的追求。比如人们所看重的汉语由单音节词向双音节词的发展变化，单纯从数量上说是不经济的，然而它对于化解个体单位意义上的不精确性，提高信息传递效果无疑有非常大的价值效用。例如：

（1）它只是一片沉着的鼓声，鼓励你爱，鼓动你恨，鼓舞你活着，用最高限度的热与力活着，在这大地上。（闻一多《时代的鼓手——读田间的诗》）

（2）培养广阔的胸怀和豁达的气度，做到豪爽、坦荡、热情、开朗，果断而不武断，坚持而不固执。（董仁达《企业领导者的自身修养》）

例(1) 中的“鼓励”“鼓动”和“鼓舞”与其后边V的搭配在意义色彩上就很见功力。例(2) 中的“果断”和“武断”，理性意义是一致的，然色彩意义正好牵涉两种不同的性质。

二、新词创制的复杂性

如同第五节已经提到的崔金涛的论文，他所勾勒的概貌也确实说明了汉语构词的复杂性，组合当然是主要的，但与此相对的是分拆，也叫截取。虽然他把它说成是归属语音，然而就他所举例证看，除了魏晋时期佛经词语汉译尽可能双音节化之外，其他的，相当于缩略语。有关现象陈望道在他的《修辞学发凡》中，将其分为两类。

一类是“藏词”，“单将成语的别一部分用在话中来替代本词的”，举例有：

（3）友于兄弟(《尚书·君陈》)

（4）贻厥孙谋(《诗·文王有声》)

（5）周余黎民(《诗·云汉》)

（6）日居月诸，胡迭而微。(《诗·柏舟》)

（7）祸兮福之所倚，福兮祸之所伏。(《老子》第五十八章)

（8）三十而立(《论语·为政》)

他认为，“这里的‘友于’‘贻厥’‘周余’‘居诸’‘倚伏’‘而立’便都可以称为藏词语”。但不难看出，前三个是最正宗的“截取”。对此类现象，刘翠（1998）在自己的专题论文中举有 19 个例子：“弱冠”“友于”“咨尔”“播厥”“师锡”“期颐”“彼苍”“则哲”“忽诸”“则百”“盍高”“夷考”“盍徹”“来思”“爰立”“百尔”“而立”“终窭”“将伯”。她认为，这种“截割词”是“基于说话人对古籍的熟稔和言语环境的熟稔”。这是对的，因为原语句所在作品都是经典性的著作，其语句往往耳熟能详，虽然“原语意处于原文句的两个句子成分中，截下部分原来不在同一语法平面上”，一如当今讲词汇化中的一种典型类型——“跨层次结构”所构造的双音词那样，所截取的双音节单位内部很难讲有什么句法结构关系的理据，但因为有其背景所在，所指应该没有什么困难。然而又不能不说，这种现象显然是过去文人掉书袋、显才气的一种做法。随着历史的变迁，这些所谓的经典不再成为社会文化中的主导内容，这种成词手段也就不再具有能产性。当然，既然它是一种当年的存在，作为历时的追溯，仍是要给予反映的。

崔金涛以“截取”命名该现象，却没有将真正的截取现象反映出来，反而讲的是缩略。而缩略语，顾名思义，与人们通常所理解的由单音到双音、由短语到词的发展相吻合。而陈望道所举例证的后三个，倒是跟他在其后所列的又一种辞格“节缩”中的“节短”一致。从他所列举的情况看，原因多种多样。有些与造词无关。如俞樾《古书疑义举例·语急例》中所说的：“如”为“不如”，“敢”为“不敢”，均为说话急促而将“不”脱落。有些纯粹因语体音节的需要而强为之临时改为了双音节。如王勃《滕王阁序》：“杨意不逢，抚凌云而自惜；钟期既遇，奏流水而何惭。”其中的“杨意”为“杨得意”的减略，“钟期”为“钟子期”的减略。骈偶体，音节数量是强制性的，这有点无可奈何的味道。但比较注重遣词用语准确的刘知几却在《史通·六家》中多处将“司马迁”省写为“马迁”，这就太过了。至于人们称述古代名作，像《学而》《说文》，已成惯例。现代汉语中的应用，双音节的称述，正如吕叔湘在《现代汉语单双音节问题初探》中所描述的：“单音节的活动不及双音节自由”，地域、人名、国别、数称等，不及双音的，要添加；多于双音的，则要删削，双音节的倾向性越发突出和显豁。

于此现时大家讨论比较多的是多音节，特别是四音节专用名词的缩略规则问题。早在 20 世纪五六十年代，就多音节专有名称是词还是短语即举行过讨论，当时即涉及与对应的双音节缩略形式的提取规则。世纪之交，这方面的研究也一直在进行着，先后曾有李振杰主编的《汉语常用简称词典》，王魁京、那须雅之的《现代汉语缩略语词典》，俞理明的《汉语缩略研究——缩略：语言符号的再符号化》等出版；马庆株的《缩略语的性质、语法功能和运用》，殷志平的《构造缩略语的方法和原则》和《数字式缩略语的特点》，宫齐、聂志平的《现代汉语四字词语缩略的制约条件》等发表。特别是最后的一篇论文，对缩略的选择机制进行了比较好的概括归纳，所提出的“语义忠实性、习用性、语形区别性、同构性、语境、信息含量和序列顺向性”七个条件，确实能够澄清某种语感上的疑惑。因为在这之前，就“邮政编码”的缩略，是“邮编”还是“邮码”，先后曾有多篇文章给予论及①，莫衷一是。该文的分析很有道理：采用“序列顺向”条件 AB→AX→AY→BX→BY→XY 进行筛选，AX 优选于 AY，在不与其他条件相冲突的情况下，前者就是首选。所以该文刊出之后，该现象的争议基本上趋于结束。

---

① 李苏鸣．“邮编”还是“邮码”？［J］．语文建设，1991（9）；高元石．说“邮政编码”［J］．语文建设，1993（8）；罗福腾．无理的“邮编”打败了有理的“邮码”［J］．语文建设，1996（11）．

由此可以看到，所谓的缩略，并不像我们“顾名思义”所想象的那样，基本上它局限于一些专用全称词语或习用性的短语节缩成双音节词这样一种现象范围内。事实上，它与“加注”是属于一个范畴内的事：

彻底调查→彻查

催促办理→催办

因感动、感激而兴奋或奋发→感奋

较高的价格→高价

纠正行业不正之风→纠风

严厉打击→严打

上述引例都来自第6版的《现代汉语词典》。当然，我们将释义和词条颠倒了一下。之所以如此，就在于这些词条都不是专有性的词，也就是不是直接命名性的，即一步到位的；它们显然来自特定时期使用频率比较高的表达语句，经过反复运用而成为特定社会生活中似乎不可或缺的一项内容，就容易走向固化，缩略为词。相对应的，词典释义，也无非是当初它的本义再还原而已。比如“查办”一词，该词于清代出现。成词应该是没有什么问题的：

(9) 朝廷也曾屡次差了廉明公正大臣出去查办，争奈“法无三日严，草是年年长”。(文康《儿女英雄传》)

(10) 甚么查不查办，我也不至于尽情提了去。(吴趼人《二十年目睹之怪现状》)

但它完整、明确的意义来源于句法中的结构关系：

(11) 我必需明查暗访，访明白了再行办理。(张杰鑫《三侠剑》)

(12) 俟本大臣彻底清查后，再行参办。(吴趼人《二十年目睹之怪现状》)

正因为如此，《现代汉语词典》(第6版) 将该词解作：“查明犯罪事实或错误情节，加以处理”，是很对的。也就是说，词作为一种表层结构，它真正的意义需要将其深层结构中的所有形式都再现出来，形成直接的对应关系。

这种还原式的解析还是非常有必要的。即便是局限于构词法的空间中也是有助于其特征的准确分析与判定的。张寿康的《构词法与构形法》便有“连动”的评述。任学良的《汉语造词法》把它叫作“承接式”。而陆志韦的《汉语的构词法》却认为这种情况并不容易和偏正结构，即“向心格”，划分界限。如果拿这种词语类型去与它的句法关系相对照的话，其判断相对就会更趋于准确。

再如“求饶”，该词的出现很有意思，“求”这个动词出现的时间比较早，它后面接的宾语往往都是直接对象。例如：

(13) 扣门求水，莫弗与者，所饶足也。(《淮南子·卷十一》)

(14) 正求普贤行饶益一切众。(《大方广佛华严经·第四十六卷》)

这种情况一直持续到了元代，似乎是突然间产生了该词。不过值得注意的是，在我们能够搜检到的材料中也仅此一例：

（15）我怎肯愁死愁生，向他行求免求饶！（秦简夫《宜秋山赵礼让肥》）

其后才有了该词形式与“求 NP 饶”形式的交错广泛应用：

（16）求岳母饶恕欺诳之罪。（凌濛初《二刻拍案惊奇》）

（17）不识得好汉，只求饶了小人一命。（罗贯中《水浒全传·第六十五回》）

（18）你求师救你，亦是求阎王饶命。（安遇时《包公案·第六十四则》）

（19）狄希陈自知罪过，满口求饶。（西周生《醒世姻缘传·第六十二回》）

（20）倪二负痛，酒醒求饶。（曹雪芹《红楼梦·第一百零四回》）

很明显，像“求饶”这样的词义，两 V 之间是存在类似于兼语一样的语义成分的。任学良将其称为“隐含”。陆志韦认为这种情况与“述补式”不易区分，如“打倒”“看穿”等；还不易同“动+动”格式的述宾格区别开来，如“劝吃”“帮喘”等；很容易跟偏正式的“寄养”“代谢”等混淆。张寿康则认为这一类是“支配式”。《现代汉语词典》的释义是“请求饶恕”。这跟张寿康的理解比较一致。不难看到，在这一现象上争议的东西更多一些。如果借助于历时的考察或许评说会更趋于准确公允。

赵元任（1979：184）指出：“（语法结构的和非语法结构的），后者指不合于正常的语法结构规律的。陆志韦在四万多个复合词里只找到大约一百个，其构成是模糊的，例如‘知道’、‘丁香’、‘刀尺’、‘月亮’、‘工夫’。当然，历史的研究可能发现它们的来源，但是在描写的平面上它们是非语法结构的，近乎‘不能分析的复合词’。”赵元任的这一段表述相当重要。首先一点，就在那个时候他已经意识到词法内部与句法不相同的一面，即“非语法结构”，也就是现在人们所赋予的新名称“跨层次结构”。再则，他认为，对词内部结构关系的认识，涉及两个方面：从历时层面可以认识，从共时层面或许就不宜认识，似乎就是不能分析的。就上述几词来说，“知道”应该说是能够推究的。

在先秦，“道”一向是诸子百家所热衷谈论的话题。而如何知道、表述道自然是许多人所追求的目标。正因为如此，一直到隋朝，“知道”便作为明确的短语使用。如：

（21）为此诗者，其知道乎！（《孟子·公孙丑上》）

（22）名实相保，之谓知道。（《吕氏春秋·卷十七》）

（23）知宇故无不容也，知宙故无不足也，知德故无不安也，知道故无不听也，知物故无不然也，知一而不知道，故未能裹也。（《鹖冠子·天权第十七》）

（24）故知道者不惑，知命者不忧。（《淮南子·诠言训》）

由上例（23）（24）可以看得很清楚：“知”与“道”是典型的句法组合。

很有意思的是，到了唐代，到了敦煌变文里边，“知道”陡然间便非常鲜明地实现了词汇化。其特征就是：如果说过去的“知道”是比较典型的句法间的动宾结构的话，此时“知道”后则带了其他宾语，且还是比较复杂的宾语：

（25）汝且不曾见他说法。争得知道他讲赞不能平等。（《庐山远公话》）

（26）知道和尚现有妙术，若也得教（效），必不相负。（《韩擒虎话本》）

（27）知道释迦宣此教，故来同听大乘经。（《双恩记》）

（28）是仙者，察王情，知道修行志转精。（《妙法莲华经讲经文》）

（29）大众须生敬重心，知道此经行孝行。（《盂兰盆经讲经文》）

由这些语句可以分明地看到，词汇化后的“道”已经是虚化了，跟表示完成状态的“到”差不多。在现代汉语中，它虽然仍然有声调，但与前边的“知”相比，轻重音的区别还是明显的。即便如此，我们现在还不能具体给予阐释的是：是什么原因突然之间就让句法动宾语义关系非常清晰的“知道”变作了近似于偏义复词的“知道”？在这种情况下，我们仍然遵循体系的浑然整体性将其结构关系判作动宾，事实上是没有意义的。如上所述，现代汉语中的“知道”实际上是补充型的①。从“知道”词汇化的最初形式起即证明了这点。有必要指出的是，对复合词内部结构关系的判断不能为认定而认定，要么只着眼于它的词面形式，要么是用历时框限共时。注意它在整个语言系统中的使用状况，在语句组合中表现出来的能力特征，所得出的认识才有价值，才是对它实际功能的真正揭示。

王艾录等（2002）认为：“目前为止的词汇学和语法学所提供的复合词结构方式大致有偏正、并列、动宾、主谓、中补以及重叠等，但是据考察，汉语复合词的结构方式远远不止这么一些，这就使复合词内部形式的揭示受到了不少限制和阻碍。”他们指出问题有三种：第一种是有的复合词结构方式模棱两可，如“口罩”可理解为动宾、偏正、主谓。“颜色”从历时角度看是偏正，从现代汉语角度看是并列。第二种是有一些复合词不太适合用五种结构方式理解，如“抓周”“木耳”。第三种在五种结构之外，如“推选”“使节”等。

据周荐（2004：98）统计，在汉语32346个双字复合词中，其中不能或难以用句法的结构模式加以解释的有1109个，约占3.4%。认为“这些词，或截取自古代文献上的语句，或者纯属意合，单凭字面难以稽考，或者用以构词的字是虚字，意义不很

① 刘丹青认为，“道”的语法化道路经过了三个阶段：“言说动词——与言说动词结合、与写作义动词结合、与思维义动词结合。”虽然他论述的不是“知道”词汇化的历时进程，而是对单个“道”句法语义特征的描述，但对我们这里讨论的现代汉语“知道”还是非常有参考价值的。他总结的两点：一是“V道”中的V无论是否为言说动词，其意义都由V承担。一是V与“V道”的区别在于，V后的宾语可以是小句成分，也可以不是；而“V道”后面则一定是小句成分。因此他认为里边的“道”已经虚化为一个谓语补足语（必要论元）从句的标记。（刘丹青2004《汉语中的一个内容宾语标句词——从“说道”的“道”说起》，《庆祝〈中国语文〉创刊50周年学术论文集》，商务印书馆）

明确，它们都无法归入上述所列的几类（按：即并列、偏正、主谓、述宾、述补，重叠、连动）中。”（《汉语词汇结构论》，98 页）这些理据不明的词，如“酒窝”“线春”“雷同”“天花板”等。

这些讨论都是参照着词语的历史由来进行认识的。事实上还有更复杂一些的，如“皮傅”。如果考源，似乎源自《左传·僖公十四年》：“皮之不存，毛将安傅？”即便是从这种语句中抽调选取的，它的原形式“皮”和“傅”之间也是没有句法结构关系的，因此也就无从以此判定两者之间于词法形式中的关系。这是其一。再更进一步，原语句中的“傅”和“皮傅”中的“傅”在意义上是有很大差别的：前者意思是“依附、凭借”，后者意思是“附会、强加”。后者一经形成，两千年都未曾改变。《方言》第七：“皮傅、弹憸，强也。秦晋言非其事谓之皮傅。东齐、陈、宋、江、淮之间曰弹憸。”郭璞注：“谓强语也。”《后汉书·张衡传》：“且河洛六艺，篇录已定，后人皮傅，无所容篡。”李贤注：“谓不深得其情核，皮肤浅近，强相傅会也。”例如：

（30）其他皮傅诡说，皆不足取。（张君房《云笈七签》）

（31）若其流弊，苟焉皮傅，剿说雷同，学不一二年，目不睹全经，掇拾巍科高第，不必素所蓄积也。（戴震《辑五王先生墓志铭》）

（32）未明於托名标识之事，而强以字义皮傅为言。（章炳麟《别录》）

就按最通俗明白的解释“皮肤浅近，强相傅会”的说法，又能对“皮傅”给出什么样的结构类型认定呢？

所以，理论上的描述重在抽象一般，看起来系统又美妙，看江傲霜（2008）对词汇化特征所做出的概括：“汉语的双音词往往是由语言中处于线性序列的两个单音词临时组合固化的结果。这个组合最初是词组，有明显的句法结构理据，两个单音词之间搭配也比较自由；当这个结构进一步凝固后，词组的构成理据逐渐模糊，意义进一步抽象和虚化，结合松散的词组就固化为双音词。词汇成分发生语法化的先决条件有三个，语义相宜（semantic suitability）、结构邻近（constructional contiguity）和高频使用（frequency）。”“导致词汇语法化过程的实现有两个基本机制，即‘重新分析’（reanalysis）和‘类推’（analogy）。从认知的角度来看，重新分析是概念的‘转喻’，类推是概念的‘隐喻’，因此语法化的背后有认知动因在起作用。”然而这一到具体的解释，则多不吻合默契。问题的关键在哪里？就在于词内部的组合与短语相比要复杂得多。在语言里边，词作为准确明晰的最基本的意义单位，相互间的组合及关系往往容易判定，且有一定的形式标志做参照；而合成词内部的情况就不同了。句法组合中所有的优势多不具备。从词形与词义之间的对应关系看，有些似乎可以是“望文生义”，词典释义也比较容易，就像我们刚解析过的那样，将其语素还原成词即可。如：

费工：耗费工夫　　费力：耗费力量　　费神：耗费精神

而有一些则就不容易了。它的形成往往是对事物高度抽象概括的结果，是反映多种特征性质的复杂词语的高度凝缩。一如“皮傅”，再如“汤圆”。“汤圆”指的是“用糯米面做成的大多有馅儿的带汤吃的圆形食品”，在这么多的语义信息中似乎是八字打不着一撇地选取了一个“汤”一个“圆”，此时若一定要人们说清楚相互之间的组合关系，似乎有点儿强人所难了。正如吕叔湘在《语文常谈》中所说：“语言的表达意义，一部分是显示，一部分是暗示，有点儿像打仗，占据一点控制一片。”这样就有了一个取舍择选的问题。人们在构词的时候，脑子里并不先有一个语素词性位置与句法结构关系完全配合的模式，然后再来挑选字眼儿进行语词单位的组织，反过来说，那些在人们心目中认为足以用来构词的关键性字眼儿并不一定适合语素词性位置，同时又适应特定的句法关系，自然就加剧了问题的繁复性。

三、有关构词法的突破

正是因为人们看到了复合词内部组合的复杂性，在20世纪80年代初，体现对该课题研究思考的主要有以下两个方面。

（一）组合中语义关系的描写

李行健（1982）认为“养伤”“打拳”“打野外”等词的意义分别是行为的原因、工具、处所，可以把这类结构称作“动状结构”。

刘云泉（1984）认为“雪花”是用“花”比喻“雪”，“烟柱”是用“柱子”比喻“烟”，是前正后偏式结构，而“火海、虾米、人流”之类则是后一语素通过比喻关系对前一语素从性质、程度、范围、用途等方面加以限制，也是前正后偏式。

钱乃荣《现代汉语》将“肉松”“饼干”当作正偏式合成词（167页），并说：“正偏式很少，在古汉语中也有。”刘叔新的《复合词结构的词汇属性》则将上述词语称作“逆修饰词”，并增添了“石墨”。王艾录、司富珍《汉语的语词理据》也几次说到这样的词，认为它们是“主谓/肉如松绒毛”。邵敬敏《现代汉语通论》正文中虽对此没有论述，但在“思考题”中有这样的题目：“复合词的构词方式，除了上述基本的五种之外，还有没有其他方式？请指出下面复合词的构词方式。”举了三组例子，其中第3组是：“饼干、肉松、银圆。”（126页）在该教材的配套教材“教学指导”中有参考答案：“第3组可看成正偏式：干［的］饼（饼干）、松［的］肉（肉松）、圆［的］银（银圆）。”（103页）

《现代汉语词典》在“松”这个词条的义项中说：“用鱼、虾、瘦肉等做成的绒状或碎末状的食品：肉～。”其他，《汉语大词典》《现代汉语大词典》《辞海》等，都有类似的解释，并且还有“鱼松”“虾松”一类的举例。

戴昭铭（1982）等提出了一种与一般定中式正好相反的类型，如“蜗牛、犀牛、蚕蚁、骨盆、眼珠、京华、露珠”，并认为这种结构方式是古汉语句法结构方式在复合词中的遗留。傅力（1986）则进而注意到了状中与主谓构词上的差别。周荐（1992）等提出了类似的中状正偏类，有“托梦、点卯、扑虎儿、卧病、转磨、瞻仰”等。彭迎喜（1995）等对此进行肯定，并补充例子："钩吻、韭黄、仆从、宅院、外行、羊羔、柴火、冰棒、先秦"。周荐还提出了支配逆序类："何在、庖代"；彭迎喜提出了同位式："松树、昆仑山、漓水、芹菜"等。他们继承了前人的分析，或提出递续式（又称连动式，连谓式），或分作四小类（虚实式、断裂式、简略式和意合式或无构式），都对该现象复杂性的揭示做了有益的探索。

刘叔新（1990）认为复合词结构没有句法性，而只是词汇性质的，主要表现在：

（1）复合词结构是紧密、定型的固定整体。

（2）词素不等于词，本身没有语法类别。

（3）无论词性还是词素意义关系类型都往往不与特定的词素序形式相应。

结论是"这种结构的决定因素是词根间的意义结合关系"，并非语法关系意义。

黎良军（1995）赞同刘叔新的主张，认为合成词的词素序"是没有句法性质的一种约定性顺序"，词素义是词的内部理据义，它只负担提示词义的任务；词的结构本质上是提示性语义结构，词的语义结构的分析，目的在于揭示合成词的理据，而不在于从合成词的结构中归纳出一些语法类型。他提出合成词的语义结构类型有：虚素融入式、同义互限式、反义概括式、类义互足式、分别提示式、因果式、物动式、时间顺序式、短语词化式、截取古语式。

朱彦（2004）为此还撰写了专著《汉语复合词语义构词法研究》，体现了由结构关系向语义描写揭示复合词内部组合的一种转向。其中指出："复合词结构在本质上确实不是一种句法结构，可是，复合词结构与句法结构的相似性也是客观事实。"作者举出一系列例子来说明，相当一部分的词，结构关系即反映了实际的语义关系，如"法盲—对法律盲""声控—用声音控制""蛛网—蜘蛛结的网"等。但也有特殊的情况，如"转磨—转着磨转""打针—用针打"。

当然，也有人提出质疑。比如对前者，认为动宾之间的语义关系是难以尽数的，甚至认为类似这样的组合搭配最好让词典尽列。对后者，杨锡彭（2001）认为不好这样类推，因为像"刨花""葱花""钢花""泪花""浪花""烟花""腰花"等形式的词就不好处理了。有人还列举出这样一些不好分析的词："麻利""打尖""谢幕""饿饭""耳朵""耳垂""老板娘""师母"等。

（二）重视造词方法的研究

潘文国、叶步青、韩洋（1993）等认为："造词法关心的不是成词后的结构分析，而是造成词时的手段。"

杨锡彭（2003）认为："造词法研究的是词的产生创造的方法，构词法研究的是词的内部结构方式，两者的任务和角度都不相同，本属于不同的剖面。"

吕叔湘在《语文常谈》中打比方将组词意义的抽取像打仗之后，又举具体例子说："像'谢幕'那样的字眼，就放弃了很多东西，只抓住两点，'谢'和'幕'。说是'放弃'，并不是不要，而是不明白说出来，只隐含在里边。"

我们（1993）也对该问题提出了自己的认识看法，认为造词法要比构词法的认识视界广阔得多。之所以如此，就是基于两个方面的考虑：一是创制新词是一个复杂的过程。绝非像过去的构词法所做的那样：词已造就，再就其内部结构关系进行认识，贴上标签即完成工作。二是有鉴于当时教科书里并没有采取客观公允的态度将整体的事实状貌反映给学生，造成的错觉是所有的词内部组合关系都是有理据的，都是可分析的。然而拿我们日常生活当中司空见惯的事物命名做一点思考马上就会变得尴尬：分析起来非常困难。如“电灯”“电驴”“电话”“电视”，笼而统之地都给贴上标签，说是偏正型的，但这样的解析又有什么价值意义呢？“电话”，我们可以很粗疏地理解为“用电来通话”，“电视”恐怕连这种粗疏的解析都难以借助了。《现代汉语词典》的释义是：“❶利用无线电波或导线把实物的活动影像和声音变成电信号传送出去，在接收端把收到的信号变成影像和声音再现出来的装置。❷用这种装置传送的影像和声音。”其中一个“视”字都没出现，要让人们分辨出它与“电”的结构关系可就不容易了。再如“电流”和“水流”，很简单，但它们在《现代汉语词典》中，一个解释为“电荷的定向流动”，一个解释为“流动的水”，那么，对应它们分别的词法形式，该怎样判定它们的组合结构关系呢？可以形成鲜明对照的是，《倒序现代汉语词典》将前者解释成“流动的电荷”。其他同类型的词，该词典也大都是以“流动的~”形式来释义的，如“暗流、伏流、气流、人流、铁流、湍流、外流、洋流”等。这非常值得人们深入思考。

第七节　先秦构词研究

一、综述及著作研究

新时期以来，对汉语构词历史的研究有两个突出的热点：一个是先秦，一个是魏晋南北朝。现主要综述前一个热点。

数千年来，人们之所以关注先秦，就在于它作为中华民族文化的发展奠定时期，起点颇高，所建立的文化品位足以与同时期的古希腊文明相媲美，并为其后数千年的本民族文化立则。就是民族语言本身，所体现的价值也足以为人们所称道。正像马真在20世纪80年代初率先开始对该课题进行比较系统的研究，在其《先秦复音词初探》一文中所表述的那样：一是现代汉语中相当一部分复音词是直接从先秦继承下来的，二是现代汉语合成词的构词方式在先秦已提供了基础。正是因为社会交流频繁、思维趋向缜密、语言表达精确的需要，这一历史阶段，特别是春秋战国时期，汉语开始加快复音化进程。当时复合词的产生有两种方式：一是临时组合的短语逐渐凝固成词，二是两个以上的语素拼合之后立即成词。该论文统计了8部著作，总计复音词3432个（不包括人名地名），除去重复，有2772个。如果先秦单音词估计为1万，那么复音词已达 20%以上。这篇论文非常具有新意的地方在于，对古代汉语词与非词的判定给出了一个具体详尽的意义区分操作规程，并对这一时期的构词状貌做出了初步系统性的描写，为以后进一步的深入研究开了个好头。

嗣后相当一些研究汉语词汇史的著作大都设立有专门章节，加强了对这一课题的讨论。王力在《汉语史稿》的基础上进一步完善的著作《汉语语法史》《汉语词汇史》，易孟醇的《先秦语法》，潘允中的《汉语词汇史概要》，何九盈、蒋绍愚的《古汉语词汇讲话》，许威汉的《汉语词汇学引论》，姚振武的《上古汉语语法史》，朱广祁的《〈诗经〉双音词论稿》，向熹的《〈诗经〉语言研究》《简明汉语史》，毛远明的《〈左传〉词汇研究》，张双棣的《〈吕氏春秋〉词汇研究》，张玉金的《甲骨文语法学》，史存直的《汉语词汇史纲要》，鲁六的《〈荀子〉词汇研究》，车淑娅的《〈韩非子〉词汇研究》等，都有这方面内容的专题讨论。有些比较简短的论述颇能说明问题的实质，如潘允中说《诗经》中的叠音词"重言"："有时也可以单用而不叠音；但这是为了修辞上的需要，而且是有条件的，即在单字的前面或后面，往往带上一个类似造词成分的虚词，构成不可分析的双音节。这样的词，意义仍然和单音节的根词不同，而跟叠音词则完全一样。"这就将当时的叠音词与使用中的关系讲透讲活了，能够给人以多方面的启发。再比如向熹注意到，这一时期有大量的单音词具有相当强的构词能力，以它们为基础即可以构成许多复合词。如"明"做词素构成的复合词有："明白""明发""明火""明明""明上""明神""明星""明昭""聪明""明哲""光明""清明""精明""文明""昭明"等；由"布"构成的复合词有："布帛""布施""布货""布告""布扬"等①。从一个方面揭示了该时期之所以能够形成复合词创制的材料基础。

特别值得注意的是，还有了对这一历史时期构词法研究的专著，即伍宗文的《先秦汉语复音词研究》。应该说，这是一部积累深厚并多有创建性的著作。作者认为，"春秋战国汉语史上出现了复音词急速增长的第一个高潮。"这一定位应该说是比较准确的。向熹（2010）统计：《论语》共出现 1700 多个词，除去人名、地名和虚词，复音词 200 多个，约占总数的 15%。《诗经》共出现 3400 多个词，其中复音词 900 余个，占总词数的 25%。这还是早期的情况。许威汉（1992）推测："春秋时期复音词 3000 个，这跟单音词相比较，相差就不远了"，而"到了战国……复音词数量接近单音词，展示了复音词将取代单音词的优势。"刘诚（1985）的考察尽管没有考虑其出现频率问题，所认定的标准也难尽得赞同，但他从一个侧面提供的数字也是值得人们注意的：《韩非子》全书单音词 2278 个，占 49%；双音节词 2162 个、三音节 203 个、四音节词 24 个、五音节词 1 个，合计 2354 个，占 51%。伍宗文先前参与了《汉语大字典》的

---

① 于此，向熹只是重在说明一个成词语素；如果义项多的话，它的组合更加多样，只是侧重这方面的举例。事实上以"布"组成的复合词还有许多，如"布衣""宣布""公布""分布""刀布"等。

编撰工作。他这部著作也是在时贤有所探讨，有所成就的基础上所进行的系统性研讨，属于后出转精性的，故其语料的丰富与论述的细腻就表现得非常突出。特别难得的是，其论证还能够与新的理论方法相联系。比如论述“韵律词”一节内容，实则是用现代新的语言学理论解释古汉语复音词产生创制的理据问题；相应的是，应用汉语词汇史上的实证材料，又有力地验证了该理论的实际效用：

如《论语·泰伯》的“动容貌、正颜色”、《荀子·非十二子》的“纵情性”之类，绝没有谁会认为它们是复合词，事实上也绝对成不了复合词；后世承用，或说“动容”，如《后汉书·东平宪王苍传》“帝……乃阅阴太后旧时器服，怆然动容”；或说“正色”，如《公羊传·桓公二年》“孔父正色而立于朝”，《汉书·叙传下》“宽饶正色，国之司直”；或说“纵情”，如《论衡·命义》“戮力操行而吉福至，纵情施欲而凶祸到”；或说“纵性”，如张协《七命》“悦子以纵性之至娱”。(67 页)

“韵律构词法理论从一个崭新的角度来观察和思考汉语的构词学。它力图说明：复合词乃至复音词要依赖于韵律词，而韵律词则制约着复音词的产生并决定着复合词的构造。”(68 页)

再则就是进行了比较扎实全面的考察统计工作，所提供的数据能够给人们提供一个比较完整、详细、清晰的复音词面貌表：

书名	总词数	单音词数	复音词数	单音词/%	复音词/%
尚书	1924	1550	374	80.6	19.4
诗经	3450	2476	974	71.8	28.2
论语	1479	1150	329	77.8	22.2
左传	4177	2992	1185	71.7	28.3
墨子	3977	2641	1336	66.4	336
孟子	2240	1589	651	71	29
庄子	5170	32.5	1965	62	38
商君书	1353	906	227	67	33
荀子	3753	2397	1356	64	36
韩非子	3762	2278	1484	60.3	39.7
吕氏春秋	3992	2844	1148	71.3	28.7

还有就是对相关性研究做了比较多的讨论，所持评判比较审慎公允。比如其中论述说，同义并列双音结构，其性质最难确定，关键在于整个组合的意义于词或词组上面很难划分。如“逋逃、道路、辽远、贪婪”等，杨伯峻、徐提的《春秋左传词典》就将它们明确标定为“同义词连用”，属于词组性质。而赵克勤、何九盈、蒋绍愚、黄志强等则采取从宽的原则，将它们看作复合词。伍宗文在大致赞同后一种看法的基

础上加以论证说："一个词的意义结构不会跟同组另一个词的意义完全重合，总会因为词的补充意义、风格特征、感情色彩或与其他词的搭配关系等方面的差异而表现出自己的'个性'，因此只能在一定的范围之内彼此代替，也只能在这样的范围之内彼此结合。"这种解释在相当的意义上与高邮王氏父子所解析的所谓"分则相异，合则相同"的主张也是契合的。

当然，古汉语语料汗牛充栋，很难说能够搜罗殆尽，这部专著个别地方也稍显遗漏。如关于"知识"一词的解析：

《墨子·号令》："其有知识兄弟欲望见之，为召，勿令入里其巷中。"岑仲勉注："知识，友人也。"《庄子·至乐》："吾使司命复生子形，为子骨肉肌肤，反子父母妻子闾里知识，子欲之乎？"《商君书·赏刑》："是父兄昆弟知识婚姻合同者，皆曰：'务之所加，存战而已矣。'"《吕氏春秋·遇合》："人有大臭者，其亲戚兄弟妻妾知识无能与居者。"知道、了解，这是"知、识"的常义，如《左传·昭公三年》："韩厥曰：'君知厥也乎？'"

接下来的解释是：

《诗·大雅·皇矣》："不识不知，顺帝之则。"但是，"知"上古已引申指知己或朋友，如《左传·昭公二十八年》："遂如故知。"而"识"却未发现有相应的意义，证明二者的引申并不"同步"。

正所谓"说有易，说无难"，事实上"识"的这种相应意义是有的：

《左传·襄公二十九年》："吴公子札聘于郑，见子产如旧相识。"

正因为有这样的先例，也才有其后与"故知"对举的"旧识"：

"异乡无旧识，车马到门稀。"（刘禹锡《元日感怀》）

二、专题研究

对这一时期构词法研究的论文更多。比如程湘清的《先秦汉语研究》，郭锡良的《先秦汉语构词法的发展》，黄志强的《西周、春秋时代汉语构词法概论》，陈伟武的《论先秦反义复合词的产生及其偏义现象》，陈年福的《殷墟甲骨文词汇概要》，陈婷珠的《试论甲骨文复音词的形成原因》，严宝刚的《甲骨文词汇中的复音词》，廖序东的《金文中的同义并列复合词》《金文中的同义并列复合词续考》，唐钰明的《金文复音词简论——兼论复音化的起源》，金河钟的《殷商金文词汇研究》，朱钢焄的《西周青铜器铭文复音词研究》，王伟的《两周金文中合成复音词及词组的初步研究》，周昉的《金文复音组合量化研究》，杨怀源的《西周金文复音词的来源与复音化动因》，吴艳娜的《金文常用双音词释义》，杨明明的《〈殷周金文集成〉所见叠音词的初步研究》，钱宗武的《论今文〈尚书〉复合词的特点和成因》，段吉福的《〈诗经〉中完全重叠字调查》，郭珑的《〈诗经〉叠音词新探》，陈年高的《〈诗经〉“于V”之“于”非词头说》，陈克炯的《〈左传〉复音词初探》《〈左传〉词汇简论》《〈墨子〉词汇谭概》，欧阳国泰的《〈论语〉、〈孟子〉构词法比较》，陈兰芬的《〈晏子春秋〉双音词构成方式简论》，钱光的《〈墨子〉复音词初探》，任艳丽的《〈墨子〉复音词研究》，胡运飚的《〈庄子〉中的复音词》，李智译的《〈孟子〉与〈孟子章句〉复音词构词法比较》，廖集玲的《论〈韩非子〉复音词》，李仕春的《〈战国策〉复音词的统计与研究》等。

这一时期的词汇研究值得欣喜的一种状况就是，专书专题的词汇研究呈一气象。这在相当程度上，得益于像王力等老一代语言学家的教诲，即要将汉语词汇史研究得扎实系统，专书的描写必不可少；再则就是得益于语法化、词汇化研究这一大趋势。这主要体现在对像《孟子》《庄子》《荀子》《墨子》《左传》《吕氏春秋》等著作的研究上，对此进行研究的不止一个人，甚至是多人。他们的有些成果已经公开出版，自可参看，这里不再一一述评。其中有代表性的是相当一些学者将自己研究的课题选定在了《墨子》一书的复合词上。众所周知，在诸子的著述中，有两部应该说是最不易理解和阐释的，一是《墨子》，一是《公孙龙子》。前者为历史淹没已久，加之后边《墨经》多属逻辑学、自然科学的内容，文言文的简略与这种性质内容的表述距离相对较大，解读颇为不易。后者在内容上属于语言哲学范畴，同样有着类似的困难。在这种情况下，《墨子》中的复合词仍然被看重，有些论文往往以墨子的出身进行猜想性推定，说《墨子》口语色彩比较鲜明。我们倒觉得这样的判断与事实有着比较大的距离。一个非常简单的参照就是现代汉语的状貌：书面语言以双音节词为主，而口语却仍以单音节词为主。这种情况不可能在古汉语中呈相反的状态。相比早于它的《论语》，倒是口语韵味盎然，比较典型的一种表现形式就是词语重复。孔子本人对此还有直接的称道：“言之重，辞之复。呜呼！不可不察，其中必有美者焉。”（董仲舒《春秋繁露·祭义》）在诸子著作里，孔、孟、庄等的思想内容的表述很多都采取了对话体的形式。杨雅丽（2001）注意到了这样的现象，她的《论〈墨子〉中的同义复词》一文即认为，《墨子》同义复词的使用量明显高于其他先秦典籍。以《墨子·七患》篇为例进行统计，其中用字851个，有同义复词15个23次：“城郭×2、沟池、宫室×2、赏赐×2、圣智、诛罚、凶饥×3、婢妾、年岁×3、凶饿、灭亡、府库×2、奇怪、坟墓、寇敌”。而比它晚出的《孟子·梁惠王上》用字2337个，有同义复词16个20次：“欢乐、洿池、斧斤、材木×2、庠序×2、道路×2、刑罚、离散、陷溺、褊小、庖厨、忖度、商贾、尝试、使令、死亡×2”。之所以如此，显然与他们采取不同的语体形式有关，还与他们采用不同的表现手法有关。庄子的著作，正像人们评述的那样，是一种“哲学的文学化，文学的哲学化”。连他自己也宣称，多用寓言、重言和卮言，于是乎语言风格体现出形象鲜明、光昌流丽、意象万千的神采。现代语体学的研究证明：同样都属书面语，文学体裁与政论体裁相比，后者仍然在词语上面有着明显的区别，即后者是偶数音节，单位远远要超过前者。墨子在文章语言表现上面公开声明，自己主张“先质而后文”（《墨子·佚文》），虽然他的这种主张成为后来诸多儒家名流对其攻击的口实，说是“不知文”“疏于文”等，岂不知恰恰是这种特征对于成就《墨子》所特有的词语状貌提供了最坚实的根基，那就是由其语言上的长于说理、严密推进、顿挫有致，使得复合词的运用明显高于同时期，甚至高于其后一段时间其他诸子的语言著作。且其推证的方式，以及隐含于其后的思维方式也明显不一样。如《大学》开篇的文字：

大学之道，在明明德，在亲民，在止于至善。知止而后有定，定而后能静，静而后能安，安而后能虑，虑而后能得。物有本末，事有终始。知所先后，则近道矣。

古之欲明明德于天下者，先治其国；欲治其国者，先齐其家；欲齐其家者，先修其身；欲修其身者，先正其心；欲正其心者，先诚其意；欲诚其意者，先致其知；致知在格物。

再看《墨子·非攻上》：

今有一人，入人园圃，窃其桃李，众闻则非之，上为政者得则罚之。此何也？以亏人自利也。至攘人犬豕鸡豚者，其不义，又甚入人园圃窃桃李。是何故也？以亏人愈多。苟亏人愈多，其不仁兹甚，罪益厚。至入人栏厩，取人马牛者，其不仁义又甚攘人犬豕鸡豚。此何故也？以其亏人愈多。苟亏人愈多，其不仁兹甚，罪益厚。至杀不辜人也，扡其衣裘、取戈剑者，其不义又甚入人栏厩、取人马牛。此何故也？以其亏人愈多。苟亏人愈多，其不仁兹甚矣，罪益厚。当此天下之君子皆知而非之，谓之不义。今至大为攻国，则弗知非，从而誉之，谓之义。此可谓知义与不义之别乎？

对比之中我们可以看得很清楚，两者所采取的论述方式明显不同：《大学》是接近联想、进递联想，至于不同环节之间是否有必然的关联、因果关系，则是难以说得明白的；而《非攻》属于不同事件间的类属联想，量质之间的对比联想，清楚且严谨。在逻辑思维方面，就其严密度来讲显然后者强于前者。正因为如此，其词语上面所呈现的面貌也明显不同。《墨子·非攻上》开始时的言辞就很有特点：“今有一人，入人园圃，窃其桃李”。“园”，《说文》：“所以树果也。”段注，“《郑风》传曰：‘园所以树木也。’按毛言木、许言果者，《毛诗》檀榖桃棘皆系诸园。木可以包果，故《周礼》云：‘园圃毓草木。’许意凡云苑囿巳必有草木，故以树果系诸园”。由此，后来《水浒传》中的“盘中果木，小道可留”，也就不难理解了。“圃”，《说文》：“种菜曰圃。”段注，“《齐风》毛传曰：‘圃，菜园也。’马融《论语注》曰：‘树菜蔬曰圃。’玄应引《仓颉解诂》云：‘种树曰园，种菜曰圃’”。“园”与“圃”本不相同，语义差别鲜明。然而墨子将它们连类而及相组合，显然是为了音节节奏的和谐一致；同时也为该语言形式的词汇化提供了一个基础。当然，类似的语用现象并非自《墨子》始，也不意味该类现象自此终，如《礼记·杂记》：“为妻，父母在，不杖不稽颡。”唐代孔颖达作疏曰，“按《丧服》云：‘大夫为适妇为丧主。’父为己妇之主，故父在，不敢为妇杖，若父没，母在，不为适妇之主。所以母在不杖者，以父母尊同，因父而连言母。”再如，《礼记·文王世子》：“反养老幼于东序。”《礼记·玉藻》：“大夫不得造车马。”俞樾《古书疑义举例》：“古人之文，省者极省，繁者极繁，省则有举此见彼者矣，繁则有因此及彼矣。”他认为，其中的“老幼”，是“因老而及幼，非谓养老兼养幼”；“车马”，是因车而及马，非谓“造车兼造马”。

如果说《墨子》还有值得注意的，那就是墨家在历史上备受冷落，通假字、异体字、讹错衍脱字多；从一定意义上说也为人们认识其词语创制的丰富性提供了难得的文本。高君的《〈墨子〉并列式双音结构研究》从词汇学的角度将其归纳为多种类型并进行了列举：

从横—纵横　出内—出纳　得先—得失　俛仰—俯仰　蚤牙—爪牙
葆卫—保卫　倍畔—背叛　尝若—倘若　当若—倘若　劝沮—劝阻
腑冷—腐烂　浩居—倨傲　将率—将帅　时几—时期　假籍—假借

逆序词多，如：

白黑—黑白　浅深—深浅　少多—多少　外内—内外　下上—上下
净洁—洁净　志意—意志　求祈—祈求　令命—命令　传遗—遗传

替换语素多，如：

陟降—升降　昆弟—兄弟　府库—仓库　交相—互相　佼好—美好
旦暮—旦夕　取去—取舍　远迩—远近　纺绩—纺织　辅相—辅佐
羽旄—羽毛　谋度—谋虑　宁乐—安乐　辩慧—聪慧　调外—调度
臣下—臣民　再重—再三　珍怪—珍奇　提挈—提携　审稽—审核
谗贼—谗害　场园—场院　恬漠—恬淡　毁丑—毁谤　俭节—俭约
抚循—抚恤　诟侮—诟骂　殆竭—殆尽　谨密—谨严　犹若—犹如

综合型的，如：

絜廉—廉洁　辟怪—怪僻　杵木—木材　道教—教导　动宰—举动
子亥—孩子　碻明—明确　畜积—积蓄　昼日—白昼　愿欲—欲望
壤地—土壤　获敛—收获　放依—依傍　备全—完备　讬寓—寄托
佐相—辅佐　祷祠—祈祷　犹尚—尚且　法象—效法　楚毒—焚烧

这种丰富性也为人们训诂、校勘提供了空间。《墨子·非攻下》：“此刺杀天民，剥振神之位，倾覆社稷，攘杀其牺牲。”王念孙云：“‘剥’与‘振’义不相属，‘振’当为‘振’字之误也。《说文》‘剥，裂也’。《广雅》：‘振，裂也。曹宪音必麦反’。是剥、振皆裂也，故曰‘剥振神位’。”“攘杀其牲牷，燔溃其祖庙。”王引之云：

“‘燔’与‘溃’义不相属，‘燔溃’当为‘燔燎’。隶书‘尞’字或作‘尞’，与‘贵’字相似，故字之从尞者或误从贵。《史记·仲尼弟子传》，《索隐》引《家语》中有‘申缭’，今本《家语·七十二弟子》篇作‘申缋’。《赵策》‘魏杀吕辽’，下文又作‘吕遗’，皆其类也。‘尞’与‘贵’隶相似，故‘缭’误为‘（熭）’，又误为‘溃’耳。此篇云‘攘杀其牲牷，燔溃其祖庙’，天志篇云‘焚烧其祖庙，攘杀其牺牷’，文异而义同也。”“义不相属”，成为王氏父子识读谬误的一种重要方法。

《墨子》词语的丰富性还表现在它用法的多样上。如“变化”，既可以作为一个词进入句法的组合：“昔者三苗大乱，天命殛之，日妖宵出，雨血三朝，龙生于庙，犬哭乎市，夏冰，地坼及泉，五谷变化，民乃大振。”（《非攻下》）又可分拆使用：“所入者变，其色亦变，五入必，而已则为五色矣！”（《所染》）或者让其单个语素的意义也直接进入自己认识的视野中来：“化，征易也。”（《经上》）

第八节　中古构词研究

新时期以来，中古汉语的词汇研究颇受人们重视。这跟郭在贻及张永言、汪维辉、朱庆之等人的关注呼吁和努力践行是分不开的，如郭在贻（1989）认为：“关于汉语词汇史的研究，魏晋南北朝这一段向来是最薄弱的环节。”正因为如此，相当多的一些学者都将自己科研的方向投入这一时期，甚至还包括早年致力于现代汉语语法研究的刘世儒，他所率先开展的对该历史时期的量词系统考察，也就成了这种转向的一个亮点。与此同时又不能不承认，开初的研究仍多烙印着传统训诂学的痕迹，即多是对疑难词语进行释义考证。后来的研究者，也多倾向于对语法及通常词语历史渊源的描写。真正对其构词的研究，迄今为止仍不能说是蔚为大观。正像人们一再指出的那样，魏晋南北朝时期既是汉民族发展历程中的一次劫难，又是与其他民族相互融合的一种契机，加之佛教经学的翻译传播达到高潮，风云际会的结果使得汉语呈现出异彩纷呈的面貌。蒋礼鸿认为：“所谓‘中古汉语’，和前汉以上的‘上古汉语’不同的地方，那就是它的语汇口语化。”（王云路、方一新《中古汉语语词例释·序》）这种客观存在的重要历史转折，终究不会被埋没。随着语法化、词汇化研究的深入，这块语言宝地相继被相当多的人所关注和开发。

一、中古汉语的历史地位

在众多的研究里，首要的就是如何认识这一历史时期的语言地位。

日本学者太田辰夫在《汉语史通考》中认为：“这个时期是古代汉语的质变期。”朱庆之（1992）表述说：“从汉语本身发展的内在规律看，汉语词汇终将实现双音化，但是这个进程在魏晋以前是极其缓慢的，而进入中古以后，双音化的步伐突然加快，在短短的二三百年中，汉语词汇系统（主要指文献语言的词汇系统）以单音词为主的面貌就得到了根本的改观。”周荐（2004）也指出：“众所周知，汉语远古到上古时代的词汇，以单字为主；复字词是中古开始为适应语言的需要才大量产生。”对此，也有人提出异议。郭锡良（1994）认为：“复音化的各种构词法萌芽于西周早期，完备于春秋战国时期。”并拿出具体数据说：“先秦复音词占总词数的比例，《论语》达到25.1%，《孟子》达到29%。单以一般双音词计，《论语》180个，占总词数的12%；《孟子》333个，占总词数的14.9%。”许威汉在他的《汉语词汇学引论》（1992）一书中曾这样论述：“以前西方学者曾经认为上古汉语是单音节语，这用来衡量商代汉语也许大致不差，而用来说明周代汉语，特别是春秋战国时期的汉语，未免难以使人确信。”“有人拿《韩非子》一书来统计，单音词2356个，复音词2223个，复音词数量接近单音词，展示了复音词将取代单音词的优势。”还有些学者虽不专门针对这一课题来具体回答，但其研究结论也是值得人们重视的。如李仕春（2007）先后对上古、上古不同时期代表性著作里单双音节词的比例情况给予汇总，下面是他列出的细表：

先秦复音词的发展趋势（子书类）①

书名	论语	墨子	孟子	庄子	荀子	荀子	韩非子	韩非子
词汇数	1339	3977	2134	5194	3495	4533	4220	4632
单音词	1126	2641	1543	3205	2386	2393	2182	2278
%	84.09	66.41	72.31	61.71	68.27	52.56	51.71	49.18
复音词	213	1336	591	1989	1109	2160	2038	2354
%	15.90	33.59	27.69	38.29	31.73	47.44	48.29	50.82

中古汉语复音词的发展趋势

书名	五十二病方	列女传	论衡	焦氏易林	吴越春秋	三国志	撰集百缘经	大庄严论经	世说新语	洛阳伽蓝记
总词数	3491	2843	3366	5111	2227	17363	3594	3503	4698	4050
单音词	2981	1631	1777	2598	1169	2700	1355	1916	2250	1600
%	85.4	57.4	52.8	50.8	52.5	15.6	37.7	54.7	47.9	39.5
复音词	510	1212	1587	2513	1058	14663	2239	1587	2448	2450
%	14.6	42.6	47.2	49.2	47.5	84.4	62.3	45.3	52.1	60.5

正是根据这两组数据，李仁春将战国时期定为单音词复音化的第一个加速时期，把中古定为汉语单音词复音化的第二个加速时期。

邱冰（2010）有鉴于诸多研究者统计数据上的差距，如同一部《世说新语》，其

① 子书中出现的不同数字，来源于不同的统计者。

中复音词的数量，程湘清的是2126个，李仕春的是2448个，而韩惠言（1990）的是1541个；特别是有些统计没有考虑到单双音节词的使用频率，如同一时期的《三国志》与《世说新语》，所占比例差距之所以那么显著，与此不无关系；还有就是没有注意到中土文献与汉译佛经之间的差异。因此采用《汉语大词典》的收词标准对词的单双进行确认，在此基础上提出一种新的衡量指标，称为“双音词比重”，定义为双音词所覆盖的字数占总字数的比例。所得出数字还是比较真实可信的：

分类	上古文献			中古中土文献		
书名	论语	孟子	韩非子	论衡	三国志	世说新语
总字数/万	1.6	4.9	10.8	21.1	36.6	6.1
双音词比重/%	36.4	38.7	35.9	40.6	43.3	41.1

所以，她在文章最后强调，语言的发展是渐变性的，就是发展变化最快的词汇也不例外。

二、对佛经翻译文献的研究

这一时期有关佛经翻译文献的构词研讨颇有成效。朱庆之、梁晓虹两位于此做出了很大的努力，他们相继出版的《佛典与中古汉语词汇研究》《佛教词语的构造与汉语词汇的发展》，以及后来徐时仪、陈吾云等共同参与撰写的《佛经音义与汉语词汇研究》，都较系统全面地对该现象给予了描写，为人们提供了作为一种外来文化于语言上的影响与渗透，它直接地融入了民族生活的各个方面，直至现今很多时候我们都习焉不察。以朱庆之的研究为例。他的视野比较广阔，首先他从文体风格来俯视整个佛教译经文献，基本定位是“极富节奏感，既非散文又非韵文”。自然延伸出来的具体语言特征即为：（1）刻意讲求节律。（2）不押韵，不求骈偶对仗。他考察道：如果说佛经开初时的译文文体形式还不固定的话，“稍晚的《中本起经》、《修行本起经》等，却突然采取了这种文体，而且已经相当成熟，很快，这种‘四字格’文字就成为汉文佛典的主要文体形式。”再则就是汉文佛典的语言“从整体上来看是一种既非纯粹口语又非一般文言的特殊语言变体”，具体表现为含有大量的口语词和俗语词。如这样一些词语普遍使用：“阿舅、秃头、爱处、抱（病）、长寿、短寿、婢子、婢儿、草马、父驴、牙象、大行、小行、大力士、干笑、狂水、狗牙”等。双音化的倾向表现得十分突出。这里又体现为：直接借用道教词语，像“无为、无常、真人”等。对于汉语原有的单音同义词做到了很好的把握并进行复杂化的组合，从而为创造多样化的双音复合词奠定了一个扎实的基础。事实上，这些后来的译经者也确实有出色的表现。如经卷里这些词的自由运用：“各共、各相、各自、共相、更相、更互、互相、自相”等。再如《中本起经》中所创制的新词：“哀悴、哀恸、安隐（稳）、平稳、安详、平安、报敕、备办、伴侣、依托、弊败、不面、别宫、别宅、才艺、出意、垂训、出世、充备、催督、从来、出处、导从、堕坠、堤塘、得叙、得病、二诸、尔来、反论、奉敕、光饰、工夫、功劳、宫舍、供济、供膳、告别、共俱、各各、供办、垢秽、何等、即便、俱共、可惜、可笑、利益、奇妙”等，“双音化是中古汉语词汇发展的一个十分重要的标志。这具体表现为：一方面，新的概念主要是由双音节形式（binom）来表示，例如《中本起经》所包含的大约150个意译的外来词中，单音节的似乎一个也没有，而双音节的则大约有140个；另一方面，原来由单音节词表示的旧有的概念大都有了双音节形式。”与此同时，朱庆之还注意到与上述现象相伴随的一种现象，那就是“佛典词汇系统不但着意吸收了汉语已有的双音节词，而且还临时制造了一些多音节的表义形式”，即已有人注意到了所谓的“同义连用”。朱庆之文中将这种现象解释为：“实际运用上，这些自由构词语素最初主要应是充当‘同义连文’的补充角色，也就是说在作者的个人言语词汇系统里找不到合适的‘同义’语素时，就利用它们来完成某个单音词的双音化任务。”例如：

“十方所有，悉晓了知。”（东汉支谶译《般若道行品经》）“经行之时，不顾眄视。”（三国支谦译《梵摩渝经》）“于是大圣，愍伤怜之，寻到其所。”（西晋竺法护译《生经》）“我有一子，极爱怜念，意常忍乐，见无厌足。”（东晋僧伽提婆译《中阿含经》）“尔时，彼长者有儿名优罗，唯有一子，甚爱敬念。”（符秦昙摩难提译《增一阿含经》）“慢无巧便，未得想得，未成想成，收屏盖藏衣服卧具，摩何而去。”（西晋竺法护译《正法华经》）“招怀诱纳，唱令内寇宜时归命，若不出降，殄灭尔类！”（西晋竺法护译《琉璃王经》）

再如：

（1）其往生无量清净佛国众等大会，皆共于七宝浴池中，都共人人悉自于一大莲华上坐。（西晋竺法护译《无量清净平等经》）

（2）诸优婆塞、优婆夷四辈，普集诸异学婆罗门尼犍等，不可计，都悉来会。（东汉竺大力共康孟详译《修行本起经》）

（3）一一尊神复各与眷属皆悉来会。（同上）

（4）是时诸鹿，尽皆渡竟。唯一鹿母，将一鹿麋，周慞惶怖，最在其后。（三国支谦译《撰集百缘经》）

（5）钱财七宝，悉皆满藏。（符秦昙摩难提译《增一阿含经》）

（6）大国群僚，咸共瞋恚。（失译《太子慕魄经》）

甚至有些为了修辞的需要而增添。朱文援引周一良（1947/1963：321）指出翻译佛典里“于”见于及物动词和宾语之间的用法是汉语原先没有的。他举的例子是竺法护译《海龙王经》“护于法音”“见于要”；鸠摩罗什译《妙法莲华经》“击于大法鼓”，“供养于佛”等。说：“‘于’大约最先是在韵文中凑字数，逐渐在散文里也流行起来。”

应该说，于佛经汉译课题的研究上，朱庆之的《佛典与中古汉语词汇研究》所追溯描写及其所做出的解释是相当系统详尽的。梁晓虹又具体地将融入汉语的佛典文献词语，归纳为音译词、合璧词、意译词、佛化汉词、佛教成语五种类型，并将其功能描述为：树立了吸收外来语的样板；充实了汉语词汇的家族；丰富了汉语词汇构造的方式；加速了汉语词汇双音化的进程；促进了汉语口语化的发展。正如他们所指出的，即便是汉语原有的材料，一旦经过了佛经意义的浸染，如“魔、忏、塔、僧、钵、梵、刹、禅、法、戒、业、苦、空、妄、老、有、无、行、知、出、入”等，其造成新词的能力就获得了飞跃。

三、“同义连用”非常显著

吕叔湘在《魏晋南北朝小说词语汇释·序》中指出：这一时期的书面语“一方面，除古典散文继承先秦传统外，骈体文字越来越得势，离开口语越来越远。另一方面，短书杂记大量产生，佛经译本也不避俗语，那里面常常可以遇到当时的口语词和口语词义”。正所谓合久必分，分久必合。如果说先秦口语和书面语虽然有差别但不显著的话，两汉时期的赋体骈文确实加大了两者的分离，过大的差距就需有其他的形式来弥补，佛经文献就是如此，如《百喻经》，就是这一时期道家的经典著作《太平经》也是如此。看这样一段话：

不怠而精进，得成神真，与帝合德；懈退陷恶，恶相日籍，充后裔混也。至士高士，智慧明达，了然无疑，勤加精进，存习帝训，忆识大神君之辅相，皆无敢忘。圣君明辅，灵官祐人，自得不死，永为种民，升为仙真之官，遂登后圣之位矣。（《太平经》卷一至十七）

这一段话与朱庆之所举佛经文献中的文辞是非常相像的：也大都为四字格结构，即便有所变动，也往往是对偶性质的。里边有的词语，像“至士高士”“智慧明达”“了然无疑”等，也都属于同义连用性的。其中“精进”一词，则为典型的佛教经典术语，意谓去染转净、修善断恶的过程中一直进行着不懈的努力；这里也借用过来体现道家的善念修炼不断提升。即便中土传统文化的继承发扬，也采取同样的形式。如《焦氏易林》，全书 10 余万字，4096 卦，全部采取四言卜辞的形式，其实也就开创了易于民众接受的雅俗共赏、文白兼具、朗朗上口、易于读诵的一种书面文体形式。例如：

（1）乾之坤：招殃来螯，害我邦国。病伤手足，不得安息。

（2）乾之比：中夜犬吠，盗在墙外。神明佑助，消散皆去。

（3）乾之大有：上帝之生，福佑日成。修德行惠，乐且安宁。

（4）坤之睽：城上有乌，自名破家。唤呼酖毒，为国患灾。

只要是注重偶数音节的文本，“同义连用”也必然是一种常见的语用特征。对照着朱庆之《佛典与中古汉语词汇研究》所举例（1）至例（6）的用法（本书第70页），我们可以在其1000多年后的《水浒传》中找到非常类似的用例：

（5）把刘高一家老小尽都杀了。（468页）①

（6）众好汉把他从前酷害良民，积攒下许多家私金银，收拾俱尽。（566页）

（7）梁山泊军马，今日尽数收兵，都回去了。（892页）

（8）前船后船，尽皆都漏，看看沉下去。（1088页）

（9）其余出征官员，俱系白身，恐有惊御，尽皆免礼。（1232页）

（10）前后死魄，俱皆受享。（1342页）

（11）诸将都皆拱听约束。（1342页）

像周一良所举谓宾结构带"于"与否，并非自佛教译经文献始。例如："夏六月，邢迁于陈仪。"（《春秋·僖公元年》）"宋人迁宿。"（《春秋·庄公十年》）《公羊传》云："迁者何？其意也。迁之者何？非其意也。"陈望道对此解说道，这"可以算是文法上自动和他动的辨别的提示……像这样个别说述语文条理的例子，我们在古代的文书里可以找出不少，假使将就一点，那也未尝不可算是现在所谓文法的研究。"②

所以说，佛教于中古时期传入中土，给汉语带来了一股加助其复音化的强劲力量，并以其经义的丰富性带来了汉语词汇增升的巨大效应。但如果说汉语的复音化道路就是由此推动的，恐怕就不妥当了。我们确实看到，在先秦特别是战国末期，汉语复音节词在《韩非子》《吕氏春秋》等著作中已占取相当的比例，是汉语最初词的单音节性为句法组合的可单可双提供了充足的物质条件。如上所述，上古时期人们往往倾向于将同义系列做精细的辨析，从而积累了丰富的单双音节词语，为其相互转换使用提供了充足的条件。例如：《诗·大雅·大田》："去其螟螣，及其蟊贼。"《毛传》："食心曰螟，食叶曰螣，食根曰蟊，食节曰贼。"再如：

"朋友"——"同师为朋，同志为友。"（《周礼·地官·司谏》）

"脂膏"——"戴角者脂，无角者膏。"（《说文解字》）

"切磋"——"骨曰切，象曰磋。"（《诗·淇奥》郑注）

"耆艾"——"五十日艾，服官政。六十日耆，指使。"（《礼记·曲礼上》）

"耆老"——"六十曰耆，七十曰老。"（《国语·吴语》）

"跋涉"——"草行曰跋，水行曰涉。"（《诗·载驰》传）

"语言"——"直言曰言，论难曰语。"（《说文解字》）《论语·乡党》疏："直言曰言，答述曰语。"又《礼记·杂记》："三年之丧，言而不语。"注："言，言己事也；为人说为语。"

---

① 人民文学出版社，1975年排印本，一百回《水浒传》。例句后边括号内的数字为所在页数。下同。

② 陈望道."一提议"和"炒冷饭"读后感［D］.北京：商务印书馆，1987.

“英雄”——“聪明秀出，谓之英；胆力过人，谓之雄。”（《人物志·英雄》）

程湘清在《先秦复音词研究》一文中指出，《说文》里采取了大批互训的方式进行释义，如“恐，惧也；惧，恐也”“汜，滥也；滥，汜也”“听，聆也；聆，听也”“携，提也；提，携也”“歌，咏也；咏，歌也”“舟，船也；船，舟也”“排，挤也；挤，排也”“饥，饿也；饿，饥也”“意，志也；志，意也”“更，改也；改，更也”“美，甘也；甘，美也”“缠，绕也；绕，缠也”“结，缔也；缔，结也”“呻，吟也；吟，呻也”“逃，亡也；亡，逃也”。至于单向义训或递训的就更多，如“荒，芜也”“周，密也”“迷，惑也”“讯，问也”“谑，戏也”“诈，欺也”“诉，告也”“共，同也”“奉，承也”“卑，贱也”“整，齐也”“号，呼也”“积，聚也”“粗，疏也”等，似乎是举不胜举。郭春环在他的《〈尔雅〉与同义复合词研究》一文中注意到，早在先秦，同义连用即出现了。如晋代杜预注《左传·成公十三年》“芟夷我农功，虔刘我边陲”一句时，即指出：“虔、刘，皆杀也。”唐代孔颖达在《五经正义》中进一步提到了这个问题：“刘，杀，《释诂》文；《方言》云：虔，杀也。重言杀者，亦圆文耳。”类似的情况还有很多。再如，《尚书·无逸》：“自朝至于日中昃，不遑暇食。”孔颖达《五经正义》曰：“遑亦暇也，重言之者，古人自有复语，犹云艰难也。”《左传·桓公六年》：“谓其畜之硕大蕃滋也。”孔颖达《五经正义》曰：“硕大、蕃滋，皆复语也。”在《尔雅》1.10 组：“怡、怿、悦、欣、衎、喜、愉、豫、恺、康、妉、般、乐也”由 13 字同义单义词组成。若依排列组合的公式，A［2，13］＝13×12＝156。实际上，有这样 32 条文献证明已经形成同义复合型的组合：“怡豫、怡乐、怡怿、怡愉、怡悦、怿悦、悦豫、悦恺、悦乐、悦怿、悦康、悦喜、悦欣、欣怡、欣喜、欣愉、愉悦、愉乐、愉怿、恺豫、衎乐、喜悦、喜乐、喜怿、豫悦、康乐、般乐、乐欣、乐衎、乐康、乐悦、乐恺”，这其中有“怿悦、悦怿，悦豫、豫悦，乐悦、悦乐，悦喜、喜悦，衎乐、乐衎，康乐、乐康”6 组词次序可以颠倒。也就是说，在这一组单音节同义词的复合化过程中，真真正正地有 1/5 实现了全排列式的组合。这应该说是一个相当高比例的数字。有人做过统计，《史记》中复音词一共有 3200 多个，总的使用次数在 30000 词以上。一个特点，就是双音同义词使用普遍。如“害怕”的单音节同义词有“畏、惮、恫、恐、惧、惶、惴、惊、骇、怖、振、慄、愒、慑、慴、竦”等，由它们两两组合，所形成的双音节同义词有：“畏惧、惊惧、惊惮、怖骇、惊骇、惊恐、振恐、震慑、振怖、惮畏、恫恐、惶恐、恐惧、惴恐、惊愕、振慄、恐慴、恐愒”等。再如《后汉书》里使用到的同义词同样有：“惊骇、惊惮、怖骇、畏恐、惊惧、惊恐、畏惧、畏惮、惮畏、恐惧、惶恐、惊惶、惊竦、惊怖、畏栗、畏怖、惧骇、恐畏、恐怖、惶怖、惶惧、骇惧”等。所以，真正促使汉语复音化的，还是汉语自身的因素在起着决定性的作用。

事实说明，汉语复音化的过程是一个持续不断的过程。不但两汉魏晋南北朝时期是这样的，且在以后的时间里一直在进行着。与上述情况相类似，再看《水浒传》中的同义连用择换组合：

（12）方才惊唬的苦，急些儿送了性命。（11页）

（13）洪太尉听了，心中惊怪。（14页）

（14）真人等惧怕太尉权势。（13页）

（15）朱武、杨春并无惧怯。（33页）

（16）那两个都头却怕史进。（39页）

（17）你休惊怕，只要实说。（354页）

（18）哥哥惊恐。（504页）

（19）李逵见他们害怕，越说起风话来。（748页）

（20）微臣不胜惶惧。（762页）

（21）单廷珪惶恐伏礼，乞命受降。（936页）

（22）小李广花荣在阵中看见，恐怕输了两个，便纵马出来。（943页）

（23）都似你等畏惧懦弱匹夫。（1038页）

（24）高大尉闻知，恐惧无措，亦不敢入朝。（1120页）

诸例，“惧怯、却怕、惊恐、惶惧、恐惧、害怕、惧怕、惊怕、惶恐、恐怕、畏惧、惊唬、惊怪”等，所用构词成分在意义上也大都相距不远，有些则是绝对等义，只是色彩上稍有区别，有些即便在色彩上也难辨出差异来。类似这样的组合，《水浒传》里还有很多，如“拿捉、擒捉、捕获、擒获、擒拿、捉获、捕捉”，“倦怠、劳倦、困乏、劳困、困倦”，“守把、保守、把守、守护、看守、守御”，“猜疑、疑思、疑猜、疑忌、疑惑、疑虑、犹疑”，“抢掳、劫掳、掳掠、劫夺、劫掠”，“思考、思量、寻思、思想、忖量、存想、思忖、忖道、思道、忖想、想道”等。它们往往都可以形成一个个的同义词语系列或叫作词族。再对照《史记》《后汉书》中的使用情况，可以说漫长的历史时期内，“同义连用”是一种普遍的语用现象，且组合相当自由灵活；其终极指向当然是双音节化。对比今天的汉语，显然趋向于稳定，摒弃了同类语素任意换用的杂芜，往往选用其中极具典型性的几个词语予以体现。这主要在于：时代不同，而今的信息量远非过去所能比拟的。

四、并列复合词占据优势

中古时期的构词研究，再有一项比较突出的成绩就是，人们通过具体的考察统计，注意到了句法组合在结构类型上的一个重大变化。程湘清《先秦复音词研究》（2003：89）中明确指出：“在词序造词中产生最早、‘产量’最高的是联合式和偏正式。偏正式主要构成名词，联合式则可构成名词、动词和形容词。但偏正式构成名词的方式较多，联合式构成每类词的方式则比较单纯，多数是同类联合。然而进入战国时期以后，联合式双音词的增长速度却比偏正式显著加快了。”之所以得出这样的结论，他主要是通过对《论语》和《孟子》两书的比较得出来的：都以占总词数的百分比看，前者联合式是26.7%，偏正式是37.2%；后者联合式是34.5%，偏正式是30%。显然，这里提供的数据还不够典型。如果追溯到更早的文字记载的话，情况可能会更显豁。郭锡良在《先秦汉语构词法的发展》一文中判断说：甲骨文中的复音结构“几乎全是偏正结构”。沈怀兴于《汉语偏正式探微》中统计上古早期几种典范文献得出的数据是：《周易》联合式个数是29，占总数的29.9%；偏正式个数是65，占总数的67%。《诗经》联合式个数是209，占总数的29.6%；偏正式个数是484，占总数的68.56%。相对应的，中古时期的文献呈现出一种相逆转的趋势，见下表。

中古文献双音词结构统计①

书名	焦氏易林[1]	搜神记[2]	毛诗笺[3]	潜夫论[4]	后汉书[5]
联合式	945	1042	925	992	4972
偏正式	181	469	365	621	539

很多的研究数据也都证明了这一点。最易于看得清楚的，是李仕春于《联合式构词法在中古时期最能产的原因》对多家研究统计数字的汇总表，见下面列出的两表。

先秦两汉文献双音词结构统计

书名	墨子	墨子	孟子	孟子	庄子	庄子	荀子	荀子	吕氏春秋
复合词	182	1295	234	260	1754	424	1264	1250	881
并列式 %	102 56.04	728 56.21	105 44.87	146 56.81	861 49.09	201 47.41	681 53.88	767 61.36	438 49.72
偏正式 %	55 30.22	476 36.75	90 38.46	100 38.91	825 47.07	200 47.17	522 41.30	463 37.04	408 46.31
书名	韩非子	战国策	论衡	潜夫论	说文	释名	睡虎秦墓竹简	五十二病方	武威医简
复合词	1338	2612	2088	1908	937	912	902	483	198
并列式 %	521 38.94	585 22.40	1404 67.24	919 48.17	438 46.74	745 81.69	289 32.04	51 10.56	27 13.64
偏正式 %	650 48.58	1913 73.24	517 24.76		430 45.89	116 12.72	497 55.09	407 84.27	141 71.21

① ［1］黄瑞丽（2010）；［2］董维纳（2011b）；［3］姜丽（2013）；［4］黄云云（2002）；［5］孙凤华（2000）。最后者的统计数字之所以那么高，关键在于将“蝗虫”“鲈鱼”“鸟乌”等看作“相容并列”。

魏晋南北朝隋唐宋时期文献双音词结构统计

书名	抱朴子	三国志	幽明录	世说新语	世说新语	世说新语
复合词	4885	1982	1031	1343	1686	1184
并列式 %	1721 35. 23	1168 58. 93	534 51. 79	714 53. 16	926 54. 93	552 46. 62
偏正式 %	2285 46. 78	625 31. 53	351 34. 04	556 41. 40	573 33. 99	548 46. 28
书名	颜氏家训	百喻经	杂宝藏经	贤愚经	变文	景德传灯
复合词	1857	884	2378	3972	3317	5024
并列式 %	1192 64. 19	520 58. 80	1309 55	2291 60. 40	2113 63. 70	2455 48. 87
偏正式 %		274 31. 00	774 32. 5	983 29. 80	800 24. 12	1935 38. 52

胡远飚在其《从复音词数据看词汇复音化和构词法的发展》一文中汇总的数字可能更直观一些，见下表。

先秦魏晋文献双音词结构统计

双音词结构	诗经 西周初至春秋中叶	论语 春秋战国之际	左传 战国前期	孟子 战国中期	庄子 战国后期	论衡 东汉前期	抱朴子 东晋前期	世说新语 南朝初年
联合式 %	209 28	60 36. 6	490 54. 4	146 47. 1	861 45. 1	1404 64	1721 33	714 50
偏正式 %	484 65. 4	70 42. 7	298 33. 1	103 33. 2	825 43. 3	565 25. 7	2500 47. 9	556 39
动宾式 %	13 1. 8	2 1. 2	106 11. 8	9 2. 9	53 2. 7	52 2. 4	760 14. 6	43 3
主谓式 %		1 0. 6	5 0. 55	2 0. 7	5 0. 25	14 0. 6	75 1. 4	15 1. 1
动补式 %			2 0. 22		10 0. 5	101 4. 6	44 0. 8	15 1. 1
连动式 %					6 0. 3			
附着式 %	35 4. 8	31 18. 9		50 16	147 7. 7	63 3	115 2. 2	81 5. 7
合计 100%	741	164	901	301	1907	2199	5215	1424

正因为如此，有些判断可能需要做一些必要的更正，那样可能对事实的反映会更趋于准确。例如向熹（1993）所表述的：“偏正式复合词是中古最发达的复音词之一，结构上比联合式有更大的灵活性。一个单音的词素可以修饰许多别的词素，也可以受许多词素的修饰，从而构成偏正式复合词。如果说联合式复合词可以使单音词的意义更加明确，那么偏正式复合词更便于表达新的意义。”如果说这里还稍稍欠妥的话，这样的表述或许问题就更多一些：“考察历史上较好地记录了当时口语的一些文献资料和一些涵盖范围较大的语文词典后得出的基本结论”，是“从先秦到现代，汉语构词复合法中始终以偏正式构词法为最能产”。（沈怀兴，1998）也就是说，联合式和偏正式，作为汉语中最能产的两种造词方式，随着时间的推移，呈现为彼此不断消长的情势：如果说在最早的时间，即甲骨文、金文中为绝对优势的话，到了春秋之交，这种情况便出现了变化。

在这种总体趋势中，有些具体现象还需要考虑。这主要体现为个别的文献表现出的异乎寻常：一是先秦《墨子》率先突出地表现为联合式超越偏正式，二是《齐民要术》在中古时偏正式比联合式要多。下面是三家对后者考察做出的认定：

一是郭象相《〈齐民要术〉复音词研究》：

总数	2947								
构词方式	语音构词			语法构词					
				形态	句法				
	单纯	重叠	音译	附加	主谓	支配	补充	偏正	联合
数量	43	28	5	69	12	49	254	1861	627
%	1. 4	0. 9	0. 2	2. 3	0. 4	1. 7	8. 5	62. 7	21. 1

二是彭奇伟《〈齐民要术〉复音词的构词法研究》：

总数	1522										
构词方式	语音构词					语法构词					
	单纯词			重叠词		附加	语序				
	双声	叠韵	杂错	单纯	合成		偏正	联合	动宾	补充	主谓
	10	19	10	10	21	105	581	511	118	66	28

三是史光辉《〈齐民要术〉偏正式复音词初探》，他虽没有列出具体的图表，但也得出了具体的数字：“《齐民要术》全书复音词总数为2198个，其中，偏正式复合词有958个，占全书复音词总数的43. 58%，在各种构词方式中居首位。”

虽然他们在统计数字上有出入，有些甚至还比较大，但一致的倾向就是《齐民要术》中的偏正式比例高于联合式。如果我们对比一下表一，再参照其他中古文献中的其他构词情况，不难看出它似乎是一个特例。

怎样解释两部著作中的构词现象？我们认为这要从这两部著作不同的语体特征，即功能属性上来找原因。如七节所言，《墨子》属于政论性著作，对于类的归属自然有着不言而喻的自觉或不自觉的意识；再则就是比较注重偶数句法的使用。例如：

(1) 人君饮食如此，故左右法象之。(《辞过》)

(2) 今则不然，厚作敛于百姓，以为美食刍豢，蒸炙鱼鳖。(《辞过》)

(3) 其有知识、兄弟欲见之，为召，勿令入里巷中。(《号令》)

(4) 汤举伊尹于庖厨之中，授之政，其谋得。(《尚贤》)

(5) 畅之四支，接之肌肤。华发隳颠而犹弗舍者，其唯圣人乎！(《修身》)

(6) 是故天地不昭昭，大水不潦潦，大火不燎燎，王德不尧尧者。(《亲士》)

(7) 衣服不美，身体从容丑羸，不足观也。(《非乐上》)

例（1）中的"饮食""左右""法象"，例（2）中的"刍豢""蒸炙"，例（3）中的"知识""兄弟""里巷"，例（6）中的"天地""潦潦""燎燎""尧尧"等，可以说类似的例子不胜枚举。从这种意义上说，其后不断有儒家借墨子自己的行文主张"先质而后文"，从而攻击说墨家学说"不知文"，显然并没有说到点子上。

相对应的，《齐民要术》属于学术性论著，非常自然地会较多地侧重于对指称对象属性特征的反映；加之口语性比较强，句式显得散漫自由，那么词法上的偏正式的复合词多也就在情理之中了。不妨看一下它的行文：

(8) 收葱子，必薄布阴干。

(9) 燥耕虽块，一经得雨，地则粉解。

(10) 著四五叶，雨时，合泥移栽之。

(11) 凡瓜所以早烂者，皆由脚蹑及摘时不慎，翻动其蔓故也。

(12) 暖泉不冰冻，冬日沤者，最为柔韧。

(13) 盛夏连雨，土气蒸热，什器之属，虽不经夏用，六七月中，各须一曝使干。

(14) 以不津瓮受十石者一口，置庭中石上，以白盐满之，以甘水沃之，令上恒有游水。

例（8）中的"薄布""阴干"，例（9）中的"燥耕""粉解"，例（10）中的"合泥""移栽"，例（14）中的"不津""庭中""白盐""甘水""游水"等，都非常能够体现农事、食物制作中的精细度。

第九节　汉语复合词创制的继承和发展问题

汉语词汇的研究，既要注重总体趋势，还要考虑个别的、特殊的分布。比如说程湘清于《先秦双音词研究》等多篇文章中认为：先秦复音词大体经历了语音造词——语音造词向语法造词过渡期——语法造词三个阶段。之所以得出这种结论，关键在于他将《诗经》看作了汉语最早期的文献。作为文学体裁形式，肯定是要形容词多用，特别是状态形容词要多用。在这种背景下，叠音词自然会显得繁复多样。它与战国末期的政论文体似乎不能放在一个平面上比较，何况这种阶段的划分又将更早时间的殷商甲骨文、金文置之不顾，就更有些不合理了。还是伍宗文的《先秦汉语复音词研究》，将先秦汉语复音词发展分为萌芽期——类型大备期——第一个高潮期三个阶段，能够比较公允地反映客观的面貌。

有关汉语历史的分期问题，可以说是众说纷纭。最好的分期应该是兼顾两个方面：一个是能够真正反映汉语自身的历史发展变化，再一个就是对于人们的认识把握来讲简便易行。在各色各样的划分中，我们认为王云路、方一新在《中古汉语语词例释》中的分期还是比较合理的，即“四期两过渡”。

上古汉语：先秦；
过渡阶段：西汉；
中古汉语：东汉魏晋南北朝隋；
过渡阶段：初唐、中唐；
近代汉语：晚唐至清末；
现代汉语：五四运动迄今。①

其后有稍小的调整，就是隋也挪入了过渡阶段。方一新在《从中古词汇的特点看汉语史的分期》一文②中申明，首先是考虑语法、语音，兼顾词汇。我们觉得语音系统作为语言的形式很难对于语言的发展变化产生根本性的影响，而基本词汇和语法构造才决定了语言的基本面貌。构词法可以说是正好处于两者之间的现象，所以对于汉语的历史分期来讲，愈发显得突出。

一、敦煌变文于词汇史上的地位

将晚唐五代作为近代汉语的源头，其众所周知的原因就是敦煌变文所产生的重大影响。据陈明娥（2003）研究，在其一万多条不同的词语中，仅双音词就有7626个，多音词有884个。在这之前很少有文献于复音词的比例上占取这样一个分量。再则就是这些词语的80%多都是对过去的继承；新词也达2000余条，其中60%多都在以后的文献中出现过，30%多的一直保留到了现代汉语中。其中并列式是3016个，占总数的39.55%；偏正式是2560个，占总数的35.57%。由此不难看到，敦煌变文开创了一种词语构建使用的全新面貌，口语词语大量地进入书面语，为双音节词占取主导地位奠定了基础。其后禅宗语录将这种特征发扬光大。朱子语类在继承这种语言态势的同时，还注意了将很多方言词汇引入进来。宋元话本、明清小说基本上形成了与过去文言文

① 王云路，方一新．中古汉语语词例释［M］．长春：吉林教育出版社，1992：7.
② 方一新．从中古词汇的特点看汉语史的分期［M］//汉语史学报第四辑．上海：上海教育出版社，2004.

完全不同的白话文的格局。

从一定的意义上可以这样说：变文的构词为近代汉语提供了比较典型的范例。这里试就其比较突出的特点概括表述：

（1）根词进一步鲜明化。以它为核心，形成系列性的词族，增强了构建新词的能力，加快了汉语双音化的步伐。众所周知，基本词汇往往能够体现特定时代的文化焦点。比如先秦时期，特别是春秋时期，作为民族文化创建奠定的重要阶段，以人为本的理念始终是萦绕于诸多思想家学说里的中心话题，那么以“人”“民”“子”“士”“夫”为核心语素所组成的双音节词就显得特别繁复。仅以“人”为例，程湘清在《先秦双音词研究》里一气就列举了“~人”这样的合成词达52个之多，即便如此，他还是将当时出现频率极高的“圣人”“民人”漏掉了。中古时期佛教传入，据梁晓虹（1994）的研究，这一时期也有非常兴盛的构词单位，像“魔、忏、塔、梵、禅”，它们同样也能分别构成多达一二十个的类义词族。这些词语的广泛应用自然也很能够彰显佛教文化介入之后所带来的新色彩。近代之初的变文，要说承继的也是已有的佛教传播，难道说它还有什么新的创制不成？是的，如果真要说前后两阶段有差别的话，前边的可以说是尽可能适应汉语对象特点的译经，这后来的变文是比较彻底地属于自己的佛学文化。从题材到语言都可以说体现了它们之间的不同点。拿构词来说，“邪”这个词出现的时间也早，使用的频率也高，然而它在前边的时间中并没有在造词上面显示出非凡的能力，但在变文里似乎获得了足够的能量，由它构成的双音节词比起在这之前的总和都多，如“邪辩、邪见、邪谄、邪痴、邪道、邪教、邪路、邪径、邪门、邪魔、邪神、邪师、邪徒、邪言、邪行、邪障、邪情、邪淫、邪臣、妖邪、邪曲、邪山、邪意”等。“排”也是这样，之前的使用不能说不多，然而构词的能力并不显豁，变文里情况却大变，使用的频率高，所构成的新词也多，如“排谐、排备、排比、批排、排当、铺排、排伦、排遣、支排、推排、挤排、排敛、排批、排路、跻排、排论、排召、排阵”等。再如出现稍晚的“打”，变文里由它组成的复合词陡然增多，如“打强、打精神、打硬、蹶打、打盘珊（蹣）、打决、打棒、打扳、打扑、打桃符、打却、打钹、打纱”等。特别值得注意的是，里边有些“打”开始带有了一定的类化功能，甚至是虚化，由此也带动了该词的进一步万能化，到宋代似乎就有些全面开花的情势。如“打”，它产生的时间与佛教传入中土差不多同步，可当时及以后相当一段时间内并没有引发人们的关注。变文将它的使用功能扩大之后，似乎是一发而不可收。欧阳修《归田录》云：“今世俗言语之讹，而君子小人皆同其谬者惟‘打’字耳。（打，丁雅反）其义本为‘考击’，故人相殴、以物相击，皆谓之打；而工造金银器亦谓之打，可矣，盖有槌（一作挝）击之义也。至于造船舟车者曰‘打船’、‘打车’，网鱼曰‘打鱼’，汲水曰‘打水’，役夫饷饭曰‘打饭’，兵士给衣粮曰‘打衣粮’，从者执伞曰‘打伞’，以糙黏纸曰‘打黏’，以丈尺量地曰‘打量’，举手试眼之昏明曰‘打试’。至于名儒学，语皆如此。触事皆谓之打，而遍检字书，了无此字。”宋刘昌诗《芦蒲笔记》卷三进一步发挥说，“然世间言打字尚多：左藏有‘打套局’，诸库支酒谓之‘打发’，诸军请粮谓之‘打请’，印文书谓之‘打印’，结算谓之‘打算’，贸易谓之‘打博’，装饰谓之‘打扮’，请酒醋谓之‘打醋’、‘打酒’，盐场装发谓之‘打袋’，席地而睡谓之‘打铺’，包裹谓之‘打角’，收拾谓之‘打叠’，又曰‘打迸’（一作併）。畚筑之间有‘打号’，行路有‘打火’（一作伴）、‘打包’、‘打轿’。负钱于身为‘打腰’。饮席有‘打马’、‘打令’、‘打杂剧’、‘打诨’。僧道有‘打化’，设斋有‘打供’。荷胡床为‘打交椅’，舞傩为‘打驱傩’。又宋歌曲词：‘打坏木楼床，谁能坐相思。’又有‘打睡’，‘打嚏喷’，‘打话’，‘打闹’，‘打斗’，‘打和’，‘打合’（读作阁），‘打过’，‘打勾’，‘打了’，至于‘打糊’、‘打面’、‘打饼’、‘打线’、‘打百索’、‘打絛’、‘打帘’、‘打荐’、‘打席’、‘打篱笆’。街市戏谑有‘打砌’、‘打调’之类，因并记之。”由此可见，宋代“打”字已经泛化，除了个别有差别外，已经和我们现代汉语中的情况基本相同。

（2）附加式构词得到一定的恢复。这里还需要将眼界扩大一些，参照现代汉语的情况给予一些必要的论述。综合汉语自先秦迄今整体发展的情况看，词语创制呈爆发性的增长往往产生于社会大变革的时期。而语言为了适应这种变革需要，作为一种系统，自身也需要不断地调整。新的事物现象的增升、信息量的骤然扩大、思维方式的复杂化等，都要求在一定的时间里通过繁复的语言材料及其方式给予及时的反映和表现。固守已有的东西肯定不行，那么就需要不断地更新和开掘，甚至采取一些非常手段来解决突出的难题。事实上我们现时所处的时期就是一个比较典型的案例：很多词语兴盛于一时，个别的甚至是昙花一现。吕叔湘（1979）似乎是有预见性地提出了“准词缀”的概念。果不其然，改革开放以来的汉语现状即有力地展示了系列性准词缀类推而产生大量新词的及时性和人们大都认可的有效性。事实上，我们汉语历史上的变革也都能在相当程度上反映社会变化的速率。拿附加式构词来讲，据胡运飚（1997）统计，《论语》中的附加词占合成词总数的 18.9%，而《论衡》中的比例却下降到了 3%。也就是说，虽然当时复合词由战国至西汉的积累体现为增长的势头，但并没有达至一种理想的状态。而到了南北朝时期，据程湘清（2002）统计，《世说新语》中的这种构词方式重新复苏，占取复音词总数的 4.6%。到了变文时，逐渐回复到了总数的 6.5%。比如“然”，在先秦时期很是红火了一阵子。对《孟子》稍有了解的，都会对其中“~然”这样的词语的运用留下深刻的印象，而后很长的历史时间里它颇有些冷寂，然而在变文里似乎又焕发生机，“~然”新词又达 26 个之多。附加式构词在变文里词缀也有自己的特色，如“阿、老、是、相、祗、为、打、可、第（以上为前缀）、生、许、自、当、地、可、复、其、尔、乎、来、切”等，也都反映出了比较强的构成词能力。

（3）为近代汉语、现代汉语的构词开启了新的面貌。其后可以说就是近代汉语词语系统不断健康发展的时期，就构词的情况讲，有这样的几个方面值得重视：①构词法系统进一步趋于合理。如果说原来比较复杂的构词方法，像动宾、主谓占取的比例很有限的话，在后面的时间里则都显得明朗化并且有了不小的比重，如“抽签、插手、吃力、出榜、观光、失脚、抬头、洗澡”“眼高、心虚、胆小、心酸、心软、年轻、肉麻、首肯、心疼”等。②原有结构式进一步趋于复杂丰富。像“N+量”组合的动补式，虽不是这个时段才有，但其在以后的时间里有了比较多的扩充，如“银两、船只、物件、花朵、云朵、人口、书本、房间、雪片、河道”等。③在明清时期，还产生了一大批无法归类的复音词。很难就其中的两个词素推究其组合意义，如“小可、把细、过卖、坐地、梯己、出豁、出挑、越发、标致、消遣、冷落、厮跟”等。它们有些可能来源于方言，如“煞著”，最早见于《朱子语类》：“零零碎碎，煞著了工夫，也细摸得个影了，只是争些小在。”（卷二十七）“这又是一意，煞著比方安排，与仁者异。”（卷三十三）“尹彦明看得好，想见煞著日月看。”（卷九十五）甚至现时闽方言中还在用，但其意思不是太清楚，故也难将其关系解释清楚。有些可能来自古汉语跨层次结构的重新分析，如“别致”，如“崔生明日又于山下别致醪酒，俟俟女郎至”。（牛僧儒《玄怪录·卷二》）显然是句法上的状中关系，是否由此转为双音节词，同样需要多加考释。

当然，在近代汉语的发展过程中，也有局部或个别语言单位的兴衰沉浮，个中缘由也不容易解释得明白。如后缀“儿”的组词情况，应该说它在唐代即已产生，如金昌绪《春怨》：“打起黄莺儿，莫叫枝上啼。”它经过禅宗口语化的推助，到《金瓶梅》之时，以“儿”为词缀的构词达至极盛，到今天在普通话中又有所弱化。为什么会呈现出这样的状态？这只能说属于该语言单位的个案性质，不足以反映附加式造词的整体情况。

二、有关补充式构词产生的问题

语言学界于该问题争议性似乎更大，所认定的时间跨度也长。但首先我们要澄清的是，也是过去讨论这一课题的时候人们很容易忽视的方面，那就是句法动补式与补充式构词之间的区别。王力在《中国现代语法》中着眼的是句法关系：“凡叙述词和它的末品补语称为因果关系者，叫作使成式。”在《汉语史稿》中他又表述说：“在现代汉语里，有些使成式逐渐单词化了。例如‘推翻’、‘扩大’、‘改善’、‘革新’等。”如果将两者结合起来，很容易使人们形成这样一种认识：这先后认识上的表述，既反映了认识上的不断深化，客观上也似乎反映了由句法到词法自然的历史发展概貌。是不是真实存在这样一种必然的发展过渡关系？在比较早的时间注意到该现象并进行了大胆质疑的是周迟明（1958）。他区分两者之间的不同点说：“使动性复式动词合用式是由词法上的关系发展而成的，大概起于殷代……分用式是由句法上的关系发展而成的，大概起于先秦。”他的这种认识似乎太过特殊，简直颠覆了人们已经初步建立起来的由句法到词法的发展路线。志村良治（1995）率先怀疑道：“把这种动词分为合用式、分用式，认为分用式产生较迟，是从‘句法上的关系’发展而来，并认为它产生于先秦时期，果真如此吗？”（213页）显然这种时间先后上的颠覆太厉害了，让人似乎有点不能接受，于是乎他在一个专题里不止一次地强调这个时间问题。接下来他确立的观点是：“使成复合动词出现于中古初期，一部分在中古初期使成动词化，大多数从唐代开始成为普遍现象。”很有意思的是，志村良治的研究同样招致批评。例如刘丽川在《试论〈搜神记〉中的结果补语》一文中指出：日本汉学家所使用的“使成复合动词”概念不甚准确，因为他们所认定的“使成复合动词”，实际上不少并非词，而是述补结构。如“转变成”（《过去现在因果经》卷一）、“吹倒”（李白《横江词》）、“窥见”（薛调《无双传》）[①] 等。不过很有意思的是，太田辰夫对上述刘丽川文中所否定的观点给予了强调：“确定使成复合动词的产生时期虽有这样一种困难，但无论如何，这种形式多数是在唐代产生的”，“可以认为使成复合动词至迟是在唐代产生的。”[②] 又说，“志村又引了六朝《旌异记》中‘何意前二师并皆打死’和《幽明录》中‘是邻家老黄狗，乃打死之’的用例，他认为‘只要能断定是当时的语言状况，就能推定使成复合动词化兴起于六朝时期。’”接下来他表述说：对于上述两位学者的判断均不能同意，通过对《搜神记》中该类语言现象的统计分析，“可以确认述补式至少在早于唐代和六朝的魏晋时期就已形成和发展起来”。显然，这样的讨论从一开始就是不成立的：别人说的是复合词，他说的是述补式。这就是有关该课题讨论首先要解决好的问题：词和句法的东西要厘析清楚。这样的讨论才是出于共同的话题，尽管相关的内容也可以涉及，但所涉及的内容也应该是为解决同一个问题服务的。

所以，这里需要强调说明的是，复合词里的补充型双音节词在汉语发展史上呈现怎样的一种状貌。或许补充式复合词确确实实是比较特殊的，因为“扑灭”［“若火之燎于原，不可向迩，其犹可扑灭。”（《尚书·盘庚上》）］，不管是说判断该单位是由现代汉语去看古代汉语也好，还是说它一开始是短语也好，似乎自它出现迄今，就没怎样的变化，一直为人们使用着：

（1）炎烟蔽天，不可扑灭。（《宋书·卷三十二》）

（2）何事奸与邪，古来难扑灭。（司空图《华下》）

（3）若火燎原，犹可扑灭，矧兹安忍，能无及乎！（《晋书·卷五十九》）

---

① 我们认为这个是词，连《现代汉语词典》（第6版）都将它列为词条；且其意义已经融为一体，一如“看见”一样。倒是有些词不是补充结构非常容易肯定的，如“颠倒”（《佛本行经》1，《大乘大义章》下）。参见《诗·东方未明》：“颠之倒之”，“倒之颠之”。“颠”，《毛传》：“仆也”。“仆”，即仆倒，如“前仆后继”。两者之间显然是同义关系。如果将“颠”理解成“上下跳动”“颠簸”的“颠”，不免有些滑稽。再如“断绝”（《贤愚经》1，《佛所行赞》5，罗什译《法华经》药王菩萨品，《游仙窟》，王建《对菊》），“断”即为“绝”，“绝”也就是“断”，两者之间同样不存在因果关系。再如“吃饱”（《朝野佥载》），这肯定不是词的问题，什么样的词典也不会收录这样的词条。

② 太田辰夫．中国语历史文法（修订译本）［M］．北京：北京大学出版社，1987：194.

(4) 此所谓□□，理合扑灭，以雪朝廷之愤。(《张淮深变文》)

(5) 且凶徒啸聚，颇历岁时，恶既贯盈，理当扑灭。(《旧唐书·卷一百一十六》)

(6) 留内侍监高力士，使扑灭乃来。(《资治通鉴·卷二百一十八》)

其他的，如“剿绝”[“有扈氏威侮五行，怠弃三正，天用剿绝其命，今予惟恭行天之罚。”(《甘誓》)]

在先秦，有些单位出现的频率还是相当高的。如“战胜”，看其用例：

(7) 杀人之众，以悲哀泣之，战胜以丧礼处之。(《道德经》)

(8) 国富者兵强，兵强者战胜，战胜者地广。(《管子·治国》)

(9) 大战胜，逐北无过十里。小战胜，逐北无过五里。(《商君书·战法》)

(10) 民勇者，战胜；民不勇者，战败。(《商君书·画策》)

(11) (华) 军，秦战胜魏，走孟卯，攻大粱 (梁)。(《纵横家书》)

(12) 舅犯前有善言，后有战胜。(《韩非子·难一》)

相对应的是，句法表述形式的相对比较少：

(13) 一战胜齐，遂有南阳，然且不可。(《孟子·告子下》)

(14) 无以巧胜人，无以谋胜人，无以战胜人。(《庄子·徐无鬼》)

(15) 战若不胜，则晋国之福也；战若胜，乱地之秩者也。(《国语·晋语》)

(16) 百战而胜，非善之善者也，不战而胜，善之善者也。(《鹖冠子·卷下》)

所谓的拆分形式，相对更少：

(17) 夫慈以战则胜，以守则固。(《道德经》)

(18) 战而胜者，战其勇者也；战而北者，战其怯者也。(《吕氏春秋·卷八》)

由此我们可以说，一定要固守着由句法到词法的语法化、词汇化的总体规则，所有的语言单位都得依照着它循规蹈矩，那么说补充型的复合词在先秦就出现了，便会觉得这是逆总体规律而呈现的现象。有的研究将“战胜”一词产生形成的轨迹描写为这样的两条线索：一条是词汇化的，“两分句的谓语→有标连动结构→无标连动结构→动补式复合词”，一条是对应的语义距离，“分离→组合→黏合→融合”。似乎是愈加强化了大家所共同认可的发展路线，然而由我们上面列举的事实即可以看出，一开始，“战胜”就是以直接组合的方式呈现在人们面前的，如“战胜”一词的例 (7) 和例 (12)，我们简直不知道在时间纵坐标上哪个在前哪个在后。所以，双音节化是一个总体趋势，这是不错的；如果以范围内所有的具体的词都得遵循这种路线得以形成，恐怕不是一种现实的态度。

有些学者试图通过其他的理想方式来解释这种复合型双音词的形成。

王力（1958）认为该现象的实现需要满足语义和结构上的具体条件。类似于先秦出现的“扰乱”“扑灭”类，后边的动词还没有实现自动化，他动性还很强，只是和意义相同的动词组成了一个复合动词词组，共享一个宾语，是并列结构。正是基于这种语义上的认定，他将汉语动结式产生的时间判定得比较靠后："使成式产生于汉代，逐渐扩展于南北朝，普遍应用于唐代。"很多人也都接受了他的判断标准，或者说在他的判断标准的基础上再做进一步的丰富充实。如太田辰夫（1958/2003）将动结式称为"复合动词"，并分为"使成"（后面成分为自动词）、"结果"（后面成分为形容词）两种类型。蒋绍愚、曹广顺（2000）则认为需要考虑两个条件：一是 V_2 自动词化或虚化，或者是自动词不再用作使动，不能和后面的宾语形成动宾关系。二是动结式的语义重心在前一个动词。但说老实话，这种判定因为更多地看重成分单位的语义特征，而意义特征又往往随着不同的人感知上面产生的差异，我们可以看到的结果是，尽管依靠的标准看起来大同小异，结论却大相径庭：如杨建国（1959）将"单个形容词（包括部分动词）紧置于另一动词（或形容词）之后组成的语言结构"称为结果补语式，并将两者之间的关系解释成："一般说来，结果式的前一成分表示动因，后一成分表示结果。"其语义的理解方式同诸多学者基本一致，但他认为汉语述补式出现的时间比较早，在先秦时代就开始了。采取大致相同的主张，志村良治（1983）、梅祖麟（1991）、蒋绍愚（1999）等人却认为出现的时间比较晚，在六朝，甚至唐代才出现。之所以有这样大的差异，恐怕主要在于语义的判定多为主观的把握。特别是古汉语，词性及其意义甚至比现代汉语还活，如果用现代汉语语义语法进行推知的话，产生巨大差别自然也在情理之中。

还有许多学者采取典型单位作为差别标志的方法。比如太田辰夫选择了意义基本相同的"杀"和"死"，认为如果出现"V 死 O"，即可以说动结式产生。正因为如此，他将该结构出现的年代定在唐代。太田辰夫在这个问题上显然是将构词与句法混淆了：他之所以否定"扑灭"类为使成式，如上所说，还是觉得不可能在先秦那么早的时间里一步到位。于是他论证的根据是：V 后面的词语，如"胜""灭""破"等，他动性还很强，不容易将它们看作动作的结果。它们与前面动词"应该认为是等立的复合动词，而不应该认为是使成复合动词。因此就出现了这样的情况：完全相同的一个词，在古代汉语中不是使成复合动词，在现代汉语中是使成复合动词。"即便如此，也是将它们框限在词的范围内来说的。然而他所采用的"V 杀""V 死"标准，老实说，即便是现代汉语中也很少能组成补充型的复合词语。这显然是将词法范畴的事又挪向了句法。从一定意义上说，他还是始终坚守了"他动+自动"才能构成使成式这一标准的。之所以要用"杀""死"来鉴别，就在于两者在他动、自动的句法功能上表现得非常鲜明。他在文中说，在隋代以前，动词后面都用"杀"而不用"死"，如"见巨鱼，射杀一鱼"。（《史记·秦始皇本纪》）以此来反证当时并没有使成式结构。但是，如果说下列句子中的动词性词语不是使成式，又能判断成什么呢？

（19）赵公子嘉乃自立为代王，故举兵击灭之。（《史记·卷六》）

（20）即手剑击杀番丘。（《汉书·卷七十》）

（21）其后二年，汉击走单于于幕北。（《史记·卷一百二十三》）

（22）既归，西击走月氏，南并楼烦、白羊河南王。（同上）

（23）归而袭破走东胡，东胡却千余里。（《史记·卷一百十》）

例（19）、例（20），“击灭”“击杀”，前后单位属于类义性质，并同处于一个层次上，后者显然强调结果。例（21）、例（22），“走”，可以说就像太田辰夫所肯定的那样，古今汉语都是自动词无疑。即便我们想套入“V 而 V”这样的框架都不容易。例（5）似乎更能说明些问题，虽然它是孤例，“袭”肯定是主要动词，而其后的“破”和“走”都是说明它的结果的。

至于太田辰夫、梅祖麟，他们都认为最为稳妥的办法是承认唐代该结构式才通行开来，其标志是“V 死”组合比较普遍地使用。不过此时的“死”已经不是真正的“死亡”，已经有些后缀化了的表强烈程度，虽然字形不一样，但其意义是统一的：

（24）经春初败秋风起，红兰绿蕙愁死。（孙光宪《思越人·渚莲枯》）

（25）若无青嶂月，愁杀白头人。（杜甫《月》诗之一）

（26）罗袂从风轻举，愁杀采莲女！（毛文锡《应天长·平江波暖鸳鸯语》）

（27）君乃拒讳不承，妾亦无能苦死。（《敦煌变文集·伍子胥变文》）

（28）世上若也无此物，三分愁煞二分人。（《敦煌变文集·季布咏诗》）

（29）说着来由愁煞人！（《敦煌变文集·捉季布传文》）

不难看到，到此时，“杀”“煞”“死”三者是相通的，可以相互替代。“煞”本来通“杀”，“杀”又往往包含了“死”义，如郑玄注：“斩以铁钺，若今要斩也；杀以刀刃，若今弃市也。”在唐代，三者依照出现频率的高低，呈现出这样一种情况：“煞”>“杀”>“死”。看前者的具体使用：

（30）大杖打又不死，三具火烧不煞，忽若尧王敕知，兼我也遭带累。（《舜子变》）

（31）与阿耶三条荆杖来，与打煞前家歌子。（同上）

此时这种组合的前一个动词进一步扩展为非动作性动词、自动词，甚至是形容词性的，更是用“煞”为常：

（32）若向此中求荐枕，参差笑煞楚襄王。（封演《封氏闻见记》）

（33）亦能漂荡天地，亦能涸煞鱼龙。（《敦煌变文集·茶酒论一卷并序》）

（34）损动霸王诸将士，枉煞平人数百千。（《汉将王陵变》）

需要指出的是，我们这里虽然讨论了比较多的句法上的动补结构，其意在于说明：如果说在词法上，唐代也并不显著。补充型复合词同样不具有能产性，即便是现代汉语也是这样。周荐（1991）对《现代汉语词典》（1983 年版）中的复音词统计，述补式仅占 0.93%。且其组成稳定性也不高，除了动宾型的复合词，可以说离散性也是最强的。之所以如此，就在于词法和句法在它上面最不容易形成确定性的认识。上面的讨论就比较充分地反映了这种特征。其实，人们之所以对于使成式的看法不同，正如蒋绍愚所说："一方面所依据的材料不完全相同，但更重要的是对'什么是动结式''怎样判定动结式产生的时代'等问题有不同的看法。"

所以，正是有鉴于使成式的复杂性，我们认为似不应遵循常规的思路去认定判断。是复合词的，不以其少而否定；更何况这种认定对于文意的理解更便捷准确：

(35) 仲夏行冬令，则雹冻伤穀，道路不通，暴兵来至。(《礼记·月令》)

"来至"是"来到"义。

第十节　同素异序词研究

一、前人的关注

很早，人们便注意到了汉语中词语使用的顺序倒换现象。

《诗经·葛覃》："葛之覃兮，施于中谷。"《毛传》："中谷，谷中也。"孔颖达《毛诗正义》："中谷，谷中。倒其言者，古人之语皆然，诗文多此类也。"

对此，可以说宋代开始了对其用法的研讨。王楙《野客丛书》中说："字有颠倒可用者，如'罗绮'、'绮罗'之类，方可纵横……古人颠倒用字，又不特'慨慷'二字而已，'凄惨'作'惨凄'，'琴瑟'作'瑟琴'，'参商'作'商参'，皆随韵而协之耳……又如'绸缪'二字，张敞则曰：'内饰则结缪绸'。"孙奕在其《示儿编》中重点指出六经该类现象多，韩愈诗文中也多。比如对于前者，他表述说："如《易》之'西南得朋'，吉凶者失得之象，类皆有之，唯诗为多。如'中谷'、'中林'、'中河'、'中路'、'中原'、'中田'、'家室'、'裳衣'、'衡从'、'稷黍'、'瑟琴'、'鼓钟'、'斯螽'、'西南'、'南东'、'下土'、'羊牛'、'乐岂'、'息偃'、'甥舅'、'孙子'、'女士'、'京周'、'家邦'、'鼐鼎'、'齐明'，不一而尽。"并对其序调整的缘由做了一定的解释："《记》虽有'吾得坤乾焉'，《书》虽有'月正元日'、或'四三年'，又'北东入于海'，皆有说也。盖归藏《易》以纯坤为首，其次第不得不然也。《书》前有'正月上日'，则后不得不以'月正元日'错综言之也。不言'三四'而言曰'四三'者，自多而至少，故'四'言于'三'之上也。又沮水之势，北折而东，故东言于北之下也，然倒此一言，不徒其理为长，而又且文矣。"这一段话的阐释虽短，但信息量还是相当大的，可以说列举出了支配词语变动语序至少三个方面的制约因素：有的遵循话题焦点原则，有的是为了行文上的错综，有的则是基于逻辑顺序的先后。在那个时间里能够做出这样的分类归纳，应该说是相当了不起的。陈长方在《步里客谈》中还将"吉日兮辰良”等看作“倒用语格力胜者”。

清代学者对该现象的关注也比较多。阎若璩对有关问题的质疑是不是有针对性不得而知，但其表述的内容倒是很能呼应孙奕所归总的内容。比如他在《尚书古文疏证》卷六中说：“古人文多倒，不尽以次，《禹贡》亦然，‘东会于泗沂’。沂入泗，泗入淮，宜曰‘沂泗’，兹却曰‘泗沂’。”也就是说，有些时候的倒文不一定有规则。

其后诸多学者的笔记都有对此类现象的观察记录。如陆敬安《冷庐杂识》卷四《倒句倒字》举例颇多：“《汉书》又多倒字，如‘妃后’、‘子父’、‘论议’、‘失得’、‘贵富’、‘旧故’、‘病利’、‘病疾’、‘并兼’、‘悦喜’、‘苦勤’、‘惧震’、‘柔宽’、‘思心’、‘候伺’、‘激诡’、‘讳忌’、‘稿草’之类是也。”有些是随手记录性质，如王懋竑《读书记疑》卷二：“‘周宗’，疑即‘宗周’，偶倒文耳。‘周宗既灭’，与‘赫赫宗周，褒姒灭之’同也。”袁枚《随园随笔》卷二十四：“‘然虽克灭权逼，尤足维翰王畿’。是倒‘虽然’二字而用之。”

难能可贵的是，清代学者还能根据古人用语的特点，利用汉语组词语序上的灵变性，形成可供自己利用的研究或解释方法。如王念孙《读书杂志》里所使用到的自孔颖达以来常见的一个概念：“对文”，以校正文献里许多语序不当的问题。如（十三四章）里边对《淮南内篇》诸多词语语序的校正：“‘然而群臣志达效忠者，希不困其身’。念孙案：‘志达’当为‘达志’，写者误倒耳，‘达志’、‘效忠’，相对为文。”“‘内得于心中，外合于马志’。念孙案：‘心中’当为‘中心’，‘中心’与‘马志’相对为文。”“‘故食草之兽，不疾易薮，水居之虫，不疾易水’。念孙案：‘食草’，本作‘草食’，‘草食’与‘水居’相对为文，写者误倒耳。”俞樾在《古书疑义举例》里则从修辞的角度将这种情况概括为“倒文协韵”，并给予了肯定，指出：“《诗·既醉篇》：‘其仆维何，里尔女士。里尔女士，从以孙子。’按：女士者，士女也。孙子者，子孙也。皆倒文以协韵。犹‘衣裳’恒言，而《诗》则曰：‘制彼裳衣’；‘琴瑟’恒言，而《诗》则曰：‘如鼓瑟琴’也。《甫田篇》：‘以穀我士女，’此云‘女士’，彼云‘士女’，文异而义同。《笺》云：‘予女以女而有士行者’，则失之织巧矣。经文平易，殆不如是。”他进而补充说：“古书多韵语，故倒文协韵者甚多。《淮南子·原道篇》：‘无所左而无所右，蟠委错纱，与万物终始。’不言‘始终’而言‘终始’，‘始’与‘右’为韵也。《文选·鹏鸟赋》：‘怵迫之徒，或趋西东；大人不曲，意变齐同。’不言‘东西’而言‘西东’，‘东’与‘同’为韵也。”

不过清人笔记中也注意到了另外一种情况，那就是并非所有的词都可以自由变换语序。如《清人杂录》里所记录的：“乾隆游江南，至一大墓前，指一石人，问一翰林：‘此为谁?’答曰：‘仲翁。’乾隆回京后下令贬这个翰林为通判，此令却是一首打油诗：‘翁仲为何作仲翁，只因窗下少夫工。从今不许为林翰，贬入朝房作判通。’”显然，专指名词，或是已经趋于稳定化了的词语，是不宜随意改动语序的。

近人较有影响的就是杨树达《汉文文言修辞学》一书中对有关现象的记叙。作者公开声称自己承继的是俞樾《古书疑义例释》的做法，其中第十七章讲的就是文献中的“颠倒”用例。于“词的颠倒”，他认为主要在于“趁韵”，即主要为押韵。如《诗・唐风・鸨羽》：“肃肃鸨羽，集于苞栩，王事靡盬，不能蓺稷黍。”“树达按：恒言黍稷，此倒云稷黍，以与上文羽栩为韵。”又《豳风・东山》：“我东曰归，我心西悲。制彼裳衣，勿士行枚。”“树达按：衣裳倒云裳衣，以与上文归悲下文枚为韵。”类似的例子《诗经》中举有 9 例，其他体裁 3 例。与此同时，他又举相反的“非趁韵”的用法，也就是这些颠倒语序的词语并非位于句末，如《诗・邶风・雄雉》：“雄雉于飞，下上其音，展矣君子，实劳我心。”又《齐风・南山》：“艺麻如之何？衡从其亩，取妻如之何？必告父母。”至于这些词语为什么产生位序变化，却并没有给出明确的答案。

二、认识的分歧

现代语言学对该现象的研究，比较早且比较有见解的，应该说是易熙吾 1954 年发表的《汉语中的双音词》一文，之所以这样说，就在于在那个时候他即将语序的变动与构词的问题联系在了一起，甚至还把它看作一种新的构词方法。即“把原有双音词颠倒次序成了一个新义的双音词”。他指出：“把一个双音词的两个字次序颠倒排列，原义有变的，有不变的；不变的如‘欢喜和喜欢’，‘勉强和强勉’，原义变了的就成了一个新双音词。举例如下：‘红花—花红’，‘烧火—火烧’，‘虚心—心虚’，‘会议—议会’，‘盘算—算盘’。”比它稍晚的是丁勉哉的文章《同素词的结构形式和意义的关系》。其中指出：“同素词的起源是和合成词总的起源同样古老的。《诗・桃夭》一章：‘之子于归，宜其室家。’二章：‘之子于归，宜其家室。’‘室家’和‘家室’这组同素词，同时并用，就是一个证明。”其后相关性研究大都坚持了这种新角度，带有现代科学意义上的结构主义的分析色彩。方一新《东汉语料与词汇史研究刍议》也指出：“（东汉）新增加的复音词中，由同义、近义词构成的并列式复音词占了相当大的比重，这部分在产生之初，往往存在着同素异序的现象。这种情况虽然在先秦已经见到，但在汉代尤其是东汉文献中特别常见。”

不过词语内部的位序的灵活性，在今天的语言学家们看来，多为词还未成熟稳定的一种表现。曹先擢（1979）认为：“古汉语以单音节为主，在这些结构中两个同义的汉字，常常各自有独立的词义，当它们结合在一起时，其结构是比较松散的，两个汉字的先后次序也是不固定的……我们说古汉语这种字序可倒换的复音词（词组）较现代汉语为多，主要的原因，是在古代它们基本上属造句法的范畴。”王力所主编的《古代汉语・通论三》（1981：86）表述说：“汉语大部分的双音词都是经过同义词临时组合的阶段的。这就是说，在最初的时候，只是两个同义词的并列，还没有凝结成为一个整体，一个单词。这可以从两个方面证明：第一，最初某些同义词的组合没有固定的形式，几个同义词可以自由结合，甚至可以颠倒……第二，古人对于这一类同义词常常加以区别。”方一新的《东汉语料与词汇史研究刍议》也说：“在汉语词汇双音化的历史发展过程中，要经历一个结构逐渐凝固定型的过程，因此，有些并列式双音词中在形成初期曾有过一个语素次序不固定的过渡阶段，语素与语素的组合往往比较自由松散，很不稳定，其次序可以颠倒、对换。这充分反映了汉语复音化进程中语素与语素结合的灵活性。”

既然如此，语序具有灵活性的时候到底应该怎样判断该单位的性质呢？杨伯峻、徐提于《春秋左传词典》中认为，像“逋逃、道路、辽远、贪婪”等，应该属于“同义词连用”性质，而更多地采取宽松的判断。何九盈、蒋绍愚（1980）则明确表述说：“两个同义词组成、分开时略有区别，结合后区别不存在了，所以是词，不是词组。”赵克勤（1994）主张：“采取从宽的原则，只要它们在古籍中经常出现，而形式比较固定，就应该承认它们是复音词，而不是单音词的临时组合。”刘叔新（1999）也说：异序“造成了材料构造上的差异，因此称之为‘等义词’是合理的”。程湘清（1982）：“双音组合的两个语素，原来代表的概念是相近或相同的，合成后共同表示一个意义相关而又增强了交际功能的新概念，则这个双音组合可认定是词而不是词组……受单音词复合化规律的支配，还有些表示相同（或基本相同）概念的单音词在合成双音词后表面上似乎没有多少意义，然而正是由于增加了一个音节，就实际上大大增强了交际功能，音节的量变带来了双音组合的质变，一批由单音词并列组成的双音词甚至不经过词组的阶段就径直在交际中出现了……当然，这类双音词当中有些词的字序确实也有个稳定的过程，但字序是AB，还是BA，往往并不影响它们共同代表同一个概念，换句话说，不影响它们同时作为双音词而存在。”并举了大量例证：

（1）宋荣子之议，设不斗争，取不随仇，不羞囹圄，见侮不辱，世主以为宽而礼之。（《韩非子·显学》）

（2）处乡不节，憎爱无度，则争斗之爪角害之。（《韩非子·解老》）

王力的《古代汉语》也说：“今天，我们读古书的时候，应当把这些词当作复音词来理解，这样才能得到一个完整的概念。”胡敕瑞《论衡与东汉佛典词语比较研究》也认为：“这一方面说明这些词语还未定型，另一方面也反映了东汉复音词的大趋势，因为复音化的大势所趋，所以使得很多联合关系的双音词语不管序位正反都可以随意结合在一起。”

三、正确的处置

总体来讲，现代人们对词语内部的灵活性总体趋向于一种比较宽松的态度。最有代表性的是程湘清，他是这样解释的："同义或近义联合式双音词其所以会出现字序可以互相颠倒的现象，可能因为这类双音词的产生一般不需要经过一个词组凝固的阶段，可以径直在交际中应用，字序的前后最初并不影响交际效果，换句话说不怎么影响它们作为双音词而存在。也正因为如此，这种同词异序现象不但先秦存在，而且从古至今都存在。至于最后为什么稳定为一种字序而放弃另一种字序，原因则是多方面的：有的可能取决于两个单音词的词义，如姓在前，名在后，遂固定为'姓名'；先有爵，后有实禄，遂固定为'爵禄'；先从简，后能易，遂固定为'简易'；等等。有的可能取决于两个单音词是专指还是通指，一般专指在前，通指在后，如粟米、讴歌、归还等即属此类。有人指出可能同两个单音词的声调有关，即字序先后往往同平上去入的顺序相一致。有人还指出同方言或语言习惯有关。但不论出自哪种原因，都是约定俗成而不是强行规定的。"

现代的研究，与古人对该现象的认识表现出了很大的不同，那就是不再仅就个别的用例进行列举，对象往往明确，且描写多是穷尽性的。如韩陈其的《〈史记〉中字序对换的双音词》，列举了该书中出现的异序式词语达 62 对；田照军、肖岚的《〈汤显祖戏曲集〉字序对换的双音词初探》也列举有这样的词语达 70 对。即便是对象范围比较大的，也是尽可能多加列举，以便使其具有类的属性。例如，郑奠的《古汉语中字序对换的双音词》列举了这样的词语 65 对；张永绵的《近代汉语中字序对换的双音词》列举有 85 对。

再则就是针对性强。陈垣于《校勘学释例》一书中，对照《元典章》的元代刻本与清代沈家本刻本，注意到：清人把元人用的并列式双音词很多都做了字序上的倒置，其中绝大多数都是因调序问题而做的改动。如改元人的"去声+阴平"为"阴平+去声"："寸分—分寸""户门—门户""弟兄—兄弟""秽污—污秽""去失—失去""菜蔬—蔬菜"；改元人的"去声+阳平"为"阳平+去声"："病疾—疾病""孝节—节孝""位牌—牌位""背违—违背"。这些词语位序的改动，很大程度上反映了这些词语内部的序列逐渐趋于单一和稳定。

郑奠的《古汉语中字序对换的双音词》，将古汉语中字序对换的 65 组双音词，按其在古汉语和现代汉语中的使用情况分为五大类：

第一类，A、B 古今常见，如"斗争—争斗""离别—别离"。

第二类，今多用 A，古则 A、B 都常见，如"介绍—绍介""悲伤—伤悲"。

第三类，古 A、B 都常见，今不用，如"詈骂—骂詈""家室—室家"。

第四类，古今 A 都用，B 罕用，直到全不用，如"休息—息休"。

第五类，A 在古汉语中常见，B 罕见，但今都不用，如"观览—览观"。

另外还附有"A 式古今都常用，现代也还用，B 在古汉语中罕见，在现代常见，但结构、含义都与原有的不同"的一组："子孙—孙子"。这是着眼于古今这类词语的差异而进行的精细分析，体现出的总特征是：古汉语该类现象多，而现代汉语趋于减少。

张双棣（1989、2008）研究了《吕氏春秋》中的异序词。在联合式复音词中，两个成分的位置有时可以对调，名、动、形这三类词都有这种情况。名词中像“人民—民人”“褴褛—褛褴”“室家—家室”“志气—气志”“弟子—子弟”，动词中像“和调—调和”“听从—从听”“斗争—争斗”“困穷—穷困”，形容词中像“节俭—俭节”“伪诈—诈伪”“和平—平和”等。认为它们有些意义完全相同，有些词义并不完全一样。这项研究可以帮助人们看到特定历史文献逆序词的基本范围面貌。

再比如说对《现代汉语词典》中所收录同素逆序词的研究，相当多的人做了这方面的工作。比如有的研究是全统计式的：《现代汉语词典》收录同素异序词共计792对。意义相同或相近的369对，意义不同的423对。其中同义同构的299对，占总数的37.75%；同义异构的70对，占总数的8.84%；异义同构的有206对，占总数的26.01%；异义异构的有217对，占总数的27.40%。就其数字来看，我们即可知道它是最宽泛意义上的统计，如将“子孙—孙子”都算了进去。不然的话，我们就不可能见到异素异义异构这种情况。即便如此，它也可以从一个方面提供一种参照：只要是书写形式而顺序不同的词，在现代汉语中呈现的基本形态就是如此。相对应的，唐健雄的《现代汉语同素异序词语分析》，所采用的是《现代汉语词典》（1998年修订本）和《倒序现代汉语词典》（1987年）相参照，得出的数字是282组。显然他的是最狭义范围的。这同样也可以给我们提供了一定的借鉴：严格意义上的逆序词穷尽了也就是这么多。在不同人等的研究里，张寿康的《现代汉语中字序对换的双音词》，收集《现代汉语词典》（1979年）中521组异序双音词按词义、结构的异同分成八种类型：

（1）同义，同结构99组，如“笨拙—拙笨”“爱情—情爱”。

（2）同义，异结构10组，如“细心—心细”“开展—展开”。

（3）异义，有联系，同结构115组，如“爱恋—恋爱”“药草—草药”。

（4）异义，有联系，异结构57组，如“歌颂—颂歌”“和议—议和”。

（5）异义，无联系，同结构27组，如“对应—应对”“传单—单传”。

（6）异义，无联系，异结构23组，如“寒苦—苦寒”“功用—用功”

（7）异义，部分同义，同结构38组，如“女神—神女”“裁剪—剪裁”。

（8）异义，部分同义，异结构7组，如“寒心—心寒”“彩色—色彩”。

可以说在有关异序词的研究上，将语素、结构、意义三者放在一起，来反映它们错综复杂的关系，这是深入细致的一项研究。

显然，异序词现象，作为一种客观存在，之所以为人们所关注，就在于它反映了多种因素纵横交错总体制衡的复杂性。如果我们悉心体察的话就可以发现，逆序词看起来数量不少，但如果参照整个词汇系统进行认识，它们所占比例分量还是有限的，不然就不可能体现汉语所谓非形态语言的特征。即便是现代汉语，仍然存在一定比例的同素逆序同义词，《现代汉语词典》往往还采用一个来为另一个释义的方法，如“别离：离别，薄厚：厚薄，传流：流传，声名：名声，虚空：空虚，葬埋：埋葬”，等等。这些词出现的频率还是比较高的，于是有些人不免担心，甚至将它们看作词语规范应予干预的对象。不能不说，对此我们的研究虽然成果颇多，但仍需要更深入全面的考察。很明显的，同古代汉语相比，现代汉语的逆序词数量在减少。这种事实本身就证明了我们的汉语一如河流具有自我净化能力一样，对于完全等义的材料在实施着淘汰，以免给人们的学习应用造成不应有的负担。还可以看到，即便是现代汉语里边的逆序词，完全等义的数量并不多，且它们在使用的频率上也不完全等同。如“感情/情感，和谐/谐和，伤感/感伤，察觉/觉察，演讲/讲演”等，往往以一个为主，另一个辅助，且在色彩上或程度上仍有细微的差别。最不起眼的，也起到的是修辞上的错综追求。古代汉语在它的早期阶段，对它的利用，一如古人所看重的重言现象一样，首先是将它看作表达手段来进行展示的。正因为如此，句法和词法在一开始往往是混淆不清的；愈到后来，才比较多地转向词法上面。时到如今，随着汉语逐步地趋向于完善成熟，绝大多数的过去的逆序词选取了单一的语序形式，但仍有一定比例的词语活跃在我们的语言生活中。说明了语言是一种整体的制衡系统，既有一定之规，也有例外存在的必要性，这样才显得丰富多彩、灵动多样。

第十一节　构词语素的置换

一、王力先生的引领

古代汉语词汇发展到现代汉语的词汇系统，应该说具有性质上的巨大变化。单音节词的创制，在相当程度上遵循的是以形见义的认识途径。由于时代的久远，也是传统训诂学的主要目的，读懂古书的需要，人们偏重疑难词语的考释自然也就在情理之中了。由单音节词向双音节词的转变，情况就大不一样了。不管迄今人们做出的类似抵消语音系统简化所带来的不便还是为了表意准确清晰等各种各样的解释，王力在20世纪40年代初于《古语的死亡残留和转生》一文中同样对其原因做了丰富的列举，有一个方面的归纳是非常值得重视的，那就是“由综合变为分析”。虽然这篇文章将

“今字替代了古字”① “同义的两字竞争，结果是甲字战胜了乙字” “由一个字变为几个字”，可以说都是它的具体表现。因为代替、战胜都体现了单音节的常用词，很多都是根词由古代向现代的转变而已。它们虽不像部分单音节词变为双音节词，一如王力举的例子那样，由“渔”变为“打鱼”，由“汲”变为“打水”，由“驹”变为“小马”，由“犊”变为“小牛”；但它们除了口语中还保留单音节词的属性之外，书面语里也多是用来组词的。例如“猪”代替或战胜了“豕”②，不再像过去那样不同特征猪与单一符号的词对应：“豭”（公猪）、“彘”（大猪）、“豚”（小猪），“猪”自汉代作为统称，很快便显示出了非常强的构词能力，如“猪溷、猪子、猪肩、野猪、豪猪、泥猪、猪肉、大猪、牡猪”等③。因此，我们可以说，单音词向双音词的转变，本体分析性的因素大大增强了。

接下来王力另外一种认识思想倒是非常值得重视的。他指出：“无论怎样‘俗’的一个字，只要它社会上占了势力，也值得我们追求它的历史。例如‘松紧’的‘松（鬆）’字和‘大腿’的‘腿’字，《说文》里没有，因此，一般以《说文》为根据的训诂学著作也就不肯收它（例如《说文通训定声》）。我们现在要探究，像这一类在现代汉语占重要地位的字，它是什么时候产生的。至于‘脖子’的‘脖’，‘膀子’的‘膀’，比‘松’字的时代恐怕更晚，但是我们也应该探究它的来源。总之，我们对于每一个语义，都应该研究它在何时产生，何时死亡。虽然古今书籍有限，不能十分确

① 所举例子中，“怕”替代了“惧”是对的，另外一个，说“绔”替代了“裈”，恐怕就不一定合适。因为两者都于西汉时出现，例如，“夫人置儿绔中，祝曰：‘赵宗灭乎，若号；即不灭，若无声。’”（《史记·卷四十三》）“相如身著犊鼻裈，与保庸杂作，涤器于市中。”（《史记·卷一百一十七》）后来两者甚至还组合成了双音词，如“今军人皆无裈袴［“绔”“袴”，古今字。当然，也有不甚辨析的，如“天生佳丽，固将以报名贤，而世俗之王公，乃留以赠绔袴”（《聊斋·青梅》）］，后宫内参，一赐数万匹，府藏稍空，此是何理?”（《北史·卷五十四》）也写作“裩袴”，如“我以天地为栋宇，屋室为裩袴。”（唐·李亢《独异志》卷上），又作“裩裤”，如：“叩头虫体疲，毒蟒蛇腹馁，跳蚤儿几时出得人裩裤内，蛆虫儿怎当恶滋味。”（明·屠隆《昙花记·众生业报》）若要看古人的具体描写，“绔”和“裈”并非同一件衣物。如“时天大寒，宣前以当受杖，豫脱袴，缠裈面缚；及其原，裈腰不下，乃趋而去。”（《三国志·卷二十三》裴松之注）有人解作外裤、内裤，似乎有一定道理。有这样的记载为证：“当下两三个小厮扶侍一个，剥去他衣服，扯了裤子。见他身底下穿着玉色绢裈儿，裈儿带上露出锦香囊葫芦儿。”（《金瓶梅·第十二回》）“那老婆婆炕上柴灶，登时做出一大锅稗稻插豆子干饭，又切了两大盘生菜，撮上一包盐，只见几个汉子，都蓬头精腿，裈裤兜裆，脚上黄泥，进来放下锹镢，便问道：“老娘有饭也未?”（《金瓶梅·第一百回》）由该例可以分辨得更清楚一些，即“裤头”。由赵孟頫的《洗马图》可以更直观地得以印证。所以，两者不存在替代问题。

② 其实这也很难讲，因为之前不单有“豕”，且还有同样频率使用的“彘”。

③ 在有关词与非词的判定方面，我们这里采用了陆志韦（1956）、朱德熙（1956）、范继淹（1958）、陆丙甫（1988）等人的观点。如陆志韦：“‘大狗’跟‘大的狗’意义上很不相同。普通用‘的’的时候，为的是要注重名词的形态、性状。说‘大的狗’为要注重狗的‘大’。”（《北京话单音词词汇》修订本，科学出版社24页）朱德熙认为，只要是不加“的”字的，都是相对的固定结构，而带“的”字则是临时的组合性质。（《现代汉语形容词研究》，语言研究，第1期）范继淹更是明确地判断说，带“的”属于句法性质，不带“的”属于词法性质。（《形名组合间“的”字的语法作用》，中国语文5月号）而陆丙甫则认为，不带“的”字且紧靠中心语的定语是“称谓性定语”，也就是说，是指称性名词的一个组成部分。（《定语的外延性、内涵性和称谓性及其顺序》，语法研究和探索（四），北京大学出版社1988年）显然，他们判断词与非词大都仰仗结构主义语法学的严格操作规程，即明确的形式标志：不带“的”字都属于词法范畴。

定某一个语义必是产生在它首次出现的书的著作时代，但至少我们可以断定它的出世不晚于某时期：关于它的死亡，亦同此理……我们必须打破小学为经学附庸的旧观念，然后新训诂学才真正成为语史学的一个部门。”①

二、新时期的有关考察和讨论

每一个词都有其产生、存在的过程，甚至那些在一定的历史阶段被淘汰掉了的，也并不是就没了语言学上的价值；取而代之的，也自然有它后来居上的理由。这种具体词语形式上的新旧交替不仅能够反映整体上的内在变化，而且通过不同时段上的变动情况可以见识到社会生活改变的速率节奏以及人们于语言文化上的追求。其意义自然不言而喻。然而自王力先生做出上述呼吁之后，却于相当长的一段时间内并没有产生怎样的反响。在这方面做出探索的，往往出于个人的兴趣与关注。新时期以来，蒋绍愚、张永言、汪维辉、李宗江等人明确倡议并以自己的率先实践，带动了汉语常用词语历史考察研究的全新局面。早在 1989 年，蒋绍愚在《关于汉语词汇系统及其发展变化的几点想法》一文中，就“丢、扔/抛”“木/树”“视/看”“道/路”“言/主/说”等几组词在汉语史上的演变更替进行考察，为这类课题的研究开了个好头。当他看到张永言的《从词汇史看〈列子〉的撰写时代》论文之后，就里边对“言/说”“他人/旁人”“有疾/得病”前后嬗变的描述进行肯定；并建设性地提出：“可以根据一些常用词语的更替来考察词汇发展的阶段。”② 嗣后，蒋绍愚又有系列研究成果问世，如《白居易诗中与“口”有关的动词》③。其《近代汉语研究概况》一书中还设立了专节讨论“常用词演变的研究”，并以“吃、喝、穿、戴”四个词为例来说明常用词在近代汉语中是怎样产生、发展并演变的。

对这项研究的价值意义认识得明确且到位的，应该是张永言、汪维辉的文章《关于汉语词汇史研究的一点思考》，书中鲜明地提出：“从若干组同义词语在中古时期的变迁交替入手……希望能为汉语词汇史的发展理出一点线索，或者说寻找一种方法或途径，以期改变目前有关研究工作中畸轻畸重的局面，使疑难词语考释与常用词语发展演变的研究齐头并进。”该文章还非常扎实地讨论了这么多组词语的更替变换：“目/眼”“足/脚”“侧、畔、旁/边”“视/看”“居/住”“击/打”“疾、速、迅/快（駃）、驶”“寒/冷”。以第一组为例，该文章认为两者交替在两汉时期。当后者很快取代前者之后，在使用范围和构词上面都获得了极大的能力，这却是先秦时期所广泛使用的“目”所不能比拟的。正是在这诸多坚实词语历史的考察中，文章提出：“提倡一下词汇史领域中长期被忽视的常用词演变的研究。”这话说得很客气，但事实上对汉语词汇史的科学建立，应该说是非常有贡献的。当然，文章里所采用的方法，具体研讨所用

---

① 王力：《新训诂学》，原载《开明书店二十周年纪念文集》（1947），又载《龙虫并雕斋文集》第 1 册。

② 蒋绍愚：1991 年 9 月 13 日就《从词汇史看〈列子〉的撰写时代》一文致张永言信。

③ 蒋绍愚．白居易诗中与“口”有关的动词［J］．语言研究，1993（1）．

的方式步骤，似乎还存在商讨的余地。仍以“目/眼”的更替为例。“目”，以《说文》中的解释，“人眼。象形，重童子也。”至于“眼”，《说文》的解释又是“目也”。似乎两者指称是一样的。上文所述张永言、汪维辉的文章也是基于这种认识进行立论的。但需要注意的是，语言中有一条特定的现象规则是很难被人所否认的，那就是：完全等义的语言单位很难存在。先秦时期，“目”为广用，“眼”则稀见。依该篇文章的说法，仅5例。实际上，还有其他的例证：

（1）望其毂，欲其眼也；进而视之，欲其帱之廉也：无所取之，取诸急也。（《周礼·考工记》）

对其中的“眼”，郑注：“出大貌也。”《说文》“辊”下段《注》：“郑本当是作‘睍’，睍者，目出貌也，毂之圆似之。”显然，这里的“眼”描摹的是似眼珠子圆凸鼓出之状。

当然，战国两汉之交，“目/眼”不够清晰倒是一种客观存在。例如：

（2）赵王游于圃中，左右以菟与虎而辍，盼然环其眼，王曰：“可恶哉，虎目也！”（《韩非子·外储说右下》）

这种混淆的情况在王充的《论衡》中更为突出。甚至新生的“睛”都用上了，也很难辨析出它们之间的差别。看都是《书虚》一节中的用例：

（3）孔子抚其目而正之，因与俱下。

（4）今颜渊用目望远，望远目睛不任，宜盲眇，髮白齿落，非其致也。

（5）伯奇用忧，而颜渊用睛，暂望仓卒，安能致此？

（6）后高渐丽复以击筑见秦王，秦王说之；知燕太子之客，乃冒其眼，使之击筑。

西汉时，有些著述将“眼”与“睛”实现了等同化的转移。看《灵枢》里的用例：

（7）其精阳气上走于目而为睛，其别气走于耳而为听。（《邪气脏腑病形》）

（8）精之窠为眼，骨之精为瞳子。（《大惑论》）

（9）夫据榦而窥井底，虽达视犹不能见其睛。（《淮南子·主术》）

（10）鞅軩铁铠，瞋目扼腕，其于以御兵刃，县矣！（《淮南子·主术》）

对于例（9）中的“睛”，高诱注：“睛，目瞳子也。”《玉篇》的解释是“目珠子”。

（11）眼里睛如火，胸前瘿似魁。（《敦煌变文·破魔变文》）

该语句中的“眼”与“睛”的不同再清楚不过了。

如上所引，“目睛”是昙花一现，很快便让位给了“眼睛”：

（12）极寒反汗出，身冷匿冰，眼睛不慧，语言不休，而谷气多入。（《伤寒论·辨不可下病脉并治第二十》）

（13）若能取我眼睛，心里也能潘得。（《敦煌变文集·太子成道经一卷》）

（14）挑取眼睛以蜜渍之，以为鬼目粽。（《南史·卷十三》）

（15）碣石何青青，挽我双眼睛。（刘叉《爱碣石山》）

显然例中的“眼睛”都是偏义复词，词义的重心是“眼”。这样一来，“睛”原所体现的意义又成了缺漏。司马贞《史记索隐》：“决眼谓出其眼睛。《战国策》作‘抉眼’，此‘决’亦通，音乌穴反。”这里的“眼睛”与上述诸例中的“眼睛”不同。这样就又妨碍了语言表达的准确精细之需要，于是就又产生了“眼珠（子）”一词：

（16）他手中无了器皿，就把指头自挖双眼，眼珠尽出，血流满面。（《初刻拍案惊奇·卷十四》）

（17）俺姑极怕鵅鹰，只见他一遭，眼珠子疼好几日，身上也不好一大场哩。（《醒世姻缘传·第六十三》）

到了现代汉语，则又为了科学地描写或新鲜幽默，创造了“眼球”一词：

（18）那副眼镜上装有多种传感器，能精确地测出人头部运动和眼球运动的各项参数，并发出信号，引导安装在球场旁边的带有伺服系统的智能照相机，自动对准人的目光所注视的地方。（程东《飞来的一等奖》）

（19）我想这跟一些媒体喜欢一些神秘的事物，能够吸引人们的眼球，与这个恐怕是有着非常重要的关系的。（李晓东《法老的诅咒》）

由此我们可以看到，在同义、近义词语的消长、竞争之中，一个主导的目的还是语言本体的愈加丰富多彩，这有利于整个系统的完备成熟。当然，所有贯穿这一切变化的，都是意义的因素在起作用；而意义与单位的边界很多时候并不容易描写清楚。这就需要人们既着眼于整体，又要注意细节刻画，才有可能将其过渡状态反映得准确。

比较早便开始了这方面的研究并有着明确理论认识的是李宗江，他的《汉语常用词演变研究》一书在这两个方面的结合上有着出色的表现。迄今为止，有关什么是“常用词”，他的认识应该说比较理想的，他认为，对这一指称要注意从三个方面来理解：一是作为训诂学的主要研究对象——疑难词语的对立面。二是指那些代表词汇的核心且其发展变化可以决定词汇发展面貌的词。三是为常用词的历时演变描绘出了比较清晰的图示，即两种方式：一是交替性演变，同一个义位中，词汇成员的新增旧减以及新旧词语的历史交替；二是衍生性演变，词的形式自古及今没有变化而意义发生了变化。汪维辉的《东汉——隋常用词演变研究》，探讨了 41 组词在这一阶段的兴衰更替，为人们如何进行具体的考察提供了比较好的范例。雷冬平的《近代汉语常用双音虚词演变研究及认知分析》，对一些常见虚词的形成、功能属性及意义先后变化进行了描写，也富有一定的特色。

有必要提醒的是，常用词的历史考察从其汉语词汇的总体状貌上来讲都是与构词紧密联系的，但对于具体的个体，特别是特定历史阶段的演进来讲，并不一定要涉及其组合及其结构问题，讲词义的演变更是如此。我们这里也就不加以详述。还要注意的是，正像人们注意到的“同义连用”现象一样，它既是句法表达现象，又与构词有着紧密的联系。如前所述，“目/眼/睛”三者的替换变化似乎有着比较强的规律，然而就其组成来讲，正像我们所看到的一样，迄今使用频率最高的是“眼睛”，为什么最终是这样两个语素的组合而不是“目眼”“目睛”等，解释起来就有难度了。再比如表示方式义的“躬”“身”“亲”“自”是一组同义词，它们都能单用，又可以相互配合，构成双音节复合词。看《后汉书》中的用例：

（20）礼毕，帝躬擐甲介马，称“无上将军”，行节三匝而还。（卷六十九）

（21）吾为天下母，而身服大练，食不求甘，左右但着帛布，无香熏之饰者，欲身率下也。（卷十）

（22）二十六年，后母郭主薨，帝亲临丧送葬。（卷十）

（23）又自采集古今，删著事要，号为《伏侯注》。（卷二十六）

它们又可以相互配合，构成双音词复合词：

（24）霸独善抚士卒，死者脱衣以敛之，伤者躬亲以养之。（卷二十）

（25）长吏亲躬，无使贫弱遗脱，小吏豪右得容奸妄。（卷四）

（26）朝廷躬自菲薄，去绝奢饰，食不兼味，衣无二彩。（卷五）

（27）会稽大疫，死者万数，意独身自隐亲，经给医药，所部多蒙全济。（卷四十一）

（28）永平二年，况卒，赠赐甚厚，帝亲自临丧。（卷一十一）

其实在前后的时间中，其他文献已将其他形式的组合补充完善：

（29）天降朕以德，示朕以默，躬身求之，乃今也得。（《庄子·在宥》）

（30）心烦于虑而身亲其劳，躬胝无胈，肤不生毛。（《史记·第五十七》）

（31）世尊不自亲称赞，总要诸多菩萨裁，即问会中□尽意，名为多不唱将来。（《妙法莲华经讲经文（二）》）

（32）主上自躬听断以来，事从仁恕。（苏轼《与程正辅四十七首（之二十九）》）

（33）今不复得亲身看，且得个依稀样子，看是如何地。（《朱子语类》卷一百二十八）

四个单音节词的全排列，在古代文献中可以说都用到了，但最终仍是只有“亲自”成了今天人们最常用的词。为什么会这样？其中有些是可以知道因什么被排除的，如“自亲”“自躬”等都是因为其语音形式不易于意义反映的清晰化，故遭淘汰。但其他形式仍需要继续深入讨论。

值得关注的还有陈秀兰（2002）、陈明娥（2003）对敦煌变文词汇的研究。她们都注意到，口语词、俗语词的介入，对汉语常用词的前后替换起着十分重要的作用，这在变文中体现得特别明显：有些语词，并非唐代产生，但一旦有了变文这种体裁形式的使用，其功能状态似乎都有了一个飞跃，如“回”的“返、归”意义大约产生于三国时期，但唐以前一般单用，构词能力也弱，并不怎么引人注意。变文中情况大变，出现达 131 次，由它做语素构成的双音词有“却回、回归、归回、回头、回来、回去”等，成了非常活跃的语言单位。再如“怕”，六朝时出现，到了唐代，一跃而成为常用词，变文中出现 145 次，构成的新词也有 8 个之多。类似常用词的取代还有“涕/泪”“首/头”“肤/皮”“视/看”“食/吃”“释/放”“冠/戴”“木/树”等。还有一种情况是：同义的两个词都出现得比较早，然而其使用频率是甲多乙少。随着时间的推移，逐渐地发生变化，到了变文中则明显地实现了换位，即乙多甲少，如“寡/少”，两词先秦前期即同时使用。《周易·系辞下》：“吉人之辞寡，躁人之辞多。”《诗·邶风·柏舟》：“觏闵既多，受侮不少。”但其比例是多用“寡”而“少”稀见。两汉时期就不一样了，两者角色发生了转移。到了变文中，两者的比例与先秦相比，正好相反：寡 5，少 101。类似这种换位的词语还有“悬/挂”“自/从”“舟/船”“隅/角”等，它们组词能力也大大增强。

三、余论

随着 20 世纪从语法化这一新角度认识语言现象的兴起，许多原来从事现代汉语语法研究的人也都加入到了这项课题的研究中来：追溯历史，发掘源流，以便更清楚地认识蕴含于语言单位之中的结构关系及其意义属性。就是原本是古汉语研究方向的人，对于传统的训诂学似乎已驾轻就熟了，也深受新思路、新方法的感召，将时间精力也比较多地放到了对词语构成的考察中。受益最多的应该是年轻学者，刚介入语言学的科学研究，正好遇到这种大趋势，他们的硕士或博士论文选题及撰写在一定意义上可以说就是这种特定时期研究思潮影响下的产物。正因为如此，新时期以来可以说没有哪一种理论方法能够像语法化的研究这样，经历的时间长，参与的人数多，成果也特别显著。我们对相关研究历史的综述，往往比较多地集中在主要论题的交集、碰撞上，试图对迄今为止的这项研究的成就、深度，以及局限给予比较鲜明的反映。其实仅是一个角度。如果从成果的类型上说，最起码有三项内容是值得注意的。

一是史论性质的专著。这种性质的专著如果说过去多侧重训诂及词义描写的话，现时则多开辟专章谈构词法。王力的《汉语史稿》自不待言，是这方面的先导之作。其他的，像潘允中的《汉语词汇史概要》，向熹的《简明汉语史》等，都是这方面的典范之作。前者确实是概要性质，在比较早的时间中即具有相当明确的词与非词的辨析意识，并注意构词关系上的分析，这方面具有一定的引领作用。后者虽贯以“简明”二字，但内容上却非常厚重，真正体现这种特色的是条理上面非常明晰；构词上面设有专章进行详细的分析，别开生面。而陈宝勤的《汉语词汇的生成与演化》，就更是这方面的专题性著作了。该书有特色的地方在于不是面面俱道，而是以“音节语素化”“语素词缀化”“词汇语法化”“代词语法化”“结构词汇化”来归纳其大趋势，通过诸多具体词语的产生及其流变来体现其史的性质。上述这些应该属于通论性质的。董秀芳的《词汇化：汉语双音词的衍生和发展》，则是这一时期最富有代表性的著作。其主要的理论基础导源于 Givón 的观点：今天的词法曾是昨天的句法。由此论证开去，其主要的内容由“短语的词汇化”来支撑，其他还有“从句法结构到双音词”“从跨层次结构到双音词”，直至最后的“双音词语义和功能的演变”，如果说前边几项还是并列演化的话，最后一项则显示出了词汇化于现今所表现出来的更细微的状态。该项研究充分体现了解析深入、理论概括力强的特点。与此相对的是李仕春的《汉语构词法和造词法研究》，该书比较朴实的就是依照上古、中古、近代、现代这样一种自然顺序来展示汉语词汇由单音节为主到双音节为主的走向及趋势。作者充分借用了同一时期诸多学者相关研究的成果数据，自己也利用这一手段做了现代汉语同类型的调查，应该说结论比较坚实。有些著作从总体上虽不着眼于史，但其内容还是比较多地观察并做了这方面的思考。如赵克勤的《古代汉语词汇学》就辟有专章来论述单双音节词，特别是对于两种形式之间发生转移的事实及缘由做了一定的探究。

这一时期最能体现其汉语词汇复音化历史状貌研究的，要数专书或断代复音词的研究了。这里边卓有见识、动手早且取得了比较显著的成果的是程湘清。20 世纪 80 年代之初，他就开始了对先秦以及其后多种有影响的著作的研究。具体考察到的文献作品有《尚书》《诗经》《论语》《孟子》《论衡》《世说新语》《敦煌变文集》等。他的研究特点突出明晰，即选取不同时期的典范名篇进行重点考察，从而形成似断还连的演变轨迹。以此为蓝本，后来这种类型的研究蔚然成风。像朱广祁的《〈诗经〉双音词论稿》、张双棣的《〈吕氏春秋〉词汇研究》、车淑娅的《〈韩非子〉词汇研究》、鲁六的《〈荀子〉词汇研究》等专著即于其后问世。很大程度上在实践着王力先生所倡导的：要写好真正的词汇史，须将专书的词汇情况搞清楚。与此直接相类似的，就是断代及特定文本词汇的研究。如向熹的《〈诗经〉语言研究》、伍宗文的《先秦汉语复音词研究》、丁西霞的《中古常用并列双音词的成词和演变》、胡敕瑞的《〈论衡〉与东汉佛典词语比较研究》、周俊勋的《中古汉语词汇研究纲要》、朱庆之的《佛典与中古汉语词汇研究》、梁晓虹的《佛经音义与汉语词汇研究》等，都为人们更好地认识特定时期、特定文献中的词汇总体概况提供了相当鲜明的全貌图景。这些著作所体现出的共同特征就是抽象概括的工夫相当到位，具体语言事实的分析深入精细，颇有创建。有些论著研究的侧重点不在词汇的结构，但开辟有专门的章节，也给予了一定的关注，如徐时仪的《古白话词汇论稿》、姚振武的《上古汉语语法史》等。

二是专题性质的论文。这一方面的研究成果恐怕一时难以尽数，特别是硕士、博士撰写此类课题的，简直成了这一时期最热闹的景象。这里只能择其有代表性的概述。马真的《先秦复音词初探》是新时期从事这种性质课题研究的开山之作。客观上讲，它比后来所兴起的语法化、词汇化研究还要早一定的时间，所以其导夫先路，功不可没。其后沈家煊、刘坚、江蓝生、吴福祥、马加贝、李宗江等，对国外语法化理论的介引及结合汉语自身实际所从事的研究，极大地推助了这一课题研究的广泛开展，并逐步延伸至词汇化以及标记理论的相关研究。随着时间的推移，研究也呈逐步深化、细化的趋势，从一开始人们普遍所理解的“实词虚化”，到具体词义的沾染、转喻，一直到现时人们所认识到的词性功能上的变化等，让人们深刻认识到，词汇总体面貌由以单音节为主到以双音节为主的转变，并不简简单单只是形式上的一种拓展，其中所体现的各种各样的制衡因素，所反映出来的不同层次上的规则效用，都有着认知上的一系列特点在起作用。在不断丰富理论方法归纳概括的同时，更多的人所从事的是实实在在的语言事实的描写工作。迄今为止，可以说富有典型性及其代表性的历代文献作品，像先秦的甲骨金文、《诗经》《周易》、诸子散文，差不多都已有人对其词汇的构成情况进行过专门研讨，特别典范的文本，像《诗经》，无论是全面描写还是某一侧面描写，如单纯对叠音现象进行考察，这样的论文即可达两位数之多。再一个人们关注的重点是两汉魏晋南北朝时期。这一时期只要是有一定影响的文献基本上都有人对其构词情况进行过研究，分量相对比较重的是就单纯某一种方式的构词进行调查分析，这里就不再一一列举。与此相伴随的，就是对于富有特征性的词语的产生及词汇化历程所进行的专题研讨，有一些学者为此还形成了特定时期非常显著的科研业绩。如董秀芳围绕着《词汇化：汉语双音词的衍生和发展》所建立的基本思想发有系列性的专题论文，仅 2003 年一年，即刊发了《“不”与所修饰的中心词的粘合现象》《“X 着”的词汇化》《“X 说”的词汇化》等多篇论文。徐时仪的《也谈“不成”词性的转移》《“一味”的词汇化与语法化考探》《“民主”的成词及其词义内涵考》《“东西”成词及词义演变考》等，写得扎实细腻。陈昌来所选择的“~来”这种组合双音词历史演化考察，如《“后来”的词汇化及相关问题》《“由来”的词汇化历程及相关问题》《时间词“将来”的词汇化历程及其指称化机制》，以及跟他人合作撰写的《“由来”的词汇化历程及其相关问题》《“从来”的词汇化历程及其指称化机制》等，以及其他同性质的文章非常富有特色。刘红妮的《非句法结构“算了”的词汇化与语法化》《“以免”的词汇化》《“以期”的词汇化及相关问题——兼论“以 V”的词汇化、共性与个性》《“则已”的词汇化和构式语法化》《“甚至”的词汇化与多种功能的形成》等，也都反映了这方面研究的实绩。

与此同时，标记理论的介入也给该课题的研究带来了新活力、新气象。其实这种情况也是可以理解的：实词虚化、词汇化，往往跟特定词语在特定时期内的备受关注、使用频率高涨、词语本身的意义多具有潜在的可能的类推效用等都有着直接的关系。以李宗江这一时期的多项研究为例，他所讨论的许多具体词语的词汇化历程，很多都属于标记的范畴，如《说“完了”》《“回头”的词汇化与主观性》《说“想来”“看来”“说来”的虚化和主观化》《“看你”类话语标记分析》《连词“不说”的语义和语用功能》《关于话语标记来源研究的两点看法——从“我说”类话语标记的来源说起》等，这些词语多处于话语转换的关键位置，借用已有语言形式，表达对特定话题意义色彩提领显示的作用，其标记价值自然便凸显出来。再则就是，众所周知，语法研究的目的就在于揭示语法形式和语法意义之间的关系。而恰恰在具有标记作用的双音词上面，却最显豁地反映着两者之间的不对应性。一如中国传统的问候语“吃了吗”，跟它实际的表达意义“你好”有相当大的距离一样，很多词从字面义上难以推演出它真正的功能意义。借用新近兴起的另外一种语法理论的表述就是，组合型的标记往往都是构式：从其组合成分上面不容易看出其实际的整体意义。很难说现代汉语的双音词都是由古代汉语的句法缩略凝聚而形成的，但能够说明句法和词法之间截然不同的是：前者具有比较强的组合理据性（motivation），后者却是“去理据性”（de-motivation）；前者是显性的（dominance），后者是隐性的（recessive）；前者是自由的（freedom），后者却是习语化的（idiomaticization）。总之，复合词方面，其构式性体现得更为突出；随着时间的推移，这种特征会愈发显豁。比如前边我们曾提到过的一个词“文化”，这个词可以说是妇孺皆知。但要说清楚其内部的组合结构关系恐怕就不容易了。即便是都引用古典，也不一定能够让人信服。《大辞海》（哲学卷）给的定义是：“广义指人类在社会实践中所获得的物质、精神的生产能力和创造的物质、精神财富的总和。狭义指精神生产能力和精神产品，包括一切社会意识形式：自然科学、技术科学、社会意识形态。有时又专指教育、科学、文学、艺术、卫生、体育等方面的知识与设施。”第3个义项是：“指中国古代封建王朝所实施的文治和教化的总称。”《辞源》对“文化”的释义也同样是“文治和教化”，书证有这样两条：

（1）凡武之兴，为不服也。文化不改，然后加诛。（刘向《说苑·指武》）

（2）文化内辑，武功外悠。（晋·束皙《补亡诗·由仪》）

但由这两条是不可能得出“文”与“化”之间为并列关系的。例（1）中的“文化”还不是一个词，应以“（以）文德教化”理解才是。例（2），束皙在当时于文辞情采上并不算上乘。如果真的推溯之前的用语，“武功”多是与“文德”对应出现的：

（3）小国无文德，而有武功，祸莫大焉。（《左传·襄公八年》）

（4）昔吾先君桓公，有管仲夷吾保义齐国，能遂武功而立文德，纠合兄弟，抚存冀州。（《晏子春秋·问上七》）

（5）言武功则莫之敢抗，论文德则无所与辞。（《后汉书·卷一》）

（6）咸文德以熙帝载，武功以隆景业。（《宋书·卷五十一》）

（7）首胤典谟，末同祝辞，引钩谶，叙离乱，计武功，述文德。（《文心雕龙·卷二》）

那么它真正的组合关系究竟怎么看才好？看该词早期与它意义最为接近的一些用法：

(8) 观乎天文以察时变，观乎人文以化成天下。(《易·贲卦·彖辞》)

(9) 汤以宽治民而除其虐，文王以文治，武王以武功，去民之灾，此皆有功烈于民者也。(《礼记·祭法》)

(10) 是故情深而文明，气盛而化神。(《礼记·乐记》)

这些表述虽不能直接推演出“文化”一词的语义结构关系，但早期汉民族讲究以人类礼仪道德文明教化天下的基本精神还是能够体会到的。

(11) 治者，当象天以文化，故东方为文，龙见负之也。(《太平经·卷六十九》)

(12) 三王教化多以文，其人民多文，物亦然。(《太平经·卷一百十五至一百十六》)

(13) 今欲偃武修文，以崇大化。(《三国志·卷四十八》)

(14) 藏书之府，无屋一间，无书一卷，非人文化成之道。(唐·李超《请修秘书监奏》)

显然，此时“文化”初始意义真正的内在关系得到了比较明确的反映，特别是例(12)，更是将“以文”这一修饰性的词语变位给予了显现。

但很有意思的是，这种基本的偏正结构还没怎么很好地得以展示，在它成词的同时，即已名词化了——“文”义凸显，“化”义弱化：

(15) 降及建武以后，爰迄灵、献，文化弥纯，道德弥臻。(《华阳国志·卷三》)

(16) 设神理以景俗，敷文化以柔远。(王融《三月三日曲水诗序》)

(17) 武化偃兮文化昌，礼乐昭兮股肱良。(卢照邻《中和乐九章·总歌》)

(18) 圣主崇文化，锵锵得盛才。(程行谌《奉和圣制送张说上集贤学士赐宴》)

(19) 录图曰：女闻偃兵建文化。(李善《文选注》)

(20) 修文化而服遐荒，耀武威而平九有。(杜光庭《贺鹤鸣化枯树再生表》)

由此我们可知，例(1) 中的“文化”，实实在在还是句法中的临时组合，例 (2) 中的相同形式实是“文德”的宽泛用法。且两者组合的概率也极低，远未达到成词的可能性。真正成词，也就是例 (15) ～例 (20)，显示于魏晋，通行开来的是唐代。此时的词亦非谓词性的“文治教化”，而是偏义复词性的专指礼仪制度或一般知识、写作能力。

由此不难知道，复合词在语言单位里才体现了更多的构式特征：它不可能借助任何的形式条件，最多仅仅依靠部分语序，以最简练的形体反映丰富复杂的语义内容；既是一种历史的积淀，也反映着语言整体系统的整合与选择。这其中最典型的就是那些所谓跨层次结构最后组合而成的词语，如果说所有单位，只要它是个集合体，都应该有一定的结构关系并可以解说的话，恰恰是这些单位是无理据可言的。江蓝生的《跨层非短语结构“的话”的词汇化》一文，于这方面的揭示就充分说明了这一点：“的”与“话”的组合，无论如何我们都难以说明它们之间的语义关系，然而却又是可以解释的。一如我们过去曾经对于此类相似的句法现象做过一定关注一样①，词法里面也能找到相似的情况。且该文对“的话”词汇化的追寻精细深入，让人们看到了语言内部发展变化的复杂性及其典型性，似乎什么样的情况都可能发生。该单位的发生发展清代后期才实现：开始的“说 NP/VP 的话”结构形式，“话”仍为中心语；当“NP/VP”为同一性定语时，该结构的表达重心前移，“的话”于是变得可有可无；一旦该结构去掉了“说”，当“NP/VP”直接成为句子的话题主语时，“的话”被重新分析从而成为后附助词。而所有这一切变化又是以“话”的泛化指代性为基础的，这是“的话”词汇化的诱因，而移位和省略又是其变化的特殊机制。现代汉语里，该词的使用及其表达效果不可谓不明显，如“一百万”，实话实说；“一百万的话”，就变成假设了。“的话”的话语标记作用就体现出来了。所以这样的描写及特征揭示于语言理论的建构、于实现的操作应用自然都有着重要的作用价值。

当然，需要注意的是，标记理论对于词汇化的研究起到了积极的推动作用，但就具体的对象内容看，二者之间并不能画等号。从最宽泛的意义上讲，标记才是比较典型的广义形态，小到体范畴，大到独语句，只要是能体现特定语法意义的形式标志，似乎都能囊括其中。从这一时期的研究情况看，有些人就将“我说呢”“这样吧”“管他呢”“说实话”“你知道”等都归入了词汇化的范围中，这样一来，像“你知道吗”“谁说不是”“我跟你说”“不是我说你”“有（一）句话（我）不知（道）该（说）不该说”等，边界就实在是不好把握了。于是便有人担忧，是不是过去所谓的独立语都能包括进来？

综观汉语词汇化的研究，应该说成绩显而易见，它大大地拓展了人们的认识视野，已有成果充分说明了由单音节词向双音节词发展的大趋势，同时也澄清了快速发展主要体现在怎样的历史时期。从这种意义上说，侧重于说明这种转变的事实考察已经显得不怎么重要了。与此同时，有些不足随着时间的推移也愈来愈明显地反映了出来。为了将该项工作推向深入，更好地认识总结存在的问题还是非常有必要的。

大家可以看得很清楚的是，研究中为了使观念结论扎实有据，人们大都普遍采用了难度比较大的数量统计方法，对专书的研究更是如此。但实际的情况是，同一个对象文本，结果却是一个人一个数据。稍有差距可以理解，如果差距过大，便会大大影

---

① 鲁迅《祝中俄文字之交》：“因为从那里面，看见了被压迫者的善良的灵魂，的辛酸，的挣扎……”对此，赵元任的解释是：“表现了鲁迅对于粘着语素‘的’字努力取得自由的一种感觉——不但是后头自由（这已经实现了），并且前头也要自由。”（赵元任，1968）我们注意到：现代汉语中“的”字后附相对自由，跟它性质相同的“之”在古代汉语中却不自由；“的”字前附用例少，特别是当代，而“之”前附却相对比较多。见《现代汉语定语的语序认知研究》，70 页。

响这种研究的价值效用。从中反映出来的问题是，要么是用来统计的前提不够科学，要么是统计的进程中硬性认定的因素比较大。很明显的，共时研究须放置于历时的大背景下进行认识。现代汉语因有我们现实的全部生活感受还好说一些；历史的特定文献恐怕就不一定了，因为它是历史长河中的一个组成部分，割断了联系，便很难反映自身的真实面貌。正像索绪尔在《普通语言学教程》中指出的那样："无论如何，只要我们没有从单位的两个方面，即静态方面和演化方面去加以研究，就不能把它完全解释清楚。"（254 页）在有些单篇论文反映某一范畴类型的演变上也能看到同样的情况：数个例证一列，于是就开始判定，它们要么就是词，要么就是短语，也可以简短地论证一下它们是怎样的。然而这样的论证，从论述本身看，恐怕作者本人都有些底气不足，很自然的，要想说服别人恐怕就更难一些。这给我们提出的警示是：割断联系的归纳判断，没有时间轴上的纵向坐标参照，特定对象范围的静态描写要想得出准确的认识，显然是比较困难的；同样道理，试图决绝裁定，一蹴而就，显然也难反映语言事实的真正状貌。如上所述，江蓝生对具体词语词汇化历程的描写其实就给我们提供了一个良好的启示：越过度地抽象概括，失真的可能性就愈大；不把努力的着重点放在是什么不是什么的判断上，而是放在对客观事实条理的梳理分析上，真实地反映出循序渐进的细腻的前后变化，那么其结论便会自然天成。所以，词汇化的研究，非常需要这种沉静扎实的具体词语的描写。如果这样的描写积累多了，对于语言中规律、特殊和例外的认识会更清楚，反映得会更准确。

恩斯特·卡西尔在他的《人论》一书中曾这样论述："如果我们想要发现把语词及其对象联结起来的纽带，就必须追溯到语词的起源，必须从衍生词追溯到词根，必须去发现词根，发现每个词的真正的和最初的形式。根据这个原理，词源学不仅是语言学的中心，而且也是语言哲学的基石。"① 所谓"语词及其对象联结"，说穿了，即为语言学研究的终极目的：认识怎样的语言形式对其语言意义如何进行反映。真正的核心层次，亦即特定的民族通过怎样的思维方式来反映这个世界。套用一句广告词来说，叫作"没有最好，只有更好"。不同的民族语言都在不断地发展，愈来愈趋向于复杂、成熟与完善，即反映了这一点。从相当的意义上说，语言的特征是民族文化心理的一种镜像，两者之间是互为表里的关系。正因为如此，语言学的研究，不但追求是什么，还要追求为什么；不但要求概括规律，还需要解释其规律的成因。在词汇化的研究上面，过去我们借鉴国外语言学的理论比较多，恐怕以后的研究要更多地追寻汉语自身的特色个体。董秀芳已经注意到：并列短语在各种语言中都很普遍，但是并不是所有的语言都有并列式复合词；即便是有并列式复合词的语言，也都没有像汉语这样占取非常高的比例及使用频率。于是，她鲜明地提出："这一现象值得解释。"然而从迄今为止的各种各样的解释来看，还不尽理想。类似的其他具体细小的现象还有

---

① ［德］恩斯特·卡西尔．人论［M］．北京：西苑出版社，2003：155.

很多。比如有人注意到：愈到近代，有些词内部结构组合关系随着人们意识观念的变化而发生变化，如“洗澡”，最初是并列式复合词，今天人们却倾向于将它看作述宾式。是怎样的一种“意识观念”使之产生了这种变化？类似这方面的解释仍需要下更大的功夫，追寻出真正的心理根据。这样才好使得人们对语言的管控、整合由过去的不自觉到自觉，通过对语言的研究也反作用于思维，使之趋向于科学理性，实现语言与社会共变关系的健康发展。

第三章　汉语构词的认知解释

第一节　汉语词汇由单到双转变的促进因素

一、社会认知的自觉

世界上很少有语言像汉语这样从书写形体到句法结构自始至终一直保持着基本面貌的。当然，正像一个人从牙牙学语到长大成人后的语言成熟一样，从古代汉语到现代汉语，也体现了早期幼稚形式到现今能够充分准确灵活地表达复杂思想的变化。正因为它的基本属性没变，故远古状态的追溯相对来说就比较容易和真切；正因为它的发展成熟过程没有中断，其思维演进的反映也就更流畅自然，更便于人们给予正确和细腻的认识。从这种意义上说，汉语为历史语言学的研究提供了绝好的范本。

世界上诸多著名的语言学家、哲学家都看好这一点，并给予了充分的肯定。洪堡特指出："汉语就是最古老的语言。"① 李约瑟也说："汉语中从来不用像其他自然语言那样寻找令人厌烦的词根或者派生词。她的词根就是单词，单词也就是词根——他们也从来不用考虑人称的变格、动词变化、数、性、语气、时态以及其他语法上的细节。除了大自然带给她的光线以外，她没有任何规则，也完全不需要担心会发生任何混淆和困惑。因此，他们的语言朴实、简单和容易，就像大自然在说话时应该的那样。"② 近代西方看待中国及其文化的时候，表现出了令人诧异的两个极端：要么是极力推崇，要么是使劲贬抑，包括一些知名的思想家也是如此。这种事实本身即告诉我们：对自然世界的认识，受特定思想方法的激发，形成革命性的飞跃都是有的；最不济，顶多也就是停滞不前，很难形成倒退。至于社会领域，情况就复杂多样了，有些时候，热闹激烈的表象下面，或许是原始粗野状态的回归都是可能的。语言文化都有一个自然

---

① ［德］洪堡特．论人类语言结构的差异及其对人类精神发展的影响［M］．姚小平，译．北京：商务印书馆，1999：318.

② 苏诚忠．语言的本质·西方人是怎样看待汉语的［Z］．语言文字网，2003-05-20.

的产生、发展，逐渐臻于完善的进程。所有的早期形式都有它单纯幼稚的特性；随着民族文化的不断提升、思维方式不断谨严，语言也在进行着系统的整合完善。不分时间的先后、不明了文化的特殊，即硬性地区分其高低，绝对化地判断优劣，显然是不科学的。

（一）早期的认知

这其中，也有些人做了比较精细的调查研究，其分析论述还是比较中肯坚实的。比如卡西尔《人论》中这样写道："人类言语是从最初较具体的状态进展到较为抽象的状态的。最初的名称都是具体的，它们依附于对特殊事实或特殊活动的领悟。我们在自己的具体经验中所发现的一切细微差别，都被精密而详尽地加以描述，但是它们并未被归于共同的种属之下。哈墨—波克司脱（Hammer-Purgstall）写过一篇论文，在那里他列举了阿拉伯语中关于骆驼的各种各样的名称。用于描述骆驼的语词不下五、六千个，然而其中没有一个给予我们一个一般生物学的骆驼概念。所有的这些名称都是表征骆驼的形状、大小、颜色、年龄以及走路姿态等具体细节的。这些划分仍然远不是任何科学的或系统的分类，而是为完全不同的目的服务的……这些语词之间是一种并列关系而不是从属关系……在原始文明中，对事物具体的和特殊的方面的兴趣必然占优势。人类言语总是符合于并相应于一定的人类生活形式的。"①能够被肯定的往往都是具有普遍性的东西。汉语的早期情况也不外乎如此，以《说文》"马部"中对马种种特征的命名看，完全可以形成一个词族小系统，因为它既成足够多的数量（100有余），指称的划分也精细之至。就第一层次的分类来讲，首先是对马自身的各种命名，其次是人与马之间关系的命名。对今天的人们来讲，因其时间久远，其本义几乎已被遗忘，但其形体仍保留着原本的信息，如"驀"，指人的快速跨马。正像段注所解释的："上马必捷，故引伸为猝乍之称。"现在我们仍习惯用的"驀然"即为此义。现就马的本体基本类别列举如下（只是举例性质，并未全部举出）：

① ［德］恩斯特·卡西尔．人论［M］．甘阳，译．上海：上海译文出版社，2004：173.

马
- 性别：骘、驵
- 年龄：驹、驲
- 个头：骄、龙、驵
- 毛发：驳、堀
- 骨骼：驺
- 颜色：
  - 毛色：骊
    - 黄背：驔
    - 白跨：骊
  - 尾巴：骝
  - 眼睛：鱼
  - 头部：
    - 额：驹
    - 头：骍
  - 足部：䮿
- 功能：骏
- 属类：駒
- 状况：骀
- 部位：骱
- 车驾：驾
  - 数量：骖
  - 位置：驸
- 神情：駉

即便如此，我们还未将马的一些重要特征全部反映上来。如它的“行走”貌：“骙”是“行威仪也”，“冯”是“行疾也”，“骒”是“行仡仡也”，“骤”是“疾步也”，“驱”是“驰也”，“驰”是“大驱也”，“骛”是“乱驰也”，“骋”是“直驰也”等。还有些则区分得更细，仍以“头部”为例，“骍”是“马头有发赤色者”。“駹”是“马面颡皆白也。”“騧”是“黄马黑喙”。再进一步，似乎许慎当时并未对《尔雅》做过详细的通读。《尔雅·释畜》中三段文字是专门辨析局部白颜色的马，从而命名各异的：

膝上皆白，惟馵。四骹皆白，驓。四蹄皆白，首。前足皆白，騱。后足皆白，翑，前右足白，启。左白，踦。后右足白，骧。左白，馵。

骝马白腹，騵。骊马白跨，驈。白州，驠。尾本白，騴。尾白，駺。驹颡，白颠，白达，素县。面颡皆白，惟駹。

骝白，驳。黄白，騜。骝马黄脊，騝。骊马黄脊，驺。青骊驎，驒。青骊繁鬣，騥。骊白杂毛，駂。黄白杂毛，駓。阴白杂毛，骃。苍白杂毛，骓。彤白杂毛，騢。白马黑鬣，骆。白马黑唇，駩。黑喙，騧。一目白，瞯。二目白，鱼。

还有些命名连《说文》都未能详细解释，如“验”“屿”等。

作为字词典，《说文》《尔雅》对于这些马属类的词的汇总及解释，在实际的语言运用中也确实存在。比较典型的就是《诗经》中的用法，看《鲁颂·駉之什·駉》：

薄言駉者，有驈有皇，有骊有黄，以车彭彭。

薄言駉者，有骓有駓，有骍有骐，以车伾伾。

溥言駉者，有驒有骆，有骝有雒，以车绎绎。

薄言駉者，有骃有騢，有驔有鱼，以车祛祛。

紧接着的《有駜》中也出现了“黄”“牡”“骃”三种所指，《秦风》中，像《车邻》《驷驖》《小戎》都与对马的赞颂有关。特别是最后一篇中的“文茵畅毂，驾我骐馵”，“骐骝是中，騧骊是骖”，《鄘风·定之方中》又有“秉心塞渊，騋牝三千”的表述等。也就是说，仅是《诗经》，就真实地再现了商周时代“马”在国家社会生活中所处的地位及作用。人们之所以不嫌烦琐地用那么多的专有名词给予显现，是因为在诸侯割据、争力以强之际，它是其拥有国实力强大的象征。即便是嗣后汉语词汇转变为以双音节为主的形式，这种命名仍未失去它的价值效用：农业、战争，甚至马自身的形象，都足以使它在整个农耕社会拥有其他大型牲畜所不能比拟的显赫名声。“人间吕布，马中赤兔”，是所谓英雄骏马，互补形成一种完整的崇高造型。《穆天子传·卷一》中所谓天子八骏之乘：“赤骥、盗骊、白义、逾轮、山子、渠黄、华骝、绿耳”。《拾遗记》中，从另一个角度再次命名为：“一名绝地，足不践土；二名翻羽，行越飞禽；三名奔宵，夜行万里；四名超影，逐日而行；五名逾辉，毛色炳耀；六名超光，一形十影；七名腾雾，乘云而奔；八名扶翼，身有肉翅”，皆在于渲染其雄壮、神奇的色彩。至于《旧唐书·卷一百九十九》所载：“太宗奇其骏异，为之制名，号为十骥：一曰腾霜白、二曰皎雪骢、三曰凝露骢、四曰悬光骢，五曰洪波瑜、六曰飞霞骠、七曰发电赤、八曰流星騧，九曰翔麟紫、十曰奔虹赤”，分明体现着人们对于俊美力量形象的热爱之心。正因为如此，在这数千年文化的陶冶熔铸中，人们逐渐地提炼出了“龙马精神”这一概念，以象征昂扬向上的意志情怀。但是，与此同时又不能不说，仅就早期同类义单音节专有名词的大量显示而言，卡西尔的归纳是有道理的：说明当时的人们思维能力还不足以将其具有同样特征的事物现象进行适当的抽象概括。过度地命名区分，如《周礼·夏官·廋人》曰：“马八尺以上为龙，七尺以上为騋，六尺以上为马。”从一定意义上也可以说是在强化着这种幼稚朴拙的思维方式。

（二）类观念的苏醒

与此相对的另一面就是，一旦人们开始了对事物现象的汇总归属，情况就大为不同：造词变得简易灵活，深层次上则意味着思维方法大大简单了。这种情况很快在其后便发生了。看《周易·说卦》中的两处用例：

（1）乾为天，为圆，为君，为父，为玉，为金，为寒，为冰，为大赤，为良马，为老马，为瘠马，为驳马，为木果。

（2）震为雷，为龙，为玄黄，为旉，为大涂，为长子，为决躁，为苍筤竹，为萑苇，其于马也，为善鸣，为馵足，为作足，为的颡；其于稼也，为反生；其究为健，为蕃鲜。

此时的“马”已不再是以前的“六尺以上”那个专有名词的“马”，而是《周礼·廋人》中对“龙、騋、马”分述之前通称的那个“马”的扩大与普遍化。以它作为属概念，在其前边以特征分别的方式附缀之，这种类推分辨的造词手段显然比之专有名词高明了许多，如果说过去一种特征、一个词形对于思维记忆是一种沉重的负担的话，这种方式的学习和应用简直就是一种大解放！看其里面的“良马”“老马”“瘠马”“驳马”，再如《周礼·夏官·校人》中的一种区分：

（3）校人掌王马之政。辨六马之属：种马一物，戎马一物，齐马一物，道马一物，田马一物，驽马一物。

这确实是在“辨六马之属”，这种“属加种差”式的指称比之于专有名词的造词方式显然是获得了一种自由。

当然，这种思维方式的转变是需要付出认知上的代价的。如前文所举《周易·说卦》中的第二段文字，似乎可以说明这种转变过程中的焦点：开始加大了对事物特征的认识。这里前后文都在突出马的特征：“善鸣”“作足”体现的是动作；“馵马”“的颡”体现的是色泽。它们差不多都有专指的名称，如“的颡”，相当于《诗经·秦风·车邻》：“有车邻邻，有马白颠”中的“白颠”。如前所述，这种特征的马也有相对应的称谓“驹”。《说文》：“马白额也”。然而这一块的文字不在于指称而在于说明，看重的是指称的内涵，也就是特征的展示。再如“馵”，《说文》：“马后左足白也。”然而这种解释性的词语过多，于是干脆仍用其指称来代替这种特征的表现，从而形成了以种概念代替种差结合属概念的词法组合模式。这种情况在现代汉语里仍普遍存在。例如“啤酒”，有人说这种造词方式不尽理想，因为展开来的意思是“啤酒酒”。其实这种情况根本不值得大惊小怪，因为汉语自身的这种造词可以说举不胜举，如“柳树”，“柳”本来就是指特定的一种树，相对于中心成分“树”来讲，意义上也有重叠之处。语言里面于意义的反映来讲，并非一点冗余的形式都不能有，如果真是那样的话，人们于语言表达的理解一定会相当紧张并困累。

与此同时，人们逐渐地认识到，过度地追求对马某一局部特征进行认定并命名，其实并无多大的必要。自春秋战国始，人们对马的认识便比较多地集中在整体上。这在一定意义上也反映了人们对事物的认识比较多地侧重在了舍弃枝微末节、方便识读和分辨上面，思维的条理性显然在增强。正如《吕氏春秋·似顺论》中所表述的那样：“小方，大方之类也；小马，大马之类也；小智，非大智之类也”，“物多类然而不然”。再比如大家所熟知的公孙龙的名篇《白马论》，其中所采用的材料也就是“白马、黄马、黑马”三种。所谓“白马非马”论者，不仅当时，自古迄今，很多人可能还是不怎么理解公孙龙于其分辨的真正价值。其实，多是因为古代汉语单音节词表义的多向与模糊。例如《庄子·秋水》篇末章所记录的“安知鱼之乐”的对话与争辩：

庄子与惠子游于濠梁之上。庄子曰：“儵鱼出游从容，是鱼之乐也。”惠子曰：“子非鱼，安知鱼之乐?”庄子曰：“子非我，安知我不知鱼之乐?”惠子曰：“我非子，固不知子矣。子固非鱼也，子之不知鱼之乐全矣。”庄子曰：“请循其本。子曰‘汝安知鱼乐’云者，既已知吾知之，而问我。我知之濠上也。”

这段记录非常著名，甚至编入了现在的中学语文课本。人们大都会觉得庄子于这场争论中表现得非常灵活巧妙，最后的赢家也是庄子。事实上，如果将这篇故事当作文学作品来对待，这样认定未尝不可；如果看作以追求真知为目的的论辩，庄子的态度就不怎么让人欣赏了。他这种态度就是韩非子在《外储左上》所揭露的一种不尽如人意的论辩现象：“后息为上”。问题的关键就在于庄子于此利用了“安”的多义性，暗中转移了惠子驳论的真实意图。也就是古代汉语中既可以作“怎么”讲，又可以作“哪里”讲。惠子的意思肯定是前者，表反诘；而庄子却故意地把它偷换成了后者，表特指问。不难看出，如果是双音节词的话，这种歧义就不可能被庄子利用了。其实“白马非马”辩也是同样的道理，人们的理解仍按照“非”的通常意义，当“不是”讲，这样一来该判断当然不能成立。事实上这里的“非”应该作“不等同”讲，且公孙龙的本义也是这样表达的，可惜的是当时没有表达这种语义的手段，也就是对应的词语罢了。公孙龙的另外一篇文章提供了这种分辨，那就是《迹府》篇中所记述的；公孙龙于此辩驳得非常到位，其意也非常清楚：正所谓楚人不等同于人一样，白马也不等同于马，因为它们之间是上下位概念，是包含和被包含的关系。其实这种情况在现代汉语里也同样存在，比如：

老舍是作家。

老舍是《骆驼祥子》一书的作者。

虽然它们主要谓语都是“是”，但依照构式语法的说法，其义显然不同：前者在于体现人物主体的职业身份，归属于哪个群体；后者则完全是等同关系。二者调换一下语序即可看出不同来：

*作家是老舍。

《骆驼祥子》一书的作者是老舍。

春秋战国之际，我们甚至可以将其看作类观念的觉醒时期。诸子百家虽然出发点不同，但在语言名实的讨论里，可以分明看到当时的思想家大都是有意识地关注了该问题的重要性。不管人们对早期的儒家学说给予了怎样的评价，孔子关注语言的社会价值，仍是值得肯定的。他的“正名”观念虽然带有浓重的政治色彩，但还是第一次比较鲜明地介入了语言本体的因素，在相当程度上唤醒了人们对于语言自身建造及其反映功效上的重视。在这前后时期，人们类意识的建立，可以说是思想史上非常值得关注的大事件。《周易・系辞上》告知人们："方以类聚，物以群分。"《周易・系辞下》进一步分析说，语言文字的特征在于"其称名也小，其取类也大"，目的就在于"以类万物之情"。这其中，中国古代名家第一人邓析子于类观念上的建立应该具有开创之功。比如他的《无厚》篇指出："故谈者，别殊类使不相害，序异端使不相乱，谕志通意非务相乘也。"嗣后的墨子、荀子、公孙龙于这一方面努力探索，为中国传统文化于语言哲学的建树上面提供了丰富厚重的理论基础。叶斯柏森于《语言》一书中论述说，"人是分类的动物：在某种意义上可以说，整个讲话过程只不过是把各种现象（没有两种现象在每一个方面都是相同的）根据看到的相似点和相异点分成不同的类而已。在命名过程中我们又看到了同样根深蒂固而又非常有用的倾向——识别相象性，并且通过名字的相似来表达现象的相似。"① 语言本身就是概括抽象的产物。但是不同语言在这一方面的能力显现上显然是有差别的：人类早期的语言形式体现得就比较弱，其后随着时间的推移才逐步增强。即便从共时角度上讲，不同的语言于此的表现恐怕也是参差不齐的。所以，依照卡西尔的观点，人是语言动物；其典型性也就在相当程度上体现为语言分类意识建立的早晚以及其中所蕴含的科学含量的高低。我们可以看到，所提到的三家在这方面都有明确的意识并进行了难能可贵的探讨。

《墨经》是我国语言逻辑学最早的著述。虽然迄今人们难以确认墨家著作与其他两家的著作时间上的先后，但从其论述相同话题，即有关"马"命名问题的深入程度上看，应该是略早；它可能于中国逻辑学的建造上树一高标，但于具体问题的探究上就不一定占先了；尽管论述的很多，但仍显露出开创初期不可避免的边界不清等不足。例如：

白马，马也；乘白马，乘马也。骊马，马也；乘骊马，乘马也。（《小取》）

有有于秦马，有有于马也，智来者之马也。（《大取》）

语经，语经也，非白马焉，执驹焉说求之，舞说非也。渔大之舞大，非也。三物必具，然后足以生。（《大取》）

这三个语言片段用来体现具体的马，不管是"白马""骊马"还是"秦马"都是马这种观点，其实并非采用纯正逻辑推证的方式，而是用语言实际用例现象代替了思辨分析。这显然是很难求得共同的话语表达方式途径的。

然而这种认识问题的方法于语言学的认知来讲却又有很大的启迪效用。再看《墨经》中两则有关该问题的表述：

长人之异，短人之同，其貌同者也，故同。指之人也与首之人也异。人之体，非一貌者也，故异。将剑与挺剑异，剑以形貌命者也，其形不一，故异。杨木之木与桃

① ［德］恩斯特・卡西尔．人论［M］．甘阳，译．上海：上海译文出版社，1985：265.

木之木也，同。诸非以举量数命者，败之尽是也。故一人指，非一人也。是一人之指，乃是一人也。方之一面，非方也；方木之面，方木也。（夫辞）以故生，以理长，以类行也者。立辞而不明于其所生，忘也。今人非道无所行，唯有强股肱而不明于道，其困也，可立而待也。夫辞以类行者也，立辞而不明于其类，则必困矣。（《大取》）

之马之目盼，则为之马盼。之马之目大，而不谓之马大。之牛之毛黄，则谓之中黄。之牛之毛众，而不谓之牛众。一马，马也。二马，马也。马四足者，一马而四足也，非两马而四足也。一马，马也。马或白者，二马而或白也，非一马而或白。此乃一是而一非者也。（《小取》）

第二片段简直就是在讲语言学中的构词现象一样！一如今天的汉语，有“鸟瞰”，却没有“鹰瞰”；有“黄牛（牛黄）”，却没有“毛牛”①。第一片段多涉及逻辑学的论证，局部特征不能代替整体特征进行命名：仅仅一面呈现方形，并不意味着整体的方形；“方木”与之相反，局部如此，整体也如此。尽管如此，其中仍涉及语言的分辨：“一个/人的手指”不等同于“一个人的/手指”。

这一系列的论述中，主要申明的是同与不同的条件标准是什么。墨家于此下了很大的功夫，反复论证。有人曾经统计，单纯《墨经》中提到的“类”竟达40次；可以说既有举例又有理论总结。比如《经说下》以精当的例证反问说：“木与夜孰长？智与粟孰多？爵、亲、行、贾，四者孰贵？麋与霍孰高？麋与霍孰霍？蚓与瑟孰瑟？”意思是什么呢？就是所谓必须属于同一范畴，相互之间的比较才可以成立。比如很多东西都可以论长短，可是将木头和夜晚放到一起比较就不行了，因为它们一个论的是两端距离的远近，一个论的是持续时间的久暂。在有关类的系统上面，该派学说建立了“达、类、私”三级体系。《经说上》：“物，达也；有实必待之名也命之。马，类也；若实也者，必以是名也命之。臧，私也；是名也止于是实也。”也就是普遍概念、兼类概念及专名概念。上面多段表述中主要论述的是它们之间的关系。比如四足兽是上位概念，显然它与牛马就不能放在一个层次，更不能将它们看作等同关系。“牛马”是个兼类概念，它们共有的属性还是比较多的，不能拿不具有排他性的标准强行地将它们区别开来。当然，有时候它们之间的量质限度似乎并不容易恒定，如“白马”的“白”占取了对象整体的大部或全部，而“视马（马盼）”的“视”似乎并不典型，

① 尽管有“多如牛毛”的成语，但人们仍不将“毛多”这种特征附在牛的前边组词。不过，确实以毛为典型特征的，也确有“髦（毛）牛”一词曾在汉语中出现。《说文》：“西南夷长毛牛也。”段注：“（犛）西南夷长毛牛也。今四川雅州府清溪县大相内岭之外有地名旄牛，产旄牛。而清溪县南抵宁远府、西抵打箭炉，古西南夷之地，皆产旄牛。如郭璞注《山海经》所云：‘背、膝及胡、尾皆有长毛。’下文氂字乃专谓尾也。此牛名犛牛，音如貍，楚语。马浦之犀犛。《上林赋》：‘犭庸旄貘犛’，以其长毛也。故《史记·西南夷传》谓之髦牛。以其尾名氂也，故周礼乐师注谓之氂牛。以氂可以饰旄也，故《礼》注、《尔雅》注、《北山》注、《上林赋》注、《汉书·西南夷传》皆谓之旄牛。”“旄”，段注：“以犛牛尾注旗竿，故谓此旗为旄。因而谓犛牛尾曰旄，谓犛牛曰旄牛。名之相因者也。”不难看出，犛、氂、旄、髦于此是相通的，随特征、功能的不断被看重而采用不同的写法。但最根本的还是着眼于“毛”，现时人们写作“牦”，同样烙印着现代人的认识观念。

然而人们都把它们当作了马的特征并分别与主体组合成了词。

总的来讲，墨子及其他人所开创的墨家，于逻辑学的建造上面还是开创了不世之功的。但与名家来比，也就是与后来的公孙龙的《白马论》相比，其纯正度还是略显不足的。我们现时的讨论并非执着于学理上的计较，主要在于说明：这一时期诸多思想家于类观念上的关注、理论上的论述，无疑对汉语单音节向双音节的转移在客观上起到了积极的推助作用。一如萨丕尔在他的《语言论》一书中所强调的那样："再说一次，语言，作为一种结构来看，它的内面是思维的模式。"① 海德格尔也说："人活在自己的语言中，语言是人'存在的家'，人说话，话在说人。"② 思维方式与话语之间是一种相互促进的关系：思想的清晰化会有利于语言条理性的增强，相应的，语言形式趋于富有表现力也会反过来促进思维的准确与活跃。人们可以看到的是，这一历史阶段类观念这么鲜明地得到重视，并受到普遍的响应，是以后相当长的历史时间里难以见到的。

二、语言表达的追求

很多从事词汇化研究的人认为口语介入是促进汉语双音化的一个重要因素，这于今于古似乎都是说不通的。从上面对"马"称述前后音节变化的情况，单音节词在前，双音节词在后的事实可以推知，前者可以看作文字未曾出现前词普遍单音节化的一种孑遗。我们可以设想：殷商之前，汉语曾经有多么漫长的口语交际时间。在这个时间里，恐怕大都是单音节词的应用。尔后有了文字才依声选形定词，各得其所。文字出现之后，打破了口语时空上的局限性，人们才有可能有更多的时间来字斟句酌，使自己的思维更趋于缜密。

正是得益于类观念的呼唤，加之百家争鸣、学说纷呈的兴起，长卷著述纷纷问世、论辩性表述日益增多，这些都为汉语词语的复杂化提供了内外丰足的客观条件。秦汉之际，正是这种转变最强劲的时期。下面我们以《礼记》为主要考察对象，辅之以其他的文献，就这一时期的汉语特点进行比较概括的分析。

（一）说理性增强

一个很明显的事实就是：论证性愈强的文字作品，其词的复音化占取比例也就愈高。比如《左传》和《墨子》，依照毛远明（2000）和伍宗文（2001）的统计，一个是 24.5%，一个是 33.6%。其差别主要在于前者是记叙性的，后者是论述性的。论说文体从性质上说，属于科学范畴。而科学范畴的文字，则需要严谨，需要定义，需要分门别类，需要推证。即便整体上是论述性质的，如果是多认定而不论证，或者说里面所浸润的思维方式主导是形象思维性的，也不可能使词汇复音化体现得鲜明。如

---

① ［美］萨丕尔．语言论［M］．陆卓元，译．北京：商务印书馆，2002：13.

② ［德］海德格尔．关于人道主义的书信［M］．路标，孙周兴，译．北京：商务印书馆，2000：366.

《论语·学而》，“子曰：学而时习之，不亦说乎？有朋自远方来，不亦乐乎？人不知而不愠，不亦君子乎?”“‘贫而无谄，富而无骄，何如?’子曰：‘可也，未若贫而乐，富而好者也。’子贡曰：‘《诗》云：“如切如磋，如琢如磨。”其斯之谓与?’子曰：‘赐也，始可与言《诗》也矣，告诸往而知来者。’”故它的复音词占取比例也不算大，据程湘清（1982）的统计，只是15.9%（不包括专有名词）。

现代汉语中的情况依然如此，我们对现代两篇比较有代表性的篇章做了统计：毛泽东的《实践论》计9317个字，赵树理的《小二黑结婚》计9550个字，前者复音词的数量是3042个，占总数的70%。后者复音词的数量是2415人，占总数的34%。显然，语体及表达手段的不同，直接影响到单、双音节词语使用的需要。这也正是这一历史时期所应考虑的最显著的一个特征。

我们之所以选取《礼记》作为这个阶段来分析词汇形式变化促进因素的一部代表性文字对象，就在于它无论是在其内容的分量还是表现手段的丰富性上都具有值得肯定的价值。其在十三经中是有名的“大经”，字数最多；且表现方式颇为驳杂，就是专攻“三礼”的专家都承认它是由多家撰述，从篇目编次到行文风格，都比较散乱。其四十九篇，除少数外，大部分很少有明确的中心议题，就是一篇之内，前后节段之间也很难有严密的逻辑关系。自汉代迄今，很多大家都在《礼记》的内容或体裁上试图给它梳理出一个相对清晰集中的类别体式，但都很难被人们普遍接受，于是有人干脆就以“杂记”称述。我们从语言这个角度进行认识的话，也会觉得很难对其语体给出一个统一的认定。如果说先秦时期的文字作品往往是文学文章不分家，一如《庄子》，“哲学的文学化，文学的哲学化”。如果说《庄子》于这两个方面糅合得相当好，是浑然一体的话，《礼记》似乎并不好这样认定。正如王引之于《经义述闻·礼记下》中所言：“大抵礼家各记所闻，不能尽合……学者依文解之阙疑可矣。必欲合以为一，则治丝而棼也。”也正因为如此，它将多种表达形式集中于一身，在一定意义上也就可以说免去了我们通常抽样式考察需要做多个方面的选取，它自身就是有着各种语体形式的一种综合。当然，总体上讲，它还是侧重说理论辩的。例如：

比音而乐之，及干戚、羽旄，谓之乐。(《乐记》)

是故知声而不知音者，禽兽是也；知音而不知乐者，众庶是也。唯君子为能知乐。(《乐记》)

铭者，论撰其先祖之有德善，功烈勋劳庆赏声名列于天下，而酌之祭器；自成其名焉，以祀其先祖者也。(《祭统》)

这些属于定义性判断。判断往往对应的是句子，然而泛泛表述性的句子容易，如果是对其事物现象给予属性特征认定的话，相对来说就不太容易了。从这种意义上说，字词典的编纂，其措辞用语比起通常文章的用语要难。《礼记》比之于之前同类型的文献，可以说在表述上已经卓有进步。如《论语·颜渊篇》：“政者，正也。子帅以正，孰敢不正。”以“正”解“政”，其方式可以说是音近义通的先导。看《礼记》中的例子：

仁者，人也，亲亲为大；义者，宜也，尊贤为大。(《中庸》)

宾必南乡。东方者春，春之为言蠢也，产万物者圣也。南方者夏，夏之为言假也，养之、长之、假之，仁也。西方者秋，秋之为言愁也，愁之以时察，守义者也。北方者冬，冬之言中也，中者藏也。是以天子之立也，左圣乡仁，右义偝藏也。(《乡饮酒义》)

天子将祭，必先习射于泽。泽者，所以择士也。(《射义》)

看这些用例中的句子，都不仅仅是依声近义解释一下就行了，还要有后续追加性的语句给予进一步的分析。尽管这种方式模糊度也非常大，但较之前者已经有了进步。如上第三个语句，已经将其方式及功能表述了出来。

夫物之感人无穷，而人之好恶无节，则是物至而人化物也。人化物也者，灭天理而穷人欲者也。于是有悖逆诈伪之心，有淫泆作乱之事。是故强者胁弱，众者暴寡，知者诈愚，勇者苦怯，疾病不养，老幼孤独不得其所，此大乱之道也。(《乐记》)

是故古者重冠；重冠故行之于庙；行之于庙者，所以尊重事；尊重事而不敢擅重事；不敢擅重事，所以自卑而尊先祖也。(《冠义》)

敬慎重正而后亲之，礼之大体，而所以成男女之别，而立夫妇之义也。男女有别，而后夫妇有义；夫妇有义，而后父子有亲；父子有亲，而后君臣有正。故曰：昏礼者，礼之本也。(《昏义》)

这些都是因果推证的片段。只要是推证，就得讲究有机关联；讲究有机关联，就需要层层紧扣；扣合的结果，就要求严丝合缝，不能流于散漫。这种逻辑上的严谨，对于句法和词法都有直接的支配作用，那就是要准确鲜明。在这种大背景下，单双音节词在表意上的差度便体现得很明显。上面三个片段应该说在先秦以及传统文化中是非常富有典型性的论证方式，在相当程度上可以说是三段论方式的一种简略形式或变体，即舍却似乎是不言自明的大前提，由小前提推出结论，将已有的结论变为小前提，再推出新的结论，依次逐步推演。当时的人们对此应用得多，甚至可以说已经变为一种非常典型的论证模式。可惜的是，理论上的概括相对偏少，对于其方法形式上的正误思辨，只有墨子、荀子略有涉及，其他人的讨论难以见到。

《礼记》中的文字表述大致可以分作两大类：一是论讲性的。例如《曲礼上》《曲礼下》《王制》《月令》《内则》《明堂》《乐记》《大学》等，多侧重这种语体方式。因其对人行为规则的具体阐发往往是规定性的，故语气决绝，不容置疑，偶数音节的词语就特别多。二是描述性的。有些篇章只是对礼仪准则的具体实施，实际操作，如《檀弓上》《檀弓下》《曾子问》《文王世子》《杂记上》《杂记下》《丧大记》《祭法》《祭义》《表记》等，大都属于记叙体、说明体，语言则多显得自由宽松，组织就不是那么严整。至于《缁衣》①《奔丧》《问丧》《服问》《间传》《三年问》《投壶》等或者两者是穿插进行，或者是口语书面化加工过的。

《礼记》中广能见到的一种用语特点就是双音节词的罗列铺排：

(1) 天子有后，有夫人，有世妇，有嫔，有妻，有妾。天子建天官，先六大：曰大宰、大宗、大史、大祝、大士、大卜，典司六典。天子之五官：曰司徒、司马、司空、司士、司寇，典司五众。天子之六府：曰司土、司木、司水、司草、司器、司货，典司六职。天子之六工：曰土工、金工、石工、木工、兽工、草工，典制六材，五官致贡曰享。(《曲礼下》)

(2) 凡祭宗庙之礼，牛曰"一元大武"，豕曰"刚鬣"，豚曰"腯肥"，羊曰"柔毛"，鸡曰"翰音"，犬曰"羹献"，雉曰"疏趾"，兔曰"明视"，脯曰"尹祭"，槀鱼曰"商祭"，鲜鱼曰"脡祭"，水曰"清涤"，酒曰"清酌"，黍曰"芗合"，梁曰"芗萁"，稷曰"明粢"，稻曰"嘉蔬"，韭曰"丰本"，盐曰"咸鹾"，玉曰"嘉玉"，币曰"量币"。(同上)

(3) 入其国，其教可知也。其为人也，温柔敦厚，诗教也；疏通知远，书教也；广博易良，乐教也；洁静精微，易教也；恭俭庄敬，礼教也；属辞比事，春秋教也。(《经解》)

(4) 昔者先王，未有宫室，冬则居营窟，夏则居橧巢。未有火化，食草木之实、鸟兽之肉，饮其血，茹其毛。未有麻丝，衣其羽皮。后圣有作，然后修火之利，范金合土，以为台榭、宫室、牖户，以炮以燔，以亨以炙，以为醴酪；治其麻丝，以为布帛，以养生送死，以事鬼神上帝，皆从其朔。故玄酒在室，醴醆在户，粢醍在堂，澄酒在下。陈其牺牲，备其鼎俎，列其琴瑟管磬钟鼓，修其祝嘏，以降上神与其先祖。以正君臣，以笃父子，以睦兄弟，以齐上下，夫妇有所。是谓承天之祜。作其祝号，玄酒以祭，荐其血毛，腥其俎，孰其肴，与其越席，疏布以幂，衣其澣帛，醴盏以献，荐其燔炙，君与夫人交献，以嘉魂魄，是谓合莫。然后退而合亨，体其犬豕牛羊，实其簠簋、笾豆、铏羹。祝以孝告，嘏以慈告，是谓大祥。此礼之大成也。(《礼运》)

也就是说，这种表达方式非常类似于今天相声里的"贯口"，客观上也就形成了双音节词的大量堆叠呈现。就是论证性的文字，也非常喜欢这种行文方式。例如：

(5) 故钟鼓管磬，羽籥干戚，乐之器也。屈伸俯仰，缀兆舒疾，乐之文也。簠簋俎豆，制度文章，礼之器也。升降上下，周还裼袭，礼之文也。故知礼乐之

① 该篇以《诗经》中的篇章命名，实际上它及《表记》《中庸》《坊记》《孔子闲居》等，多是以古证今，以诗教化，通俗地宣讲礼、仁、诚信等道德。

情者能作，识礼乐之文者能述。作者之谓圣，述者之谓明；明圣者，述作之谓也。（《乐记》）

(6) 志微、噍杀之音作，而民思忧；啴谐、慢易、繁文、简节之音作，而民康乐；粗厉、猛起、奋末、广贲之音作，而民刚毅；廉直、劲正、庄诚之音作，而民肃敬；宽裕、肉好、顺成和动之音作，而民慈爱；流辟、邪散、狄成、涤滥之音作，而民淫乱。（同上）

(7) 博学之，审问之，慎思之，明辨之，笃行之。（同上）

(8) 唯天下至圣为能聪明睿知，足以有临也；宽裕温柔，足以有容也；发强刚毅，足以有执也；齐庄中正，足以有敬也；文理密察，足以有别也。（《中庸》）

记叙性的文字状态形容词用得多。古今一体，相对于性质形容词，这一类的形容词双音节的多。例如：

(9) 君子之容舒迟，见所尊者齐遬。足容重，手容恭，目容端，口容止，声容静，头容直，气容肃，立容德，色容庄，坐如尸，燕居告温温。凡祭，容貌颜色，如见所祭者。丧容累累，色容颠颠，视容瞿瞿梅梅，言容茧茧，戎容暨暨，言容詻詻，色容厉肃，视容清明。立容辨，卑毋谄，头颈必中。山立，时行，盛气颠实扬休，玉色。（《玉藻》）

(10) 言语之美，穆穆皇皇；朝廷之美，济济翔翔；祭祀之美，齐齐皇皇；车马之美，匪匪翼翼；鸾和之美，肃肃雍雍。（《少仪》）

(11) 不学操缦，不能安弦；不学博依，不能安诗；不学杂服，不能安礼。不兴其艺，不能乐学。故君子之于学也，藏焉，修焉，息焉，游焉。（《学记》）

(12) 仲尼尝，奉荐而进其亲也悫，其行趋趋以数。已祭，子赣问曰："子之言祭，济济漆漆然；今子之祭，无济济漆漆，何也？"子曰："济济者，容也远也；漆漆者，容也自反也。容以远，若容以自反也，夫何神明之及交，夫何济济漆漆之有乎？反馈，乐成，荐其荐俎，序其礼乐，备其百官。君子致其济济漆漆，夫何慌惚之有乎？夫言，岂一端而已？夫各有所当也。"（《祭义》）

(13) 其往送也，望望然、汲汲然，如有追而弗及也。其反哭也，皇皇然，若有求而弗得也。故其往送也如慕，其反也如疑。求而无所得之也：入门而弗见也，上堂又弗见也，入室又弗见也。亡矣，丧矣！不可复见已矣！故哭泣辟踊，尽哀而止矣。心怅焉、怆焉、惚焉，忾焉，心绝志悲而已矣。（《问丧》）

当然，《礼记》中也有不少文字属于散文性质，琐碎漫漶。一如今天的小说，不可能讲究词语音节的偶数化：

(14) 闻丧不得奔丧，哭尽哀；问故，又哭尽哀。乃为位，括发袒成踊，袭绖绞带即位，拜宾反位成踊。宾出，主人拜送于门外，反位；若有宾后至者，拜之成踊，送宾如初。于又哭，括发，袒，成踊。于三哭，犹括发、袒、成踊。三日成服。于五哭，拜宾、送宾如初。(《奔丧》)

(15) 子夏丧其子而丧其明。曾子吊之，曰："吾闻之也：朋友丧明则哭之。"曾子哭。子夏亦哭，曰："天乎！予之无罪也。"曾子怒，曰："商，女何无罪也？吾与汝事夫子于洙泗之间，退而老于西河之上，使西河之民疑女于夫子，尔罪一也；丧尔亲，使民未有闻焉，尔罪二也；丧尔子，丧尔明，尔罪三也。而曰女何无罪与！"子夏投其杖而拜，曰："吾过矣！吾过矣！吾离群而索居，亦已久矣。"(《檀弓上》)

甚至《礼记》也注意到了构词问题：

(16) 自诚明，谓之性；自明诚，谓之教。诚则明矣，明则诚矣。(《中庸》)

（二）构词材料充分

这主要表现在：先秦著述丰富，人们辨析精细，积累了大量的单音节同义词可供人们进行多样化的组合搭配。这由《尔雅》《方言》等著作得以验证。再加之后来的佛教词语、民间口语的介入，愈发使得当时的汉语生气勃发。

(17) 六十曰耆，指使。七十曰老，而传。八十、九十曰耄，七年曰悼，悼与耄虽有罪，不加刑焉。(《曲礼上》)

(18) 祭王父曰皇祖考，王母曰皇祖妣，父曰皇考，母曰皇妣，夫曰皇辟。生曰父，曰母，曰妻，死曰考，曰妣，曰嫔。(《曲礼下》)

(19) 凡居民材，必因天地寒煖燥湿，广谷大川异制。民生其间者异俗：刚柔轻重迟速异齐，五味异和，器械异制，衣服异宜。修其教，不易其俗；齐其政，不易其宜。中国戎夷，五方之民，皆有其性也，不可推移。东方曰夷，被发文身，有不火食者矣。南方曰蛮，雕题交趾，有不火食者矣。西方曰戎，被发衣皮，有不粒食者矣。北方曰狄，衣羽毛穴居，有不粒食者矣。(《王制》)

(20) 礼有以文为贵者：天子龙衮，诸侯黼，大夫黻，士玄衣纁裳；天子之冕，朱绿藻十有二旒，诸侯九，上大夫七，下大夫五，士三。(《礼器》)

先秦诸子重视正名，并以自己出色的言语实践为汉语的丰富厚重增添了内容。嗣后不但出现了专门的同义词解析性的词典《尔雅》，有些辨析之细，让人叹为观止，如《释器》中的解释："金谓之镂，木谓之刻，骨谓之切，象谓之磋，玉谓之琢，石谓之磨。""雕谓之琢。""镂谓之锼。"再如"沐""浴""盥""洗"，对其对象都分得很清，类似词语意义的辨析甚至还会成为具体论述的手段。例如：

(21) 且沐者，去首垢也，洗去足垢，盥去手垢，浴去身垢。(《论衡·讥日》)

《礼记》对此仍有保留，但也开始了混用。混用本身即为复音词的开始，例如：

(22) 身有疡则浴，首有创则沐，病则饮酒食肉。毁瘠为病，君子弗为也。(《杂记下》)

(23) 日五盥，沐稷而靧粱，栉用樿栉，发晞用象栉，进禨进羞，工乃升歌。浴用二巾，上絺下绤，出杅，履蒯席，连用汤，履蒲席，衣布晞身，乃屦进饮。将适公所，宿斋戒，居外寝，沐浴，史进象笏，书思对命；既服，习容观玉声，乃出，揖私朝，辉如也，登车则有光矣。(《玉藻》)

再看《礼记》中以双音词解释单音词的用法：

(24) 诗云："肃雍和鸣，先祖是听。"夫肃，肃敬也；雍，雍和也。夫敬以和，何事不行？(《乐记》)

(25) 铭者，自名也。自名以称扬其先祖之美，而明著之后世者也。(《祭统》)

(26) 天命之谓性，率性之谓道，修道之谓教。(《中庸》)

(27) 凡人之所以为人者，礼义也。(《冠义》)

(28) 夫昔者君子比德于玉焉。温润而泽，仁也；缜密以栗，知也；廉而不刿，义也；垂之如坠，礼也；叩之其声清越以长，其终诎然，乐也；瑕不掩瑜、瑜不掩瑕，忠也；孚尹旁达，信也；气如白虹，天也；精神见于山川，地也；圭璋特达，德也。(《聘义》)

词语的组合离全自由的例子如：

(29) 黼翣二，黻翣二，画翣二，皆戴圭。(《丧大记》)

(30) 及良日，夫人缫，三盆手，遂布于三宫夫人世妇之吉者使缫；遂朱绿之，玄黄之，以为黼黻文章。(《祭义》)

(31) 天子四时之祭，春曰礿，夏曰禘，秋曰尝，冬曰烝。(《王制》)

(32) 明乎郊社之礼、禘尝之义，治国其如示诸掌乎！(《中庸》)

(33) 博厚，所以载物也；高明，所以覆物也；悠久，所以成物也。博厚配地，高明配天，悠久无疆。如此者，不见而章，不动而变，无为而成。天地之道，可壹言而尽也："其为物不贰，则其生物不测。"天地之道，博也，厚也，高也，明也，悠也，久也。(《中庸》)

(34) 此谓国不以利为利，以义为利也。长国家而务财用者，必自小人矣。(《大学》)

并且当时人们已经开始了数字缩略组词。例如：

(35) 孔子曰："夫民之父母乎，必达于礼乐之原，以致'五至'，而行'三无'，以横于天下。四方有败，必先知之。此之谓民之父母矣。"子夏曰："民之父母，既得而闻之矣；敢问何谓'五至'？"

孔子曰："志之所至，诗亦至焉。诗之所至，礼亦至焉。礼之所至，乐亦至焉。

乐之所至，哀亦至焉。哀乐相生。是故，正明目而视之，不可得而见也；倾耳而听之，不可得而闻也；志气塞乎天地，此之谓‘五至’。”

子夏曰：“五至既得而闻之矣，敢问何谓‘三无’？”

孔子曰：“无声之乐，无体之礼，无服之丧，此之谓‘三无’。”（《孔子闲居》）

（36）六礼：冠、昏、丧、祭、乡、相见。七教：父子、兄弟、夫妇、君臣、长幼、朋友、宾客。八政：饮食、衣服、事为、异别、度、量、数、制。（《王制》）

有些已经固定成词。如人们所熟知的“四时”，再如：

三军——古代诸侯大国有三军，或称中军、上军、下军，或称中军，左军、右军。如《左传·襄公十四年》：“周为六军，诸侯之大者，三军可也。”后泛指军队。

五色——本指青、黄、赤、白、黑五种颜色。《尚书·益稷》：“以五采彰施于五色。”后泛指色彩。

六宫——古代天子有六宫。《周礼·天官·内宰》：“上春，如五后帅六宫之人。”

七庙——古代天子设七庙，供奉七代祖先。“天子七庙，三昭三穆，与太祖之庙而七。”（《五制》）

也有三音节缩略的：

孔子曰：“奉三无私以劳天下。”

子夏曰：“敢问何谓三无私？”

孔子曰：“天无私覆，地无私载，日月无私照。奉斯三者以劳天下，此之谓三无私。”（《孔子闲居》）

（三）讲究声气节奏

汉语总体来说是一种非常讲究修辞的语言，是一种节律语言、声气语言。下面我们所举的例子，所出篇章应该说是散文性质的，然而显然是经过改造的。表达丰富，排比句式多，这就使得语句整齐、结构对应，偶数就成了人们追求的目标。例如：

（37）非礼无以节事天地之神也，非礼无以辨君臣上下长幼之位也，非礼无以别男女父子兄弟之亲、昏姻疏数之交也；君子以此之为尊敬然。然后以其所能教百姓，不废其会节。有成事，然后治其雕镂文章黼黻以嗣。其顺之，然后言其丧筭，备其鼎俎，设其豕腊，修其宗庙，岁时以敬祭祀，以序宗族。即安其居，节丑其衣服，卑其宫室，车不雕几，器不刻镂，食不贰味，以与民同利。（《哀公问》）

（38）譬如终夜有求于幽室之中，非烛何见？若无礼则手足无所错，耳目无所加，进退揖让无所制。是故以之居处，长幼失其别，闺门三族失其和，朝廷官爵失其序，田猎戎事失其策，军旅武功失其制，宫室失其度，量鼎失其象，味失其时，乐失其节，车失其式，鬼神失其享，丧纪失其哀，辨说失其党，官失其体，政事失其施，加于身而错于前，凡众之动失其宜。如此则无以祖洽于众也。(《仲尼燕居》)

(39) 儒有博学而不穷，笃行而不倦；幽居而不淫，上通而不困；礼之以和为贵，忠信之美，优游之法，举贤而容众，毁方而瓦合。其宽裕有如此者。(《儒行》)

(40) 儒有上不臣天子，下不事诸侯；慎静而尚宽，强毅以与人，博学以知服；近文章砥厉廉隅；虽分国如锱铢，不臣不仕。其规为有如此者。(《儒行》)

具体说来，《礼记》的注重节奏，主要表现在以下这些方面上。

1. 最有普遍性的，就是音节数量一致的放在一起

(41) 瘖、聋、跛、躃、断者、侏儒、百工，各以其器食之。(《王制》)

(42) 六礼：冠、昏、丧、祭、享、相见。七教：父子、兄弟、夫妇、君臣、长幼、朋友、宾客。八政：饮食、衣服、事为、异别、度、量、数、制。(同上)

(43) 东风解冻，蛰虫始振，鱼上冰，獭祭鱼，鸿雁来。(《月令》)

(44) 责成人礼焉者，将责为人子、为人弟、为人臣、为人少者之礼行焉。(《冠义》)

为了这种偶数音节化，甚至不惜与逻辑语义的组合相悖：

(45) 鹦鹉能言，不离飞鸟；猩猩能言，不离禽兽。(《曲礼上》)

(46) 大夫不得造车马。(《玉藻》)

(47) 鹿角解，蝉始鸣。半夏生，木堇荣。是月也，毋用火南方。可以居高明，可以远眺望，可以升山陵，可以处台榭。(《月令》)

例（44）、例（45）是古典辞章之论中一直为人们所诟病或讨论的。但存在的都有它存在的理由，且都能找到它产生的根据。在后面的内容里我们还要进一步讨论有关现象，这里且存而不论。例(47)非常有意思的是“远眺望”，为了句法结构的一致性，结果是以丧失语义的清明为代价的。“眺望”已经有远观的意思在，前边再加“远”，构成冗赘。之所以如此，就在于跟前后相应结构音节保持一致。

有的实在没有双音形式的词置于这样的语句中时，看上去别扭，念读也将不畅顺。例如：

(48) 天子穆穆，诸侯皇皇，大夫济济，士跄跄，庶人僬僬。(《曲礼下》)

看这样一个句子：

(49) 山节，藻棁，复庙，重檐，刮楹，达乡，反坫，出尊，崇坫，康圭，疏屏，天子之庙饰也。(《明堂》)

有的文本里是这样断句的："山节藻棁，复庙重檐，刮楹达乡，反坫出尊，崇坫康圭，疏屏；天子之庙饰也。"显然，于语义，于音节，都不甚妥当。

有时候形式上是一致了，但念读的时候会肢解其意义。下边的语句就有这种情况：

(50) 是月也，天气下降，地气上腾，天地和同，草木萌动。王命布农事，命田舍东郊，皆修封疆，审端经术。善相丘陵阪险原隰土地所宜，五谷所殖，以教导民，必躬亲之。田事既饬，先定准直，农乃不惑。(《月令》)

这里边为偶数音节，用法很典型："教导""躬亲""准直"等，照顾了句法，但内部结构音节停顿奇异。

(51) 仲春行秋令，则其国大水，寒气总至，寇戎来征。行冬令，则阳气不胜，麦乃不熟，民多相掠。行夏令，则国乃大旱，暖气早来，虫螟为害。(《月令》)

该用例中的两词"寇戎""虫螟"比较特殊。俞樾《古书疑义举例·卷三》中说："乃古人之文，则有举大名而合之于小名，使二字成文者。如《礼记》言'鱼鲔'，鱼其大名，鲔其小名也。《左传》言'鸟乌'，鸟其大名，乌其小名也。《孟子》言'草芥'，草其大名，芥其小名也。《荀子》言'禽犊'，禽其大名，犊其小名也。皆其例也。"俞樾虽没有今天人们的词汇意识，但他可能也注意到了，这些词的语序不同于其他，故记录了下来。

2. 多音节的置于句子末尾

(52) 道德仁义，非礼不成；教训正俗，非礼不备；分争辨讼，非礼不决；君臣上下父子兄弟，非礼不定；宦学事师，非礼不亲；班朝治军，莅官行法，非礼威严不行。祷祠祭祀，供给鬼神，非礼不诚不庄。是以君子恭敬撙节退让以明礼。(《曲礼上》)

(53) 居丧不言乐，祭事不言凶，公庭不言妇女。(同上)

(54) 君无故，玉不去身；大夫无故不徹县，士无故不徹琴瑟。(《月令》)

(55) 盲风至，鸿雁来，玄鸟归，群鸟养羞。(同上)

(56) 凉风至，白露降，寒蝉鸣。鹰乃祭鸟，用始行戮。(同上)

(57) 天尊地卑，君臣定矣。卑高已陈，贵贱位矣。动静有常，小大殊矣。方以类聚，物以群分，则性命不同矣。(《乐记》)

(58) 天地欣合，阴阳相得，煦妪覆育万物，然后草木茂，区萌达，羽翼奋，角觡生，蛰虫昭苏，羽者妪伏，毛者孕鬻，胎生者不死殰，而卵生者不殈，则乐之道归焉耳。(《乐记》)

语句表达的语义重心在后半部分，而音节最稳妥的地方是在末尾。因此，通常都有将多音节的词语放在最后的倾向。这在排比句法中看得最清楚，越是靠后就越是音节增多，以形成语义或语音上的增升效应。

3. 宾语多双音节词

（59）夫礼者所以定亲疏，决嫌疑，别同异，明是非也。（《曲礼上》）

（60）是月也，安萌芽，养幼少，存诸孤。择元日，命民社。命有司省囹圄，去桎梏，毋肆掠，止狱讼。（《月令》）

（61）是月也，毋竭川泽，毋漉陂池，毋焚山林。（同上）

（62）始雨水，桃始华，仓庚鸣，鹰化为鸠。天子居青阳大庙，乘鸾路，驾仓龙，载青旂，衣青衣，服仓玉，食麦与羊，其器疏以达。（同上）

（63）是月也，可以筑城郭，建都邑，穿窦窖，修囷仓。（同上）

（64）坏城郭，戒门闾，修键闭，慎管龠，固封疆，备边竟，完要塞，谨关梁，塞溪径。饬丧纪，辨衣裳，审棺椁之薄厚，茔丘垄之大小、高卑、厚薄之度，贵贱之等级。（同上）

宾语多为双音节词，这主要是针对语句中的谓语中心动词，也就是双音节宾语之前的谓语动词多为单音节的情况来说的。从一定意义上说，它与我们刚说过的多音节结构往往置于最末位是一脉相承的；而差别则在于那是句法上的一种表达手段，而现在说的却是单一语句短语内部组合而普遍的一种音节结构样式："1+2"的语音为最适宜的一种句法组合。

当然，《礼记》句法上还有灵活的一面。就单纯侧重语音修辞来讲，就要牵涉到多种因素追求。下面一组语句，都涉及共同的词语。这个词语的分合就说明了其中问题的复杂性，也就是说，修辞所追求的目的并非单一：

（65）国君春田不围泽；大夫不掩群，士不取麛卵。（《曲礼下》）

（66）昆虫未蛰，不以火田，不麛，不卵，不杀胎，不殀夭，不覆巢。（《王制》）

（67）毋覆巢，毋杀孩虫、胎、夭、飞鸟。毋麛，毋卵。毋聚大众，毋置城郭。掩骼埋胔。（《月令》）

4. 甚至还喜欢押韵

（68）无声之乐，气志不违；无体之礼，威仪迟迟；无服之丧，内恕孔悲。无声之乐，气志既得；无体之礼，威仪翼翼；无服之丧，施及四国。无声之乐，气志既从；无体之礼，上下和同；无服之丧，以畜万邦。无声之乐，日闻四方；无体之礼，日就月将；无服之丧，纯德孔明。无声之乐，气志既起；无体之礼，施及四海；无服之丧，施于孙子。（《孔子闲居》）

（69）与之邑裘氏与县潘氏，书而纳诸棺，曰："世世、万子孙无变也。"（《檀弓下》）

两例可对照着看。例（68）的文字非常类似于《诗经》中的组合。特别值得注意的是末尾的“孙子”，应该是“子孙”，这里之所以如此，就在于同前面的“气志既起”相通押。

通常我们所认识的押韵都是押句末音节的韵，相同，照应，即起到共鸣的效果。事实上这种声音上的和谐是多方面的、宽泛的，甚至可以包括我们前边所说的节奏的一致、轻重音的稳妥等多个方面。修辞里说到的同字格其实也是一种声音上的和鸣，不过这种方式可以在前，也可以在后，相对比较灵活。看《礼记》中的用法：

（70）古者妇人先嫁三月，祖祢未毁，教于公宫，祖祢既毁，教于宗室，教以妇德、妇言、妇容、妇功。教成祭之，牲用鱼，芼之以蘋藻，所以成妇顺也。（《昏义》）

（71）主人拜迎宾于庠门之外，入，三揖而后至阶，三让而后升，所以致尊让也。盥洗扬觯，所以致洁也。拜至，拜洗，拜受，拜送，拜既，所以致敬也。（《乡饮酒义》）

（72）酒者，所以养老也，所以养病也；求中以辟爵者，辟养也。（《射义》）

例（70），以“妇”为核心单位，形成系列性的词语。例（71），以重复“拜”作为突出行为仪礼的方式手段。例（72）也较特殊，“养老”和“养病”这两个词一直延续至今，并且仍为现代汉语中使用频率比较高的词。人们说动宾之间的语义关系是描写不完的，这两个词就可见一斑：后者可以理解成明确的倒因果关系“因病而养”；前者就不容易了，整个词语的意思跟“颐养天年”“安享晚年”差不多。在先秦，“养”的使用概率高，其组合甚至比现代汉语还复杂，似乎是什么都可以“养”。这在《礼记》中的用法比较多：

（73）古者天子、诸侯必有养兽之官，及岁时，齐戒沐浴而躬朝之。（《祭义》）

（74）君子生则敬养，死则敬享，思终身弗辱也。（同上）

（75）养尊者必易服，养卑者否。（《丧服小记》）

（76）夫入食如养礼。（《内则》）

（77）孝子之养老也，乐其心不违其志。（同上）

其他文献中也多有使用：

（78）养有五道：修宫室、安床第、节饮食、养体之道也；树五色，施五采，列文章，养目之道也；正六律，和五声，杂八音，养耳之道也；熟五谷，烹六畜，和煎调，养口之道也；和颜色，说言语，敬进退，养志之道也。（《吕氏春秋·孝行》）

（79）为人臣者尽民力以美宫室台池，重赋敛以饰子女狗马，以娱其主而乱其心，从其所欲，而树私利其间，此谓“养殃”。（《韩非子·八奸》）

例（73）是最基本的意义，为“饲养”义。后边的用例可就不容易解释了，就是同样的“养老”，意义也颇为不同。例（71）中的为词，例（77）中却为词组，因为它的意思就是“奉养老人”。再如例（78），似乎人的所有能力都能够靠“养”。例（79）中的“养殃”，非常类似于现代汉语中的“养患”这个词。其组合意义跟“养病”似乎是正好相反相对的。由此不难看到，正因为“养”在当时有着丰富的含义，为人们所看重，故才可能有类似于例（79）中的复杂组合搭配。

综上所述，战国两汉之际，正是汉语词汇上重大转变的一个时期。这既有社会文化、思维方式上的有力促进，也有汉语自身结构多种因素积极起作用而引发的大趋向的影响。

第二节　汉语构词组合方式不平衡根由之解释

过去汉语语法教学中，大家都在复述着这样一个似乎普遍性的规律：各级语言单位内部的组合具有对应一致性。可能正是这种对应一致性，相当的一些学者都坚持这样一种共识：复合词是由原本的短语凝缩而来的。有没有这一过程？对有些词来讲，确实是这样的；但要说总体存在这么一种规律，就不一定能够完全站得住了。退一步讲，句法关系的认识显然与词内部的组合结构关系的认识顺序是不一样的：句法中首先得有基本格局主语谓语的参照，下位层次上单位中的关系才能看得明白。很简单的，单纯一个“学习文件”是什么结构类型的短语？没有句子表达作为依据，我们就无法给出一个明确的认定。20 世纪 80 年代，语法研究进入新时期发轫之初，首先是以析句方法为开端的，与之相伴随的，就是所谓歧义研究。而歧义所表现出的最明显的地方，大都是在短语上边。为什么会这样？这应该说是不难理解的：因为短语大都是截取了完整语句中的一个片段，换句话来说，这个被截取的语言单位失去了判断其意义的上下文语言环境，多种理解的情况因此就变得突出。所以，在句法中，我们如果要梳理出一个明确的层次关系的话，肯定是由大往小处切分：最上层的肯定是主谓结构，接下来是动宾结构、动补结构，到末了才是偏正结构和联合结构。当我们再回过头来看构词法的时候，恰恰是它的逆顺序：通常教材里都是先讲联合型，然后是偏正型，接下来是补充、述宾，最后是主谓。为什么会呈现出这样的情况？因为只要是对构词稍有了解的人都能明确感觉到：前面两种类型所构成的复合词是大量的，具有非常大的能产性，相对来说，愈往后构词能力就愈显得弱化。所以，构词类型的排列顺序在一定意义上也体现出其构词能力的强弱。这时候问题就很自然地提了出来：都是句法构词，为什么相互间存在这样大的不平衡性？下面是李仕春（2011：235）统计的数字：

构词类型	联合型	偏正型	动宾型	补充型	主谓型	附加型	重叠型
上古	38.4	47.0	4.7		0.9	5.5	1.1
中古	48.6	36.4	5.4	1.9	1.2	3.4	1.1
近代	18.5	59.9	4.7	1.9	0.6	6.4	2.5
现代	13.7	69.0	5.2	2.9	0.5	7.4	1.2

由此不难看到，联合式与偏正式占据了复合词总数的绝对比例。这也是人们需要解决的一个明显问题：为什么这两种构词方式具有这样强的能产性？单纯拿出统计数字不是目的，关键还是要揭示出其深层次的根据：是什么因素在对这种不平衡的构词能力起着决定性的作用。如果对这样的问题有所解答，或者说有所追寻，我们对语言现象及其规律的认识会达到相对理想的状态：不但知其然，还要知其所以然；不但知其所以然，或许在今后的发展中人们可以自觉地、理性地对语言实施科学的建造。

一、有关甲骨文中的构词法

甲骨文是汉语最早的文字记载，它的构词情况很能反映有文字历史之初人们是如何打造这一块天地的。前文就有关问题做过简单的回顾评述，但该问题牵涉到历史的认定，故需要做比较深入的讨论。

如上所述，即便承认甲骨文中有复合词，也有不同的认识。如唐子恒（2005）：“偏正式是合成词中发达得最早的构词方式。甲骨文中的复音词几乎全是偏正式，联合式、支配式尚处于萌芽状态。”但是有些真正对甲骨文构词进行过系统研究的却并不这样认为。唐钰明（1986）就认为，虽然这一时期偏正式占绝对优势，但联合式和动宾式已经破土而出。对此，可能李曦（2003）看得最宽泛。他既认为甲骨文中的复合词已经占据很大的比例，而且构词方式已经复杂多样：并列、承接、定中、主谓、述宾以及中补，各种类似于句法结构关系的构词方式都已基本具备。编写出《甲骨文简明词典》的赵诚，可能对这一时期的构词方式看得是最全面，甚至认为其中已经有了附加式构词的方式，如“多~”这样的构词：“多卜、多老、多眉、多丐、多农、多田、多犬、多宁、多毓、多工、多马、多亚、多射、多舌、多寝、多尹、多君、多公、多子”等，他认为这里面的“多”应该看作表示复数的词缀。像“多工”：“当指两个以上之工，用现代汉语讲则应称之为‘工们’。”当然，有人将其看作一种特定的官职，更多的对此推断表示怀疑。同样是主张甲骨文的构词已比较丰富，但具体的认定也是比较谨慎的。如张玉金（2001），他认为甲骨文中虽然已有了主谓型，如“日明”“日西”“日中”；动宾型，如“食麦”“易日”“作册”等，但甲骨文中的复合词主要还是集中在以下三种类型上面。

联合型：甲子、乙丑、癸亥、壬戌、辛酉等。

同位型：祖乙、乙祖、祖丁、丁祖、妣己、己妣、妣庚、丘商、丘雷、雀师、鹿师、人方、妇周、妇喜、子儒、子伐、子渔、伊尹、王亥等。

定中型：大采、小采、小食、大食、上帝、东母、北巫、元示、大示、小示、大宗、小宗、血室、大室、中室、东室、东寢、西寢、下危、小臣、大甲、大丁、大戊、中丁、小乙等。

这里面似乎只有“同位型”的认定比较特殊一些。不难理解的是，张玉金之所以将它们都看作是同位型的，就在于构成这些复合词的单位在甲骨文中往往是合体字且相互之间能够比较自由地调换位置。

对此，严宝刚（2009）则将不同位序的复合词分作两类：“个名+类名”是偏正，“类名+个名”是补充。这种认定跟通常人们理解的补充型差别比较大。

正因为如此，我们倒认为张玉金同位型的命名可接受性更好一些。除了比较典型的偏正型复合词外，甲骨文中联合型复合词就算比较多的了，而这类同位型正好是处在偏正型与联合型之间的一种过渡性关系。众所周知，现代汉语里的定中关系就其语义来讲有限定、修饰和同位三种类型。限定关系往往体现的是中心语事物的外部联系，如“他的书”，对“书”而言，“他”是外在的。修饰关系则往往体现的是中心语事物的自身特征，如“线装书”，“线装”说明的是“书”内在的一种状况。同位关系则多是指附加成分与中心语在语义所指上临时性地形成了同一关系，如“语言类的书”。书的最大功能就是反映什么样的信息内容，这时候两者之间就构成了同指关系，其结构形式也就很容易变换成同位结构：“语言类这种书”。同位结构在形式和意义上就与联合关系比较接近了。汉语中通行的人际关系称谓数千年来没有根本的变化，专有名词加上体现关系的称谓共现，是比较典型的同位关系、指称方式。只是甲骨文中同类型结构位序比较灵活罢了，如果参照同时期的金文的话，可以看到很多都是可以颠倒的。例如，既有“亚旁、亚雀、亚离、亚马、亚若、亚先、亚不、亚克兴、亚从、亚多鬼、亚其、亚御、亚辛、亚喜、亚家、亚涉子、亚宾、亚史、亚臣、亚般、亚旁、亚立、亚田、亚豕、亚奠、亚休、亚夷、亚乞、亚唐”等，也有“马亚、告亚、午亚、犬亚、多马亚”等。再如人们大都认可是方国首领名的，也是可以比较自由地颠倒顺序的，如“伯～/～伯”：“伯商、伯由、伯弘/丹伯、去伯、而伯、儿伯”等。正是从这种意义上讲，甲骨文中的同位型也可以看作联合关系。如果我们这样看问题的话，也可以进一步认为，甲骨文中的联合型也不在少数。也只有这样看，许多现象解释起来才顺理成章。例如，如果我们将甲骨文中的复合词全都看作偏正关系，似乎就不好解释为什么很快就进入了两者之间的比例基本等同，如朱刚君在他的《西周青铜器铭文复音词构词法》一文中归纳的不同的人对那个时期构词方式类型的统计结果：

构词类型	管燮初	唐钰明	郭锡良	戴琏璋
重言词	25	31	13	17
联绵词	3	8	2	19
偏正式	79	125	38	19
联合式	98	61	43	44
动宾式	21	9	9	13
附加式	14	3	1	41
主谓式	2			
总计	242	237	106	153
参考铜器数	208		512	

偏正式与联合式所占取的比例取其平均数的话，应该是基本对等的。而他自己得出的数据是这样的：

构词类型	合文式	重言式	联绵式	联合式	偏正式	支配式	主谓式	附加式	总计
数量	40	37	7	211	104	38	3	9	449
%	8.9	8.24	1.56	47	23.2	8.46	0.67	2	100

殷商到西周，语言上没有出现根本的变化，甲骨文和金文甚至还是并行不悖，不应该出现构词方式上的突然剧变。再则就是甲骨文中最基本的归类思维已经建立。不管是联合关系也好，还是偏正关系也好，都是这种思维方式最鲜明的体现。这在句法上也可以得到验证，那就是同类并列展示的方式非常普遍。例如：

（1）戊戌卜，其侑于妣己祖乙奭，王受佑？（屯 2396）

（2）甲申卜，御妇鼠妣已二牝牡。十二月。（19987）

（3）庚申卜，子，卜呼往来。（21586）

例（1）中的“妣己祖乙奭”，肯定是并列词组。而例（2）、例（3）中的“牝牡”“往来”恐怕就是词了。

（4）王出伐方。（甲 556）

该语句中的“出”和“伐”即具有了连谓性质。

类似于例（1）那样的前辈神祇的指称列举，因为要追溯祭祀的比较多，如先王：大甲、大乙、祖丙、仲丁、祖己、南庚、小辛、大丁、卜丙、且辛、羌甲、小丁等，有时他们为了辨析得更清楚，会用另外的方式进行再指称。如“大戊”还可以叫作“且戊”“中丁”“三且丁”，更复杂的就可以形成多项同位，如“下乙”又可称作“中宗且乙”。有时候他们还会将多个特定的祭祀对象进行再归总。陈梦家说：“卜辞中有于某些亲称前加以数字者，指定为某几个某些辈分的亲属。”① 赵诚（1988）也指出：“卜辞的示有用其本义者，但很少。大多数均用其引申义，即由神祖之牌位自然地引申来指神祖……卜辞于示之前加一个数词或名词来修饰，则这个某示，就是指某一个具体的神祖或某一些具体的神祖。”如“示壬”“示癸”，即可将这两位统称为“二示”。同样的用例还有：

(5) 己丑卜，大贞：于五示告：丁、祖乙、祖丁、羌甲、祖辛。(22911)

(6) 畣雨自犭、大乙、大丁、大甲、大庚、大戊、中丁、且乙、且辛、且丁十示。(佚 986)

(7) 翌乙酉侑伐于五示：上甲、成、大丁、大甲、祖乙？(248 正)

省略的用法则是用“自～至～”，以体现其范围：

(8) 乙丑……自大乙至丁祖九示。(14881)

(9) 己亥卜，又自大乙至仲丁六示，牛。(合 325)

(10) 自大乙至丁祖九示。(存 2. 191)

更简明的办法就是以数字加神祇称谓的方式来体现，相当于我们今天的数字缩略词：

(11) 庚戌……三示祈雨。(21083)

(12) ……卜，王贞于三示。(21282)

与此同时，还要看到联合关系与偏正关系成立的基础在于类观念：同类型、同范畴的词语最容易并列组合，而同类型的认定也自然暗含着对其特征的认定；同样道理，偏正关系的，则体现着对其特征的显性化，从而为其类型化提供了基础和保障。二者之间是互补成列、相得益彰的。如上所述，“示壬”和“示癸”，正因为它们同中有异，故容易汇总为“二示”。且这种组合类推起来也特别轻松容易，故其造词在汉语早期的文献甲骨文中即体现出了极大的成功。据统计，赵诚的《甲骨文简明词典》，遵从“～方”格式造成的方国名即 117 个之多，如“召方、土方、邛方、基方、井方、马方、人方、鬼方、龙方、子方、太方、戈方、旨方、宣方、北方、亚方”等。以“妇～”格式构成的词也达 37 条，如“妇好、妇井、妇鼠、妇光、妇良、妇喜、妇末、妇羌”等。还有“子～”，如“子商、子渔、子汰、子雍、子效、子央、子凡、子高、子宾、子美、子享、子啟、子冉、子涉、子妥、子辟”等。可以推想的是，当时的殷商，在经历着社会的激烈变化，以特定范式进行类推造词的方式也已开始使用，只是因记录工具的不便和更多甲骨文献的丧失而不能全面反映罢了。

当然，还应该指出的是，甲骨文献毕竟是早期语言形式的反映。偏正关系的作为

① 陈梦家．殷墟卜辞综述［M］．北京：中华书局，1988：494.

显性形式，如果更精细一些辨析的话，其还是比联合关系的隐性形式在思维能力程度上更高一些。怎样解释这一现象？值得注意的是，甲骨文中的偏正型复合词，前面的修饰成分多局限于大小、方位、数字等。例如：

大采、小采、大食、小食、大宗、小宗、大示、小示

东巫、西巫、南巫、北巫；中麓、大麓、北麓、东麓；东史、西史、南史、北史、二牛、一羊、四方。

至于天干地支，其实也相当于序列性的符号，仅起分辨作用。

因此我们可以说，甲骨文中的复合词，集中于联合与偏正两种类型上。它们之间有多少问题并不重要，重要的是要搞清楚汉语构词为什么以这两类起始并一直保持这种优势。当然，还要注意其构成成分的复杂程度如何。不能不说，甲骨文还处于发轫之初，无论从其联合型组合还是偏正型组合，其构成单位及其关系来讲都还是比较单纯的。比起紧接其后的《诗经》中的词语，如“人民、妻孥、爪牙、狐狸、饥馑、婚姻、疆土、流亡、颠沛、颠覆、沸腾、伤悲、劬劳、封建、踊跃、永久”以及“农夫、老夫、文人、私人、善人、美人、羔羊、明星、幽谷、旅力、乐土、伫立、瞻望、内讧、戏谈”等来讲，显然还显得稚嫩。仅拿偏正型复合词来说，后来的词语偏项成分不再流于浅层次的最一般的表象，而是对其内在的属性、外在功能开始有所揭示；整个词语所表示的意义也不仅仅简单指称就可以了，已经开始转指或者隐喻，但其奠定的基本格局、所体现的思维能力的基本形态仍是需要进一步解释的。

二、有关“并列复语”现象的性质

虽然词不等同于概念，但有一点可以肯定，作为语句运用中的基本意义单位，词义却是同概念直接相关联的。指称也罢，述谓也罢，人们在心底深处往往期待着这种最基本的完善形式，作为最简便好用的材料，以实现思想意识的丰足表达。单音节词，拿现代汉语普通话语音系统来讲，21 个声母，39 个韵母，加上 4 个声调及轻声，一共得到的音节是 1335 个①。我们可以想象，过去的单音节词要想表现一种语言复杂的词汇语义系统，该是多么的不堪重负。解决问题的办法有三个：一是增加每一个音节所承载意义的数量，即一形多义。二是利用汉字进行分化。这两个方面在先秦汉语里都做到了。但是一形多义毕竟有一定的局限性，过多的意义对于词语的准确理解会有负效应。一如王应麟在《困学纪闻·卷三》所举例证“杞有三：‘檵无折我树杞’，柳属也；‘南山有杞’、‘在彼杞棘’，梓杞也；‘集于苞杞’、‘言采其杞’、‘隰有杞桋’，枸檵也。荼有三：‘谁谓荼苦’，苦菜也；‘有女如荼’，茅秀也；‘以薅荼蓼’，陆草也”。再如，仅一个“负”，《史记·廉颇蔺相如列传》中即有诸多义项：

① 以《现代汉语词典》第 6 版所列音节计算。

(1) 廉颇闻之，肉袒负荆，因宾客至蔺相如门谢罪。(背负)
(2) 均之二策，宁许以负秦曲。(承担)
(3) 秦贪，负其强，以空言求璧。(依仗)
(4) 相如度秦王虽斋，决负约不偿城。(违背)
(5) 臣诚恐见欺于王而负赵。(辜负)

单个出现，很难识清具体的意义，只有借助具体语境才能将其辨析开来，这或许于文学艺术有益，但于政治科技的表达问题就比较麻烦。数千年汉字之所以没能实现拼音化，就跟它的表意性有直接的关系。它不是语言的有机要素，但是它在相当程度上弥补了语音分辨不足的缺陷，有意无意地成了汉语里的一个重要组成部分。但是比起有声语言来讲，形之于书面的毕竟要少得多。文字无论如何都不可能将语音这种外壳形式取而代之，因为语言的时效性才是它最重要的职能，在及时的问答对话中是不可能借助文字来分辨同音词的。同样的道理，书面语超越了有声语言在时空上的局限性，有更多的条件可以进行字（词）斟句酌，强化语言的准确规范。这样就提出了第三个解决办法，即将过去的单音节词变为构词语素，用两两组合、构成双音节词的方法来解除意义的堆叠，并增强表意的准确性。这种方法应该说是在原有单音节词的基础上仅仅以两两组合的形式来构造新词，既不需要新的语言材料，又能使得两个单位通过多样化的互补来使得词义明晰，极大地拓展了词汇库的数量和能量。如同前文所举的《水浒传》中的用例，“拿捉、擒捉、捕获、擒获、擒拿、捉获、捕捉”，简直是“擒、拿、捕、捉、获”5个单位的有序全排列。对此，吕叔湘曾于《语文常谈》中论及同样的组合现象，说：“意思相近的字联用，常常有固定的次序，例如‘精、细、致、密’4个字组成‘精细、精致、精密、细致、致密’5个词，每个词的内部次序是固定的，不能改动（更奇怪的是都按照‘精、细、致、密’的顺序，没有一个例外）。”同样，方位词“东、西、南、北”，它们的两两组合也是有序的，呈有规则性排列。这使我们认识到，语言中确实存在着符合数学排列公式的线形组合，即 $C_n^m = \frac{n(n-1)(n-2)\cdots(n-m+1)!}{m!}$。虽然说汉语中还不至于所有义同义近的单音节语素都能形成类似的系列词群，但这种两两组合的普遍分布性使得汉语原有的单音节对应特定意义这种原初的朴拙得到了根本的改观。不管是古代汉语也好，还是现代汉语也好，尽管总体的词汇面貌在单双音节方面大不相同，但是与此同时，它们又不是完全单一的，单双音节词语之间是一种互补关系。这就使得汉语词汇显得丰富多彩，能够适应不同时期社会文化的表述需要。

另外，也就是我们前文已经提及的，汉语作为汉民族文化中的一种核心元素，非常讲究音响艺术的展示。它在各个层次中都有充足的表现：从最基本的音位讲，音质音位是元音占多数①；非音质音位体现为音高上的曲直升降变化。这种最基本的单位成分就使得汉语声音系统乐音要素占据了主导。从话语层面上讲，汉语之所以在句法结构上难以确认主宾语，特别是主语，就在于它很大程度上并不以认识不同的句子成分为旨归，而是以话题、表述焦点等为重要的认知对象。用西方传统的语法系统来范围汉语语法之所以配不拢，其关键就在于此。黄廖本《现代汉语》讲述主谓谓语句的时候举的都是单句形式的例子，胡裕树本《现代汉语》就客观地说明了它们有的属于单句有的属于复句。为什么会是这样？正如朱德熙在《语法问答》中所指出的，该结构是“汉语里最常见最重要的句式之一”，在其他语言中很难见到相同的句法形式。之所以如此，就在于这种句子是最为典型的话题句法。例如：

(6) 这杨小梅，模样儿长得俊，手儿又巧，什么活都能干。(袁静、孔厥《新儿女英雄传》)

该句是单句还是复句？恐怕很少有人能说得清楚。问题的关键在于位于句首的“杨小梅”是话题而非主语，不然的话我们就回答不了作为专有名词的它为什么还要带上指称性的“这”，因为这在逻辑上是说不通的。不仅如此，该专有名词后边的停顿，甚至还可以加上“呀”，或者复指性的“这个人”，其特征都是在于凸显“杨小梅”作为话题的价值，以引发关注。对此，吕叔湘反过来又追问：“不对呀，不一定呀，有些属于虚词的后边不也可以缀加这一类词的嘛。”如果我们搜索一下，吕叔湘说的现象还真不少，仅以“所以”为例：

(7) 所以呀，就养成了你的任性，从来不听别人的话。(夏衍《憩园》)

(8) “……不屈心，只剩下这么一匹东洋布，跟先生穿的这件大衫一样的材料，所以呀！”他回过头来，“福来，把这匹料子扔到街上去！”(老舍《老字号》)

(9) 都知道金一趟死要面子，可是解放后娶姨太太这事儿又不占理儿，所以呀，谁都不提这档子事儿。(陈建功《皇城根》)

事实上，汉语为了表达所显示的标记类型是非常多的，如果说例（6）中的“这”是话题标记的话，例（7）~例（9）中的“呀”，恐怕只能说是推论标记了。与“所以”后边缀加“呀”不同，“因此”后边往往缀加“上”，如：

(10) 人家又是怎么赚的呢？这才有鬼！因此上不到两年，铺子倒了，背了一身臭债，咱两父子还是去给人打工去。(欧阳山《三家巷》)

(11) 该地在山丘之阴，日光照射不到，王夫人只道不宜种花，因此上一株茶花也无。(金庸《天龙八部》)

---

① 从静态的个数上讲辅音多，但出现频率非常低：一个音节可以没有辅音，但必须有元音；没有复辅音，但可以有复元音，并且可以有三个以上的组合。

(12) 虽然别人给我脸上贴金，也不能自居不疑，因此上我改了自己的名字，叫作“足道”。(金庸《倚天屠龙记》)

虽然缀加“上”没有加“呀”显豁，但其功效应该是一致的。

由此我们不难看到，汉语在各个层面上都非常讲究声腔格调的顿挫有致。到了词汇这个中间层面，同样也不可能被忽视，甚至还起着非常重要的作用。按照通常的感知，人们都会觉得意义的因素肯定会在语言中起决定性的作用。国外语言学的成果也不例外。拿比较有典型意义的并列型复合词，特别是反义性的复合词来说，从组合结构的层面上讲，自然是并列关系，排列顺序应该无关紧要。然而事实上它们仍然是有序性的，并且遵循着比较强的规律先后原则。比如国外心理学家借助小说家Eleanor H. Porter 作品中女主人公 Pollyanna 乐观的性格将该现象概括为“Pollyanna 原则”，以此来解释语言中具有积极意义、联想意义的词比具有消极意义的词更容易为人们所接纳的特征。[①] 这种情况在各个层面上都能见得到。复合词内部何尝不是如此？吕叔湘在《语文常谈》中即曾谈到相关现象：“两相对待的字眼合起来说，‘大小、长短、远近、厚薄’都是积极的字眼在前，消极的字眼在后，可是‘轻重’是例外，‘高低’属于‘大小’一类，但是‘低昂’又属于‘轻重’一类。”他还说：“地名联用也常常是固定的，例如‘冀鲁、鲁豫、苏皖、江浙、闽广、湘鄂、滇黔、川陕、陕甘’。”为什么是这样？对此束定芳、黄洁在《汉语反义复合词构词理据和语义变化的认知分析》一文中做了比较好的回答。他们就语义制约的因素，做出了明晰的归纳，如“空间和时间准则”“利弊准则”“自我中心准则”和“等级准则”等。“大小”“先后”“上下”“优劣”“中外”“师生”等，它们内部的位置安排往往贯彻了人的认知顺序、价值判断等相对固化了的模式，所以其顺序一经确定就不允许随意移动。对于吕叔湘所提出的别异现象，类似情况，陈爱文、于平（1979）也举出了比较多的例证：

早晚/迟早，胜败/输赢，聚散/离合，主客/宾主，收支/出纳，贵贱/贫富
甘苦/苦乐，公母/雌雄，生死/死活，表里/里外，褒贬/毁誉

束定芳、黄洁于文中指出：“对比两组词的读音，我们可以发现，后一组的反义词复合词都是按照平上去入的顺序排列，也就是说，这些排序违反了一般的意义排序规律，是出于语音和韵律上的考虑。汉语韵律方面的要求可以压倒或者推翻意义方面的排列规律。”还认为：“Pollyanna 原则主导了各类语义排列原则，但在更高的层面上，语音上的节律原则又制约着语义原则，在与语音原则发生冲突时，语义原则让位于语音原则。”

他们说的还是双音节词内部的情况。将词放在语句中进行考虑的话就可以知道：单纯的单音节，很不容易实现音节结构奇偶相间、参差错落的韵律美感。所以，由单

① Leech, G. *Principles of Pragmatics*, Oxford: OUP, 1983.

音节词向双音节词过渡，可以取得一箭双雕的好效用：既可以在不增加语言材料的基础上更大效能地拓展词汇库的储积，提高语义表达的准确清晰度，又能于表达间充分地显示汉语注重修辞、一切以良好效果为旨归的追求。

至此，其实仍未全面、丰富、深刻地揭示汉语双音节构词为什么存在组合能力不平衡的问题。如前综述，无论古今，联合型和偏正型都始终占据着绝对多数的地位。为什么会是这样？而且，即便甲骨文中偏正型构词占据优势，为什么很快地会被联合型构词所超越？这里面所隐含的内在机制是什么？

从一定意义上讲，传统训诂学以及古典文论，直至比较多地侧重语言学内容论述的文献中已多多少少涉及对该现象的反映了。甲骨文及金文可以看作是对上古早期社会活动最原始的记录，其特征就是客观地记述或推断事情的已然性或可能性。一旦到了《诗经》，文体的性质在相当程度上决定了它的语言面貌呈现出与其过去迥然不同的状态，我们可以将这种状态称为“语言的自觉”或者说是“语言的大解放”。也就是说，它对词语的掌控已经到了一切为我所用，而不拘泥于某种特定形式的地步。例如：

(13) 东方未明，颠倒衣裳。颠之倒之，自公召之。东方未晞，颠倒裳衣。倒之颠之，自公令之。(《齐风·东方未明》)

(14) 燕燕于飞，颉之颃之。(《邶风·燕燕》)

例（13）中的“颠倒”和“衣裳”可真是想怎样颠倒就怎样颠倒，甚至还可以分合自如。例如（14）中，孔颖达还否定了扬雄对“窈窕”意义的分解，可是他对“颉之颃之”的解说真正遵循了“疏不破注”。《毛传》：“飞而上曰颉，飞而下曰颃。”他接下来解说道：“以经言往飞之时，‘颉之颃之’，明‘颉颃’非一也，故知上曰‘颉’，下曰‘颃’。下经言‘下上其音’，音无上下，唯飞有上下耳，知飞而上为音曰上音，飞而下为音曰下音也。”《诗经》中类似的格式是比较多的：“泳之游之”（《邶风·谷风》），“饮之食之，教之诲之”（《小雅·绵蛮》），“经始灵台，经之营之”（《大雅·灵台》）。再如，另一种将联绵词隔开的形式：“荟兮蔚兮、挑兮达兮、婉兮娈兮、萋兮斐兮”等。

当然了，也有单音节表示状态词意义的：

(15) 不我以归，忧心有忡！(《邶风·击鼓》)

(16) 何彼秾矣？唐棣之华。(《召南·何彼秾矣》)

对例（15），《毛传》：“忧心忡忡然。”《正义》：“传重言忡忡者，以忡为忧之意，宜重言之。”对例（16），《毛传》：“秾犹戎戎也。”《正义》：“以戎戎者华形貌，故重言之，犹《柏舟》以汎为汎汎之义。言戎戎者，毛以华状物色，言之不必有文。”

值得注意的是，在《毛传》《郑笺》和孔疏三家中，《毛传》多是根据自己时间稍近及理解做出词义上的解释；《郑笺》率先提出了“连言”“重言”等术语。例如：

(17) 伐木丁丁，鸟鸣嘤嘤。(《小雅·伐木》)

(18) 采薇采薇，薇亦作止。(《小雅·采薇》)

对例(17),《郑笺》云:“丁丁、嘤,相切直也。言昔日未居位，在农之时，与友生于山岩，伐木为勤苦之事，犹以道德相切正也。嘤，两鸟声也。其鸣之志，似于有友道然，故连言之。”对例(18),《郑笺》云:“西伯将遣戍役，先与之期以采薇之时。今薇生矣，先辈可以行也。重言采薇者，丁宁行期也。”

孔疏继承了《郑笺》的理论归纳，并阐发得更详尽。有关“重言”，他认为有的只是古人常见的用法，没有特殊的价值效用。例如:

(19) 青青子衿，悠悠我心。(《郑风·子衿》)

《正义》:“色虽一青，而重言青青者，古人之复言也。下言‘青青子佩’，正谓青组绶耳。《都人士》‘狐裘黄黄’，谓裘色黄耳，非有二事而重文也。笺云‘父母在，衣纯以青’，是由所思之人父母在，故言青衿。若无父母，则素衿。《深衣》云:‘具父母衣纯以青，孤子衣纯以素。’是无父母者用素。”

(20) 燕燕于飞，差池其羽。(《邶风·燕燕》)

《正义》:“《释鸟》‘巂周、燕燕，鳦’。孙炎曰:‘别三名。’舍人曰:‘巂周名燕燕，又名鳦。’郭璞曰:‘一名玄鸟，齐人呼鳦。此燕即今之燕也，古人重言之。《汉书》童谣云“燕燕尾涎涎”，是也。’”孔颖达引用了这么多，可以看出他也是肯定郭璞的判断的，即习惯说法，一如儿童语言多用叠音词。

再就是用例比较多，他着意进行强调并加以阐释的:

(21) 左之左之，君子宜之。右之右之，君子有之。(《小雅·裳裳者华》)

《正义》:“左，阳道，谓嘉庆之事。朝者，人所乐;祀者，吉之大，故为阳也。右，阴道，谓忧凶之事。丧者，人所哀;戎者，有所杀，故为阴也。以能事弘多，故皆重言以见众也。”

(22)“曀曀其阴，虺虺其雷。”(《邶风·终风》)

《毛传》:“如常阴曀曀然。暴若震雷之声虺虺然。”《正义》:“上‘终风且曀’，且其间有曀时，不常阴。此重言曀曀，连云其阴，故云常阴也。言曀复曀，则阴曀之甚也。《尔雅》云‘阴而风为曀’，则此曀亦有风，但前风有不阴，故曀连终风，此则常阴，故直云曀有风可知也。”

(23)《秦风·蒹葭》:“蒹葭采采”。《毛传》:“采采”，犹“萋萋”，茂盛貌。
《周南·卷耳》:“采采卷耳”。《毛传》:“事采之也。”
《曹风·蜉蝣》:“采采衣服”。《毛传》:“众多也。”
《周南·芣苢》:“采采芣苢”。《毛传》:“非一辞也。”

《毛传》注释字义，是比较典型的操作者和实干家。孔疏是疏通文义，也包括对《毛传》实践的理论归纳。比如《周南·兔罝》：“肃肃兔罝，椓之丁丁。”《毛传》：“肃肃，敬也。”《正义》：“‘肃肃，敬也’，《释训》文。此美其贤人众多，故为敬。《小星》云‘肃肃宵征’，故传曰：‘肃肃，疾貌。’《鸨羽》、《鸿雁》说鸟飞，文连其羽，故传曰：‘肃肃，羽声也。’《黍苗》说宫室，笺云：‘肃肃，严正之貌。’各随文势也。”一个“各随文势”，即将训诂学重要的方法，即随文释义的特征揭示殆尽。例（36）是《诗经》中出现在不同语境中的“采采”，显然《毛传》对它们意义的解释也是采取的这种方法。问题在于：同是《周南》，《卷耳》与《芣苡》中的“采采”为何不同？看《正义》对前者的注疏：“言有人事采此卷耳之菜，不能满此顷筐。顷筐，易盈之器，而不能满者，由此人志有所念，忧思不在于此故也。”“不云兴也，而云忧者之兴，明有异于余兴也。余兴言采菜，即取采菜喻；言生长，即以生长喻。此言采菜而取忧为兴，故特言忧者之兴，言兴取其忧而已，不取其采菜也。言事采之者，言勤事采此菜也。此与《芣苡》俱言‘采采’，彼传云‘非一辞’，与此不同者，此取忧为兴，言勤事采菜，尚不盈筐，言其忧之极，故云‘事采之’；彼以妇人乐有子，明其采者众，故云‘非一辞’。其实采采之义同，故《郑志》答张逸云：‘事谓事事一一用意之事。《芣苡》亦然。虽说异，义则同。’是也。然则此谓一人之身念采非一，故郑云‘义则同’也。”

由此我们不难认识到，在孔颖达那个时间里，人们即意识到了与现时认知语言学一样的一种基本原理：语言与现实的临摹性，语言形式的复杂往往意味着量的增加。毛亨可以凭感觉意识到并加以分辨，可惜的是没有对此做到比较普遍的总结。

有必要指出的是，郑玄也有同样的意识。如《唐风·采苓》：“采苓采苓，首阳之颠。”《郑笺》：“采苓采苓者，言采苓之人众多非一也，皆云采此苓于首阳山之上，首阳山之上信有苓矣。”这只是概括性的，与后来的孔颖达比还不够清晰，且超越了词汇的范畴。

当然，孔颖达所谓的“重言”，也不是严格的概念，他也同样将它用在了句法的解释上，如例（17）、例（20）。但他也多用其他的概念来解释更大范围的现象：

（24）婉兮娈兮，总角丱兮。(《齐风·甫田》)

《正义》：“冠所以覆发，未冠则总角，故知‘总角，聚两髦’，言总聚其髦以为两角也。‘丱兮’与‘总角’共文，故为幼稚。”

（25）瑟兮僩兮，赫兮咺兮。(《卫风·淇奥》)

《毛传》：“瑟，矜庄貌。僩，宽大也。赫，有明德赫赫然。咺，威仪容止宣著也。”《正义》：“此四者，皆言内有其德，外见于貌，大同而小异也。‘瑟，矜庄’，是外貌庄严也。‘僩，宽大’，是内心宽裕。‘赫，有明德赫然’，是内有其德，故发见于外也。‘咺，威仪宣著’，皆言外有其仪，明内有其德，故《释训》与《大学》皆云：

‘瑟兮僩兮，恂栗也。赫兮咺兮，威仪也。’以瑟、僩者，自矜持之事，故云‘恂栗也’，言其严峻战栗也。赫、咺者，容仪发扬之言，故言‘威仪也’。其实皆是威仪之事，但其文互见，故分之。”

例（24），在孔颖达看来，里边的“总角”“丱兮”所指是一回事，在很大程度上就相当于我们现在所谓的“同位短语”。于是他用“共文”这一术语来概括这种现象。例（25），“瑟”“僩”“赫”“咺”，在他看来也都差不多，都是指威仪风度的，“其文互见”，它们共文来表达意思的时候，也是属于和例（24）差不多的用法。这里没再用“共文”，大概孔颖达还没意识到应该将它作为一种普遍的理论来概括。

虽然词汇和句法不能共同认定，但是如果我们将《诗经》中的这一类现象放到一起来认识就会注意到，它们实际上有着一定的共同性，那就是都是将语义相同或相近的单位放置在一起进行运用，客观上造成了同义词的汇聚共现。如果我们将句法近似的排除，注意审视双音重言现象的话，可以发现它们中很多都为当时及嗣后的成词奠定了基础。也正是基于对这类现象的雄厚认识，甚至《毛传》都有了词的朦胧。例如：

（26）挑兮达兮，在城阙兮。（《郑风·子衿》）

《毛传》：“挑达，往来相见貌。”

很显然，不管《诗经》中是怎样的单双分合自由地处理词语，在单位的认定方面训诂学家们还是很有自己的判定标准的。

这种意识在孔颖达那里表现得更为突出。例如：

（27）于以采蘩？于沼于沚。（《召南·采蘩》）

《毛传》：“于，於。”《郑笺》：“于以，犹言‘往以’也。”《正义》：“经有三‘于’，传训为‘於’，不辨上下。笺明下二‘于’为‘於’，上‘于’为‘往’，故叠经以训之。言‘往’足矣，兼言‘往以’者，嫌‘于以’共训为‘往’，故明之。”

《毛传》是三“于”字没能区分对待。《郑笺》是注意了上“于”的特点，可是他将“于以”一起给予了训释，容易使人们产生错觉。《正义》则清楚地告知“于以”不能一起说，因为它们不可能组合成一个独立的单位。

（28）肤如凝脂。（《卫风·硕人》）

《毛传》：“如脂之凝。”

《正义》：“以脂有凝有释，散文则膏脂皆总名，对例即《内则》注所云：‘脂，肥凝者。释者曰膏。’《释器》云：‘冰，脂也。’孙炎曰‘膏凝曰脂’，是也。”注意其中的措辞：“散文则膏脂皆总名”。

（29）兄弟阋于墙，外御其务。每有良朋，烝也无戎。（《小雅·常棣》）

《正义》："言兄弟之恩过于朋友也。云良朋者，以大名言之，其实同志之友，故下章曰'不如友也'。《论语》云'有朋自远方来'，亦其同志也。散文朋、友通也。"

这两处都注明了："散文"中，"膏脂"是总名；"'朋'、'友'通也"。我们可以将它们看作互文："'膏'、'脂'通也"，"朋友"总名。也就是说，在诗中人们也可能将其中的每一个单位都看作是有意义的，如《礼记》："同门为朋，同志为友。"如果放在散文中，其意义可以总归统一。这在相当意义上体现了单音节词向双音节词过渡期间词义上的状貌特色。

清代学术昌盛，对这种现象也做了比较多的关注。比较早的应该首推刘淇的《助字辨略》，他将虚词种种功能用法分为三十类，放到第一位的就是"重言"。列举"庸何""滋益"。在其阐释的众多复音单位中，如"业已、习常、既已、庸安、方将、方且、独唯、犹尚、通共"等，大都为既属重言又属副词。其后王念孙、王引之父子就具体问题也有精致的论述，分别以"复语""连语"称述之。如《汉书·贾谊传》："臣闻圣主言问其臣，而不自造事"。王引之认为："言，亦问也，连称言问者，古人自有复语耳。"王念孙于《读书杂志·汉书》论述道："凡连语之字，皆上下同义，不可分训，说者望文生义，往往穿凿而失其本指。"俞樾的《古书疑义举例》，对前辈及同时代学者就同类型现象的考辨进行汇总，自己也有比较多的认识和发现。例如：

古人用助语词，有两字同义而复用者。《左传》："一薰一莸，十年尚犹有臭。"尚，即犹也。《礼记》："人喜则斯陶。"斯，即则也。此顾氏炎武说。"何"谓之"庸何"。文十八年《左传》："人夺女妻而不怒，一抶汝，庸何伤？"庸，亦何也。"讵"，谓之"庸讵"。《庄子·齐物论篇》："庸讵知吾所谓知之非不知邪？庸讵知吾所谓不知之非知邪？"庸，亦讵也。"安"谓之"庸安"。《荀子·宥坐篇》："女庸安知吾不得之桑落之下？"庸，亦安也。"孰"谓之"庸孰"。《大戴记·曾子制言篇》："庸孰能新汝乎？"庸，亦孰也。此王氏引之说。

《尚书·秦誓篇》："尚尤询兹黄发。"言"尚"又言"尤"。《礼记·三年问篇》："然后乃能去之。"言"然后"又言"乃"。《庄子·逍遥游篇》："而后乃今将图南。"言"而后"又言"乃"。《史记·商君传》："乃遂去之秦。"言"乃"又言"遂"。《汉书·食货志》："天下大氐无虑皆铸金钱矣。"言"大氐"又言"无虑"。(《古书疑义举例·卷四》)

俞樾对此类用法还有多种列举，这里恕不赘列。他还将这种类型以"语词复用例"来概括，作为一种突出的语用现象进行反映。因为这种用法非常具有典型性，激发了许多人的兴趣热情来进行广泛的收罗。例如刘师培《古书疑义举例补》：

扬雄《方言》云："娥㜲，好也。秦曰娥，宋、魏之间谓之㜲，秦、晋之间，凡好而轻者谓之娥；自关而东，河、济之间谓之媌。"又《说文》云："媌，目里好也。"《列子·周穆王篇》云："简郑、卫之处子，娥媌靡曼者。"张湛注云："娥媌，姣好也。”是娥媌二字，为形容貌美之词。《诗·卫风·硕人》云：“螓首娥眉。”娥眉螓首，非并列之词也。“娥眉”二字，即系“娥媌”之异文。眉、媌又一声之转，所以形容女首之美也。《楚辞·离骚经》云：“众女嫉予之蛾眉兮。”“蛾”或作“娥”。王逸注训为“好貌”以“娥媌”之义解“蛾眉”矣。又景差《大招》云：“娥眉曼兮；”扬雄《赋》云：“虙妃曾不得施其娥眉。”均与《离骚经》“蛾眉”之义同。至于魏、晋之时，始以眉为眉目之眉。如晋陆士衡诗云：“美目扬玉泽，蛾眉象翠翰。”以眉对目，而眉、媌通转之义亡矣。若唐颜师古注《汉书》，谓“眉形有若蚕蛾，故曰蛾眉”，则并不知蛾眉之通假，可谓望文生训者矣。近人多从其义，失之。

“蛾眉”的本源词“娥媌”，最早分属不同方言里的“娥”和“媌”，都为美好义，合起来其义不变。然而音转之后，汉字形体的表意性，就难有人再追溯它的渊源出处，“望文生义”，自然容易造成乖舛。

姚维锐的《古书疑义举例增补》对该种用法更是搜罗颇繁丰，除了继承俞樾的治学方法外，自己的推证则主要凭借声韵之间的联系。这里也选数列举出：

《易·说卦篇》：“坎为水，为沟渎。”《周礼·秋官司寇篇》：“雍氏掌沟渎浍池之禁。”《郑注》云：“沟、渎、浍田间通水者也。”《贾疏》云：“渎，亦田间通水者。”《说文》云：“沟，水渎。”又云：“渎，沟也。”按：沟、渎双声字，不得区分二义。

《周礼·天官小宰篇》：“正岁则以法警戒群吏。”《书·大禹谟篇》：“益曰：‘吁，戒哉！儆戒无虞。’”“警戒”与“儆戒”同。《说文》云：“警，戒也。”而“戒”亦训“警”。按：警、戒双声，其义一也。

《楚辞·离骚篇》：“曾歔欷余郁邑兮，哀朕时之不当。”《说文》云：“歔，欷也。”“欷”亦训为“歔”。按：歔、欷亦双声字之连用，不得分训。它若“逾越”、“诘诎”、“紧急”、“号呼”、“涤荡”、“贪饕”、“宦养”、“通达”、“寂梦”、“邱虚”、“屏蔽”、“潜藏”、“疆界”、“斟酌”，俱为双声字，在古书中往往连用，其义无别；浅人强为区分，皆多事也。

这些用例，姚维锐大都用“连用”称述。

《史记·平准书》：“故吏皆通令伐棘上林。”愚按：《货殖传》曰：“交易之物，莫不通得其所。”通，犹皆也，“皆通”连文，语词之复用也。

《汉书·项籍传》：“今将军为秦将三岁矣，所亡失既数十万数，而诸侯并起兹益多。”愚按：此“兹”字与“滋”通，益也；“兹益”复用。

《史记·燕世家》：“齐城之不下者，独唯聊、莒、即墨。”《越世家》：“吴国精兵从王，唯独老弱与太子留守。”愚按：“独唯”“唯独”，并复用。

宋文帝《与江夏王义恭书》：“宜应慨然立志，念自裁抑。”愚按：宜，应也。“宜应”复用。

《吴志·大帝传》：“性多嫌忌，果于杀戮，暨臻末年，弥以滋甚。”《圣教序》：

“弥益厚颜。”颜师古《汉书叙例》：“传写既多，弥更浅俗。”愚按：“弥滋”、“弥益”、“弥更”，并复用。又《家语》：“三家滋益恭。”滋，益也，亦同。

而这些用例，他又用“复用”称述。

显然，他所列举的，因为多框限于双音节的范围，很多都成为现代汉语的词汇。当然，有些属于古语词，随着时间的推移已经失去了应用价值。但在古代汉语中，双音节化刚刚开始，或者正在逐步固化的过程中的时候，这类现象自然就是比较多的。这种举例说明的方式，可以说是从现代汉语的角度来观照古代，似乎让人耳目一新。反过来说，如果从古代汉语的角度看的话，这是变化过程中的情况，一切都属于正常。何况汉语本身就是一种注重修辞应用型的语言。

时至当代，对该类现象的发掘认识似乎更达到了一个高潮。仅以 20 世纪 80 年代讲，比较有影响的论文即有：杨必胜的《论“同义联用”》，吴国忠的《〈史记〉虚词同义连用初探》，吕云生的《同义复合词的语素分析》，董志翘的《古文献中多音节同义复词》，郭齐的《〈水浒传〉双音动词的“等义并行”现象》；90 年代较有影响的论文则有：徐流的《论同义复词》《论多音节同义并列复用》，廖序东的《金文中的同义并列复合词》《金文中的同义并列复合词续考》，吴鸿逵的《论同义复词的类型及其作用》，罗正坚的《〈史记〉中的同义词语连用》，葛全德《简说古汉语中的同义复用和偏义复词》，崔应贤、王永安、常月华的《谈〈水浒传〉中的“并列复语”现象》等。不说别的，仅从不同人等对该现象的命名来讲即多种多样，颇能说明问题的复杂性与大家对它认识的不同角度及不同的判定方法。

一些学者多侧重对其单位的性质做出认定。王力在其《古代汉语》中说：“在最初的时候，只是两个同义词的并列，还没有凝结成一个整体，一个单词”，接着又指出：“今天，我们在读古书的时候，应当把这些词当作复音词来理解，这样，才能得到一个完整的概念。”何九盈、蒋绍愚在《古汉语词汇讲话》一书中做出了更明确的判断：“两个同义词分开讲时意义略有区别……当它们结合在一起之后，这些区别就不存在了。所以，我们说它们是词，而不是词组。”

我们认为，叫什么术语并不重要，对其结果一定要在词与非词上面做出一个明确的认定也不重要，重要的是对其产生的缘由进行比较准确的追溯。一个比较现成的事实就是：为什么只有并列性的词语能够形成这样奇特的递归现象？从理论上说，同类事物名词的聚合可以是无限的，相声中的“贯口”之所以成立，即为明证。但那是句法层面上的艺术追求，通常人们都能够心照不宣，从而会心一笑。而词法层面最小单位的同义并列往往为大家所忽略，甚至不容易被发现，如果不是专门的提醒，人们还会将它看作非常自然的语言现象。如两个以上双音节词的并列复语，大家通常都是能够看出来的，如：

（30）故九万里则风斯在下矣，而后乃今培风；背负青天而莫之夭阏者，而后乃

今将图南。(《庄子·逍遥游》)

(31) 且等我问个来历缘故情由。(《水浒传·第三回》)

例(30),“而后”与“乃今”语义重复。例(31),“来历”“缘故”“情由”是一组同义词语,这很容易看得出来。

三音节的词,如果留心也是能够看得出来的:

(32) 九侯淑女,多迅众些。(《楚辞·招魂》)

(33) 寡人之于国也,尽心焉耳矣。(《孟子·梁惠王上》)

(34) 前船后船,尽皆都漏,看看沉下去。(《水浒传·第八十回》)

以下这些就不一定了:

(35) 且予纵不得大葬,予死于道路乎?(《论语·子罕》)

(36) 加之以师旅,因之以饥馑。(《论语·先进》)

如果不是执意地推究,通常是不会将“道路”“饥馑”视作同义并列复语的,尽管可能有许多佐证。《周礼·遂人》:“千夫有浍,浍上有道。万夫有川,川上有路。”郑玄注:“道容二轨,路容三轨。”皇侃疏:“乏谷为饥,乏菜为馑”。颜师古《汉书·元帝纪》注:“谷不熟为饥,蔬不熟为馑。”

之所以这样,就在于双音节已经成为人们衡定词与非词的一个基本心理定式。不仅现代如此,上面所列述的历代训诂学家也大都如此。词,作为造句表意的最基本单位意识可以说人类社会在比较早的时间中便已建立起来了。这可以以人们的语言习得经历作为参照进行推断:最初的牙牙学语都是从独词句阶段开始的。对其他的民族语言还没有熟练掌握,但凭借最基本的有限的单词可以满足简单的信息传递。没有句典并不影响社会最一般的交际,但是,如果没有词汇要想实现信息传递显然是不可能的。所以,词的观念意识,不管是古人的重言也好,当代人看作是同义并列复词也好,其实在相当程度上都是为了双音节构词有意无意的一种努力:单音节词总显得单薄,语义不够清晰明了;同义单位的帮衬,或增强,或补充,或参照,都会使意义的展示体现出焕然一新的面貌来:分解了一字多义的负担,同时又增加了同类词族单位意义大同小异的辨析功能,使得词库的储积顿然变得勃发丰富。而且,纯粹的单一的音节单位不能很好地充分体现汉语注重节律顿挫有致的表达效能,奇偶参差,才最有利于张扬汉语讲究声气和谐的特征。所谓的古代汉语和现代汉语,在词汇单双音节的特点上也只是以哪一个为主的问题,而不是绝对或单一的问题。甲骨文和骈文,或许可以反映古代汉语单双行文的两个极端。显然,这两个极端都不宜代表古代汉语的典型形式。同样的道理,现代汉语以双音节词为主,但在书面和口语这两种语体上面,侧重仍有明显的差别。即便是书面语也不能全是双音节词,那样也会显得过于呆板生硬。

三、汉语构词不平衡的理据

如上所述，单音不稳，双音平衡。正像周有光表述的那样："把单音节的补充成双音节，把超过两个音节的减缩为双音节……双音节化是现代汉语的主要节奏倾向。"① 超过两个音节的，除了惯用语或固定结构，其他的就要颇费斟酌了。例如《现代汉语词典》第6版，"小朋友"即作为一个词条列了上去，"老朋友"就没有列上去。"大扫除"是词，"大总统"就没作为词条。所以，双音节是古今汉语最典型和稳妥的音节形式。也恰恰是这种形式，在相当程度上框限了它内部的组合：单音是纯粹的符号，双音就要看关系。因为只能是两个单位，不能多也不能少，这就使它们之间的关系受到了很大的限制。正因为如此，国外语言学有关词汇化的理论就将"无理据性"看作是它与句法组合结构关系相对立的一种重要的区别性特征。虽然如此，语素构词之所以还未呈现全组合状态，也就说明其中仍是有规律可循的，只不过它不像句法中的状况那样有比较多的形式可以凭依罢了。不能不看到，虽然都属于语言现象，都是人们思维的真实体现，但是在词法和句法上人们所寄寓的思维方式不一定是一样的。词是词，句子是句子。赵元任在他的《汉语口语语法》中曾区分"社会学的词"和"语言学的词"，因为他没展开论述，故我们无从了解两者分别的真实内涵。但有一点可以肯定，那就是词与句既有联系又有区分，不然的话，赵元任就不会再造一个"句法词"的术语了。词是指称，是命名，是认定。说老实话，在词法范畴，句法的观念得有所改变：所有的词本身都是符号，都有体词化的倾向，因为时体的观念都不复存在。所有的词我们都可以判断说："它是一个词""它是一个名词或动词"。就是最具描写的形容词，仍可以从词的角度将它指称化，如"红彤彤是一种状貌"。就连虚词我们也都可以由运用的经验全都称为标记。因为词是静态的，是造句材料，备用单位。我们只要考虑这个符号对事物现象的指称反映得合不合适就可以了。例如："红薯""甘薯""山芋""番薯""红苕""地瓜"等，所指相同，差别在于各地人们对它的反映侧重不同罢了，而很少想到内部语素之间是什么关系。当然，我们也可以笼而统之地用句法的关系来类推，说，它们都是偏正结构。然而还是任学良（1981）所说的："木马不是马，白马才是马。"地瓜是瓜吗？如果我们将西瓜看作是瓜中典型成员的话，那地瓜、马铃薯与它的相似性也太小了。所以，在词的内部关系，特别是用句法关系来套，对于词义的理解来说也是可以的，但不宜将它作为重点，甚至将两点对应起来，说关系一致，那就确实不合适了。词里面讲的才真正是能指所指的问题，而句子中是纯粹地讲关系。不然的话，我们就实在不好说那些合音词了。比如说，"花生"，什么关系？恐怕就要费一番思索；"落花生"呢？《现代汉语词典》的释义是："一年生草本植物，叶子互生，有长柄，小叶倒卵形或卵形，花黄色，子房下的柄伸入

① 周有光．汉字改革概论［M］．北京：文字改革出版社，1961：245.

地下才结果。”这种释义似乎与字面义距离稍远，更通俗、更接近的解释是：“因是在花落以后，花茎钻入泥土而结果，所以又称‘落花生’。”即便如此，我们能将语素之间的关系说得清楚吗？至于河南人将它叫作“lāshér”，其语义关系简直可以说荡然无存。

可能魏际瑞《伯子论文》中所描述的现象似乎非常易于揭示词语产生的真实动因：“人以文字就质于人，称之曰‘正之’；忽念政者正也，改称曰‘政’；又念正者，必须删削，乃曰‘削正’；又念斧斤所以削也，转曰‘斧正’；又念善斧斤者，莫如郢人，易曰‘郢政’；或单称‘郢’。而最奇者，以孔子笔削春秋，而春秋绝笔于获麟，遂曰‘麟郢’，愈变则离题愈远，愈文而义愈不通矣！”这里重在批评人们好用典、掉书袋的不良文风，但描述本身却客观并真实地再现了词语不断翻新的创制途径，那就是既因循又变化，往往通过同属性范畴的永不停歇的类推联想，形成新词的递加积累。说穿了，语言、词语、意义等，都体现为人们的一种意识状态，选用什么样的语素，用怎样最经济的办法将其笼统丰富的内涵给予典型的反映，这才是人们的主导目标。仍用魏际瑞的例子来说，最初是就事论事，请人指正。但人的思维往往是活跃的、开放的，总是想着用什么样的措辞最好，于是就很自然地展开了联想。思路最容易运作的就是接近联想，“正”意味是什么？儒家思想深入人心，于是马上想到《论语·颜渊》里的表述：“政者，正也。子帅以正，孰敢不正？”政治，核心是正直、正义。同样的道理，正直、正义，也主要体现为社会的价值理念，这是范本。于是乎，改“正”为“政”。然而这种用法毕竟有些抽象，思路进一步放开，相似联想也接着跟上来了：匠人斧削，使木成器，于是乎“削正”。由“削”运作联想到《庄子·徐无鬼》中的典故“运斤成风”，于是乎“郢政”，由一想到二，又进一步联想到了孔子笔削春秋，于是乎“郢麟”。用典太过，会使人忘却文本而旁枝，以辞害义。但一种语言系统中，有限词语的用典不但不为过，倒还能显示词语创制的丰富多彩性，时至今日，像“染指”“丹青”“翘楚”“期期艾艾”等，仍为人们习惯常用就说明了这一点。特别值得注意的是，这里所展示的思维运作本身，对于我们认识词的创制生成非常具有启迪意义，而且我们对于认识不同结构关系复合词组词能力的高低大有裨益：仅仅是两个语素的连接以反映对事物及其特征的指称命名，它不可能介入篇章中的论证思维，也不容易借用语句中各种因素都起作用地对一事物、一行为属性特征进行概括或描述的关系思维，起主导作用的无非是在能指符号和所指对象之间建立起最直接联系的认定思维。而这种认定思维，对于单位内部的两语素来讲，之所以能“拼合”起来，则多是以单音节词的意义为基础唤醒记忆联想而实现的。柏拉图曾这样自问自答：“当一个爱人看见他所爱的人常用的七弦琴或者常穿的衣服或者其他常用的东西的时候，会发生什么样的感触？当他看见七弦琴的时候，他的脑子里面便出现了这七弦琴的主人——那个青年的意象。这就是回忆。”“只要当你发现一个东西使你想起另一个东西来的时候，不管这两个东西像不像，那就必然是回忆。”① 想必有正常思维的人们都有过这样的经历，如汪曾祺《鸡鸭名家》中的一个细节写道：

“那两个老人是谁?”

“怎么？——你不记得了?”父亲这一反问教我觉得高兴：这分明是两个值得记得的人。我一问，他就知道问的是谁。

“一个是余老五。”

余老五！我立刻知道，是高高大大，广额方颡，一腮帮白胡子茬的那个。——那个瘦瘦小小，目光精利，一小撮山羊胡子，头老是微微扬起，眼角带着一点嘲讽痕迹的，行动敏捷，不像是六十开外的人，是——“陆长庚。”

“陆长庚?”

“陆鸭。”

“陆鸭！这个名字我很熟，人不很熟，不像余老五似的是天天见得到的老街坊。”

专有名词，特定的人或事物名词，在瞬息之间它激发人们所能够自然产生的联想当然是已有的记忆：要么是外在关系，要么是自身的某种典型表象特征。对此，亚里士多德在《论记忆》中分析说：“那些按一定规则排列的事物，如数学问题，是最容易回忆的；排列不规则的事物回忆起来就相当困难。回忆和重新学习的区别就在于此。”所谓记忆，往往从“相似”“相同或相反或联系紧密的事物”出发，且有序跟随。这里亚里士多德将今天心理学中所共识的联想的主要类型方式都列述到了，即接近联想、相似联想和相反联想。汉语由先秦至两汉复合词的大量产生，可以说也大都是通过同样的联想方式而产生的。过去的有关研究已经有所总结，可惜只是没有做类似的理论归纳罢了。例如：

“妻子好合，如鼓瑟琴。”(《小雅·常棣》)《正义》：“此后燕及妻而连言子者，此说族人室家和好，其子长者从王在堂，孩稚或从母亦在，兼言焉。”

“之子于归，宜其家室。”(《周南·桃夭》)《郑笺》：“家人，犹室家也。”《正义》：“易传者以其与上相类，同有‘宜其’之文，明据宜其为夫妇，据其年盛，得时之美，不宜横为一家之人。桓十八年《左传》曰：‘女有家，男有室。’室家谓夫妇也。此云‘家人’，家犹夫也，人犹妇也，以异章而变文耳，故云‘家人犹室家’也。”

《说文·女部》：“妻之女弟同出为姨。”按《周易·涣》：“六四，匪夷所思。”《释文》曰：“夷，荀本作弟。”又，《明夷》：“六二，夷于左股。”《释文》曰：“夷，子夏本作‘睇’，又作‘眱’。”然则女弟谓之姨，正以声近而义通。《尔雅·释亲》

① 北京大学哲学系外国哲学史教研室编译．古希腊罗马哲学［M］．北京：生活·读书·新知三联书店，1957：183-184，185.

曰："妻之姊妹同出为姨。"此盖因妹而连言姊也。(俞樾《古书疑义举例·卷二》)

从上述三例可以看得很清楚，因为产生刺激的起点均为实体名词，那么联想多以其实际存在的最贴近关系来展开。多义词的引申也是同样的道理，如"兵"，《说文》："械也。"段注："械者器之总名。器曰兵。用器之人亦曰兵。"显然，是由兵器联想到用器之人，其后再扩展到"军队"："必以长安君为质，兵乃出。"(《战国策·赵策四》)"军事、战争"："夫兵，犹火也。"(《左传·隐公四年》)"战略"："故兵无常势。"(《孙子·虚实》)等。上例第二个文段也是同样道理：由家由室再想到"家室"或曰"室家"的主体即夫妇，这种联想都是以生活中系列关系为基础的，因此也最自然，非常合乎人们思维的规律。

对于其他词语，则多以意义相同相近为接近联想的基础。在特定的位置上，因为同义的关系，既可以用这一个词，也可以用另外一个词。既然如此，韵律的因素就起到了重要的作用：自然双音节单位更有利于语句的顿挫有致、音节和谐，同义复用又有何不可呢？例如：

《左传·襄公八年》："焚我郊保，冯陵我城郭。"《杜注》曰："冯，迫也。"王念孙曰："冯，亦陵也，冯陵叠韵，不得分为二义。"又襄十三年《左传》："君子称其功，以加小人；小人伐其技，以冯君子。"《杜注》曰："加，陵也；冯，亦陵也。"《尔雅》："冯河，徒涉也。"《诗·小雅篇》："不敢冯河。"《毛传》曰："冯，陵也。"《正义》曰："陵波而渡，故训冯为陵。"此皆足申王氏之说。又《周官·大司马》："冯弱犯寡，则眚之。"《郑注》曰："冯，犹乘陵也。"按："冯陵"、"乘陵"俱叠韵，不得分为二义。它若"傀伟"、"俾益"、"完全"、"伛偻"、"匍伏"、"逸失"、"怪异"、"怆伤"、"泛滥"、"排挤"、"贪婪"、"绸缪"、"光明"、"照耀"、"展转"、"光昌"、"团圆"、"讽诵"、"局促"、"祷告"，俱为叠韵，在经传中连用，其义一也。(姚维锐《古书疑义举例增补·十》)

由上诸多例子的列举可知，接近联想是人们最易于拓展的联想方式，同范畴，成系列，往往成为人们实施联想的自然基础。时间序列、先后数列等，往往是简单联想就能够实现的。下面的例子应该说非常能够说明问题：

《礼记·明堂篇》："夏后氏之四琏，殷之六瑚。"按包咸、郑玄注《论语》，贾逵、服虔、杜预注《左传》，皆云："夏曰瑚，殷曰琏，"与此不同。据《论语》云："瑚琏也。"先瑚后琏，则瑚属夏，而琏属殷明矣。若是夏琏殷瑚，当云"琏瑚"，不当云"瑚琏"也。盖记文传写误倒耳。(俞樾《古书疑义举例·卷六》)

虽说都是名词的联系，但也暗含着时间先后的逻辑关系。本着多数的记载，《礼记》中很可能就是"传写误倒"。下边例证及分析，清代学者做得似乎就有些粗疏了：

古人之文，省者极省，繁者极繁，省则有举此见彼者矣，繁则有因此及彼者矣。

《日知录》曰："古人之辞，宽缓不迫。得失，失也。《史记·刺客传》：'多人，不能无生得失。'利害，害也。《史记·王濞传》：'擅兵而别，多佗利害。'缓急，急也。《史记·仓公传》：'缓急无可使者。'《游侠传》：'缓急人所时有也。'成败，败也。《后汉书·何进传》：'先帝尝与太后不快，几至成败。'同异，异也。《吴志·孙皓传》：'荡异同如反掌。'《晋书·王彬传》：'江州当人强盛时，能立异同。'嬴缩，缩也。《吴志·诸葛恪传》：'一朝嬴缩，人情万端。'祸福，祸也。晋欧阳建临终诗：'成此祸福端。'"按：此皆因此及彼之辞，古书往往有之。《礼记·文王世子篇》："养老幼於东序，"因老而及幼，非谓养老兼养幼也。(俞樾《古书疑义举例·卷二》)

《日知录》中所摘录的："得失""利害""缓急""成败""同异""嬴缩""祸福"，应该说都是偏义复词性的，且组合的语素应该均为反义。其中只有一个"嬴缩"不是太妥帖："嬴"，《说文》："瘦也。"这种意味亘古未变。它在秦汉之际所组成的同类词语中也都是同义并列性质的。例如：

（1）老嬴转於沟壑，壮者散而之四方者，几千人矣。(《孟子·公孙丑下》)

（2）王公则病不足于上，庶人则冻喂嬴瘠于下。(《荀子·正论》)

（3）民之嬴馁，日已甚矣。(《国语·楚语下》)

（4）城中巢居而处，悬釜而炊，财食将尽，士大夫嬴病。(《韩非子·十过》)

（5）物弊变更新，学道嬴弊，后更致新福也。(《老子想尔注》)

（6）生之行，垢辱贫嬴，不矜伤身，以好衣美食与之也。(《老子想尔注》)

所以，"嬴缩"显然是同义并列，两义相互补充，并非侧重哪一个，反义对立。他还将它们笼统地用"因此而及彼"来概括，似乎就更不容易将它们的不同说得清楚。同义和反义虽然从大的范畴、属类上讲是一致的，但仍有区别：同义属于接近联想，反义属于两极联想，后者跨度较大。虽然汉民族在比较早的时间中即已具备了对立统一的思想意识，但客观现实的存在，并非事事都反映着鲜明的矛盾对应。一个最显豁的事实就是：同义词语的系列数量远远超过了反义词语。所以《尔雅》这样的同义词典的出现就很能说明这一点。所以，并列关系的构词之所以能够在秦汉之际很快占据绝对的优势，跟这种客观上的同义语素材料的储积有关，更与人们思维方式上的初步放开有关。当然，同义并列多、反义并列少也与此不无关系。

我们再以具体的词语创制来说。早期人们生活比较简单，但于其生活紧密相连之事物则认识反映得比较精细，如前所举马的各种命名就是这样。像这样的一些词："屋""室""宅""堂""殿""宫""庐"等，一如段注所归总的一条原理："析言则殊，统言不别也。"如《尔雅·释宫》："古者有堂，自半已前虚之，谓之堂，半已后实之，谓之室。"《周礼·冬官考工记》："夏后氏世室，殷人重屋，周人明堂。"事实上，一如《说文》所言，它们大旨相通，分别为："居也""实也""所托也""殿也""击声也（段注：'假借为宫殿'）""室也""寄也。秋冬去，春夏居"，均为住处义。正因为如此，自战国至两汉，为了适应句法中的双音节之需，人们往往在它们之间进行自由的选取。例如：

(7) 不伐树木，不烧积聚，不焚室屋，不取六畜。(《吕氏春秋·孟秋纪》)

(8) 毋伐树木，毋发屋室。(《战国策·赵策》)

比较典型的是东汉末期的《焦氏易经》，里面的选择更是自由多样：

(9) 江河海泽，众利室宅。可以富有，饮御嘉客。(《屯之遁》)

(10) 阴积不已，云作淫雨。伤害平陆，民无室屋。(《明夷之坎》)

(11) 马惊车破，主堕深沟。身死魂去，离其室庐。(《蒙之既济》)

(12) 何草不黄，至未尽玄。室家分离，悲忧于心。(《蒙之蒙》)

(13) 南山高冈，麟凤室堂。含和履中，国无灾殃。(《蛊之兑》)

(14) 雀行求食，暮归屋宿。及其室舍，安宁无故。(《履之睽》)

(15) 西邻少女，未有所许。志如委衣，不出房户。(《大过之小畜》)

当然，同时期其他著述中也有别的组合：

(16) 是月也，命阉尹申宫令，审门闾，谨房室，必重闭。(《吕氏春秋·仲冬纪第十一》)

(17) 室而无奥阼，则乱于堂室也。(《礼记·孔子燕居》)

(18) 根行贪邪，臧累巨万，纵横恣意，大治室第，第中起土山。(《汉书·卷九十八》)

(19) 庐宅始成，桑麻才有，居之历岁，子孙相续，桃李杏梅，菴丘蔽野。(《论衡·超奇》)

汉末六朝，“房室”的用法最为多见：

(20) 江北乳子不出房室，知其无恶也。(《论衡·卷二十三》)

(21) 朕绝房室三十余年，无有淫佚。(《全梁文·卷四》)

(22) 天性愚狡，质迷其奸谄，置怀委杖，遂外擅威刑，内游房室。(《全宋文·卷四十八》)

(23) 教王远房室。窃念夫人，宜其少壮，当有立子。(《佛说孛经钞》)

然而最终却为“房屋”取得正宗的资格，并一直延续到现代汉语中：

(24) 明年，透公卿二千石子弟生，增造庙房屋百五十五闲。(《通典·卷五十三》)

(25) 看屋，须看那房屋间架，莫要只去看那外面墙壁粉饰。(《朱子语类·卷一百二十》)

(26) 就潭州市里讨间房屋，出面招牌，写着“行在崔待诏碾玉生活”。(《碾玉观音》)

(27) 去城市间赁下一处房屋，开了一个杂货店。(《错斩崔宁》)

(28) 曹真、司马懿同领大军，径到陈仓城内，不见一间房屋。(《三国演义·第九十九回》)

类似的例子还有“仓”“庾”“禀”“困”“窌”“鹿”“库”“窖”“府”“廥”“箱”等，它们都表示储藏食粮的设备。如“仓”指谷仓。《说文·仓部》：“仓，谷藏也。”《释名·释宫室》：“仓，藏也，藏谷物也。”“庾”是个多义词，有“露天的谷堆”“露天的谷仓”“蓄积”“容量单位”等义项。但是，它和“谷”结合成并列式复音词后，意义就明确了。如《孟子·万章下》：“孔子尝为委吏矣。”赵岐注：“委吏，主委积仓庾之吏也。”二字联合泛指仓库。《史记·孝文本纪》：“发仓庾以振贫民。”问题是表示储藏意思的不止这两个语素，如《诗经·小雅·甫田》：“乃求千斯仓，乃求万斯箱。”“仓”，《说文》：“谷藏也。仓黄取而藏之，故谓之仓。”段注：“藏当作臧。臧，善也。引申之义，善而存之亦曰臧。臧之之府亦曰臧。俗皆作藏……广部曰：‘府，文书藏。’‘库，兵车藏。’‘庩、刍稾藏。’……苍黄者，匆遽之意，刈获贵速也。”再如：《周礼·考工记·匠人》：“困窌仓城，逆墙六分。”贾公彦疏：“地上为之方曰仓，圆曰困；穿地曰窌。”《荀子·荣辱》：“馀刀布，有困窌。”杨倞注：“困，廪也。圆曰困，方曰廪。窌，窖也。地藏曰窌。”顾炎武《郡县论五》：“县之仓廪，皆其困窌。”《国语·吴语》：“市无赤米，而困鹿空虚。”韦昭注：“员曰困，方曰鹿。”它们似乎都能比较自由地组合，如：

(29) (孟秋之月) 筑城郭，建都邑，穿窦窖，脩困仓。(《礼记·月令》)

(30) 天子布德行惠，命有司发仓廪，赐贫穷，振乏绝，开府库，出币帛，周天下。(同上)

(31) 贫不能偿者发困窖略尽，流亡过半。(《新唐书·杜亚传》)

(32) 每念田家四季忙，支持图得满仓箱。(《长兴四年中兴殿应圣节讲经文》)

(33) 秦败，豪杰之士争取金玉，唯任氏子独为仓窖贮粟。(李亢《独异志·卷中》)

(34) 随分了朝昏，无心富困庾。(王祯《圃田》)

(35) 夫仓库非虚空也，商宦非虚坏也，法令非虚乱也，国家非虚亡也。(《管子·七臣七主》)

最终只有“仓库”取得了常用词的地位。

显然，在复音化的过程中，首选的是同义语素。下面的用例很大程度上能够凸显当时人们同义复用、杂沓堆上，客观上在有力推进着这种复合词趋向于固化的趋势：

(36) 所谓六兴者何？曰：辟田畴，利坛宅，修树艺，劝士民，勉稼穑，修墙屋，此谓厚其生。发伏利，输墆积，修道途，便关市，慎将宿，此谓输之以财。导水潦，利陂沟，决潘渚，溃泥滞，通郁闭，慎津梁，此谓遗之以利，薄征敛，轻征赋，弛刑罚，赦罪戾，宥小过，此谓宽其政。养长老，慈幼孤，恤鳏寡，问疾病，吊祸丧，此谓匡其急。衣冻寒，食饥渴，匡贫窭，振罢露，资乏绝，此谓振其穷。(《管子·五辅》)

(37) 实圹虚，垦田畴，修墙屋，则国家富；节饮食，撙衣服，则财用足；举贤良，务功劳，布德惠，则贤人进；逐奸人，诘诈伪，去谗慝，则奸人止；修饥馑，救灾害，振罢露，则国家定。(同上)

当然，若有必要，将有限的反义组合也尽可能充分地给予显现：

(38) 有无相生，难易相成，长短相形，高下相盈，音声相和，前后相随，恒也。(《道德经》)

(39) 渐也、顺也、靡也、久也、服也、习也、谓之化。予夺也、险易也、利害也、难易也、开闭也、杀生也、谓之决塞。实也、诚也、厚也、施也、度也、恕也、谓之心术。刚柔也、轻重也、大小也、实虚也、远近也、多少也、谓之计数。(《管子·七发》)

有意思的是：反义造词里，有一种情况是比较特殊的，即“不/无 X”的形式却表现 X 的意义。例如：

不者，弗也。自古及今，斯言未变，初无疑义。乃古有用“不”字作语词者，不善读之，则以正言为反言，而于作者之旨大谬矣。斯例也，诗人之词尤多。《车攻篇》：“徒御不警，大庖不盈。”《传》曰：“不警，警也；不盈，盈也。”《桑扈篇》：“不戢不难，受福不那。”《传》曰：“不戢，戢也；不难，难也。那，多也；不多，多也。”《文王篇》：“有周不显，帝命不时。”《传》曰：“不显，显也；不时，时也。”《生民篇》：“上帝不宁，不康禋祀。”《传》曰：“不宁，宁也；不康，康也。”《卷阿篇》：“矢诗不多。”《传》曰：“不多，多也。”凡若此类，《传》义已明且晰矣；乃毛公亦偶有不照者。如《思齐篇》：“肆戎疾不殄。”不，语词也。《传》曰，“大疾害人者，不绝之而自绝也，”则误以“不”为实字矣。亦有《毛传》不误而《郑笺》误者。如《常棣篇》：“鄂不韡韡。”《传》曰：“鄂，犹鄂鄂然，言外发也。韡韡，光明也。”是“不”语词也。《笺》云：“不当为柎，古声同，”则误以“不”为假字矣。王氏引之作《经传释词》，始一一辨正之，真空前绝后之学。今姑举数事，聊以见例，且补王氏所未及。《东山篇》：“不可畏也，伊可怀也。”按：“不”，语词，“瑕”与“遐”通，远也，言其德音之远也。《传》训“瑕”为“过”，《笺》以“不可疵瑕”说之，均未达“不”字之旨。(俞樾《古书疑义举例·卷四》)

“无”，有之对也，古今相沿，未之或易；然古人属文，乃有用作助语者，不善读之，则失其本义矣。《诗·文王篇》：“王之荩臣，无念尔祖。”《传》：“无念，念也。”《笺》：“今王之进用臣，当念女祖为之法。”而《小尔雅》亦云：“无念，念也。”隐十一年《左传》：“无宁兹许公复奉其社稷；”昭六年《左传》：“无宁以善人为则；”

《杜注》并云："无宁，宁也。"《论语·子罕篇》："无宁死于二三子之手乎?"《朱熹集注》及《马融注》并云："无宁，宁也。"此诸"无"字，皆用为助语，与《诗·生民篇》"上帝不宁"之"不"字同一用法。又《中庸》"莫显乎微"。古"无"、"莫"同音同义,《小尔雅》云:"无显，显也,"是也。(姚维锐《古书疑义举例增补》)

这种情况是怎么形成的?根据是什么?恐怕眼下还不能得到很好的解释。因为如例所显示的，在很早的时间，即《诗经》中即已大量存在，俞樾、姚维锐分别以"助语用不字例""助语用无字例"对其现象进行命名。是不是古人在组合双音化词语的时候也充分利用了对比联想的方式?不过有一点可以肯定，由此及彼，正反两个方面的联系思考方式很早即已存在。比如训诂学中说到的"反训"，即体现了这种思路。《尚书·皋陶谟》："乱而敬，扰而毅"。孔安国《尚书传》："乱，治也。扰，顺也。"《正义》："《周礼·大宰》云：'以扰万民。'郑玄云：'扰犹驯也。'《司徒》云：'安扰邦国。'郑云：'扰亦安也。''扰'是安驯之义，故为顺也"。如若固守其一，必致困厄。这在《说文》及其段注上面就形成了对立。前者说："不治也。从乙𤔔，乙，治之也。"后者则说："各本作治也。从乙，乙治之也。从𤔔，文理不可通。今更正。乱本训不治，不治则欲其治，故其字从乙，乙以治之。谓诎者达之也。转注之法，乃训乱为治。如武王曰予有乱臣十人是也。"与此同时，又有字面义是正面肯定的，实际语用义为否定义，如"如"又有"不如"义："母欲立之，己杀之，如勿与而已。"(《春秋公羊传·隐公元年》)何休注："如即不如，齐人语也。"词义的训释是这样，组词上面是不是也是这样呢?俞樾和姚维锐例证说明的就是这种现象。其实人们并非没有碰到类似的用例，如《论语·微子》，"丈人曰：'四体不勤，五谷不分，孰为夫子?'"如果通读《论语》，就会觉得有悖论产生，《论语·子罕》中，"太宰问于子贡曰：'夫子圣者与?夫子何其多能也?'子贡曰：'固天纵之将圣，又多能也。'子闻之曰：'太宰知我乎?吾少也贱，故多能鄙事。君子多乎哉?不多也'"。勤而多能，是孔子的本色；虽他自谦"不如老农"，也不至于到了"四体不勤、五谷不分"的份儿上。于此俞樾分析得好："两'不'字皆语词。丈人盖自言'惟四体是勤，五谷是分而已，安知尔所谓夫子?'若谓以'不勤'、'不分'责子路，则不情甚矣。安有萍水相逢，遽加面斥者乎?"

不过这种情况没有很好的能产性，其后也并没有昌行开来，只是到了明代，一些固定格式中还可以见到。例如：

(40) 我在东京太师府里做奶公时，门下官军见了无千无万，都向我诺诺连声。(205 页)

(41) 见衙内自焦，没撩没乱，众人散了。(134 页)

(42) 望着影中只一箭，不端不正，恰好把那碗红灯射将下来。(671 页)

这三例中的四字格词语正好可以说代表了三种格式："无～无～""没～没～""不～不～"，其否定都不起作用，故分别解作"千万""撩乱""端正"。

有些复合词的产生显然是相反联想形成的，但这种现象极其个别，如"乖巧"：它的主要构词单位"乖"，自它产生并延后相当长的历史时间内都是贬义性的。如《说文》："戾也。"段注："犬部曰：'戾，曲也。'曲则不伸，故为睽离。"由它组成的词均为该义：

(43) 诸侯乖乱，楚必大奔。(《左传·昭公二十三年》)

(44) 上下乖离，寇难并至。(《荀子·天论》)

(45) 吾独乖剌而无当兮，心悼怵而耄思。(《七谏·怨世》)

(46) 上下相反，好恶乖迕，而欲国富法立，不可得也。(《汉书·卷二十四上》)

(47) 始皇闻此议各乖异，难施用，由此黜儒生。(《汉书·卷二十五上》)

(48) 恶人操意，前后乖违。(《论衡·卷二十》)

(49) 使阴阳四时五行之气乖错，复早上皇太平之君之治，令太和气逆行。(《太平经·丁部五至十三（卷五十六至六十四)》)

(50) 政有乖失，则百谷用不成，家用不宁，是咎征也。(《后汉书·卷六》)

(51) 虽时有乖畔，而使驿不绝，故国俗风土，可得略记。(《后汉书·卷八十五》)

(52) 以家令为之臣，制服以斩，乖缪弥甚。(《北史·卷三十》)

(53) 和顺，从容无所乖逆，统言之也。(《周易本义·卷十》)

"乖"，古代汉语使用频率甚高，上述例证，全为贬义色彩。这种情况一直到了宋代，情况有了改变。这可能与当时产生的口语词"打乖"有关。前文我们说过，欧阳修当时就注意到了，那个时期的人们特别喜欢用"打"字，简直是什么都"打"，一向不好的"乖"自然免不了。如邵雍《自和打乖吟》中的诗句："安乐窝中好打乖，自知元没出人才。"司马光《酬邵尧夫见示安乐窝中打乖吟》："料非闲处打乖客，乃是清朝避世人。"罗大经《鹤林玉露·卷四》："（张子房）得老氏'不敢为天下先'之术，不代大匠斫，故不伤手，善于打乖。"《朱子语类·卷五十八》："圣贤在当时，只要在下位，不当言责之地，亦是圣贤打乖处。"《张协状元》："没瞒过我，实是你灾。隐僻处直是会打乖，谁头发剪落便有人买?"这之后到了明清，这"乖"正反两个方面就共存了，既可为好，也可为坏，如"合是英雄命运乖，遗前忘后可怜哉。"(《水浒传·第二十一回》)；"我经了许多折挫，学得乖了，不到得被人哄了。"(《警世通言·卷三十一》) 双音节词中，也是这种情况。例如：

(54) 莫教兴恶念，是必少刁乖。(《西游记·第十一回》)

(55)《穷劫曲》言楚王乖劣，任用无忌，诛夷白氏，三战破郢，王出奔。(《艺苑卮言·卷二》)

(56) 自幼乖滑伶俐，风流博浪牢成。(《金瓶梅·第十八回》)

(57) 年方五岁，聪明乖觉，容貌不凡，合家内外大小都是喜欢他的，公与夫人自不必说。(《今古奇观·第三十六卷》)

(58) 那怪豪强弄巧乖，四个英雄堪厮比。(《西游记·第八十九回》)

前两例肯定是贬义的，后三例则是肯定的。这可以说是一时之契机，由贬义而衍生出褒义的意义色彩，从而在构词上面也体现了出来。

四、偏正型复合词及其他构词

偏正关系的组词也属于指称性的。早在1951年，陆志韦在他的《北京话单音词词汇》一书中就辨析说：“‘大狗’跟‘大的狗’意义上很不相同。普通用‘的’的时候，为的是要注重名词的形态、性状。说‘大的狗’为要注重狗的‘大’。”朱德熙《现代汉语形容词研究》对此做了比较多的强调，认为：不带的，“是相当稳定的结构”，之所以如此，“首先，甲$_1$常常表现出一种‘单词化’的倾向。”“其次，在甲$_1$里，定语和中心语是互相选择的，二者不能任意替换。”① 紧接着，范继淹《形名组合间“的”字的语法作用》一文，比较充分地论证了上述偏正型的结构，带“的”字与不带“的”之间有重大差别：前者是句法的，后者是词法的。陆丙甫的《定语的外延性、内涵性和称谓性及其顺序》就干脆将后者称为“称谓性”的。诸位孜孜矻矻探求，虽然说没有一个终极的认定，但给人们留下了无尽的思索。

朱德熙有这样一个用例：

(1) 祥子心里一活便，看那个顶小的小绿夜壶非常有趣，绿汪汪的，也撅着小嘴。(老舍《骆驼祥子》)

他认为“顶大的一个大老虎”“小不丁点儿的小耗子”中的单个儿的“大”和“小”都不是独立的定语，只是指称性词语的一部分的话，我们过去的一项研究中也注意到，这样的一个单位“时代精神”，恐怕说不是词也不好办：

(2) 这就是那个时代的时代精神。(王安忆《隐居的时代》)

为什么是这样？因为随着社会的发展，科技的进步，信息的高度凝练化，两个音节又会显得局狭。语言得不断地为自己松绑，得不断地适应社会发展进步的需要，所以也得不断地进行调整和更新。有可能预见的是，现代汉语是以双音节为主，但在以后，也有可能是多种音节词语共存，从而让我们的语言更有刚性和弹性，表达效能得以充分的展示。

接下来需要解释的是：为什么先秦的西周时代偏正型构词还占有一定的优势，其

① 甲$_1$指不带“的”的单音节形容词做定语。

后又在宋代将并列型构词压倒，再一次获得构词最能产的地位。

首先需要指出的是，语言与社会存在共变关系，社会的激烈动荡、发展变化，都会在语言上得到清晰的反映。西周的宗法制、分封制、礼乐制等，都在相当程度上奠定了中国社会政治制度、思想文化的基本格局。一部《诗经》，可以识见远古时代人们丰富复杂的生活状貌及其思想情感，一部《周礼》，足以反映当时设官分职的纷繁详备，等级之严密，说明当时社会的制度结构已经相当的成熟。正因为如此，才使得多少年之后一直致力于理想社会建设的孔子每每提及仍对它称羡不已："周监于二代，郁郁乎文哉，吾从周。"（《论语·八佾》）《周礼》为官职政典，总计六篇，包括"天官冢宰""地官司徒""春官宗伯""夏官司马""秋官司寇""冬官司空"，其下又详列大小官称及职权，共377名。这些官职的命名大都为偏正式复合词，看其结构面貌，在一定程度上可以使我们对其构词特征有一个比较清楚的了解。与甲骨文中的组合非常不一样的是：其结构语序趋向于稳定，前偏后正的基本模式保持得一致清晰；再一个就是偏项成分表意在丰富。这反映了周代文化的发达及当时人们心智得到了发展。

给人们深刻印象的就是，其中的很多组合往往采取相对固定的框架模式。仅一个"～人"，其组词竟达到了89条：

庖人、亨人、兽人、渔人、鳖人、腊人、酒人、浆人、凌人、笾人、醢人、醯人、盐人

幂人、宫人、幕人、阍人、寺人、缝人、染人、屦人、封人、鼓人、牧人、牛人

充人、遗人、均人、调人、质人、廛人、遂人、稍人、委人、草人、稻人、迹人、矿人

角人、羽人、囿人、场人、廪人、舍人、仓人、舂人、饎人、槁人

郁人、鬯人、鸡人、冢人、旄人、龟人、占人、筮人、量人、羊人、候人、环人、射人

缮人、槁人、校人、庾人、匡人、匡人、撢人、犬人、环人、轮人

舆人、辀人、函人、鲍人、韗人、玉人、楖人、雕人

矢人、陶人、旊人、梓人、庐人、匠人、车人、弓人

都宗人、家宗人、大行人、小行人

再如"～氏"，也有56条：

师氏、保氏、媒氏、萍氏、罗氏、蜡氏、雍氏、萍氏、冥氏、庶氏、穴氏、翨氏、柞氏、薙氏、翦氏、蝈氏、庭氏、筑氏、冶氏、桃氏、凫氏、栗氏、段氏、韦氏、裘氏、钟氏、筐氏、㡛氏、磬氏

鞮鞻氏、冯相氏、保章氏、挈壶氏、服不氏、射鸟氏、虎贲氏

旅贲氏、节服氏、方相氏、职方氏、土方氏、怀方氏、合方氏、训方氏、形方氏

禁暴氏、野庐氏、司寤氏、司烜氏、条狼氏、修闾氏、硩蔟氏、赤发氏、壶涿氏、

衔枚氏、伊耆氏

其他的格式，如“~师”“~史”等，组词也为数不少。

这种情况中的中心语素似乎非常类似于词缀化的形式，而附加性的单位可以选择似乎是无穷的词语来进行匹配。这在相当意义上讲就是类推创制：方法简单，表意明确。

越是社会发展速度加快，或者新的事物观念增迭显现的时候，这种构词方式的使用往往都是大显身手。比如东汉之后，佛教传入，大量经卷翻译成汉语。其中佛教思想中的很多观念都以新词的方式表现出来。梁晓虹在她的专著《佛教词语的构造与汉语词汇的发展》中对此有比较系统的表述，就其构词的情况指出：“中心词素在后，附加词素在前。这是复合的佛教词语最常见的形式。”（45页）“偏正式的佛教词语主要是名词。”而在多种类型的合璧词中，又以“偏正式为最多”。例如：

法力、法王、法主、法本、法印、法名、法身、法式、法性、法门、法相、法衣、法音、法要、法界、法师、法务、法智、法号、法义、法宝、法体、法筵、法殿
妄言、妄见、妄念、妄心、妄军、妄信、妄执、妄习、妄情、妄想、妄尘、妄缘
三世、三生、三身、三戒、三车、三毒、三界、三乘、三业、三漏、三藏、三宝

很有意思的是，跟佛教经义有关的大量新造词，除了上述的第三种数词做修饰语外，还有少数有限的组合，如“宝塔、石塔、灯塔、砖塔、铁塔、繁塔、佛塔、雁塔、灵塔、白塔”，“妖魔、心魔、恶魔、天魔、邪魔、爱魔、悲魔、狂魔、空魔、欲魔”等，体现其思想观念的语素除在后边做中心成分外，更多的倒是都在前边做附加成分，从而形成系列性的词族。如上述例子：“法~”“妄~”，更多的，如“禅~”“佛~”“空~”“苦~”“业~”“僧~”，就是刚说到的“塔”和“魔”，似乎也由它们在前边所组成的复合词多，这倒是其有特色的构词方式。但总的来说，佛经文化中的新造词，偏正型构词占据了绝对的优势，其中的关键就是大量采用了类推的组合。一如梁晓虹在其著作中所言：“在佛典里，一大批同佛教经义有关的单音词转化为能产的词素，如法、业、心、性、训、智、慧、意、苦、空、罪、信、贫、瞋、净、身、佛、禅、僧等。一个词分化为多个词的词素，是构成大量新词的重要条件。所以如此构成的词是成批的。如以‘法’为词素所构成的双音偏正式在《佛学大辞典》中就有50多个。而以‘僧’所构成者则有60个。而且，数词在偏正式中作为修饰的成分，在佛经中用得极为普遍。”

更能直接感受的就是现代汉语中新造词的情形。改革开放使得我们国家的经济建设得到了飞速的发展，思想文化也更加丰富活跃，相应地，汉语的变化比起历史上的任何一个时期也都可以说是超越性的，无论是佛教的传入还是五四时期日语词语的大量借用，从数量及其造词手法的多样化上来讲，都是如此。最典型的就是字母词的出现，这是过去从来都没有过的，可以说它打破了汉语和意义直接相联系的表达传统。

再则就前边曾提到的，伊兴荣的硕士论文《从〈新华新词语词典〉看新词语造词法》所反映的趋势现象：词语的多音节化在增长。此外，他还参照同类型的其他词典，对该词典所列举解释的2299个新词语，做了比较全面的统计分析。虽然里面还存在连语言学界都争议甚多的问题，但他提供的数字在一定程度上还是有参考价值的。

他所分解的造词类型系统如下：

新词语		2299	%
以借为造	借用外来词语	41	1.79
	借用方言	51	2.22
	词语移用	133	5.79
自造词语	复合式	1164	50.63
	附加式	112	4.87
	修辞式	181	7.87
	类推式	215	9.35
	缩略式	267	11.61
	字母式	135	5.87

他于复合式造词中再次分解出这样的系统：

复合式造词法	1161	100%
主谓	19	1.63
动宾	155	13.32
补充	17	1.46
并列	48	4.12
偏正	912	78.35
连谓	11	0.95
兼语	2	0.17

值得注意的是：第一个表中，他所列举的“复合式”造词，是与“修辞式”“类推式”“缩略式”“字母式”并列的。事实上，后面的诸多方式，只是在造词过程中多了程序和手段，至于最后的结果及其反映意义的形式上，与所谓的复合式并无根本差别。如借代造词，不管是整体借代，像“白领”“蓝领”，还是部分借代，像“脑库”“智库”，其基本的组合关系这一层次仍是存在的。所以，如果将这一部分也计入的话，表中偏正78.35%的数值还会更高。据黄瑞丽的硕士学位论文对《焦氏易林》并列式复音词的统计，这种造词方式占据了整个复合词总数的71.3%。可以说，并列式和联合式，在不同的历史时期分别占据了最高值。之所以如此，各有各的存现理由。对于前者，我们已经论述。对于后者，我们说，利用焦点性的语素单位以偏正型的类

推联想为机制便宜地进行新词建构，正是它能够取代并列式成为最能产造词手段的最根本原因。

教育部2015年10月15日发布的《2014年度中国语言生活状况报告》，共提取近10年年度新词5264个。这些词语记录下了当今社会发展、精神观念的现实面貌，当然，也反映了人们对语言的新态度。其新词的创制大多利用偏正式词语框架类推而形成词族：以“~族”新造的词语有333个，“~门”162个，“~哥”69个，“~客”65个，“~客”65个，“微~”212个，“被~”66个，“云~”57个。所有新词语中采用这种模式造出的有1300多个，占整个新词语的25%左右。

当然，如果所有偏正型的复合词都依照这种方式进行创制，也未免过于单一；但它在相当程度上能够适应社会快速发展、信息快速增长的需要，其功能仍不能小觑。同时还要看到的是，它与那些不类推的、同样也是偏正式的其他词语在特征上仍是一致的：那就是在实现指称的同时，兼及其典型属性；换言之，通过附加一定的修饰成分，可以使其这种指称更加鲜明。从这种意义上讲，它与同义并列组词在其总的价值效用上也是一致的。如前所述，甲骨文中偏正式复合词多，然而需要注意的是，它的偏项修饰成分往往多是单纯体现别异，这典型地反映在天干地支的附加成分上，它不表示什么实际的意义，主要通过不同的符号反映差别。《周礼》中的偏正式复合词显然就不一样了，以由“~人”的框式即可看得清楚，在“~”位置上出现的单位则多是体现职位的功能。这与单纯的分辨就大不一样了，即已开始从对象自身的特性上着眼了！到了现代汉语中，这种情况得了进一步的发展。

如前所述，朱德熙在《现代汉语形容词研究》一文中提出了这样的观点：“不带‘的’偏正组合，定语和中心语是互相选择的，二者不能任意替换。”“譬如可以说‘白纸’‘白头发’，但是不能说‘白手’‘白家具’。”

贵东西	*贵手绢儿
薄　纸	*薄灰尘
脏衣服	*脏糖
重担子	*重箱子
窄心眼儿	*窄布
凉　水	*凉脸
厚脸皮	*厚雪
香花儿	*香饭
热　酒	*热力量
小自行车	*小报复
短袖子	*短沉默
黄制服	*黄汽船

绿绸子　　*绿庄稼
蓝墨水　　*蓝天空
聪明孩子　　*聪明动物
滑稽电影　　*滑稽人
老实人　　*老实学问

朱德熙接下来分析说："这一类格式之所以不能成立，不能从词汇意义上找解释，因为我们只要把这些格式里的甲类成分换成跟它相对应的乙类成分，仍旧可以造成合法的格式"：

*白手　　雪白的手
*贵手绢儿　　挺贵的手绢儿
*重箱子　　很重的箱子
*凉脸　　冰凉的脸

对此，赵元任（1968/1979）提出疑问，认为：不带"的"字的偏正组合，两者之间是规定性的，不能任意替换。这只能说是一种倾向，不能算规律。比如说"你不累吗，老提溜着那么个重箱子？""把重箱子搁在后头，轻箱子搁在前头。"似乎也很自然。再比如："别拿你那凉脸挨着人！"同样不算不合语法。（304页）

那么，不同的判断里应该怎样取舍？

张敏于《认知语言学与汉语名词短语》一书中认为："重担子""重箱子""重书架"三个等级，"其原因很清楚，即'重'属性在涉及这些物体的原型互动行为模式中地位不同"。这话说得比较抽象，也不容易辨析。事实上，朱德熙通过大量例证已经初步说明了的一个道理是：紧挨着的修饰性成分对于中心语事物来讲都是人们认知它的时候体现为主要属性。"纸"是论红白颜色的，"担子"是论轻重的，"商品"是论贵贱的，"水"是论凉热的，"心眼（胸怀）"是论大小的，"脸皮"是论薄厚的：人们往往根据生活中的常识而自然附加于特定的事物上面。就是多个的附加成分共现的时候也能出这种特性，如常规的说法都是"大红花""小白花"，为什么不说"红大花""白小花"？因为对"花"来讲，人们对它特征的认识，首选的是色泽，其次才是大小。再如"大青涩柿子"，根据距离相似动因也能解释前面三个单音节的形容词为什么对中心词语"柿子"会呈现前后有规则的排序：对中心语事物来讲，"甜"或"涩"才是最重要的属性，其次才是"青"或"红"的问题（意味着不熟与熟），最终才是"大"或"小"的问题。也就是说，偏正组合，特别是趋向于词法的组合，选取什么样的偏项，并不是随意性的。如果说早期的人们由于认识事物命知对象的能力还受到一定的局限的话，随着时间的推移，思维逐渐地趋于严谨，这种意识会逐步地趋向于清晰。

比如我们现在有些构词，看似其组合没有一丁点儿的理由根据，如"老鼠"等。

它们前边的“老”现在成了没有任何意义价值的词缀，但不等于它开初就是随意给安上去的。《说文·老部》：“老，考也。七十曰老。”在社会的管理层次上面，老与不老，直接涉及社会的责任与福利制度问题，故往往都有明确的规定。例如：

(3) 武德七年，始定律令……男女始生者为黄，四岁为小，十六岁为中，二十一为丁，六十为老。(《旧唐书·食货上》)

(4) 广德元年七月，诏：“天下男子，宜二十三成丁，五十五为老。”(同上)

这种古老的传统铸就了老幼、上下、尊卑的观念意识，人们不会随便把“老”安置于他所看到的事物现象的对象上面。当然，严格的规定是一个方面，于事物现象的判断上面或许又是一回事。这就是法律是一种标准，文学表现又是一种尺度。比如苏轼在《江城子·密州出猎》中的词句“老夫聊发少年狂”，其中所谓的“老夫”，当时他才38岁。虽然不是一个时期，且一个是现实一个是文学，似乎缺乏比较的基础，但“老”作为一个相对固化了的表示年龄大、经验丰富意义的词，这在什么时间里都是存在的。看早期“老”的用法：

(5) 九二，枯杨生稊，老夫得其女妻；无不利。(《周易·大过》)

(6) 樊迟请学稼，子曰：“吾不如老农。”请学为圃，曰：“吾不如老圃。”(《论语·子路》)

(7) 至齐襄王时，而荀卿最为老师。(《史记·孟子荀卿列传》)

(8) 诚哀老姊垂白，随无状子出关，愿勿复用前事相侵。(《汉书·杜钦传》)

由人及物，“老”附在其他名词性词语前面表现该意义的情况很自然地就出现了。最早的用例见《方言·卷八》中载：“蝙蝠，自关而东谓之服翼，或谓之飞鼠，或谓之老鼠，或谓之仙鼠。”与此同时，后人所辑刘向的《淮南万毕术》也有类似的称谓：“老鼠不祥，过，自受其殃!”宋代陆佃《埤雅·卷十一》载：“狐鼠进退又鼠类最寿，俗谓之老鼠是也。”事实上，现时农村仍流传着老鼠有胡须，寿限长，成仙变蝙蝠的故事。所以，唯有个头小的老鼠赋予一个“老”字头，并非没有一定的缘由。而今科学昌盛，人们早已忘却最早称名的印迹，才导致了它的意义彻底虚化。

再如《尔雅·释虫》：“蝒，马蜩。”郭注：“蜩中最大者为马蜩。”又，《尔雅·释虫》“蚻，蜻蜻。”郭注：“如蝉而小。”《方言》“蝉其大者谓之蟧，或谓之蝒马。其小者谓之麦蚻。”《说文》：“莙，牛藻也。”段注：“按藻之大者曰牛藻，凡草类之大者多曰牛曰马。”马是一种大动物，人们多由此引申类推而成。《现代汉语词典》仅“蚂蜂”有异体“马蜂”，其他的，“蚂蟥”“蚂蚁”只有这一种形式，而古代汉语却都有其异体形式“马蟥”“马蚁”。孙光宪《北梦琐言》：“南僧说蛟之形如马蟥，即水蛭也。”段成式《酉阳杂俎·虫》：“秦中多巨黑蚁，好斗，俗呼为马蚁。”古代汉语中的“马道”“马包”“马船”“马溜子船”，包括现时仍没绝迹的“马路”“马灯”“马车”“马勺”等，前边的“马”都有“大”义。也就是说，很多复合词以现在的眼光看似乎没有什么道理依据，然而它起初的造词，仍是有由头的。

正因为如此，偏正式组合，因为有着便宜的框架构式，无论是中心成分还是附加成分，从理论上讲都可以进行无尽的替代，又具有类推联想的生成机制，相较于并列组合来讲，随着社会的发展进步，思维方式的日益演进丰富，逐渐成为最能产的造词方式，可以说是顺理成章，没有什么悬念。

正像人们看得很清楚的：补充式、动宾式和主谓式这三种组合，不管是什么时间都不能够与并列式和偏正式相抗衡，其原因何在？说穿了，就在于它们体现着真正的句法结构关系，与词法的根本属性在于指称存在矛盾。对于词语的命名来说，主谓式、述宾式和补充式，都不在联想的序列里，从而进入了表述范畴。这里从构词材料的角度做一辨析。

构词的语素如果属于同类型，特别是在古汉语里最初为体词的话，最容易进入接近联想的意识中来，如“道路”，古人的区分似乎非常细。《周礼·地官》：“百夫有洫，洫上有途；千户有浍，浍上有道；万夫有川，川上有路，以达于畿。”郑玄注：“途容乘车一轨，道容二轨，路容三轨。”“道”和“路”虽有差别，但在人们的观念里未免啰唆不堪。然而它们既然是同类的命名，由此及彼将它们联系在一起是最自然的。有意思的是，后来人们将“途”升格，如《玉篇》：“路也。”《广韵》：“道也。”其实，就是先秦，人们也不见得就将此三者分辨得清晰。如《周礼·考工记》：“经涂九轨。”说明了什么？对不同层次的概念，当时人们并不见得非常明晰，故“路途”是并列还是偏正？显然非常容易判断。

如果组合的两单位有了一定的属种关系，就稍稍麻烦了一些。同样道理，“柳树”是偏正，但“羔羊/羊羔”呢？从这种意义上说，并列和偏正，最容易联系在一起。与此同时，偏正关系的组合里面，如上所述，由事物想象到此它最贴近的属性特征，是不同层次上的概念。但，又由于它们是贴近联系，也可以看作是接近联想的另一种类型，即不同层次上的接近联想。

如果是构词的个体单位原属述谓性的，情况就变得相对复杂一些。当然，绝大多数的情况下还是轻松就可以确认的。古人所谓的重言，近人所谓的“同义连用”，大多关注的都是这种类型。前面于古代汉语已举例证比较多，再如现代汉语中出现频率比较高的：“侵犯”“进退”“出产”“思想”“抓挠”“选择”“停止”“失掉”“关闭”“休息”“困顿”“粗糙”“高大”“美丽”等。仍如前所述，这些复合词的创制只要靠通常的联想方式即可以实现。但还有相当的一部分仅凭此还是解决不了问题的。事实上，词法和句法问题上存在两种力量：一种是往词法上靠，一种是往句法上去。浸润于其中的，是两种不同的思维形态：趋向于封闭还是开放，一般联想还是逻辑表达。句法的关系介入词法，人们往往有一种无所适从的感觉。对于所谓补充式和述宾式往往容易插入其他词语的情况，于是人们只好说：它们是离合词；没有其他成分插入的时候是词，有其他成分插入之后是短语。就像“抓紧”，是词还是短语？说不清楚的。如果说："你一定要把绳子抓紧"，肯定是短语；如果说"抓紧工作吧"，肯定是词。为什么？就是因为在补充关系上面存在词与短语的纠结。也就是说，主谓、述宾和补充，都是非典型性的构词组合结构关系；换句话来说，需要相对复杂的思维形式才能厘清里面的关系。如"查检"，只要将其中的两者归为一类就可以了。"查明""查封"两词恐怕就不能简单处理，它们一个是行为和结果的关系；一个存在着时间上的先后、逻辑上的承继关系。后面的两词不参照句法就很难解析其内部的关系及意义；相对应的，如果词法里边过多介入句法关系的话会给人们带来更多理解上的困难。① 这种情况就注定了主谓式、述宾式和补充式三种类型什么时候都很难取代并列式或偏正式，并列式或偏正式成为词法里面最能产的组合结构关系，这才是问题的实质。

与此相对的另一面是，由于存在着指称和述谓、词法与句法的矛盾性，所以，从汉语发展的历史上看，还存在着逆词汇化的现象：原本的意义相同相近的两个单音节词变为双音节词，受类似组合形式词语的影响，其中包括某个单位意义脱落或受另一个单位意义或色彩的感染而发生变化，从而使其结构关系得以改变，或者变得结构松散，趋向于句法。② 例如"洗澡"，《说文》："洗，洒足也。""澡，洒手也。"于今人似乎更愿意将它们之间的关系看作动宾："洗了几次澡""洗了个热水澡"之类的说法便出现了。再如元明时期就有的一个词"请吃"，晚清迄今人们又将它倒了个序，变为"吃请"。它是什么样的构词方式？恐怕是任什么样的语言学家都难以清楚明白直接地对它做出判断。人们在使用中也宁愿把它看作动宾式。下面这些用例都出现在新闻报道中：

(9) 一年三百六十日，他俩都同工人一起在大伙房啃萝卜咸菜就饭，没吃一顿请。

(10) 源汇区审计局局长带队到郊乡进行审计，长达一个多月，没吃过一顿请。

(11) 在承德 29 年，他没有吃过任何一家的请，吃过任何一家的饭。

(12) 不论安排在什么时间，他都是骑自行车去，骑自行车回，没吃过一次请，没收过一次纪念品。

(13) 多年来，支部成员没吃过村民一次宴请，没收过村民一份礼。

再来说一下主谓构词，它可以说是最典型的句法组合结构关系了。如上所述，它在句法里是自由组合，在词法里就不怎么自由了。拿最简单的语言单位来说："吃饭"就趋于词汇化，因为我们可以说："吃饭是小事。"一旦介入了句法的观念，同样的表

---

① 陆志韦（1964）认为，类似于"查明""查封"这样的补充式、连动式构词，是很容易与"两件事不是同一个人做的"的兼语式、动宾格等混淆的（61 页）。张寿康（1981）在具体词的判断上也与陆志韦不同。

② 董秀芳（2003/2013）将该现象称为"双音词内部形式的重新分析"。李宗江（2004/2017）则将其称为语法化的逆顺序。

达就不成立了："*吃了饭是小事。"也就是说，在词法里是不可能涉及时体范畴内容的。我们再拿陆志韦（1964）所列举的主谓型复合词来说：

秋分、夏至、霜降、兵变、尸变、地震、公主、花生
气结、气喘、便秘、痰厥、血崩、头疼、耳漏、耳鸣
嘴硬、眼红、耳背、脸嫩、手松、心净、胆怯、肉麻、毛僵、牙碜
气粗、性急、命薄、福薄、言重、理短、年青
夜静、碱大
貌似、类如、譬如、例如、何如、理当
所以、所谓、所为、所长
所有、所在、所生、所知……

这些例词大致可以分为三类：一是季节时令自然灾变型的，二是人体疾病或性格特征型的，三是特定语词。其他的，像"花生"，前边我们已经有所讨论，说点儿不客气的，对该词硬性认作主谓结构关系，实在是有点为分析而分析之嫌，不足以识读该词完整丰富的意义。"公主"倒是明确可以认定主谓，但这样的词也需要讨论。朱德熙（1983）曾就"自指""转指"进行分辨，认为只有词类转变而词义不变的才是自指，词类和词义都转变了的是转指。其立论根据是："汉语的动词、形容词本身可以作主宾语，也可以名词化以后作主宾语。不过凡真正的名词化都有实在的形式标记。所谓'零形式名词化'，对于汉语来说，只是人为的虚构。"姚振武（1994）已经对此有过商榷，说："有些谓词性成分可以不用任何形式标记而发生转指，并且名词化。这种名词化指的也是与谓词性成分所蕴含的对象有关的施事、受事、与事、工具等。"事实上，一如我们一再强调的：词法，主要在于对事物进行指称。有的可以就对象静态状貌进行认定，同样，也可以就其动态功能进行命名。比如：过去农村正间方桌前在逢年过节或体现比较隆重的礼仪时通常要在其前面罩上一蓝眉红面的帐布，这一物件既可叫"桌裙"，又可叫"围桌儿"。前者从其形状着眼，后者从其动作着眼。再如人们爱干净，掸去尘土，这种动作可以说老早就有：

（14）庾在石头，王在冶城坐。大风扬尘，王以扇拂尘曰："元规尘污人。"（《世说新语·轻诋》）

（15）知是君宿来，自拂尘埃席。（白居易《麹生访宿》）

人们还以此制作了专用工具。这种工具既可以动作命名：

（16）（维摩）右手掌拂尘之麈尾，左手擎化物之寒筇，万茎之鹤发垂肩，数寸之雪眉覆目。（《敦煌变文集·维摩诘经讲经文》）

（17）荆公用拂尘往左一指，道："子瞻，可见光阴迅速！"（话本《王安石三难苏学士》）

同样也可以典型的体词化的形式直接指称：

(18) 沩山竖起拂子曰："会么?"(《筠州洞山悟本禅师语录》)

陆志韦在其他结构类型的诸多例子，如并列格里举的"吃喝、收支、教学"等，都是典型的动词性语素组合，然而它们都是名词。特别是后者，《现代汉语词典》(第6版) 还解作"教师把知识、技能传授给学生的过程"，即便如此仍标定为名词。由此可知，对于一个词的创制来讲，侧重什么样的角度对它进行命名，才是最重要的；而它内部的结构关系，只是整个成词过程中微不足道的一个环节，甚至这个环节人们都可以忽略不计，由"公主"一词可以充分地看到这一点。我们以为，对事物进行的命名，如若是从其动作特征着眼，说这种情况是转指，似乎更能体现其属性。

自然生态型的这一类，仅以"冬至"为例，是不是主谓关系，老一代的语言学家就有明显的争议。赵元任 (1968)、朱德熙 (1982)、刘叔新 (2002) 等都是这样看的；吕叔湘①、任学良 (1981) 等则认为是偏正关系。新一代的学者里于20世纪八九十年代还很写了一些文章来讨论它的构成问题②。不同的观点之间仍是看谁能以更为坚实的根据论述得充分，大多仍于偏正与主谓之间进行选择。当然，还有其他观点的认识，如张清常的《上古汉语的SOV语序及定语后置》，认为是述宾关系。之所以有这样大的争议，看起来大家所关注的焦点在如何认识"至"字的语义上，是"到"还是"极"的问题上；然而最根本的因素是：这个"冬"是否具有主语的典型性，三种类型其实都涉及这一根本问题。借助句法来说，主语的范围在哪儿？1955年的主语宾语问题大讨论，只是在一定意义上解决了一个语序问题，但判断是否为主语说到底仍是一个意义的典型与否。"台上坐着主席团"，张静本的《新编现代汉语》教材可以说在这个问题上是最保守的，关键是它坚守的一个大前提是"介词短语不能做主语"，"台上"前面可以加上"在"，所以它不是主语。黄、廖本《现代汉语》宽松了一些，说"台上"可以做主语了。为什么？因为它承认了存现句的存在。然而它又将其底线设定在"什么地方"这一边界这儿，至于时间名词能不能做主语，它就不宽松了。还好，胡裕树本《现代汉语》将其边界扩大到了时间名词这儿，"午后走了一批客人"，"午后"可以做主语了。但是对于"下午开会"中的"下午"是否为主语，它又解释

---

① 见赵元任1979《汉语口语语法》第185页吕叔湘所加附注。

② 韩峥嵘：《从"蚕食"、"年景"说起——试谈主谓式合成词》(《汉语学习》1981年第4期)，李英兰：《"冬至"是主谓式，还是偏正式?》(《语文学刊》1985年第5期)，刘公望：《"夏至"非主谓结构辨》(《语文研究》1987年第3期)，方平权：《"长至""短至"说》，(《古汉语研究》1990年第3期)，邹哲承：《"泥石流"是主谓式，还是偏正式?》(《汉语学习》2002年第3期)，曾艳绘：《"冬至"一词的结构关系》(《汉字文化》2006年第1期)，孔渊：《也谈"冬至"一词的结构关系》(《汉字文化》2006年第3期)，李永勃：《"冬至"一词结构关系之我见》，(《汉字文化》2008年第1期)，路伟、唐娟：《"夏至""冬至"不是主谓结构》(《现代语文》2008年第9期)，李妍：《再论"冬至"一词的结构关系》(《汉字文化》2009年第4期)，刘乃叔：《"冬至""夏至"的理据及结构》(《吉林大学社会科学学报》1991年第6期)，张翠翠、徐阳：《谈"冬至"一词的结构关系》[安徽文学（下半月)，2009年第7期]。

不清了：是主语。那么“下午我们开会”呢？它又判定说：“我们”是主语。为什么呢？它说了：当多个名词性词语于谓语前面共现的时候有一个选择序列：施事>工具>受事>方位>时间，所以，“我们”是主语。老实说，三套教材之所以正好有一个由窄到宽的序列，甚至每套教材的选择标准都有一定的弹性，也都反映了人们于认定上面存在着储存于潜意识之中的逻辑上的做主语角色身份典型与否的一个序列。人的主动行为，没有人能否定主体与其动作之间的主谓关系，相照应，事物与行为之间依次递减，这种关系便愈加薄弱。赵元任以话题为宗，认为介词短语也可以做主语，迄今这种认定仍停留在理论研究的层面，仍是由意义的因素在起作用。

1981 年第 6 期《汉语学习》发表有韩峥嵘的短文：《一点必要的订正》，里面表述的仍属于该范畴的问题。他说他在同年的第 4 期《汉语学习》上发表有《从“蚕食”、“年景”说起》一文，意在纠正把某些偏正式合成词当作主谓式合成词的错误。却于近日偶然发现在文末所列的主谓式合成词表中有一处错误，即将“波动”当作了“波及”。“波动”当移入前面所列的容易搞错的偏正式合成词表中，放在“冰凉”之后。这是自己在做清样校订时的疏忽。再则就是表中所列“独白”“独裁”“独唱”“独到”“独断”“独立”“独奏”等数例，以为“独”是“独自”的意思，所以算作主谓式合成词了。查《现代汉语词典》，“独立”一条，其第一个义项是“单独地站立”。这样解释，“独立”就得算作偏正式合成词了。不过“独立”常和“自立”“自强”等放在一起使用，也不算大错。说到底，还是前面的名词性单位施事能力强弱的问题。即便是以“自~”为尺度进行认定，这个大前提是不是典型的主谓关系恐怕还值得再讨论！看《现代汉语词典》中这一结构的词条：

自爱、自傲、自拔、自白、自卑、自闭、自便、自裁、自残、自沉、自称、自乘、自持、自筹、自从、自打、自大、自得、自动、自发、自肥、自费、自焚、自分、自封、自奉、自负、自感、自供、自古、自豪、自给、自驾、自荐、自交、自矜、自尽、自经、自刭、自咎、自疚、自救、自居、自决、自觉、自绝、自控、自夸、自况、自来、自理、自立、自量、自励、自恋、自量、自流、自律、自满、自勉、自命、自馁、自虐、自谦、自戕、自强、自取、自然、自燃、自如、自若、自杀、自伤、自审、自视、自是、自恃、自首、自赎、自述、自私、自诉、自外、自卫、自慰、自刎、自问、自习、自相、自销、自新、自信、自行、自省、自修、自许、自诩、自序、自叙、自学、自缢、自营、自用、自由、自愿、自在、自责、自制、自治、自重、自主、自助、自传、自转、自足、自尊

不说别的，如果这都统一地归属到主谓关系里的话，那这种构词方式也算是能产的了。事实上大家也并不看好它，并不把这种构词看作典型的主谓式构词，不然的话，各种各样的教材早就将它们作为范例列举上去了。将此扩大开来，新兴的社会性同类词语，像“国营”“私立”“野生”“民用”“人为”等，要说这些复合词后面一个语

素都是动词性的，前面一个语素，有些是比较典型的行为主体，说成是主谓似乎是没有什么疑义的。但是，它们，包括所有被人们认为属于主谓结构型的，事实上进入语句之后，就会发现它们都不可能以其本源的动词充当谓语，多处于向名词倾斜的变动之中。以“自尊”为例，它起初组合，最本源的意义不外乎“尊自”，如：

(19) 若以诸军之力，得平关东，当以大义喻秦，奉迎反正，诬上自尊，非孤心也。(《十六国春秋别传·后燕录》)

(20) 卿皆自尊而卑吾子乎？(《通典卷·第三十一》)

对比着它对应的成分，如例（19），如果要求结构的一致性的话，就应该是“诬上尊自”。例（20）也应该是相应的“尊自而卑吾子”。也就是说，“自 V”中的“自”是语义上的受事宾语。人体特征性这一类的所谓主语大都属于哪个局部或某项性情如何，都不可能成为动作的主体。再则就是其边界很不好认定。如“亲历”“体悟”“心疼”“语感”“肤觉”等是不是也都能归入其类呢？所以，不要着意为了说明词法和句法的一致性，硬是将两者叠加到一起强为解说。人们于词语命名中很少顾及句法中类似的结构关系问题，完成其指称才是第一重要的。

下面是一个极端的例子：

山药原名薯蓣，到了唐代因唐代宗叫李豫，“蓣”“豫”同音，为避唐代宗李豫名讳而改薯蓣为薯药，到了北宋又因为宋英宗叫赵曙，又因“薯”“曙”同音，为宋英宗避名讳而改薯药为山药。

原名“薯蓣”，肯定是并列：“薯”就是“蓣”，“蓣”也是“薯”。可是为了避讳的因素而替换了语素，至于是不是改换了里面的结构关系，很少有人考虑。

再说最后一种类型。“所~”系列。《说文》：“伐木声也。”段注：“假借为‘处’字也。”它很快发展成为两种特定的功能词：一是与“因此”相对应，成为一种互换性的同义词。再一是变为一个名词的标记附在动词前边，成为一个具有类属性的体词性标记而广泛使用。这种情况与附在后面的“者”相类。后面这一种与句法的表意有关，也就是不管是单音单位也好，多音单位也罢，都使它们具有体词的属性。如果将后一种也看作主谓关系，显然这种句法的语义关系也太宽泛了。

最后我们谈一谈相似联想造词的问题。

隐语是人类最基本的一种联想方式。人们总是借助于不同类属关系的事物现象，利用其某种特点上的雷同性而将它们联系在一起，这是人类发散性思维非常自然正常且有助于思维进步的联想方式。尽管说人与物之间可以相互转换，进行互喻。如《汉书·成帝纪》云，“帝王之道日以陵夷”。颜师古注：“陵，丘陵也；夷，平也。言其颓替若丘陵之渐平也。”这显然是由崇峻高山而日渐颓废而成平土来喻比皇权威严的不再。“陵夷”一词与“沧桑”意味差不多，但又不完全相同。再如《左传·庄公八年》：“（齐侯）射之，豕人立而啼。”王安石《阴山画虎图》：“逶迤一虎出马前，白羽横穿更人立。”邦额《夜谭随录·黑狐》：“予始登厕，即见一黑狐人立壁角。”显然，这“人立”。也确能反映某一类共同的形象特征。前者是以物喻人，后者是以人喻物。但总的来说，一如古希腊普拉泰哥拉所说“人是万物的尺度”，康德所说“人为自然立法”。总的趋向、主导的倾向都是其他事物向人靠拢，无生命的事物向有生命的事物进行比拟。如对“山”不同部位的命名：“山头”“山口”“山嘴”“山脊”“山腰”“山脚”“山脉”“山轿”“山门”“山墙”“山梁”等，显然构成了一系列的类比，即由人到物的类比。我们可以看得很真切的是：相似联想，确确实实是造词过程中的一个手段。但需要注意的是：这种造词手法不像接近联想、相反联想那样，比较多地为词法所独享（当然，更大范围的相比较等，也可以在句法和篇章上运用。那些是别话，在方式手段上大有不同，需要更高层次上的再分辨）；而且即便是采用了这种方式，下位层次上仍需要考虑不同语素间的组合问题。所以，不少谈造词法的著述将它们和语法造词方式相并列，那在逻辑上是讲不通的。

第四章　个案词语的词汇化过程描述

正像我们已经表述过的那样：新时期以来，人们于语法化、词汇化的描述竭尽了很大的心力，且已取得了很大的成绩。但我们觉得，这项研究似乎现时进入了一种困境：我们可以就历史上的一部著作进行详细的描写说明，甚至可以就其词汇的使用状况进行全面的统计说明，问题的关键在于我们所依据的大前提是正确的。比如说，大家费了偌大的功夫进行统计，然而统计的数字有很大的出入，显然是由于不同的人在是词不是词上面把握得不到位，那么，其整个的统计数字也就大可怀疑了。其实李仁春（2011）已经看到了这一点，但他又说，许多人都保持了统计方式的一致性；故数字的大小，于一个人来说是统一的，所以说结果还是可信的，这恐怕不能说服人。正因为如此，我们觉得现时条件下，大家再忙着就不同的著述，特定时期的构词关系进行数字上的费心统计，实际上于汉语整个词汇化的历程已经并无非常必要的价值。如果我们能够就具体词的产生及其流变进行细致入微的探寻，洞见其前后的变化的过程，足以识见其整个语言背景中的复杂丰厚的信息内容。正如生物界一个生命体上所负载的细胞记录着整体生命密码的所有信息一样。所以，沉稳起来，我们不妨一个词一个词地去进行考察，或许这种研究会表现得更细腻，既将具体词描写详尽了，而每个词的个性总汇起来，同样能够更扎实地看到整个词汇系统中的发展变化轨迹。这一章里边，我们就具体的有限的几个词进行历史的溯源及变化追踪。虽然说不上是整个汉语词汇化的范例，然而每个词都有每个词的“个性”，但愿这种课题研究以后能更广泛深入地实施开来，真正地将词汇化的课题研究继续推向更扎实的层次。

第一节　说“进步”

“进步”是现代汉语中出现频率很高的一个词，它是怎样组合成词的？要回答这个问题，显然需要追溯它的产生源头、发展脉络，并窥视其隐含于深层的变化动因，才有可能认识得比较准确和完备。

一、“进步”成词为什么比较难

先看《说文》对其中两个构词语素的解释：进，“登也。”对于“登”，《说文》进而又解作：“上车也。”《说文》之所以将这两个字联系起来，或许就在于看重两者在会意造字上面有着共同性：前者为上攀追逐鸟雀之形，后者有涉足高处之意。对后者，段注：“引申之凡上升曰登。”两者的本义倒都与我们今天所理解的相对抽象的“进步”义比较贴近。但老实说，各种各样的解释中，《广韵》的解释似乎最宜于体现“进”的基本意义：“前也”，如“乃登进厥民。”（《书・盘庚》）“非敢后也，马不进也。”（《论语・雍也》）“仆御妇人，则进左手，后右手。”（《礼记・曲礼上》）“有一女子，方跪进杯食。”（《山海经・海内北经》）也就是说，只要是体现“前行”动作行为的，都可以用它来称述。至于奉上什么礼物或言辞建议，推举或选拔人物，直至体现道德品质的提高等，如“君子进德修业，欲及时也，故无咎。”（《易・乾卦》）可以明显看到这个本源的单音节词意义上由有形向无形、由物体位移向抽象攀升不断引申拓展的一条清晰途径。

对于“步”，《说文》的解释是“行也。”段注：“行部曰：‘人之步趋也。’步徐，趋疾。《释名》曰：‘徐行曰步。’从止㐀相背。止㐀相并者，大登之象。止㐀相随者，行步之象。相背犹相随也。”显然，“步”最开初的意义就是人的正常行走。《尔雅・释宫》辨析人的不同行进方式说：“室中谓之时，堂上谓之行，堂下谓之步，门外谓之趋，中庭谓之走，大路谓之奔。”《触龙说赵太后》里的表述为“乃自强步，日三四里”，即体现了这种意义。但是，《说文》的解释好像简单了一些。先秦时期的“步”还有另外一种含义，即《小尔雅》中的解释：“跬，一举足也。倍跬谓之步。”能够用数量指称，特别是后来又演化为一种丈量单位，显然该词也体现了名词的特征。《荀子・劝学》中“故不积跬步，无以至千里”亦体现了这种意义。

对照“进”和“步”早期的意义，显然两者有着比较大的距离：一个是总括性的方向运行，一个是具体的行走方式；一个适应对象广泛，一个多指人的腿脚行进。两者似乎不在一个层次上。因此在相当长的历史时期内，即先秦时期它们大都以独立的词入句；两汉时期组词开始增多。呈现出的情况是，两者并没有结合在一起，而是各有各的组合对象。例如：

（1）变化者，进退之象也。（《易・系辞上》）

（2）狂者进取，狷者有所不为也。（《论语・子路》）

（3）三军进止，岂有道乎？（《吴子・治兵》）

（4）进行者，先敷近，后敷远。（《墨子・经说下》）

（5）羡施氏之有，因从请进趋之方。（《列子・说符》）

（6）彘逸出於窦中，马退而卻，策不能进前也。（《韩非子・外储说右下》）

(7) 臣斯愿得一见，前进道愚计，退就菹戮，愿陛下有意焉。(《韩非子·存韩》)

上边诸例与“进”组合成词的可以说多为并列关系。例（1）、例（3）中的“进退”“进止”是反义组合，且“进退”为那个时段里出现频率最高的一个合成词。其他三例同属同义并列。例（2）中的“进”与“取”能早早地组合在一起，在于后者的意思是“捕执”，与前者的本义最为贴近。诸例中，唯有例（4）稍特殊。“行”，有两层含义：一是具体的行走方式，如上述《尔雅》中的释义，例（5）中即取此义。二为各种行走方式的总称，即《说文》中的解释：“人之步趋也”。段注：“步，行也。趋，走也。二者一徐一疾，皆谓之行。”该例中的“行”即为此义，“进行”就是“前行”，为偏正关系。例（6）、例（7）里的“进”和“前”颠倒位置，属于绝对同义性质，故其组合也自由。

(8) 於乎有哀，国步斯频。(《诗·大雅·桑柔》)

(9) 乘车者饰观望，步行者杂文采。(《管子·八观》)

(10) 步骤驰骋厉骛不外是矣，是君子坛宇宫廷也。(《荀子·礼论》)

(11) 夫目之察度也，不过步武尺寸之间。(《国语·周语下》)

(12) 人有亡鈇者，意者邻之子，视其行步，窃鈇也；颜色，窃鈇也；言语，窃鈇也；作动态度，无为而不窃鈇也。(《列子·说符》)

(13) 穆王惊视之，趋步俯仰，信人也。(《列子·汤问》)

(14) 以车与步卒战，一车当几步卒？(《六韬·均兵》)

(15) 陷紧陈，败步骑。(《六韬·军用》)

(16) 夫以外胜内，匹夫徒步不能行，又况乎人主？(《吕氏春秋·似顺论》)

诸例中，例（8）、例（9）、例（14）为偏正组合，其他的均为并列组合。例（10），“骤”，《说文》解作“马疾步也”，与“步”的匹配似乎显得突兀。我们认为《康熙字典》的解释或许更合乎情理：“又叶逡须切，音趋。《淮南子·原道训》：‘纵志舒节，以驰大区，可以步而步，可以骤而骤。”也就是说，“骤”通“趋”，意谓疾步。例（11），韦昭注：“六尺为步，贾君以半步为武。”例（16），“徒”，《说文》：“步行也。”

在这一历史阶段中，两者也有述宾组合的情况，不过少且稳固性不强：

(17) 君子进德修业。(《易·文言》)

(18) 寡君闻吾子将步师出于敝邑，敢犒从者。(《左传·僖公三十三年》)

(19) 人臣之欲得官者，其修士且以精絜固身，其智士且以治辩进业。(《韩非子·孤愤》)

这些足以说明：并列式和偏正式是比较典型的词法组合方式。与此同时还可以看到，并列式与偏正式之间也有一个组词先后的优选次序问题，虽然在具体词语上面体现的不是那么严格。之所以如此，如前所述，就在于人们于构词上所寄寓的认知模式不同。“进”和“步”之间没有类属关系，于汉语的早期阶段没能组合成词，原因恐怕就在于此。

其后于东汉末年，有关“进”，出现频率比较高的就是佛教译经及中国传统道教著述中的一个词“精进”：

(20) 第四觉知，懈怠坠落，常行精进，破烦恼恶，摧伏四魔，出阴界狱。(《佛说八大人觉经讲记》)

(21) 各见其功，各进所知，无有所私，动辄承教，不失教言，而精进趣志，常有不息，得敕乃止，是生神之愿。(《太平经·庚部之十二》)

两教到底哪个先创制该词？不得而知，但相互影响借用倒是很可能的。该术语很能体现其内心修行的定力和不断增升的境界，所以该词似乎专门为宗教所独创专用。在此基础上甚至还出现了近似于三音节的词“精进力”：

(22) 何等为精进力？谓不杀盗淫欺，广陈经法，开导人物，未曾懈怠，是为精进力。(《佛垂涅盘略说教诫经》)

自此之后，“进”和“步”两者真正组合在一起，或者说比较多地趋向于或接近于“进步”词汇化最开始的形式“步进”。例如：

(23) 众军步进，有车四千两，分车为两翼，方轨徐行，车悉张幔，御者执槊，又以轻骑为游军。(《宋书·卷一》)

(24) 凡斩大将十五级，诸营守以次土崩，众军乃舍船步进。(《宋书·卷四十八》)

(25) 不如悉弃船舰于鄴城，方道步进，建营相次，鼓行而前。(《梁书·卷十八》)

(26) 是后崩坏，顶犹有小亭，登降甚狭。及上升之，下辇步进。(《南史·卷五十一》)

(27) 映至，峘入谒，从容步进，不袜首属戎器，映以为恨。(《新唐书·卷一百二》)

(28) 五月，至下邳，留船舰、辎重，步进至琅邪，所过皆筑城，留兵守之。(《资治通鉴·卷一百一十五》)

因为“进”和“步”不属于同一范畴的意义单位，故其直接组合相对比较困难；即便组合了也不可能属于最简单的并列组合。一如“柳树”“菊花”这样的组合有着属种间的差异一样。所以，上述的“步进”只能是偏正型的复合式合成词，意为“步行前进”。

“步进”的逆形式即“进步”在唐代出现，最早见于《敦煌变文》。例如：

(29) 信者，如入泛大溟海，假自手已行舟者，且如人将投大海，愿泛洪波，不挥篙而难已（以）行舟，不举掉（棹）而如何进步，须凭自手，方可施为。(《维摩诘经讲经文》)

(30) 于是三女遂即进步向前，谘白父王云云。(《破魔变文》)

(31) 皇帝遂衣（依）催子玉所请，进步而行。(《唐太宗入冥记》)

(32) 遂即进步向前，合掌鞠穷（躬），再礼辞于和尚，便登长路。(《庐山远公话》)

(33) 远公既蒙再三邀请，遂乃进步而行，百般伎艺仙乐前迎，群宰喜贺当今万岁。(同上)

需要指出的是：《敦煌变文》中出现的“进步”，似乎有点儿爆发性质，这种组合在《敦煌变文集新书》里即达16处之多，而唐代其他的著述却未见着。这说明，“进步”最开始的运用多为早期白话，且为佛教用语。再则就是开初的意义也非常清楚明白，除例（29）外，大都表示人的具体移步前行，属于比较典型的动词义。当然，“步进”和“进步”并非逆序词的关系。因为自后者产生之后，前者很冷落了一段时间；即便明清小说里再用到，也往往指具体人的前行，而后者又引申出抽象的意义。

二、“进步”的历史发展

若说“进步”真正成为词，恐怕还要说是借助于佛教禅宗语录的推动。这主要体现在《祖堂集》中所记载的反映其特定教义思想的偈语。例如：

(1) 府主太尉问：“僧众已蒙师指示，弟子进步，乞和尚垂慈悲。”师云：“太尉既进步，招庆不可不祇接。”“弟子常笼日久，军府事多不会，乞师方便。”师云：“太尉适来道进步，招庆道不可不祇接，太尉还会摩?”(卷十三)

(2) 百尺竿头须进步，十方世界是全身。(卷十七)

(3) 百尺竿头则不问，百尺竿头如何进步?(同上)

这一命题在后面的诸多禅宗语录，如《景德传灯录》《无门关》《五灯会元》等中一再重现讨论。甚至对禅宗多有信奉的人，如苏轼等，也都关注过，也都对该词多有运用，从而使它成为一种富有特定内涵的理念。对比172页中的例（29）到例（33）中的用法，我们显然可以看到前后之间的变化：由体现具体的动作行为转而隐喻心灵智慧上的修养提升。这种转变过程与禅宗注重内心不断地体悟有关，言辞上的记录能够得到很好地反映。例如：

(4) 古路无踪如何进步?(《景德传经录·卷十二》)

(5) 问：“无目底人如何进步?”师曰：“遍十方。”(同上，卷十五)

(6) 雷惊细草萌芽发，高山进步莫迟迟。(《五灯会元·卷十二》)

(7) 到这里方许你进步，琅邪与你别作个相见。(同上)

（8）路路透长安，分明进步看。（同上）

（9）不露风骨句，未语先分付。进步口喃喃，知君大罔措。（同上，卷十五）

此时的“进步”仍是动词，只是处在由具体到抽象转化的过程之中罢了。不过，此时的“步”可不是原来的动词了，也就是说，它并非“步进”一词的简单倒序。“步进”中的“步”仍是动词，说明的是“前行”的方式；而“进步”中的“步”却是“进”的对象或结果，也就是将先秦早已有的名词义给凸显了出来。由《朱子语类》中的运用情况可以看得很清楚。其中“进步”一词的使用频率还是相当高的：

（10）过得此关，正好著力进步也。（卷十五）

（11）然打不透，则病痛却大，无进步处。（同上）

（12）为学须先寻得一个路迳，然后可以进步，可以观书。（卷四十二）

（13）若先其难者，理会不得，更进步不去。（卷八十七）

与此相对的就是“进步”的拆解形式。可以对照着来看：

（14）若一边软了，便一步也进不得。（卷十四）

（15）惟乐后，方能进这一步。（卷二十）

（16）圣人知其已是实了得这事，方进它一步。（卷二十二）

（17）但是解“一日用力”而引此言，则是说进数步。（卷三十四）

显而易见，这个时候的“进步”属动宾组合无疑。由于拆解形式比较多，我们只能说它就是人们常说的离合词。此时的“进步”作为一个词来讲，从与它的句法组合对应情况看，不再体现具体的动作义，多是借助于这种形态来表达思想面貌上的开悟与提升。基于此，我们应该有这样一个基本确认：复合词内部的结构关系的判定，最终是为了该词语意义的准确认识。那么此时再讨论其中的“步”是否有动作义已无价值，遵循便宜简略的原则，还是将它确认为动宾关系为妥。

元代开始了对具体动作性动词“步进”由“走”对“步”的替代。明清时期可以看到的一种鲜明情状就是：“步进”逐步递减，趋向于消亡，而“走进”使用频率愈来愈高。比如明代小说《粉妆楼》中还是两者兼用：

（18）遂牵着马，步进庙门一看，只见两廊破壁，满地灰尘。（第二回）

（19）方才步进花园，只见东厅上点了灯火。（第八回）

（20）当下三人上了岸，走进园门，果然是桃红柳绿，春色可观。（第四回）

（21）家人走进书房，只见锦上天同沈廷芳坐在那里话说。（第八回）

（22）那门公听得此言大惊，忙忙走进后堂。（第二十回）

前两例还是“步进”，后三例则是“走进”，非常易于显示过渡阶段同一个作者还处于一种适应并斟酌的状态。到清代，像《儿女英雄传》《红楼梦》等能反映主导发展方向的语言作品里边就完全不再使用“步进”了。

此一时期的“进步”，完全指相对抽象的学习、事业、官职等方面所表现出的良好进展，和现代汉语中的情况已经没有什么大的差别：

（23）再过两年，等你读书进步，做娘的情愿卖身来做衣服与你穿着。（《喻世明言·滕大尹鬼断家私》）

（24）行功进步休教错，行满功完大觉仙。（《西游记·第七十四回》）

“进步”到现代汉语中，又衍生出形容词的用法。例如：

（25）虽然这样，老赵三也是非常进步。（萧红《生死场》）

（26）侯瑞和其他进步学生也都被选到新成立的学生自治会中。（杨沫《青春之歌》）

（27）她觉得她爸爸甚至还算得上一个进步青年。（艾米《山楂树之恋》）

进而拓展出了名词的功能。例如：

（28）被马克思称誉为“古代最伟大的思想家”的亚里士多德（前384—前322），为伦理学的这一划时代进步建立了不朽的功绩。（马传宣《伦理学概说》）

（29）一切均以一种迅速的情形在改变，在进步，同时这种进步，也就正消灭到过去一切。（沈从文《凤凰》）

（30）没有中国取得的进步，他不可能担任这种角色。（姚明《我的世界我的梦》）

（31）文字的出现，就弥补了这个缺陷，这是人类社会一个很大的进步。（陈栋《世界的语言与文字》）

由此不难看到，“进步”一词到了近代，很自然实现着我们（2007）过去曾经描摹过的一种模式：由述谓性强的词语向述谓性弱的那一头转移，并最终体现出体词化的倾向。

三、“进步”成词历程的语法学解释

“进”和“步”能够组合在一起，似乎比较困难，这主要在于它们所蕴含的意义不在一个层面上。成词之后，又经历了一个由具体到抽象的引申过程。这倒是与词汇化的基本途径相一致。问题在于第三个阶段，即古代汉语到现代汉语，为什么还会有一个由动词向形容词直至名词功能变化的过程？迄今为止，大家都比较一致地肯定，所谓语法化通俗的解释就是实词虚化。问题在于，实词里存不存在语法化？大家似乎是于此语焉不详，但对事实现象的揭示还是有的。董秀芳（2003/2013）曾指出：在汉语词汇发展史上，双音词及物性增强的变化比起及物性减弱的变化要少得多。张伯江（2012）也曾对2005年版的《现代汉语词典》进行统计，得出结论说：“有相当多这样的情况，就是先有一个双音节的动词存在，在现代汉语的使用中又生出一个同形的名词来”。“进步”一词的产生、发展、演变，虽然属于个案性质，但同样遵循着这种总体趋势，实现着功能上的滋生引申。若依 Brinton 和 Traugott（2005）的分辨，一个词的功能增加应该属于语法化的内容。由此不难判定，实词里的语法化还是有的，就是不像实词虚化那么鲜明罢了。接下来需要解释的是：这种语法化的方式恰恰是与词类活用的总体趋向相反，或者说是它的逆顺序：是由述谓性的向指称性的那一头儿转移。什么驱动了这种单向性？语法化里的转喻理论只是在于说明认知上的思维依据，然于语言本体上还缺乏坚实有力的理据。

从整个词类来讲，不同类别之间无论是数量还是功能价值都是很不均衡的。尹斌庸（1986）曾做过统计，认为名、动、形这三大类即占取了词语中92%的比例。而在这三大类词中，名词的数量又最多。应该说这非常容易理解，因为名词最主要的作用就是指称，只要有了新生儿或新事物，就得对他或它进行命名。不说别的，仅专有名词中的人物称谓，似乎就难以穷尽，但名词也有它的局限性。主要体现在这样两个方面上：一个还是指称问题。次范畴中包括的个体数量再多，也不意味着整个范畴的丰富与完足。用家族相似性原理来解释名词内部的组成情况可以看得清楚：对于人们共同的生活存在来讲，亦即对于普通的语文学来讲，表示人或事物名称的词当然是其中的典型成员；而边界状态的非典型成员，即为表现特定现象或抽象理念的词语。然而需要注意的是，一旦进入专业领域，也包括和人们社会生活密切相关的思想意识领域，则都是以一系列术语概念的完善为其显著特征的。而体现这种特征的基本范畴层次上的词语，其最典型的词类形式是名词。而这些词语恰恰属于抽象度比较高、重在指称却又能体现某种属性，往往介于体词和述谓之间的类型，很多时候我们会觉得唯有恰当的词语才能够对其特征内涵给予准确地反映。从这个意义上说，反映这类概念的名词往往显得不够用。这时候，类似于“进步”这样的一些高频词，正处在这样的关节点上：一旦它由表现具体行为动作进入反映社会或精神良好状态，它就很容易用来指称比较理想的特定情形，实现这种角色上的自然迁移。其他的，如“发展、变化、提高、跃进、旋转、跳荡、振动、回旋”等，正像大家能够感受到的一样，就在我们所处的这个时期不同程度地在实现着这种转移。二是关注度的问题。在急骤变革的时代，随着新的社会制度、思想体系、学科意识等的建立，对这部分内容的反映便会有强烈的需求，那些所谓的新名词，也会飞入寻常百姓家，变为他们口中经常出现的字眼儿。越是出现频率高的词语，其语法化的可能性也越大，其价值含量也会体现得越丰富。“进步”这样的词语，于今天人们的社会生活来说似乎是须臾不能离开的。下面是北京语言学院语言教学研究所（1986）编《现代汉语频率词典》给出的各项使用频率排名：

音序词表	使用度	报刊政论	生活口语	科普作品	文学作品
1. 0225%	1113	557	1082	1482	1981

这对于一个中古即已趋向于表达抽象意义的词语来说，能达到这样高的使用值，说明它在今天的效用越发增大了，其功能扩展自然也是情理中的事儿了。

第二节 说“结构”与“勾当”

一、说“结构”

《说文》：“结，缔也。”本义为“打结”。由打结的盘拢纽结自然可以沿用至物体的组织建造。所以，对于“结庐在人境，而无车马喧”中的“结”，李善《文选注》：“结，犹构也。”对于“构”，《说文》：“盖也。”《玉篇》：“架屋也。”同样的注本，李善对左思《招隐诗》“岩穴无结构，丘中有鸣琴”解释说：“结构，谓交结构架也。”对谢朓《郡内高斋闲坐答吕法曹》中的诗句“结构何迢遰，旷望极高深”解释说：“结构，谓结连构架以成屋宇也。”① 都提到了该词的基本用法。且让人惊奇的是，似乎在这之前就没有基础或说是铺垫，两者的组合就自然形成了。最早的用法也是针对这方面的表述：

(1) 结构野草起室庐。②

(2) 于是详察其栋宇，观其结构。(王延寿《鲁灵光殿赋》)

(3) 尔其结构，则修梁彩制，下褰上奇。(何晏《景福殿赋》)

(4) 常结构层楼，以为画所。(谢赫《古画品录》)

(5) 遂去官隐居不仕，将结构蒙山之下，以求其志。(《隋书·卷六十六》)

这些例证都是“结构”一词早期的用法，都是倾向于房屋建造的。特别是例(5)更显得别致：只要说是“结构”，不需要上下文，其义自明。说明该词的基本意义已经为人们所共识。这在唐诗里面便愈显得典型：

(6) 结构意不浅，岩潭趣转深。(孟浩然《和张判官登万山亭》)

(7) 义公习禅处，结构依空林。(孟浩然《题大禹寺义公禅房》)

(8) 结构疏林下，夤缘曲岸隈。(刘禹锡《白侍郎大尹自河南寄示池北新葺水斋即事招宾》)

(9) 结构池梁上，登临日几回。(吕温《道州夏日郡内北桥新亭书怀赠何元二处士》)

(10) 结构天南畔，胜绝固难俦。(杨衡《游峡山寺》)

---

① 《文选》(清嘉庆胡克家刻本)，李善注，卷二十二、卷二十六。

② 李善《文选》诸葛亮《出师表》注：“刘歆《七言诗》”。逯钦立《先秦汉魏晋南北朝诗》认为“是亦向作，选注误作刘歆耳”。见逯钦立辑校：《先秦汉魏晋南北朝诗》，中华书局，1983 年，第 115 页。

当然，与此同时，早期所建立的缔结建构义也并未丧失。左思《招隐诗》中说“岩穴无结构”，当然是指类似于房屋建造需要石柱梁櫄等基本间架结构，其他的事物现象也有相似性。例如权德舆《小言》：“蛛丝结构聊荫息，蚁垤崔嵬不可陟。”这些当然是可见的，有形的；但是，人们于结构的盘根错节中也可以自然想象到其中所隐含的不可见的关系和力量。例如：

（11）栈云阑干峻，梯石结构牢。（杜甫《飞仙阁》）

“梯石”很难说到结构问题，但从其规整安排与稳固程度上，人们可以感觉到它与自然物的咬合是多么的坚实，这其中就体现了双方面的匹配与势能。这种从有形到无形、由具体到抽象的映射，于人们思维来说是一种非常自然的联想类比。不难看到，在“结构”一词的使用还不怎么普遍的时候，这种引申就已经开始了，并向以下两个方面拓展开来。

一是书画文思方面的。例如：

（11）结构圆备如篆法，飘扬洒落如章草。（卫夫人《笔阵图》）

（12）此《语》《孟》较分晓精深，结构得密。（《朱子语类·卷九四》）

（13）想要做一篇《三峡赋》，结构不就。（冯梦龙《警世通言》）

（14）尝谓刻印之法，当以汉人为宗，革金石刻之精华，以佐其结构，不求生动而自然生动矣。（阮元《小沧浪笔谈·卷二》）

显然，这种意义上的结构是由房屋建造上的有形组合联想到了字画及文路上的构建巧思，尽管后面一种在章法布局、纲目联系上从来不讲究一致性，但内在文理上还是有一定之规的，即讲究单位、层次、关系的匹配。具体事物的组织构造、文化作品的搭配排列这两种义项一经确立之后，迄今仍是“结构”一词相对稳定、明确且常用的意义。这两种义项之间联系比较密切自然。如果自一开始，从“结”“构”本源的意义上说，多为动词性的话，当它们并列结合成词之后，总体趋向则比较多地实现着体词化的属性。

二是人际关系方面的。例如：

（15）汝乃干纪乱常，怀恶乐祸，辟睨二宫，伫望灾衅，容纳不逞，结构异端。（《隋书·卷四十五》）

（16）乃者辇毂之下，凶狂结构。（《旧唐书·卷十三》）

（17）臣等新奉天颜，议加刑辟，但闻凶险之意，尚昧结构之由。（同上，卷一百三十六）

这种用法上的意义显然抽象度就比较高了，而且相对比较特殊。产生的依据，其认知特点，可能更多地关注于屋宇建造的关键部位，即卯榫咬合而体现出的关系攀结的力量，进而引申至更为抽象的政治人事中的相互交集。不过很有意思的是，这种义项自产生之初即大都倾向于贬义色彩，即相当于“相互勾结”。与此相伴随的是其功能多为述谓性的。我们再看类似的其他的例子：

(18) 叔文因王伾，伾因李忠言，忠言因牛昭容，转相结构。(《旧唐书·卷一百三十五》)

(19) 既闻申、则之谮陆贽，纲纪伺之，果与通玄结构其谋。(同上，卷一百四十)

(20) 与洛州录事参军綦连耀结构谋反，谓耀曰：“公体有龙气。”(同上，卷五十七)

也有将“结构”写成“结勾”的，如：

(21) 犯人一名戴宗，与宋江暗递私书，结勾梁山泊强寇，通同谋叛，律斩。(《水浒传·第三十九回》)

很有意思的是，体现这种意义的，还有它的逆序形式：

(22) 平原郡有妖贼刘黑苟，构结徒侣，通于沧海。(《北史·卷八十六》)

(23) 追至逆连宫竖，构结奸凶，致刘季述幽朕于下宫。(《旧唐书·卷二十三》)

(24) 璠、汉加诬构结，语甚切至。(同上，卷一百七十四)

(25) 乃疏劾督师范志完纵兵淫掠，折除军饷，构结大党。(《明史·卷二百七十四》)

(26) 海岛亡命，阴相构结，禁之便。(同上，卷二百二十三)

(27) 必其窃弄威柄、构结祸乱、动摇宗祏、屠害忠良、心迹俱恶、终身阴贼者，始加以恶名而不敢辞。(同上，卷三百八)

(28) 贵州凯口土苗婚于凯里草塘诸寨，阴相构结，诱出苗为乱。(同上，卷三百一十二)

真正写成“勾结”的，出现却较晚：

(29) 若知孙、刘不睦，操必使人勾结刘备。(《三国演义·第五十六回》)

(30) 一定是你们倒勾结来捉弄我的！(《醒世恒言·蔡瑞虹忍辱报仇》)

(31) 佘山王勾结响马，领兵围城，声言十万。(《风流悟·第四回》)

(32) 龙虑其回巢与诸番及他部勾结为患，奏行甘肃守臣，缮兵积粟，为殄灭计。(《明史·卷三百三十》)

二、再说“勾当”

句（勾），曲也。用段注的话来说，表曲折迂回状貌义。最能形象体现其义的就是早期的一个词“勾萌”，其中的“勾”即指“芽”，因为草木萌生，开始时都做嫩苗弯曲状，故直接命之曰“勾”。如鹖冠子曰：“神灵威明与天合，勾萌动作与地俱，阴阳寒暑与时至。”

“当”，《说文》：“田相值也。”段注：“值者，持也。凡相持相抵皆曰当。”《玉篇》的解释或许更多地体现了该词的基本意义功能，那就是“任也”。通常的处理事务、任职应对、经营劳作等，都能以“当”来概括。

因此，这两个单位的组合，结构对于其义的表现应该是比较明了的，那就是偏正关系，意味着“曲折地担当”。

一开始的“勾当”全是动词性的。例如：

(1) 士彦一委仲举，推寻勾当，丝发无遗，于军用甚有助焉。(《北史·卷一百》)

(2) 阿耶暂到辽阳，沿路觅些些宜利，遣我子勾当家事。(《敦煌变文·舜子变》)

(3) 时刺史元某欲谷画观世音七铺，以宪练行，委之勾当。(《广异记·第三卷》)

(4) 癸丑，以河南尹刘晏为户部侍郎，勾当度支、铸钱、盐铁等使。(《旧唐书·卷十》)

(5) 送河南元判官赴河南勾当苗税充百官俸钱（刘长卿五言律诗名）

(6) 大合处分：客中事中一切委令勾当。(《入唐求法巡礼行记·卷第四》)

(7) 郎君可以处分，最先后勾当何事？(《唐摭言·卷三》)

(8) 田在深山中，去市七十里，但便于亲情蒋君勾当尔。(苏轼《致王巩书》)

也就是说，从唐初到北宋，所用“勾当”全都是动词性的，且使用很普遍，大到军国事务，小到家庭杂活，都可以用该词表述。因此，此时其内部的偏正关系，应该是状中型的，即辛苦劳作之义，所以也没有色彩上的偏重。如果细心追溯的话，正面的积极意义反而体现得更多一些。

很有意义的是，到了南宋，情况就有了比较明显的变化，那就是此时的“勾当”用作了名词。例如：

(9) 某谓天地别无勾当，只是以生物为心。(《朱子语类·卷一》)

(10) 这也是先前不十分穷薄的时做下的勾当。(《错斩崔宁》)

(11) 当下说了些生意的勾当，那人便留刘官人在家。(《醒世恒言·十五贯戏言成巧祸》)

既然如此，“勾当”一词很自然地就衍生出偏重于贬义的色彩意味来。一开始还多是将这种负面的意义用特定的词语表现出来：

(12) 你我两人半世也够吃用了，只管做这没天理的勾当，终须不是个好结果。(同上)

(13) 莫不你两个做出了些什么歹勾当来？(《今古奇观·第三十卷》)

(14) 料道是娘又去做歹勾当了。(《初刻拍案惊奇·卷十七》)

(15) 他有一个儿子，叫作牛黑子，是个不本分的人，专一在赌博行、厮扑行中走动，结识那一班无赖子弟，也有时去做些偷鸡吊狗的勾当。(同上，卷三十六)

很有意思的是，明清之际，这“勾当”竟形成明显的两种状态：一种是偏向于贬义的，甚至不用贬义附加成分的修饰也都能看得出来。例如：

(16) 别得半年，做出这勾当来，这地方如何守得住？(《初刻拍案惊奇·卷三十一》)

(17) 闲常见众尼每干些勾当，只做不知。(同上，卷三十四)

(18) 堂中灵座已除，专为要做这勾当。(同上，卷十七)

另一种仍是中性的。例如：

(19) 全不晓得路途上的勾当艰难！(《水浒传·第十六回》)

(20) 这是万古千年不朽的勾当，有甚么做不得！(《儒林外史·第一回》)

(21) 不知他爹今日有勾当没有？(《金瓶梅·第二十一回》)

(22) 正经勾当，我的烟还没有吃好，让我吃两口烟，提提神，告诉你。(《老残游记·第十五回》)

值得注意的是，因为“勾当”一词唐宋时期运用频率甚高，将它当作官职称谓也便开始了。据元代李治《敬斋古今注·卷四》记载，宋时称各路属官为勾当公事，后因避宋高宗赵构名讳而改为“干办公事”或“干当”。

《金史·卷五十五》也记载当时的官职称谓及权职为：

猛安、谋克、翰林待制、修撰、判、推、勘事官、都事、典事、知事、内承奉、押班、通事舍人、通进、编修、勾当、顿舍、部役、厢官、受给管勾、巡河官、直省直院长副、诸检法、知法、司正、教授、司狱、司候、东宫谕德、赞善、掌宝、典仪以下，王府文学、记事参军，并带“充”字。

勾当官五员，正八品。

四年，更设为勾当官，专提控支纳、管勾勘覆、经历交钞及香、茶、盐引、照磨文帐等事。

不仅如此，它还扩大至泛指工作、行为甚至本领、能力等诸多方面：

(23) 吾者久困淹滞，作为庶民，故来谒舅舅寻些小勾当。(《前汉书平话·卷下》)

(24) 只得母子二人逃上延安府去，投托老种经略相公处勾当。(《水浒传·第一回》)

(25) 想着那曲江池上勾当，真是可笑。(王九思《曲江春》)

(26) 我多大点勾当，张跟斗，打的出他两个手掌去么？(《醒世姻缘传·第九十一回》)

需要注意的是，综观嗣后的“勾当”，我们觉得，随着词性的改变，原来构词的单位的意义也在发生着变化。如前所述，“勾”，虽然我们依照着许慎及后来的段注将开始它进入组合时的词性判作形容词性质的。但后来人们在使用中也有将它暗中转为动词的一面。究其原因，可以说有这几个方面：

一是本义的词性就带有两可的特征。

看《说文》段注中的表述：“凡曲折之物，侈为倨，敛为勾。考工记多言倨句。乐记言倨中矩，句中钩。淮南子说兽言句爪倨身……凡章句之句亦取稽留可钩乙之意。”收束弯曲或编辑时凭借特定符号体现保留删除，动、形之间的划分本身就是比较困难的。现代汉语且是如此，古代汉语或许就更困难一些。

再则，“勾”“句”的分辨不明给人们带来攒兑观念。

上古之时只有句而没有勾，混淆的结果显然对人们思维上的厘清意识有一定的负效应。不仅如此，由两字的差别还带动了一系列同部首字词间的混同。一个勾，可以表达“构、购、够、彀、夠、沟”等多个含义。特别是五代至宋，还有了“内勾”“管勾”等官职。例如：

(27) 崇韬乃置内勾使，应三司财赋，皆令勾覆，令绍宏领之。(《旧五代史·卷五十七》)

(28) 同光元年十一月，以左监门卫将军、判内侍省李绍宏兼内勾，凡天下钱谷簿书，悉委裁遣。(同上，卷一百四十九)

(29) 自瑗管勾太学以来，诸生服其德行，遵守规矩。(欧阳修《举留胡瑗管勾太学状》)

(30) 苏辙乞令本路别差官兼管勾。(《栾城集·卷五十》)

这些不同义的字词可以相互换用，甚至只用“勾”，无疑极大地提高了该词的功能效用。我们可以看到，这一时期无论是单用还是用它来组合成新词，“勾”都体现出了比较强的动词性。例如：

(31) 其称捕盗，官司不敢放心，以致化外贼盗，既知逐社人户勾上，村堡空虚，即皆生心窥伺，公私忧恐。(《东坡全集·卷六十四》)

这里的“勾”当“召集”讲。

这种意义在组成新词的时候仍保留着：

(32) 逐社各置鼓一面，如有事故及盗贼，并须声鼓勾集。(同上)

(33) 若强盗入村，声鼓勾唤不到，及到而不入贼者，并罚钱三贯。(同上)

而有些时候独立的“勾”却是当“拘捕”讲。例如：

(34) 段处约若系主事，即合申勾，若不系主事，即合直勾。(《栾城集·卷三十八》)

(35) 处约恐未是主事，抹却“申”字，判勾余人，勒段处约分析诣实。(同上)

同样，它在具体的组词里仍保留了该义：

(36) 他误了限次，失了军期，差几个曳刺勾追。(李直夫《虎头牌》)

(37) 可以勾追到官，责限比捕。(《水浒传·第二十二回》)

正因为如此，它在其前后的其他组词中，都更多地体现出动词的特性：

(38) 瓮间阔五寸，底以绳勾联，编枪于其上。(《通典·卷一百六十》)

(39) 如今人才富贵，便被他勾惹。(《朱子语类·卷三十五》)

(40) 雨也不曾来勾扰我。(《水浒传·第三十四回》)

(41) 这是你两日因独自在家，勾搭上了人。(《错斩崔宁》)

(42) 于是左右勾引，故将脸上桃花现娇艳夭姿，风流国色。(《封神演义·第十九回》)

(43) 你为何勾通鸡爪山的强盗，假扮新人，将米公子刺杀？(《粉妆楼·第四十八回》)

(44) 边臣怵利害，拱手听命，致内属番人勾连接引，以至于今。(《明史·卷二百四十》)

如果将“勾”放在后面组词，就愈见得典型。其中有一个词出现频率比较高，其后的变化也比较大，很需要给予辨析。它就“营构（勾、够）”。该词出现的时间比较早，在动词的意义上与“结构”相近。例如：

(45) 解褐司空胄曹参军，与仆射高隆之共典营构邺都宫室。(《北史·卷三十八》)

(46) 怿后为太傅，寻被诏为营构明堂大都督，又引为主簿。(《北齐书·卷二十二》)

(47) 后不修德，俄复营构，殚用极侈，诡禳厭变，又欲严配上帝，神安肯临？(《新唐书·卷二百》)

同很多词的情况一样，“营构”由行为活动而引申为一种指称，一种官职：

(48) 宣帝营建东都，以叔略有巧思，拜营构监。(《北史·卷八十六》)

(49) 委以营构之任，改封阳平郡侯。(同上，卷一百)

“营构”先后专指建造屋宇殿堂或从事这类活动的官位。同样的，后来词义引申，也可以指人事间的多用心计，不过用例相对较少。例如：

(50) 务廉位九卿，忠言嘉谟不闻，而专事营构以媚上，不斥之，亡以昭德。(《新唐书·卷一百二十》)

到了明代，却又多写作“营勾”或“营够”，并侧重男女情事，与“勾引”相近。例如：

(51) 胡生正要乘此机会营勾狄氏，却不漏一些破绽出来。(《初刻拍案惊奇·卷

三十二》)

(52) 睹色相悦，彼此营勾。(同上)

(53) 谁教你一见就动心营够他，不惊你惊谁？(《二刻拍案惊奇·卷三十三》)

(54) 街坊上那一个不晓得你营够了我媳妇子？(同上，卷三十八)

由此我们可以看到，随着时间推移，使用频率的加大，字形上的相互影响，“勾”在其后的组词上面便更多地体现出动词的意义。像上文提到的多个近义词语，像“勾联”“勾通”“勾搭”“勾引”“营构（勾、够）”等，还是看作并列性质的构词方式为妥当。

还有与此内容有关的一点，现代汉语中的“勾当”一词，可能是情绪感染的因素，人们往往觉得该词只是贬义性的。如1983年版的黄廖本《现代汉语》即判断说：“‘勾当’宋元时有‘办事’和‘事情’两种意思，后来只剩下‘事情’的意思，现在仅指坏的事情。”实际上这种认定是不准确的。很多从事写作的人也往往从历史典籍的文字中感受着自己表述的社会化需要，这种需要就使得书面语的词语也多有一种历史的传承关系。实际上，现阶段的“勾当”仍呈现出中性和贬义两种意义色彩。前者如：

(55) 倘若他能出狱时，一定还要做从前的勾当，一定要革命。(蒋光慈《少年飘泊者》)

(56) 这勾当，做屯会那会子咱们早学过，玩样玩熟熟，一点不为难。(李辉英《生与死》)

(57) 相思铭竹，总算富有诗意而极浪漫的勾当。(乃仁《在竹林里》)

第三节 说“甚至”

在有关“甚至”的词汇化研究中，方一新（2009）、刘红妮（2012）等人先后考察，逐步明确了这样一种基本认识：现代汉语兼作副词及连词的“甚至”，是由古代汉语“通过跨层结构的重新分析而形成的”①，也就是说，“甚”和“至”之间，原本没有直接的语法关联，句法表达层面历时的不断整合，才使它们形成了特定词语单位。与此同时，他们还认为，古汉语存在着另外一种发展途径的“甚至”。因为其功能分布及其表述语义等都与前者偏离甚远，故说不上它们之间有着必然的有机联系。从他们的论述看，该“甚至”的突出特征通常出现在句子的末尾，要么是做谓语，要么是做补语。例如：

---

① 刘红妮没有采用“跨层次结构”的说法，而是表述为“非句法结构的成分序列词汇化形成的”。然而就其性质而言是一样的。

（1）昌宇，陈郡人也，刘悛广州参军。孝性甚至。(《南史·卷七十三》)

（2）累掷不中，惊叹甚至，大言云："会当入嵩岳学道始得耳。"(戴孚《广异记》)

故可以将这种类型的"甚至"称为述谓性的①。对他们的这种区分，我们基本上倾向于肯定，但对有些具体表述，受篇幅限制等因素，觉得似乎有些粗疏。特就这种类型的"甚至"再做更细致一些的讨论。

一、有关"甚至"的语义组合问题

《礼记·檀弓》有这样的记载："孔子先反，门人后，雨甚，至。孔子问焉，曰：'尔来何迟也？'曰'防墓崩。'"嗣后王充《论衡》复述了这件事。不过他的表述却简略了许多，变成了这样的情景："孔子葬母于防，既而雨甚至，防墓崩。孔子闻之，泫然流涕曰：'古者不修墓。'遂不复修。"前人曾就这先后两处的表述分辨，说：前者是墓并没有崩，只是防守修备而已；后者则是崩而不修。我们现在所关注的并不在这一点上，而是"甚"和"至"前后的变化：显然，前者它们各有各的表述对象，后者变得明确单一了。需要进一步讨论的是：组合在一起的"甚至"是怎样的一种语义关系？

《说文》对"甚"的解释是"尤安乐也。"这种判断说明，该词本身既带有形容词的属性又带有程度意义，非常类似于朱德熙（1956）对状态形容词中一种小类的认定。例如《礼记》中的用例，"雨甚"直译的话就是"下雨很大"。这就很容易造成认识上的不同侧重。对此，研究的人们已经形成两种不同的词性判定。段注："引申凡殊、尤皆曰甚。"显然这是赞同本义是形容词性的，后来才变为程度副词。马建忠（1898/1981：237）却认为它是状字，"以状其所至之深浅也。"很有一些语言学家都赞同此说②。然而近些年来相当一些学者撰文，重新肯定前一种认定，甚至认为上古汉语一直到六朝都是形容词性的，嗣后才转至副词。③ 之所以产生这两种不同的认识判断，跟该词于早期词义的复杂不无关系。所谓的意义理解，肯定要在句法应用中找到相应的根据。我们看到，先秦时期的"甚"还是有不少是用在谓词性词语之前的。例如：

（1）其道甚大，百物不废，惧以终始，其要无咎，此之谓易之道也。(《易经·系辞下》)

（2）上以此为赏罚，甚明察以审信。(《墨子·尚同上》)

（3）倏与忽时相与遇于浑沌之地，浑沌待之甚善。(《庄子·应帝王》)

---

① 朱德熙（1982：125）指出："补语只能是谓词性成分。"金立鑫（2009）对此做了比较多的论证。我们数篇文章里也先后表述了同样的观点。

② 吕叔湘（1982）认为是表示程度很高的副词，杨伯峻（1983）也赞同这种说法。

③ 李杰群（1986），殷国光（2002），杨荣祥（2004），张蔚虹（2006），马启俊（2007）。包括本文重点参照的汪、刘两位的研究，均采此说。

（4）客甚谨，为酒甚美。（《韩非子·外储说右上》）

当然，跟现代汉语不同的是，“甚”可以比较自由地置于所修饰词语之后：

（5）君美甚，徐公何能及君也。（《战国策·齐策》）
（6）吾已如之矣，丙怒甚，不肯来。（《韩非子·内储说上》）

这种组合中的“甚”，恐怕只能以程度副词“很”“非常”作解。

如果“甚”出现的语言环境没有其他述谓性词语的话，那么，此时它确实就具有了形容词的属性，当“厉害”“严重”讲。例如：

（7）尤而效之，罪又甚焉。（《左传·僖公二十四年》）
（8）防民之口，甚于防川，川壅而溃，伤人必多，民亦如之。（《国语·周语上》）
（9）甚矣，汝之不惠。（《列子·汤问》）

争议比较大的是“VP 之甚”这种结构形式。倾向于将“甚”看作形容词的，当然将该结构判作主谓关系。因为这不是我们现在所探讨问题的必要内容，姑且存而不论。值得注意的是，这种结构也可以同“甚+VP”形成转换关系。例如：

（10）新佐中军，而善郑皇戌，甚爱此子。（《左传·成公二年》）
（11）献公爱之甚，欲立其子，于是杀世子申生。（《公羊传·僖公十年》）

与我们现在所要讨论的问题密切相关：《论衡》中“甚至”中的“甚”和《礼记》中的“甚”，是不是同样的意思？事实上，两段记述在许多处都有比较大的差异。比如里面的“雨”和“防”都不同，相对应地形成指称和述谓。马启俊（2007）在他的文章里重点辨析了上古文献“甚雨”的意义，认为以“骤雨、暴雨、大雨”解为最佳，而非“湛雨、淫雨、久雨”。考订坚实，这当然有助于纠正理解上的偏差。但我们觉得，即便是第一组的释义，也应该再进一步考订相互间的不同，以便使得具体语境中的意义解读愈加准确。“骤”“暴”“大”在语义上仍是不一样的。《礼记》中是“大”，这没错；《论衡》中的，恐怕以“骤、暴”相释最为恰切。从组合上来讲，“暴风骤雨”“疾风暴雨”都是耳熟能详的组合，且古代汉语里此类的表达也多凸显此义。例如：

（12）甚雨及之，楚师多冻，役徒几尽。（《左传·昭公元年》）
（13）沐甚雨，栉疾风，置万国。（《庄子·天下》）
（14）若有疾风、迅雷、甚雨，则必变，虽夜必兴，衣服冠而坐。（《礼记·玉藻》）

后人的类似描述也多是倾向于这方面。例如：

（15）庆元二年六月辛未，黄岩县大石自陨，雷雨甚至，山水濆涌。（《宋史·卷六十二》）
（16）至中途相值，雨甚至，舁者各以采舆置邮亭中，四散为避雨计。（梁恭辰

《北东园笔录三编》）

所以，这一类组合中的“甚”以“急遽、骤然”等义理解才能很好地吻合特定语境所记述的情景。当然，要想更准确地把握好此时“甚”的意义，还是要结合它后面的“至”一并认识。“至”，《说文》的解释是“鸟飞从高下至地也”。可以说，在“到”未出现之前它主要体现的就是动词“到达”的语义功能。看甲骨文中的用例：

（17）乙巳卜，今日方其至，不。（20410）

（18）丁亥卜，贞：自今（五六）日至壬辰侑至。（11661）

例（18）有两个“至”，后面的肯定是它的本义，是可见的物体空间移动。而前面的则是时间区间只能被感知的意识演进，相当于“神遇而不以目视”，也就是词义虚化由具体映射到抽象区域。这同我们现代汉语固定短语“从……到……”结构中的“到”所表示的意念是一样的。

其后“至”作为动词仍较普遍地使用。例如：

（19）九三，需于泥，致寇至。（《易·需卦》）

（20）初六履霜，坚冰至。（《易·坤卦》）

（21）我送舅氏，曰至渭阳，何以赠之？路车乘黄。（《诗经·秦风·渭阳》）

（22）斯逝不至，而多为恤。（《诗经·小雅·杕杜》）

由“到达（目标）”引申出来，表示程度义的“至”和“甚”比较相近，但仍有比较细微的差别，就像段注讲的那样，表“极致”。在功能上也体现出以下两种特征。

一是放在谓词性词语前面做副词状语。例如：

（23）大学之道，在明明德，在亲民，在止于至善。（《礼记·大学》）

（24）天子，至贵也；天下，至富也；彭祖，至寿也。（《吕氏春秋·为欲》）

（25）听其言者危，用其计者乱，此亦愚之至大而患之至甚者也。（《韩非子·奸劫弑臣》）

二是只以形容词的身份做谓语或定语，且多是以极度褒义的色彩进行认定。例如：

（26）至哉坤元，万物资生，乃顺承天。（《易·坤卦》）

（27）一国行之，境内独治；二国行之，兵则少寝；天下行之，至德复立。（商鞅《商君书·开塞》）

至此我们再回过头来看《论衡》中的“甚至”，根据语境，只能理解为状中结构的“急遽降至”，其势猛烈，才使得“防墓崩”。也就是说，王充当时还是用的它们最常用的基本义，即副词与动词的组合，而不可能是两个形容词的并列复语。再如例（25），似乎是“甚”和“至”倒序组合，非常类似于某些逆序词，能够说明它们之间的并列关系。然而与它对应的词语组合“至大”，以及下面的用例能够帮助我们消解这种认识：

(28) 萋兮斐兮，成是贝锦。彼谮人者，亦已大甚。(《诗经·小雅·巷伯》)

其中的“大甚”，也就是现在的“太甚”，即“太过分”的意思。

二、“甚至”在其后的发展

《论衡》中的“甚至”，当然是临时性的句法组合。之所以这样说，是因为在其前面的文献中难以见到，在其后两百多年的时间里也未曾出现。直到南北朝时期，才被人们所看重，并在之后的时间里体现为一种语言时尚。总的来讲，它的使用比较繁杂，其意义的选取也多样。大致说来，有少量仍是表达它的初始义、基本义。例如：

(1) 自结于表者甚至，表悦之以为上宾。(《三国志·魏书十》)

(2) 鞭策者甚至，故有人为其属者无不有所知晓事。(《朱子语类·卷一百三十》)

这里的“甚至”还是状动结构，即“纷沓上门”。

接下来用例比较多的一种类型是：出现在谓词性的词语之后，且这些词语的语义感情色彩大都体现得非常鲜明，此时“甚至”的词汇意义也非常容易辨识，形成一种集中统一的程度副词义“很”“非常”等。例如：

(3) 上痛悼甚至，每朔望辄出临灵，自为墓志铭并序。(《宋书·卷七十二》)

(4) 阮思旷奉大法，敬信甚至。(《世说新语·尤悔》)

(5) 镇西谢尚所乘马忽死，忧恼甚至。(《搜神记·卷二》)

(6) 亲敬甚至，动辄咨禀，信馈不绝。(《资治通鉴·卷第一百三十三》)

(7) 晚年择取尤精者，作两小箧，常置卧榻，爱护甚至。(陆游《老学庵记》)

(8) 其乡有富室，昵一婢，宠眷甚至。(纪昀《阅微草堂笔记》)

(9) 因是慕悦甚至。(王韬《淞隐漫录》)

这一类的用法因为意义准确明晰，故其内部组合也容易判断，均以程度副词性的语素参与，形成并列关系。问题相对繁难的是下面这种类型。先看例证：

(10) 孔君平疾笃，庾司空为会稽，省之，相问讯甚至，为之流涕。(《世说新语·方正》)

(11) 逸少清贵人，吾于之甚至，一时无所后。(《世说新语·赏誉》)

(12) 抚恤故旧，振赡衰宗，行义甚至。(《三国志·蜀书》)

(13) 初，英事宋不能谨，而睹奉宋甚至。(《魏书·卷七十一》)

(14) 兄才卿早卒，其子藻幼孤，几卿抚养甚至。(《梁书·列传第四十四》)

(15) 虽傅导甚至，尚虑不习政事。(《大唐故安王墓志铭并序》)

(16) 今馆于后圃，待我甚至。(洪迈《夷坚乙志·卷第六》)

（17）黄以嗜研求为婺源簿。既至，顾视一老研工甚至。（《春渚纪闻·卷九》）

这些用例中的“甚至”，大都为待人或做事“非常周详完备”，以正面肯定为主。如例（10），“相问讯甚至”，体现了对人关心周到之义。再如例（16），“待我甚至”，指作者于作品所倾注的意趣周至。但又不能不说，这种用意毕竟有不够精细准确处，需要人们根据上下文来揆度。与此同时，其内部的组合就不能如同上一种类型那样给予明确的认定。我们认为，从整体情况看，以复合型偏正结构对待宜于对该词义的理解。

“甚至”除如上所述的两种主要类型表述语义之外，还有泛化的趋势。这表现在，少数的还有用于贬义，即责让、惩戒类的。如：

（18）悉收称心等杀之，连坐死者数人，诮让太子甚至。（《资治通鉴·第一百九十六》）

（19）京尹顾岩傅会其狱，安吉守何梦然奉行其事，陵铄甚至。（《宋史·列传第一百六十八》）

（20）至则面数其罪，诟厉甚至，久而释之。（《万历野获编·补遗卷二》）

还有用于制度类的，如：

（21）正隆而降，始议鼓铸，民间铜禁甚至，铜不给用，渐兴窑冶。（《金史·卷四十六》）

甚至还有描述器物严正类的，如：

（22）中有一大匮，缄鐍甚至。（《旧五代史·后梁太祖纪二》）

这一类组合稍多，恕不穷尽列举。后来的事实告诉人们：当某一语言现象过度被关注，将它的功能意义无限制扩大之时，就容易消解它的自身价值，并对语言系统性的准确性造成消极性影响。这时候就需要进行新的整合：要么取消，要么分解，要么更新。这三种情况在“甚至”这一语言单位上可以说表现得相当充分。更新，处在现代汉语句首位置的连/副词“甚至”，由古代汉语词汇化的结果显然就体现了这一点。所谓取消，也就是现时我们讨论的句末“甚至”，它的表义过于宽泛，无疑会加重人们理解上的负担或使语言形式上复现率提高，客观上给人们意识审美上带来烦冗之感。这样，就需要有所整改：中止某些功能上的使用，以强化形式和语义的明晰性。

三、由“甚至”到“备至”

其实，在“甚至”使用频率比较高之时，另外一个词语已经悄然产生并开始了与它的竞争，这个词语就是“备至”。

“备”，《说文》里边没有今天的字形，只有对应的“備”字，并解作“慎也。”段注“或疑備训慎未尽其义”，并肯定《方言》的解释“咸也”，进而判断说：“此具之义也。”也就是说，“备”“具”和“甚”“至”在意义上有相通之处。

比较早用到的“备至”仍是每个词的本义。例如：

(1) 汉朝知陛下圣化通于神明，圣德参于虞、夏，因瑞应之备至，听历数之所在，遂献玺绶，固让尊号。(《三国志·卷二》)

(2) 言五者备至，各以次序，则众草木繁庑滋丰也。(裴骃《史记集解》)

这里的“备至”还是短语性质，指“（各以次序）全部到来”，这由例（2）所注释的词语即可以看得清楚，比如《书·洪范》：“曰时五者（雨、暘、燠、寒、风）来备，各以其叙，庶草蕃庑。”（《书·洪范》）

当然，一开始的“备至”也还是没有明确的功能或确定的意义。如下面语句中的用法，放到状语的位置上直接表示程度或范围，也只是偶然用到，其后就难得见着：

(3) 春秋之义，贬纤芥之恶。备至密也。(《前汉纪·卷二十三》)

(4) 退思补过，将顺匡救，备至悉矣。(《三国志·卷二十五》)

后来，“备至”和“甚至”一样，也都是相对固定地放在句末，表示待人处事方面的周详细备或程度的极尽所至。同样，它也和“甚至”一样，表义比较繁杂。比如直接表“很、非常”义的：

(5) 梁寇围城三年，彦伯辛苦备至。(《太平广记·卷八十五》)

(6) 一二年间，廉使怜其黠慧，育为己女，恩爱备至。(《太平广记·卷一百六十》)

(7) 初任文敬太子庙令，奉苹藻，供祭祀，礼敬必诚，严谨备至。(《唐代墓志汇编·大和七六》)

比较麻烦的仍是用在动词之后，即表示行为、存在类的：

(8) 须蚺蛇胆，而寻求备至，无由得之。(《搜神记·卷十一》)

(9) 天监五年冬旱，雩祭备至，而未降雨。(《太平广记·卷九十》)

相比于“甚至”，这一类的表述显然减少，与此同时，表达惩戒、虐待类的却稍稍多了一些，用来表示程度的惨烈之深，无所不用其极：

(10) 令舁轿夫唱杭州歌谑之，每名斥似道，辱之备至。(《宋史·卷四百七十四》)

(11) 当周太祖举兵于魏，汉遣刘铢诛其家族于京师，酷毒备至。(《新五代史·卷二十》)

(12) 死家诉郡，郡録其仇人，考掠备至，终不引咎。(《梁书·傅岐传》)

在古代汉语中，“备至”比“甚至”鲜明的是，它位于句末，根据语义搭配的对象可以分成两类：一是褒义关怀类的，二是贬义惩虐类的。例如：

褒义关怀类

合昵~、存恤~、慰劳~、慰勉~、拜跪~、申救~、孝养~、恩义~、恩情~、敬礼~、绸缪~、推崇~、赡养~、奉养~、调养~、恩养~、劝酬~、爱汝~、款曲~、款昵~、嘉奖~、辛劳~、关怀~、款留~、照料~、宠幸~、礼敬~、情礼~、恩勤~、抚劳~、尊荣~、款语~、爱护~、殷勤~、褒奖~、怜爱~、抚绥~、殷勤~、媚狎~、欢迎~、爱惜~、纤悉~、资给~、存问~

贬义惩虐类

楚毒~、五毒~、艰难~、考掠~、凌虐~、谴责~、挑剔~、窘辱~、惨酷~、责让~、呵斥~、训责~、悖谬~、搜剔~、窘迫~、残酷~、问候~、窘辱~、反复~、蹇蹶~、酷毒~、炮掠~

好在"备至"与"甚至"的互动与竞争中，在褒义的表达里寻求到了共同点。愈是靠近近代，这种共识便愈表现得充分。看下面的用例：

（13）十二月，入朝，帝大悦，慰劳甚至，因请谢事，优诏不允。（《元史》）

（14）二十日，邦昌命遣国子祭酒董逌抚谕诸生，慰劳备至。（《靖康纪闻》）

（15）五年乃得于广海间，奉迎以归，孝养甚至。（《元史·列传第八十五》）

（16）皆居重闱之尊，诸帝孝养备至。（赵翼《廿二史劄记》）

（17）父疾，调护甚至。（《元史·列传第八十四》）

（18）光宗在东宫，危疑者数矣，调护备至。（《明史·列传第二》）

（19）忽都卒时，拜降生甫数月，母徐氏鞠育教诲甚至。（《元史·列传第十八》）

（20）文忠留养署中数年，虽教诲备至，颇桀骜露圭角。（清况周颐《眉庐丛话》）

这四组用例中的情况可以清楚地看到的是"甚至"和"备至"搭配组合的完全一致性。这就为"备至"代替"甚至"，以使得作为副词、连词的"甚至"和作为唯补形容词的"甚至"，即现代汉语中的"备至"不再混淆，各有明确的功能分布及语义体现。

这种替代发展轨迹上应该说是比较明晰的。我们借用北大语料库进行检索，"备至"在古汉语中的用例是412例，这是自东汉初年到五四运动时近两千年的时间里所用的数字；而现代汉语近百年的时间其用例却是547例。而"甚至"同样的用法，除鲁迅等极个别作家的作品里偶有所见外，基本上已经完全消失。与此同时，"备至"在现代汉语里也有纯正化的新表现。除1例是"五毒备至"外，其余的全为褒义正面使用，并且还体现为明显的集中化倾向：里边光"关怀~"就有198例，其他如"关心~"有30例，"爱护~"有25例。它像其他唯补形容词一样，具有定格词汇化的倾向。

第四节　说“到”

一、有关处理的困境

语法研究对许多现象的认识可以见仁见智，表现出相当大的弹性；如果是词典就不一样了，它一定要给出比较明确的判断，尽管相当一些判断因为文本的性质并不需要给出理由。但又由于后者是要给人提供范例的，人们或许更应该注意在它上面所表现出的种种问题。

“V 到 N”中的“到”是怎样的语法特征？

《现代汉语规范词典》给出了四个义项。除开它的形容词用法：“周全；周密：礼节不~的地方请包涵丨周~。”其他的有：“❶动词。到达，达到：今天就~北京丨初来乍~丨~期丨~点。❷动词。去；往：~亲戚家坐坐丨~学校学习。❸动词。用在动词后作补语，表示动作达到目的或有了结果：想~丨做~丨看~丨收~。”我们现在讨论的主要对象是第三个义项。自然该词典这里做了明确的认定，接下来看它的具体处理：它认定“到”是动词，举的例子是放在“想”“做”“看”“收”后面。构成的单位是什么呢？我们对该词典进行一下考察，可以发现有这么三个方面值得思考：

一是，这里的“到”认定为动词，然而它跟四个语言单位的配合却不一致：匹配的结果，“想到”仍是一个动词，单列一词条；而“做到”“看到”“收到”却不是词。

二是，由上面的扩展开来，该词典将下面词的都当作词：

得到　达到　等到　赶到　感到　回到　料到　来到　受到　提到

而不将这些当作词：

猜到　待到　接到　尽到　开到　看到　轮到　起到　说到　送到　听到　遇到

三是，仍是紧承上面的，看释义中的情况：“猜中”是词，“猜到”不是词；“找齐”是词，“找到”不是词。更特殊一些的情况是：“看见”是词，“看到”不是词，但在解释的时候恰恰用的是后者，如“听见”，解释是“听到”，但后者不是词。

我们再看看《现代汉语词典》中的判定。同样是该单位，给出的义项大致相同，第三个解释是：“用作动词的补语，表示动作有结果：看~丨办得~丨说~丨一定要做~丨想不~你来了。”由例证看，它应该是比《现代汉语规范词典》的认定要明确一些，出现在“得”字后面，不是典型的补语是什么？然而有意思的是，它的“想”字词条中没有列出“想到”，却列出了“想不到”“想得到”！

怎么认识上述种种让人疑惑的现象？这里面有没有可以遵循的东西？

二、“到”在汉语历史上的用法演变

在历时层面上，“到”肯定属于语用范畴，尽管它不是语用层面的全部。对特定语法现象难以处理的时候，从源流上识见它的发展变化过程，共时特征的把握就有了不可多得的佐证。

“到”，《说文》中解释是：“至也。”至于“至”，《说文》的解释是“鸟飞从高下至地也”。两者都是“到达”之义。

从我们现在所能找寻到的最早史料看，也确实能证实这种基本意义及用法：

(1) 蹶父孔武，靡国不到。(《诗·大雅·韩奕》)

例 (1) 的“到”即为本义，最典型的动作意义即指行为主体移动至某地。

《论语》中用了两例。但这两例却有些特殊，“到”作为动词，它后面也带了类似于今天的介词结构，形成“V 于 N”式，并延续至今。例如毛泽东《中国革命战争的战略问题》的表述：“自从盘古开天地，三皇五帝到于今，历史上有过我们这样的长征吗?”这里的“于”，也非常相似于“V 到 N”式，因为在其时，“于”仍有做动词的用法。如孔子《春秋》中的句子：“陨石于宋五，六鹢退飞过宋都。”再则需要注意的是：将这里的“到”看作动词，但并不表现为具体事物的运动，人们只是有了春夏秋冬草木枯荣的参照，才有了过去今天以及未来时间的流动。此时的“到”要比可见的物体运动抽象。看具体的语句：

(2) 伯夷叔齐饿于首阳之下，民到于今称之。(《论语·季氏》)

(3) 管仲相桓公，霸诸侯，一匡天下，民到于今受其赐。(《论语·宪问》)

《墨子》中的“到”字用法基本上将它具有典型性的其他意义都用到了：

(4) 寇傅攻前池外廉城上当队鼓三，举一帜；到水中周，鼓四，举二帜；到藩，鼓五，举三帜，到冯垣，鼓六，举四帜，到女垣；鼓七，举五帜；到大城，鼓八，举六帜；乘大城半以上，鼓无休。(《旗帜》)

(5) 难穴，取城外池唇木月散之什，斩其穴，深到泉，难近穴，为铁 ，金与扶林长四尺，财自足。(《备穴》)

(6) 柄长八尺，斗大容二斗以上到三斗。(《守城门》)

(7) 望见寇，鼓，传到城止。(《杂守》)

例(4)，更能确切地了解“到”最基本的意义，指主体的先后移动到达特定的地方。例(5) 就有些特殊了：“深”非典型动词，那么“到”则纯粹为意识上的移动。例 (7) 更是这样，这个“到”是范围边界的指向。例(7)，由例(4)参照，可以看到一个运动过程：传→到城→止。

与此同时，两个动词并用的情况开始产生。例如：

(8) 归到鲁东门外，适遇柳下季。(《庄子·盗跖》)

(9) 天子出到宣平门，当度桥，汜兵数百人遮桥问“是天子邪”?(《三国志·卷六》)

(10) 太子亡到主人。家贫，织屦以给太子。(《前汉纪·卷十五》)

(11) 佛入国分卫，遥见之，往到其家问之。(《佛说尸迦罗越六方礼经》)

这些用例中的两个动词之间的并列义十分明显。如例(8)，“归”是从什么地方离开，是起点，而“到”是止点。例(9)的“出到”两动作行为间截然分明。

而后“到”就有了逐渐虚化的用法。这典型地表现在“到”与其前边的V不属于一个行为主体的行为：

(12) 被递送到凤翔府收管，不要递入西蕃。(《入唐求法巡礼行记》)

(13) 有梵道人应期送到此经梵本，都二万五千偈。(《全宋文·大涅槃经记》)

如例(13)，“送”的施事是“梵道人”，而“到”主要指“此经梵本”，正因为如此，这“到”独立的动作义趋于淡化，而侧重指动作行为的“实现”。

《敦煌变文》里的组合就越发显豁：

(14) 昨夜念经，更不是别人，即是新买到贱奴念经之声。(《庐山远公话》)

(15) 纵使黄金积到天半，乱采堕似丘山，新妇宁有恋心?(《秋胡变文》)

(16) 有人言某村、某聚落，有一处士名医，急令人召到，便令候脉，候脉了。(《维摩诘经讲经文(二)》)

值得注意的是北宋《册府元龟》，内文里类似的用法比较多。或许是强调语义的严谨，相当一些双音节动词后也用上了“到”，以突出其动作行为的明确结果：

(17) 臣不敢望到酒泉郡，但愿生入玉门关。(卷四十八，《帝王部·谦德·从人欲》)

(18) 当省责领分付到州。(卷六十一，《帝王部·立制度第二》)

(19) 诸州背军逃亡人限制到百日内各容自首。(卷六十三，《帝王部·发号令第二》)

(20) 壬寅赐收降到淮南将卒许文缜已下一万五百二十四人分物有差。(卷一百六十七，《帝王部·招怀第五》)

一直到了明代，才有更为抽象的心理活动的动词后带“到”的用法。不过该动词还仅限于“想”，到清代也是如此。例如：

(21) 想到窈娘能舞处，红须就手更谁知。(柳如是《寒食夜雨十绝句·其五》)

(22) 又见那伽蓝身后有六指手的血印，因此想到木匠身上。(石玉昆《三侠五义》)

我们可以想象的是，这里的“到”纯粹是将心理的思考隐喻为具体行为过程：多处寻找(或者是思想的漫游)，尔后集中在了意想中的某个对象上面。这时候的“到”距离真正的物体移动可真是渐行渐远，连做介词的可能都没有了，直至和前面的动词一起作为话题的标记：

(23) 论到信陵还太息，中原龙卧有谁当。(柳如是《赠汪然明》)

到现代，该结构式的发展就是“到”所附加的前边的V，思想活动类的增加：

(24) 他来到这里，已经足以教大家感到这一仗必须打胜，必能打胜。(老舍《无名高地有了名》)

(25) 大家都这么体会到，心里也就更有了劲！(同上)

(26) 工兵们预计到，一打起仗来，那座木桥就不定一天要炸坏多少次。(同上)

(27) 在攻上主峰之后，他领略到“老秃山”的厉害。(同上)

由“到”在汉语中发展演变轨迹的梳理，可以看到它像大多数实词虚化的情况一样，经历了由动词谓语到近似补足语直至近似词缀这样一个发展过程。其内在的机制，我们可以看到，是由现实一维性时间行为到某一点的实现再向观念世界映射，从而使得该词的意义逐渐扩展的。它的特殊性在于，动作性不强，本义仅为运动到某地的实现，故像“于”一样很快就引申虚化。但与“于”不同的是，虚化之后原有的意义并未消失，与不断引申出的其他意义用法在同时运用着。

三、共时层面的综合考察

历时角度的认识最终还是为了更好地解释今天的现象，功能的考察最终还是为了有利于内部结构的开掘描写。“语法研究的根本目的在于找出语法结构和语义之间的对应关系。”① “跑到操场上”这一结构，就这一特定对象进行判定，见仁见智在所难免。如果将它置于自身的整个系统中，无论是历时的还是共时的，它就仅仅是一个节点了。这时候的判定就不是唯一的目的，人们看重的则是操作的手段及其分析过程。正像上文比较粗略地回顾该结构中“到”演变历程所提供的背景：人们的心智不断拓展，将有形的实体行为隐喻化，在无形的观念世界进行类似的反映，这种思维形态在语词层次上即表现为更宽范围的类组合。但它们毕竟不是同范畴的，故看起来还是原来词的形式，但其意义不可能是不走样的复制，它得适应新组合中给定的条件从而体现出有变化的新内涵。又由于这些变化是渐进性的，这些意义间的差别呈连续的情状。孰是孰非，似乎难度更大了。研究层次，当然容忍一定的弹性，将情况如实地表现出来即可；而词典则要求必须做出明确的判断。对此，我们完全可以采取两步走的具体方式：第一步即尽可能将各种各样的条件因素考虑周全，描写细腻；第二步则根据家族相似性原理，以典型成员为划类标准，非典型性成员则以接近来确定归属。这样，我们或许可将该结构的属性特征认定得清楚准确。

该结构难以判定的关键在于“到”的意义难以把握。意义的真正确认是在组合

① 朱德熙．汉语句法中的歧义现象［J］．中国语文，1980（2）．当时正是结构主义语法学介绍引进的时期，现在来看，短语本位不一定确当；形式与意义之间也并不完全对应。

中，这就要参考它后面N的类型，还要参考它前面V的情况，甚至要考虑行为主体的属性。为了说明问题，这里选一个富有典型性的同类型结构“提到N”，看它的组合例证：

A. 提着那个箱子到三楼

B. 把箱子提到三楼

C.（提水）提到半夜

D. 提到一个小时（手撑不住了）

E. 提到货了

F. 提到这件事（我得多说几句）

这六个例证大致可分作三类：相邻的两两一组。A是动词。虽然它可以描写的行为性不足，如“打”，可以用［+工具］［+触及］［+对象］来认定其特征。“到”却有一定的难度。然而动词的根本属性在于时间性，所以，只要是具备这种特点的，都可以认定为动词；越是具有时间延续性的，越能够反映动词的典型特征。“到”可以带“过”“了”，就体现了最基本的动词属性：

（1）兵头将尾的连上士，参加过第二次世界大战，到过柏林。（老舍《无名高地有了名》）

（2）团长到了师部，俘虏还没押解到——大肚子史诺走不快。（同上）

虽然“到”的基本意义是“到达”，但仍有两种理解：一个是整个过程的移动，是一个时间段；一个是动作结束，是一个时间点。

（3）我问的是几分钟能到主峰？（老舍《无名高地有了名》）

（4）山陡，地堡多，恐怕至少要十分钟才能冲到主峰！（同上）

（5）五点钟之前必须到主峰！（同上）

例(3)、例(4)是一组。两例中说的“到”，是从开始到完成全部过程所需的全部时间。例(5)则指整个行动结束的时间点。不管是时间段还是时间点，只要是前面的V和“到”均为生命主体行为，此时的“到”不但其动词义没有削弱，甚至还可以是整个行为的主要表述语义词语，例(3)、例(4)都说明了这一点。再如：

（6）我一定学好，他打到哪里我到哪里，不给老同志丢人！（同上）

由此可以看出，有些“V到”，倒是V可省略，似乎V成了“到”的具体方式。同类的组合如：

撤到　飞到　翻到　攻到　滚到　滑到　回到　进到　嫁到　跨到　考到

拉到　来到　爬到　骑到　绕到　升到　跳到　通到　退到　走到　坐到

调动到　检查到　流窜到　逃窜到　转悠到　转移到

我们可以把这一类的叫作Ⅰ类。这一类判断起来最难，但以连动词处置为妥。

虽然如此，但时间段和时间点还是不一样：一旦强调时间点，这时的“到”表完成义便突出起来，特别是如果“V到”是获得性质的话，我们可以将此时的“到”看作向内运行的实现，此时其后的N，要么是特定的事物，要么仍是方位，此时的“到”可以看作助词化了的。下面所列大都如此：

办到　采到　待到　得到　捡到　减到　搞到　看到　领到　拿到　见到　接到
尽到　捞到　拢到　轮到　买到　摸到　弄到　抢到　擒到　赊到　拾到　搜到
受到　听到　遇到　炸到　抓到　找到　挣到　赚到　捉到　做到

心理活动的动词带“到”，后面的N就更完全事物化了：

猜到　感到　料到　盼到　想到
计算到　感觉到　体会到　领略到　领会到　想象到　预感到　注意到

这就是上文所列的E类，可以将这一类叫作Ⅱ类。

“跑到操场上”之所以容易形成争议，就在于“跑”和“到”为同一个S，且其后的N确实可以成为“到”涉及的对象，特别是N为远离言语主体的方向时，“到”所可能体现的运行方向则比较明确地表现为向外移动。如果V和“到”不是一个活动主体，正像194页中的例(14)提及的那样，此时的“到”也应于和前面的V相结合，趋向于虚化。例如：

(7) 连开水都要准备好一百几十桶，战前运到前沿去！(老舍《无名高地有了名》)

(8) 把弹药送到前线仓库，他提供了意见。(同上)

(9) 把一个最大的沙盘，放到最大的洞子里。(同上)

例(7)，“运”是人的实施行为，而“到”则多为物。后两个以把字句的形式出现，相当于前面B类型的变体。“送”的是弹药，弹药“到”前线仓库；放的是沙盘，沙盘“到”最大的洞子里。这时候前面的V起着主要的语义作用，而“到”居于次要地位，也最容易省略。这一类的组合有：

搬到　插到　吃到　撞到　传到　垂到　打到　干到　放到　滚到　刮到　流到
换到　交到　卖到　捏到　抛到　扔到　塞到　射到　送到　拖到　抬到　推到
诱到　移到　运到　照到　转到

这一类叫作Ⅲ类。后面这两类，将后面的“到”都处理为助词化了的动词为宜。

C、D两种类型后面的N则是表时间。一如我们刚说过的，一表时间点，一表时间段。很多时候这类组合既可以带方位也可以带时间。侧重带时间的组合这里也列举一下：

吵到　唱到　等到　喝到　哭到　骂到　闹到　睡到　笑到

这一类叫作Ⅳ类。这一类将“到 N”看作介词结构似乎最为合适。这主要是由两种原因造成的：一种是“介+名$_{时}$”组合在句法里常见常用；再一种是从动名组合讲，施事、受事、工具、方位、时间的选择顺序，有强制和非强制性的配价关系在起作用。当它们处在句首位置的时候，胡裕树本《现代汉语》认为它们都具有充当主语的资格；黄廖本则认为只有方位名词可以，时间名词不行；而张静《新编现代汉语》则认为两者都不具备。当它们处在句末位置时，唯有朱德熙还承认时间名词可以做准宾语。这恐怕已经是最大范围了。

在我们看来，仍以Ⅱ、Ⅲ两类一视同仁处理为好。这些组合中的 V 都能进入下面的框架：

～一夜　～到天亮

说明动作行为整个时间段的，以不带“到”为多，说明时间点的，则要带“到”。前面的将 N 看作补语，后面的则再拆解重新进行组装，没有必要。

当然，还有一类，可以看作Ⅴ类。像我们上面的区分一样，只是就其侧重，其实每类词的组合都不完全纯正，这一类当然也是这样。这一类比较少，多为话题标记性的：

说到　提到　谈到　讲到　问到

看一例用法：

(10) 提到年月，他总说：在生十成的那一年，或生十成后的第三年……讲到东西的高度，他也是说：是呀，比十成高点，或比十成矮着一尺……（老舍《正红旗下》）

四、余论

三个平面理论，究其实，反映了人们对事物对象完整全面的认识方式，即对内部结构和外部功能两个方面特征的系统考察。单纯的短语形式“跑到操场上”，其中的“到”到底是什么词？虚化了没有，虚化到怎样的程度？单纯就这一结构进行判断，那只能停留在感悟的层面上；孰是孰非，恐怕永远也难以得出一个基本的共识。任何语言现象，有典型性的结构类型，都需要放在语言表达的系统中进行认识。如果能够将其种种用法认识得比较全面，再深入其内部，类的把握或许就比较趋于准确。

不过话又说回来了，语言中的语言形式意义间并非完全的对应关系。有些形式则仅表现在小类的组合中，这些小类很多时候还不是单一的，而是多种条件在综合起着作用；意义间的差度也并不表现为非此即彼，而是一个渐变的连续系统。词典认定往往带有不得已而为之的色彩，而语法研究则具有一定的弹性，有时候并不在于给出结论，如果能够反映出事实，供人们思考，或许也是一种值得肯定的追求。

下编

汉语词缀的历史发展考察

绪 论

第一节 词缀讨论的价值

在汉语词汇史、语法史上，词缀问题从来都没有像现在这样让人们如此关注。其中的原因肯定是值得讨论的。

时代在发展，人们的认知能力也在不断地进步和提升。一旦追溯某一种现象的原因，现时的人们都不会立马简单地判断为某甲导致了某乙，往往会说，这个问题很复杂，恐怕不是单个的因素造成的。正像人们所看到的事实现象一样，所有的问题都是复杂的，但究竟怎么复杂，仍需要我们沉静下来，下功夫认真探讨一番：首先，这一问题的提出究竟价值何在？其次，在诸多因素里，到底哪些发挥了主导性作用？如果解答了这样的问题，我们所做的事务还不至于处于一种茫然的跟从状态，而是一种理性状态下的纵深思考，从而使得我们的探索具有更深层次的追寻意义。

下面我们就试着来做一个比较理想的解释。

一、可以充分地认识汉语的具体特征

不管什么样的语言，语素都是最小一级的语法单位，这一点应该说显得特别公允。词缀作为其中的一个组成部分，在语言学者的感知当中似乎不会成为什么老大难的问题。然而很有意思的是，恰恰是这种小不点儿的单位引发了人们的巨大争议。马庆株（1995）曾指出："在现代汉语各级语法单位中，认识分歧之大、术语分歧之大都莫过于词缀。"为什么会是这样？对此打一个不甚恰当的比喻：一如任何事物，如果着眼于表象的与各种各样的关联，以确定范畴层次上的单位功能价值作用，就像在一个坐标图上确立它所处的位置，即它的网点一样，相对来说比较容易；一旦让我们就它的纵深层次，多个的次范畴其内部的组织结构进行认识，相当于想比较清楚地观察它微观世界分子、原子的复杂组合，就肯定比较难办了。对此，马庆株进一步解释说："汉语构词法以复合为主，词缀发育的成熟程度不一，语素义项很多，分合难定，汉字又往往使人望文生义，使得语素和语素中的音节这两个平面之间的界限不清，对意义的认

识还往往因人而异，这些因素就使得词缀的确定成为一大难题。”事实上，描写和解读语言现象，正像朱德熙（1980）指出的那样，终极目的就是处理好语法形式和语法意义之间的关系。不管我们为了增强学科的科学含量怎样地想回避意义，但对语言的彻底认识最终会体现在对其中所蕴含意义的准确完整的理解上。句法意义的认识无论怎样困难，也总是有现实世界的生活背景和语言本身的位置分布形式、语言标记可以凭依和参照。马庆株（1981，1988，1991）对动词、名词次范畴的再描写，即是比较好的说明。胡明扬（1992）对这种描写用“语义语法范畴”的理论概念来称谓它①，其内涵可以表述为：在范畴层次，通过语法形式来认识意义；在次范畴层次，通过语法意义归纳为清楚可见的语法形式。可是到了构词法、构形法这一最小单位的组合里，上述可利用的一切条件似乎都荡然无存。也正因为如此，国外从事语法化、词汇化研究的人们在概括合成词内部组合特征的时候便鲜明地提出了“无理据性”的观念。人们常说汉语语法的一个重要特点就是各级语言单位的内部组合有着对应一致性，即四级单位三个层级的组合，乍看上去，似乎都对应存在着联合、偏正、动宾、补充和主谓五种基本结构关系。然而很少有人提出疑问：在分别讲述构词法和造句法的时候，其类型方式的序列正好处于一种逆序状态——构词法是先联合，最后是主谓；而造句法却是先主谓，最后是联合。这还不是主要的，问题还在于：迄今为止，造句法里的组织结构关系容易达成共识，所不同的就是如何使其系统更合理，表述更周严；构词法不是这样的情况。汉语中相当一部分复合式合成词内部的情况可以分析，往往是有句法结构关系可以作为参照的结果，更何况相当的一些词就是由句法结构经过缩略而构成的。例如“报考”，它的展开式就是“报名考试”。词典释义也就是这样实施的，然而它的成词过程却是一种逆顺序：先有句法上的“报名考试”，尔后才有了“报考”。其他的，如“纠风”“严打”“彻查”等，都是同样的道理。但是，还有相当的一些词，“各成分之间关系不明”，“是非造句性的”，“差不多跟不能分析的复合词类似”。② 跨层次结构而来的词就充分说明了这一点。即便是那些司空见惯的常用词语，因为它们的形成往往是对事物现象高度抽象概括的产物，是反映多种特征性的复杂词语的高度凝缩，正如吕叔湘在《语文常谈》中指出的那样：“语言的表达意义，一部分是显示，一部分是暗示，有点儿像打仗，占据一点控制一片。”这样就有一个取舍问题。人们在构词的时候，脑子里并不是先有一个类似于句法里的不同词类有不同的聚合位置分布的观念，从而使得词语的构造显示出严密的规则，而是诸多的信息内容里不得不依照着双音节的严格框限择取两个语素作为代表以体现。其时表层结构形式和深层的语义内容之间差距过大，从而使得两符号之间的关系不容易确认。例如“汤圆”，它指的是“一种用糯米做成的带馅儿的圆状食品，往往带汤儿吃。”这里的

---

① 胡明扬．再论语法形式和语法意义［J］．中国语文，1992（5）．后来马庆株进而再抽象概括成“语义功能语法”。

② 赵元任．中国话的文法［M］．北京：商务印书馆，1979：193.

“汤”和“圆”距离甚远，句法简直不可能发生联系，因此要想说清楚它们之间的结构关系便显得异常困难。有人曾经论证，汉语语素是可以分辨出词性来的。即便如此，它和句法中的词性及功能也不可能同日而语。我们来看《现代汉语词典》前后不同版本对“电流”的释义：

(1) 定向流动的电荷。(1994 年修订版)

(2) 电荷的定向流动。(2005 年第 5 版)

说老实话，研究构词法不仅仅是认识词内部的结构关系，很大程度上仍是为意义的准确理解及外部功能的正确把握服务的。由例(1) 到例(2)，之所以做出这样的调整，显然是例 (1) 表述与构词语素的语序不匹配，让人从感情上觉得有点儿难以接受。例 (2) 恐怕也是做了比较多的思考：从字面上说，将该词简单地判断为主谓也未尝不可，然而该词参与句法组合的功用却是名词性的。两者之间的跨度也比较大，接受起来情感上似乎也有点疙疙瘩瘩，于是乎用了一个名物化的表达方式以缓解这种尴尬和矛盾性。

上面说的相对来说还好办一些，还都是实语素和实语素的组合，最起码实语素在字词典里都是可以释义的，有心理上的存在感和可信度，恐怕最难办的就是附加式构词，严格说来应该是构形法中的实语素和虚语素之间的认定。甚至从接受和应用汉语的第一天起就开始了对它的悉心体察与感悟，然而如若想从中得到真正的理性理解与真实的解读，应该说绝对不是一代人、两代人的事情。让我们从语文能力塑造的最早期开始进行认识，看一首幼儿园的谜语：

本来小，偏说老；贼头贼脑，专干偷盗。

说话办事要看对象。幼儿园的教学之所以用这样的谜语形式，也是针对幼儿的思维能力来的。无论是社会所寄寓的期望还是孩子们的天性，即便是他们处于懵懂时期，对于语词和社会两个方面的互动来讲，情感思维与认知思维两个方面的相互交织，大多数的孩子对理解该语言形式所要表述的对象其实并不十分陌生，他们大都并不需要苦苦思索即可达到对这一谜语所隐含意义的大胆猜测判定：是“老鼠”！但是，指称是一回事，如果理解对特定对象的命名又是另外的一回事。即便是对以汉语作为母语的成年人来讲，我们迄今仍无从得知这么一个小动物凭什么被冠以“老”的字眼。与此相对的是：比它们个头大得多的家禽“鸡”却往往要冠以“小”字头，通称为“小鸡”。比如东北的一道名菜叫“小鸡炖蘑菇”，还有散布于山东、福建、四川等多地的名菜“福山烧小鸡”，还有孩子们特有的一种游戏“老鹰抓小鸡”等。这里的“小鸡”肯定就是指成年鸡，因为真正的“小鸡娃儿”“小鸡崽儿”难有四两肉，人们也都是不吃的，恐怕老鹰也没兴趣。日常见到的“小鸡”应该说是通称，看例句：

(3) 刘胜一面责斥邓海，一面在电报上的空白处，签上小鸡蛋大的一个“刘”

字。(吴强《红日》)

(4) 别叫老鹰把小鸡儿抱了去。(梁斌《红旗谱》)

(5) 若不是为了他，我宁可养些小鸡儿玩玩，或者是弹弹琴，写写字。(金庸《天龙八部》)

(6) 屋外一张竹席上晒满了菜干，一只母鸡带领了一群小鸡，正在草间啄食。(同上)

(7) 小鸡儿、小狗还是个活物，还不忍心糟蹋哩。(张一弓《赵镢头的遗嘱》)

(8) 你看起来，简直就像只小鸡。(古龙《陆小凤传奇》)

(9) 在非洲大陆的森林或南太平洋的某个岛屿种大麻，养小鸡，围着火堆跳土著舞度过余生。(卫慧《上海宝贝》)

(10) 老这么点头，跟小鸡啄米似的，又显得有点笨拙。(谌容《梦中的河》)

(11) 院子里面是石灰地和混砖地，左侧是厨房，右侧垒了一个猪圈和小鸡窝。(梁鸿《中国在梁庄》)

(12) 你也补？……哎呀，那就补得跟小鸡儿似的！(赵丽蓉、巩汉林等《打工奇遇》)

这些语句中的“小鸡”都颇能说明些问题。如例(3)，平日口语中说惯了的是“鸡蛋大”的什么，可能“小鸡小鸡”的说多了，居然在其前边又加了“小”。通常指称的时候，人们还要在其后边带上“儿”化词尾。例(4)、例(5)、例(12)都能说明这一点，特别是例(7)，似乎更是显豁：单个说“小狗”的时候，人们也往往儿化；但要将它和“小鸡”放在一块，“儿”化的尾音似乎就少了很多。例(5)、例(6)也有一比：同一个作家的同一部作品，通称是“小鸡儿”，到“小”真正体现一下本义的时候却不带“儿”了。例(8)似乎也能让人感受些东西：“鸟”在口语中单独用的时候也常常双音节化，要么是“小鸟”，要么是“鸟儿”，但要跟“小鸡”比起来，它带词头的概率就小了很多。其实，这个“小”字头还可以类推，其他的像“小狗”“小猫”“小兔”“小鸭”等，都有类似的叫法。例如：

(13) 咱们再也别抡剑使拳啦，种一块田，养些小鸡小鸭，在南方晒一辈子太阳，生一大群儿子女儿，你说好不好呢？(金庸《神雕侠侣》)

(14) 这个地方呆了一些时候了，知道这是这一带的口头语，管小猫小狗、小鸡小鸭，甚至是小板凳，都叫做“孩子”。(汪曾祺《王全》)

(15) 有些人画小猫小狗，有些人画小鸡小鸭，还有个人在画些什么，连自己都不清楚，这个人就是小舅。(王小波《2015》)

(16) 她呆在那里，心里象揣着个小兔崩崩乱跳。(冯德英《苦菜花》)

有必要交代一下的是：这里边可能“小鸭”和“小兔”稍显例外。它们相对于其他的小家禽或动物来说，比较通行的还有另外一种称谓，就是“鸭子”和“兔子”。甚至这两种叫法比前面带上“小”字头的似乎更普遍、更稳健一些。另外还有“小狗”，现时孩童延及大人的也有另一种称谓，叫“狗狗”，也是其他小家禽或动物难以享用到的。语言中的词语就是这样，很难整齐划一。但有一点是清楚的，“小鸡（儿）”却好像是专属性的，它对中国，特别是小农经济相当于汪洋大海一样的国度来讲，所起到的作用非其他相近的小动物能比，故在其称谓上显得特别专一。

不仅如此，“小鸡”这种叫法还有源远流长的“历史背景”。韩愈、孟郊《斗鸡联句》“大鸡昂然来，小鸡竦而待”中的“小鸡”肯定还不是词。陆龟蒙有一首诗，名字叫“小鸡山樵人歌”。全国叫“小鸡山”的地方很多，如果不考虑其他的因素，该语言单位肯定有两种不同的意义理解，既可以是“小鸡/山”，也可以是“小/鸡山”。然而从历史上延续下来的情况是，与该指称相对应的往往还有“大鸡山”，再加上唐代很少能见到“小”和“鸡”的组合，所以切分形式肯定应该是“小/鸡山”。我们于唐代文献里还注意到一例类似的用法，如刘恂的《岭表异录》中：“其高新州与南海产者最佳，五六月方熟，形若小鸡子，近蒂稍平，皮壳微红，肉莹寒玉。”不看上下文，对这里说的“小鸡子”，我们会有一种似曾相识的感觉，因为今天有些方言就是把“小鸡”叫作“鸡子”或“小鸡子”，再变，像安阳方言，叫“鸡的”或“小鸡的”。不过今天方言中所叫的“鸡子”或“小鸡子”跟古代汉语中的同形式并不是同一个意思，其切分形式也不尽相同。《岭表异录》中的切分形式应该是“小/鸡子”，今天的应该是“小鸡/子”。今天的“子”跟“儿”化差不多，是附缀于后的。如果我们将《岭表异录》中的主语补出来，知道描述的是“荔枝”，就应该明白里边的“子”并没有虚化。最早的表述应该是晋代晋灼的解说：“离支大如鸡子，皮粗，剥去皮，肌如鸡子中黄，其味甘多酢少。”（《史记》卷一百一十七，索隐）从出现的先后顺序上说，应该是先有“鸡子”再有“小鸡子”，前者是词后者应该是短语。说穿了，早期的“鸡子”就相当于我们现时所谓的“鸡蛋”。《世说新语·忿狷》载：“王蓝田性急。尝食鸡子，以箸刺之，不得，便大怒，举以掷地。鸡子于地圆转未止，仍下地以屐齿碾之，又不得。真甚，复于地取内口中，啮破即吐之。王右军闻而大笑曰：‘使安期有此性，犹当无一豪可论，况蓝田邪？’”可见，当时人们吃鸡蛋已经是非常普遍的了。到了元代才出现“鸡蛋”的形式，如《老乞大》《朴通事》中的叙述。如《朴通事》里边的句子：“这个是鸡蛋。”“酱、盐、芥末、葱、蒜、韭菜、油、生萝卜、瓜、茄等诸般菜蔬、鸡蛋、和升、斗、等子，疾忙如今都将来。”显然，新形式的出现是先从日常口语开始的。与此同时，老的形式并没有由此断绝，甚至到了有明一代，两种形式呈共存的状态。下边一例可能更典型一些，故专门列出：

（17）只见素姐只道狄希陈果真睡着，叫玉兰拿过那尊烧酒，剥着鸡子，喝茶钟酒，吃个鸡蛋，吃的甚是甜美，吃完了那一尊酒，方才和衣钻进被去睡，不多时，鼾鼾的睡着去了。（《醒世姻缘·第四十五回》）

“鸡子”“鸡蛋”共现，可见作家似乎也不好处置了。

对这两种形式的称谓现象，徐珂于《清稗类抄》中做出了这样的解释："北方骂人之辞，辄有蛋字，曰浑蛋，曰吵蛋，曰倒蛋，曰黄巴（王八）蛋，故于肴馔之蛋字，辄避之。鸡蛋曰鸡子儿，皮蛋曰松花，炒蛋曰摊黄菜，溜蛋曰溜黄菜，煮整蛋使熟曰卧果儿，蛋花汤曰木犀汤。木犀，桂花也，蛋花也色黄如桂花也。蛋糕曰糟糕，言其制糕时入槽也。而独于茶叶所煮之鸡蛋，则不之讳，曰茶叶蛋。"

徐珂是南方人。由我们上边的简单梳理可知，他的解释不免有凭己所见推测之嫌。

问题还在于："鸡子"这种形式还在，并一直延续至今。然而有清时期却暗中实现了词义的转移，在转移的过程中就不免有了歧义。有些上下文提供的背景清楚，容易判断，例如：

（18）一条铁索锁了一个人来，跪在地下，象鸡子签米似的，连连磕头，嘴里只叫："大老爷天恩！大老爷天恩！"（《老残游记·第十五回》）

（19）嘉靖元年四月甲申，云南左卫各属雨雹，大如鸡子，禾苗房屋被伤者无算。（《明史志·卷四》）

有时候就不容易分辨，得细心斟酌：

（20）还须略等一刻，鸡子还不十分烂。（《醒世姻缘·第十二回》）

（21）叫老奶奶烧起茶来，把匡大担了里的糖和豆腐干装了两盘，又煮了十来个鸡子，请门斗吃着。（《儒林外史·第十七回》）

在此之前的"鸡子"应该说词义所指是非常清楚的。其间唯有一例有些特殊，那就是禅宗史书《祖堂集·卷九》中的句子："鸡子过时，有人不惊。"有人分析有关现象时说："用于动物、植物的'子'多数情况下去掉而词根意义不变。'鸡子'就是'鸡'。"（齐焕美，2006）这种认定恐怕就是参照其他构词的情况类推做出的判断。因为禅宗作为"言不尽意"观念最典型的主张者和实施者，除了对实词本身的词汇意义和语法的形式规则还坚守外，到了表达层面，其现实性问题都是值得怀疑的。因为它的主导精神就是反语言学的，所以这里的组合搭配同样很难从逻辑上肯定它的范例价值。再则就是宋代处于古代汉语向现代汉语的转折时期，特别是口语，所以，其中的真实含义恐怕还需要充分论证。

"小鸡"作为汉语对特定对象双音节化的一种通用称谓，开始的时间应该说是比较早的。我们先来看两个例子：

（22）似鹨《异物志》曰：有鸟似小鸡，体有文色。土俗因形名之曰：不能远飞，行不出城也。（《册府元龟·卷八百九十五》）

（23）合肥有富人刘某，好食鸡，每杀鸡，必先刖双足，置木柜中，血沥尽乃烹，以为去腥气。某后病，生疮于鬓。既愈，复生小鸡足于疮瘢中，每巾栉必伤其足，伤即流血被面，痛楚竟日。（《太平广记·卷四百六十一》）

两例的出处虽然都是宋代作品，然而它们的用例却要早于这个时间。如例(22)，《异物志》是一种宽泛的书名，也可以说是类书性质：是汉唐间一类专门记载周边地区及国家新异物产及现象的典籍。它产生于汉末，繁盛于魏晋，至唐开始衰变，宋以后消亡。原作大多亡佚，只有在辑录性的著作里才能看到。所以即便是今天汇编性的文字也很难看到有关对“似鹗”这位作者的介绍，但有一点是可以肯定的，就是他的生存年代或许就在唐宋之交。例（21）选自《稽神录》，而作者徐铉为五代至北宋初年文学家、书法家。两例中对“小鸡”的使用可以说起到了相互参证的作用，前者应该说相隔时间不远。真正到了宋代，该词似乎是陡然间变得非常通用了。看吴自牧《梦粱录·卷十六》“分茶酒店”中的记述：

（24）兼之食次名件甚多，姑以述于后：曰百味羹、锦丝头羹、十色头羹、间细头羹、海鲜头食、酥没辣、象眼头食、莲子头羹、百味韵羹、杂彩羹、叶头羹、五软羹、四软羹、三软羹、集脆羹、三脆羹、双脆羹、群鲜羹、落索儿、腰子、盐酒腰子、脂蒸腰子、酿腰子、荔枝腰子、腰子假炒肺、鸡丝签、鸡元鱼、鸡脆丝、笋鸡鹅、柰香新法鸡、酒蒸鸡、炒鸡蕈、五味鸡、鹅粉签、鸡夺真、五味杏酪鹅、绣吹鹅、间笋蒸鹅、鹅排吹羊大骨、蒸软羊、鼎煮羊、羊四软、酒蒸羊、绣吹羊、五味杏酪羊、千里羊、羊杂、羊头元鱼、羊蹄笋、细抹羊生脍、改汁羊撺粉、细点羊头、三色肚丝羹、银丝肚、肚丝签、双丝签、荤素签、大片羊粉、大官粉、三色团圆粉、转官粉、三鲜粉、二色水龙粉、鲜粉、肫掌粉、梅血细粉、铺姜粉、杂合粉、珍珠粉、七宝科头粉、撺香螺、酒烧香螺、香螺脍、江瑶清羹、酒烧江瑶、生丝江瑶、撺望潮青、蟑、酒炙青、酒法青、青辣羹、酒掇蛎、生烧酒蛎、姜酒决明、五羹决明、三陈羹决明、签决明、四鲜羹、赤鱼分明、姜燥子赤鱼、鱼鳔二色脍、海鲜脍、鲈鱼脍、鲤鱼脍、鲫鱼脍、群鲜脍、燥子沙鱼丝儿、清供沙鱼拂儿、清汁鳗鳔、假团圆燥子、衬肠血筒燥子、麻菇丝笋燥子、潭笋、酿笋、抹肉笋签、酥骨鱼、酿鱼、两熟鲫鱼、酒蒸石首、白鱼、时鱼、酒吹鱼、春鱼、油炸春鱼、魴鱼、石首、油炸、油炸假河、石首玉叶羹、石首桐皮、石首鲤鱼、炒鳝、石首鳝生、石首鲤鱼兜子、银鱼炒鳝、撺鲈鱼清羹、假清羹、鱼肚儿羹、满盒鳅、江鱼假、酒法白虾、紫苏虾、水荷虾儿、虾包儿、虾玉辣羹、虾蒸假奶、查虾鱼、水龙虾鱼、虾元子、麻饮鸡虾粉、芥辣虾、蹄脍、麻饮小鸡头、汁小鸡、小鸡元鱼羹、小鸡二色莲子羹、小鸡假花红清羹、撺小鸡、拂儿笋、燠小鸡、五味炙小鸡、小鸡假炙鸭、红小鸡、脯小鸡、五色假料头肚尖、假炙江瑶肚尖、炸肚山药、鹌子、鸠子、笋焙鹌子、假鸭、清撺鹌子、红鸠子、八糙鹌子、蜜炙鹌子、鸠子、黄雀、酿黄雀、煎黄雀、辣野味、清供野味、野味假炙、野味鸭盘兔糊、野味、清撺鹿肉、黄羊、獐肉、炙儿、赤蟹、假炙蚕枨、醋赤蟹、白蟹、辣羹、蝤蛑签、蝤蛑辣羹、溪蟹、柰香盒蟹、辣羹蟹、签糊齑蟹、枨醋洗手蟹、枨酿蟹、五味酒酱蟹、酒泼蟹、生蚶子、炸肚燥子蚶、枨醋蚶、五辣醋蚶子、蚶子明芽肚、蚶子脍、酒烧蚶子、蚶子辣羹、酒鲜蛤、蛤蜊淡菜、淡菜脍、改汁辣淡菜、米脯鲜蛤、米脯淡菜、米脯风鳗、米脯羊、米脯鸠子、鲜蛤、假蛤蜊肉、荤素水龙白鱼、水龙江鱼、水龙肉、水龙腰子、假淳菜腰子、假炒肺羊、下饭假牛冻、假驴事件、冻蛤蝤、冻鸡、冻三鲜、冻石首、白鱼、冻、假蛤蜊、三色水晶丝、五辣醋羊、生脍十色事件、冻三色炙、润鲜粥、蜜烧肉炙、儿江鱼炙、润獐肉炙、润江鱼咸豉、十色咸豉、下饭肉、假鸭、下饭二色炙、润骨头等食品。更有供未尽名件，随时索唤，应手供造品尝，不致阙典。又有托盘檐架至酒肆中，歌叫买卖者，如炙鸡、八焙鸡、红鸡、脯鸡、鸭、八糙鹅鸭、白炸春鹅、炙鹅、糟羊蹄、糟蟹、肉蹄子、糟鹅事件、肝事件、酒香螺、海腊、糟脆筋、千里羊、诸色姜豉、波丝姜豉、姜虾、海蛰、膘皮炸子、獐、鹿脯、影戏算条、红羊、槌脯线条、界方条儿、三和花桃骨、鲜鹅、大鱼、鲜鳇、寸金、筋子、鱼头酱等。鱼、虾茸、鳗丝、地青丝、野味腊、白鱼干、金鱼干、梅鱼干、鲚鱼干、银鱼干、鱼干、银鱼脯、紫鱼螟脯丝等脯腊从食。荤素点心包儿：旋炙儿、灌鸡粉羹、科头撺鱼肉、细粉小素羹、灌肺羊、血糊齑、海蛰、螺头、辣菜饼、熟肉饼、鲜虾肉团饼、羊脂韭饼、四时果子、圆柑、乳柑、福柑、甘蔗、土瓜、地栗、麝香甘蔗、沈香藕、花红、金银水蜜桃、紫李、水晶李、莲子、桃、新胡桃、新银杏、紫杨梅、银瓜、福李、台柑、洞庭橘、蜜橘、匾橘、衢橘、金橘、橄榄、红柿、方顶柿、火珠柿、绿柿、巧柿、樱桃、豆角、青梅、黄梅、枇杷、金杏。此果未遇时，则有歌卖。更有干果子，如锦荔、木弹、京枣、枣圈、香莲、串桃、条梨、旋胜番糖、糖霜、番桃、松子、巴榄子、人面子、嘉庆子诸色韵果、十色蜜煎螺、诸般糖煎细酸、四时像生儿时果、春兰、秋菊、石榴子儿、马院醍醐、乳酪、韵果、蜜姜豉、皂儿膏、轻饧、玛瑙饧、十色糖、麝香豆沙团子，又有陈州果儿、密云柿、糖丝、梅、山糖乌李、反旋果、莴苣、生菜、笋姜、油多糟琼芝、四色辣菜、四时细色菜蔬、糟藏，秋天有炒栗子、新银杏、香药、木瓜、枨子等类。

我们之所以要将吴自牧所报的菜名全都照录下来，就是要在对比之中看到“小鸡”一名在那个时期的称述已经相当稳定和普遍。

元曲《李逵负荆》中的台词也非常具有典型性：

（25）且到我女儿房里吃一杯淡酒去，待明日宰个小小鸡儿请你。(第三折)

显然，那个时候的“小鸡”已经同我们现在的一样了，前边的“小”已经是典型的词缀。

正因为如此，过去山东出品的一种香烟，叫“大鸡”，让人怎么听怎么别扭，似乎是比较典型的“生造词”。

由此可知，汉语词缀现象的深入讨论，可以使我们更深入彻底地认识汉语自身的现象特征及规律问题。认识对象内部的结构及语义，本来是从事语言学研究的终极目的。这是业内人士都清楚的，然而由上述讨论可以看到，具体的实施、真切的描写其实还有很大的空间。迄今为止，前贤时彦对汉语词缀数量不可谓不多，范围不可谓不广，就真正司空见惯的常用词语，其内部真正的构成问题，构词单位的真正属性问题，像“小”作为比较典型的前缀，应该是得到肯定的。可是就过去的研究看，提到的并不多，遇到具体的问题处理起来就不见得能做得到位。

不仅如此，词缀虽然小，不能作为一个语句里自由运用的单位来充分展示自己的表达价值，然而在具体的社会语言运用中，对言语表现有着敏感性的人们却处置得非常得当，有效地发挥了语言的张力和弹性。比较早的时间，《儿童时代》曾登载过一篇文章，题目是《从小大花脸到大小花脸》。这篇文章是一位戏剧表演艺术家写的，文笔非常了得。不说别的，仅文章的题目组织就非常讲究修辞，有情趣：文章是写给孩子们看的，当然不能过于高深，要适合孩子的思维特点，得有兴味，能引起他们的好奇心。里边“小”和“大”连缀在一起并变换语序就能给孩子们以遐想：说的是什么呀，既是“小大”又是“大小”的，这两个有什么偌大的差别不成？急于弄清其关系的心理便会促使读者来阅读这篇文章。内容梗概是自传性的介绍：自己小时候演的是大花脸，长大以后则多演的是小花脸。至此，读者会有一种恍然大悟的释然感觉，不禁会心而笑。可以说这种效果就是由作者对语言的精巧布置而造成的。通常人们对此呵呵一乐就可以了，然而语言研究则需要继续思考：处在不同位置上的两单位功能属性一样吗？处在前面位置上的“小”“大”，分别说明的是“小时候”和“长大后”，肯定有实际的词汇意义。后面的同样单位形式，恐怕就要让人踌躇了：“大花脸”和“小花脸”是传统戏剧里边两类不同的角色，其标记就是特定的脸谱，故用不同的名称称述。但它们前边的“大”“小”已失去其基本意义，仅仅起到分辨不同类别的符号作用，一如“大麦”和“小麦”中的相同词语所体现出的价值。问题是，此时的“大”“小”虽然不再体现其体积范围上的差异，但相互之间毕竟靠了它们才使得不同对象的分辨得以明确。有些虚到极点的，如“大总统”“大扫除”“大白话”“大革命”“大舌头”等，没有分别相对的“*小总统”“*小扫除”“*小白话”“*小革命”“*小舌头”；相应的，像“小白脸”“小百货”“小报告”“小卖部”“小心眼儿”等，同样也没有与之相应的“*大白脸”“*大百货”“*大报告”“*大卖部”“*大心眼儿”。也就是说，它们都没有与之相匹配的分辨对象。这时候的“大”“小”就可以看作是比较典型的“表达性派生”的词缀，主观性的色彩体现得很浓厚。我们看到，缀上“大”的，往往倾向于正面肯定性的认定，而缀上“小”的，则往往倾向于反面否定性的认定。这种派生恰恰是我们汉语应用比较注重的，可惜的是以往的研究多没有这种细腻的关注和描写，故理论上的建树也相对较弱。

二、可以准确地认识汉语的鲜明特点

一如微观世界中的内部结构组织往往决定事物的本质状貌，词缀小，然而往往在它上边反映出不同语言语法属性的重大差异。汉语语法研究的历史并不算太长，不同理论体系上的建立依据，影响其进程的先后多次具体课题的重要讨论，无不跟如何看待汉语中的词缀问题有着直接或间接的关系。我们虽然不能说词缀就等同于形态，但词缀的有无及其所起的作用却又是形态里最有分量的内容。高本汉认为：“一方面，中国语是单音缀的，另一方面又是孤立的。”① 他又认为：“中国语很早就变为单音制，无形态学上的关系了。”② 吕叔湘、朱德熙也说：“汉语的词是没有形态变化的，所以汉语的语法只有造句法这一个部分。”③ 比如 1953 年所开展的词类问题大讨论，起因就是高名凯《关于汉语的词类分别》的发表，其观点就在于：“以词在句子里的地位来说，汉语的词也只担任了各种词类的功能，而没有词类的形态，即根本没有真正的词类分别。”“如果是名词，就应当有名词的形式，正如英语的名词有-ment，-ship，-tion 等似的。”“如果我们能够找出汉语的词有形态的变化，那末，汉语就有词类的分别了。”④ 对此，胡附和文炼继承 20 世纪 30 年代方光焘所提出的“广义形态”观念，即词与词之间的组合关系来否定高名凯的意见。曹伯韩却再次强调了黎锦熙的句法本位的理论，认为“划分词类标准，必须根据词在句子中的功能，同时结合意义来看”。⑤ 其实，这次讨论持不同意见的双方似乎是将立论的大前提给弄错了：高本汉也承认汉语中不同的词有功能上的差别，但认定区分词类靠的是形态。非常有意思的是，高本汉本来是想找汉语语法的特点，然而参照的却是形态语法的标准。其他学者却无视这种前提，强调的是汉语有词类划分。至于为什么，理论阐述上却稍显薄弱。

朱德熙当时正忙着去保加利亚从事对外汉语教学，所以没能参加这次讨论，然而他后来于这一问题所做的研讨却更有影响。由一系列论文做铺垫，逐渐形成独到的学术思想，并建立了非常有特色的语法体系，由《语法问答》和《语法讲义》这两部著作给予了很好的阐发。其卓越成就就是将“广义形态”上升到短语本位的理论系统，并做出“词类与句法成分之间不存在简单的一一对应关系”的判断；再一就是认定“汉语句子的构造原则跟词组的构造原则基本上是一致的”。后面的这条认定后来被人

---

① 高本汉．中国语与中国文［M］．张世禄，译．北京：商务印书馆，1931：19.
② 高本汉．中国语言学研究［M］．贺昌群，译．北京：商务印书馆，1935：60.
③ 吕叔湘，朱德熙．语法修辞讲话［M］．天津：开明书店，1951：4.
④ 中国语文杂志社编．汉语的词类问题［M］．北京：中华书局，1955：50，44.
⑤ 中国语文杂志社编．汉语的词类问题［M］．北京：中华书局，1955：54.

们扩充表述为："各级语法单位的内部组合有着对应一致性。"理论建树的价值可以说由朱德熙这里得到了很好的证明，他的上述理论可以说直接指导了新时期以来的语法研究。他对汉语具体语法现象的思考研讨为人们起到了很好的范例作用。应该说，体现他学术思想的多篇学术论文，大都是从汉语最小的语法单位着眼，深入开掘描写而形成的。1956年发表的《现代汉语形容词研究》一文，可以说是他由传统语法研究向结构主义语法研究转向的开山之作。其性质形容词和状态形容词两次范畴的区分开启了汉语语法研究的新方向，里面许多语法思想的表述至今仍作为立论的根据为人们广泛使用。根据朱德熙的描述，其状态形容词往往属于形容词里的复杂形式，大多都与词缀有关：①重叠式；②带后加成分的形容词；③带前加成分的形容词[①]；④以形容词为中心构成的词组。显然，它们的绝大多数都有着附加构词的特征性质。接下来是《说"的"》，一直到其晚年所写的《自指和转指》，都落脚的是词法形式与其功能意义之间的关系。其学术境界与具体运思的描写、阐释方法，都非常让人敬仰。当然，随着时间的推移，他谈的许多具体问题也需要重新审视。比如"词类与句法成分之间不存在简单的一一对应关系"的问题，会触发人们进行更深层次的思考：如果真是这样，那么词类到底体现出的本质是什么？词类从哪儿来？如果说方光焘提出的"广义形态"还仅仅是作为判断词类的一个辅助手段的话[②]，将它上升到决定性条件，其根本依据何在？短语本位对于句法结构的描写来讲，除有着简化格局、形式规则更易突出、强化科学描写的含量等特征外，很难看到它是语句里不可或缺的必然的一级语言单位的特质，更不要说它对于词类划分具有终极裁判权的效用价值了。人们看到的事物现象的真实特征是：内部结构和外部功能之间往往是相辅相成的关系。外部的价值效用往往都能在内部规则里找寻到现实的真实支撑，而内部结构的特殊性必然体现为外在功能的有效性。当然，这种关系的前提是：该事物现象是一个有机体，不是说任何一个层面切分出来的单位都具有这样的属性，短语即是如此。实际上，朱德熙对具体现象的考察并不是这样做的，如对性质形容词和状态形容词的划分，也是将两类词放置于句法成分的层面上一一进行解析的。句子作为表达单位，才有可能检验里面每一个要素的真正机能。不过很有意思的是，朱德熙这种语法观的初始萌芽，也是从这里发端的。他在比较两类形容词做定语的情况时，又将性质形容词做了两种形式的区分，这样就呈现出三种格式：

---

① 朱德熙没有这样命名，原作只是以列举的形式来体现这一类别："'雪白、冰凉、通红、鲜红、黢黑、喷香、粉碎、稀烂、贼亮、精光'一类形容词。"并列述其特点：第一，它们的重叠式不是 xxyy，而是 xyxy；第二，前一个音节已经丧失了原来的意义，近于前加成分的性质，因此它们往往可以转化为后加成分。

② 方光焘当时的表述是："词性却不必一定要在句中才能辨别得出来，从词与词的相互关系上，词与词的结合（结合不必一定是句子），也可以认清词的性质。"参见王希杰等编：《方光焘语言学论文集》，江苏教育出版社，1986年，第3页。

白纸　　　　甲$_1$

白的纸　　　甲$_2$

雪白的纸　　乙

朱德熙对两类形容词区分的证明就是从这儿开始的。甲和乙有着明显的对立：虽然都是做定语，但甲类是限制性的，乙类是描写性的。甲类与中心成分的组合是稳定性的，有着“单词化”的倾向；乙类与中心成分的组合却是自由的。接下来是甲$_2$与乙的对比，他就它们能否自由地做名词中心语、做谓语、做谓语中心语、做补语、做修饰语的情况一一进行分析认识，然后得出结论说：“甲$_2$的定语（白的）是体词性的，乙的定语（雪白的）是形容词性的。”尔后他用了相当的文字来比较详细地阐发为什么要把“白的”作为体词性定语来处理。其中一段话和我们的课题有着直接的关系：

有人说形容词表示性质概念，名词表示事物概念。“白的纸”里头的“白的”表示的是性质，不是事物，因此不可能是体词性的。我们认为性质概念跟事物概念之间并没有不可超越的鸿沟。且不说许多语言里的形容词往往有相应的名词形式，就拿汉语来说，用名词的形式来表示性质概念的例子也并不少。最显著的是有些表示颜色的词只有名词形式，没有形容词形式。例如，“米色”“湖色”“咖啡色”“奶油色”“金色”等等。就是“红”“黄”“黑”“紫”等形容词也可以加上“色”转为名词。这一类词不仅可以直接修饰名词，而且有时还非用它们不可。例如：“红色专家”“黄色新闻”“紫色钢笔”。

朱德熙这一番论证里边提到的“色”，是不是名词词缀？没看到有人承接下来继续论证。然而朱先生这里论证采用的方法倒确是属于形态附缀转变词性的内容。当然，朱德熙还有更多支撑性的论据，其中之一就是：汉语充当定语的更多的是名词，而非形态语言那样对应的是形容词。让后来人们不能忘怀的一个经典性例证就是：“木头房子”。依次类推，将“白的”看作是体词性的单位并不是什么奇怪的事儿了！当然，由此生发开去，说汉语“词类与句子成分不存在对应关系”似乎也是顺理成章的事了。

不过，我们从张道真《实用英语语法》里面看到了这样一些表述。①

在英语中名词作定语是常有现象，在这一点上是接近汉语的：

Paper tiger 纸老虎　　　　cotton　goods　棉织品

Orange juice　橘子汁　　　　power plant　　电力厂

在没有同根形容词的情况下，很多名词都可以这样用作定语，作用和形容词差不多。

Food industry　　　　chemical industry

① 张道真．实用英语语法［M］．北京：商务印书馆，1978：40-41.

cotton production　　　　agricultural production

如果有同根形容词，还是用形容词作定语较好。

Mountain village 山村　　　　mountainous region 山区

Production plan 生产计划　　　　productive labour 生产劳动

这三个层次的表述都能引发我们相关性的思考：第一句话能够让人认识到的是，任何语言的语法特征都不是整齐划一的。即便像英语那样的形态语言，也并非“将形态进行到底”。在此基础上，第二句话表述的意思很清楚，仍是凭借着形态语言的意识来认识名词直接做定语的语法性质。如果不是，应该是形容词向名词比。第三句话就比较关键了，它是按着当时地道英语的用法进行判断的，也就是说，有形态标志应该属于正宗格局。那么，下边的不同形式就易于选择了：

a wood house　　　　a wooden house

但我们又注意到这部著作后来的变化，即当前通行的这个版本的修订本，内容上整体变化不大，但细节上的更新非常值得人们注意，其中就包括第三句话的删除。对英语敏感的人，特别是从事英语语法研究的人们，大都认可了这么一个现象，那就是英语中的形态具有弱化的趋向。张道真将第三句话给删除掉了，其行为本身是不是就是对这种趋向的一种客观存在的认可？

对此，现时的人们似乎已经不再像18世纪以来的那些所谓的思想家、语言学家那样容易激动，动不动就将语言文字上普遍性与特殊性的现象做一番先进与落后方面的评判。今天的语言现实或许使后继者颇费斟酌。英语的形态在弱化，而汉语今天的面貌，特别是新时期以来新词语的大量产生，确实是以前所未有的面貌在有力地冲击着传统观念的承受力。字母词、多音节词和类词缀附加式造词，这其中的任何一个方面对过去汉语词语的创制都具有颠覆意义，对今后的发展来讲相应地具有开创性。类词缀附加式造词呈爆炸性地陡然增多，是否意味着汉语语法对形态的看重？

从两种语言目前所呈现的情势看，文化上的大交流、大融合，可以说是大趋势。

客观地讲，形式的有无、多少丝毫不改变事物本体的属性。一如英语中的 a wooden house 弱化形态变为 a wood house，是不是就可以说由形容词的“木头”变成了名词的“木头”了呢？同样的道理，汉语里过去多用“木头”修饰的现时多改作“木质”，我们是不是就可以说由名词改作了形容词呢？其实两种变化都没有改变质料性定语自身的特征，那就是线型的符号序列进行语义表达之时，组合性质的有效性使得不同类的词语具有了不同位置分布的相对明确性和稳固性，从而形成聚合关系的功能类。这种功能类有没有形式标志都不改变其根本属性。因为我们看到，没有形态变化的语言用词语进行表达的时候，并没有因此变有序的组合关系而成为任意的排列关系。只要肯定语句组织有规律，这种规律就必然借助于不同词语在其中的位置及功能差别而体现出来。所不同的是，有的语言将这种不同的职能给予显性化了，有些则采取了漠视忽略的态度。当然，任何一种语言都不可能将这种表象特征坚持到极致，差别就在以哪一种方式手段为主导贯彻于语法规则之中。即便是由拉丁语言分化演进而来的现今的小语种语言，有些形态形式，如多个词类里边再分阴阳，达到了无可追寻其根据的地步，也仍未达到对所有的单位都采取标记化的程度。何况有些标记纯粹给人们的记忆造成了负担，于人们的理性培养无正面的进益！与此相对的另一面是：语法意义的显豁形式体现，易于强化操作的严谨性和规则的遵循性，对于逻辑思维方式的历练有积极的导引作用。李世民在《大唐三藏圣教序》中的有关表述对此有参照价值，他说："象显可征，虽愚不惑；形潜莫睹，虽智犹迷。"是的，如果语法形式与语法意义之间都能达到完全的匹配状态，何劳人们于其间苦苦追寻?！所以，不管现时不同的语言对形态采取怎样的择取方式，从理论上讲，形态标记究其价值效用应该是肯定的。如果不是这样，人类的语言也就不需要服从于语法化和词汇化的总体发展规律了。

与此同时，我们还必须看到，词语创制还有它特殊的一面，那就是不需要句法的支配而独自创立。在人类文明的早期，在公元前的古印度，人们曾就词语本身有没有意义展开过讨论。一部分人持肯定态度；另一部分人则持否定态度，认为词语只有在语句里面才能体现出具体的意义。两种不同的意见被人分别称为"词项派"和"语句派"。20世纪兴起的语言哲学，其讨论的主题仍为该内容，最终也没能达成共识。其实语言里面的词汇库并非统一属性。从实词、虚词这两大块来讲，虚词属于封闭性词类、惰性词类，自身没有词汇意义。它的形成需要借助语言的历史演化才能逐步实现，它的价值意义确实需要标记句中实词之间的关系才能得以体现。应该说它们是真正的语法词。实词属于开放性词类，活性词类。其词汇的拓展一个就是新造词，再一个就是衍生新义项。对于前者来讲，任何新事物的产生就相应地有对它的命名，指称义甚至概念义也都会相应地随之产生。索绪尔指出："我们是给事物下定义，而不是给词下定义……"① 如果我们理解不错的话，该表述的语义所指即主要是针对实词里边的名词来讲的。事物的意义不需要在语言的组合里才能确认。对于后者来讲，分为两种情况：一种是要通过语言的发展，才能在语句里识辨。例如"进步"一词，由动词延伸出形容词再延伸出名词功能。② 再一种是突发性的，即所谓的"旧词新用"。如当今正在使用的"绝代佳人"，这应该属于丁克一族中的人士。不过以这种方法来满足飞速发展社会需求语词爆发性现象的大量产生，显然是不可能的，更不要说这种现象过多会影响语言信息的准确传递了。所以，词汇在短时间内井喷式的创制，主要还得仰仗于合成法构词。语言与社会的共变关系，在新造词上面体现得最为鲜明。拿我们现时的汉语来讲，可以说最大限度上体现了语言与社会的共变效应。

即便是合成法构词里边，构词能力的强弱也是不均衡的。叠音式构筑新词的有限

① 索绪尔．普通语言学教程［M］．北京：商务印书馆，1980：36.

② 参见第二章第一节的有关内容。

性是有目共睹的。新时期以来，虽然由“范跑跑”“楼歪歪”的格式类推也衍生出了两组系列，但毕竟数量不多，且不能单用。复合式合成词里，联合型和偏正型中的任何一项，其数量之多是其他组合方式加在一起都不能比拟的，主要原因在于它们不需要借助句法的参照，仅仅通过言语主体正常的联想方式即可以实现。但与此同时，不能不看到语言的词汇库也是一个大系统，用来组词的语素虽然也多，但牵涉的因素很多，搭配起来并不自由。吕叔湘在《语文常谈》里举有这方面的很多典型例子，比如：“‘保’和‘护’的意思差不多，可是只说‘保墒、保健’和‘护林、护航’，不能倒换过来说‘护墒、护健、保林、保航’。”“‘赤’和‘白’是两种颜色，但是‘赤手空拳’的‘赤手’和‘白手起家’的‘白手’是同样的意思，都等于‘空手’。可是尽管意思一样，不能倒换着说。”所以，要想在相对比较短的时间内适应社会对反映新事物、新观念的无限量新词汇的需要，还得寻求最适宜的造词方法。相比之下，采用已有词汇加特定类推框架的方式造词，也就是李宇明(1999) 所提出的“词语模”的方式造词，便显得特别快捷有效。高琳娜(2013) 以教育部语言文字信息管理司正式出版的《中国语言生活绿皮书》，具体体现为侯敏、周荐主编的《2006 汉语新词语》《2007 汉语新词语》《2008 汉语新词语》《2009 汉语新词语》《2010 汉语新词语》，作为考察对象，做了比较详细的统计描写，结果表明：传统的构词模式全都退隐至后台①，代之而来的是这样一种情形：

(1) 缩略造词法：165 条，占五年总数的 7.39%。

(2) 类推造词法：1072 条，占五年总数的 48.03%。

(3) 借用造词法：80 条，占五年总数的 3.5%。

(4) 修辞造词法：548 条，占五年总数的 34.64%。

(5) 语音造词法：93 条，占五年总数的 4.17%。

(6) 说明造词法：274 条，占五年总数的 12.28%。

其类推造词法，几乎占据了新词语造词方式的一半。而这种类推造词主要是以“类前缀~”“~类后缀”和“实词虚化”② 三种类型呈现的。它们构词能力情况分别是：

(7) ~后缀：476 条，占类推造词总数的 44.40%。

(8) 前缀~：65 条，占类推造词总数的 6.06%。

---

① 这不是说原来的复合式的构词方式不复存在，而是决定其成因的已经为新理念新手段，即强调其理据的造词方法居于前台位置。

② 这最后一类也是比较典型的类推造词，高琳娜只是依照李如龙（2002）所认定的理论：“语法类推的词汇衍生方式有两种基本形式。一是词缀附加，一是实词的虚化。”从而将这最末一类划分开来，仍将它称为“类推以实词为特征”。其实从她所列举的类型看，仍与前两类没有根本性的差别。如 a. 类比仿前：“~控”“~粉”等。b. 类比仿后：“囧~”“微~”等。唯有 c. 类比仿中稍显特殊，像“去~化”“禁~令”等，不过数量也不多，仅 19 条。

（9）实词虚化：535 条，占类推造词总数的 48.54%。

词缀数量少，构词能力却不弱。姚汉铭（1990）在对新时期前十多年出现的新词统计分析中，即认定派生法构造的新词已达到了 13.9%。

由此我们得出这么一些基本认识：不要觉得词缀小就放弃对它的深入探究。对它的准确认识，直接涉及对特定语言语法根本属性的判定，同时还与更深层次的民族哲学思维方式形成紧密的联系。董秀芳（2005）论述说："'词缀'在汉语中不是一个边界清晰的词法范畴，也不具有很强的心理现实性，一个表现就是一些人提出的词缀，常会被另一些人所否定。因此，我们认为词缀不是汉语使用者词汇知识中的重要组成部分，词缀与词根的分别在汉语中并不突出，汉语语素普遍在构词活动中起着活跃的作用。"说汉语词缀不容易确认，这是对的。不仅词缀如此，各级语言单位之间也存在着"剪不断，理还乱"的状貌。之所以如此，就在于我们民族浸润于自己母语中的认知方式从来都很少采用非此即彼的硬性规定，往往都具有非常大的弹性和张力。显然不能因为对象如此就放弃对每一个方面深入认识的努力，对词缀的讨论更是如此。

第二节　词缀研究简史

有关汉语的词缀现象，一如中国的语法学，因为客观对象本身就不太注重形式上的明确标记，那么让使用这种语言的主体从观念意识上凭空来建立形式分析的思想，显然有些强人所难了。更不要说即便西方有着显豁的形态系统，他们也感觉到："一般来讲，词法结构比句法结构更为繁琐。"① 之所以如此，就是我们已经强调过的一个观点，一旦缺乏了客观的理据条件，除了现象的归纳，剩下的得仰仗心迹追寻的时候，任谁都不免困窘。即便如此，只要是客观存在，只要是有表达上的需求，只要是语言形式上有所反映，人们就不会放弃这种探求努力。我们这里要将前人于这一方面的工作做一汇总，以便有一个前提背景的认识。

一、古代词缀问题研究

事实上，在先秦，对于语词的审视、探究可以说已经开始了。孔子的"必也正名"的主张，虽然多是侧重社会政治的理念，但不能不说同时也包含着对词语本身明确与否的强调。真正开始对词义阐释与辨析的应该首推墨子。在这方面，墨子有具体的操作实践，《墨经》里的多个篇章都体现了这方面的内容。例如《墨经·经上》里边对众多词语的释义："信，言合于意也。""说，所以明也。""久，弥异时也。宇，弥异所也。"后者很容易让人们联想到其后广有影响的"宇宙"一词的表述："上下四方谓之宇，往古来今谓之宙。"不仅如此，墨子还有对理论哲学上的提升，如《小取》

① 布龙菲尔德．语言论［M］．袁家烨，赵世开，甘世福，译．北京：商务印书馆，1980：256.

里边他表述说："夫辩者，将以明是非之分，审治乱之纪，明同异之处，察名实之理，处利害，决嫌疑。正摹略万物之然，论求群言之比。以名举实，以辞抒意，以说出故，以类取，类予，有诸己不非诸人，无诸己不求诸人。"值得注意的是，墨子这里所用的三个词，一个"名"，一个"辞"，一个"说"。虽然不能说此时的墨子已经有了词语虚实的明确区分，然而在三者的列举之中，"辞"，却是就侧重情感上的抒发而言的。正如孔颖达在《毛诗正义》开篇所阐释的那样："初言之时，直平言之耳。平言之而意不足，嫌其言未申志，故咨嗟叹息以和续之。"真正在实践里边有所体现的，应该说是《春秋谷梁传》，它已经运用"辞"来阐释虚词，如《昭公二十五年》："又，有继之辞也。"《定公十五年》："乃，急辞也。"《成公七年》："其，缓辞也。"《僖公二十一年》："以，重辞也。"它甚至已经注意到具体语素的价值作用。看它对《隐公元年》"三月，公及邾仪父盟於昧"中特定单位的理解："父犹傅，男子美称也。"对《宣公十年》"秋，天王使王季子来聘"的解释是："其曰'王季'，王子也。其曰'子'，尊之也。"对《闵公元年》"秋，八月，公及齐侯盟于洛姑。季子来归"的解释是："盟，纳季子也。其曰'季子'，贵之也。其曰'来归'，喜之也。"对《闵公二年》"冬，齐高子来盟。"释曰："其曰'来'，喜之也。其曰'高子'，贵之也，盟立僖公也。"显然他已经注意到某些词的标记作用，承担着特定的情感功能效用。其他的，像《春秋公羊传》也有类似的追寻，不过在解释能力上明显要稍逊一筹。

汉代是汉语语言文字学真正的发端时期。因为已经与先秦拉开了距离，拨乱反正、独尊儒术的兴起，使得注疏之学蓬勃地发展起来。五经博士的设立，对于当时的知识分子来说，毫无疑问值得全身心地投入。西汉时期的《尔雅》《方言》等语词文字专著问世，它们以今言释古，以通言释各地的变体，小学于是轰轰烈烈地发展兴盛起来。虽然词类的虚实还没有成为注疏家明确的理论主张，但这种意识应该说是比较清楚的。比如早期的《毛诗诂训传》：

采采芣苡，薄言采之。（《周南·芣苡》）
汉有游女，不可求思。（《周南·汉广》）
亦既见止，亦既觏止。（《召南·草虫》）
不见子都，乃见狂且。（《郑风·山有扶苏》）

对于里面的"薄""思""止""且"，《毛诗》都以"辞也"给予认定。这让人联想到他对墨子"辞"的呼应。值得注意的是，《毛诗》已经有了构词词缀的意识，比如《文王》中的诗句：

文王在上，於昭于天。

《毛诗》注曰："在上，在民上也。於，叹辞。"

日居月诸，照临下土。（《邶风·日月》）

《毛传》："日乎月乎，照临之也。"

有周不显，帝命不时。

《毛诗》："有周，周也。不显，显也。显，光也。不时，时也。"

特别是最后一例，对"有"和"不"第一次提出了它们不表义，相应来说就是词头。尽管没用特定的概念给予命名，亦即没有做出专业上的理论认定，但其见识眼光还是非常独到的。在语言文化史上，有关《尔雅》和《毛诗》谁前谁后，谁引征谁的问题一直存在争议，然而前者很少有关于虚词，特别是词缀内容的表述。勉强能算作一例的就是《释训》中对"式微式微"的解释："微乎微者也"。由此可以推测，《尔雅》时间在前，而《毛诗》对它也不亦步亦趋。

"辞"的表述到了许慎的《说文》里边则都改作了"词"。徐锴《说文解字系传》"曰"下注云："凡称词者，虚也，语气之助也。"但总体来看，《毛诗》也好《说文》也好，都已具备了虚实两种词类的基本观念，无非在处置方法上有比较明显的区别：《毛诗》总体认定为"辞也"的比较少，整部《诗经》中，由他明确认定下来的这种情况不超过10例，而《说文》达到了30多例。正因为前者所认定的比较少，其把握的准确性上也就更强一些。也就是说，毛亨注明的是"辞也"的，肯定是虚词。而由许慎注明为"词"的，其边界范围则相对来说比较宽大粗疏。但另一面是：毛亨由于过于审慎，有些很明显是虚词的却被他漏掉了。如《邶风·燕燕》："仲氏任只。"《鄘风·柏舟》："母也天只，不谅人只。"对其中的"只"他就没有解说。《说文》就比他进了一步："只，语已词也。"到了汉末，郑玄对这种情况的认识就又进了一层，不但对"辞"的范围把握得更到位一些，甚至还有所分辨，对有些单位的功能的认定也更丰富了。例如对《载驰》："载驰载驱，实给何期？"郑《笺》："期，辞也。"这是对注的继承。再如《邶风·式微》："式微式微，胡不归。"《笺》："式，发声也。"《礼记·檀弓上》："尔毋从从尔。"郑《笺》："尔，女也；从从谓大高；尔，语助。"其中"发声"的认定，看似简单但很有创意，对后世颇有影响。如杜预《左传注·定公五年》"於越入吴"："於，发声也。"《左传·僖公二十四年》："介之推不言禄"。杜预注曰："介推，文公微臣。之，语助。"是直接针对特定词缀给出的解释。

此后，人们对上述"辞""词"给予了各种各样的称谓，像"语词""语助""语之助""助词""助句辞""助语之辞""助句之语""助字""助语辞""语助辞"等，不一而足。总的情况是：虚词这一类别是认识到了，但大都是笼统归总。至于词缀的观念，却始终没有确立。

这种情形到了唐代则有了全新的气象。经学大师孔颖达奉敕所编写的《五经正义》，虽然只是对于儒家经典著作进行义疏，但其在语言学方面所表现出来的清醒意识非常值得称道。《周南·关雎》疏云："秦、汉以来，众儒各为训诂，乃有句称。《论语》注云'此"我行其野"之句'是也。句必联字而言，句者局也，联字分疆，所以局言者也。章者明也，总义包体，所以明情者也。篇者遍也，言出情铺，事明而遍者也。然字之所用，或全取以制义，‘关关雎鸠’之类也。或假辞以为助，者、乎、而、只、且之类也……诗之大体，必须依韵，其有乖者，古人之韵不协耳。之、兮、矣、也之类，本取以为辞，虽在句中，不以为义，故处末者，皆字上为韵。之者，‘左右流之’、‘寤寐求之’之类也。兮者，‘其实七兮’、‘迨其吉兮’之类也。矣者，‘颜之厚矣’、‘出自口矣’之类也。也者，‘何其处也’、‘必有与也’之类也。《著》‘俟我于著乎而’，《伐檀》‘且涟猗’之篇，此等皆字上为韵，不为义也。然人志各异，作诗不同，必须声韵谐和，曲应金石，亦有即将助句之字，以当声韵之体者，则‘彼人是哉，子曰何其’，‘不思其反，反是不思，亦已焉哉’，‘是究是图，亶其然乎’，‘其虚其徐，既亟只且’之类是也。”这一段话之所以重要，就在于它对实词虚词做了明确的区分，即一个是“制义”，一个“不为义”。在此基础上，他还强调了虚词“助句”及构词的作用。仍以《诗经·大雅·文王》中的诗句为例：“有周不显，帝命不时。”《毛诗》：“有周，周也。”《正义》：“以‘周’文单，故言‘有’以助之。《烝民》曰‘天监有周’，《时迈》曰‘昭昭有周’，皆同也。”① 这种表述显然从认识上已经注意到了附加式构词问题，当然，很自然的也同时涉及了由单音节词向偶数音节词的使用发展的问题。唯一让人感觉到遗憾的是：孔颖达作为注疏大家，有那么厚重的训诂实践，类似于《关雎》那样的归纳概括太少了，多是沉溺于对具体语词的阐释和对篇章文意的梳理贯通，学理上的提升似乎是呼之欲出了，然而终究是功亏一篑。虽然我们不能苛求古人，但其教训对今人来讲是要汲取的。

宋代学术与唐人是有显著区别的：如果说唐代官方色彩比较重的话，宋人比较自由的笔记类著述则比较兴盛，其中不乏对当时语言文字具体现象的感悟体会。比如北宋著名词人周邦彦之子周辉的《清波杂志》载：“东坡教诸子作文，或辞多而意寡、或虚字多、实字少，皆批谕之。”这可以说是汉语词类虚实区分的最早表述了。不过这个时期很多士人都用这一对指称来反映自己对汉语词类的认识，其他像罗大经的《鹤林雨露》，孙奕的《示儿编》等，也都是这样。到底是谁发明的似乎不好追寻。

至于直接涉及词缀现象的，宋人洪适《隶释·卷二》中的一段话值得注意：

右般坑神碑阴三百四十二人，其磨灭不可见者三十余字。小而劲，汉隶之神品也。前碑之后曰有秩者六十余人，在碑之阴则无秩可知矣。其前四十余人称之曰郡吏，其间四十人皆字其名而系之以阿字，如刘兴阿兴、潘京阿京之类，必编户民未尝表其德、书石者欲其整齐而强加之，犹今闾巷之妇以阿挈其姓也。又有复姓数人，但云北宫世平、夏侯阿升，可见其不欲参差也。灵台碑阴载诸仲名字有仲东阿东及仲阿同、仲阿先数人与此正相类。

① 毛诗正义［M］. 北京：文物出版社，1982：133.

洪适之弟洪迈《容斋三笔》中对“老”字用法的关注似乎是以承其绪：

东坡赋诗，用人姓名，多以老字中成句。如《寿州龙潭》云：“观鱼并记老庄周”，《病不赴会》云：“空对亲眷老孟光”，《看潮》云：“犹似浮江老阿童”，《赠黄山人》云：“说禅长笑老浮图”，《无长老衲裙》云：“乞与佯狂老万回……是皆以为语助，非真谓其老也，大抵七言则于第五字用之，五言则于长三字用之。若其他错出，如‘再说走老瞒’，‘故人余老庞’，‘老可能为竹写真’，‘不知老奘几时归’之类，皆随语势而然。白乐天‘每被老元偷格律’，盖亦有自来矣。”

事实上，宋代在汉语历史上应该说是一个由书面文言向口语俗话转变的重要时期，市井里巷、勾栏瓦肆的生活成为言语交流的主要环境，流行语现象从而成为时尚。前文我们所引的吴自牧《梦粱录》中的材料，可以说从侧面反映了这种生活及语言的常态。这种情况其实自北宋就开始了，一些文人生活于其中，也以热切的心情关注它的展示与发展。如欧阳修《六一诗话》载：“李白《戏杜甫》云：‘借问别来太瘦生，总为从前作诗苦。’‘太瘦生’，唐人语也，至今犹以‘生’为语助，如‘作麽生’、‘何似生’之类是也。”在《归田录》中他还谈到了时人造语中多用“打”字做字头的情况。其实不止他注意到了这种具体的事实，项安世《项氏家说·卷八》中也说：

俗间助语多与本辞相反……虽甚爱惜，亦以为杀，如曰“惜杀”、“爱杀”是也，亦曰“惜死”、“爱死”。其于打字用之尤多，如“打叠”、“打听”、“打话”、“打请”、“打量”、“打睡”，无非打者。

前文所说的“小”字头，这里所说的“打”字头，大概一如我们现时的状貌：社会新体制的建立，伴随而来的是新词语的亟需。利用附加式类推方式来快速创制，不失为行之有效的方法。

关注新词语的使用及创制，是当时很多士人的共同爱好。陆游《老学庵笔记·卷一》中的文字，就很好地说明了这一点：

予在南郑，见西邮俚俗谓父曰老子，虽年十七八，有子亦称老子。乃悟西人所谓大范老子、小范老子，盖尊之以为父也。建炎初，宗汝霖留守东京，群盗降附者百余万，皆谓汝霖曰宗爷爷，盖此比也。

这似乎是至今仍流行的骂人詈语自称用法的最早源头。由这条记录可知，该词一开始是坐实的，并且是他称。而派生之后就不一样了，往往是当面侮辱他人。这些记述，真实地记录了当时人们的生活，为后来人们描写汉语词语的产生、发展、演进提供了难得的珍贵资料。

之后的时段里，值得一提的是元人卢以纬的《语助》，又名《助语辞》，为第一部研究虚词的专著。全书收66组虚词和与虚词有关的词组，共计136个词条，其中单音节词68个，复合词和词组68个。和前人一样，也是虚词、词缀不分家，没有分立意识。但作为专门研究虚词的著作，偶尔还是顾及了后一种现象，有些分析还比较精确。如对“然”的解说：“训如是。曰‘然’、‘以为然’、‘然之’，皆是许其是如此。若云‘俨然’、‘睟然’，‘盻盻然’、‘嘐嘐然’，却是形容之语助，实有‘恁地’之意。‘嗥尔’之‘尔’字，‘翕如’之‘如’字，‘沃若’之‘若’字，义皆类此。”这显然已经涉及一个词虚实的区分及对词缀功能的认识。但又不能不说，正因为没有这种分辨，所以其分类仍侧重意义功能，至于词缀也就只能从略了。看以下四组词语的解释及列举：

二七　今夫　且夫　原夫　故夫　盖夫　嗟夫

“‘今夫’者，即今之所论事意而言；‘且夫’者，从宽远说来；‘原夫’者，推究其本因而言；‘故夫’者，有所因而言；‘盖夫’者，以大凡而言；‘嗟夫’者，咨嗟、慨叹而言；‘嗟夫’亦相类，意颇切至。”

二八　逮夫　及夫　及乎　至於　施及　及

“‘逮’，即‘及’也，俗语‘到得此时’之意。”

二九　况夫　况於

“‘夫’字意悠扬，‘於’字意切近”。

三〇　若夫

不难看出，在他所列的四组词中，都有“~夫”双音词。从他的释义看，大都是侧重于前一个语素的实词义或功能义进行阐释，只有“况夫”一词后边的“夫”解作“悠扬”意，附带说“於”字意义和它切近。其他词中的“夫”字呢，是不是也都有这样的字意？不得而知。显然，有没有词缀观念，对于词汇系统的深刻认识来讲其效用还是很大的。

清代应该说是我国传统小学最为昌盛发达的时期。乾嘉学派在学术上主要的贡献即体现在对古代典籍语言文字的搜集阐释上。有些肯定是杂记性质的，但作者学养深厚，平易的文字中时显真知灼见。如顾炎武的《日知录》、钱大昕的《十驾斋养新录》、王念孙的《读书杂志》、王引之的《经义述闻》等。有的则以俗语汇编整理为主要对象，如翟灏的《通俗编》，钱大昕、钱大昭兄弟的《恒言录》《迩言》等。特别值得注意的是虚词的专著多有问世，俨然成一气象。如刘淇的《助字辨略》，袁仁林的《虚字说》，王引之的《经传释词》等。有关词缀内容的研究，最大的成绩可以用“方法严谨、辨析精细”来概括。这方法上的先进性就是一改传统里多从形体上推究意义的做法，转而从语音的相同和相近上来认识其历史上的渊源关系，从而系统地揭示其内涵上的有机关联。再则就是虽然没有对汉语词缀现象给予理论上的深入说明，但对于其诸多用法，不说是悉数进行了反映，众多大家还是非常乐于发现和发掘的。总体上讲，其内容成就之丰厚，远远超越了前边任何一个时代或时期。也就是说，前人已说到的，他们论述得更加准确细腻；而他们所论述的很多内容，又是过去的人们所没有注意到的。看他们具体的论述：

“杀”字作过甚解，有入去二读，转而为煞，亦兼得两声。(陈僅《扪烛脞存·卷七》)

这是再简单不过的一句话，然而却将“V杀”和“V煞”之间的前后承继关系给说得清楚明白。前者的用法在很早就有了，如《文选·古诗十九首·其十四》：“白杨多悲风，萧萧愁杀人。”《古尊宿语录·卷三十一》：“如何敢为人高座上也，竖起拂子示人？恶吓杀人！”关汉卿《窦娥冤》：“孩儿，痛杀我也。”《水浒传·第七十二回》：“你这两个兄弟吓杀我也！”而到了清代，后者才比较普遍地使用起来。例如《儿女英雄传·第七回》：“姑娘，你咱的把他杀了？可不吓煞了人！”《聊斋志异·卷三》：“君致恶宾，几吓煞妾！”“杀”是有实义的动词，然而它附在其他动词之后的时候，只是表示程度达到极致而已，然而这种程度又是描绘不出来的，只要有这么一个类似的声音符号表达这种情感即可，故用同音字代替。

马瑞辰的《毛诗传笺通释》，在证实某些词头为一类词的时候也采用这种方法：

“之子于归”。瑞辰按：尔雅：“于，曰也”，“曰”古读若聿，聿于一声之转，“之子于归”正与“黄鸟于飞”、“之子于征”为一类，于飞，聿飞也。于征，聿征也。于归亦聿归也。又与东山诗“我东曰归”，采薇诗“曰归曰归”同义。“曰”亦聿也，“于”、“曰”、“聿”皆词也。旧皆训“于”为往，或读“曰”，如子曰之“曰”，并失之。(卷二)

辨析精确方面，先来看陈僅《扪烛脞存·卷三》中的一段文字：

古人声缓，多用语助，人名亦然，“石之纷如”、“舟之侨”、“介之推”、“佚之狐”、“烛之武”、“上之登”、“夏之御寇”、“烛庸之越”、“孟之侧”、“文之锴”、“庚公之斯”、“尹公之佗”、“耿之不比”、“文之仪”、“文之无畏”、“公罔之裘”、“常之巫”、“施之常”、“颜之常”、“公之鱼”、“董之繁菁”。又胥童字“之昧”，国语有“管鼻之”即“管鼻”，凡“之”字皆语助。妇人有“南之威”、“丽之姬”、“丹之姬”。孟子“孟施舍”，管子“祝凫已”、“疵施已”亦语助。其施於文字，山海经大荒西经“有金之山”，南山经“有痳之泽”，管子“有凫之山”，吕氏春秋“有寝之邱”，荀子解蔽篇以为小之闺也，自汉以降，无此例矣（汉碑载人名常加一阿字，虽雅俗不同，皆语助也）。书名则有“汉之书”……丹铅总录以“董之繁菁”为三字复名，且谓古之三字名始见此，似并“斗穀於菟”、“熊率且比”而忘之。元美谓升菴求之六合之外，而失之目睫之间，此类是已。

虽然该词法现象前边已经有人提出，但这样丰富的例证却不多见，实际上已经见识到了古人也有使用类似中缀的情况。

刘淇《助字辨略》对词缀现象也有许多新见：

书秦誓：“断断猗”。诗国风：“河水清且涟猗”。猗，犹兮，语已辞也。

岑嘉州诗："别君能几日，看取鬓成丝。"白香山诗："听取新翻杨柳枝。"此"取"字，语助也。

王仲初诗："杨柳宫前忽地春。"此"地"字，语助也。

魏志朱建平传："何当此子竟早陨夭，戏言逐验乎！"此何当，犹云何乃，当字在此，乃语助，不为义者也。

左传襄公二十一年："宾至如归，无宁菑害。"昭公元年："不宁唯是。"二十二年："楚、越使告於宋曰：'寡君闻君有不令之臣为君忧，无宁以为宗羞，寡君请受而戮之'。"诸此宁字，并语助，不为义者也。

世说注："此间自有伏龙凤雏。"王仲初诗："自是桃花贪结子。"李义山诗："犹自君王恨见稀。"诸自字，并是语助，不为义也。

韩退之诗："老翁真个似儿童。"此个字，语助也。

马瑞辰的《毛诗传笺通释》，于词缀现象也是多有讨论，且多有建树。这里也仅举数例：

诗："于以采蘩。"瑞辰按：尔雅："爰、粤，于也"。又曰："爰、粤、于、於，是也。"凡诗言于以者，犹言爰以、粤以，皆语词。(卷三)

"不戢不难。"传："戢，聚也；不戢，戢也；不难，难也。"瑞辰按：两不字皆语词。(卷二十二)

"不显亦世。"瑞辰按："'不'、'亦'二字皆语词。'不显不世'，谓其显及世，与思齐诗'不显亦临'、'无射亦保'等句法相类。"(卷二十四)

"遭家不造。"瑞辰按：诗多以"不"为语辞，"造"与戚一声之转，古通用，则诗云"遭家不造"，犹云"遭家戚"，即后世所谓丁家艰也。(卷二十四)

"汔可小康。"瑞辰按：古人以"小"为语词，犹以"大"与"中"为语词也。文王诗："小心翼翼"，犹言中心也。公羊桓公十六年传："见使守卫朔，而不能使卫小众"，犹言不能使卫众也。此诗上言劳止，以"止"为语词，若但言"汔可康"，"汔可休"，则不辞，故以"小"字助之成句，非谓民不必大安息之也，"小"为语助，盖失其义久矣。(卷二十五)

由此不难看到，有清一代的诸多学者，醉心于自古以来汉语语言文字上的种种价值效用，切实把握本体形、音、义三者之间的联系来尽可能真切地给予解读。相对于宋代的理学诸事只往心上求来说，他们的研究置入了厚重的科学含量，其态度沉静、笃实和勤苦，非常值得敬重。然而让人们感觉遗憾的是，他们往往以材料取胜，成果也往往以杂录式的记述呈现。散钱虽多，却缺少穿钱的总绳，要想达到提纲挈领的效果当然就不容易了。另外给人的启示是：宏观和微观、事实与理论往往也是相辅相成的。所谓科学，简单说来就是分科之学。分门别类，条分缕析；分立的同时，必然需要将不同类别的对象特征认识得准确到位。于是系统性的东西便得以体现，科学的内涵得以充分体现；相对应的，人们的思维也得以进一步精密严谨，逻辑性不断增强。正因为如此，我们可以看到，他们的研究里会时不时显露出这方面的不足。如刘淇《助字辨略》里的一段文字：

书舜典："肆类于上帝，禋于六宗。"诗国风："王于兴师。"论语："子禽问於子贡曰：夫子至於是邦也。"孟子："王如知此，则无望民之多於邻国也。"此於字，并助语辞，不为义也。

同样一个"于/於"，尽管都是"不为义也"，虚词性质，但就其所举的四个例证来说，实现的并不是同一种功能：它们有的是介词，有的是词缀化了的，有的仅仅是衬字。不加分辨的结果就是笼而统之，模糊处理。对于人们的识读使用来讲，其效用会大打折扣。

二、现代词缀问题研究

现代词缀问题研究，成就斐然。故需要根据其性质再分为三个时期：一是由《马氏文通》到"词缀"的正式提出，这可以叫作开创期；一是"词缀"的正式提出到20世纪90年代关于词缀认定的反复讨论，这可以叫作发展期；一是语法化、词汇化以来多所呈现的词缀历史追溯研究，这可以叫作成熟期。

（一）开创期

汉语语法学的真正开端，语言学界都认可是以马建忠的《马氏文通》问世为起点的。但就特定的下位层次上的专题研究，如词缀，《马氏文通》并没有体现出起点意义。不过其有两个方面的内容还是有必要提及的：一是它的理论创建，仍能给人以启发。比如《虚字卷之九》中论述说："泰西文字，原於切音，故因声以见意，凡一切动字之尾音，则随语气而为之变。古希腊与拉丁文，其动字有变至六七十次而尾音各不同者。今其方言变法，各自不同，而以英语为最简。惟其动字之有变，故无助字一门。助字者，华文所独，所以济夫动字不变之穷。"如果我们理解不错的话，马建忠在这里其实辨析的就是汉语和西方其他语言之间语法上的根本区别：一个无形态，一个有形态。接下来的文字是："字以达意，意之实处，自有动静诸字写之。其虚处，若语气之轻重，口吻之疑似，动静之字无是也，则惟有助字传之。"这一段虽然不一定说得完全准确，但体现了他的虚词观。正像吕叔湘在《重印〈马氏文通〉序》中所说的那样："把语法和修辞分开，有利于科学的发展；把语法和修辞打通，有利于作文的教学。后者是中国的古老传统，也是晚近许多学者所倡导，在这件事情上，《文通》可算是有承先启后之功。"马建忠往往是结合修辞谈语法，虚词的讲释也不例外，很自然的，里边也包括今天我们所说的词缀。其实，在这不经意的内容操作当中，在相当的意义上说也是与汉语自身的特点相契合的。《马氏文通》之所以是开山之作，就在于它反映出来的是迥乎数千年以来的认识方式，注重了学科建立理论基础的价值。再一就是在讲释具体虚词的时候，顺便也对古代汉语中的词缀现象时有讲述，虽然他还没认识到对象的特征是什么。他的很多关注点是古人所没有论述过的，如《实词卷之二》中提出了这样的命题：“至‘凡’‘虑’与‘大凡’‘大抵’‘大要’‘大归’以及‘亡虑’‘都计’诸字，皆用以为总括之辞。”验证的方法是，用例证先说明“凡”类单音节词即具有遍举之义，并引用《说文》中的解释：“为最括之词”来进一步佐证。接下来他继续论述说：“古人以‘凡’‘虑’等字单用，不足以见总括之意①，于是加以‘大’字，冠以‘亡’字，而‘大抵’‘大要’‘大归’亦寖用矣。”后边他还用了更多的篇幅来说明更多的“大~”类双音节词，如“大略”“大较”“大体”“大致”“大概”“大都”“大段”等，其意、其功能的一致性。显然，可以说马建忠在这里充分论证了古代汉语中习惯常用的一个语助，即“大”。虽不是他第一个提出，然而将其充分论证并作为一个特定的现象，仍是有发明之功的。此外，他在本章节以及后面的篇章中还逐渐提出了“自~”“相~”“~者”“~也”等类推构词方式。《虚字卷之七》中，还专门论述了“以”字的一种特殊用法：“‘以’字司‘上’‘下’‘往’‘来’与方向等字，皆以为推及之词。”以例证说明之后，他再次言道：“诸引‘以’字后缀以‘往’‘来’‘上’‘下’‘南’‘北’诸字者，皆以推言其人、其地、其时也。”这诸多构词现象也都是以前的人们所没有注意到的。应该说，马建忠于此还是有自己的新发现的。特别值得注意的是，于此他提出了“前加”“后殿”等概念，实际上与前缀、后缀的认识已经相距不远了。如他指出：“有时加一状字（如‘不’字‘无’字）於静字名字之先，而并为一名者。”“至於公名，本名后殿以‘者’字者，所以特指其名而因以诠解其义也。”这其实也为后来朱德熙有关“自指”“转指”理论的建立奠定了基础。

胡以鲁 1913 年出版的《国语学草创》一书，里边依照梵语的“六合释”来解释汉语相应的六种构词方式。在第三编“形式部”一节中论述说：“体词之习用者添‘儿’添‘子’，此在音由长音而卷舌，在义遂傅会‘儿’或更转而为‘子’，以示昵近乎。”“虽不无意义之可解，然而本义微矣。”

薛祥绥的《中国言语文字说略》，第一次将词根和词缀作为一对概念比较明确地提了出来。不过他用的称谓分别为“语根”和“语系”：“语根不变，缀以语系，职因语系而明。”并构拟了初步的汉语构词法体系，正因为如此，薛祥绥被人称为“可以说是全面研究构词法问题的先驱”。（潘文国等，1993）但他在认识上却缺乏全面系统性，比如他指出：“中国言语起源之故，变迁之异，复合之法，与远西言语学，亦有相

---

① 此处马建忠的表述肯定不准确。前边他用了那么多的例证和引证作为论据进行分析，最后归结出的认定是：“‘凡’者，皆也，举也。”这里推证性的表述自然不能成立。卢以纬之前似乎也有类似的做法（见上文），由“今”“且”到“今夫”“且夫”，虽然同样没有虚词与词缀的分辨，但还不至于说“今”“且”因为意义的不明确才加了后边的“夫”。马建忠这里的论证方式显然说明了他除了跟前人一样没有词缀观念外，还少了后人的词汇化观念。

同者焉。”“若夫用字之际，其道多方，而济单音之穷，使之孳乳繁盛者，则复合之法尚矣。”也就是说，词根和词缀的问题并不是他关注的重点。所以，虽然理论意识上是明确的，但有关词根和词缀的分辨及描写并不十分丰厚。

1921 年，黎锦熙在《词类连书条例》一文中将复音名词分为六类，其中第六类是“带语尾的”，带“子”缀的如：罩子、扣子（加在动词后，即变成名词）；胖子、傻子（加在形容词后，即变成名词）。黎锦熙的《复合词构词方式简谱》，将复合词分为合体的、并列的和相属的三大类。其中相属的一类包括：向心结构、动宾结构、主谓结构，词尾，词头，词嵌。可以说在中缀的确立上，黎锦熙是最早的。再则就是黎锦熙有关附加式构词的探究一直没有停歇，于此前后一直在进行着其体制的完善建立，并最终把它们写入了后来他和刘世儒一起编著的《汉语语法教材》一书。

瞿秋白 1931 年《普通中国话的字眼的研究》一文也涉及了附加构词法，如在字根的后面加上一种口头儿的字尾，如“子”“儿”（桌子、瓶儿）、“的”（红的、绿的）、“了”（去了、来了）等。并说：“大多数的汉字，单独不发生意义的，它们只剩下字根、字头、字尾的作用。中国人运用这些汉字造成新的多音节的字眼，这和法国人运用拉丁文的字根、字头、字尾儿造成新的法文字眼一样。”①

嗣后，杨树达的《高等国文法》、王力的《中国语法理论》《中国现代语法》、吕叔湘《中国文法要略》等，对这一课题都有所探讨。这里恕不一一列举，仅就赵元任、吕叔湘两家的有关内容做一讨论。

赵元任早在 1948 年《国语入门》里即关注到了有关现象，提出了他人所没注意到的“名词后加成分”，如“~巴”：“篱巴”“尾巴”。还有“疑问词跟副词后加成分‘么’——‘么’是前头那个字的韵尾 m，要是在停顿的前头自成音节 me，例如‘什么’‘这么’‘那么’‘怎么’‘哪么’‘多么’。”1968 年，他的 *A Grammar of Spoken Chinese* 一书出版，该书由吕叔湘翻译，并于 1979 年在中国内地面世。这本著作可以说是采用结构主义的理论方法全面讲述汉语语法的一部典范之作。有关构词，也是里边最出彩的内容之一。其第四章“形态类型”，即是这一方面的最好展示。首先我们来看他对现代汉语词缀重要性的阐释：“按一般定义，形态研究词的内部结构，句法研究词和词之间的关系……因此西方学者中间通行的说法是汉语语法全部是句法。可是在现代汉语里，词已经多数变成双音节或多音节，很多早先是自由单音节语素——换句话说，词——现在只是作为粘着语素出现在复合词里头。而且，少数出现在复合词里的粘着形式已经失去它们作为根素的意义，取得语缀的身份，标志它所参加的词的功能，用以形成各种类型的派生词。”即现代汉语的特点使得我们不能不关注附加式构词的问题。在其第四章的主导内容里，可以说赵元任以自己独到的眼光，建立起了一个汉语这种构词方式的系统。因为他采用的是结构主义的理论，故将其虚语素中的典

① 瞿秋白．瞿秋白文集：第 2 卷［M］．北京：人民出版社，1957：687.

型成员统称为“语缀”。语缀里又分为前缀、后缀和中缀三种类型。前缀里又分为三个层次：严格意义的前缀、结合面宽的第一语素和新兴“前缀”。后缀里他做了这样的分辨：“一个词的后缀，或者干脆就叫后缀，不同于一个短语的后缀，或者叫助词。”这可以说是数千年以来笼而统之的“语助”内部的第一次分辨。可能是后缀内容比较繁复的缘故，所以内容的区分又是另一种面貌：①复合词末了的结合面宽的语素；②新兴“后缀”；③名词后缀；④动词后缀；⑤表从属的后缀：“的”的种类；⑥杂后缀。类似于“严格意义的前缀”的后缀，则揉进了其他的类属中。如“名词后缀”里表述说：“用得广泛的是‘儿’，‘子’；较少的是‘头’，‘巴’，‘们’。”还进一步解释说：儿，“这是唯一的不成音节的后缀”。里边最精深的部分应该说是对“儿”这一词缀的描写，认为它有三个来源：①里→儿；②日→儿；③儿→儿。并细致地分析说它有三个方面的语义功能：①指小；②语气轻松；③各种引申。并将它与“子”词缀的异同做了细腻的对比分析，其中引证的龙果夫《现代汉语语法研究》中的例子也是值得注意的：

儿：部分（盖儿），抽象（魂儿），大类（鸟儿）

子：全体（剪子），具体（身子），小类（鸽子）

在此基础上，赵元任还就与“子”组合的各种词性形式构词情况进行了细致的类型展示。单纯一个“A—子→N”形式，就又分作“指物”“指人”两类。并指出：“指人的名词，除‘老子’、‘小子’外，都有贬低的色彩。”就是构词方式的特殊细节，他也注意到了，如“N+X—子→N”形式构词：“马贩子、夜游子、耳挖子、鞋拔子、牙刷子、螺丝起子、灯罩子”等，前面的N往往是后面X的对象，与之相对的形式“V+X—子→N”倒是不多：“围嘴子、刷牙子”，“且结果名词为某种作用的工具”。不能不说，这些观察都非常精准，也为人们今后的研究提供了遐想的空间和余地。其实，除了这一章外，其他的内容也多少都涉及了词缀的特征问题。因此，赵元任的这部著作有关构词，特别是附加式构词的论述，无论是从观念上还是从发现问题的沉静深入上，都为人们提供了一个很好的典范。

再则就吕叔湘。自1940年始，他就汉语里的多个助词性单位，如后附性的“们”“在”“著”，前附性的“相”“见”等，写出系列论文，率先开始了从史的角度对其语义及功能的追溯探索。有些论文观点即使从今天所谓语法化、词汇化的视野来认识，也丝毫不因其时间之早而影响其学术价值的卓越。如其中的《相字偏指释例》一文，在汉语语法初创时期，即能深入到特定词语就其历史的语义演化，见识到彻底词缀化的轨迹，这种敏感度和洞察力应该说是非常了不起的。看里面的结论性的表述：“与上举诸例合而观之，则‘相’字显已失其指代之用，仅为无特殊意义之动词前加成分，‘相烦’犹言‘烦请’，‘相扰’犹言‘打扰’，虽无宾语，亦不得与文言之同一形式相提并论矣。”进而推及于现代汉语：“以今日而论，此式动词最习见者为‘相信’，其例甚多，不烦列举。”其实同样是“相~”结构式，迄今前面的“相”字仍存在着两种不同的意义。像吕叔湘早先所发现了的这一偏指义，其组词还有“相帮”“相烦”“相看”“相瞒”“相劝”等。与此同时，吕叔湘还在他出版的《中国文法要略》一书中提醒人们：“有一些常用组成组合式复词的成分（近似词尾）”，“应该随时留意”。1948年、1949年两年间，他先后发表了《说代词后缀“家”》和《说“们”》。1962年他于《中国语文》第3期发表《说“自由”和“粘着”》再次提到“有点像词尾的成分”，如“人、家、界、负、度、量”等例子。1979年，他的《汉语语法分析问题》一书问世。该书于附加式构词有两个方面的论述非常值得肯定：一是确认了“词缀”的称谓。他说：“不单用，但是活动能力较强，结合面较宽，有单向性，即只位于别的语素之前，或别的语素之后，或两个语素之间。这是所谓‘前缀’，‘后缀’，‘中缀’，可以总的称为‘词缀’或‘语缀’。”二是明确提出了“类前缀”和“类后缀”的概念，指出：“汉语里地道的语缀不多……有不少语素差不多可以算是前缀或后缀，然而还是差点儿，只可以称为类前缀和类后缀……说它们作为前缀和后缀还差点儿，还得加个‘类’字，是因为它们在语义上还没有完全虚化，有时候还以词根的面貌出现。”并推断，“存在这种类前缀和类后缀可以说是汉语语缀的第一个特点”。吕叔湘有关这一概念的提出，其价值意义是不容小觑的。很多时候一个概念即反映了一种思想，一种方法。它很好地预见到了新时期汉语已经初步显露并逐渐体现出来的一个重要变化，即随着社会发展速度的加快，人们思维的丰富复杂化，词汇系统将出现新的面貌，那就是词缀化的趋势必然会得到加强。适应这种环节变化的，就是系列性的实语素虚化会大量涌现。再则就是学术领域的观念同样也会随之变化，不能再依从传统的方法，即非此即彼、两极对立的观念。要看到的是，事物现象的差异往往体现为逐步变化的一个连续统序列，认识并描写好其中的真实状态，才能更真切地揭示出对象的内在结构及其规律性。词汇系统之后的发展也确实验证了吕叔湘的这一认定。凡是介入词缀研究的，都不可能不论及吕叔湘的这一概念，这实由其本身的价值所决定的。

这个时段里，其他比较有前瞻性的研究成果，值得肯定的还有北京师范大学中文系汉语教研组1959年所编著的《五四以来汉语书面语言的变迁和发展》。它第一次明确地从发展角度讲构词法，将五四以后汉语构词法的发展归为五个方面：①句法构词能力的提高；②部分构词成分的词缀化倾向；③多音词的聚增；④词组的词汇化；⑤词组简称格式多样化。

20世纪50年代初有关汉语词类问题的大讨论，有力地促进了当时的学术界对汉语词法的重视和认识。有这样的两部著作是值得提及的，一是陆志韦的《汉语的构词法》，一是孙常叙的《汉语词汇》。前者列有专门的章节来谈“后置成分”和“前置成分”的内容。对“后置成分”，在比较充分地列举了“儿、子、头、们、的、着、了、过”的组词情况之后，还简略追加了这样一些构词格式：“~者”“~家”“~化”“~

个”“~价”“~拉”“~腾”“~巴”“~来”“~然”“~乎”等，说“它们也是加在别的成分的后边的，但是跟后置成分不一样。应该叫作什么，这里不必肯定”。这似乎是在故意留悬念。后者可以说是那个时期，关于构词法，特别是附加式构词法内容最丰富的一部著作。第一章讲“词的结构”，便提到了“前缀”“后缀”。第十一章里所讲“附缀造词”，虽然所列前缀后缀不多，但其中对“儿”缀造词的作用讲得很详细，很有特色。认为重在：①增加情感；②提炼词义；③改造词性；④调整词形。这样精细地讲述特定的一个词缀的历史及功能，其实采取的方法是选择一个代表具体说明词缀总体的价值作用。

（二）发展期

20世纪八九十年代，承续着过去的传统，又结合着新时期以来汉语适应着社会飞速发展所带来的新词新语暴增的情势，汉语词缀课题的研究进入了异常活跃的新阶段。不能不说，像张寿康的《构词法和构形法》，任学良的《汉语造词法》，武占坤、王勤的《现代汉语词汇概要》等都是有引领之功的，其后刘叔新（1984、1990）、葛本仪（1985、2000、2003）、潘允中（1989）等的著作在一定程度上持续和深化了该课题的研究。特别值得指出的是，后来语法学界将科研主攻的方向放在了语法化、词汇化的主线上，有一大批中青年学者都积极踊跃地转向了对词汇历史渊源追溯的具体选题中来，世纪之交的20年间，统计有关这方面的论文，有人得出了一个大致数据：每年都有不少于四十篇的文章发表在各级各类的杂志上、论文集中，并呈递增趋势。再一个是类词缀的研究，这在硕士、博士毕业论文的选题中占据了绝对的优势。

重量级的论文对特定时期科研的指导作用是有目共睹的，这里主要评述朱德熙的《自指和转指——汉语名词化标记“的、者、所、之”的语法功能和语义功能》一文。不能不说，这是一篇非常具有理论含量的学术论文。它由构形法的不同结果说开去，落脚点还是汉语词类的划分，词性认定到底应该怎么看，在一定程度上体现了朱德熙对自己所坚持的汉语语法体系的再思考、再认识。下面一段话很能反映他的这种思想变化：“英语里的不定式动词（infinitive）和动名词（gerund）都兼有动词和名词双重性质，所以Otto Jespersen曾把英语动名词比喻为名词和动词的混血儿。我们在先秦汉语的‘N之V’和‘VP者’等名词化形式上也看到了类似的现象。”但其得出这一结论的缘起却仍是附加式构词现象，特别是附缀现象。正如其论文所分析的：

知者乐水，仁者乐山。（《论语·雍也》）

仁者，人也；义者，宜也。（《礼记·中庸》）

第一例，朱德熙的分析是：“‘仁者’指有‘仁’这种德性的人，转指。”第二例，“‘仁者’指‘仁’德性本身，自指。”显然，这种分辨的意义价值是非常明显的。转指，因为转指前与转指后的意义差别巨大，通常人们都能明确地感受到。例如《乐府·陌上桑》：“耕者忘其犁，锄者忘其锄。”而且现代汉语里边仍未失去对它的继承，如人们所熟知的“说者无心，听者有意”等，就是之前的马建忠也能深切地注意到这一点，如他分析说：“《左·隐元》：‘多行不义。’‘义’，静字也，‘不’字先之，并成一名，而指不义之事。”而自指性的，就不容易把握。正因为如此，朱德熙有针对性地指出：“《马氏文通》以来的语法著作大都把本文所谓自指的‘者’字看成是有‘提顿’作用的语气词，而把我们说的表示转指的‘者’字看成代词。”并分析原因道：“把自指的‘者’看成语气词，主要因为此类‘者’在句子里不是具体意义的承担者，而且经常在主语或复句里前置从句的末尾出现。说它有提顿作用是因为后头往往跟一个句中的停顿。”因为这样的结构式过于显豁，马建忠干脆把它归入了语用的修辞范畴，这显然是值得记取的教训。朱德熙接着论述说：“其实自指的‘者’字能够出现的位置并不限于主语和从句的末尾。”在他所举的多个用例辨析中，有一例显得特别典型：

孔子于乡党，恂恂如也，似不能言者……过位，色勃如也，足躩如也，其言似不足者。摄齐升堂，鞠躬如也，屏气似不息者。（《论语·乡党》）

接下来朱德熙的解释是：“‘不能言者/不足者/不息者’都是动词‘似’的宾语。‘似不能言者’等于说：好像不善于说话的样子。余同此。”这种表述恐怕是过去从来没有过的。它给我们的启示是：理论与发现之间往往是互补的关系，严密的思维逻辑会使人们从普遍性的规律中追寻到具体事实现象可能性的存在。由此生发开去，朱德熙有关现代汉语“的”字的认识还是相当到位的。“红的”中的“的”就是转指，而“红红的”中的“的”恐怕就应该是自指，类似于古代汉语中的“然”。同样的道理，“农村的”中的“的”既可以自指又可以转指：如果是领属性的，是转指；如果是属于题材内容的，是自指。当然，有关朱德熙所创立的这一理论还需要进一步地深入讨论，比如自指的价值意义何在？

这一时期有关这方面的著作更是硕果累累。这里重点就潘文国、叶步青、韩洋合著的《汉语的构词法研究》和马彪所著的《汉语语用词缀系统研究——兼与其他语言比较》进行评述。

《汉语的构词法研究》应该说是述评性著作里的一个好样板。通常都认为述评性的著作相对来说好写一些，因为对它没有内容观点创新上的强制性要求，只要是能充分性地占有材料，进行梳理认识，并能站在学科发展史的高度对对象给予准确的评价即可。然而语言学里边的专题性评述文章却不容易写，仅仅是一个材料的搜集汇总就够困难的，更不要说对林林总总的上自语言哲学理论，下至具体事例阐释分门别类、爬梳剔抉的分析商讨的工夫了！然而他们居然还写成了一部著作，写成了对其繁复的材料对象进行充分论析研讨的一本书。这应该说是在语言学领域里所没有过的。正像潘文国在此书新版前言中说的那样：“本来想着对汉语的构词法来一个彻底的研究，以建立自己的体系；然而做的中间发现，就是对前人的成果进行整理就够忙一阵子了，于是成就了目前的模样儿。其实无须遗憾，真是做得好的史论评述同样不减低它的科研分量。就是有影响的著作，来一个新视角的再认识，也不失助读之成功。”还真是这样，像陆志韦的《汉语的构词法》，竟以表格的形式将其全部内容体系给予了彰显。这真是一种全新的思路，但从A双音词组成的格式表（共11页），B多音词组成格式表（共10页）这样的篇幅来看，简直就是将其对象的总体框架描述殆尽，如果说有差别的话，就是例证多少而已。再比如，《汉语的构词法》将之前学界从事过这项研究的人们所提到的形形色色的所谓语缀或类词缀全都拿过来，整合成了一个“类似语缀成分分类表”，里边基本按一个标准的划分方法逐层进行，将392个（不过作者总是说400多个）单位全部置入四个层次的系统中。不管人们认可与否，其可以尽显汉语词缀的完整概貌；不同的读者，也完全可以依照着自己理解，从中寻找到可理解的狭义的到广义的词缀系统。

由此不难看到，潘文国等在《汉语的构词法研究》这本著作的“述”上面投入了怎样巨大的功夫。不仅如此，在“评”上面也有相当的高境界。该书的第3章“加缀法的研究”，顾名思义，有关于附加式构词的问题主要由这一章承担。在谈到汉语词缀的认定为何这样困难的问题时，作者这样分析说：这“跟汉语特点有关，也与加缀学说所由引进的西方语言学理论有关。德国学者Msrchand（1969）和Sprengel（1977）指出，在西方，虽然词缀的说法用得很多，但对什么是词缀，理解一直是混乱的，有的等同于助词，有的认为与合成词的组成部分没有区别。直到1933年布龙菲尔德提出‘自由’和‘粘着’说，把词缀定义为在二次派生构词时附加在词干上的粘着形式，Msrchand更明确规定为附着自由语素上的粘着语素，词缀的概念才在西方得以确立。汉语引进词缀的概念很早，但由于西方本身概念不清，因而对什么是词缀也一直很含混；从瞿秋白1931、1932两年内论说上的前后不一，从上表中许多语法家论说上的矛盾也可见一斑。”该书的三位作者都有着扎实的英语根基和普通语言学的良好学养，故这里的一段论述及观点就充分展示了他们这方面的能力及长项。当然，也反映了见识上的高远眼光。西方虽有着学理思维的悠久历史，但并不是说它已经将这个问题彻底解决了，不然的话它就不可能出现分析哲学的大转向。所以，潘文国等于这个问题根源上的剖析应该说是相当精准的。类似于此的理论阐发，书中多个内容都体现出了深度和厚度。当然，书中个别提法或许也是有小瑕疵的。例如3.1.4里最后评价说：自从吕叔湘《汉语语法分析问题》里边提出“语缀”，“他还把不仅可以附着于词根或词，还可以附着于短语作为汉语语缀的第二个特点。这样，一个与西方概念不同的、中国式的‘语缀’概念终于确立了。”实际上，迄今为止，“语缀”的使用仍不普遍，恐怕大家通用的还是词缀。

《汉语语用词缀系统研究——兼与其他语言比较》则是在创新上面体现出了新特色，它恰与前者形成了一个对应互补。状态词缀，这是过去没有人建立过的，所以说是全新的概念范畴。也就是说，当比较多的人们还在困惑于词缀的范围界限不容易确立的时候，马彪不是在争议的热点上下功夫，而是重在对最为具体的次范畴层次里的实际情况进行再开拓、深描写。从一定意义上说，其属于对朱德熙状态形容词（当然，主要是状态形容词，但不限于该范围）内部结构角度的认识和分析。他多年从事这项课题的研究，与他所持的认识理念是分不开的。他认为，如果像吕叔湘所认定的那样，“类词缀可以说是汉语词缀的第一个特点”，那么，状态词缀说可以就是汉语词缀的又一个特点。为什么呢？就在于汉语词缀如果进行下位层次的划分的话，这一系统的第一层次就是“词汇（语法）词缀”和“状态词缀”。他梳理状态词缀来源规律为：词重叠→叠音词短语→叠音词缀成词→非叠音词缀构成词→前、中缀构成词。他所认定的状态词缀的典型特点有：①位置确定，缺少独立性；与词根结合不紧密，词根可以单独使用而词义基本不变。②无实在的词汇意义，只描摹某种状态；其书写形式几乎只是单纯的记音，不表示意义。③有一定的读音规律。如果说潘文国他们侧重于对外国语言学的理论进行分析的话，马彪分明是就汉语自身的特点、运用中的情况进行概括抽取。这种探索精神是值得钦佩的。不过新观点的创立不可避免地会带来争议。如单音节后缀“A+B”式所构成的词中，对“~实”，他认定了为数不少的一组：“板实、粗实、敦实、预实、憨实、厚实、老实、密实、皮实（方）、严实、硬实（方）、扎实、欢实”等。这要让人们普遍承认恐怕是有相当的难度的，因为在人们通常的观念里，这里的“实”不但不虚，甚至其主要词义就是由它来体现的。例如“老实”，我们可以说“这个人很实”，但不能说“这个人很老”。再看《现代汉语词典》对具体词语的释义。“粗实”是“粗大结实”，“敦实”是“粗短而结实”，“硬实”是“壮实”①。其实有争议并不是坏事儿，它能进一步地启发人们思考，将对对象的认识进一步引向深入。

发展期中最为繁荣的景象之一就是对类词缀的发掘和讨论，特别是改革开放以来，由对新词新语的关注而引发的对新词缀的发掘和讨论。前又已说过，改革开放初，吕叔湘于《汉语语法分析》中提出“类词缀”后，也恰逢社会大变革，人们欣喜振奋的同时，于是在不同类型的著述里边对爆发性的新词语给予了及时的关注和反映。张静在《新编现代汉语》中提醒人们注意“典型词缀”和“稍有实义但正在虚化的词缀”的区别。任学良《汉语造词法》将虚化程度还不高的构词成分称为“准词头”“准词尾”。郭良夫在《现代汉语的前缀和后缀》一文中提出了“新兴的前缀”和“新兴的后缀”，并探讨了类词缀与词缀的关系，认为“一个类前缀或一个类后缀，使用的次数多了，使用的范围广了，就会成为名副其实的前缀或后缀”。沈孟璎在探讨类词缀问题上显得特别活跃，早在1986年即在南京师范大学学报发表《汉语新的词缀化倾向》一文，次年出版《新词新语新义》，探讨了新的词缀化倾向的特点。嗣后，王绍新

① “壮实”又是“强壮结实”。不知为什么没能列出该词，该词中的“实”也是轻声。这里的释义内容均来自《倒序现代汉语词典》，第1082-1083页。

(1992)，汤廷池（1992），陈光磊（1994），马庆株（1995），苏新春（1996），汤志祥（2001），朱亚军（2001），富丽（2001），王洪君、富丽（2005），冯敏萱等（2006），曾立英（2008a），苏宝荣、沈光浩（2011，2014），杨小平（2012）等，先后对该现象给予了关注和研讨。他们要么是在独立的论文，要么是在专著里边重要的章节中，侧重从性质、范围、特征、效用等诸多方面，在理论上做出理想的说明和阐释。正像汤志祥在《当代汉语词语的共时状况及其嬗变——90年代中国大陆、香港、台湾汉语词语现状研究》一书中所指出的那样，词汇发展现状表现出了全新的气象，主要表现在"新词语的涌现""缩略词语的使用""词缀化的发展""多音节化的趋势""词义的变异"五个主要的方面上。大家在感奋的同时，又迫切地感受到，语言学的解说需要更快、更准确地给出反映，然而现实的状况却使人不免有几分压力和担忧。王绍新在《谈谈后缀》一文中指出："人们对类后缀的外延和内涵的理解不一致"，"类后缀也该有个大致的范围，否则会导致无限膨胀"。事实上，相当多的人也正是基于这种认识来从事这方面研究的。应该说，其中相当多的探讨也有着相当的成绩。如苏宝荣、沈光浩的研究是从对比中来确认类词缀的特点的：典型词缀方面，能产性明显不均衡（这一点他们深受马庆株的启发），而且个别典型词缀在构词上发生了新变化。相对应的，类词缀方面，词缀化倾向日益明显，来源呈多源性，意义虚化程度比较低，兼职特点更明显；在组合方面，以"1+2"和"2+1"的音节搭配形式为主，构词能力强，方式呈多样化。这种总体性的概括还是能够说明类词缀的基本面貌和主要特征的。类词缀研究的另外一种类型就是对其具体的词语进行深入的研究。例如曾立英2008年的文章《三字词中的类词缀》就很能反映这方面的内容。新时期以来的类词缀大都是在多音节词中体现出来的，所以这样的选题也特别具有针对性。不过这种研究侧重的是类词缀下位层次上的类的研究，还不构成具体研究的亮点。真正的研究往往是对具体的富有标记作用的词族的研究，这可以张谊生的多篇论文为这方面的代表。2002年他发表了《说"X式"——兼论汉语词汇的语法化过程》，2003年发表了《当代新词"零X"词族探微——兼论当代汉语构词方式演化的动因》，2008年又发表了《浅析"X客"词族——词汇化和语法化的关系新探》。张谊生作为有成就的语法学家，难能可贵的是紧紧跟随社会发展的步伐，时刻感受并关注着现时汉语"新潮"的脉波动向，做出最及时的反映和解说。从论文本身说，还十足地体现了描写充分、解说细腻的特点。比如"零X"词族，他从结构和搭配、表达和理解、发展和变化等诸多方面给予了详尽的考察。仅从其表现形式上说，该组合四五年的工夫便蔚然成风，俨然成一气象；其自身往往是类词缀"零"附加在双音节的"X"前面，构成一个三音节的附缀式复合名词；应用上是由开始时的加引号到凝固为词。文中精彩的地方还有对"零"的语义分析：看起来它与"不""非""无"等否定性前缀类似，然而事实上大不相同。那些词缀的意义是明确的，而它的特征在于特定的语用义，即大都隐含了这样的一个预设：按照常理，"X"在相关的系统中本来应该是存在的，但现在由于种种原因而不存在了；总的特征是“为了使整个系统更具有严整性和协同性，人们采用了这种既表示存在又否定存在的‘零X’的说法”。这种深层次思维方式上的追溯与阐释，应该说正是解释语言学所追求的境界。这类课题的研究，在青年学者群体中更为多见，像刘经建的《三音节“化”缀动词浅析》(1994)，吴艳的《吧——新产生的类后缀》(2000)，乔刚的《“界”、“坛”词缀化辨》(2007)，宋平润的《试论“X门”的语法化和语义隐喻化》(2009)，赵雪、陈青海的《网络传播语境下“被”字的前缀化》(2011)，夏历的《网络语境下的“X哥”形式研究》(2014)等，都反映了对世纪之交汉语系列性的典型类词缀类推造词的敏感性，以及对于新词新语热切进行解答的探索。

对该现象进行研究的主力队伍应该说是一大批青年研究生群体。相当多的博士、硕士毕业论文选取的都是这一课题，其中一些博士论文最后还大都以专著的形式公开出版，如张小平的《改革开放以来汉语词汇发展变化研究》(2003)，曹跃香的《现代汉语“V+子/儿/头”结构的多角度考察》(2004)，尹海良的《现代汉语类词缀研究》(2007)，康军帅的《当代汉语新词族研究》(2012)，沈光浩的《汉语派生词新词语研究》(2012)，赵艳平的《现代汉语词缀研究》(2014) 等。这些论文一个普遍性的特点就是，写作主体就读学位期间就发表有相关性的学术论文，而这些学术论文往往会成为整个课题研究立论的根据，并成为最终成果形式的亮点。还有的则是以发表的论文为起点，在以后的科研中不断地发扬光大，成就了自己的学业。比如其中的尹海良，博士毕业之后，相继发表有《现代汉语方位类后缀“-头”和“-面”的认知考察》(2008)、《新时期“海X”系列新词及构词法思考》(2010) 等系列论文。至于硕士研究生的学位论文，这方面的选题似乎就更是不胜枚举。特定篇幅的要求，特定词模的专题研究似乎更适合他们的选择。仅以“X化”为例，网上简单搜索一下，即可以看到三篇同样题材的论文：王金玲的《现代汉语“X化”语法功能研究》(2006)、蒋玲的《“X化”结构的多角度考察》(2007)、王丹的《现代汉语“X化”的构成、用法及相关问题考察》(2012)。CNKI（中国知网）显示，2006年9月到2010年4月，仅研究“X门”词族的论文即有63篇，而这些文章的作者大都是青年学者，特别是以研究生为主的群体。社会的高速发展变化使得汉语新词语呈爆发式的状态增升，而这种新面貌又使得运用它的主体人群在感奋的同时努力发掘着它背后的社会动力以及自身潜隐的复杂机制状态，形成了语言与人之间的良性互动。

（三）成熟期

其实所谓的“发展期”和“成熟期”，并不是严格意义上的时间划分，尽管也有这方面的因素，但更重要的体现在课题内容的侧重上。成熟期主要是指以语法化、词汇化为主要课题所从事的研究。它的价值体现在：打破了传统研究中的古今汉语分立状态，让共时的现象在历史的追寻中得到更为合乎发展规律的解说；再则就是词汇和语法打通，形成了相互参照。大家似乎于此找到了共同的努力方向，好像在语言学的研究上出现了从来没有过的一种现象：无关乎年龄，无关乎个人的兴趣爱好，或多或少都会参与这方面的思考与讨论。因而形成了一场声势浩大的盛事，迄今方兴未艾；甚至还直接引发了像语言类型学、话语标记理论等新的学科方向的追求。

其实也正像人们已经指出的那样，汉语的传统研究中不是没有语法化、词汇化这方面的观念意识。古代学者在比较早的时候即注意到汉语中的虚词往往来源于更早时间的实词。即便是到了现代，老一辈学者就率先开始了这方面的探索。如前所述，吕叔湘于20世纪40年代即开创了这种新视角的研讨。1955年，何融所发表的《汉语动词词尾"将"的研究》一文，可以说也属于该课题研究的绝好范例。文中指出：表示动词范畴内的"将"有三种不同的用法，一是作为动词，二是作为副动词，三是作为动词的词尾。它们按时间的早晚依次虚化实现，末了的"将"，在东汉初年班固著《汉书》的时候即已产生。这种用法唐代最盛，到清代逐渐式微。其衰落的原因主要在于被表开始的"了"所代替。该文重在对历时的事实材料给予充分的揭示和描写，但也不乏对相关性解释做精确的商榷辨析。最值得提及的，就是王力于1957年、1958年两年时间里先后出版的《汉语史稿》。其中中册为《汉语语法史》，里边辟有独立的一章，专门讲"构词法"，不过它侧重的是复合式构词；至于附加式构词，则散见于名词、动词及形容词、副词各章。其中又以名词一章为多，基本上就是以讲述这方面的内容为主体。比如讲先秦时期的名词词头"有"，讲"老"，典型的词尾像"子、儿、头"。有的还讲得比较详细，如"有"，讲它常常加在国名、地名、部落名的前面，同时还与一般名词相组合，如"某些名词却总是和'有'字黏在一起。例如'众'字可能是奴隶的通称，《尚书》里常常把'众'说成'有众'"。"有"甚至还与谓词性的词语相组合，像"有洸有溃"（《诗·邶风·谷风》），描写很全面。他对于相当一些词语单位，还讲到了发展。例如讲到词头"阿"时指出："'阿谁'可能是从'伊谁'变来的。'伊谁'在《诗经》里已经出现了。例如：'有皇上帝，伊谁云憎！'（小雅·正月）'伊谁云从？惟暴之云。'（小雅·何人斯）到了汉代以后，'伊谁'变了'何谁'。"此外，书中也有讨论商榷，如他认为："人""主义"不是词尾。"者"的确是属于词尾的性质。"家"也是。"真正新兴的名词词尾是'品''性''度'等。"也包括对自己过去认识的订正。例如他在第十章"介词和连词"里边辨析说："有些'于'（於）字，形似介词，其实不是介词，而是'语助'。介词'于'（於）的作用，主要是表示处所，而作为语助的'于'（於）并不表示处所。在《诗经》里，有这样的一些。例如：'黄鸟于飞，集于灌木。'《周南·葛覃》'之子于归，宜其室家。'（同上，桃夭）'叔于田，巷无居人。'《郑风·叔于田》"对此，他还专门做注道："在我主编的《古代汉语》里，'之子于归'、'君子于役'、'王于兴师'一类的句子中的'于'被认为是词头。现在我发觉，认为语助较妥。否则，'不畏于天'、'享于祖考'就不好解释了。"当然，因为涉及的面非常广，王力的很多观点往往都是斟酌着来说，未做绝对论述。有的则是给人们留下了更多的思考余地。对"于"的认识也是这样：把它看作“语助”，似乎很稳妥，因为古人都这么说；但在他自己所建立的体系中并没有给它留下位置、设立章节，这样就又带来了新的问题。早期从事该课题研究的还有刘世儒，其著有《魏晋南北朝量词研究》一书，也给人们提供了很好的样板：刘世儒本来是跟着黎锦熙一直从事现代汉语语法研究的，为了给汉语规范提供切实的依据，转而投入对历史事实的考察上来。虽然课题是量词，但书中包含很多构词法的内容。其主要观点就很能体现这一点，如他认为该时期的量词特征主要表现在这样两个方面上：一个是复音量词的出现，其来源多为外来词；再一个是词缀化构词法的形成，量词做词尾，构成名词。“词缀化构词法的形成——在这个时代以前，这种构词法一般说还没有形成。偶然出现几个零星的例子，也只能说还是一种‘萌芽’，因为数量太少，又多有问题，还不能形成一种范畴。”上述三位学者可以说独具慧眼，在比较早的时间里边即注意到了该课题的重要价值，并身体力行，做出了很好的示范，但当时语言学界的着重点仍放在了现代汉语语法体系的建设上，只能说他们的努力为该课题的发展做出了坚实的铺垫。

到了20世纪90年代，沈家煊等对西方语法化理论的介绍引进，刘坚、曹广顺、吴福祥等《论诱发汉语词汇语法化的若干因素》在《中国语文》上发表，近代汉语研究的成果不断丰富，使得该课题成为汉语语法学界整体关注的一场盛事。老实讲，附加式构词的问题并非这项研究的主导内容，然而自然话题是“实词虚化”，句法向词法的转移，其最终的归宿也就是虚词的极致往往就是词缀化，其结果就不能不涉及附加式构词的问题。当然，语法化研究的早期阶段，相当于这一主导性的课题还没明确唤出之时，一些学者捷足先登，像马真的《先秦复音词初探》，程湘清有关先秦、两汉等系列性的断代复音词研究，张双棣的《吕氏春秋》专书复音词研究等，仍属于静态的词汇描写。相当于由传统的词义训诂介入了现今的语法观念，改换成了以构词法为主要内容的研究。在这种情况下，附加式构词的问题是不可能成为关注热点的。语法化、词汇化的理论方法提出之后，情况就得到了根本的改观。或许每个人的理解不一样，努力方向也不尽相同，然而投入进去之后，自觉不自觉地就必然会以词缀的东西为关注点。就以刘坚等三位学者那篇著名的论文来说，其影响从一定意义上说起到了宣言的作用。他们的主导意图未必是讲词法，特别是附加式构词，然而里边的主要内容却大都属于该类性质。例如诱发“化”因素的第一个是“句法位置的改变”，而所举的典型例证是“将”和“取”，而它们应该说是中古汉语中词缀比较有代表性的两个单位。其他的因素，如他们所说，不管是“词义变化”“语境影响”，抑或是“重新分析”，无不与词缀有着直接的联系。也就是说，词缀作为实词虚化的终极旨归，是始终绕不过的；尽管汉语是非形态语言，附加构词不是表达语法意义的主要手段，然而只要讲语法词汇的发展，它便成了最能说明问题的依据所在。古人没有语法系统的观念，但有“语助”的认识，虽然这些单位量上很少，但却与实词形成了对立的两极，故能看得比较真切。

这种情况也能由该课题研究代表性的成果得以证明。例如董秀芳的《词汇化：汉语双音词的衍生和发展》，主体内容为四部分：第二章“由短语词汇化而成的双音词”，第三章“从句法结构到双音词”，第四章“从跨层结构到双音词”，第五章“双音词语义和功能的演变”。第三章“从句法结构到双音词”，全属于语素由实到虚的发展历程，特别是实语素词缀化，甚至失去其功能的经历。可能人们在认可词缀范围上有着偌大的差别，然而没有人能否认它的存在，更没有人会否认在历史的过程中它会有意义前后变化的事实，所以这一章认定就不会让人忐忑。如果有问题的话，也无非是丰厚不丰厚，解说得是否到位，能不能形成一个有机体系。其他的两章也都涉及这一最终趋向，不过作者为了使观点更集中而有所择选。总的来说，该著述的价值还是非常鲜明的：以充足的事实反映了词法和句法、语素虚实之间错综复杂的基本概貌，为更深入的研究提供了更广阔的天地。像词缀性质的认定、词汇化是否语法化的逆向运作、话语标记功能范围等，似乎都有了更大的讨论空间。

语法化、词汇化课题的研究成果丰硕，标志之一就是先后出版的八辑《语法化与语法研究》论文集。2017 年，学林出版社出版了“语法化词汇化与汉语研究”丛书，由 9 位学者的论文集汇编而成，分别是：江蓝生《汉语语法化的诱因与路径》，吴福祥《语法化与语义图》，杨永龙《实词虚化与结构式的语法化》，李宗江《语法化与汉语实词虚化》，张谊生《与汉语虚词相关的语法化现象研究》，陈昌来《汉语常用双音词词汇化和语法化研究》，陈前瑞《语法与汉语时体研究》，董秀芳《汉语词汇化和语法化的现象与规律》，史金生《语法化的语用机制与汉语虚词研究》。还有很多的学者在这之前都已出版了自己的专著，其声望与影响也是自不待言的。值得注意的是，这些学者及其成果很有“个性”。和我们现时课题最为接近的应该说是陈昌来和李宗江，前者有关“X 来”系列论文，实足反映了“来”由动词而附缀的发展历程，且其不同词的成词过程还并非相协一致。其逐个描写详尽细腻，很能说明词语历史衍生的丰富与复杂。后者的研究则在具体词汇的基础上拓展至功能情态的发掘上，如对“想来”“看来”“说来”的研究，揭示其所隐含的浓厚的主观性因素，在一定的意义上说，也是对“来”附缀义的深入认知。

融传统与新理论于一体的，也是这一课题研究富有特色的成果是蒋宗许的《汉语词缀研究》一书，它是迄今为止汉语语法学界针对词缀研究的第一部专著，2009 年由巴蜀书社出版。作为国家哲社规划课题的最终成果形式，这部著作也确实体现出了它的扎实功底和初见系统的特色。所谓“扎实功底”，就是它的著作者是以古汉语研究作为自己的专业方向的，训诂学的传统在其行文论述之中处处体现着厚积薄发的力量。作为国家级课题，通常要求在三四年的时间中结项，然而主持人需要长期的积淀才有可能为它的完成提供保障。蒋宗许在绪言里边对该课题的缘起介绍得非常实在：早在 20 世纪 80 年代，自己在读汉魏六朝诗文的时候即意识到，“自”“复”这样的字眼出现的频率非常高，按着通常的词义又不能很好地解读文意；到处请教专家学者也没能得到理想的解答，于是自己便试着开始这方面的研究。90年代中期，仅就上述两单位是否为词缀又与其他学者经历了一场小型的但又是反复的磋商讨论。学术上的思想碰撞，显然是砥砺人们坚韧求索的难得动力。所以，2004年拿得课题，2009年成书出版问世，一切都变得似乎是水到渠成的事。然而这前前后后却经历了20多年的时间！所以，蒋宗许的汉语词缀研究也为后人的学术研究提供了一个很好的范例：勇于解惑，孜孜以求，才能有所创获；其成果也才坚实。现时我们再来审读全书，还是这两个词缀论述得最为厚重精湛，让人和作者一样能够享受释疑之后的快感。虽然认定它们是词缀的，蒋宗许并非第一人，但却是论证最充分的。所谓"初见系统"，作为第一部全面论述汉语词缀的著作，达30余万言，没有理论上的统领肯定是不行的。于此蒋宗许也投入了相当的力量，且富有个人的创建。如对词缀的界定，他给出了五条标准：定位的粘着语素，高度虚化的构词成分，往往有类化的历程，有的具有标示词性的作用，往往有表达性功能。清楚明确，概括性强。再如对汉语词缀产生原因的追溯，他认为主要是汉语双音化的必然趋势所导致的。其个体多由常用词虚化而来，且具有很强的口语性。他还对整体的汉语词缀状貌给出了这样的描绘：于功能状态上，后缀最活跃，前缀次之，中缀最弱。由此衍生出来的情况是：中缀局限性最大，争议也多；前缀多作为一个音节成分而存在，副词没有前缀；而后缀，附缀的成分可以比较复杂，自身也可以比较复杂，并可以残存一定的实义。在此基础上，该著述重点对23个前缀、39个后缀一一进行历史事实的考证，揭示其作为词缀的使用面貌。最后对中缀、多音节后缀及类词缀等诸多疑难问题做了一定的澄清辨析。由此我们可以看到，一个初具规模的词缀系统便建立起来了。它有理论，有事实，稳妥翔实，完全可以为以后的研究提供一个比较理想的参照蓝本。当然，之所以说它是"初见系统"，我们这个判断显然也是有所保留的。这里边没有对错，只有不同的认识理解。当今汉语的状貌，新词新语新表达，日新月异，蔚为壮观，即很能展示我们汉语的特征具有很大的可逆性和开放性。词缀现象作为其特征之一，也能适应其需要而体现出偌大的弹性和张力。所以，作为一个整体的认知系统来讲，在坚持严谨守恒的同时，似乎还具有很大的包容性，不如此就不可能适应社会快速发展对它的期望与需要。触及这样的问题，其解释力或许会体现得更强，给予人们的启发也更深刻。再则就是具体体现其坚实内容的62个单音节词缀的判断，或许也会引起比较大的争议。例如将古代汉语"试V"结构中的"试"看作词头，并说"在现代汉语中，除'试问'外似很难见同类结构"。自然拿该单位做例证，蒋宗许一定是认为里边的"试"为词缀无疑了。然而该词于《现代汉语词典》中的解释是："试着提出问题（用于质问对方或者表示不同意对方的意见）。"显然该词典仍是将"试"字看作是有词汇意义的语素。另外，"试V"同类型的词语也并不少见，单《现代汉语词典》就列举有"试播""试飞""试航""试看""试探""试想""试销""试行""试验""试用""试制"等词语。蒋宗许在词缀范围类型的主张上相对比较沉稳，又不赞同"类词缀"的提法。要想将两者调和起来看来还是不容易的。

第三节　汉语词缀属性的讨论

由上文的综述可以看到，随着时间的推移和人们认识的不断深化，汉语语法学中的词缀问题也经历了一个由模糊到逐步清晰的过程。当然，这个过程现在来看应该说是比较沉重的：数千年的时间中，对这方面的研究都沉溺于“辞也”或“语助”这样简单的判断而没能使自己的认识提升到一个学理的层面上。到了科学意义上的语法学真正建立起来之后，认识上的差距和争议性变得突出起来。其实对此无须犯难。汤廷池在《国语词汇学导论：词汇结构与构词规律》里的一段话是很值得思考的，他指出：“语言学研究的目标在于阐明说话者所具有的‘语言本领’（linguistic competence）。如果说一般使用国语的人，甚至以研究国语为专业的语言学家，都不能对词的界说达成令人满意的结论，那么我们就要怀疑这个概念是否在我们的语言本领中具有‘心理上的实在性’（psychological reality），至少这个实在性可能没有大家所想像那么显著或确定。因此，我们认为今后国语词汇的研究，应该把重点放在词汇结构与构词规律的探讨。”再如赵元任的语法观，《汉语口语语法》之所以用那么多的篇幅写构词法的内容，其主导思想在 1948 年出版的《国语入门》里已经建立①，其中指出：“复合造词法在汉语里很重要，值得换一个大题目来讨论。”“汉语的词后附加成分不多，可是用的机会非常多。”这两句话表述得很轻松，然而体现出的理性观念却很深刻，特别是在那样早的一个时间段就提出了这样的观点，更显得弥足珍贵。真可谓“筚路蓝缕，以启山林”，即提出了重视汉语构词法，特别是复合式构词法的研究。再则，即便现时看来仍未失去其价值的就是：换一个角度，从使用频率上看其价值。这对我们今天对该课题的研究非常具有启迪意义。至于具体分析，那样简练的文字里边毫不吝啬地对附加式构词的具体表现做出了精细的分析，颇有创获。例如“单词化复合词”概念的提出，即新意连连。看他的具体分析：“‘围脖儿’这个词分析成‘围’加‘脖子’的‘脖’，名词后加成分‘儿’是加在‘围脖’整个儿后头的。看起来是一个复合词，但是因为整个儿结构的后头加上词后附加成分，就不再是普通的复合词了，咱们管它叫单词化复合词。”（《国语入门》，第 30 页）用结构主义的分析方法对汉语构词法进行认识，可以说这里做出了很好的示范。不管现今的人们对词缀问题抱有怎样的认识态度和观念，恐怕要彻底否定它的存在的可能性已经不大了。一个重要的标志，就是《现代汉语词典》（第 7 版）中已经将比较典型的词缀作为具体语言单位的一项特征给予了明确的反映。下面这些字都是标定了词缀的：

前缀：阿、第、非、老、小、有、准

后缀：边、儿、尔、乎、化、家、来、们、面、其、然、如、生、头、为、性、

① 参见李荣编译出版的《北京口语语法》，开明书店 1952 年版。

于、子、巴巴、生生、兮兮

所以，学术上的交流碰撞是正常现象，更不要说积极健康的争议交锋还易于产生思想上的火花了！把不同的观点都好好地摆一摆，将问题的关键好好找一找，对于课题的研究肯定会大有裨益。

一、争议种种

（一）称谓

有几位研究者都提出过，汉语语法的历史并不长，然而和“词缀”相当、相关的叫法简直就是五花八门，各色各样。梳理一下，这里边有两种情况。

一种是所指相同，只是名称上有差别：

薛祥绥首先提出的“语根”“语系”，相当于我们今天的“词根”和“词缀”。

瞿秋白称述的是“新式字尾”“新式字头”。

黎锦熙《新著国语文法》用的是“语头”“语尾”，间或称“词尾”。

王力说：“凡语法成分，附加于词或仂语或句子形式的前面或后面，以表示它们的性质，叫作‘记号’，记号都是和实词粘附得很紧的，因为它们就和实词合成一体，算是一个单词。”① 又说：“事实上，‘化’、‘性’等字简直可称为词尾（suffixes），因为它们是和西洋的词尾相当的。”② 1955 年，他又提出新建议，主张用词尾、形尾和语尾分别指称构词词尾、构形词尾和附着于短语的语尾。

夏丏尊的构词法体系用的是“接头”和“接尾”。③

太田辰夫对此的称谓也是大同小异，总名是“接辞”，接下来是“接头辞”“接尾辞”。④

高名凯是不愿意多用词缀来反映他的理论思想的。20 世纪 50 年代修订他的《汉语语法论》（1957）时才增加了“构词论”一章，用“附加成分”来指称词缀。即使如此，他对“附加成分”控制得也相当严格，只承认“前加成分‘阿’‘老’”“后加成分‘子’‘儿’‘头’‘者’”。（第 94 页）

周法高的《中国古代语法》，直接用英语词缀术语来注释汉语词缀：前附语（Prefixes）、后附语（Suffixes）和中附语（Infixes）。

陆志韦《汉语的构词法》中的叫法是“前置成分”和“后置成分”。

陈望道的《文法简论》（1979），以“衬素”来指称词缀。他认为：“衬素是在语文组织中作衬贴用的最小成素，对于所添附的单位有表征功能、附益意义的作

① 王力．中国语法理论［M］．王力文集：第一卷．济南：山东教育出版社，1984：187.

② 王力．中国语法理论（下）［M］．北京：中华书局，1945：304.

③ 夏丏尊．双字词语的构成方式［J］．国文月刊，1946.3（41）.

④ 这应该是日语语法里的说法。看过很多篇写这方面的硕士论文，都说是蒋绍愚、徐昌华译，1987 年北京大学出版社出的那本《中国语历史方法》里边有。但这一版本里边是找不到这几个字眼儿的，大概是辗转相引的缘故。

用。”（第 89 页）

上边的种种列举，主要是对与“词缀”这一总称并涉及前缀、后缀来讲，如果再涉及中缀，那就更多了，如 1954 年陆宗达、俞敏合编的《现代汉语语法》里就采用了黎锦熙最先的称述，叫“词嵌”。因为这不涉及根本，故不再赘述。

很有一些人为这林林总总的诸多叫法而发愁，认为这是附加式构词课题让人畏惧的情状之一。确实，一如过多的异体字、绝对同义词，它们除了给人们记忆、书写造成负担之外实在是别无益处。不过这种情形也可以理解：初创时期，各自为战，称述叫法多种多样，也是一时之乱象。没有人规定，现时大家多采用“词缀”一词指称，显然就是趋于统一的标志。

另一种是所指和能指之间有着相近却错综的关系，其中的内容需要细心考究。首先是“词缀”和“语缀”的叫法。就是同一个语法学家在两者的选择上也会颇费斟酌，如吕叔湘的《汉语语法分析问题》里，认为“前缀”“后缀”可以总称为“词缀”或“语缀”。接下来的辨析是“‘语缀’这个名称也许较好，因为其中有几个不限于构词，也可以加在短语的前边（如‘第’）或后边（如‘的’）”。（第 19 页）后文再次辨析说：“汉语语缀的第二个特点是有些语缀（主要是后缀）的附着对象可以不仅是词根或词，还可以是短语。例如：‘世界战争不可避免论者’，‘战斗英雄、劳动模范们’，‘第三百二十四号’。还有划入助词的‘了’，‘过’，‘的’等，还有一般语法书里没有明确其性质的‘似的’，‘的话’等。不把前缀、后缀总称为词缀而总称为‘语缀’，就可以概括不仅是词的而且是短语的接头接尾成分，连那些不安于位的助词也不愁没有地方收容了。”（第 49 页）应该说，吕叔湘于名称问题反复地进行讨论，不外乎两个方面的原因：一是结构主义语言学的理论背景。一如前文讨论是叫“词素”好还是叫“语素”好（连带还有“词组”“结构”和“短语”称谓的分辨），由大往小处切分，一“语”到底，当然系统严密。二是让它“管”得宽一些，吕叔湘觉得解释能力会更强一些。但看他的解释似乎越过了边界，甚至要将助词都收入囊中，这里内容满足了，却会引发整个系统的震荡。对此，严戎庚（1995）有针对性地提出“带缀即词”的观点，决然判断说：“语素、词、词组会以语境为条件互相转化，‘伸手’是词组，‘伸手派’却是词，‘世界战争不可避免’是词组，‘世界战争不可避免论者’也变成了词，那么‘~们’‘第~’用在词组之后，也可解释为整个单位变成词了。”从具体的可操作性上讲，严戎庚的主张似乎更容易接受。

潘文国在他的《汉英对比纲要》(2004) 一书中就这一问题继续进行讨论辨析。他认为：对于汉语中的这一单位，称词头、词尾要比称词缀更好一些。因为英语中的词缀是语法上的概念，且相当稳定。一个英语词的后缀不能去掉，去掉后意义、词性、功能都变了。例如“necessity”去掉“-ity”，就成了“necess”，不成词了。汉语中的词缀一旦去掉，词义可能发生变化，但其余部分仍可单独使用。（第 118 页）可能是意识到不够准确，他在后来与叶步青、韩洋合著的《汉语的构词法研究》中，转而改称“语缀”。但正像大家看到的一样，这一称谓并没有被普遍地接受。自从吕叔湘提出“类词缀”这一概念后，引发了人们极大的兴趣。任学良在他的《汉语造词法》中转而改称“准词缀”。从他对“准词缀”所下定义及列举的典型例证看，都与吕叔湘所认定的类词缀没有根本差别，应该属于同一性质。正像很多人所共识的那样，类词缀应该属于处于虚化过程中，并有可能进一步虚化为正式词缀的那些成分。正是基于这样的理解，王洪君等在《试论现代汉语的类词缀》一文中为了澄清它的根本属性，于是在与它最为接近的单位间进行辨析，即对词缀、类词缀、助字三者的区分。这三者的对比当然针对性比较强。对比的方法容易于相同相近之间辨析出细微的差异，加之新时期以来连续统的思维方式为人们所喜闻乐见，所以很多人将这种方法用于自己的理论建构中。例如汤志祥(2001) 梳理出这样一个连续统：词缀—准词缀—类词缀。最细的恐怕要算是吴鹏对下位层次的再划分了。他在 2010 年硕士毕业论文《现代汉语准词缀研究》中重新定义了准词缀的内涵，认为它是“词根—词缀”连续统中的一员，功能与词缀相似并且不断向词缀演化的构词语素，其内部又可分为“狭义准词缀、类词缀、类词根”三类。其基本特点是：用以派生构词，生成新词能力强；语义虚化，表达类义；定位粘着。这样的序列细则细矣，但真正辨析却颇费周折。符淮青(1985) 的划分可能与吕叔湘的最为接近，可是采用的名称却相差甚大：实义语素—虚义语素—弱化语素。当然，其内涵的细微差别还是有的，“弱化语素”基本上等同于词缀。而“虚义语素”是指“原用作虚词而进入合成词的语素，同实义语素相对”，再看他所举例证，并不与同类词缀相吻合。

称谓方面值得注意的还有张斌 2013 年的博士论文《现代汉语附缀研究》。其理论依据是 Edward Sapir（1930）的有关理论，其归纳出的“后附缀”的典型特征为：后附缀既不是真正的词缀，也不是独立的句法成分，而是具有独立的外部特征模式，严格从属于某一秩序原则，并且倾向于后附。具体到实例上，Kayne（1975）在法语的基础上提出了九种辨别附缀的标准，分别是：特殊位置、句法强制性、依附于动词、以动词存在为前提、没有变化、无重读、无连接成分、位置固定和秩序特殊。作者认为，附缀在现代汉语中又被称为“语缀、词组尾、类词缀、附着词、附着形式”等。但从其所列的例词来讲，又与通常人们所理解的类词缀有一定的错位。他列举的例证是：现代汉语中具有前附缀身份的词有“所”“不”等，而具有后附缀身份的词有“在”“是”“看”“说”“到”“自”“于”“着”“以”“个”“上”等。

很多时候，人们厌烦过多的术语称谓，但不能忘记的是：一个概念或一种命名，它的背后往往反映了一种思想或观念。蒋宗许在《汉语词缀研究》中认为：词缀本来就够复杂了，再让“类词缀”确立，则势必会使问题蔓延而无法把握，变得更加复杂。反映主客观两个方面复杂性和特征性的称谓是需要，有时候还非常必要。但失之过繁，叠床架屋，充斥冗赘信息是不必要的。

（二）范围

有关词缀的范围，从老一辈学者的研究中可以看到明显的两种倾向：一种是相对保守的。高名凯《汉语语法论》中只有6个“附加成分”（词缀）；朱德熙《语法讲义》中有9个；陆志韦《汉语构词法》中的前置成分(前缀)3个，后置成分(后缀)有8个；武占坤、王勤《现代汉语词汇概要》中有12个。黄廖本《现代汉语》中有8个常用词缀；王力《中国现代语法》中算是比较多的了，有14个(记号)。一种是比较开放的。例如吕叔湘的《中国文法要略》，提出现代汉语有词尾(后缀)4个，类词尾19个。《汉语语法分析问题》中则词缀14个，类词缀41个。黎锦熙、刘世儒《汉语语法教材》认为现代汉语有近50个“词头”“词尾”，并第一次将“糊里糊涂”中的“里”看作中缀。赵元任的《汉语口语语法》中有45个(语缀)。张静《新编现代汉语》中达50个以上。任学良《汉语造词法》中有65个(词头/词尾)。陈光磊进一步增加，他的《汉语词法论》里边举有87个(词缀)。主张以开放的眼光来看待词缀的学者中，往往是对词缀内部实行再分类的。赵元任首开此例，前边已有介绍，不再赘述。吕叔湘（1979）则于其中分出14个地道的词缀和40多个类词缀。马庆株（2005）则列出了9个典型前缀，190个典型后缀；7个类前缀，34个类后缀。

这种不同的主张在今天年轻的学者们身上仍延续着。

保守的：曾晓鹰在《说“词缀”》(1996）一文中认为，能够视为前缀的只有“阿”“老”两个字，能够被视为后缀的同样也只有“子、儿、头、巴、然”5个。

开放的：孙艳在《现代汉语词缀问题探讨》一文中阐述说，现代汉语的发展变化需要给予理论上的肯定和反映。正因为如此，她甚至主张取消“准”“类”的称谓，而将它们全都收入词缀范围，致使词缀的数量达100个以上。

如果从整个学界的角度看词缀的范围的话，就会出现很有意思的一种情况。为此，潘文国(2004）他们做了一个比较集中的考察：以14部（篇）提及语缀最多的著作（论文）为主，共收集到近400个语缀或类似语缀的成分。“如果我们把各部（篇）提到的作为一票进行表决，只有区区16个或者4.7%获得多数通过，它们是‘－巴’（8票)、‘－度’（10票)、‘－儿’（11票)、‘反－’（8票)、‘－化’（11票)、‘－家’（13票)、‘老－’（9票)、‘－了’（8票)、‘－们’（8票)、‘－然’（8票)、‘－头’（11票)、‘－性’（12票)、‘－员’（11票)、‘－者’（13票)、‘－着’（8票)、‘－子’(12票)。另外还有7个或者2.1%达到半数票，它们是‘阿－’、‘－的’、‘第－’、‘非－’、‘可－’、‘－人’和‘－士’。两者加在一起，还不到7%……有223个（占65.6%)，只有一票，说明除提出者外，还没有得到任何别的人支持。”（第81页）还需要注意的是：这里边还不包括语言学家行文临时起意而举的例子，如“晞晞(的）”(赵元任，1979，第132页)。还有更多的人，主张将重叠形式都归入附加式构词中来。如果真是这样的话，词缀的范围真要一发而不可收了！更值得注意的是：在老一辈学者里边，很有些人是坚持将词缀的范围扩大到结构助词，包括时态助词中去的。这种情况当然在倾向于开放的人们中最多，赵元任如此，任学良也同样把“的、地、得、了、着”放在词尾中，张静（1960）更是坚持取消助词，将“着、了、过”也都划归词缀。持这种观点的甚至还包括了相对保守的人们，如王力的《中国语法理论》，即将“着、了、得”看成后符号。正像大家所看到的，潘文国他们的统计数据显示，这些单位票数相当高，这就更不能等闲视之了。有些人对此情况有些着急，呼吁人们要重视厘清构词法和构形法，要把它们严格地控制在词法范畴，不要把句法的形态带进词法中来。

事实上也确实如此，就是西方，在这方面他们也不是将两者混淆在一起的。众所周知，形态反映词性，这是它的重要功能。例如 work，加 er，是名词；加 ful，要么是副词要么是形容词，这很清楚，是要写进词典的。但是，后边加 ing，显然是不写进词典的。为什么？因这是在句法中被临时性赋予的功能属性，不可能固化到词汇意义中。人们往往为动词、形容词所谓的“名物化”现象争论不休，其实看看形态语言里的情况并不是不能理解：先不提汉语，英语里的动名词是什么词性？但它却并不在词典里反映。为什么？是句法里多种功能形态综合的结果，是指称和述谓的矛盾统一体。由词类和句子成分相对一致的参照，本来这种现象是不难理解的，而我们恰恰沉溺于其中而超拔不出来，实在是不应该的。动词进入句子，后带“了”“着”“过”以体现不同的时态，这同样是在句法表达中实现的，如果将它们也看作词法的内容，编写词典则是难上加难。我们想任他是谁，都很难将“V 了”都当作词条列项的。

当然，对有关现象进行深入细致的分析描写还是对的。例如“了”“着”前边跟着的是介词，如“为了”“除了”“朝着”“向着”“对着”“沿着”“顺着”等，因为前边的语素无所谓时间性的问题，故此时两者是词缀。一旦进入句法，真的是体现完成或正在进行等意义，它们是助词无疑。再如“的”，这个“的”确实让人很纠结。有时候不把它当作词缀处理似乎是很说不过去的。问“干什么的?”答“学生”或“卖菜的”。此时的“的”和“生”对应，一并处理当然它就是词缀。但句法里边那么多的“的”，显然不能都这样处理。赵元任对此似乎也颇费心思，专门做了辨析。他提醒人们：“虽然‘我的’、‘你的’像是代词的领格后缀，‘送信的’、‘要饭的’的‘的’像是表示行为主体的名词的后缀，可是大多数情况下‘的’字前边是一个短语，这就使‘的’成为一个短语的后附（enclitic），换句话说是一个助词。这就是为什么中国语法学家常常把‘的’以及与之相当的文言虚字‘之’定为介词的缘故。总之是承认它是个‘词’，即使只是个虚词。这个观点的一个有力的证明是：‘卖书的人’→‘卖书的’ = book seller，‘的’ = -er”，可是汉语‘的’的前边是‘卖’ + ‘书’，而英语的-er 前边是‘book’ + ‘sell’，为什么汉语不说*‘书卖的’，英语不说*‘sell-book’呢？就是因为-er 是词的尾巴，‘的’是短语的尾巴。反之，‘子’是词尾，所以说‘书贩子’（‘书’+‘贩子’），不说*‘贩书子’。”（第 131 页）他在下一章“句法类型”中讲“主从结构”，举了一个非常具有特色的例子：“因为从那里面，看见了被压迫者的善良的灵魂，的辛酸，的挣扎……”（鲁迅：《祝中俄文字之交》）他解释说：“这当然不是平常说话，可是这个例子除了作为‘的’使形容词、动词名词化的例子而外，还表现了鲁迅对于粘着语素‘的’字努力取得自由的一种感觉——不但是后头自由（这已经实现了），并且前头也要自由。”分析发现之精细让人叹为观止，且非常具有前瞻性：“的”字前附也不是不可能的，要用发展的眼光看问题。

词缀范围太大了，固然不容易说得严谨，范围小了是不是就没问题了？现在来看，曾晓鹰认识中的词缀是最少的了。按道理说，应该是铁杆儿的词缀、真缀、典型词缀？也不一定。即便是这样的范围仍是有质疑的。比如说“老”这个词缀，通常的语法教科书如果举例的话，大都是将“老鼠、老虎、老鹰、老师、老百姓”等看作是典型例证的。然而董秀芳（2005）认为：这些词前边的老“说不出什么词法意义，所附着的成分也很不相同，无法找到明确的规则来说明这样的‘老’可以附着在什么样的指人或指动物的名词前面，因此，这样的‘老’不属于词缀，它所构成的词也是有限的。”相反，加在单音姓氏前的“老”的情况截然不同，此时的用法是周遍性的，且其意义也是统一的，即表示亲近的意味，因此是词缀。这当然是一家之言了。不过问题在于：所举的一组词显然不具有类推性，“小鸡”为什么要称“小”，“老鼠”为什么要称“老”，其理据的追寻颇费周折，还不一定会被认可。但它们的出现频率那样的高，与人们的生活又有着那么密切的联系，其典型性又体现得那么鲜明，不看作词缀恐怕是说不过去的。词典收录操作起来又非常自然简便。相反的是，将“老+姓”这样的组合看作“词缀+词根”倒是需要人们斟酌了。有一出电影，名字叫“老李大李和小李”。如果将其中的“老”字看作词缀，另外的两个“大”“小”如何处理？

“儿”也应该说是典型词缀了，然而不止一篇论文里边都表示了反对的意见，认为它不是一个独立的音节单位，作为一个语素的资格都比较勉强，更不要说词缀了。这当然也是一种意见，但也难以成立。因为语言的本质要素是语音，很难说是语素。如果与西方形态语言相比附，恐怕“儿”化缀是最典型的。且其词法意义也非常显豁：“大热天的，吃个冰棍儿”，轻松惬意；不儿化，说“吃个冰棍”，会吓煞人的。需要考虑的有这样两个方面：一个是儿化书写的自由度问题。如相当一些人将“一会儿”写成“一会”，怎样算是规范？再一个是，儿化到明代进入鼎盛时期，《金瓶梅》中的“儿”往往还要附缀于以下这些格式的后边：

VV 儿：拜拜儿、管管儿、处处儿

V 一 V 儿：动一动儿、笑一笑儿、理一理儿

VNV 儿：拜我拜儿、等我等儿、会我会儿

VN 一 V 儿：动我一动儿、管他一管儿

这里的儿化还是不是词缀，是不是超越了词？这倒是需要讨论的。

（三）标准

现代语言学的重要标志就是注意分门别类，条分缕析。所有这一切的目的就是通

过分类而识见其内部的条理性；而达到此目的的一个前提就是分类要具有科学意义上的理论依据，即划分的标准依据。目的和方法之间应该是相辅相成的，很多时候不是一步完成的，需要反复地斟酌调整。如果依照逻辑划分的原则，标准必须是单一的。吕叔湘也曾谈到这个问题，认为如果能够寻找到这样的标准：对外有排他性，对内有普遍性，当然是最好不过了。可惜的是，汉语语法因为缺少形态标志，这样理想化的标准是很难找得来的，于是大家都不约而同地选择了多标准。然而这样一来，争议肯定是免不了的。

赵元任（1968、1979）主张四个因素同时考虑：语法意义、出现频率、可列举性和重音。即便是这四个因素，在下位层次的区分中恐怕还得具体情况具体分析。如对于“性”，根据是否轻声，将它分作两种类型：结合面宽的语素，如“记性、常性、耐性”；新兴后缀，如“可能性、必然性、普遍性、严重性、片面性、弹性、酸性、碱性”等。

有些学者于判断标准上面颇下了功夫。张静（1960、2013）给出的标准是：①意义比词根抽象、概括，不是指独一无二的直接的物质意义的词素；②永远不能以其在合成词里的意义独立成词的；③不能用作简称的；④构词时位置固定的。在此基础上，他又提出了三个补充条件：①大多数词缀具有较强的能产性；②大多数词缀不读重音；③大多数词缀是一定词类的标识。在他主编的《新编现代汉语》中，又将这些标准概括为：意义是否专化，是否可以独立使用，是否出现在自由的位置，是否可用作缩略形式。

吕叔湘（1979）给“类词缀”下的定义是很富有特点的，通过该定义也容易看出它与实根、词缀的区别：不单用，但是活动能力强，结合面较宽，有单向性，即只位于别的语素之前，或别的语素之后，或两个语素之间，意义上是完全虚化的。

马庆株（1995）则认为，汉语词缀的性质有以下特点：①词缀分布特征是定位性，不定位的不是词缀。②词缀在语义特征上具有范畴义。除了由虚词发展而来的词缀，其余词缀的意义都不是该语素的本义或基本义，而只能是后起的引申义。部分词缀有不同的作用，多半可以再分化为几个词缀语素，这样，就大多数而言，每个词缀构成的一组词的词性是一致的。③由词缀构成的词的结构特征是模糊性，其内部结构关系只能说是黏附关系。④词缀有易变性，词缀不断新陈代谢，新的词缀不断产生，旧的词缀也有消失。词缀也受各方言的互相影响。在此基础上，马庆株对类词缀也提出了认定标准：①真词缀的意义是虚化了的（词典单列词条），类词缀的意义是实在的或抽象的（词典不单列词条且不是第一、第二义项）；②真词缀是成虚词语素或绝对不成词语素，类词缀是相对不成词语素（在基本义项上可成词）；③真后缀基本上都轻音化了，类后缀通常不读轻声。这里说的是类词缀，其实倒是把两者都强化了，也可以说是对词缀标准的进一步具体化。此外，他还有相当具体的补充性解释，指出：“语义虚化很难用来作为判定词缀的条件，相反倒是意义实在也不妨碍一个语素成为词缀。”为了具体体现其观点思想，他举出了一系列结合宽的语素，像“-户”“-学”“-犯”“-派”“-夫”“-鬼”“-生”“-士”“-徒”“-别”等都纳入了词缀的行列。缩略语中也是这样，只要“语义特征具有范畴义”，马庆株也一股脑儿地将其看作“由缩略而造成的新后缀”。例如：

-大（大学）：电大 函大 师大 农大

-钢（钢铁公司）：鞍钢 包钢 首钢

-委（委员会）：党委 市委 纪检委

站在21世纪的高度，以开放的眼光来重新审视汉语的词缀问题。马庆株的这篇论文应该说最具有活跃的思想观念。当然，比起相当一些讨论该课题的著述来讲，颇有些跨度过大，故遭致较多的异样反应。但从另一个方面说，影响也是积极的、健康的。

同样具有新意的，还有董秀芳的《汉语词缀的性质与汉语词法特点》，其中确立的这样一个观点值得人们重视：“词缀可以不具有词汇意义或词汇意义相当宽泛弱化，但一定要具有某种词法意义，这正如虚词可以不具有词汇意义，但一定要具有语法意义一样。”她认为，汉语的词缀与其他语言中的词缀相比表现出以下一些特点：①一个成为词缀的成分仍可能是多义的（指词根词缀兼具）。②一些派生词缀所构成的词在词性上不稳定，有跨词类倾向（以“化”为例）。③汉语派生结构的类型以表达性派生为主（主观性元素）。④派生结构很容易进一步词汇化。

王洪君等《试论现代汉语的类词缀》一文，所提出的认定标准也有一定的创意。认为鉴别是不是词缀，要看重以下五个方面：①单向高搭配性。“在保持结构整体性质不变的前提下，结构的一个位置上的成分可替换的同类成分不多，而另一个位置上可以有很多可替换的成分。”②结构类型的个别化。词缀、类词缀、助字参与构造的结构个体性很强，“结构意义或功能基本由这些虚化成分决定”。③类化作用。“词缀、类词缀和助字有决定整个组合的语法功能的类范畴，词根则没有这样的功能。”④定位性。⑤意义泛化。“它们都不具有实实在在的词汇意义。”

二、反思讨论

汉语词缀现象究竟应该怎么看？古今中外，人们对此的关注与评说、研究可谓繁复。这里边既有语言本体的实际特征问题，也有人们的主观认识正确与否的问题；此外，还有两个方面的历史发展。大处着眼，小处刻画，或许我们的认识就会更准确一些。韩陈其在其《汉语词缀新论》中认为，汉语词缀研究，一直难令人满意，究其深层原因，大约有三：一是对自然语言的本质特点缺乏认识，二是对汉语言的民族特点缺乏认识，三是对汉语史缺乏认识。虽然归总有些消极，没能充分反映近些年来汉语语法学界于该课题研究中所表现出来的热情和值得认可的成绩，但究其不足原因的发掘来说还是抓住了关键点的。与此同时，还要看到，宏观的理论上的讨论虽然重要，但也要有语言的事实依据作为支撑，两者之间是不可或缺的。

（一）中外对比

有关词缀的所有讨论都要有个基础，那就是首先要将什么是词缀的问题搞清楚。

即便是在西方，有些人下的定义也并不见得有怎样的价值。比如英国戴维·克里斯特尔编写的《现代语言学词典》指出："词缀是只能用来附加于另一个语（词根或词干）的各类构形成分的统称。"这种表述实际上并没有给人们以新知。如果有人问，什么是"词根或词干"呢？这样我们就知道这种定义的缺陷在哪里了。与此相反，萨丕尔在他的《语言论》中的论述就很好，对比一下，我们就可以看出来。他说，词缀是"一个附属的、通常更抽象一些的概念的指标；就'形式'一词最广泛的意义来说，这附属概念给基本概念加上了形式上的限制。我们可以管它叫'语法成分'或附加成分……这一切类型的语法成分或语法改变，每一个都有这样的特点：在绝大多数情况下不能独立使用，而必须附加或者焊接在根本成分上，来传递一个可以了解的意念……语法成分不但是非跟根本成分联合起来就不能存在，并且，一般来说，还必须和某一类的根本成分联合起来，才能充分发挥它的作用。"① 这个定义好的地方就在于它有自己的特定内涵：形式标志，表示更为抽象的类意义，独立性差。

萨丕尔毕竟是语言哲学家，于词缀他有更宽广的视野和见解。我们再来看他其他发挥性的表述："经验的具体性是无穷的，而最丰富的语言的资源也是有严格限制的。所以不得不把无数的概念归到某些基本概念项下，而用别的具体或半具体的观念来作功能媒介。这些媒介成分——可以是独立的词、附加成分或根本成分的变体——所表达的观念可以叫作'派生性的'或'形容性的'。"（第 74 页）

这里他要说明的是：词汇是一个宏大的意义网络系统，而词缀往往是次范畴层次上的意义形式标志；而这些形式标志往往是由原为词、词干或本身即为词缀等的种种变体来承担的。显然，萨丕尔是很具有历史的发展观念的。

萨丕尔和其他的以形态语言为母语的语言学家一样，将形态的作用提到了相当高的地位："语言的本色就是把根本成分、语法成分、词和句子跟单个概念，或组成整体的概念群按习惯联合起来。"（《语言论》第 33 页）但与此同时，他推崇形态但并不把它绝对地优越化。比如他讲："附加法是所有语法程序里最常使用的，别的程序不能跟它比拟。有的语言，如汉语和泰语，不用本身没有独立价值、不能作为根本成分的成分来起语法作用，但是这样的语言是不普通的。"（第 58—59 页）甚至他还能换位思考，站在以汉语为母语的人们的角度对形态绝对化的语言给予诙谐的嘲讽。下面的表述即很能看出他从学理的角度对词缀的功能做出的评价：

"为什么-s 的数目功能和-ly 所表达的观念能在形式表达上互相类比，是没有逻辑上的道理可讲的……比如，un-所传达的否定观念可以同样恰当地用一个后附加成分

---

① 萨丕尔．语言论［M］．北京：商务印书馆，1986：22-23.

来表达，像 thoughtlessly（不动脑筋地）这样一个词里的-less。”（第 49 页）

不能不说，萨丕尔对词缀的定位还是相当准确的。定位及其抽象的类意义，揭示了该语法单位在形态语言中的特征及其功能作用。当然，不管是怎样的思想大家，要想将课题中的所有内容都论述得尽善尽美显然是不容易的。比如他明确无误地判断说，汉语是非形态语言，故没有词缀这种语言形式来表达特定的语法意义。他在《语言论》中也曾表示：语言类型的归纳认定是颇不容易的。既然如此，说汉语里边没有词缀形态，不免就有些粗疏了。当然，汉语与其他形态语言相比，词缀所占比例小，在解读句法结构中所起的作用有比较大的局限性，这是有目共睹的事实。但从汉语整个的历史发展进程来看，或许认识上就会是另一种情形。意大利学者 Masini（1997）在对汉语的研究中即注意到，古汉语中的有些语素原初是自由的，然而在其后的应用中降格了，虚化了，逐渐成为一种在某类词中重复出现的语义标记。早在 20 世纪 30 年代，陈望道揆度当时的汉语状貌，判断说：“中国语将来会不会变成有词尾变化的语言？我们的回答是：中国语似乎有语尾增多的倾向。”① 如果陈望道地下有知，他会为自己的预言于现今一定程度地得以证实而欣慰的。虽然词缀并非汉语语法化词汇化的必然趋向，但汉语的历史演进中这一语言单位从来没有消失过；且每遇社会大变革或有新文化介入的关键阶段，词缀现象便显得特别活跃。这由先秦、佛教译经、五四运动前后以及当今改革开放四个历史时期的词汇反映就可以看得清楚。特别是现时，汉语从来没有显示出这样强大的包容性，连字母词都进入了整个的文字系统、词汇系统中，特别是利用有特色的语素为词模基准，类推造就数量可观的词族序列，且成规律化。这也是过去任何一个时期都没有过的。周志培（2003）认为：称得上形态的汉语词缀与英语词缀相比，体现出这样四个方面的差别：①数量有限；②这些词缀都是黏附性的，没有强制性；③词义单一；④不如英语词缀能产。这种特点的认定有一个前提：“称得上形态的。”然而汉语词缀的功用、着力点究其根本并不在体现词类上，大家在说“××门”“××控”“×跑跑”的时候，很少有人想它们应该是属于什么词性的问题。至于说到其他的方面，似乎都得重新审视。

说形态主要体现为词性，这主要是针对形态语言做出的认定，且是针对那些常用词中的情况来讲的；加之动名词、分词形式的介入，似乎造成了实词中处处讲词性的状态。当然，种种迹象表明：“印欧语里具体的语用范畴已经演变为抽象的句法范畴，汉语里具体的语用范畴还没有演变为抽象的句法范畴。”② 是不是以汉语为母语的人们就没有词类观念？不是的。《中国大百科全书》“汉语语法”条目中说：“从唐代开始的格律诗，讲求对仗，上下句相应的词语大体上有相似的功能。名词对名词，动词对动词，可以想见作家心目中已经意识到词的功能类别。”只是说汉语的人们觉得不同类

① 陈望道．一种方言的语尾变化［J］//转引自：郭良夫．现代汉语的前缀和后缀［J］．中国语文，1983（4）．

② 沈家煊．我看汉语的词类［J］．语言科学，2009（1）．

的词自有其职能身份，入句各行其是即可，没有必要再赘加标志而已。正像吕叔湘所说的那样，不搞形式主义。另外，正像萨丕尔所举的例子那样，英语里边的词缀也并非都是冲着标明词性而用的。不管是 un-也好，-less 也好，其词汇意义也都是很鲜明的。再则就是，据蒋争《英语构词解析——前缀、后缀与词根》一书中统计，英语的前缀与后缀数量分别是 138 和 210。如果真是标定词性的话，是用不着这么多词缀的。例如自然科学里边的分科，动物学的后缀是-logy，电子学的后缀是-ics，林学的后缀是-ry，分明就有些累赘，似乎有点不讲道理了。

（二）汉语特点

既然汉语词缀的主要功能不在于标定词性，那么它的功能效用体现在什么方面呢？做出这方面明确回答的是蒋宗许，他在《汉语词缀研究》一书中提道："其衍生的原因，是和汉语词汇的复音化主要是双音化有密切的关系。"（64 页）这种看法在世纪之交是非常容易求得共识的。当时很多从事古代汉语复音词或双音词构词研究的人，也是基于这一基本认定而执着寻找其根据的。即便是前人的表述里边似乎也可以找到相应的根据，如王引之《经传释词》："有，语助也。一字不成词，加'有'字以配之。"直到现在，现代书面语体里边仍然是以双音节为主的词汇形式，这是谁也否认不了的。但是，词汇音节由单变双只是一种现象，不一定是追求的终极目的。王力对先秦附加式后缀构词做过这样的两类划分，一种词尾倒明确："如""若""然""而""尔""耳"。"另有一种类似的结构，就是用双声迭韵的连绵字作为词尾。例如'忳郁邑'、'斑陆离'、'蹇侘傺'、'邈隆崇'。但是这种结构似乎没有沿用下来。"（王力《汉语语法史》，第 172 页）很明显，后边这一类就肯定不是双音节词。现代汉语中这类构词似乎更多，看下面同样类型的组合：

胖-：胖乎乎　胖呼呼　胖虎虎
胖忽忽　胖咕咕　胖鼓鼓
胖都都　胖嘟嘟　胖墩墩
胖顿顿　胖敦敦　胖凸凸
胖笃笃　胖生生　胖滚滚

瘦-：瘦巴巴　瘦刮刮　瘦括括
瘦精精　瘦竞竞　瘦筋筋
瘦棱棱　瘦伶伶　瘦亭亭
瘦筋筋　瘦尖尖　瘦条条
瘦怯怯　瘦厌厌　瘦麻麻

-溜：直溜溜　圆溜溜　鲜溜溜
细溜溜　匀溜溜　活溜溜
酸溜溜　甜溜溜　滑溜溜

尖溜溜　光溜溜　水溜溜

稀溜溜　麻溜溜　滴溜溜

至于四音节“黑咕隆咚”之类的就不尽列了。

再看自西汉以降，有这样的两个词很值得关注，一个是“儿女子”，它是和“女子”相对应的。例如：

(1) 吾悔不用蒯通之计，乃为儿女子所诈，岂非天哉！(《史记·卷九十二》)

(2) 吾不用蒯通之计，反为女子所诈，岂非天哉！(《汉书·卷三十四》)

(3) 吾不用蒯通计，为女子所诈，岂非天哉？(《后汉书·卷七十一》李贤注引文)

再如《三国志·魏志·贾诩传》：“汉阳阎忠异之”裴松之注引晋·司马彪《九州春秋》：

(4) (韩信) 拒蒯通之忠，忽鼎峙之势，利剑已揣其喉，乃叹息而悔，所以见烹于儿女也。

这四例记录的是同一件事，例 (1) 是“儿女子”，例 (2)、例 (3) 是“女子”，例 (4) 是“儿女”。说明“儿”当“小”来讲。这种用法甚至一直持续到清代：

(5) 此非儿女子所知。(《史记·卷八》)

(6) 儿女子七岁以上，皆得充事也。(《齐民要术·卷三》)

(7) 大丈夫将终，不问安国宁家之术，乃作儿女子相问！(《世说新语·方正》)

(8) 今过此，非儿女子呴呴相忧者。(《新唐书·卷十三》)

(9) 汝为人将，不能以死敌我，乃欲以儿女子语诱我乎。(《宋史·卷三百六十》)

(10) 小儿女子安得为不祥语。(洪迈《夷坚乙志》)

(11) 吾素奇种将军，今何儿女子见识！(张光祖《言行龟鉴》)

(12) 以一樽为卿寿，奚必效世俗儿女子态哉？(王韬《淞隐漫录》)

例(5) 这句话，也为《汉书·卷一》中所用。说明班固对“儿女子”等同“女子”是肯定的。例(6) 倒是用其本义，权做对照。例(7)“大丈夫”与“儿女子”相对应，更能看清楚其中“儿”的含义。例(10) 其前更添一“小”字，相当于今天的“小小女子”。最后三例也都是针对着女性来说的。正因为如此，《汉语大词典》解释“儿女子”：“❶妇孺之辈。❷孩童。”显然是不确切的。该词到了南朝，才逐渐为“小女子”所替代：

(13) 我本欲避名，今小女子皆知有我，何用药为？(《后汉书·卷八十三》)

(14) 我是一小女子，独处幽房，时不自思量，与君戏调，盖因缘之故，有此私情。(《太平广记·卷一百一十二》)

(15) 再不想那等一个小小女子，有许大的声名！(《儿女英雄传·第十一回》)

（16）不料你这小小女子，反有如此聪明！（夏敬渠《野叟曝言·第七回》）

例(13)，在南北朝时期这样的用法为所仅见。其后一直比较稀疏，只是到了清代才陡然增多。应该说，它与“儿女子”正好形成了一个新旧交替的过渡。稍有变化的是：“儿女子”多他称，“小女子”多自称。但无论如何，都体现了传统里边对女子多所贬抑的情感色彩。即与现时称道的“小女人”大致相当。

正如“儿女子”可以相当于“女子”，“大丈夫”也可以相当于“丈夫”：

（17）丈夫为志，穷且亦坚，老当益壮。（《后汉书·卷二十四》）

（18）大丈夫无它志略，犹当效傅介子、张骞立功异域，以取封侯，安能久事笔砚间乎？（《后汉书·卷四十七》）

（19）大丈夫处世，当为国家立功边境。（《后汉书·卷六十五》）

（20）丈夫提千兵入死地，此事君亲故发，不得复云为名！（《世说新语·识鉴》）

有“儿女子”“小女子”而没有“大女子”，有“大丈夫”而没有“儿丈夫”或“小丈夫”，为什么会有这样的不对称性？事实上，“丈夫”“女子”两词，在中国封建社会中，男尊女卑的观念即于其中寄寓着。无非是本源状态的词是无标记的，加上“儿”“小”与“大”，则是有标记的，或说将这种附加的色彩义给显性化了罢了。

借助于现代语料库简单搜罗一下即可知：两汉六朝这段历史时期，“大丈夫”的使用略超“丈夫”。如果我们固守双音节化这单一的目的的话，显然是解释不通的。于此，郭绍虞有一段话讲得极好：

汉语词汇的特征，是以双音节词为基础，而以单音节词为辅的。有时成为三音节词，如“忐楞楞”、“黑洞洞”之类是单音词和双音词的综合；有时成为四音节词，如“欢天喜地”、“吉叮吉噹”之类，又是两个双音词的综合。总之，很少见一种不很规则的像外来语一般的多音节词。

由于汉语词汇的特征，于是汉文中文艺语言在音节方面的特征，也是以二音步为基础，而以单音步为辅助的。有时成为三音步，是单音步与二音步的综合，有时成为四音步，又等于两个二音步的综合。

（《照隅室语言文字论集》，上海古籍出版社 2009 年，第 259—260 页）

所以，荀子所谓的“单足以喻则单，单不足以喻则兼”，恐怕还嫌有些局狭，还应补充说：“兼不足以喻则辅之以繁，三音、四音是也。”

由上边的分析即可知，汉语附加式构词，不在于满足句法组合结构关系的鲜明上，而在于奇偶音节单位的适配与参差错综上，同样在于主观情感对词语色彩意义赋予的显隐上。它是一种表达性的努力需求。

为了说明问题，我们再看一个具体例子：“先生”是一个先秦时期就产生了的双音节词。按说早已经双音节化了，不是很好吗？不。《汉语大词典》“先”第 19 个义项的解释："先生的略称。《史记·晁错列传》：'学申商刑名於轵张恢先所。'裴骃集解引徐广曰：'先即先生。'《汉书·梅福传》：'夫叔孙先非不忠也。'颜师古注：'先犹言先生也。'按，清赵翼《廿二史札记》卷三：'古时先生二字，或称先，或称生。《史记·晁错列传》：错初学於张恢先所。《汉书》则云，初学於张恢生所。'一称先，一称生。颜注云皆先生也。"这种情况似乎可以叫作双音节词的单音逆化。不过《汉语大词典》还列了"先儿"这样一个词条，并解释说："先生的俗称。"这个解释恐怕仍不是那么准确。清代浙江人艾衲居士《豆棚闲话·空青石蔚子开盲》曾有比较早的讲释："且说中州有个先儿——那地方称瞎子，叫名先儿。"清代李声振的《百戏竹枝词》里言道："瞽者唱稗史，闺人恒乐焉，呼之曰'先儿'。"称盲人为"先儿"还有事实证明：《醒世姻缘传》辑著人是周在浚，他就是河南人。他的这部著作第七十六回中有这样一个情节——算命的史瞎子自报门庭："我是史先儿，名字叫史尚行。"当然，马上就有人驳论，说《姑妄言》的作者曹去晶是辽宁人，其《姑妄言》第二十卷写道："暴指挥闭着双眼，毫无一事，酷听鼓儿词，常养著一个姓夏的瞎先锋在家，专一说书。"还是说的盲子的事儿。故有人猜测，"瞎子"跟"先儿"声音相近，辗转而产生。但是，如果说"先儿"最狭义的词义指盲人也对，但更宽泛一些的范围，也指占卜算卦、抓药看病这种职业身份的人。看相关记载：

(21) 又无侵古道疏篱远村，见一个卦先儿深山中潜隐，他和那野草闲花作近邻。(孔文卿《地藏王证东窗事犯》

(22) 张老先儿，你的符只好吓杀人罢！(《三宝太监西洋记·第十九回》)

(23) 这先儿只好哄这皇帝，搪塞黎民，全没些真实本事！(《西游记·第四十五回》)

(24) 胡先儿，他这个是甚么病？(刘唐卿《降桑椹》第二折)

该词再进一步引申扩大，则可以泛指读书识文、懂得文墨、有一定名望的人，即那个时期的知识分子。例如：

(25) 张老先儿，至此何干？(《说岳全传·第十八回》)

(26) 你这老先儿，也算是一个人物，怎么不达世务？(《续英烈传·第五回》)

(27) 温老先儿他斯文人，不管这闲事。(《金瓶梅·第六十回》)

(28) 叫掌案的先儿写个票儿，连那铜杭杭子兑个清数。(《醒世姻缘传·第七十回》)

(29) 次早，寻着了个写状的赵先儿商量写状。(同上，第七十四回)

但要注意的是：笔者童年时代生活在农村，20世纪五六十年代之交仍流行着传统的称谓。记得非常清楚的是：上述三类人，成年人对他们都是称"先儿"；而对老师，上些年纪的人仍称"先生"，其他的人则改口叫"老师"。即便是在生产队里务农的人中，年龄比较大又有些文化的人，大家都还是愿意称他们"王先儿""李先儿"的。在人们的心目中，他们知文懂理，该得到应有的尊敬；但要说他们真正达到了"先生"的水平，似乎还差那么一些。现时我们在查找例证的过程中，还真的得到了难得的一份佐证：

（30）你的礼忒多，到底还和我是两个人。你听我教你：比如他要叫你邹先儿，这和你们叫老公公一样，你称呼他老司长。他叫你邹老先生，这是去了儿字加敬了，你称呼他乔老爷。他若叫你邹老爷，你称呼他乔大人。（《绿野仙踪·第九十一回》）

由此我们说，汉语里的词缀的主要功能可不是用来显示词类的。在我们的心目中，那些用不着再画蛇添足；有一样东西就要充分发挥它的作用，要么让它体现句法里的节律跌宕有致、朗朗上口，要么体现情感的蕴藉隽永。如上，一个“先儿”，似乎就是比“先生”低半格处理了。这个精细，多么值得玩味儿?!

第一章　初创期（先秦）

先秦是汉民族文化的发展奠定时期，而这一时期自有文字记载以来，前后延续达千余年。要想真实地描摹好它的发展演进史恐怕还真不容易。以最早的记录形式甲骨文来说，前后达200多年。历史学家、文字学家等可以依照着前后记载的时间、对象的称谓、占卜人员的先后、文字书写的风格等因素将杂乱不清的文字梳理出头绪，划分出不同的阶段，为后来人们更准确地认识提供难得的基础条件。然而真正说到语言手段的时候可就显得不够用了，因为为大家所共识的所谓的第一个阶段，即盘庚迁殷到武丁这样的一个时间段，所反映的语言面貌应该已经是比较成熟的了。人们往往设想以一个人的语言习得来比照一种语言由原始到成熟不断发展进步的前后过程，然而事实上这是很难做到的。首先可以想象，文字出现之前有着怎样长的有声语言期，这种语言的形式演变是我们无论如何都不可能知道的。即便是有了文字，相当长的时间里边，当时的人们也并不会像我们现代人一样有清醒的理性认识，去记述历史，藏之名山，传留后世，恐怕它的早期形式很快地就湮灭于历史的风云中。而今我们看到的文字，不能不承认，已经达到了高度抽象的状态，语法化已经在进行中，而有些已经作为它的结果为人们习焉不察地自然运用着。看具体的例子：

(1) 乎人不入于雀。(合190)

(2) 丙申卜，穷，鼎，隻（获）羌，其至于鬲。(合201)

(3) 鼎，龙（?）方以羌自上甲王用至于下乙。(合271)

例（1），“于”字已经出现在了动词后面，例（2）中的“至于”已经有了词汇化的倾向，例(3) 已经有了“自……（V）至于……”这种主观性很强的表述形式。所以，张玉金在其所著的《甲骨文语法学》里边已经承认，这一时段的文字已经有了词缀，他表述说：“作为词头，‘有’有时用在专有名词前，有时用在普通名词前，与后面的名词组成一个双音节名词。”例如：

(4) 翌选有正，乃壅田？(合9480)

(5) 归于有宗，其有雨？(合30322)

这倒是一种非常有意思的现象：“有X”这种用法甲骨文中就有了，且一直延续到春秋时期，再往后就不再具有能产性了。这种最早的附加式构词虽用了差不多千年之久，后来却失去了生命力。在我们后面比较多的内容里都会加深这方面的印象：附加式构词似乎很少有理据可言，有的是昙花一现；有的是产生的时间不算太早，但一路走来颇显得沉稳刚健；有的是一时间特有气势，甚至还把自己的触角伸进了句法的范围，然而过一会时间又显示出了式微的样子。当然，还有些则是时好时坏，到今天仍是不衰的样子；还有的是许多时间还有用过，于今却突然间是经常用到。为什么会是这样？因为附加式构词，说是构词，其实它的初衷并非为了造词，更非为了显示它的句法功能，而是重在语义情感的表达。

第一节 《诗经》中的语助或附加

一、“有”是否为词缀的困惑

上文说过，早期汉语书面语里即开始了附缀式构词。其中比较典型的形式就是“有X”。对此，《毛诗正义》解释说：“《大雅·文王》有周不显，帝命不时。传：有周，周也。笺云：周之德不光明乎？光明矣。天命之不是乎？又是矣。正义：天既命文王，我有周之德岂不光明乎？……以‘周’文单，故言‘有’以助之。《大雅·烝民》曰‘天监有周’，《时迈》曰‘昭昭有周’，皆同也。犹《左传》谓‘济’为‘有济’。”对此现象的判断，前有毛亨、郑玄，孔颖达进一步强化了这一点，后有王引之、马建忠、王力，也都重申了这种看法。应该说这似乎已经成了不刊之论。但这种现象本身，用现代学理的思维方式去解释的时候仍不免会有些困顿。如王力（1980，219页）判断说：“有”是名词的一种形态——“词头”。但他又说：“但是我们很难得出结论说一切名词都能具备这种形态。”但这并不妨碍人们将这种认识坚持到底。例如韩大伟（2010）就认为王力在“有”字的功能属性上似乎还有些保留，只说了它能做名词、形容词的词头，还缺了一项动词词头。因此举出诸多例证，并做了强有力的辨析，将这一项补齐了。但自20世纪80年代以来，质疑的声音渐渐地多了起来。首先是黄奇逸（1981），他认为，这种情况的“有”其实还是内动词，跟“有无”的“有”意义相同。他做了相当多的考证，说古代国名、族名等，都来自该部族区别于其他部族的徽帜、标记、特征。“有X”就等于有这种特征。李宇明（1982）赞同这种说法，并对传统的词头提出驳论。他提出的第一个理由就是“有X”可以和“X”共存，说明前者的组合并不稳定，或者说“有”对它来说并非必需。接下来的推证是：黄奇逸的观点是实证性的，如果真是这样的话，那么它前边的“有”则为定指性的。

对传统看法持全盘否定观念的要说朱广祁，为此他出版了专著《〈诗经〉双音词论稿》一书。按照王力系统认定，《诗经》中的名词词头有“有”“子”“伊”3个，动词词头有“爰”“曰”“言”“遹”“聿”“于”“有”7个，形容词词头有“有”“其”“斯”“思”4个。相对应的，形容词词尾有“斯”“其”“彼”“然”“若”“尔”“而”“如”“焉”“言”10个，名词词尾有“子”“氏”“者”3个，动词词尾有“思”“止”两个。而朱广祁对此差不多都采取了否定的态度，代之以“衬字双音结构”来称述类似的现象。他给出的定义是“一个单音实词前面或后面衬上一个没有词汇意义的字组成的双音结构”。（第1页）首要的，就是“有X”组合。他举例说：“衬字在前的如《周南·桃夭》‘有蕡其实’中的‘有蕡’。”他进而论述说：“《诗经》中常用在动词前面的衬字还有‘有、其、言、薄’等，这些用法都是在先秦散文典籍中很少见到的。这些用法的出现，并不是上古汉语语法普遍要求，而只是《诗经》句式的特殊需要。因此，用不用这些字，也就很难找出在语法方面有什么不同。一定要寻求这些衬字的语法作用，倒未免求之过深了。”“‘于、有、其、言、薄’等字常用在动词之前，可以不可以说它们有明确词性的作用呢？也不能。‘有’字和‘其’字不只用在动词之前，还可以用在名词或形容词前面，自然谈不上明确词性；就是通常只用在动词前面的‘于、言、薄’等字，在《诗经》中也是可用可不用的。”（第5页）

数千年的传统看法受到了挑战。一方面是词缀的认定，另一方面是衬字。怎么看？“有”字的情况复杂，争议也很大。这里单以《尚书》和《诗经》中的情况来说。《尚书》里的“有”似乎已经成为相对稳定的构词方式。例如：

（1）好生之德，洽于民心，兹用不犯于有司。（《大禹谟》）
（2）惟时有苗弗率，汝徂征。（同上）
（3）启与有扈战于甘之野，作《甘誓》。（《甘誓》）
（4）今予以尔有众，奉将天罚。（《胤征》）
（5）有夏多罪，天命殛之。（《汤誓》）
（6）皇天眷佑有商，俾嗣王克终厥德，实万世无疆之休。（《太甲中》）
（7）今相有殷，天迪格保，面稽天若，今时既坠厥命。（《召诰》）
（8）弗吊天降丧于殷，殷既坠厥命，我有周既受。（《君奭》）

能够充分证明其为前缀的，就是此时的“有”只是跟名词组合。《尚书》里只有一例是出现在谓词的前边，却似乎比较勉强：

（9）郁陶乎予心，颜厚有忸怩。（《五子之歌》）

《诗经》中该字的使用情况，大致可以分作以下三种类型。

一是仍做动词，表示存在。例如：

（10）南有樛木，葛藟累之。（《周南·樛木》）
（11）采采芣苡，薄言有之。（《周南·芣苡》）

(12) 南有乔木，不可休思。(《周南·汉广》)

(13) 维鹊有巢，维鸠居之。(《召南·鹊巢》)

(14) 野有死麕，白茅包之。(《召南·野有死麕》)

(15) 亦有兄弟，不可以据。(《邶风·摽柏舟》)

(16) 有子七人，母氏劳苦。(《邶风·凯风》)

(17) 山有榛，隰有苓。(《邶风·简兮》)

二是做衬字，没有实际意义。这一类的“有”字多放在谓词性的词语前面或后面，起陪衬音节的作用。例如：

(18) 桃之夭夭，有蕡其实。(《周南·桃夭》)

(19) 谁其尸之？有齐季女。(《召南·采蘋》)

(20) 摽有梅，其实七兮。(《召南·摽有梅》)

(21) 江有汜，之子归，不我以。(《召南·江有汜》)

(22) 胡能有定？宁不我顾。(《邶风·日月》)

(23) 终风且曀，不日有曀。(《邶风·终风》)

(24) 不我以归，忧心有忡。(《邶风·击鼓》)

(25) 有怀于卫，靡日不思。(《邶风·泉水》)

(26) 东门之栗，有践家室。(《郑风·东门之墠》)

(27) 鲁道有荡，齐子由归。(《齐风·南山》)

有些出现在名词性词语的前边，仍是为了衬垫音节。例如：

(28) 有狐绥绥，在彼淇梁。(《卫风·有狐》)

(29) 有兔爰爰，雉离于罗。(《王风·兔爰》)

(30) 出其东门，有女如云。(《郑风·出其东门》)

三是做前缀。这一类的“有”字所构成的附加式复合词主要指朝代、种族、方位、天文等，因为在那个时期这些都是常用词语，人们也多所熟悉。例如：

(31) 豺虎不食，投畀有北；有北不受，投畀有昊。(《小雅·巷伯》)

(32) 周虽旧邦，其命维新。有周不显，帝命不时。(《大雅·文王》)

(33) 假哉天命，有商孙子。商之孙子，其丽不亿。(同上)

(34) 有娀方将，帝立子生商。(《商颂·长发》)

不说别的，仅《诗经》里出现的“有周”即有 4 处。可以这样说，这样的组合已经成为当时人们的惯例，词化的特征已经鲜明。即便是现在，稍有古代汉语常识的人，只要一提“有夏”“有商”，就会立刻明白指的是特定的朝代，足可证明它已具有约定性。

顺便提及的是，这一时期中，“有”和“如”的组合已经具有词汇化的格局。看

《诗经》中的用例：

(35) 谓予不信，有如皦日。(《王风·大车》)

(36) 昔先王受命，有如召公，日辟国百里，今也日蹙国百里。(《大雅·召旻》)

这两例正好体现了比喻、比较（举例）两种方式。“有如”连在一起用在当时已经相当普遍，《左传》中的用例最多，达11处，其他像《国语》《晏子春秋》《孟子》等也多有运用。

二、《诗经》中的词缀、衬字讨论

从一定意义上说，朱广祁的认识是有道理的。《诗经》作为配乐的作品，声律的和谐悦耳显然是它最基本的功能需要。《论语·泰伯》中赞美说：“师挚之始，《关雎》之乱，洋洋乎盈耳哉！”《史记·孔子世家》记载：“三百五篇，孔子皆弦歌之，以求合《韶》、《武》、《雅》、《颂》之音。”孔子自己也说：“吾自卫返鲁，然后乐正，《雅》《颂》各得其所。”（《论语·子罕》）孔子此处的表述本身就很讲究修辞，以《雅》《颂》称代整个《诗经》篇章。如果再加《风》，显然一味强调为了双音节成词的需要似乎就有点胶柱鼓瑟了。朱一再认定，《诗经》为了达到这种效果主要采用了两种方法：一个是重言（包括联绵字），一个是他所谓的最便捷的方法，在单音词前后衬上一个虚字。其实其他的方法还有很多，我们这里边说到的“以部分代整体”就同样可以达到该目的。《诗经》里边为了求取这种效果所采取的方式还有很多。孔颖达在其《毛诗正义》中就此现象也做过一定的探讨，如他讲：“然人志各异，作诗不同，必须声韵谐和，曲应金石，亦有即将助句之字，以当声韵之体者，则‘彼人是哉，子曰何其’，‘不思其反，反是不思，亦已焉哉’，‘是究是图，亶其然乎’，‘其虚其徐，既亟只且’之类是也。”此外，其他的方法还有如下几种。

（一）特定的词语分合自由

此方法举例如下：

(1) 日居月诸，照临下土。(《邶风·日月》)

(2) 将翱将翔，弋凫与雁。(《郑风·女曰鸡鸣》)

(3) 载驰载驱，周爰咨诹。(《小雅·皇皇者华》)

(4) 经始灵台，经之营之。(《文王之什·灵台》)

(5) 宽兮绰兮，猗重较兮。(《卫风·淇奥》)

(6) 挑兮达兮，在城阙兮。(《郑风·子矜》)

(7) 婉兮娈兮，总角丱兮。(《齐风·甫田》)

例(1)，《诗经》里边也有将“日”和“月”连用的：

(8) 日月阳止，女心伤止，征夫遑止。(《小雅·杕杜》)

至于例(2)，到《诗经》中“翱翔”为比较典型的合音词，用的就更多了：

(9) 二矛重英，河上乎翱翔。(《郑风·清人》)

(10) 鲁道有荡，齐子翱翔。(《齐风·载驱》)

(11) 羔裘翱翔，狐裘在堂。(《桧风·羔裘》)

例(3) 也是同样的情况。看“驰”“驱”合在一起的用例：

(12) 敬天之渝，无敢驰驱。(《大雅·板》)

甚至还有拆开来后单用的：

(13) 载驱薄薄，簟茀朱鞹。(《齐风·载驱》)

例(4)中“经”和“营”分开来用，甚至其前文还有单用的。其他的诗篇里也有合用的。例如：

(14) 经营四方，告成于王。(《荡之什·江汉》)

例(5)中的“宽”和“绰”，《诗经》中倒没有它们的合用形式，但同时期其他的文字记载里有：

(15) 则若时，不永念厥辟，不宽绰厥心，乱罚无罪，杀无辜。(《书·无逸》)

由此我们可知，当时的人们，词的观念不是很明确的。就是我们现时所认定的联绵字，他们也可以根据需要随便地拆开来付诸语句的组合之中。所以，用今天的观念来约束古人的时候肯定是行不通的。

（二）组合相对自由

此方法举例如下：

(16) 清扬婉兮……婉如清扬。(《郑风·野有蔓草》)

(17) 猗嗟娈兮，清扬婉兮。(《齐风·猗嗟》)

(18) 维鹊有巢，维鸠居之。之子于归，百两御之。维鹊有巢，维鸠方之。之子于归，百两将之。(《召南·鹊巢》)

(19) 江有汜，之子归，不我以。不我以，其后也悔。江有渚，之子归，不我与。不我与，其后也处。(《召南·江有汜》)

例(16)(17)可以放在一起看，“清扬”看来是作者将它看作一个词处理了，而“婉”的情况却有些复杂：要么是与“兮”组合，要么是与“如”组合，且它与“清扬”的位置可前可后。例(19)，“之子于归”在《诗经》里出现的频率是比较高的，且多采取的是该形式，然而为了音节前后的需要可随时将“于”省去。

（三）单音、重言与附加对应，同样体现了相当的自由度

(20)《何彼秾矣》：“何彼秾矣？唐棣之华。”毛传：“秾犹戎戎也。”

（21）《柏舟》："汎彼柏舟，亦汎其流。"毛传："汎，流貌……亦汎汎其流，不以济度也。"郑《笺》："舟，载渡物者，今不用，而与物汎汎然俱流水中。"正义曰：言汎然而流者，是彼柏木之舟。此柏木之舟宜用济渡，今而不用，亦汎汎然其与众物俱流水中而已。

（22）《何彼秾矣》："曷不肃雝？王姬之车。"毛传："肃，敬。雝，和。"又，《兔罝》："肃肃兔罝，椓之丁丁。"毛传："肃肃，敬也。"又，《思齐》："雝雝在宫，肃肃在庙。"

（23）《击鼓》："不我以归，忧心有忡！"毛传："忧心忡忡然。"正义："传重言忡忡者，以忡为忧之意，宜重言之。《出车》云'忧心忡忡'，是也。"

（24）《谷风》："黾勉同心，不宜有怒。"孔疏："'黾勉'犹'勉勉'也。"

（25）《谷风》："有洸有溃，既诒我肄。"毛传："洸洸，武也。溃溃，怒也。"郑《笺》："君子洸洸然，溃溃然，无温润之色，而尽遗我以劳苦之事，欲穷困我。"

（26）《硕人》："硕人其颀，衣锦褧衣。"郑《笺》："硕，大也。言庄姜仪表长丽俊好颀颀然。"

（27）《丰》："子之丰兮，俟我乎巷兮。"毛传："丰，丰满也。巷，门外也。"郑《笺》："子，谓亲迎者。我，我将嫁者。有亲迎我者，面貌丰丰然丰满，善人也，出门而待我於巷中。"

（28）《野有蔓草》："野有蔓草，零露溥兮。"毛传："溥，溥然盛多也。"孔疏："毛以为，郊外野中有蔓延之草，草之所以能延蔓者，由天有陨落之露，溥溥然露润之兮，以兴民所以得蕃息者，由君有恩泽之化养育之兮。"

（29）《宛丘》："坎其击鼓，宛丘之下。"毛传："坎坎，击鼓声。"

（30）《击鼓》："击鼓其镗，踊跃用兵。"毛传："镗然，击鼓声也。"

（31）《月出》："佼人僚兮。舒窈纠兮。"正义："言月之初出，其光皎然而白兮，以兴妇人白皙，其色亦皎然而白兮。非徒面色白皙，又是佼好之人，其形貌僚然而好兮，行止舒迟，姿容又窈纠然而美兮。"

（32）《匪风》："匪风发兮，匪车偈兮。"毛传："发发飘风，非有道之风。偈偈疾驱，非有道之车。"

（33）《东山》："我来自东，零雨其濛。"毛传："濛，雨貌。"郑《笺》："此四句者，序归士之情也。我往之东山既久劳矣，归又道遇雨濛濛然，是尤苦也。"

（34）《伐木》："伐木丁丁，鸟鸣嘤嘤。"郑《笺》："丁丁、嘤，相切直也。言昔日未居位，在农之时，与友生於山岩，伐木为勤苦之事，犹以道德相切正也。嘤，两鸟声也。其鸣之志，似於有友道然，故连言之。"又："嘤其鸣矣，求其友声。"笺云："嘤其鸣矣，迁处高木者。求其友声，求其尚在深谷者。其相得，则复鸣嘤然。”

(35)《菁菁者莪》：“既见君子，我心则休。”郑《笺》：“休者，休休然。”

(36)《隰桑》：“隰桑有阿，其叶有难。”毛传：“阿然，美貌。难然，盛貌。有以利人也。”郑《笺》：“隰中之桑，枝条阿阿然长美，其叶又茂盛可以庇荫人。”

(37)《有客》：“有客有客，亦白其马。有萋有且，敦琢其旅。”毛传：“殷尚白也。亦，亦周也。萋且，敬慎貌。”郑《笺》：“有客有客，重言之者，异之也。亦，亦武庚也。武庚为二王后，乘殷之马，乃叛而诛，不肖之甚也。今微子代之，亦乘殷之马，独贤而见尊异，故言亦駮而美之。其来威仪萋萋且且，尽心力於其事。”孔疏：“其来则有萋萋然，有且且然。”

(38)《载芟》：“驿驿其达，有厌其杰。厌厌其苗，绵绵其麃。”毛传：“有厌其杰，言杰苗厌然特美也。”

看例（37)，“有萋有且” = “萋且” = “萋萋且且” = “萋萋然，且且然”。

当然，这样的用法及其解释法，有些也似乎过于随意了，理解起来就难免混沌。例如：

(39)《棠棣》：“常棣之华，鄂不韡韡。”毛传：“兴也。常棣，棣也。鄂犹鄂鄂然，言外发也。韡韡，光明也。”郑《笺》：“承华者曰鄂，不当作拊。拊，鄂足也。鄂足得华之光明，则韡韡然盛。”

这是郑玄在批评毛亨什么都用“X 然”或“XX 然”来释义。而这里的“鄂”即“萼”，指花托，它与后边“韡韡”应是指称与述谓的关系。如果两个都要“XX 然”，认识上岂不就要乱套了?!

（四）助字可多可少，自由灵活

此处举例如下：

(40)《山有扶苏》：“不见子都，乃见狂且。”

(41)《褰裳》：“狂童之狂也且!”

“且”为语助。例(41) 仅以它一个煞尾，例（41）即又多了一个“也”。

(42)《猗嗟》：“猗嗟昌兮！颀而长兮。”毛传：“猗嗟，叹辞。”毛诗正义：“猗是心内不平，嗟是口之喑哑，皆伤叹之声，故为叹辞。若犹然也。此言颀若长兮，《史记·孔子世家》称孔子说文王之状云：‘黯然而黑，颀然而长。’是之为长貌也。今定本云‘颀而长兮’，‘而’与‘若’义并通也。”

毛传、郑《笺》、孔颖达的疏与正义，虽然不是《诗经》文本，但于对象的理解应该说起到了最实在的助推作用，从某种意义上说也就是在追溯其本义。正因为如此，也可以借助他们的表述看到《诗经》为文之自由。在他们看来，“颀”后边的“而”

“若”“然”是相通的。

(43)《渐渐之石》：“月离于毕，俾滂沱矣。”毛传：“毕，噣也。月离阴星则雨。”

文本与疏通性的文字相对比，毛传将“于”省去了。足以说明“于”字有无皆可。

拿一个比较典型的案例来集中说明这一点。《诗经》中“薄”为语助，“言”也为语助。一如刘淇在《助字辨略》中所论：“薄、辞也，言，亦辞也。薄言，重言之也。《诗》凡云薄者，皆是发语之辞。”为了音节组合的需要，或用其中一个，或两者共用，即很能说明其追求的明确性。

单一使用：

(44) 薄伐玁狁，以奏肤公。(《南有嘉鱼·六月》)

(45) 不远伊迩，薄送我畿。(《邶风·谷风》)

(46) 言告师氏，言告言归。薄污我私，薄浣我衣。(《周南·葛覃》)

(47) 思乐泮水，薄采其芹。
思乐泮水，薄采其藻。
思乐泮水，薄采其茆。(《鲁颂·泮水》)

两者共用：

(48) 薄言采芑，于彼新田。(《小雅·采芑》)

(49) 薄言往愬，逢彼之怒。(《邶风·柏舟》)

(50) 被之祁祁，薄言还归。(《召南·采蘩》)

(51) 薄言震之，莫不震叠。(《周颂·时迈》)

(52) 薄言追之，左右绥之。(《周颂·有客》)

(53) 予发曲局，薄言归沐。(《小雅·采绿》)

(54) 维鲂及鱮，薄言观者。(《小雅·采绿》)

(55) 薄言羽者，有骊有皇。(《鲁颂·駉》)

(56) 执讯获丑，薄言还归。(《小雅·出车》)

当然，同一首诗里边，“薄”和“薄言”同时存在的也不止一篇。例如：

(57) 赫赫南仲，薄伐西戎。(《小雅·出车》)

(58) 执讯获丑，薄言还归。(《鹿鸣之什·出车》)

(五) 用来衬垫的单位特别多

这方面除了上文所举例子外，还有以下用例。

1. 放在首位

诞　诞弥厥月，先生如达。(《大雅·生民》)

侯　侯谁在矣，张仲孝友。(《小雅・六月》)
抑　抑磬控忌，抑纵送忌。(《郑风・大叔于田》)
若　若此无罪，沦胥以铺。(《小雅・雨无正》)
逝　逝将去女，适彼乐土。(《魏风・硕鼠》)
噬　彼君子兮，噬肯来游。(《唐风・有杕之杜》)
式　式微式微，胡不归？(《邶风・式微》)
谁　知而不见，谁昔然矣。(《陈风・墓门》)
思　思皇多士，生此王国。(《大雅・文王》)
无　如彼泉流，无沦胥以败。(《大雅・抑》)
勿　弗问弗仕，勿罔君子。(《小雅・节南山》)
伊　不可畏也，伊可怀也。(《豳风・东山》)
宜　哀我填寡，宜岸宜狱。(《小雅・小宛》)
亦　毖彼泉水，亦流于淇。(《邶风・泉水》)
聿　昭事上帝，聿怀多福。(《大雅・大明》)
遹　匪棘其欲，遹追来孝。(《大雅・文王有声》)
爰　树之榛栗，椅桐梓漆，爰伐琴瑟。(《鄘风・定之方中》)
曰　我送舅氏，曰至渭阳。(《秦风・渭阳》)
云　子之不淑，云如之何？(《鄘风・君子偕老》)
允　允文允武，昭假烈祖。(《鲁颂・泮水》)
维　葛之覃兮，施于中谷，维叶萋萋。(《周南・葛覃》)
攸　执讯连连，攸馘安安。(《大雅・皇矣》)
於　於论鼓钟，於乐辟廱。(《大雅・灵台》)

2. 放在句末

忌　叔善射忌，又良御忌，抑磬控忌，抑纵送忌。(《郑风・大风于田》)
嗟　民之无嘉，憯莫惩嗟。(《小雅・节南山》)
诸　日居月诸，胡迭而微。(《邶风・柏舟》)
来　不见昔者，伊余来塈。(《邶风・谷风》)
其　彼人是哉！子曰：何其？(《魏风・园有桃》)
思　江之永矣，不可方思！(《周南・汉广》)
兮　葛之覃兮，施于中谷。(《周南・葛覃》)
胥　君子乐胥，受天之祜。(《小雅・桑扈》)
猗　坎坎伐檀兮，置之河之干兮，河水清且涟猗。(《魏风・伐檀》)
只　母也天只，不谅人只。(《鄘风・柏舟》)
止　卜筮偕止，会言近止，征夫迩止。(《小雅・杕杜》)

且　不见子都，乃见狂且。（《郑风·山有扶苏》）

3. 放在句中

居　其香始升，上帝居歆。（《大雅·生民》）
嗟　啜其泣矣，何嗟及矣。（《王风·中谷有蓷》）
其　击鼓其镗，踊跃用兵。（《邶风·击鼓》）
思　鼠思泣血，无言不疾。（《小雅·雨无正》）
斯　朋酒斯飨，曰杀羔羊。（《豳风·七月》）
之　乐郊乐郊，谁之永号？（《魏风·硕鼠》）
焉　卜云其吉，终焉允臧。（《鄘风·定之方中》）
言　东有甫草，驾言行狩。（《小雅·车攻》）
也　不我过，其啸也歌。（《召南·江有汜》）
夷　蟊贼蟊疾，靡有夷届，罪罟不收，靡有夷瘳。（《大雅·瞻卬》）
亦　民亦劳止，汔可小康。（《大雅·民劳》）
于　之子于归，宜其家室。（《周南·桃夭》）
聿　洒扫穹室，我征聿至。（《豳风·东山》）
爰　载驰载驱，周爰咨诹。（《小雅·皇皇者华》）
曰　我东曰归，我心西悲。（《豳风·东山》）
云　道之云远，曷云能来？（《邶风·雄雉》）
之　燕婉之求，得此戚施。（《邶风·新台》）
只　乐只君子，邦家之基。（《小雅·南山有台》）

由此我们不难看到这样一种现实：《诗经》作为配乐诗，为了节奏的和谐悦耳，韵律的错综变化，它是不顾忌组词造句的稳定的单一形式的。加之它往往反映的是当时民众的生活与情感，口语化的色彩比较重，故这方面的表现也极端。其实，这种情况也在相当程度上反映了汉语的根本取向与追求。随便用耳熟能详的语句表达都能体味到这方面的信息。例如：

（59）寡人之于国也，尽心焉而已矣。（《孟子·尽心下》）

这样的句子，可以说我们迄今都难以看到比较理想的语法解说。然而这样的句子很“顽固”，孟子用这样的结构式还不是最早的，《论语》里就有：

（60）君子之于天下也，无适也，无莫也，义之与比。（里仁）

其后历朝历代都没有断绝过，现代汉语里仍多的是。为什么是这样的？我们先来看这个语句本身，拿结构主义的那一套分析模式来识读它肯定是不行的，因为它的表现形式。停顿标志及其用词特征倒很像解构主义的东西，因为我们到底也说不清楚像“寡人之于国”一类的属于什么样的词组。倒是《马氏文通》里边的认定似乎更准确一些，即“读也”。句子里边的附加成分本来都是各依自己的中心语而形成语义自足的语言单位的，而例(7) 中的“之于国”却离开了它的中心成分“尽心”，转而同与它没有直接句法关系的主语“寡人”组成了一个大的语音片段。这种不伦不类的截断，却使得该语句形成了前后相对均衡的两个语音单位，这是其一。我们再来看该语句末尾拖着的“焉而已矣”，四个堆叠在了一起，然而这个语句念读起来是那样的爽朗上口，其韵味简直让人是荡气回肠！

再来看当时的一个表达语句：

(61) 君子能，则宽容易直以开道人；不能，则恭敬绌以畏事人。小人能，则倨傲僻违以骄溢人；不能，则妒嫉怨诽以倾覆人。(《荀子·不苟》)

这句话特殊的地方在于：每一个长分句中所包含的前后两述谓性词语之间用“以”过渡。其实这就是一个句法衬字，翻译成白话，通常就是改用“来”或“去”。当谓语里边的成分比较复杂，前后之间能形成方式与目的（最起码言语主体是这样认识的）关系时，多衬以这样的字眼儿来缓和过多的音节，念读的人们气息压力过大，听说的对象也难理清其关系的尴尬景况。然而对于这样的字眼儿来说，它的有无于意义没有多大关系。

即便是在先秦早期，书写不太方便之时，书面语中也不是以经济为唯一准则，里边照样有一些衬字的存在。王引之在《经传释词》中已多有实例进行说明。例如《书·洪范》曰：“女不忧朕心之攸困。”攸，语助也。“言不忧朕心之困也。”《洪范》曰：“予攸好德。”《释词》曰：“言予好德也。”《盘庚》曰：“女猷黜乃心，无傲从康。”《释词》曰：“言汝黜乃心也。”再比如人们所熟知的《庄子·秋水》：“于是焉河伯欣然自喜。”显然里边的“焉”是缀加性的字眼。

现代汉语口语中类似的现象也很多。吕叔湘《语文杂记》中的第三十九篇是《重复“一个”、“这个”、“那个”》，说的事实现象就是多重定语里面数量词语、指量词语前后共现的情状。例如：

(62) 当时便叫身边一个知心腹的一个道人，唤做清一。(《清平堂话本》)

(63) 摇身说变，竟变了一个最标致美貌的一位小姐。(《红楼梦》)

(64) 王庆接了卦钱，对着那炎炎的那轮红日弯腰唱喏。(《水浒传》)

在该文里边，对“一个”的引例，吕叔湘一气儿列举了9条，“这个”“那个”，举了4条。怎样看待该现象？吕叔湘是这样解释的：“为了意义的表达，这种重复并无必要，因此虽然有这么多的先例，毕竟是不足为训。可是也正因为有这么多的例子，可见不能完全归咎于作者的粗心；在这背后有更根本的原因——两种可能的词序所引起的心理冲突。”

吕叔湘对该现象的认识方法非常值得肯定，即不是见着这一类的现象即以少数服从多数的原则就简单地将它们归入多余或冗赘类型的病句，而是尽可能地探寻潜隐于字面之下的深层根据。是的，同样词语的重复出现，字面是不经济的，然而它又确确实实是一种客观存在。如果注意观察的话我们就会发现，吕叔湘所举的 13 例，全部是文学作品中的语句。文学作品的语言又与口语表达最为接近。观察口语最便捷有效的方法，可以电视采访下面打出的字幕为直接凭证。稍加留心就可以看到，这种最自然、最本源的口语，一遇到相对比较长的定语，多会出现前边“一个”后边“一个”的情况。之所以如此，有两个方面的原因：一是“量词词组”（数量词组和指量词组）出现在多重定语里边的时候位置比较灵活。例如：

一条红色的围巾——红色的一条围巾

一块锈了的铁板——锈了的一块铁板

一扇糊纸的窗户——糊纸的一扇窗户

两个上学的孩子——上学的两个孩子

这个唱歌的老汉——唱歌的这个老汉

这段伤感的故事——伤感的这段故事

再一个就是多重定语内部也有自己的韵律规则。由不同功能类型的多个定语同时出现的时候，它不仅仅要受到中心语音节数量多少的制约；如果整个定中结构处在动词后面充当连带成分的，它还要受到前面动词音节数量的制约。特别是前面的动词、后面的宾语中心语都是单音节词的时候，而此时做定语的词语若是比较繁复的各色的词和词组，就更需要调配好这里边的错综韵律问题。例如：

（65）这是虽在北方风雪的压迫下却保持着倔强挺立的一种树。（茅盾《白杨礼赞》）

我们可以想象，此时如果没有“一种”给予调节的话，该语句该是怎样的念读不畅。中心语“树”是单音节词，前边述谓性词语是一个复句性质的短语，如果没有“一种”给予帮衬的话，就会形成音段过长与过短的巨大反差，有了“一种”就弥补了这种缺陷。

王洪君（2001）的文章里曾注意到这样的现象，她论述说：

有些双音形容词不能直接作定语，作定语必须后加“的”。如“老王家那明亮堂屋”不说，只能说“老王家那明亮的堂屋”。

更值得注意的是，有些双音形容词单说虽不自然，但如果前面另有其它体词性的标记，就变得自然了。如“稀薄空气”一般不说，但“喜马拉雅山顶上的稀薄空气使得队员们喘不上气来”又很自然。

对为什么会是这样的一种情况，她没有做出解释。现在我们就知道了：正是为了保持多重定语中韵律节奏的通畅，才使简单组合中不容易实现的匹配得以完成。多重定语里面，前面的定语越复杂，中心语词语也就越倾向于多音节，定语与中心语之间成正比关系。

从保守的因素来看问题：口语交际的时效性与思维的运作往往很难达到完全的同步。不然的话，我们就不需要不断地修改文章中文辞字句的表述了。正因为如此，口语里边就免不了地要充斥一些冗余性的成分。语气词的拖腔、口头禅等，都是人们很容易听出来的与表意无关的词语赘疣。但还有一些则是可以容忍的，为延缓时间以利于人们思考，或者突出某处信息的价值，或者体现口语的活泼跳脱等，便添加或重复某些理性意义上多余的词语。如我们曾谈论过的一种现象："同义并列复语"，对于单音节词向双音节词的转变，无疑起到了推助作用。有些多余则为习惯使然，我们似乎已觉察不出，"全都"往往一起使用即是如此。这种事实告诉我们：语言本身并不像人们想象的那样，一点儿多余的东西都不能有。如果真是那样的话，不管是言语主体将其深层结构转换成表层结构，还是言语客体将其表层结构转换成深层结构，都将会非常吃力。

由此我们便可以理解《诗经》组词成句的运作中，为什么出现那么多的看似多余的缀加性的成分并形成纷繁多样的句法搭配方式了。值得提及的就是上述第五类情形，《诗经》中之所以有那么多的缀加性的单位，特别是字形上差异甚大，我们认为，并非诗人们有意为之，倒是收录记述的人不经意而为。因为我们知道，《诗经》中的大部分篇章都是来自底层人民的口头创作，反映的是他们的劳动爱情生活，以《芣苢》为例：

> 采采芣苢，薄言采之。采采芣苢，薄言有之。
> 采采芣苢，薄言掇之。采采芣苢，薄言捋之。
> 采采芣苢，薄言袺之。采采芣苢，薄言襭之。

应该说清人方玉润对该诗的阐释描绘是非常到位、深得其情致的："读者试平心静气，涵咏此诗，恍听田家妇女，三三五五，于平原乡野，风和日丽中，群歌互答，余音袅袅，若远若近，忽断忽续，不知其情之何以移，而神之何以旷，则此诗不必细绎而自得其妙焉。""采菜讴歌，欣仁风之和畅也。"①《左传·襄公二十九年》关于"季札观乐"的记载中，季札对《周南》《召南》做出的评价是"勤而不怨"，恐怕主要就是针对着该篇来说的。然则是"不怨"，由这朗朗上口、节奏明快的音节旋律之中，让人似乎可以体味到这些劳动妇女的欢快黠谑与激情洋溢："乐有子也"，对于她们来说，没有什么比做母亲更幸福的事儿了！所有的劳动不再是痛苦，而是在享受着追求的过程。然而这一切效果的得来，很大程度上得益于文字的不经济。明代陆深在其《诗微》中评价说："案此诗凡三章，章四句。四言，总之为四十八字。内用采采字凡十三，芣苢字凡十二，薄言字凡十二。除为语助者，才余五字耳。而叙情委曲，从事终始……天下之至文也。"所以孔子言："书之重，辞之复。呜呼！不可不察也，其中

---

① 方玉润．诗经原始［M］．方玉润撰，李先耕点校．北京：中华书局，2006：85.

必有美者焉。”① 对他的这番表述，我们现今已无从知晓其背景是什么，但有一点是可以肯定的，就是不同语体的表现方式问题。他在这里的表述似乎推崇重复，然而他的文字著作《春秋》却是没有重复的。该书文字不多，凡一万六千余字。别说词语的重复了，连虚词都很少用到；当然，就更谈不到词缀的使用。这主要在于体现历史记录的客观真实。尽管人们说它有所谓的微言大义、“春秋笔法”，那也只能是深藏不露、暗含褒贬。于是遣词用语上只能是“笔则笔，削则削”，以体现史的冷峻真切的风格。《诗经》与它似乎形成了对立的两极：艺术的生命就在于情感与形象。《毛诗序》言道：“在心为志，发言为诗。情动于中而形于外，言之不足，故嗟叹之；嗟叹之不足，故永歌之；永歌之不足，不知手之舞之，足之蹈之也。”这很能说明诗、歌、舞三者之间割不断的关联，也特别能揭示情感抒发借助不同形式的进递过程。专注于情绪情感的喷涌宣泄时，似乎觉得言辞是那样的无力，“言不尽意”的感觉从来没有像此时那样体味得深刻。语言赋予了人类以无穷的思维能力和想象能力，但与此同时词语意义的抽象似乎又成为束缚人们情感自由发挥的樊篱与窠臼。人们既不能摆脱这一对矛盾的困扰又不得不仰仗语言来实施表达的时候，就不得不从本体的其他因素中发掘其潜能、进行拓展了。我们汉语所能借助的主要材料与表现方法不外乎语助与重复。重复的重要性，孔子早已阐发，毋庸赘言。而《诗经》里的重言也是其他文字作品无可比拟的。材料方面，刘淇于《助字辩略・自序》开篇即点明说：“所谓构文之道，不过实字虚字两端，实字其体骨而虚字其情怀也。”唐人成伯屿在《毛诗指说》中具体分析说：“诗发于言，言系乎辞”，“及乎辞余语助者，《诗》《书》同有之，‘已焉哉’、‘谓之何哉’，慨之深也。‘俟我于庭乎而’，‘充耳以青乎而’，加‘乎’、‘而’二字为助者，悔之深也。‘其乐只且’，美之深也。”② 他这里所辨析的“辞”与“言”，很大程度上相当于后来刘淇所说的虚字与实字；对虚字于情感表达上的作用，他这里也论述得很到位，且举的大都为重复来用的例子，所以典型性也更强。文学语体的表现特征使然，大家为了押韵，为了音节的节奏分明，用上多一些的衬字，也就在情理之中了。而后来记述的人们采用读音相同或相近的字来代表这些有音无义的语音单位，形成我们现时看到的衬字纷繁现象同样也就不足为怪了。《尔雅》曰：“於，曰也。”“爰，於也。”“爰，曰也。”“粤，於也。”“粤，曰也。”王引之《经传释词》：“《绵》之诗曰：‘爰始爰谋，爰契我龟，曰止曰时。’曰，亦‘爰’也，互文耳。又曰：‘爰及姜女，聿来胥宇。’‘爰’与‘聿’亦互文。”这些主要用来衬垫音节的用字很多都有音韵上的系联属性。当然，任何语言现象都是时间和方位两个坐标轴上的体现。有些也与个人用词的风格有很大的关系，有些或许与特定的文化氛围有关系。于此，洪

---

① 董仲舒．春秋繁露・祭义．

② 成伯屿．毛诗指说・解说，四库全书第70册，第171页。

迈早就有所注意，他曾归总说：“‘忌’唯见于《郑诗》，‘而’唯见于《齐诗》。”①

尽管如此，我们是不是将这些所谓的“语助”一股脑儿地都看作衬字就可以了呢？恐怕还不能草率处理。朱广祁虽然以衬字来说明《诗经》里边很多有形有音却无义的汉字单位，从某种意义上讲也确实抓住了问题的实质。但说老实话，其也留下了比较多的漏洞。首先他没有解决好的，就是衬字关键的因素是衬词还是衬句？虽然他不否认有衬句的功能，但对此总是一笔带过，最终落实在词上边。他表述说：“前人对衬字双音结构的认识，是从形容词开始的。《诗经》中有些诗句，在摹声或拟写态貌时，常用一个单音词前面或后面衬上一个没有实在词汇意义的字，构成相当于双音词的结构。”“前人”，是哪位呀？他没说，恐怕也说不上来。因为我们上面说到的该现象的第三种类型“单音、重言与附加对应”，从《毛传》到《郑笺》再到《孔疏》，都曾论述过该现象。只要是它们都做过重言解释的，或者在其后加“然”字的，朱广祁都当作重言处理了。剩下的，在别的地方没有过重言形式或带“然”类后缀，单音节的形容词只要是带衬字便一概处理为双音结构。不过朱广祁有一段话很值得讨论：“《邶风·二子乘舟》中的‘汎汎其景、汎汎其逝’两句，对我们认识衬字双音结构有重要的启发。我们可以把‘其景’看作相当于重言，把‘其逝’看作不相当于重言。可是，《二子乘舟》的作者并没有这种看法，他很整齐地在两章中对用这两句，不偏不颇，一视同仁。”（第 71 页）让人摸不着头脑的是：如果说重言的话，只能是前边的“汎汎”，谁见过类似“其景”这样的重言？这恐怕是训诂史上最富于创意的认定了！他的第一章就是讲“重言”的，可惜没有举一例类似这样的结构；只举有一例特殊的，即《陈风·月出》，还解释说：“有的诗，因为句末用语气词，诗中的重言都只用单字。”（第 59 页）正因为他没有处理好衬字的实质是什么，其他的处理就显得不那么游刃有余。例如一开始还仅仅将衬字双音结构框限在单音节形容词与“有、其、斯、思、彼”组合的结构上，但接下来就逐步扩大规模了，第一组是将“于、薄、载、言、来、爰、聿、曰”看作衬字，并解释说：“这些字常与动词结合，或者只作足句的衬字。因为它们只在字数不足的句中使用，语法作用不明显，应当看作衬字。”第二组是“之、维”，也有说明：“衬字的‘之’，常常用在形容词前，目的是足句。例如：‘桃之夭夭’，（周南·桃夭）‘被之僮僮、被之祁祁（召南·采蘩）’。”他进一步补充说：“当‘之’字与单音形容词结合时，就构成‘之 X’双音结构。”举的例证是“心之忧矣”（邶风·柏舟）这显然有点强往词上扭的心理。朱广祁其实在处理的时候一定也很矛盾，他既说：“衬字双音结构是一种临时的变通用法，并不是很牢固很稳定的结构。”（第 94 页）“我以为衬字双音结构还不能算作定型的双音词。”（第 66 页）又说：“用衬字组成双音结构的词，都具有重言的特点，即都是形容词，而又不明确表示事物的性质。”（第 65 页）到底这种衬字双音结构是词还是别的什么？显得是那么

① 洪迈．容斋五笔·卷第四。

的不确定。尽管如此，还是有人响应。例如于建华的《上古汉语词头向中古的发展》一文认为："《诗经》中的词头'薄、式、聿、攸、爰、云、载'等属于衬字，它们与动词、形容词等组成衬字双音结构。"并于文中列举了诸多衬字加单音节谓词所构成的单位，他虽没有像朱广祁那样给予它们"词"的名分，但单个列举的本身词汇化的概念还是非常强的。其实对于这些单位的作用及其之后的命运，洪迈老早就做了描述："《毛诗》所用语助之字以为句绝者，若之、乎、焉、也、者、云、矣、尔、兮、哉，至今作文者皆然。他如只、且、忌、止、思、而、何、斯、旃、其之类，后所罕用。"① 他的表述很平易，然而分量很足，对我们现时仍有借鉴意义。

我们认为，对待这些成分最好的态度应该是站在史的角度上来看待，当然，还要充分考虑其语体语法的特征，既不能以古律今，又不能过度地强调文本本身的特殊性。诗歌的音乐性，使得其文辞需要添加一些必要的铺垫过渡的衬字衬音，《诗经》有，《元曲》有，今天的流行歌曲仍然有。我们没有必要将这些因素硬往语言单位，特别是词汇上贴。不过话又说回来了，《诗经》大都为四字格组合，它又处于汉语双音节的开端时期，两个方面都促使里边的词语组合仍需遵从汉语自身的规则。我们虽然不能说类似"薄、式、聿、攸、爰、云、载"等都成了组词上的有效单位，但有些词语附缀于其词语的前边或后边，有了它，即具有了某类特征意义上的标志作用，恐怕不把它们看作词缀也是说不过去的。例如：

而　爱而不见，搔首踟蹰。（《邶风·静女》）
　　戴震《毛郑诗考证》云："爱而，犹隐然也。"

其　言念君子，温其如玉。（《秦风·小戎》）
　　郑笺："念君子之性温然如玉。"

然　好人提提，宛然左辟，佩其象揥。（《魏风·葛屦》）
　　毛传："宛，辟貌。妇至门，夫揖而入，不敢当尊，宛然而左辟。"

若　桑之未落，其叶沃若。（《卫风·氓》）
　　毛传："沃若，犹沃沃然。"

如　有美一人，婉如清扬。（《郑风·野有蔓草》）
　　毛传："眉目之间婉然美也。"

焉　我心忧伤，惄焉如捣。（《小雅·小弁》）
　　毛诗正义："我心为之忧伤，惄焉悲闷，如有物之捣心也。"

这些缀加性的词语有一个共同的特点，即都是表现事物状貌情态的。与古今最为久存的一个附加式构词形式，即"X然"同。它们不但在《诗经》里出现，在先秦其他著述里边也普遍使用。可以说是这一时期最为典型的附加式构词，不对它们予以承

① 洪迈.《容斋随笔》·卷第四（九则）。

认似乎有点太不应该了。另外，就是不能将它们跟其他的衬字混同起来，尽管它们多多少少也起这方面的作用。

不　不显不承，无射于人斯！（《周颂·清庙》）

毛传："显於天矣，见承於人矣，不见厌於人矣。"

无　无念尔祖，聿修厥德。（《大雅·文王》）

毛传："无念，念也。"

王引之在《经传释词》一书里边用最长的篇幅来解释"不、丕、否"，用了比较长的篇幅来解释"无、毋、亡、忘、妄"，其实这两组词里边主要就是解释"不"和"无"的。其主导的一种观念就是先秦时期比较普遍地存在用两者做词头却并不表义的情况。这是非常具有特殊性的，这种情况即便是到了明代，《水浒传》里边的四字格结构，像"无千无万""不端不正""没撩没乱"等仍在延续着，即否定词不表义。到了现代汉语，这种情况很难见到。即便是"不X"是个非常能产的结构式，像"不才、不齿、不法、不二、不果、不力、不日、不意"等，显然都带有古代汉语中的烙印，且"不"仍有实在的意义；然则像这样的否定词构词不表义的现象，现代汉语中确实很难见到。把它单独拿出来，对于识别古汉语中的词语无论是组合还是表义的复杂性，显然是有益处的。

者　今者不乐，逝者其耋。（《秦风·车邻》）

毛诗正义："作者美其闲暇，欲得自乐，故知乐者谓仕焉。逝训为往，故知逝者谓去仕他国。今得明君之朝，不仕而去，是其徒自使老。"

"者"字是个不容易统一认定的单位。上例中的情况便说明了这一点：前一个"者"恐怕只能看作衬字，因为它指称不明确；后一个"者"则是指称人，故可看作后缀。

第二节　先秦时期的"然"类词

尽管有人说《尚书》是"佶屈聱牙"，但比起最早的文字记载来说，可以说已经进入相对比较成熟的章法张弛了。说理与抒情，当人类的这两大思维方式都已具备之时，语言才可以说进入了相对完备的形态。就其构词情况来说，文本里边给人以深刻印象的就是，如上节所述，"有X"构词形成鲜明特色。再则，与此有关的就重叠形式的复音词较多，如"钦明文思安安"（《尧典》），"济济有众"（《大禹谟》），"明明我祖"（《五子之歌》），"大小战战"（《仲虺之诰》），"圣谟洋洋"（《伊训》），"今汝聒聒"（《盘庚上》），"王道荡荡"（《洪范》），"番番良士""仡仡勇夫""王道平平"（《秦誓》）等。稍稍特殊一点儿的是在此基础上偶有其他附缀已显示出迹象。例如：

如有一介臣，断断猗无他技；其心休休焉，其如有容。（《秦誓》）

其中的“猗”和“焉”都附于重叠的形容词后边，都没有实在意义。如前者《大学》引作“兮”；后者，如前，《诗经》中也已有了类似的用法。《秦誓》为《尚书》最后一篇，时间上与之同期，故将它们认作词缀的勾萌不是不可以的。

一、《论语》《孟子》中的“X 然”类

我们不知道是不是由重新解释而来的，像《道德经》里边的用法：“琭琭如玉、珞珞如石”，可以转换成“玉之琭如/琭琭如、石之珞如/珞珞如”，然而我们看到的真实情况是：《论语》里的“X 如”构词要比“X 然”构词多。

先看“X 如”：

(1) 乐其可知也：始作，翕如也；从之，纯如也，皦如也，绎如也，以成。（《八佾》）

(2) 子之燕居，申申如也，夭夭如也。（《述而》）

(3) 有鄙夫问于我，空空如也，我叩其两端而竭焉。（《子罕》）

(4) 孔子於乡党，恂恂如也，似不能言者。（《乡党》）

(5) 朝，与下大夫言，侃侃如也。与上大夫言，訚訚如也。君在，踧踖如也，与与如也。（同上）

(6) 召使摈，色勃如也，足躩如也。揖所与立，左右手。衣前后，襜如也。趋进，翼如也。（同上）

(7) 过位，色勃如也，足躩如也，其言似不足者。摄齐升堂，鞠躬如也，屏气似不息者。（同上）

(8) 出降一等，逞颜色，怡怡如也。没阶趋进，翼如也。（同上）

(9) 勃如战色，足缩缩，如有循。享礼，有容色。私觌，愉愉如也。（《同上》）

(10) 虽疏食菜羹，瓜祭，必齐如也。（《同上》）

(11) 闵子侍侧，訚訚如也；子路，行行如也；冉有、子贡，侃侃如也。（《先进》）

(12) 君子於其所不知，盖阙如也。（《子路》）

(13) 切切、偲偲、怡怡如也，可谓士矣。（《子路》）

再看“X 然”：

(14) 吾党之小子狂简，斐然成章，不知所以裁之。（《公冶长》）

(15) 夫子循循然善诱人，博我以文，约我以礼，欲罢不能。（《子罕》）

(16) 夫子喟然叹曰：“吾与点也！”（《先进》）

(17) 言必信，行必果，硁硁然小人哉！抑亦可以为次矣。（《子路》）

(18) 夫子怃然曰：“鸟兽不可与同群，吾非斯人之徒与而谁与？”（《微子》）

(19) 君子有三变，望之俨然，即之也温，听其言也厉。（《子张》）

这基本上是同“X 尔”的用例差不多了：

(20) 其在宗庙、朝廷，便便言，唯谨尔。(《乡党》)
(21) 既竭吾才，如有所立卓尔，虽欲从之，末由也已。(《子罕》)
(22) 子路率尔而对曰：“千乘之国，摄乎大国之间……”(《先进》)
(23) 鼓瑟希，铿尔，舍瑟而作。(同上)
(24) 夫子莞尔而笑曰：“割鸡焉用牛刀?”(《阳货》)

这种情况到孟子那儿明显不一样了：“X 然”占据了绝对多数，相对应的，“X 如”数量就很少了。看《孟子》中具体的用例：

(25) 填然鼓之，兵刃既接，弃甲曳兵而走。(《梁惠王上》)
(26) 卒然问曰：“天下恶乎定?”(同上)
(27) 天油然作云，沛然下雨，则苗浡然兴之矣。(同上)
(28) 今王鼓乐于此，百姓闻王钟鼓之声，管龠之音，举欣欣然有喜色而相告。(《梁惠王下》)
(29) 曾西蹴然曰：“吾先子之所畏也。”(《公孙丑上》)
(30) 曾西艴然不悦曰：“尔何曾比予於管仲!”(同上)
(31) 我善养吾浩然之气。(《同上》)
(32) 宋人有闵其苗之不长而揠之者，芒芒然归。(同上)
(33) 推恶恶之心，思与乡人立，其冠不正，望望然去之，若将浼焉。(同上)
(34) 故由由然与之偕而不自失焉。(同上)
(35) 我无官守，我无言责也，则吾进退岂不绰绰然有余裕哉?(《公孙丑下》)
(36) 谏於其君而不受，则怒，悻悻然见於其面，去则穷日之力而后宿哉!(同上)
(37) 为民父母，使民盻盻然，将终岁勤动，不得以养其父母，又称贷而益之。(《滕文公上》)

“X 如”就少多了：

(38) 孔子三月无君，则皇皇如也。(《滕文公下》)
(39) 霸者之民，欢虞如也；王者之民，皞皞如也。(《尽心上》)
(40) 君子引而不发，跃如也。(同上)

有两处用“X 尔”，但典型性似有不足：

(41) 呼尔而与之，行道之人弗受；蹴尔而与之，乞人不屑也。(《告子上》)
(42) 子思以为鼎肉使己仆仆尔亟拜也，非养君子之道也。(《万章下》)

二、《庄子》《荀子》中的“X 然”类

庄子同孟子在时间上最为接近：孟子生于公元前 372 年，卒于公元前 289 年；庄

子生于公元前369年，卒于公元前286年。前者将“X然”的构词数量提到了第一的位置，而后者则将该形式的构词运用到了极致。在语言的使用上，没有谁能够像庄子那样在那个时间里就将汉语艺术运用到瑰丽奇幻、汪洋恣肆的境界。老子的大胆夸张他是继承了的，即联绵词都敢拆开来用：“芒乎芴乎，而无从出乎！芴乎芒乎，而无有象乎！”（《庄子·至乐》）① 重言，即重叠式构词，即便是与《诗经》相比也是蛮有一拼的！“至道之精，窈窈冥冥；至道之极，昏昏默默。”（《庄子·在宥》）“至阴肃肃，至阳赫赫；肃肃出乎天，赫赫发乎地；两者交通成和而物生焉，或为之纪而莫见其形。”（《庄子·田子方》）“所谓暖姝者，学一先生之言，则暖暖姝姝而私自说也。”（《庄子·徐无鬼》）“入之者十九，犹之畅然。况见见闻闻者也？”（《庄子·则阳》）“子之道，狂狂汲汲，诈巧虚伪事也，非可以全真也，奚足论哉？”（《庄子·盗跖》）至于“X然”式构词，就更是洋洋大观，可谓整个汉语历史的登峰造极者。看《庄子》里边一些比较典型的用例：

（1）适莽苍者，三餐而反，腹犹果然。（《逍遥游》）
（2）我欲伐宗、脍、胥敖，南面而不释然，其故何也？（《齐物论》）
（3）国无宰，而寡人传国焉。闷然而后应，氾而若辞。（《德充符》）
（4）其出不欣，其入不距；翛然而往，翛然而来而已矣。（《大宗师》）
（5）天下有常然。（《骈拇》）
（6）广成子蹶然而起。（《在宥》）
（7）忽然出，勃然动，而万物从之乎！（《天地》）
（8）虽以天下誉之，得其所谓，謷然不顾；以天下非之，失其所谓，傥然不受。（同上）
（9）其自为也，昧然无不静者矣。（《天道》）
（10）澹然无极而众美从之，此天地之道，圣人之德也。（《刻意》）
（11）危然处其所而反其性，己又何为哉！（《缮性》）
（12）于是焉河伯欣然自喜，以天下之美为尽在己。（《秋水》）
（13）吾观夫俗之所乐，举群趣者，諲諲然如将不得已。（《至乐》）
（14）桓公辴然而笑曰：“此寡人之所见者也。”（《达生》）
（15）木声与人声，犁然有当于人心。（《山水》）
（16）薰然其成形，知命不能规乎其前，丘以是日徂。（《田子方》）
（17）物已死生方圆，莫知其根也，扁然而万物自古以固存。（《知北游》）
（18）其臣之欣欣然知者去之，其妾之挈然仁者远之。（《庚桑楚》）
（19）武侯超然不对。（《徐无鬼》）
（20）于是乎有僓然而道尽。（《外物》）

① 王先谦《庄子集解》：“芒音荒，芴音忽。荒忽，犹恍惚也。”

（21）阳子居蹴然变容曰："敬闻命矣！"（《寓言》）

（22）孔子愀然变容。（《让王》）

（23）今者阙然数日不见，车马有行色，得微往见跖邪？（《盗跖》）

（24）卒然问焉而观其知。（《列御寇》）

（25）以仁为恩，以义为理，以礼为行，以乐为和，薰然慈仁，谓之君子。（《天下》）

我们将所有的用例梳理一下，可以得出这样的一个具体的《庄子》中"X 然"构词总览：

岸然 謷然 嚗然 扁然 勃然 畅然 常然 惝然 成然 超然 輾然 冲然
蹙然 从然 蹴然 卒然 侻然 憯然 樊然 废然 忿然 茀然 怫然 扢然
固然 嗑然 概然 燋然 谍然 倮然 澹然 果然 呺然 忽然 惛然 窢然
惑然 瞿然 静然 惧然 决然 阚然 喟然 空然 块然 頯然 岿然 魁然
犁然 漻然 泠然 瞒然 芒然 昧然 闷然 漠然 莫然 暖然 苶然 凄然
鳅然 愀然 跫然 全然 挈然 蹶然 且然 阙然 缺然 蘧然 披然 奭然
适然 释然 怵然 洒然 索然 倘然 侗然 偾然 砉然 骕然 危然 魏然
欣然 信然 削然 恂然 薰然 幸然 翛然 髐然 薰然 窅然 崖然 杳然
义然 诱然 晏然 偃然 油然 犹然 昭然 辄然 贽然 慹然 注然 自然
窃窃然 猿猴然 栩栩然 蘧蘧然 喘喘然 愦愦然 局局然 觑觑然 溟涬然
搰搰然 项项然 汲汲然 睆睆然 蹴蹴然 蓬蓬然 适适然 规规然 伥伥然
噭噭然 蹶蹶然 儃儃然 欣欣然 畜畜然 数数然

也就是说，双音节的是 108 项，三音节的也达 24 项，共计 132 例词条。从其"X 然"构词中，在先秦，甚至是整个古代汉语来讲，《庄子》的使用是最多的。

不仅是构成词的数量，从其重复使用、堆叠使用上来说，也是一景观，如例（7）。其他的还有：

（26）成然寐，蘧然觉。（《大宗师》）

（27）今子蓬蓬然起于北海，蓬蓬然入于南海，而似无有，何也？（《秋水》）

（28）惛然若亡而存，油然不形而神，万物畜而不知。（《知北游》）

（29）注然勃然，莫不出焉；油然漻然，莫不入焉。（同上）

（30）窅然空然，终日视之而不见，听之而不闻，搏之而不得也。（同上）

（31）昔者吾昭然，今日吾昧然，敢问何谓也？（同上）

（32）能翛然乎？能侗然乎？（《庚桑楚》）

除了例（27）同词连用外，其他的则是异词连用。

如果细看上边列举的"X 然"词的话，还可以发现，有些 X 是同根，或单或双都可以与"然"组合，这种情况非常类似于《诗经》里的构词；然不相同的是，"X 然"

和“XX然”似乎意义上有着比较明显的差别。相对于例(21)和例(26)，比较下边的两例：

(33) 子贡蹴蹴然立不安。(《天道》)

(34) 俄然觉，则蘧蘧然周也。(《齐物论》)

下边两语句中的“适然”与“适适然”似乎语义和功能都不相同：

(35) 当桀、纣而天下无通人，非知失也，时势适然。(《秋水》)

(36) 于是陷井之蛙闻之，适适然惊，规规然自失也。(同上)

其实，仅仅是“X然”这一种形式未免稍显单调。在《庄子》一书里边，与该结构式表义一样的其他形式还有很多。

“X乎”：

(37) 而刀刃者无厚，以无厚入有间，恢恢乎其于游刃必有余地矣。(《养生主》)

(38) 古之真人，其状义而不朋，若不足而不承，与乎其觚而不坚也，张乎其虚而不华也；邴邴乎其似喜乎！崔乎其不得已乎！滀乎进我色也，与乎止我德也；厉乎其似世乎！謷乎其未可制也；连乎其似好闭也，悗乎忘其言也。以刑为体，以礼为翼，以知为时，以德为循。以刑为体者，绰乎其杀也；以礼为翼者，所以行于世也；以知为时者，不得已于事也；以德为循者，言其与有足者至于丘也；而人真以为勤行者也。(《大宗师》)

(39) 彼特以天为父，而身犹爱之，而况其卓乎！(同上)

(40) 而不知其所之，汒乎淳备哉！(《天地》)

(41) 循道而趋，已至矣，又何偈偈乎揭仁义，若击鼓而求亡子焉？(《天道》)

(42) 广广乎其无不容也，渊乎其不可测也。(同上)

(43) 严乎若国之有君，其无私德；繇繇乎若祭之有社，其无私福；泛泛乎若四方之无穷，其无所畛域。(《秋水》)

(44) 今汝饰知以惊愚，修身以明污，昭昭乎若揭日月而行也。(《达生》)

(45) 渊渊乎其若海，魏魏乎其终则复始也。(《知北游》)

(46) 纷乎宛乎，魂魄将往。(同上)

(47) 仙仙乎归矣！(《在宥》)

(48) 夫道，覆载万物者也，洋洋乎大哉！(《天地》)

(49) 君子明于此十者，则韬乎其事心之大也，沛乎其为万物逝也。(同上)

(50) 夫道，渊乎其居也，漻乎其清也。(同上)

(51) 怊乎若婴儿之失其母也，傥乎若行而失其道也。(同上)

(52) 既雕既琢，复归于朴。侗乎其无识，傥乎其怠疑；萃乎芒乎，其送往而迎来；来者勿禁，往者勿止；从其强梁，随其曲傅，因其自穷。(《山木》)

这里边的“乎”都可以直接改作“然”。

“X焉”：

(53) 之人也，之德也，将磅礴万物，以为一世蕲乎乱，孰弊弊焉以天下为事！(《逍遥游》)

(54) 仰天而嘘，荅焉似丧其耦。(《齐物论》)

(55) 自三代以下者，匈匈焉终以赏罚为事，彼何暇安其性命之情哉！(《在宥》)

(56) 昔尧之治天下也，使天下欣欣焉人乐其性，是不恬也；桀之治天下也，使天下瘁瘁焉人苦其性，是不愉也。(同上)

(57) 冥冥之中，独见晓焉；无声之中，独闻和焉。(《天地》)

“X而”：

(58) 澹而静静乎！漠而清乎！(《知北游》)《庄子集解》：“郭庆藩云：‘漠亦清也。’释诂：‘漠、察，清也。’樊注：‘漠然，清貌。’”

(59) 闷然而后应，泛而若辞。(《德充符》)《庄子集解》：“泛然不系于其心，而若辞焉。”

“X若”：

(60) 少焉眴若，皆弃之而走。(《德充符》)《庄子集解》：“释文：‘眴，本亦作瞬，司马云：惊貌。’俞云：‘眴若，犹眴然。’”

(61) 葂也，汒若于夫子之所言矣。(《天地》)《庄子集解》：“汒若，犹茫然。”

这种情况在《荀子》中仍得到了比较鲜明充实的保留，但已经显露出式微的迹象：《庄子》总字数为65190，《荀子》比之要多，为90800，但后者的“X然”构词却明显稍逊于前者，为106例（均不计重复使用），不过其使用的势头仍显得充足。例如：

(62) 士君子之容：其冠进，其衣逢，其容良；俨然，壮然，祺然，蕼然，恢恢然，广广然，昭昭然，荡荡然——是父兄之容也。其冠进，其衣逢，其容悫；俭然，恀然，辅然，端然，訾然，洞然，缀缀然，瞀瞀然——是子弟之容也。(《非十二子》)

(63) 吾语汝学者之嵬容：其冠絻，其缨禁缓，其容简连；填填然，狄狄然，莫莫然，瞡瞡然，瞿瞿然，尽尽然，盱盱然；酒食声色之中，则瞒瞒然，瞑瞑然；礼节之中，则疾疾然，訾訾然；劳苦事业之中，则儢儢然，离离然，偷儒而罔，无廉耻而忍謑诟——是学者之嵬也。(《非十二子》)

两者比较一致的特征是：“X如/若”这样的构词方式则都不多使用。特别是《荀子》，杂以“尔、焉”等后缀的构词都趋于减少以致消失。这可能与句法表达的逐步清晰有关。下面用例中的“然”显然就不能再看作词缀：

（64）圆居而方止，则若盘石然，触之者角摧。（《议兵》）

（65）秦师至，而鄢郢举，若振槁然，是岂无固塞隘阻也哉！（同上）

（66）彼诚有之者，与诚无之者，若白黑然，可诎邪哉！（《君道》）

（67）如是，则夫名声之部发于天地之间也，岂不如日月雷霆然矣哉！（《王霸》）

这到了《韩非子》中，篇幅已经突破10万字，然其“X然”用例仅19条。从一定意义上宣告该构词由此进入一个相对的低谷期。在相当长的时间里，一直到了现代汉语里才有了焕发原貌的势头。不过，从整体上看，上古时期的“X然”绝大多数为形容词性质，其描写的功能价值还是相当强的。从以上的基本梳理即可以看出，诸子对于该类形容词的运用是一鲜明的特色，除《韩非子》外，其他，由《论语》始，可以画出一个明显的弧线：都比较喜欢使用该类词。它对于鲜明地描画人或事物的情状，展示人的心理情态，似乎都有着不可替代的重要作用。其中又以庄子为翘楚。后来的人们称他的著述是“文学的哲学化，哲学的文学化”，除了他神奇的想象力，诡谲的用词艺术也是陶铸其出神入化张扬描绘的一项重要手段。例如《庄子·在宥》：“云将东游，过扶摇之枝而适遭鸿蒙。鸿蒙方将拊脾雀跃而游。”用这一类高古空蒙的词语直接来对人物命名，本身即非常易于凸显其思想幻化的力量。大量的“X然”及该类词的运用，因为这类词属于状态形容词性质，其内涵带有极大的模糊性，因此也使其表述非常具有张力和魅力。对比其他的词语构词，附加式构词具有排浪式的奔涌态势，在先秦百家争鸣的时代即可鲜明地看到这一点。与此同时也不能不看到，该类词语对于文学艺术的表现来说是无可指责的，甚至还可以由民族文化奠定时期所以能看到的一种突出态势，即话题大都是为了社会制度、人文伦理的秩序建设，然而表述方式多借助于形象思维的材料及手段，这不能不说是一种特色与定位。然而一旦社会的整体需求发生改变，这种属于个人表现风格的东西也就不得不随之改变。《庄子》的“忽然”，《荀子》的“具（居）然”，这样的“X然”类词能够一直延续至今，并成为常用词，一个方面体现了该类词语具有长久的生命力，历史文化的一脉相承；另一方面还要看到，形式还是该形式，但已由状态形容词为主转变为以副词为主，于发展中还是有变化的。

有必要提及的是：在先秦附加式的构词法里面，唯有《楚辞》很有“个性”，即有“～XX”双音词缀式。例如：

（68）佩缤纷其繁饰兮，芳菲菲其弥章。（《离骚》）

（69）灵连蜷兮既留，烂昭昭兮未央。（《九歌·云中君》）

（70）藐蔓蔓之不可量兮，缥绵绵之不可纡。（《九章·悲回风》）

这种形式在其后两千年的时间里并不具有能产性，到了现代汉语里似乎才有了起用的价值，故简单认识一下即可。

第三节 “以”类、“可”类等构词

有些词的构造，并不像上面说到的那些成分那样显豁，似乎是在人们不知不觉中逐渐凝固形成的。下面我们主要从两项内容来谈，一个是“以”类构词，一个是“可”类构词。

一、“以”类构词

“以”，《说文》：“用也。”早期多写作“目”，隶变之后又在右边加“人”。该字在先秦使用频率颇高，其功能也多样。除了做动词、介词之外，前面我们已有所提及，即在句子里做衬字，缓和停顿，使得整个语句里边的韵律自然畅顺。“以”在当时即已成为高频词，如《孟子》，总字数35374①，而它的用“以”数量达636次②，出现频率达到了1.8%。故其词法、句法都表现出极强的活跃能量。仅以构词能力讲，不论在后的“X以”式，还是在前的“以X”都能形成词族系列。

（一）“X以”

“X以”系列里面，对于具体词来讲，它们成词的过程并非共时的。有的似乎没有什么疑义，在很早的时间里便直接成词了。“可以”就是这样，看例句：

（1）七世之庙，可以观德；万夫之长，可以观政。（《书·咸有一德》）

（2）未可以戚我先王。（《书·金滕》）

（3）栋桡之凶，不可以有辅也。（《易·大过卦》）

（4）进得位，往有功也；进以正，可以正邦也。（《易·渐卦》）

（5）今既免大耻，而不忍小忿，可以为能乎？（《国语·鲁语下》）

（6）吾抚女以从楚，辅之以晋，可以少安。（《左传·僖公五年》）

（7）吾与先君言矣，不可以贰。（同上）

（8）子玉刚而无礼，不可以治民。过三百乘，其不能以入矣。（《左传·僖公二十七年》）

（9）温故而知新，可以为师矣。（《论语·为政》）

（10）人之为道而远人，不可以为道。（《中庸》）

在“X以”系列词中，“可以”作为词应该是最没有争议的，且使用频率最高。“足以”则稍晚一点。例如：

（11）君子，体仁足以长人，嘉会足以合礼，利物足以和义，贞固足以干事。

---

① 劳飞．《论语》《孟子》用了多少个汉字［J］．语文建设，1985（4）．

② 段丽．《孟子》“以”的复音词研究［J］．红河学院学报，2012（6）．

（《易·乾卦》）

（12）恭则不侮，宽则得众，信则人任焉，敏则有功，惠则足以使人。（《论语·阳货》）

（13）凡物不足以讲大事，其材不足以备器用，则君不举焉。（《左传·隐公五年》）

（14）夫有尤物，足以移人。（《左传·昭公二十八年》）

（15）秦将归寡人，寡人不足以辱社稷，二三子其改置以代圉也。（《国语·晋语三》）

（16）是心足以王矣。（《孟子·梁惠王上》）

（17）养生者，不足以当大事，惟送死可以当大事。（《孟子·离娄下》）

（18）下士与庶人在官者同禄，禄足以代其耕也。（《孟子·万章下》）

（19）此其垦田足以食其民，都邑遂路足以处其民，山林、薮泽、溪谷足以供其利，薮泽堤防足以畜。（《商君书·算地》）

（20）彼名辞也者，志义之使也，足以相通，则舍之矣。（《荀子·正名篇》）

（21）令发五苑之蓏、蔬、枣、栗，足以活民，是用民有功与无功争取也。（《韩非子·外储说右下》）

（22）唯天下至圣，为能聪、明、睿知，足以有临也；宽、裕、温、柔，足以有容也；发、强、刚、毅，足以有执也；齐、庄、中、正，足以有敬也；文、理、密、察，足以有别也。（《中庸》）

“是以”与“可以”几乎同步：

（23）贵而无位，高而无民，贤人在下位而无辅，是以动而有悔也。（《易·系辞上》）

（24）君子居则观其象而玩其辞，动则观其变而玩其占，是以自天祐之，吉，无不利。（同上）

（25）其德刚健而文明，应乎天而时行，是以元亨。（《易·大有卦》）

（26）巽而耳目聪明，柔进而上行，得中而应乎刚，是以元亨。（《易·鼎卦》）

（27）维其有之，是以似之。（《小雅·裳裳者华》）

（28）维其有章矣，是以有庆矣。（同上）

（29）忧心愈愈，是以有侮。（《小雅·正月》）

（30）是以圣人犹难之，故终无难矣。（《道德经》）

（31）是以君子恶居下流，天下之恶皆归焉。（同上）

（32）既无德政，又无威刑，是以及邪。（《左传·隐公十一年》）

（33）惠公之薨也，有宋师，太子少，葬故有阙，是以改葬。（《左传·隐公元年》）

（34）陈不救火，许不吊灾，君子是以知陈、许之先亡也。（《左传·昭公十八年》）

（35）布令陈辞而又不至，则增修于德而无勤民于远，是以近无不听，远无不服。（《国语·周语上》）

（36）夫管夷吾射寡人中钩，是以滨于死。（《国语·齐语》）

“是以”在意义的理解上，可以看作“以是”的倒装形式。当后来的“因此”由春秋时段出现后，逐渐为后者所取代。

和“是以”极为接近的是“所以”。但最早表因果关系的是前者而非后者，后者在一开始往往用于单句中，还未全部脱去词汇义，即当“凭此（可以）”讲。看具体的用例：

（37）忠信，所以进德也；修辞立其诚，所以居业也。（《易·乾·文言》）

（38）言行，君子之所以动天地也，可不慎乎！（《易·系辞上》）

（39）且礼所以观忠、信、仁、义也，忠所以分也，仁所以行也，信所以守也，义所以节也。（《国语·周语上》）

（40）夫义所以生利也，祥所以事神也，仁所以保民也。不义则利不阜，不祥则福不降，不仁则民不至。（《国语·周语中》）

当“所以”进入短语组合时，即与后边的体词或谓词组合时，“以”的作用就几乎趋向于零，“所”的意义突出，指“原因、情由”等。我们今天仍较多使用的所谓“知其然，更要知其所以然”，就是体现了这种意义。古人当时也用的比较多，如：

（41）凡圣人之动作也，必察其所以之与其所以为。（《吕氏春秋·仲春纪》）

（42）八观六验，此贤主之所以论人也。（《吕氏春秋·论人》）

（43）子列子常射中矣，请之於关尹子。关尹子曰：“知子之所以中乎？”答曰：“弗知也。”关尹子曰：“未可。”退而习之三年，又请。关尹子曰：“子知子之所以中乎？”子列子曰：“知之矣。”关尹子曰：“可矣，守而勿失。”（《吕氏春秋·季秋纪》）

当然，也有少部分的“所以”开始表因果关系中果的关联：

（44）夫下事上，少事长，所以为顺也。（《国语·周语》）

（45）故天将降大任于斯人也，必先苦其心志，劳其筋骨，饿其体肤，空乏其身，行拂乱其所为，所以动心忍性，曾益其所不能。（《孟子·告子下》）

（46）视之无形，听之无声，于人之论者，谓之冥冥，所以论道而非道也。（《庄子·知北游》）

（47）君不问此，而问舜冠，所以不对。（《荀子·哀公》）

（48）亡国之音不得至於庙，亡国之社不得见於天，亡国之器陈於廷，所以为戒。（《吕氏春秋·贵直论》）

“难以”也是该系列的成员。看具体用例：

(49) 今海鸟至，己不知而祀之，以为国典，难以为仁且智矣。(《国语·鲁语》)

(50) 君若正卒伍，修甲兵，则大国亦将正卒伍，修甲兵，则难以速得志矣。君有攻伐之器，小国诸侯有守御之备，则难以速得志矣。(《国语·齐语》)

(51) 敌之如志，国之忧也，可以陵小，难以征国。(《国语·晋语》)

(52) 众叛、亲离，难以济矣。(《左传·隐公四年》)

(53) 今纵无法以遗后嗣，而又收其良以死，难以在上矣。(《左传·文公六年》)

(54) 圣人之道，去智与巧，智巧不去，难以为常。(《韩非子·扬权》)

(55) 今葬有日矣，而雪甚，及牛目，难以行。(《战国策·魏二》)

(56) 惠子施也难以辞与公相应。(《吕氏春秋·审应览》)

(57) 二者，孝子难以为其亲，忠臣难以为其君。(《商君书·慎法》)

即便是今天已做出新调整的词语，在那个时间里边仍保持着初始的状态。例如：

(58) 己则反天，而又以讨人，难以免矣。(《左传·文公十五年》)

(59) 司武而梏於朝，难以胜矣。(《左传·襄公五年》)

这两例如果是在今天，则肯定是“难免矣”“难胜矣”，然而当时“难以”可能是刚刚词汇化，实在难以再减略。

当然，还要注意其同形式而意义不同的句法：

(60) 人不难以死免其君，我戮之，不祥，赦之，以劝事君者。(《左传·成公二年》)

该语句内部的切分，肯定是“不难/以死”，而非其他。

在“X以”系列里边，可能“得以”是成词比较晚的一个词。现时能够见到的，最早起于春秋，即便如此，当时也比较鲜见，只在《国语》中能见着几例：

(61) 夫旱麓之榛楛殖，故君子得以易乐干禄焉。(《周语下》)

(62) 既得以为辅，又恐其荒失遗忘，故使朝夕规诲箴谏。(《楚语上》)

之所以如此，主要在于“得”字出现的时间稍晚，而它自身又在句法里不断地改变其功能及意义，构词也就自然拖后。即便是已开始组词，其稳定性也比较差；句法里边的同形结构比较多，但不能做同样的理解。例如：

(63) 寡君欲亲以为戮，若不生得以戮于群臣，犹未得请也。请生之。(《国语·齐语》)

(64) 圣王之生民也，皆使富厚优犹知足，而不得以有余过度。(《荀子·正论篇》)

(65) 若此则工拙愚智勇惧可得以故易官，易官则各当其任矣。(《吕氏春秋·知度》)

(66) 民不得以织为绡而貍之于地。(《管子·山至数》)

(67) 彼道不远，民得以产；彼道不离，民因以知。(《管子·内业篇》)

“得以”的初始之形，由最后一例可以看得清楚，是“得之以”。该语句接下来的表述是：“道也者，口之所不能言也，目之所不能视也，耳之所不能听也，所以修心而正形也；人之所失以死，所得以生也；事之所失以败，所得以成也。凡道无根无茎，无叶无荣。万物以生，万物以成，命之曰道。”或可能加深对该组合的认识。

尽管如此，在战国时期，该词还是使用频繁，并作为词逐渐地固定了下来：

(68) 为民父母，使民盻盻然，将终岁勤动，不得以养其父母，又称贷而益之，使老稚转乎沟壑，恶在其为民父母也？(《孟子·滕文公上》)

(69) 妇人莫不愿得以为夫，处女莫不愿得以为士。(《荀子·非相》)

(70) 诸侯有能德明威积，海内之民莫不愿得以为君师。(《正论》)

(71) 小施而好德，小让而争大，言愿以为质，伪爱以为忠，尊其得以改其名，如此，隐于仁贤者也。(《逸周书·卷七》)

(72) 尝试使臣，彼之善者我能以为卿相，彼不善者我得以斩其首，何故而不治！(《韩非子·内储说上》)

(73) 子胥忠其君，故天下皆愿得以为子。(《晏子春秋·外篇》)

(74) 赖君之赐，得以寿三族，及国游士，皆得生焉。(《晏子春秋·内篇杂下》)

(75) 鲍叔因疾驱先入，故公子小白得以为君。(《吕氏春秋·卷二十一》)

(76) 寇至，王自投车上，驰而走，此人得以富於他国。(《吕氏春秋·贵直》)

(77) 德者，道之舍，物得以生生，知得以职道之精。故德者得也。得也者，其谓所得以然也。(《管子·心述上》)

(78) 故德泽加于天下，惠施厚于万物，父子得以安，群生得以育，故万民欢尽其力而乐为上用。(《管子·形式解》)

(79) 上不调淫，故游商得以什伯其本也。(《管子·七臣七主》)

“将以”是很不容易成词的，即便是成词，也往往是重新分析而实现的。例如：

(80) 惟今之谋人，姑将以为亲。(《尚书·秦誓》)

“将以为亲”，展开来是“将以之为亲”，所以这里边的“将以”还不是词。
很多说理性的表述语句大都是这种情况：

(81) 昔者圣人之作易也，将以顺性命之理。(《易·系辞上》)

(82) 强梁者不得其死，吾将以为教父。(《道德经》)

(83) 古之善为道者，非以明民，将以愚之。(同上)

(84) 天下之无道也久矣，天将以夫子为木铎。(《论语·八佾》)

(85) 故先王之制礼乐也，非特以欢耳目、极口腹之欲也，将以教民平好恶、行理义也。(《吕氏春秋·仲夏纪》)

（86）古之为关也，将以御暴；今之为关也，将以为暴。（《孟子·尽心下》）

而记叙性的语句，“将以”后面若没有名词性词语出现的话，“以”显然就词缀化了：

（87）王怒，将以狄伐郑。（《国语·周语中》）

（88）王德狄人，将以其女为后。（同上）

（89）会于夷仪，将以伐齐，水，不克。（《左转·襄公二十四年》）

（90）晋人为孙氏故，召诸侯，将以讨卫也。（《左传·襄公二十六年》）

（91）杜泄将以路葬，且尽卿礼。（《左传·昭公四年》）

还有些组合，在比较早的时间里边已经开始了使用，并多见，且内部紧密，不容易用句法现象来解释。例如“无以”：

（92）其尔万方有罪，在予一人；予一人有罪，无以尔万方。（《书·汤诰》）

（93）我之弗辟，我无以告我先王。（《书·金縢》）

（94）其尔典常作之师，无以利口乱厥官。（《书·周官》）

（95）思夫人自乱于威仪。尔无以钊冒贡于非几兹。（《书·顾命》）

（96）慎简乃僚，无以巧言令色，便辟侧媚，其惟吉士。（《书·冏命》）

（97）乾坤毁，则无以见易。（《易·系辞上》）

（98）采葑采菲，无以下体。（《诗·邶风·谷风》）

（99）敝邑有亡，无以加焉。（《左传·文公十七年》）

（100）郑武子剩之嬖许瑕求邑，无以与之。（《左传·哀公九年》）

（101）微子，寡人无以待戎，无以济河，二三子何劳焉！（《国语·晋语》）

（102）自今已后，弛鸟兽之禁，无以苛民也。（《晏子春秋·谏上》）

但越往后，介入句法的内容越多，该结构的内部结构也越趋向于松弛。故其作为一个词在其后的发展就不可能体现太多的价值。看例子：

（103）于此不救，后无以伐宋。（《管子·大匡》）

（104）君失其道，无以有其国；臣失其事，无以有其位。（《管子·君臣上》）

（105）无以人之所不欲而强之于人，无以人之所不知而教之于人。（《鬼谷子·谋篇第十》）

（106）故君子苟能无以利害义，则耻辱亦无由至矣。（《荀子·法行》）

还有些组合甚至可以说是昙花一现。例如“试以”，《尚书·盘庚中》一篇里便两处用到：“今予将试以汝迁，安定厥邦。”“今予将试以汝迁，永建乃家。”“以”于其中纯粹属于缀加性质，作为一个双音节单位似乎即将开始其应用，然而后来的人们并不给予关注，于是它很快就消亡了。

汇总一下，我们这里谈到的“X以”式，比较典型的有：可以、足以、是以、所以、难以、得以、将以、无以，其他的则成词的能力不足。

（二）"以X"

"以"作为前附加词缀进行构词，也可自成一个序列。

先看"以为"。这个形式的组合情况非常复杂，虽然它的构成形式很早，但很难以一种统一的意义将其统率起来。拿《尚书》中的用例看：

（107）天子作民父母，以为天下王。(《洪范》)

（108）今商王受惟妇言是用，昏弃厥肆祀弗答，昏弃厥遗王父母弟不迪，乃惟四方之多罪逋逃，是崇是长，是信是使，是以为大夫卿士。(《牧誓》)

（109）蔡仲克庸祗德，周公以为卿士。(《蔡仲之命》)

"以为天下王"，意思很明白，就是"为天下王"，"以"附缀于"为"之前。"是以为大夫卿士"，是"以是为大夫卿士"。"以为卿士"，则是"以之为卿士"。

《易经》中的情况也一样：

（110）不丧匕鬯，出可以守宗庙社稷，以为祭主也。(《震卦》)

（111）乱之所生也，则言语以为阶。(《系辞上》)

（112）备物致用，立成器以为天下利，莫大乎圣人。(同上)

《诗经》中的情况也是如此：

（113）人之无良，我以为兄。(《鄘风·鹑之奔奔》)

（114）将子无怒，秋以为期。(《卫风·氓》)

（115）匪报也，永以为好也。(《卫风·木瓜》)

（116）曾孙之穑，以为酒食。(《小雅·信南山》)

（117）无弃尔劳，以为王休。(《大雅·民劳》)

（118）我言维服，勿以为笑。(《大雅·板》)

后来的表述文字里面尽管仍很繁杂，有的是形式上雷同，但意义不同。例如：

（119）思利寻焉，忘名忽焉，可以为士于天下者，未尝有也。(《墨子·修身》)

（120）法不仁，不可以为法。(《墨子·法仪》)

有的是多重组合。例如：

（121）惠叔以为请，许之。(《左传·文公十四年》)

这里的"以为请"是"为之请"的意思。"以"在语句里面作为衬字出现。

但比较明显的趋向是凝固统一，词汇化愈发明显，主要作"认为"讲：

（122）四年春，晋人归孔达于卫，以为卫之良也，故免之。(《左传·文公四年》)

（123）於是晋侯不见郑伯，以为贰於楚也。(《左传·文公十七年》)

（124）王以为有礼，厚贿之。(《左传·宣公九年》)

（125）王叔子誉温季，以为必相晋国，相晋国，必大得诸侯，劝二三君子必先导焉，可以树。（《国语·周语中》）

（126）是其言也，君以为奚若？（同上）

（127）君自以为圣智而不问事，自以为安强而无守备，四邻谋之不知戒，五患也。（《墨子·七患》）

再一则是表结果性的判断词，“以”在其中的意义彻底弱化。例如：

（128）秋，晋韩宣子卒，魏献子为政，分祁氏之田以为七县，分羊舌氏之田以为三县。（《左传·昭公二十八年》）

（129）宋向戌善於赵文子，又善於令尹子木，欲弭诸侯之兵以为名。（《左传·襄公二十七年》）

（130）昔我先王之有天下也，规方千里以为甸服。（《国语·周语中》）

（131）天下之地，方千里以为国，所以极治任也。（《吕氏春秋·慎势》）

“以至”和“以致”，这两个词在现代汉语中的区分就相对比较困难，有所谓中性与贬义结果的说法。在上古之时，这种区分倒不怎么明显。差别比较大的，就是“致”很多时候还保留着动词的用法；而“至”除早期个别文献外，多做介词。这里仅看“致”的用例：

（132）以礼乐合天地之化、百物之产，以事鬼神，以谐万民，以致百物。（《周礼·春官》）

（133）弓矢不调，则羿不能以中微；六马不和，则造父不能以致远；士民不亲附，则汤武不能以必胜也。（《荀子·议兵篇》）

（134）国有擅主之臣，则群下不得尽其智力以陈其忠，百官之吏不得奉法以致其功矣。（《韩非子·奸劫弑臣》）

且这种动词的语义非常特别。《说文》：“送诣也。”段注：“送诣者，送而必至其处也。引伸为召致之致。”也就是说，它有着动作相反的两种意义。看例子：

（135）主妇答拜受爵，酌以致于主人。（《仪礼·有司》）

（136）楚已服矣，何以致伐楚？（《春秋公羊传·僖公四年》）

两者如果都是体现进递结果关联作用的话，往往混用。例如：

（137）获者执旌许诺，声不绝，以至于乏。（《仪礼·乡射礼》）

（138）质乃效山林溪谷之音以歌，乃以麋各置缶而鼓之，乃拊石击石，以象上帝玉磬之音，以致舞百兽。（《吕氏春秋·仲夏纪》）

（139）如是，则百姓莫不安其处，乐其乡，以至足其上矣。（《荀子·乐论》）

（140）故君子隆师而亲友，以致恶其贼。（《荀子·修身篇》）

（141）昔者之伐也，兴百姓以为百姓也，是以民能欣之，故莫不尽忠极劳以致死也。（《国语·晋语》）

（142）越王苦会稽之耻，欲深得民心，以致必死於吴。（《吕氏春秋·季秋纪》）

（143）官袭节而进，以至大任，智也。（《韩非子·八经》）

（144）故其治国，举要以致万物，故寡教而多功。（《商君书·赏刑》）

（145）昔上世之亡主，以罪为在人，故日杀戮而不止，以至於亡而不悟。（《吕氏春秋·季春纪》）

（146）贤者有小恶以致大恶，褒姒之败，乃令幽王好小说以致大灭。（《吕氏春秋·论卷》）

（147）自耕、稼、陶、渔，以至为帝，无非取於人者。取诸人以为善，是与人为善者也。（《孟子·公孙丑上》）

（148）宾降，洗象觯，升酌膳以致下拜，小臣正辞，升，再拜稽首。（《仪礼·大射仪》）

当然，如果是名词的关联，或是表示时间性的延续，则多用“以至”：

（149）所谓壹刑者，刑无等级，自卿相、将军以至大夫、庶人，有不从王令、犯国禁、乱上制者，罪死不赦。（《商君书·赏刑》）

（150）古以至今，不更其道。（《管子·形势解》）

（151）众人之所不能至于其所欲至也，自天地之剖判以至于今。（《韩非子·解老》）

此外，“以至”表义比较宽泛，后边往往可以跟体词，整体有述谓性。例如：

（152）吾不从子之言，以至乎此。（《春秋公羊传·僖公十五年》）

（153）天不为秦国，使寡人不用蹇叔之谏，以至於此患。（《吕氏春秋·悔过》）

（154）余不能用鞅之言，以至此患也。（《吕氏春秋·慎势》）

（155）之狙也，伐其巧、恃其便以敖予，以至此殛也。（《庄子·徐无鬼下》）

“以来”一词在先秦时期多体现两个方面的作用。

一方面是“以”做衬字，“来”做使动用法。例如：

（156）万物散解，果实不成，故士达作为五弦瑟，以来阴气，以定群生。（《吕氏春秋·古乐》）

（157）三年苦身劳力，焦唇干肺，内亲群臣，下养百姓，以来其心。（《吕氏春秋·季秋纪》）

（158）虚车勿索，徒负勿入，以来远人，十六道同。（《管子·问》）

另一方面，其与今天汉语中的“以来”相近，它所前附的成分为时间的起点，自此至今。例如：

（159）自上世以来，天下亡国多矣，而君道不废者，天下之利也。（《吕氏春秋·恃君篇》）

（160）自魏襄以来，野战不胜，守城必拔，小大之战，三晋之所亡于秦者，不可胜数也。（《吕氏春秋·徕民》）

（161）汤、武以来，皆乱人之徒也。（《论语·盗跖》）

（162）合葬非古也，自周公以来，未之有改也。（《礼记·檀弓上》）

（163）自上世以来，未之有舍也，为使人勿倍也。（《礼记·檀弓下》）

（164）燧人以来，未有不以轻重为天下也。（《管子·揆度》）

稍稍难以理解的是，《吕氏春秋》有两处，却是以说话之时为起点，也就是当今，后接“以来”。根据语义，应作“以后”解。而等同此义的“以后”在这个时段里边仅在《国语》里边出现两次，并没有通行开来，只能存疑。

（165）自今以来，秦之所欲为，赵助之；赵之所欲为，秦助之。（《吕氏春秋·淫辞篇》）

（166）不死，自今以来，求严师必不於墨者矣，求贤友必不於墨者矣，求良臣必不於墨者矣。（《吕氏春秋·上德篇》）

再来看相临近的一个词“以往”。说它是一个词，情况也比较特殊，大多数情况下，它还是作为一个动词出现的。例如：

（167）自庐以往，振廪同食。次于句澨。使庐戢黎侵庸，及庸方城。（《左传·文公十六年》）

（168）若有祭事，则奉龟以往；旅亦如之，丧亦如之。（《周礼·春官》）

再一就是相当于“以后”。例如：

（169）过此以往，未之或知也。（《易·系辞下》）

（170）自今日以往，既盟之后，行者无保其力，居者无惧其罪。（《左传·僖公二十三年》）

（171）自今以往，鲁人不赎人矣。（《吕氏春秋·察微篇》）

（172）从今以往二年，嫡子不闻孝，不闻爱其弟，不闻敬老国良，三者无一焉，可诛也。（《管子·大匡》）

问题是这种用法非常有局限性，数量少且需要特定的言语环境。

还有就是相近于现代汉语中的意义，当名词用，不过，这种用法也不怎么普遍，并且还得借助其他的手段才能体现出来：

（173）迁者，犹未失其国家以往者也。（《春秋谷梁传·庄公十年》）

（174）迁者，犹得其国家以往者也。（《春秋谷梁传·僖公元年》）

(175) 保吾所以往而稽同之，谨执其柄而固握之。(《韩非子·主道》)

“以上/下”，这两个词在当时，用法还是相当清晰的。即都是以特定的对象为起点往相反的那一头进行认定。“以上”所指的范围大，如：

(176) 自行束脩以上，吾未尝无诲焉。(《论语·述而》)①

(177) 中人以上，可以语上也；中人以下，不可以语上也。(《论语·雍也》)

(178) 年自七十以上，无不馈诒也，时加羞珍异。(《左传·文公十六年》)

(179) 昔匄之祖，自虞以上为陶唐氏，在夏为御龙氏，在商为豕韦氏，在周为唐、杜氏。(《国语·晋语》)

(180) 自中人以上皆曰：“若昔者三代圣王，足以为法矣。”(《墨子·明鬼》)

(181) 薪食足以支三月以上。(《墨子·备城门》)

(182) 柄长八尺，斗大容二斗以上到三斗。(同上)

(183) 正校人员选，马八尺以上为龙，七尺以上为骒，六尺以上为马。(《周礼·夏官司马》)

(184) 王因收吏玺，自三百石以上皆效之子之，子之大重。(《韩非子·外储说右下》)

(185) 由命士以上，父子皆异宫。(《礼记·内则》)

不难看到，“以上”称人、称物都可以，其还可以再细分，如人，官职、年龄等都可以；物，时间、长度等也都可以。“以下”则局限性比较大：

(186) 己巳，晋师陈于莘北，胥臣以下军之佐当陈、蔡。(《左传·僖公二十八年》)

(187) 自公以下，苟有积者，尽出之。(《左传·襄公九年》)

(188) 自王以下各有父兄子弟以补察其政。(《左传·襄公十四年》)

(189) 自上以下，降杀以两，礼也。(《左传·襄公二十六年》)

(190) 自卿以下，合官职于外朝，合家事于内朝；寝门之内，妇人治其业焉。(《国语·鲁语下》)

(191) 自庶人以下，明而动，晦而休，无日以怠。(同上)

(192) 天子亲舂禘郊之盛，王后亲缫其服，自公以下至于庶人，其谁敢不齐肃恭敬致力于神！(《国语·楚语下》)

(193) 自桀纣以下。皆以鬼神为不神明。(《墨子·公孟》)

可见，“以下”仅能称人。

“以前”“以后”则没能显示出成词的规模。前者仅见3例：

(194) 凡诸侯居左右以前，卿、大夫、士居后，各以其族。(《周礼·春官》)

---

① 该语句有多种理解。这里取郑玄《论语注》：“束脩，谓年十五以上也。”

（195）今三世以前，至於赵之为赵，赵主之子孙侯者，其继有在者乎？（《国策·赵策战》）

（196）故弥子之行未变於初也，而以前之所以见贤而后获罪者，爱憎之变也。（《韩非子·说难》）

后者仅见 2 例，且出现的语言环境一样，此处仅举 1 例：

（197）自今日以后，内政无出，外政无入，吾见子于此止矣。（《国语·吴语》）

值得提及的还有一词，就是“以及”。它作为一个相对稳定了的词还是可以肯定的，它意义明确，功能也比较明确。例如：

（198）天地养万物，圣人养贤以及万民：颐之时大矣哉！（《易·颐卦》）

（199）今将先明而后祖，自玄王以及主癸莫如汤，自稷以及王季莫如文、武，商、周之蒸也，未尝跻汤与文、武，为不逾也。（《国语·鲁语上》）

（200）尝试往之中国、诸夏、蛮夷之国，以及禽兽昆虫、皆待此而为治乱。（《管子·小称》）

综上，在“以 X”式里，比较典型的有：以为、以至、以致、以来、以往、以上、以下、以后，其他的则成词能力不足。

二、“可”类构词

“可”也是上古汉语中使用频率比较高的一个词。它作为一个肯定与否的判断词，一如今天普通话里的“是”，河南话里的“中”一样，在应答之中的作用价值是显而易见的。例如：

（1）“漳水犹可以灌邺田乎？”史起对曰：“可。”（《吕氏春秋·乐成》）

（2）惠王曰：“可行邪？”翟翦曰：“不可。”惠王曰：“善而不可行，何故？”（《吕氏春秋·淫辞》）

价值判断性的词，自然寄寓着比较厚重的主观性色彩。因此，语句中的组合也是繁复多样的。当然，“可”一如今天的能愿动词、情态副词一样，多处于状语的位置：

（3）故君子在位可畏，施舍可爱，进退可度，周旋可则，容止可观，作事可法，德行可象，声气可乐；动作有文，言语有章，以临其下，谓之有威仪也。（《左传·襄公三十一年》）

（4）五义纪宜，饮食可飨，和同可观，财用可嘉，则顺而德建。（《国语·周语中》）

（5）天下国家，可均也；爵禄，可辞也；白刃，可蹈也；中庸不可能也。（《中庸》）

（6）败不可处，时不可失，忠不可弃，怀不可从，子必速行。（《国语·晋语》）

正因为它在这个位置上用得多了，也就可以产生弱化。看例句：

（7）君诚知我，而使我毕能，秦必可亡，而西河可以王。（《吕氏春秋·观表》）

“必”是决断性的词语，而“可”是推断性的词语，两者很难表述统一的语气。当它们共同出现的时候，后者就处在了可有可无的境地。

这种现象还可以从“可”与“得”的匹配情况得到进一步的证明。

（8）请以屈产之乘与垂棘之白璧，往必可得也。（《春秋公羊传·僖公二年》）

（9）晋侯将侵曹，假涂于卫，卫曰不可得，则固将伐之也。（《春秋公羊传·僖公二十八年》）

比较明显的是，早期的“得”是主要动词。

（10）今天下之君有好仁者，则诸侯皆为之驱矣。虽欲无王，不可得已。（《孟子·离娄上》）

（11）王之所大欲，可得闻与？（《孟子·梁惠王上》）

从后一个句子可以看得清楚：如果后面还有其他动词，可能就会发生变化。下边这些句子中的情况非常值得人们品味：

（12）荆王曰：“可得而闻乎？”（《吕氏春秋·顺说》）

（13）上胡不法先王之法？非不贤也，为其不可得而法。先王之法，经乎上世而来者也，人或益之，人或损之，胡可得而法？虽人弗损益，犹若不可得而法。东夏之命，古今之法，言异而典殊。故古之命多不通乎今之言者，今之法多不合乎古之法者。殊俗之民，有似於此。其所为欲同，其所为异。口惛之命不愉，若舟车衣冠滋味声色之不同。人以自是，反以相诽。天下之学者多辩，言利辞倒，不求其实，务以相毁，以胜为故。先王之法，胡可得而法？虽可得，犹若不可法。凡先王之法，有要於时也。时不与法俱至，法虽今而至，犹若不可法。（同上）

（14）此则工拙愚智勇惧可得以故易官，易官则各当其任矣。（《吕氏春秋·知度》）

（15）名不可得而闻，身不可得而见，其惟江上之丈人乎！（《吕氏春秋·孟冬纪》）

（16）夏日至，于泽中之方丘奏之，若乐八变，则地只皆出，可得而礼矣。（《周礼·大司乐》）

显然下面句子中的“得”就显得多余：

（17）由其道，功名之不可得逃，犹表之与影，若呼之与响。（《吕氏春秋·仲春纪》）

（18）南伯子葵曰：“道可得学邪？”（《庄子·大宗师》）

这是“可”字组合中比较特殊的一种情况。其他的组合里边，“可”所体现的功能作用则是比较统一的，即做前附缀。

"可信"：

（19）天不可信。（《书·君奭》）

（20）不然，则赏明可信而罚严足畏也。（《墨子·备城门》）

（21）杂于利，而务可信也。（《孙子兵法·九变篇》）

（22）所信者目也，而目犹不可信；所恃者心也，而心犹不足恃。（《吕氏春秋·任数》）

（23）势不能为奸，虽跖可信也；势得为奸，虽伯夷可疑也。（《商君书·画策》）

（24）夫恭寡过，情可信，俭易容也，以此失之者，不亦鲜乎？（《礼记·表记》）

（25）能为可信，不能使人必信己；能为可用，不能使人必用己。（《荀子·非十二子》）

（26）立良有司以接之，已朞三年，然后民可信也。（《荀子·议兵篇》）

（27）诚静必有可信之色。（《逸周书·官人解》）

（28）夫韩虽臣于秦，未尝不为秦病，今若有卒报之事，韩不可信也。（《韩非子·存韩》）

（29）夫以妻之近与子之亲而犹不可信，则其余无可信者矣。（《韩非子·备内》）

（30）为智者之不可信也，故任修士者，使断事也。（《韩非子·八说》）

"可疑"：

（31）以若书之说观之，则鬼神之有，岂可疑哉！（《墨子·明鬼》）

（32）易牙烹其子犹尚可疑邪？（《吕氏春秋·先识览》）

（33）竖刀自宫以近寡人，犹尚可疑邪？（同上）

（34）常之巫审於死生，能去苛病，犹尚可疑邪？（同上）

（35）不能治者，使伯夷可疑，而况跖乎？（《商君书·画策》）

（36）势不能为奸，虽跖可信也；势得为奸，虽伯夷可疑也。（同上）

（37）夫陈轻货於幽隐，虽曾、史可疑也。悬百金於市，虽大盗不取也。（《韩非子·六反》）

（38）不知则曾、史可疑於幽隐，必知则大盗不取悬金於市。（同上）

"可信""可疑"意义相反相对，正好能够显示主观性推断的两个方面。

"可见"：

（39）观其所感，而天地万物之情可见矣。（《易·咸卦》）

（40）君子以成德为行，日可见之行也。（《易·乾卦》）

（41）然则圣人之意，其不可见乎？（《易·系辞上》）

（42）燕哙虽举所贤，而同于用所爱，卫奚距然哉？（《韩非子·难四》）

（43）天畏棐忱，民情大可见。（《书・康诰》）

“可观”：

（44）物大然后可观，故受之以观。（《易・序卦传》）
（45）可观而后有所合，故受之以噬嗑；嗑者合也。（同上）
（46）虽小道，必有可观者焉。（《论语・子张》）
（47）饮食可飨，和同可观，财用可嘉，则顺而德建。（《国语・周语中》）
（48）其辞虽参差，而諔诡可观。彼其充实，不可以已。（《庄子・天下》）

“可见”“可观”肯定是同义关系。

“可畏”：

（49）可爱非君？可畏非民？（《书・大禹谟》）
（50）仲可怀也，父母之言，亦可畏也。（《诗・郑风・将仲子》）
（51）不可畏也，伊可怀也。（《诗・豳风・东山》）
（52）后生可畏，焉知来者之不如今也？（《论语・子罕》）
（53）寡君有甲车四千乘在，虽以无道行之，必可畏也。（《左传・昭公十三年》）
（54）有威而可畏，谓之威；有仪而可象，谓之仪；君有威仪。（《左传・襄公三十一年》）
（55）国君，文足昭也，武可畏也，则有备物之飨，以象其德。（《左传・僖公三十年》）
（56）寡君有甲车四千乘在，虽以无道行之，必可畏也。（《左传・昭公十三年》）
（57）物之已至者，人祆则可畏也。（《荀子・天论》）
（58）虽桀、纣犹有可畏可取者，而况於贤者乎？（《吕氏春秋・用众》）
（59）不然，则罚严而可畏也。（《管子・九辩》）
（60）可怪也，而亦可畏也。（同上）

“可悔”：

（61）罚及尔身，弗可悔！（《书・盘庚上》）
（62）若背其言，臣死，妻子为戮，无益於君，不可悔也。（《左传・文公十三年》）
（63）吾未抚民人，未事鬼神，未修守备，未定国家，而用民力，败不可悔。（《左传・昭公十三年》）
（64）夫攻伐而使从者间焉，不可悔也。（《韩非子・存韩》）

“可取”：

（65）鲁可取乎？（《左传・闵公元年》）

（66）虽知其寒，不可取，子其死之。（《左传·闵公二年）

（67）臣尝为隶於施氏矣，鲁未可取也。（《左传·定公九年》）

（68）阳节不尽，轻而不可取。（《国语·越语下》）

（69）欲取天下，天下不可取；可取，身将先取。（《吕氏春秋·季春纪》）

（70）兴兵伐之，陈可取也。（《吕氏春秋·似顺论》）

“可行”：

（71）故君子名之必可言也，言之必可行也。（《论语·子路》）

（72）知伯愎而好胜，早下之，则可行也。（《左传·哀公二十七年》）

（73）乃若兼则善矣；虽然，不可行之物也。（《墨子·兼爱中》）

（74）所加於人，必可行於己，若此则师徒同体。（《吕氏春秋·孟夏纪》）

（75）使乌获疾引牛尾，尾绝力勯，而牛不可行，逆也。（《吕氏春秋·孟春纪》）

（76）爱利之心谕，威乃可行。（《吕氏春秋·离俗览》）

（77）圣人择可言而后言，择可行而后行。（《管子·形势解》）

（78）故精于谋，则人主之愿可得，而令可行也。（《管子·霸言》）

“可则”：

（79）不事王侯，志可则也。（《易·蛊卦》）

（80）行父还观莒仆，莫可则也。（《左传·文公十八年》）

（81）后之人可则，是以受随、范。（《国语·晋语》）

（82）古之君子，其行可则，由舜而下，其孰有广德？（《逸周书·卷九》）

“可谓”：

（83）鬻拳可谓爱君矣，谏以自纳於刑，刑犹不忘纳君於善。（《左传·庄公十九年》）

（84）禄之大者，不可谓不朽。（《左传·襄公二十四年》）

（85）季氏之妇可谓知礼矣。（《国语·鲁语下》）

（86）单子朝夕不忘成王之德，可谓不忝前哲矣。（《国语·周语下》）

（87）宁越可谓知用文武矣。（《吕氏春秋·慎大览》）

“可改”：

（88）民不可逞，度不可改。（《左传·昭公四年》）

（89）古人有言曰：“知臣莫若君。”弗可改也已。（《左传·僖公七年》）

（90）若可改也，大国亦可叛也。（《左传·襄公九年》）

（91）寡君以为苟有盟焉，弗可改也已。若犹可改，日盟何益？（《左传·哀公十二年》）

(92) 若由是姬姓也，尚将列为公侯，以复先王之职，大物其未可改也。(《国语·周语中》)

(93) 先王不货交，不列地，以为天下。天下不可改也，而可以鞭棰使也。(《管子·枢言》)

(94) 问刑论有常以行，不可改也，今其事之久留也何若？(《管子·问第》)

“可能”：

(95) 叔孙昭子之不劳，不可能也。(《左传·昭公五年》)

(96) 吾闻诸夫子：孟庄子之孝也，其他可能也。(《论语·子张》)

(97) 天下国家，可均也；爵禄，可辞也；白刃，可蹈也；中庸不可能也。(《中庸》)

(98) 养可能也，敬为难；敬可能也，安为难；安可能也，卒为难。(《吕氏春秋·孝行览》)

(99) 然则仁义法正有可知可能之理。(《荀子·性恶论》)

(100) 今以仁义法正为固无可知可能之理邪？(同上)

(101) 本夫仁义法正之可知可能之理，然则其可以为禹明矣。(同上)

其他的，还是颇能列举些的。除了“可戮”“可图”“可赏”等重复率有3~4次外，相当有一些，往往仅出现1~2次，但又很“像”独立运用的单位（之所以说它们像，也就是自先秦以降，其运用逐渐增多；有些甚至成为现代汉语中的常用词）。于是在下边将它们出现的语句尽数举出，以飨读者诸君：

(102) 慎乃有位，敬修其可愿，四海困穷，天禄永终。(《书·大禹谟》)

(103) 天作孽，犹可违。自作孽，不可逭。(《书·太甲中》)

(104) 士之耽兮，犹可说也。(《诗·卫风·氓》)

(105) 不可畏也，伊可怀也。(《诗·豳风·东山》)

(106) 损其疾，亦可喜也。(《易·损卦》)

(107) 不见可欲，使民心不乱。(《道德经》)

(108) 道可道，非常道。(同上)

(109) 君子之道，焉可诬也？(《论语·子张》)

(110) 其知可及也，其愚不可及也。(《论语·公冶长》)

(111) 晋君少，不在诸侯，北方可图也。(《左传·文公九年》)

(112) 先君之力可济也。(《左传·昭公二十三年》)

(113) 众可惧也，而不可怒也。(《左传·昭公二十六》)

(114) 有是四者，又可戮乎？(《左传·昭公元年》)

(115) 九世之卿族，一举而灭之，可哀也哉！(《左传·襄公二十五年》)

(116) 德行可象，声气可乐。(《左传·襄公三十一年》)

(117) 九功之德皆可歌也，谓之九歌。(《左传·文公九年》)

（118）怨在小丑，犹不可堪，而况在侈卿乎？（《国语·周语中》）

（119）楚师可料也，在中军王族而已。（《国语·楚语上》）

（120）君有二臣，或可赏也，或可戮也。（《国语·楚语下》）

（121）然则治天下独可耕且为与？（《孟子·滕文公上》）

（122）有疾犹可言也，无疾不可言也。（《春秋公羊传·文公十六年》）

（123）汝欲反汝情性而无由入，可怜哉！（《庄子·庚桑楚》）

（124）犹自以为圣人，不可耻乎？其无耻也！（《庄子·天运篇》）

（125）故凡举事，必先审民心，然后可举。（《吕氏春秋·季秋纪》）

（126）故凡立功名，虽贤，必有其具，然后可成。（《吕氏春秋·具备》）

（127）今有人於此，修身会计则可耻，临财物资尽则为己，若此而富者，非盗则无所取。（《吕氏春秋·务本》）

（128）宋王，俗主也，而心犹可服，因矣。（《吕氏春秋·顺说》）

（129）万乘之国，其为三万五万尚多，今外之则不可以拒敌，内之则不可以守国，其民非不可用也，不得所以用之也。（《吕氏春秋·用民》）

（130）去秦将，入赵魏，天下所贱之无不以也，所可羞无不以也。行方可贱可羞，而无秦将之重，不穷奚待？（《吕氏春秋·慎行论》）

（131）故其国刑不可恶而爵禄不足务也，此亡国之兆也。（《商君书·算地》）

（132）夫国之乱也，智人不得作内事，朋友不能相合摎，而国乃可图也。（《管子·匡》）

（133）彼君臣有间而后可图也。（《韩非子·十过》）

（134）夫民闭于人而有鄙心，可敬不可慢，易以溺人。（《礼记·缁衣》）

（135）夫礼，为可传也，为可继也，故哭踊有节。（《礼记·檀弓》）

（136）惟兹佩之可贵兮，委厥美而历兹。（《楚辞·离骚》）

（137）诚勇必有可新之色。（《逸周书·官人》）

需要提醒的是：在特别活跃的初创时期，由上边的列举可知，“可”的使用和“以”一样，功能状态似乎是极度亢奋的，搭配的区域范围特别宽广，句法的和词法的糅合在一起，想理出一个清楚明晰的规律性的东西来，往往让人觉得无从下手。“可”字的组合中，有一个出现频率相当高的，即“可知”，之所以没有列出，就在于它本身的复杂性。其一，比较简单，字面义就是它的常用义。看具体的使用：

（138）亦要存亡吉凶，则居可知矣。（《易·系辞下》）

（139）信不可知，义无所立，四方诸侯，其谁不解体？（《左传·成公八年》）

（140）其弃诸姬，亦可知也已。（《左传·襄公二十九年》）

（141）夫古者不料民而知其少多，司民协孤终，司商协民姓，司徒协旅，司寇协奸，牧协职，工协革，场协入，廪协出，是则少多、死生、出入、往来者

皆可知也。(《国语·周语上》)

(142) 今陈国道路不可知，田在草间，功成而不收，民罢于逸乐，是弃先王之法制也。(《国上·周语中》)

(143) 若启先王之遗训，省其典图刑法，而观其废兴者，皆可知也。(《国语·周语下》)

后来的使用倒是繁难起来了：

(144) 先王所恶，无恶於不可知。不可知，则君臣父子兄弟朋友夫妻之际败矣。(《吕氏春秋·慎行论》)

(145) 夫不可知，盗不与期，贼不与谋。(同上)

(146) 未擒则不可知，已擒则又不知。(《吕氏春秋·贵直》)

这里面的“可知”即非本初的意义，而是随不同的语言环境而不同。据《慎行论》的背景，这里的“可知”是“审察知晓”义，侧重的是分辨的方法正确。即如《审应览》中的表述：“辞虽穷，其为祸福犹未可知。察而以达理明义，则察为福矣。”这里面的后一个“福”改为“知”，可能就是比较准确的理解了。《贵直》里面的语句，就更需要另一种解读。通常“可X”组合，虽然其中的“可”词缀化，但仍在一定程度上保留有原初的意义，即与后面动词成分一致的语义，也是实施主体统一认可的，正面肯定，“值得”。可是该语句中的情况不一样，“可”是他人的行为，“知”是主体的行为。下边句中的“可知”都是这种情况：

(147) 道在不可见，用在不可知。(《韩非子·主道》)

(148) 知其不可知，知也。(《春秋谷梁传·隐公三年》)

细加分辨的话，此时的“可”肯定就不能跟其他的一样，都看作词缀化了的成分。

在“可X”组合里面，有些鲜明地烙印着古代汉语的词汇特征，如前边列举的“可则”，展开来，就是“可以作为准则”之义。显然该词带有古代汉语单音节词的语义特征，就不容易再保留于现代汉语中。再如没有列举的“可作”。看用例：

(149) 死者若可作也，吾谁与归。(《国语·晋语》)

(150) 有锢病不可作者疾之，可省作者半事之。(《管子·度地》)

(151) 大事不法，弗可作；法而不时，弗可行；说而失礼，弗可长；得礼而无备，弗可成。(《逸周书·武纪解》)

首例，《汉语大词典》解作：“再生；复生。”依据就是韦昭对此所做的注：“作，起也。”这显然是典型的随文释义，因为后边两例都不牵涉逝者的问题。上古只有“作”没“做”，没有分工，就容易引起误解，实际上是“具体做事”的意思。

还有特殊一点的就是“可必”，这种组合也反映了上古汉语有特色的组合：

（152）舍民数世，以求克事，不可必也。（《左传·昭公二十五年》）

（153）今乱本成矣，立可必乎？（《左传·闵公二年》）

（154）生：楹之生，商不可必也。（《墨子·经说上》）

（155）外物不可必，故龙逄诛，比干戮，箕子狂，恶来死，桀纣亡。（《庄子·外物》）

（156）凡遇合也，合不可必。遗理释义，以要不可必，而欲人之尊之也，不亦难乎？（《吕氏春秋·孟夏纪》）

（157）趋利固不可必也。（《吕氏春秋·慎行》）

（158）犹未可必。（《吕氏春秋·孝行览》）

（159）说如此其无方也而犹行，外物岂可必哉？（同上）

（160）逢遇不可必也，患祸不可斥也。（《韩非子·问田》）

由上可知，“可必”，“一定如此”之义。

有没有“可”字在后的组合？只能说它还没有达到“以”的活跃程度，基本可以讲，它只属于前附加性的。有一种似乎像“X可”式的，但到底算否，这需要讨论：

（161）靖以待命犹可，动必忧。（《左传·昭公二十五年》）

（162）今滕绝长补短，将五十里也，犹可以为善国。（《孟子·滕文公上》）

（163）猎较犹可，而况受其赐乎？（《孟子·万章下》）

（164）以我为天子犹可也。（《吕氏春秋·贵生》）

还有没有其他的附加式存在？有这么两组，这里一并列出。一是“X夫”。众所周知，“夫”是古代汉语中典型的发语词，开初多单个儿出现在句首。例如：

（165）夫玄黄者，天地之杂也，天玄而地黄。（《易·坤卦》）

（166）夫乾，其静也专，其动也直，是以大生焉。（《易·系辞上》）

（167）夫利，百物之所生也，天地之所载也，而或专之，其害多矣。（《国语·周语上》）

当后来表述语义语气复杂化之后，其他句首关联词语介入，又不想失去原有的论述意味，“夫”就很自然地附缀于其后，从而形成“X夫”系列性的附加式合成词。例如：

（168）且夫兄弟之怨，不征于他，征于他，利乃外矣。（《国语·周语中》）

（169）且夫欲学于龙者，以智与学焉为不逮也。（《公孙龙子·迹府》）

（170）若夫山林匮竭，林麓散亡，薮泽肆既，民力凋尽，田畴荒芜，资用乏匮，君子将险哀之不暇，而何易乐之有焉？（《国语·周语下》）

（171）若夫二公子而立之，以为朝夕之急。（《国语·晋语》）

（172）若夫有道之士，必礼必知，然后其智能可尽也。（《吕氏春秋·先识览》）

（173）乃若夫少食、恶衣、杀身而为名，此天下百姓之所皆难也。（《墨子·

兼爱中》)

(174) 则夫好攻伐之君又饰其说，以非子墨子。(《墨子·非攻下》)

(175) 今夫天，兼天下而爱之，撽遂万物以利之，若豪之末，非天之所为，而民得而利之，则可谓否矣。(《墨子·天志中》)

(176) 故夫憎人贼人，反天之意，得天之罚者，既可得而知也。(同上)

(177) 凡夫人，不薨于寝，不殡于庙，不赴于同，不祔于姑，则弗致也。(《左传·僖公八年》)

(178) 今夫惑者，非知反性命之情，其次非知观于五帝三王之所以成也，则奚自知其世之不可也？(《吕氏春秋·有始览》)

第二章　发展期
（两汉至明清）

一看到这个标题，大家一定感觉到有些困惑不解：历史考察，怎么能够将此两千多年的发展都置于特定的一个时段来看待，来解析？这似乎既有悖于通史惯常的描写模式，也与汉语史的基本认定有颇大的差异。当历史的发展途径成为既定的事实，或经过人们不断讨论形成一种大致的共识之时，它会在人们心中形成相对固化了的参照：稍小的变动如果说还可以接受的话，过大的改变则会引发人们自然排异的反应。不过我们是这样考虑的：史的研究一定要遵循对象的客观面貌。所有的研究无非是认识对象的组织特性，依照历史与逻辑相统一的观念方法，最好的反映就是适合于对象内在的本质特点。如第一章所述，先秦时期奠定了我们传统文化的核心精神。百花齐放、百家争鸣的结果，就是思想上的积极活跃，语言上的绚烂多姿。为了与这种意识观念上的博大激越相适应，词汇创制上所表现出的一种鲜明特征就是附加式构词法的充分运用，在短时间内产生出大量的新词。对此胡运飚（1995）论述说："附加式的产生虽然比动宾式晚，但是其构词能力的发展却比动宾式迅速，西周至春秋中叶附着式合成词已占合成词总数的4%左右。此后由于'然'、'如'等词尾的迅速崛起，春秋末期和战国前期附着式的能产性发展到最强点，附着式合成词在合成词总数中所占比例大幅度上升，《论语》中的这个比例为18.9%，《孟子》中为16%。从战国中后期起，由于'然'、'焉'、'若'、'如'、'尔'等词尾逐渐衰落，附着式的能产性逐渐下降。到东汉和魏晋时期，附着式合成词似乎只占合成词总数的百分之二三。魏晋以后，由于词尾'子'、'家'、'头'和词头'阿'、'可'、'第'、'老'的逐渐兴起和构词的增长，附着式的能产性又呈上升趋势，南朝初年附着式合成词大约占合成词总数的5%左右。"然而不管它如何上升，一直到明清，都终究没能赶得上先秦，特别是春秋战国时期的比例水平。① 也就是说，着眼于附加式构词在汉语史中所呈现的整体情况，先秦，特别是春秋战国时段，为活跃期；由两汉至明清，则总体趋向于稳定发展；而现代，特别是改革开放以来，再一次走向鼎盛，呈现出一种马鞍型的状貌。将两头都单列一特定阶段，当然不会失去其整体性的特色。与此相对，如果是一个比较漫长的流发展过程，若不顾其有机的联系，硬性地斩断为几个阶段，再在每个阶段中“花开两枝，各表一朵”，最终的效果也只能是草蛇灰线、云中看龙。正因为如此，我们觉得还是尊重具体的词，或者是一组词自然的产生延续过程为好。而这个过程，往往贯穿于由两汉至明清甚至还延续至现代。在后面我们对多个词的具体描写中大家可能会更清楚地看到这一点。当然，也不否认有个别的一些单位，似乎“生命力”不是那么强，很快便销声匿迹。这种情况本身也正说明它们并不反映汉语词缀主流的发展状貌。对此我们也会适当提及。

还要有所交代的就是，这里对于有争议的现象不做过多的讨论。像刘世儒《魏晋南北朝量词研究》里边所认定的，将“车乘”“船艘”“房个”“蒜颗”等，都看作量词词缀化，至今有人也赞同这种认定。我们认为，怎样命名其实是不重要的，重要的还在于是不是能将其特征给反映出来。即便是我们肯定了，接下来还得再于词缀里面进行描写和区分，没有必要在这些问题上纠缠过多。

第一节　“行”“毒”“自”“复”等是否为词缀

这几个单位都是自两汉，特别是后汉兴起的。我们也按惯常的思路，先从最早的时间谈起，让相对定型的思维不至于反差太大。

对它们认定比较早且影响比较大的，是朱庆之的《佛典与中古汉语词汇研究》一书里边鲜明提出来的。他表述说：“在本时期汉语词汇双音化的过程中，有些单音节词似乎具有特别强的与其他词相结合使其由单变双的能力，就《中本起经》所见，有‘行’‘毒’‘复’‘自’等等，它们的作用和性质值得注意。”在此基础上，他对它们还做了一定的区分：前边两个还没看成完全的虚语素，后边两个与此相对则是看作虚语素了。之所以如此，可能他对“行”的解析能够说明一定的问题。他将“行”再次分为两种类型：一类是都附在动词前边，主要功能是凑成双音节单位，体现为“语义

---

① 李仕春《汉语构词法和造词法研究》里边得出的结论是：附加式上古汉语是 5.5%，中古汉语是 3.4%，近代汉语是 6.4%，现代汉语是 7.4%。这样的一组数字是值得怀疑的。其来源，正像多人对前一阶段构词法研究所提出的批评那样：迷信数字。因为用来进行统计的标准多见仁见智，故其数字也大相径庭。比如对上古汉语的研究，同样是对《商君书》的构词法考察，其附加式构词一个是 38 条，占复合词构词总数的 5.9%；一个是 3 条，占复合词构词总数的 0.6%，这样大的差距，居然也都做了采纳，且用到了这一历史时期构词总的比例基数上。再比如中古汉语对《幽明录》附加式构词的认定，在这一时段里边只有它超过了 10%的大关。看看所依据的原初研究文本，原来是将“最后”的“最”都当作了前缀，将“天子”“儿子”中的“子”都当作了后缀的缘故。由第一章我们所列举的具体用例看，胡运飚这里提供的数字还是比较接近真实情况的，虽然还稍稍有些保守。

上的羡余成分”。它所造的词有：行照、行起、行盥、行作、行淫、行求、行乱、行愈、行乞、行与、行盗、行孕、行哭、行寻、行顿、行号、行诛、行戏等。还有第二类是放在动名兼类词之前或其他词类词语之前，如战国之时就有的“行赏”等，东汉之后更为普遍：行毒、行水、行欲、行饭、行粥、行杖、行巧、行兵、行房、行茶、行态、行药等，类似于“打”，构词能力强，意义很宽泛，并保留着一定的词汇意义。类似的词语还有“取”：取别、取决、取着、取摘、取打、取杀、取击、取遣、取累、取闹、取笑、取尤、取湮、取称、取毙、取济等。“切”：逼切、抽切、催切、感切、苦切、贫切、迫切、酸切。“毒”：悲毒、酸毒、烦毒、患毒、恚毒、苦毒、酷毒、老毒、恋毒、瞋毒、痛毒、忧毒、郁毒、悒毒、憎毒。正因为有这后面一种情况的存在，才没将它们统统归入虚语素的范围。

一、“行”和“毒”

实际上这种现象反映出这样两个方面的问题：一是佛教的传入对汉语的影响，一是这些词语本身。是的，迄今我们的汉语里还活跃着烙印佛教内容的许多词语，更大范围内，传统文化已经深受佛教思想的浸染，已经很难将它从波澜壮阔的历史画卷里单独地剥离开来。但又不得不承认，印欧语系所承载的文化与汉藏语系所承载的文化毕竟有着根本上的差异。由古丝绸之路而来的佛教入汉，其鲜明的形式就是佛家著述卷帙浩繁。然而后来的八宗，唯有“不立文字，以心传心”的禅宗独领风骚。这就说明，徜徉于中国大地上的佛教已非它的本来面目，像“拈花微笑”这样的佛家典故在梵文经典里很难找寻得到，足以说明它并非是一个汉化问题，而是经过了彻底的改造。或者换句话来说，仅仅是借助于它的形式，弘扬的仍是我们的传统文化的精神。像“棒喝顿悟”那样的传经方式，应该说就是对古人“言不尽意”哲学理念的一种探索实践。即便是自东汉到唐代盛极一时的取经译经，不管信徒们是怎样的殚精竭虑，孜孜以求，也无非是给汉语词汇增添了丰富的一笔而已，对汉语的根本属性并无丝毫触动。相反，佛教译经借助于汉语原有的材料手段，给予了一定的发扬和推助倒是真的。“行”的使用就是一个比较典型的例证。《说文》对它的解释是“人之步趋也”。段注：“步，行也。趋，走也。二者一徐一疾，皆谓之行。统言之也。《尔雅》：‘室中谓之时，堂上谓之行，堂下谓之步，门外谓之趋，中庭谓之走，大路谓之奔’，析言之也。引申为巡行、行列、行事、德行。”其实，与此并列的“行”还有名词义，即“道路”。例如《诗·豳风·七月》：“女执懿筐，遵彼微行。”《孔疏》：“行，训为道也。步道谓之径，微行为墙下径。”又，《诗·周颂·天作》：“彼徂矣，岐有夷之行。”杨树达《积微居小学述林》：“行，《朱子集传》训为路，是也。”该词兼具指称与动作，又与人的生活行为息息相关，故在先秦早期即已成为高频词。春秋战国时期，诸侯割据的同时也强化着之间的来往，当时每个诸侯国都设置有专门掌管外交礼仪事务的官职，即所谓的“行人”“行李”。由此我们可以想象到它的构词造句情况是多么的活跃。仅以《礼记·月令》中“行”的使用为例，举几处以体现：

(1) 还反行赏，封诸侯，庆赐遂行，无不欣悦。

(2) 命野虞出行田原，为天子劳农劝民，毋或失时。

(3) 命司徒巡行县鄙，命农勉作，毋休于都。

(4) 孟夏行秋令，则苦雨数来，五谷不滋，四鄙入保。行冬令，则草木蚤枯，后乃大水败其城郭。行春令，则蝗虫为灾，暴风来格，秀草不实。

(5) 是月也，树木方盛，乃命虞人入山行木。

(6) 是月也，土润溽暑，大雨时行，烧薙行水，利以杀草。

(7) 是月也，毋以封诸侯、立大官，毋以割地，行大使，出大币。

(8) 是月也，养衰老，授几杖，行糜粥饮食。

(9) 是月也，乃命宰、祝循行牺牲。

(10) 是月也……乃劝种麦，毋或失时，其有失时，行罪无疑。

不难看到，此时“行”的功能已经很强大了，不仅是人的行为，就是自然界很多现象也可以用它来概括言之。朱庆之将它与后起的“打”相类比，是有道理的。人们简便的需要，特定时期里用些笼统概括的“万能”性词语，无可厚非。这种事实本身也告诉了人们这样一个道理：该词是汉语原有的材料，其组合能力原本就很不一般。后来的佛经译文充分利用了这一点，进一步扩充了它的这种能力，但并不能说是佛教的传入并汉译，造成了该类词的成批涌现。正像后起并一直持续至今的“打”类词，很少有人把它看作词缀一样，“行”当然也不能做同样的处理。何况朱庆之所举出现在《中本起经》中的“行”类词，有很多在佛教未传入前汉语中即已存在了呢？

朱庆之所列“毒”也属于同样的情况。虽然它不像“行”那样为高频词，但它在佛教译文之前也已开始组词。例如：

(11) 独便悁而怀毒兮，愁郁郁之焉极。(东方朔《七谏·谬谏》)

(12) 独便悁而烦毒兮，焉发愤而筴抒。(庄忌《楚辞·哀时命》)

(13) 哀仆夫之坎毒兮，屡离忧而逢患。(刘向《九叹·离世》)

(14) 惟郁郁之忧毒兮，志坎壈而不违。(刘向《九叹·怨思》)

(15) 屈原放逐，窜伏其域，怀忧苦毒，愁思沸郁。(王逸《楚辞章句·九歌序》)

(16) 魏公子无忌为长夜之饮，困毒而死。(《论衡·语增》)

(17) 数以耎脆之玉体犯勤劳之烦毒，非所以全寿命之宗也。(《汉书·卷七十二》)

(18) 增烦毒以迷惑兮，羌孰可为言已。(张衡《思玄赋》)

(19) 生俗多过负，了无有解，已愁毒而行，不知所止。(《太平经·庚部之九》)

(20) 长生求活，可无自苦愁毒。(《太平经·庚部之十》)

(21) 无益家用，愁毒父母，兄弟妇儿，辄当忧之，无有解已。(《太平经·庚部第十二》)

（22）复有忧气结不解，日夜愁毒大息，念在钱财散亡，恐不得久保。（同上）

（23）皆从恶弊人出，父母愁毒，宗家患毒，为行如此，亦何所望，而欲得久视息哉？（同上）

《汉语大词典》于此的处理是比较稳妥的：对上述例句中的各“~毒”式组合，它都作为词条给予了确认。当然，它在细节上也有不够审慎的地方。例如“烦毒”条，它举的就是庄忌和张衡的两条用例，其后还附加了刘良的注：“毒，忧也。”在“毒”字项里边，它又举了《后汉书·袁绍传》：“每念灵帝，令人愤毒。”紧跟着又举了李贤注：“毒，恨也。”这恐怕又是在随文释义了。其实《说文》中的解释可能更说明些问题。其解释是：“厚也。害人之草，往往而生。”段注：“毒兼善恶之辞，犹祥兼吉凶、臭兼香臭也。易曰：‘圣人以此毒天下而民从之。’《列子》书曰：‘亭之毒之。’皆为厚民也。毒与竺、笃同音通用。《微子篇》：‘天毒降灾。’《史记》作‘天笃’。害人之草，往往而生。从中，字义训厚矣。字形何以从中？盖制字本意，因害人之草，往往而生，往往犹历历也。其生蕃多则其害尤厚。故字从中。”由此不难看出，所谓的“毒”就是“厚”，可以为善也可以为恶，表示“多也”“厚也”“重也”“剧也”“峻极也”等，含有一定的程度色彩在里边。这和现时一些地区表强调的“贼亮”“老美”等义差不多。然而事实上，早期的“毒”并无这种含义，只是它和“怀”“烦”“坎”“忧”“苦”“困”“愁”这类词结合以后，受这类词总体趋向于不如意色彩的沾染，从而向一方倾斜，才衍生出这一义项来。在一开始与这些词组合的时候应该说这些意义并不明显，朱庆之认为它趋向于弱化、附缀化还是有一定道理的。但不能将这种作用过度地扩大，以免给人们造成它在佛教译经中才普遍地使用开来的印象。实际上有些这样的组合仅仅是偶然为之，除了后来人们对其中的一些词语稍加沿用外，大多数都很快便销声匿迹了。

二、“自”和“复”

说“自”“复”这两个词彻底虚化了，恐怕不能匆忙地下结论。

众所周知，如若我们到医院去，自然会看到很多的病人。只要是心智正常，谁都不会将这种现象看作社会的常态，以为整个社会病人都多得不得了了；当我们回到繁华集市上的时候是难得碰见一个病人的。也就是说，特殊的场合与通常的生活状貌是不一样的，这个道理人人都懂。可是语言学的研究有时候却不期而然地会出现这种效果，特别是研究主体为了突出某种现象或自己观点的价值，会尽可能多地罗列相关内容，本身就会放大客观事实的影子，这时候晕轮效应就产生了。上述两个词恐怕就有这样的情况。然而当我们从它们的历史发展看，即便是从共时的一个阶段看，也是普遍地散布开来的，并不构成一个特定时段的热闹景观。从过去已有的研究所列举的诸多例证看，相当一些都是临时性地碰触到了一块儿，是不是能够看作词都很难讲。

先看“自”前边使用的情况：

(1) 权谋倾覆之人退，则贤良知圣之士案自进矣；刑政平，百姓和，国俗节，则兵劲城固，敌国案自诎矣。(《荀子·王制篇》)

(2) 此其养功力，有父子之泽矣，而心调於用者，皆挟自为心也。(《韩非子·外储说左上》)

(3) 处半年，乃自听政。(《韩非子·喻老》)

(4) 此譬之犹自治鱼鳖者也，去其腥臊者而已。(《晏子春秋·内篇谏下》)

(5) 非独自为也，为之畜化。(《管子·侈靡篇》)

(6) 尽自治其事则事多，多则昏，昏则缓急俱植。(《管子·七臣七主》)

(7) 归来兮！恐自遗贼些。(屈原《楚辞·招魂》)

(8) 归来归来！恐自遗灾些。(同上)

(9) 以此故不大工，然亦足自辞解。(刘邦《手敕太子文》)

(10) 老臣今者殊不欲食，乃自强步，日三四里，少益耆食，和于身也。(《战国策·赵策》)

(11) 今又走芒卯，入北地以攻大梁，是以天幸自为常也。(《战国策·魏策三》)

(12) 有皮氏，国之大利也，而以与魏，公终自以为不能守也，故以与魏。(同上)

(13) 今臣闻王局处不安，食饮不甘，思念报齐，身自削甲扎。(《战国策·燕一》)

(14) 贪饕无耻，竞进无厌；国异政教，各自制断。(《战国策·序》)

(15) 庄王亲自手旌，左右麾军，还舍七里。(刘向《新序·杂事第四》)

(16) 犹自以为贤，岂不哀哉！(《战国策·杂事五》)

(17) 名各自名，类各自类，事犹自然，莫出于己。(《淮南子·主术训》)
尹需学御，三年而无得焉，私自苦痛，常寝想之。(《淮南子·道应训》)

(18) 私自苦痛，常寝想之。(同上)

(19) 逮至高皇帝，存亡继绝，举天下之大义，身自奋袂执锐，以为百姓请命于皇天。(《战国策·氾论训》)

(20) 石生而坚，兰生而芳，少自其质，长而愈明。(《战国策·说林训》)

(21) 上乃幸自御此薄，使付酒钱，时人偶之。(《新书·卷四》)

(22) 上即幸拊胡婴儿，捣遒之，戏弄之，乃授炙，幸自啖之，出好衣闲，且自为赣之。(同上)

(23) 今乃与长公主及左将军桀等谋危宗庙。王及公主皆自伏辜。(《汉书·卷七》)

(24) 人人喜得所愿，以上德施，实分其国，必稍自削弱矣。(《汉书·卷六十四上》)

“自”往往是作为反身代词放在状语位置上来指称主语位置上的行为主体的。虽然它产生的时间比较早，如甲骨文中即有该字，先秦时期出现的频率也高，但组词鲜见，即便是组成近似的词，也多放在前边的位置，即自由度大，黏附性小。到了战国时期，当双音节造词的速度加快的时候，“自”才有望跻身于双音化的行列。两汉时期这种势头不减，当时有些词自产生之后就没有改变过。例如：

（25）诸吕以擅自尊官，聚兵严威，劫列侯忠臣，矫制以令天下，宗庙所以危。（《史记·卷五十二》）

（26）四时之间，亡日休息；又私自送往迎来，吊死问疾，养孤长幼在其中。（《晁错《论贵粟疏》）

（27）匈奴既败，举国兴师，更练精兵，强逾十万，单於临阵，亲自合围，客主之形，既不相如，步马之势，又甚悬绝。（《李陵《答苏武书》）

第一个语句，《汉书》中也有，并且一个字都没改动。其中的“擅自”可以说沿用至今仍耳熟能详。后边例句中的“私自”“亲自”也属于同样的情况。然而前边诸多例句中的情况就不能不多讨论一下了。当汉语语句趋向于复杂，状语里的成分逐渐增多的时候，这“自”就有可能产生上挂下连。但这仅仅是形式上的，若说意义上产生了怎样的联系，就很难讲了。这时候的“自”或许就是衍生的一个字眼儿。前边众多例句中最后的句子，也是紧承着《史记》中的一个语句来讲的。例如：

（28）彼人人喜得所愿，上以德施，实分其国，不削而稍弱矣。（卷一百一十二）

《史记》中是“稍”，《汉书》中就成了“稍自”。显然此时的“自”为非必然性成分。

再看其他的例子：

（29）敞时为司徒掾，独称吴门弟子，收葬其尸，方知亮直者不见容于冗辈中矣。（刘歆《西京杂记》）

（30）敞时为大司徒掾，自劾吴章弟子，收抱章尸归，棺敛葬之，京师称焉。（《汉书·卷八十》）

（31）独自劾为吴章弟子，收葬章尸。（荀悦《前汉纪·卷第三十》）

这几例第一个句子中没有“自”，第二个句子有了。第三个句子则是很需要掂量考究的：“自劾”很难成为一个词。常见的是“弹劾”，多是对他人。“自劾”则反常。那么这个句子就在它前边加了“独”，“独自”倒是成为后来的常用词。这对主张“～自”为一附加式构词的人们来说应该是一件很快意的事。但是，这两个语素的组合是有理据的，即两者可以相互注释，显然是并列组合性质。

东汉末，语句中“自”的使用似乎有了泛滥的态势，这在佛经汉语翻译的文字里可以看得清楚。看具体的译文：

（32）沙门道士当以六意视凡民：一者教之布施，不得自悭贪；二者教之持戒，不得自犯色；三者教之忍辱，不得自恚怒；四者教之精进，不得自懈慢；五者教人一心，不得自放意；六者教人黠慧，不得自愚痴。（安世高译《佛

说尸迦罗越六方礼经》)

(33) 母言:“子我生汝,护汝头发,汝何为欲为沙门作妇?国中有大豪富家,我自能嫁汝与之。”……女即自思念身中恶露,便自正心,即得阿罗汉道。(安世高译《佛说摩邓女经》)

(34) 心作佛,心自见,心是佛心,佛心是我身。心见佛,心不自知心,心不自见心,心有想为痴心,无想是涅盘,是法无可乐者,设使念为空耳,无所有也。菩萨在三昧中立者,所见如是,佛尔时说偈言:心者不自知,有心不见心,心起想则痴,无心是涅盘。(支娄迦谶译《佛说般舟三昧经》)

可以理解的是,佛教诸事都往自身心里求,“自”的多用也在情理之中。

事实上,和“自”最能形成相近似功能现象的就是“相”,那么如何判断“自”的作用,当然对“相”的认识有参照作用。因为两者都出现在状语的位置上,且意义上也可以形成对应关系:都在于呼应前边的主语位置上的词语进行称指;稍稍差异的地方无非一个表单一,一个表双方;一个多放置于靠近主语的位置,一个多与后边的动词临近。的确,早期的“相”与后边的单音节动词更趋向于一个双音节词:

(35)《象》曰:革,水火相息。二女同居,其志不相得,曰革。(《易·革卦》)

(36) 九五,同人,先号咷,而后笑,大师克相遇,言相克也。(《易·同人卦》)

(37) 汝分猷念以相从,各设中于乃心。(《书·盘庚中》)

(38) 群公既皆听命,相揖,趋出。(《书·康王之诰》)

(39) 初,楚伍参与蔡太师子朝友,其子伍举与声子相善也。(《左传·襄公二十六年》)

(40) 诸侯相聚,而更宋之所丧,曰死者不可复生,尔财复矣。(《春秋公羊传·襄公三十年》)

这“自”在一开始比较简单的句法分布中和“相”是差不多的:

(41)《象》曰:天行健,君子以自强不息。(《易·乾卦》)

(42)《象》曰:“谦谦君子”,卑以自牧也。(《易·谦卦》)

(43) 乃不畏戎毒于远迩,惰农自安,不昏作劳,不服田亩,越其罔有黍稷。(《书·盘庚上》)

(44) 不其或稽,自怒曷瘳?(《书·盘庚中》)

(45) 昔鲋也得罪于晋君,自归于鲁君。(《左传·昭公十四年》)

(46) 秋七月,公至自伐秦。(《春秋公羊传·成公十三年》)

但“自”毕竟是指主状语，“相”是指谓状语①，一旦状语不止一个的时候，就迫使它位置前移。然而该语句若再有关联语气副词的时候，它仍得处于它后面的位置。这时候它的地位就会很尴尬：前后都不能形成直接的语义联系。② 特别是它不再回指前边的主语，仅仅作为一个附缀性的单位出现的时候，将它归属于后边的词语肯定是难以解释的，只有将它归属于前边的词语，似乎才有心理上的可接受性③。

其实老一辈语言学家对“相”的处理可能对我们会有启发。吕叔湘（1942）、王力（1958/1990）都曾对“相”进行功能意义上的考察描述。比如吕叔湘最早注意到：“相”本来是两相交互之词，然而在后来的时间里边，逐渐地衍生出偏指性的意义，仅专指一方。例如：

（47）民之无良，相怨一方。（《诗·小雅·角弓》）

（48）其能降以相从也。（《左传·隐公十一年》）

（49）世之相后也，千有余岁。（《孟子·离娄下》）

（50）而公拥兵数万，不肯相救。（《史记·卷八十九》）

（51）其折骨、绝筋终身不可以相及也。（《荀子·修身》）

（52）邪绝少阳而登太阴兮，与真人乎相求。（《汉书·卷五十七下》）

（53）不早相语，今祸至方告我，不亦太剧乎？（《三国志·蜀志二》）

（54）此丞掾之任，何足相烦？（《后汉书·卷二十四》）

（55）儿童相见不相识，笑问客从何处来。（贺知章《回乡偶书》）

（56）洛阳亲友如相问，一片冰心在玉壶。（王昌龄《芙蓉楼送辛渐》）

（57）然佛者，当可以悟取，不可以相求。（《旧唐书·卷一百七十二》）

（58）经过废来久，有弟忽相求。（苏轼《过海得子由书》）

（59）你未来时，我已着人去相求(《二刻拍案惊奇·卷十一》)

（60）可恨生于团头之家，没人相求。（《喻世明言·卷二十七》）

（61）小弟有一事相求，不知哥可照顾么？（《金瓶梅·第五十五回》）

（62）我恐你言未准，特来相求，并请一见。（《三国演义·第八回》）

（63）好姐姐，略坐一坐儿，兄弟还有一事相求。（《红楼梦·第七十二回》）

这些语句中的“相”不再是本原的双方，相互义，转而专指一方。指一方还是“相”吗？显然这已与本义甚远，其意义已经趋向于虚化。但是当时吕叔湘和王力都没有做出这方面的判断，而是重在客观地解读它应该是怎样的一种状况，怎样的解读

---

① 这是对状语语义指向上的划类。如同样是形容词，“愤怒”“用力”“猛”可以同时出现在一个状语层面上，尽管都是结构上的状语，但在语义指向上“愤怒”和前面的主语形成语义直接组合，“猛”和后面的动词形成语义直接组合，“用力”则处于两可状态。

② 潘国英．汉语状语语序与语言类型学意义［M］．北京：中国社会科学出版社，2000.

③ 按冯胜利韵律语法理论的说法：词法是前重后轻，句法是前轻后重。反正后缀是大量的，多它一个并不嫌多。

才最易于准确地认识它。比如吕叔湘认为，类似“相信”这样的词似乎就与开始时的双方对待义渐行渐远。王力认为，与其将后来不断复杂化的“相”分化成不同的形式进行解读，倒不如直接将它看作不同类型的对象所指，即“我（我们）”“你（你们）”“他（他们）”。客观地讲，王力这样的处理办法似乎比吕叔湘的简单，容易把握。但是：如果“相”是代词的话，又有谁见过它能做主语、宾语呢？就跟现代汉语中的“互相”一样，大家都知道它指的是行为的双方，但又有谁能够将它认作同其他体词性一样的词语呢？最后的决定权不是凭借我们想做出怎样的判断，而是它于句法里边确实表现出来的效能。

由前边对“相”偏义用例的示范，特别是最后的“相求”的“一头沉”，大家是不是觉得这个“相”已经实现了偏转？这里边可能比较典型的是“相信”一词前后的发展变化。在一开始的时候，该词也确实与其他的“相~”类词一样，都是表双方之间的信任。例如：

（64）世有盟誓，以相信也。（《左传·昭公十六年》）

（65）盟者不相信也，故谨信也，不敢以所不信而加之尊者。（《春秋谷梁传·僖公五年》）

（66）为义者则不然，始而相与，久而相信，卒而相亲，后世以为法程。（《吕氏春秋·慎行》）

（67）当是时也，赵氏上下不相亲也，贵贱不相信也。（《韩非子·初见秦第一》）

（68）张耳、陈馀始居约时，相然信以死，岂顾问哉。司马贞索隐：“谓然诺相信，虽死不顾也。”（《史记·卷八十九》）

（69）两主二臣，剖心析肝相信，岂移于浮辞哉！（《汉书·邹阳传》）

（70）诛杀忠臣而立无节行之人，是内使群臣不相信而外使斗士之意离也，臣窃以为不可。（《史记·卷二十八》）

（71）往者，匈奴结和亲，诸夷纳贡，即君臣外内相信，无胡、越之患。（桓宽《盐铁论》）

（72）当是时，赵氏上下不相亲合，贵贱不相信，然则是邯郸不守，拔邯郸，完河间，引军而去，西攻修武，逾羊肠，降代、上党。（《战国策·秦一》）

（73）三国之不相信齐王之遇，遇事遂败。（《战国策·魏一》）

（74）臣与刘、葛推诚相信，明臣本志。（《三国志·卷四十三》）

（75）尝因论事不合旨，义康变色曰：“自今而后，我不复相信！”（《宋书·沈演之列传》）

请注意这些语句里边的“相信”所表现出来的语义内涵。最前边的那些语句不知是故意还是有其他因素，都似乎在着意强调相互之间的信任关系。可是在南北朝时期，这个“相信”却开始偏转为一方。当然，虽然产生了新的义项，原来的表义也并没有结束，仍然在延续着。不过在发展的过程中逐渐实现着意义侧重点的转移：

(76) 神武广纵反间，于是两不相信，各致猜疑。(《北史·卷四十八》)

(77) 相思不相信，幽恨更谁知。(韩偓《春闷偶成十二韵》)

(78) 玄言曰："郎不相信，请置符于怀中。"(《玄怪录·卷四》)

(79) 此身于我稍切，须是安处，千万相信。(苏轼《与王定国三十五首·之二十一》)

(80) 二者相与龃龉而不相信，上下相顾，鳃鳃然而不能以自安，而尚何暇及于天下之利害？(苏辙《栾城应诏集·卷六》)

(81) 若作誓说，何师生之间不相信如此？(《朱子语类·卷三十三》)

(82) 老将军，事不可不虑，谋不可不周，不可以一朝之言倾心相信。(《封神演义·第九十三回》)

(83) 谁知郎君相信不深，惑于浮议，中道见弃，负妾一片真心。(《警世通言·杜十娘怒沉百宝箱》)

(84) 朕于大臣，岂有不相信者！(《金史·卷八十七》)

(85) 恐高琪不相信，复曰："茂尝间见主上，实恶相公权重。"(《金史·卷一百零六》)

不难看出，到了元明时期，"相信"就很少再表示两两之间的信任，转而表示特定主体对人、对事情的确认和肯定。

实际上，后来的"相~"组合逐渐地发生了分化，有以下几种。

两厢对待：

相安、相称、相持、相当、相等、相抵、相对、相反、相仿、相符、相逢、相隔
相顾、相关、相好、相互、相交、相近、相距、相连、相配、相去、相让、相认
相容、相识、相思、相似、相通、相同、相投、相向、相像、相形、相依、相宜
相与、相遇、相映、相约、相知、相左

趋向一方：

相烦、相干、相瞒、相助、相劝、相帮、相看、相信、相应、相救、相求
相继、相间、相率、相沿（这几个属于单一方向相承相继）。

兼有两义：

相亲、相扰

因此我们说，"相"语义也在不断地发展变化，里边的个别词语也有自身的特点，但整体的组合还是有一定的规律的，即附缀性质比较清晰。即便如此，吕叔湘也好，王力也好，也多是就其语义特征给予描写，并没有对构词的方式进行判断。立足于现

时的角度客观做一评价的话，将它与“~自”进行对比，如果“相”的词缀都不能认可的话，“自”显然就更难成立了。最好的处理办法是：将那些确实固化下来的，且内部还有一定语义关系的“~自”看作词；而对那些属于衬字性质的“自”，只要讲清楚它的来源、功能作用就可以了，不一定非要在构词法上给予什么样的名分，硬性认定不一定对该现象的认识有积极意义。

这一时期使用频率比较高的“复”，恐怕也属于同样的情况。它最早的意义，《说文》：“往来也。”肯定它是动词无疑。早期文献也足以证实这一点：

(86) 反复其道，七日来复，利有攸往。(《易·复卦》)

(87) 丧马勿逐，自复。(《易·睽卦》)

(88) 如五器，卒乃复。(《书·舜典》)

一如段注所言：“返，还也；还，复也。”有去有回，这回，就是对以往动作路段的反复，故引申出“还”“再”等副词的功能意义。

(89) 郑世子忽复归于郑。(《左传·桓公十五年》)

(90) 陟则在巘，复降在原。(《诗·大雅·公刘》)

(91) 夫二子之良，将勤营其君，复使立于外，死而后止，何日以来？(《国语·晋语九》)

(92) 君王勉之，臣不复入越国矣。(《国语·越语》)

(93) 十六年，楚复伐邓，灭之。(《左传·庄公六年》)

(94) 下水，东周必复种稻；种稻而复夺之。(《战国策·东周》)

(95) 王侯受诏，已复相攻，轻易汉使，不惮国威，其效可见。(《汉书·卷九十五》)

(96) 及北畤，未定时所立，不宜复修。(《汉书·卷二十五下》)

东汉之后，特别是南北朝之时，一如上述诸单位的情况，特别是像“自”一样，在使用上似乎处于一种无理据的状态。例如：

(97) 上再自幸其家者，赏赐甚厚。(《史记·卷一百三十》)

(98) 吏惧走，而盎驰自追之。(《前汉纪·卷九》)

(99) 而丞愈自恐，自筮得死卦。(《世说新语·方正》)

句子中的“自”完全可以不要，其主语位置上的主体，其自为状态仍然是清晰可知的，然而当时的用语风尚如此，不计繁难地赘加这些。“复”的词汇意义要比“自”易于确认一些，因为后者很早的时候便衍生出介词的用法，趋向虚化早，且使用也多；对其实词的意义多少会有影响。即便如此，“复”在这一时期，似乎也禁不住地跟着缀用。它们的这种用法很难用语言的经济原则来解释，似乎也难以用附加式构词的类推式原理来解释。例如：

(100) 小小失其指意，后生者不得复知。(《太平经·卷三十六丙部之二》)

（101）王治为其不平，而民不觉悟，故邪日甚剧，不复拘制也。（同上）

（102）诚所戒众多，当知其要，且复开耳目用心。（《太平经·庚部之九》）

（103）贺早失母，不复继室。（《风俗通义·卷二》）

（104）夫桓公得仲父，任之以事，委之以政，不复与知。（《论衡·卷十八》）

（105）犹复不悛，当驱往东土。（《宋书·卷七十三》）

（106）纵不能以家国为怀，近不复顾性命之重，可叹可恨，岂复一条。（《宋书·卷六十一》）

（107）此事已复不可恒用，用之既讫，恐非忠策。（《南齐书·卷二十五》）

把这些例句中的“复”去掉，同样不影响整个句义的理解。

为了比较准确地认识这一时期“复”字的使用情况，我们仅以《世说新语》中“复”的使用做一分析。它在《世说新语》中一共出现了 194 例。其中做动词的 8 例；单独做状语，即前面没有其他的附加成分的 69 例，剩下 117 例。这里边再进行排除：还有 8 例是它的前边明显是一个词，“复”不可能是双音节词的后缀。这样就只有 109 例即是否为词缀，人们的争议多聚焦于此。两种意见：一种明确地将它看作词缀，甚至连称作语助都不赞同。一种认为它不是词缀，而是有意义的实语素。双方各执一端，互不相让。实际上，问题的关键在于对于意义的理解以及对词缀属性的把握上。魏晋南北朝是中国历史上非常特殊的时期，民族大融合，也包括了不同语言词汇间的相互影响与借用。甚至可以说历史久远、语音系统不容易如实描摹等缘由，使有些真实的用法意义追溯起来颇为困难。例如当时流行的一个词语“宁馨儿”，余嘉锡在其《世说新语笺疏·文学第四》做了这样的解释：

芦浦笔记一云：“予读世说，见晋人言多带馨字，只如今人说怎地。”嘉锡案：《宋书·前废帝纪》：“太后怒曰：‘将刀来剖我腹，那得生如此宁馨儿。’”《建康实录·十三》引裴子野宋略作“那得生如此儿”，《金楼子·箴戒》篇同。《南史·宋本纪》中则作“那得生宁馨儿”，是“宁馨”之为“如此”，证之六朝、唐人之书而已足，无烦曲解矣。《养新录·四》云：“宁馨之馨，可读仄声。方回听航船歌‘五千斤蜡三千漆，宁馨时年欲夜行’是也。刘禹锡诗‘几人雄猛得宁馨’，二字俱读平声。张谓诗‘家无阿堵物，门有宁馨儿’，宁读去声，馨读平声。”嘉锡又案：“馨”语助词，犹“宁馨”也。宋以后笔记解“宁馨”者甚多，皆不能明备；惟郝懿行晋《宋书故》云：“晋书王衍传：‘何物老妪，生宁馨儿。’《宋书·前废帝纪》：‘太后怒，语侍者：将刀来剖我腹，那得生如此宁馨儿！’”今按“宁馨”，晋、宋方言即为如此之意。沈休文著书不得其解，妄有增加，翻为重复。后世词人喜用“宁馨”，有平去二音。而方以智《通雅》以“宁馨”为呼语词，谓今云能亨，此盖明季方音。证以今时语，或云“那杭”，或云“箫杭”，皆“宁馨”二字之音转字变耳。又晋、宋人或言“尔馨”、“如馨”，或单言“馨”，此并语词及语余声也。《世说·文学篇》：“桓宣武语人曰：'顾看两王掾，辄翣如生母狗馨。'《忿狷篇》：'王胡之雪中诣王螭，持其臂，螭拔其手曰：冷如鬼手馨，强来捉人臂！'此皆单言'馨'者也。《方正篇》：'刘尹语桓大司马曰：使君如馨地，宁可战斗求胜？'《容止篇注》：'王仲祖每揽镜自照曰：王文开那生如馨儿！'此皆以如'馨'代'宁馨'。如读若'女'，即'宁'之转音也。《文学篇》刘尹目殷中军云：'田舍儿强学人作尔馨语。'《品藻篇》王丞相云：'与何次道语，唯举手指地曰：正自尔馨！'此又以'尔馨'代'宁馨'。尔读若'你'，亦'宁'之转音矣。"

这样的佐证其实还有很多，像《资治通鉴·卷一百六十六》也将这早期的表述改作了这样的话："娄太后以帝酒狂，举杖击之曰：'如此父生如此儿！'"可惜的是，最早给《世说新语》做注的刘孝标并没有在语言文字的考释上多下功夫，故给我们今天留下了比较多的空白，故其纷争在所难免。我们认为，《世说新语》中的"复"确实在这一时期很有代表性，我们考证的结果为：有 24 例为无义的用法，剩下的 85 例为有意义的。当然，在判定有无意义的问题上肯定还会有争议。但我们自觉总体还是靠得住的。例如这样的两个句子：

（108）蔡还，见谢在焉，因合褥举谢掷地，自复坐。(《雅量》)

（109）时夏月，暴雨卒至，舫至狭小，而又大漏，殆无复坐处。(《德行》)

第一个句子中的"复"肯定有实际的词汇意义。前边有言："支道林还东，时贤并送于征虏亭。蔡子叔前至，坐近林公；谢万石后来，坐小远。蔡暂起，谢移就其处。"因为蔡原本在那个位置上就座，故言"复"，说明"再次"顺理成章。接下来句子"复"就没有点滴意义，只能说成是衍生性的字眼儿。再如：

（110）羊叔子自复佳耳，然亦何与人事，故不如铜雀台上妓。(言语)

"自复"是什么意思？这本来是持词缀化主张的同仁们应该回答的问题，因为只要这里边的"复"是词缀，那么整个单位就是词，是词就应该有特定的词汇意义。可惜的是，很少看到这样层次严谨的论述。倒是看到白话译文差不多都解作"确实"。为什么它有这种意义呢？本来这样的追问是非常易于强化词缀化观点的：这里的"复"无义，"自"当"自然"讲，这不是很浅显的事情嘛？可是问题在于，将这时候的"自复"当作一个词来讲很难看到它使用上的复呈性，如果它不能以特定的形式，相对固化了的词汇意义多次使用，作为一个词的资格就会大受怀疑。不说别的，《世说新语》中其他地方的使用就让人说不圆拢：

（111）君一往奔诣，故复自佳耳。(《文学》)

表意差不多，但此时的"自复"变作了"复自"。如果说复合式合成词可以形成逆序词的话，附加式合成词，即词根和词缀的组合则是没有逆序形式的！

类似的情况还有：

（112）丞相末年，略复不省事，正封箓诺之。（《政事》）
（113）监司见船小装狭，谓卒狂醉，都不复疑。（《任诞》）
（114）其母既亡；五子若殒，亦复无准。（《方正》）
（115）由是释然，无复疑虑。（《言语》）
（116）君何足复受人寄载来！（《文学》）
（117）汝讵复足与老兄计？（《忿狷》）

它们两两相对，都是位置互换的用例。

就上述“复”在这一时期的总体情况看，是受到了人们一时的青睐，成为了时尚性的字眼儿，然而人们还都是将它放置于句法里边来充分发挥它的效能，并非从观念意识上、从造词的角度给予其有意识的类化。所以，除却有实义的用法之外，其他的，当作语助，是能够体现其实在的功能价值的。

第二节　“‘广’类（形）/‘甚’类（副）+为/加”组合的词汇化

上述“行、毒、自、复、相”等表现出了比较强的历史阶段性，还有一些需要相当大的历史跨度才有可能将其产生演变及其词汇化的历程表现清楚，接下来这一节最初的话题，这正是我们将自两汉至明清划归一个阶段的原因之所在。

这一节里，我们主要考察这样的两组词族的创制和形成。“‘广’类（形）/‘甚’类（副）+为/加”这类语言单位有着相对一致的意义和结构。但如何判定它的语法特征性质，似乎并不容易。看权威性词典是怎样处理这一语言现象的：

“为”❶附于某些单音形容词后，构成表示程度、范围的副词：大~高兴｜广~传播｜深~感动。❷附于某些表示程度的单音副词后，加强语气：极~重要｜甚~便利｜颇~可观｜尤~出色。（中国社会科学院语言研究所词典编辑室编《倒序现代汉语词典》，631页）

《现代汉语词典》（第6版）仍是这样表述。只是在❶前添加了“后缀”的认定。❷后仍保持不变。问题在于：“形容词+为=副词”，“副词+为=?”没说，可能是为了简练，意思可能还是副词。如果说它的第5版还没显示，而这一版却将“极为”“甚为”“尤为”等都列为词条，并都看作了副词。至于“‘广’类（形）/‘甚’类（副）+为/加”结构，它仅列举了“愈加”作为词条。它还单独解释了“加”，如❹“[动]，加以：不~考虑，严~管束”。紧接下来它还有一个提醒：“[注意]‘加’跟‘加以’用法不同之点是‘加’多用在单音节状语之后。”《现代汉语规范词典》将“更为”也列为一词条，标副词，并解释为“更加”。这才稍稍透露了一点“为/加”可能有着相当近似的功能属性。历史的真实情况又是怎样的呢？这就需要我们做出探讨。

一、"'广'类（形）/'甚'类（副）+为"

（一）"广为"

"广为"一开始是句法里边的状动结构。例如：

（1）今君侈为宫室，夺人之居，广为台榭，残人之墓，是生者愁忧，不得安处，死者离易，不得合骨。（《晏子春秋·谏下二十》）

（2）垒北地瘠，可居水南，就耕良田，广为产业，各相劝励。（《北史·卷二十》）

由这两例即可以看出，"广为"还处于分散的句法结构中，形成了"广（形）+V+N"式。其中的N是V的宾语。在其后的历朝历代中，这种用法都较普遍地应用着：

（3）又左右皆饥乏，不如以谷振给亲族邻里，广为恩惠也。（《三国志·魏五》）

（4）且战捷之后，常苦轻敌，古人杖术，军胜弥警，原将军广为方计，以全独克。（《三国志·吴书》）

（5）乃广为盘舆，别构栏楯，侍臣立于其中。（《北史·卷九十》）

值得注意的是，紧接着，有些语句中的V不再是实在意义的动作行为，而开始表现比较虚灵的介词义，表示动作为对象；其后有其他的实义动词来说明对这些对象具体实施什么样的活动。这在佛教著述里边体现得更为突出。例如：

（6）吾当为汝分别解说除恼法，汝等忆持，广为大众，分别解说。（《观无量寿经》）

（7）汝当受持，广为多众，宣说佛语。（同上）

（8）广为大众演说真教，根利者顿晓，根钝者不晓。（《祖堂集·卷二十》）

与此同时，在其他通常的言辞记述里边，"广为"后边的词语也出现了另外一种情形的变化，即由原来的名词N变作动词V。例如：

（9）佛言大善，故后代人因此广为华饰，乃至刻木割竹，饴蝎剪采，模花果之形，极工妙之巧。（《艺文类聚·卷四》）

（10）祜缮甲训卒，广为戎备。（《晋书·卷三十四》）

（11）愿若有男子女人闻是佛名者，是人得遇恒河沙佛广为说法，必成菩提。（《地藏菩萨本愿经·称佛名号品第九》）

（12）其往者，维摩诘因以身疾，广为说法，因为国王、居士等百千万人皆来体问，居士以身疾，广博解说，令其人辈，生厌舍心。（《敦煌变文集·维摩诘经讲经文（二）》）

（13）若多屯士卒，广为备拟，亭障之地，蕃、汉相参，费甚人劳，此下策也。（《旧唐书·卷九十》）

请注意：一旦到这种组合结构的时候，“为”字的动词含义就不再鲜明充实，也就是说，它原本所体现的职能被后边的主要动词所代替。那么它的价值意义就不再那么重要了，甚至可以说直接虚化为一种陪衬性的音节单位。如例（13），“广为备拟”，也就是“广泛充分地准备”。例（9），“广为华饰”也就是“尽可能地将范畴内的器物进行奢华装饰”。在一定程度上接近于现代汉语中的“给予”“予以”等准动词或是虚化动词，只剩下一个形式标志而已。

那么后来的“广为”也就形成两种语义共存的情况，即一为“广为+N”，一为“广为（形容词性的状语）+V”。前者如：

（14）三五人自为宴乐，并无所禁，惟不得聚集同年进士，广为宴会。（《唐摭言·卷第三》）

（15）咱只消尽这家私广为善事，就使强奸了姮娥，和奸了织女，拐了许飞琼，盗了西王母的女儿，也不减我泼天的富贵。（《金瓶梅·第五十七回》）

后者如：

（16）敕令国子监集博士儒徒，将西京石经本，各以所业本经，广为抄写，仔细看读，然后雇召能雕字匠人，各部随帙刻印板，广颁天下。（《旧五代史·卷四十三》）

（17）兵兴以来，忠臣烈士，孝子顺孙，义夫节妇，湮没无闻者甚众，乞遣史官一员，广为采访，以议褒嘉。（《金史·卷一百五》）

注意例（16），“广为抄写”与其后的“广颁天下”结构具有对应性，“广颁”也就是“广为颁布”，为了音节的一致，“广为”即可省略为单个的“广”。显然，此时的“为”不表示实在的意义。例(12）中的情况也属同样道理，不过它只是将“广”扩充为“广博”而已，“为”实际上也给省略掉了。

（二）“大为”

该词的形成与“广为”差不多，但又不尽相同。看它开初时的情况：

（18）七月，郑子产为火故，大为社祓禳于四方，振除火灾，礼也。（《左传·昭公十八年》）

（19）大为之坊，民犹逾之。（《礼记·坊记第三十》）

（20）此七君者，大为无道不义，所残杀无罪之民者，不可为万数。（《吕氏春秋·卷七》）

（21）义，小为之则小有福，大为之则大有福。（《吕氏春秋·卷二十五》）

（22）秦之时，高为台榭，大为苑囿，远为驰道，铸金人，发适戍，入刍稿，头会箕赋，输于少府。（《淮南子·卷十三》）

（23）今行逆于昆弟，不顾其咎；侵杀忠臣，不思其殃；大为宫室，厚赋天下，

不爱其行，天下不听。(《史记·卷八十七》)

由上述例证可知，“大为”如“广为”一样，一开始的时候也是句法中的状动组合。差别就在于“广为”侧重范围，“大为”侧重程度。

与此基本同时，“大为”还有后边出现结果类的具有述谓义的名词的情况。例如：

(24) 秋，乐大心从之，大为宋患，宠向魋故也。(《左传·定公十一年》)

(25) 居无何，匈奴入辽西，大为边害。(《风俗通义·卷七》)

(26) 寻出为雍州刺史，在州贪虐，大为人害。(《魏书·卷三》)

(27) 以常理言之，无为多积无用之水，况于今者水涝瓮溢，大为灾害。(《晋书·卷二十六》)

这一类的表述稍特殊：“大为”如果还是承接上边的语词，仍为述谓性动词的话，后边的“宋患”“边害”等，又是从言语主体的角度说明上述行为的结果，有集中概括义，语义承继有些突兀。下边语句中的词语使用就容易接受，但恰恰这样的用例相对偏少：

(28) 时朱然、徐盛等皆在所部，并不伏也，权特为案行至濡须坞，因会诸将，大为酣乐。(《三国志·吴书十》)

(29) 后突厥大为侵掠，崇率步骑三千拒之。(《北史·卷五十九》)

然而一旦换成这样的词语的话，“大为”的述谓性特征显然就不够突出了。从这种意义上讲，例（24）~例（27），虽然从现代汉语的角度讲可接受性弱，然而却是“大为”后边由名词和动词过渡的过程中一种比较合理的环节。

当然，在这一过程中，“广为”也有不太和谐的其他结构语义组合的方式。例如：

(30) 去病大为中孺买田宅、奴婢而去。(《汉书·卷六十八》)

(31) 今乃有畔敌之名，大为中国羞。(《汉书·卷七十九》)

这可看作“大”和“为”结构的线型序列而安排在了一起。

更多的情况是“大”和“为……所”结构的线型序列的形式组合。这两种情况中的“大”和“为”都没有语义上的直接关联。例如：

(32) 之推聪颖机悟，博识有才辩，工尺牍，应对闲明，大为祖珽所重，令掌知馆事，判署文书。(《北齐书·文苑传》)

(33) 秋七月，乞伏乾归大为姚兴所破。(《北史·卷一》)

(34) 至夜，延宗帅其众排阵而前，城中军却，人相蹂践，大为延宗所败。(《北史·卷十》)

(35) 初撰《齐志》为编年体二十卷，复为《齐书》，纪传一百卷，及《平贼记》三卷，或文词鄙野，或不轨不物，骇人视听，大为有识嗤鄙。(《北史·卷

三十五》）

（36）神武口授珽三十六事，出而疏之，一无遗失，大为僚类所赏。（《北史·卷三十九》）

（37）初迁洛后，真度每献计劝先取樊、邓，后攻南阳，故大为帝所赏。（同上）

（38）时神武送魏兰陵公主出塞嫁蠕蠕，魏收赋《出塞》及《公主远嫁诗》二首，珽皆和之，大为时人传咏。（《北史·卷四十七》）

（39）诏子琮监议五礼，与赵郡王睿分争异同，略无降下，大为识者所鄙。（《北史·卷五十五》）

（40）勤学累载，遂遍通《五经》，究其旨趣，大为儒者所称。（《北史·卷八十四》）

由例证可知，这种句法中的“大”与“为”偶然性地凑到了一起，纯粹是句法组合的结果，而非与“大为”的词汇化有直接关系。同时似乎还跟不同的作者句法运用习惯有关，我们看到，这样的句法运用大都出于《北史》一书，说明李延寿习惯于这种句法的组合（很有意思的是，同时期李百药的《北齐书》中，有些文字句法居然同《北史》一模一样，如例（20）、例（22）。我们不知道是他们相互借鉴，还是后人有所改动。

“大为”的词汇化，实际上在比较早的时间即已开始。很鲜明的一个特点就是“大为”后边由名词变作了动词。例如：

（41）书奏，天子大为发兵六万余人，拜太常弋阳侯任千秋为奋武将军以助焉。（《汉书·卷七十九》）

（42）上多其义，大为发兴，遣两将军将兵诛闽越。（《汉书·卷六十四上》）

（43）繇轻慢宪度，不畏诏令，不与国同心，为臣不忠，无所畏忌，大为不敬。（《三国志·魏书》）

（44）官员既少，应选者多，前尚书李韶循常擢人，百姓大为怨。（《北史·卷三十二》）

（45）七郎犯事，我在地中大为求请，然要三千贯钱。（《广异记·下》）

之所以说此时的“为”虚化，就在于同时期同样的用法，很容易将其省略：

（46）威王八年，楚大发兵加齐。（《史记·滑稽列传》）

（47）初，贰师后行，天子使使告乌孙，大发兵并力击宛。（《史记·大宛列传》）

（48）帝恶之，大发兵，将讨焉。（《北史·卷七十九》）

（49）固欲大发兵，鑯患之。（《三国志·魏书十六》）

（50）其后庾翼大发兵谋伐胡，专制上流，朝廷惮之。（《宋书·卷二十四》）

到了清代，“大为”后边变成了表示心理活动的动词和形容词以后，就与现代汉语中的“大为”基本完全一致了：

（51）路上人望见，倘或猜破，大为不便。（《情梦柝·第十二回》）

（52）雪琴大为得意，便道：“小妹也来献丑一首。”（《青楼梦·第十六回》）

（53）恂九大为扼腕，奋然曰：“榜上一名，何遂艰难若此!”（《聊斋志异·卷十一》）

（54）他就大为惊讶，说：‘徒弟在少林寺四五年，见没有一个出色拳法，师父从那一个学的呢?（《老残游记·第七回》）

（55）一番话竟说得芜湖道大为佩服，连连夸说：“像世兄这样天性独厚，能顾大局，真是难得!”（《官场现形记·第五十一回》）

（56）燕白颔听了，因拍掌道：“子持此论，大为有理。”（《平山冷燕·第十二回》）

即便如此，有些组合，也是先有“大 V”，再有“大为 V”。可参看例（46）、例（47）与例（41）、例（42）。再比如上边例（40），和它相对应的过去的例子如：

（57）帝曰：“汝语大有理。”（《宋书·卷十》）

（58）吾一夕思汝言，亦大有理。（《资治通鉴·卷一百八十三》）

（59）工诗，大有理致，韩吏部极称之。（《唐才子传·卷五》）

（三）“深为”

“深为”开始的结合与其他类似的形式大为不同。似乎早期就没有句法上的状动式，有也是非常勉强。例如：

（60）不正其乘败人而深为利，取二邑，故谨而日之也。（《春秋谷梁传·隐公十年》）

（61）若入无强口，宜深为之备。（《三国志·魏书二十六》）

（62）此言妖诈，未必有实，宜深为之防。（《宋书·卷一百》）

（63）须卿复降，当生割卿手脚；卿若不降，复欲遣刺客杀卿。宜深为备。（《梁书·卷二十》）

这 4 例为仅见。例（60）应该算是孤例。特殊就特殊在“为”之后是单一的名词。例（61）、例（62）、例（63）可以参照着来理解。前者，显然是“深”和“为之”共同对“备”的修饰，两个不在一个层次上，不发生直接的联系。这种结构和下边句中的情况应该是一样的：

（64）吕望之徒，白首乃显；百里奚之知，明于黄发：深为国谋，因为王辅，皆夫沉重难进之人也。（《论衡·卷十四》）

（65）深为明公惜之。（《搜神记·卷十八》）

（66）司马懿所向无前，深为弟忧也。（《三国志·魏书八》）

迄今我们还熟悉的一个成语是“深谋远虑”，不能因为音节念读的缘故，就认为这时候的“深”和“为”已经结成了一个整体。例（63），缺失了“之”，似乎就加强了“深”和“为”之间的联系。

在比较早的时间里，也就是说，“深为”并出的南北朝，即便是《三国志》一书中，情况也是比较复杂的，其中有些“深为”似乎就已经词汇化了，其典型的形式就是其后出现了谓词性词语。例如：

（67）今拒曹公，深为得计。战卒有几？（《三国志·蜀书二》）

当然，同时代的其他作品里也有类似用例，尽管少，但好像一步到位了一样，很能体现“为”的虚化特征：

（68）王、谢相谓曰：“渊源不起，当如苍生何？”深为忧叹。（《世说新语·识鉴》）

很有意思的是，其后这种用例并不多见，倒是“深”还做它的副词性的修饰成分，“为”做介词与其后的“所”相响应，表被动的情况倒是繁叠出现。例如：

（69）之仪犯颜骤谏，虽不见纳，终亦不止，深为帝所忌。（《北史·卷五十五》）

（70）时王国舍人应取八族及清修之门，禧取任城王隶户为之，深为帝责。（《北史·卷十九》）

（71）王势高名重，深为权幸所疾，恐罹其祸，固辞以疾。（《北史·卷五十六》）

（72）明练钟律，有所考定，深为高郢所赏。（《旧唐书·卷一百四十七》）

（73）以郑覃此言，深为李珏、杨嗣复所恶，终文宗世，官不达。（《旧唐书·卷一百七十六》）

（74）废帝素有德业，而为兰根等构毁，深为时论所非。（《北齐书·卷二十三》）

（75）泰始初，转尚书郎、廷尉平、征南从事中郎，深为羊祜所器重。（《晋书·卷九十二》）

“深为”词汇化，在这个时段只能说是偶有所见：

（76）既已纳之，无故遣去，深为可惜。（《旧唐书·卷六十五》）

（77）凡人官爵，莫若处中，忻位秩太高，深为忧虑。（《北齐书·卷二十》）

宋代之后才蔚然成一气象：

（78）本州清化一指挥，虽有营房一二十间，又每年遭水，军人家累，难为存活，深为不便。（《东坡文集·与程正辅四十七首（之一）》）

（79）方二圣躬行仁厚，天下归心，忽有此言，布闻远迩，深为可惜。（同上，卷五十六）

（80）时议者以追尊则可，立之为宗，不入太庙，深为失礼。（《旧五代史·卷一百四十三》）

(81) 虽然不得到夫人、县君，却是宗室自取严蕊之后，深为得意，竟不续婚。(《二刻拍案惊奇 · 卷十二》)

(82) 甄希贤回去与合家说了，才晓得当日甄监生死的缘故却因春花，春花又为此缢死，深骇异。(同上，卷十八)

(83) 讣闻，帝深为嗟悼，厚加赗赐，皇太子亦赙以钞二千贯，命有司护送归葬肥乡。(《元史 · 卷一百五十八》)

(84) 你这些光棍，设骗良家子弟，白手要钱，深为可恨！(《金瓶梅 · 第六十九回》)

(85) 宝玉见了这般景况，深为骇异，禁不住赶来央告。(《红楼梦 · 第二十一回》)

(四)"甚为"

"甚为"和"深为"一样，可以说也没有类似"～为"通常的状动格式，即便用到相似的结构，也是不经意或者特殊的用例形成的。如下边的句子：

(86) 会大将军王凤病，长侍病，晨夜扶丞左右，甚为甥舅之恩。(《汉书 · 卷九十三》)

"甚为甥舅之恩"是承前边的两分句而做的汇总性概括，而"长侍病，晨夜扶丞左右"是其具体的作为，两者之间有着因果关系。此时的"为"即便看作动词也是不具体的。开初时的"甚为"多为句法中的两种类型，"为"后边的N要么是目的对象类的，如：

(87) 若必专已守残，党同门，妒道真，违明诏，失圣意，以陷于文吏之议，甚为二三君子不取也。(《汉书 · 卷三十六》)

(88) 夫堕父大业，退为布衣所哀，幸臣皆伏法而诛，为天下笑，以羞先帝之德，甚为大王不取也。(《汉书 · 卷四十四》)

(89) 朕惟君位尊任重，虑不周密，怀谖迷国，进退违命，反复异言，甚为君耻之，非所以共承天地，永保国家之意。(《汉书 · 卷八十六》)

要么是被动格式，和后边的"所"呼应，如：

(90) 彦穆风韵闲旷，器度方雅，善玄言，解谈谑，甚为江表所称。(《北史 · 卷三十六》)

(91) 构早有名誉，历官清显，常以雅道自居，甚为名流所重。(同上，卷四十三)

(92) 惠达营造戎仗，储积仓粮，简阅士马，以济军国之务，甚为朝廷所称。(同上，卷六十三)

(93) 谊时年老，犹能重铠上马，甚为北夷所惮。(同上，卷六十八)

时间上的先后也可以看得很明晰。也正是这个时间段，“甚为”后边出现形容词的时候，其词汇化也就随之完成：

（94）无道堕恶道，求脱甚为难；人身既难得，佛经难得闻。（汉·世高译《阿难问事佛吉凶经》）

（95）如闻在下州郡，尚有兼假，扰乱细人，甚为无理。（《北史·卷六十三》）

（96）其人当时悔不急去，懊恼之情，甚为极苦。（《百喻经》）

（97）上友于素笃，欲加酬顺，乃诏之曰：“事至于此，甚为可叹。”（《宋书·卷六十九》）

（98）及出镇京口，听将扬州文武二千人自随，优游外藩，甚为得意。（《宋书·卷九十九》）

（99）卿羸瘠如此，斋菲累年，不宜一饭，有乖将摄，若从所示，甚为佳也。（《陈书·卷二十七》）

（100）贞观初，征拜太学博士，其所讲《三礼》，皆别立义证，甚为精博。（《旧唐书·卷七十三》）

（五）“颇为”

该语言单位的遭际，很相似于“甚为”：在它产生之初，多种用法即已显豁。倒是状动用法难得见着。有一例，也颇不典型：

（101）恽始读外祖《太史公记》，颇为《春秋》。（《汉书·卷六十六》）

该用法过于苟简，于是此时的“为”，其意义不甚明了；如果白话用翻译过来，也只能就其大意理解为：于《春秋》颇为上心。后来出现的“颇为”后边也多为有述谓义的名词。例如：

（102）东魏雍州刺史郭叔略接境，颇为边患。（《北史·卷六十八》）

（103）近西边者，颇为艺植，多牛而少马。（《北史·卷九十九》）

（104）都蓝可汗信之，乃不修职贡，颇为边患。（《资治通鉴·卷一百七十八》）

与此同时，“为”表示被动依然体现着：

（105）王上书自陈舅张博时事，颇为石显等所侵，因为博家属徙者求还。（《汉书·卷八十》）

（106）初名哲，字知人，父威由是改之，颇为有识所哂。（《北史·卷六十三》）

（107）琨预其间，文咏颇为当时所许。（《晋书·卷六十二》）

（108）彦博惟骋辞辩，与之相诘，终日喧扰，颇为识者所嗤。（《旧唐书·卷六十一》）

更值得注意的是“颇为”一步到位，一早就实现了词汇化：

（109）且订葬疑之说，秋夏之际，阳气尚盛，未尝无雷雨也，顾其拔木偃禾，颇为壮耳。（《论衡·卷十八》）

（110）明帝之后，中原丧乱，未能外略，阿那瓌统率北方，颇为强盛，稍敢骄大，礼敬颇阙，遣使朝贡，不复称臣。（《北史·卷九十八》）

（111）邵缮修观宇，颇为壮丽；皆为之名题，有清风观、明月楼，而不扰公私，唯使兵力。（《北史·卷四十三》）

（112）其外“去者日以疏”四十五首，虽多哀怨，颇为总杂。（钟嵘《诗品》）

（113）时又有妖狐数百，在邠州城中，颇为怪异。（《云笈七签·卷一百三》）

（114）所喜者略无愠色，颇为贤达。（《警世通言·第六卷》）

（115）弟策虽不佳，颇为痛快。（《聊斋志异·卷九》）

（六）“最为”

“最”，《说文》：“犯而取也”。但这种意思在上古并不显著。其他引申义也多难推究其有机的关系，倒是与现代汉语相近的“极致”义用得最多。很有意思的是，这一时期“最为”组合即已出现，且数量并不鲜见：

（116）水火有气而无生，草木有生而无知，禽兽有知而无义，人有气、有生、有知，亦且有义，故最为天下贵也。（《荀子·王制》）

（117）五害之属，水最为大。（《管子·度地第五十七》）

（118）凡味之本，水最为始。（《吕氏春秋·本味篇》）

（119）曰：“子昆弟三人其孰最善为医？”扁鹊曰：“长兄最善，中兄次之，扁鹊最为下。”（《鹖冠子·世贤第十六》）

比照其他的“~为”用例，“最为”似乎只能与上述的“甚为”“颇为”归为一类。然而如果我们细心推究的话，事情并不像我们想象的那么简单。因为“甚”“颇”都不能算口语色彩很浓的词；而“最”却相反，功能也比较鲜明。它在上古时代所表现出来的最常见意义，即和现代汉语中的情况差不多，多出现在形容词前边反映程度的极点。例如：

（120）端，体之无序而最前者也。（《墨子·经上》）

（121）然惠施之口谈，自以为最贤。（《庄子·天下》）

由例（119）也可以看得很清楚：前边的组合都是“最善”，后边成了“最为下”。“最”与形容词的词语或序列义的词语相组合，在一开始即已奠定。下列语句能进一步证实这种情况：

（122）其先入者，举为最启；其后入者，举为最殿。（商鞅《商君书·境内》）

这种情况可以说一直延续至今。

即便看似是对名词的修饰，事实上也得重新分析。例如：

（123）怀王最少子，爱幸异于他子。（《史记·卷五十八》）

“少子”本来就是“最小的儿子”，如《战国策·赵策四》：“太后曰：‘丈夫亦爱怜其少子乎？’”但例（123）中的“最少子”，恐怕就不能从“最”字后边切分，得改从“少”字后边切分。因为还是该篇中的文字，就是这样表现的：

（124）老臣贱息舒祺，最少，不肖；而臣衰，窃爱怜之。

那么，应该怎样解释“最为”的组合才最为恰切，是不是按照上边类似的“~为”形式句法特征的一致性，只要是后边出现了述谓性的词语，就可以判作词汇化已经形成，直接将其“为”字看作词缀化了的单位就可以了呢？恐怕还不能这样简单地类推。

我们再来看其后“最为”同样的用例：

（125）今诸大臣狐疑未有所定，而泽于刘氏最为长年，大臣固待泽决计。（《史记·卷五十二》）

（126）至襄王时，而孙卿最为老师。（《史记·卷七十四》）

（127）以北平侯张苍言，用《颛顼历》，比于六历，疏阔中最为微近。（《汉书·卷二十一上》）

（128）功赏相长，五甲首而隶五家，是最为有数，故能四世有胜于天下。（《汉书·卷二十三》）

（129）武帝即位，吏治尚修谨，然由居二千石中最为暴酷骄恣。（《汉书·卷九十》）

（130）民刚恶，贪狼无信，多寇盗，最为强国。（《汉书·卷九十六下》）

（131）仲远专恣尤剧，方之彦伯、世隆，最为无礼。（《魏书·卷七十五》）

（132）不知有吾身，此乐最为甚。（李白《月下独酌》）

（133）这在诸商之中，还算最为轻省，造化好的，还能赚钱。（《醒世姻缘传·第七十一回）》

（134）我从作女孩儿的时候，合他两个人往来最为亲密，虽是这等亲密，他的根底他可绝口不提。（《儿女英雄传·第十四回》）

（135）那柳家的听得此言，便慌了手脚，因思素与怡红院的人最为深厚，故走来悄悄地央求晴雯芳官等人，转告诉了宝玉。（《红楼梦·第七十四回》）

（136）这个人也是个不衫不履的人，与家父最为相契。（《老残游记·第九回》）

如上表述，重新分析也是鉴别古代汉语中词与非词的一个重要手段。如例（125），当时的“老师”绝非一个词，故整个结构似乎以“为师中最老”解读可能最为合适。例（125），“于刘氏最为长年”，对应的是“于刘氏为年最长”。由《史记》同篇章中接下来的表述：“代王母家薄氏，君子长者，且代王又亲高帝子，于今见在，且最为长。”即可见其分明。

之所以这样理解，还有更多的语用事实给予证实。看《太平经》中的用例：

（137）子欲重知其明效，五星荧惑，为变最剧也，此明效也。（卷六十五）

（138）夏最四时养长，怀妊盛兴处也，其为德最大，故为君也。（同上）

（139）然虫食人，所谓虫而治人也，其为灾最甚剧，逆气乱正者也。（卷九十二）

（140）比三事者：子不孝，弟子不顺，臣不忠，罪皆不与于赦，令天甚疾之，地甚恶之，以为大事，以为大咎也，鬼神甚非之，故为最恶下行也。（卷九十六）

（141）如最下愚，有不乐守行者，名为天下最恶凶人也，天地疾恶之，鬼神不复佑之也。（同上）

再看佛经中的用例：

（142）持是三昧戒具者，是为诸菩萨中最尊。（《佛说菩萨内戒经》）

（143）菩萨摩诃萨四百四十万人，弥勒菩萨最为上首，皆得陀罗尼、忍辱、禅定，深解诸法空、无定想，如是大士皆不退转。（《悲华经·卷第一》）

（144）菩萨所行道，大悲为最上。（《悲华经·卷第七》）

不难看出，“最为”，在古代汉语中，往往是针对某种范围或对象进行比较得出的判断。即便比较的对象不甚清楚，但其预设是存在的。为了更好地认识该现象，我们再来看古人对人属性的判断：

（145）天地之性，人为贵。（《孝经·圣治章第九》）

（146）人，天地之性最贵者也。（《说文》）

（147）天地之性，人最为贵。（《论衡·卷二》）

三者的变序或省略，都能比较充分地说明“为”的出现与否，都表特定的对象范围内的比较判断。例（146），则为古汉语中的特定判断结构句法形式。不像英语，表语一定要有系词来作为其组合上的完整性。正因为如此，汉语的表达体现出了相当大的自由度，看下面的语句：

（148）此法门是最上乘，为大智人说，为上根人说；小智小根人闻，心生不信。（《六祖坛经·般若品第二》）

（149）厥后感梦孝明，渐於中国，菩提达摩降及大照禅师，七叶相承，谓之七祖，心印传示，为最上乘。（令狐专《唐故上都唐安寺外临坛律大德比北尼广惠塔铭（并序）》）

（150）父母非我亲，谁为最亲者？诸佛非我道，谁为最道者？（《祖堂集·卷一》）

（151）父母非我亲。谁是最亲者。诸佛非我道。谁为最道者。（《景德传灯录·卷一》）

例（148）和例（149）是一组，例（150）和例（151）是一组，其中最明显的特点就是“是”“为”的替换。

《朱子语类》中的情况也明确地说明这一点：

（152）古人志道，据德，而游于艺：礼乐射御书数，数尤为最末事。（卷十四）

（153）这但是说此三事为最重耳。（卷三十五）

（154）诸家易除易传外，谁为最近？（卷六十六）

（155）如此这般处，最是易之大义。（卷三十四）

（156）“舍己从人”，最为难事。（卷九十六）

（157）“养知莫过於寡欲”，此句最为紧切。（卷十八）

由此我们可以看到，朱熹在他的文字表述里边对“最为”使用的灵活性。这里边有句法的因素，如例（152）有了“尤为”，就不好再“最为”，显然涉及重言的问题。其他的，既有“最为”，例（156）、例（157），也有“为最”，例（153）、例（154）；当然还有省略“为”的，例（155）。

对于“最为”的逆序形式，历朝历代也并不少见。例如：

（158）月余，天子为最亲，乃诏有司曰：“常山宪王蚤夭，后妾不和，适孽诬争，陷于不义以灭国，朕甚闵焉。”（《史记·卷五十九》）

（159）心垢灭尽，净无瑕秽，是为最明。（《佛说四十二章经》）

（160）指爪及碗唇上皆可为之，运转尤速，但坚滑易坠，不若缕悬为最善。（《梦溪笔谈·卷二十四》）

（161）廷召诸子，珪为最贤，霸子怀敏以战死，固皆足称。（《宋史·卷四十八》）

（162）自岱山以及二天富炼以海水，所得为最多。（《宋史·卷一百八十二》）

（163）本朝臣下赐赉，视前代为最薄，且最为有节。（沈德符《万历野获编》）

（164）惟四川之盐出于井，深者数百尺，汲水煮之，视他处为最难。（《元史·卷九十四》）

（165）安王因以命教其诸子弟，故康熙间宗室文风以安邸为最盛。（昭连《啸亭杂录》）

这样就出现了一个问题：“最为”和“最”，包括“为最”，“为”的隐现是不是有一定的规律？但就如上众多用例及其分析来看，是比较自由的。为了加深这种认识，我们再看数例：

（166）叔孙得臣，最善射者也。（《春秋谷梁传·文公十一年》）

（167）明主之国，令者，言最贵者也；法者，事最适者也。（《韩非子·问辩》）

（168）夫无道之人人，最为恶凶人也。（《太平经·卷四十九》）

诸例应该说表达结构式非常相同，但例（166）、例（167）没有“为”，例（168）有。

（169）左师触龙曰：“老臣贱息舒祺，最少，不肖。”（《战国策·赵策四》）

（170）平阳侯曹参，身被七十创，攻城略地，功最多，宜第一。(《史记·卷五十三》)

（171）六国者，臣主皆不肖，谋不辑，民不用，故当此之时，秦最富强。(《汉书·卷四十九》)

（172）愿闻绝洞弥远六极天地之间，何者最善？三万六千天地之间，寿最为善。(《太平经·卷五十六至六十四》)

（173）六贼俱为患，心贼最为灾。(王梵志《六贼俱为患》)

以上数例能够给人一点启发，即有所涉及的，恐怕就是音节顿挫一致的需要。例（169）、例（170），相互响应的为三字格结构，例（171）不需要响应，且四字格煞句比较稳妥，故都省略了“为”。将例（171）比照例（172），或许能看得清楚一些。例（173）也有一个前后的响应一致问题。

因此我们说，“最为”中的“为”不涉及虚化。如果说一开始勉强还能说具有判断性质的话，越到后来，就越虚到了仅仅只剩一个衬字。

（七）“极为”“尤为”“更为”

这三个词很有意思，自它们一产生，就是一词，并一直保持至今。

看“极为”的用例：

（174）王阳虽儒生，自寒贱，然好车马衣服，极为鲜好，而无金银文绣之物。(《风俗通义·卷二》)

（175）皆好车马衣服，其自奉养极为鲜明，而亡金银锦绣之物。(《汉书·卷七十二》)

（176）火困而气热，血毒盛，故食走马之肝杀人，气困为热也；盛夏暴行，暑暍而死，热极为毒也。(《论衡·卷二十三》)

（177）齐性奢绮，尤好军事，兵甲器械极为精好。(《三国志·吴书十五》)

（178）杨愔欣然曰：“此言极为简要。”(《北史·卷五十六》)

（179）此殿在内，处所宽闲，参奉往来，极为便近。(《旧唐书·卷七十六》)

（180）只是我听人说，你公公平常待你极为刻薄，是有的罢？(《老残游记·第十六回》)

看“尤为”的用例：

（181）然彼五门，尤为险要，陈人若开塘放水，即津济路绝。(《北史·卷六十四》)

（182）如闻在东诸处，此例既多，江西淮北尤为不少。(同上)

（183）况御史中丞、殿中御史是供奉官，尤为不可。(《旧唐书·卷一百七十一》)

（184）至于此文，则精确、高妙，殆两得之，尤为可贵也。(苏轼《书子由超然赋后》)

（185）仁宗万机之暇，无所玩好，惟亲翰墨，而飞白尤为神妙。（欧阳修《归田录》）

（186）却又施在至亲面上，欺孤骗寡，尤为可恨！（《二刻拍案惊奇·卷一》）

“更为”相对复杂一些。问题在于“更”分属两个不同的词，读音不同，词性也不同：一个是动词，一个是副词。它们都能在其后带“为”，容易混淆。例如：

（187）臣闻客有过主人者，见其灶直突，傍有积薪，客谓主人，更为曲突，远徙其薪，不者且有火患。（《汉书·霍光传》）

（188）能使灰更为燃火，吾乃颇疑死人能复为形。（《论衡·卷二十》）

例子中的“更为”都可以当“改变、变成”讲。故不是我们这里主要讨论的对象。古代汉语中表程度的“更为”也是极早就直接成为了副词。看具体例证：

（189）更为书赐公子扶苏、蒙恬，数以罪，赐死。（《史记·卷六》）

（190）自无善而不顾后有患，此为大逆恶人，更为无等比，不休息乎？（《太平经·不可不祠诀第一百九十六》）

（191）诸神闻知，上白于天，天令善神随之，治生有进，财复将增，生子遂健，更为有足，是天恩也。（《太平经·大寿诫第二百》）

（192）作隋国公恐不能保，何乃更为族灭事邪！（《北史·卷七十一》）

（193）民苦二端，财力再耗，此为无益而有损也。（《三国志·吴书十六》）

（194）天理自然果报，人多猜不出来，报的更为直捷，事儿更为奇幻，听小子表白来。（《初刻拍案惊奇·卷三十》）

（195）自从裴大哥起义已来，十分兴旺，又今日得了众位前来相助，更为难得。（《粉妆楼·第五十回》）

二、“‘广’类（形）/‘甚’类（副）+加”

比较有意思的是，“广”类形素和“甚”类副素与“为”组词的同时，相对应的还有一种组词方式，那就是和“加”的组合。《现代汉语规范词典》在解释“更”时标明：❷副，表示程度加深，相当于“更加”“尤其”。“任务~艰巨了。”这也可以反过来理解：语义的重点是在“更”字上。以此可以看到，“加”和上述的“为”一样，也有虚化为词缀的倾向。该词典将“更加”“更为”都列为词条，标副词；在解释“更为”的时候，直接用“更加”标明。客观上体现了它们之间在组词方式上有着相应的一致性的特征。

《说文》：“语相增加也。”段注：“谓有力之口也。会意。引申之，凡据其上曰加。”总的来讲，古代汉语中的“加”，有两种比较显豁的意思，一个是某种行为施及特定的对象，一个是主观表达上的多种因素的增添。像《论语·先进》中的用例：“千乘之国，摄乎大国之间，加之以师旅，因之以饥馑；由也为之，比三年，可使有勇，且知方也。”此时的“加”按两种意思理解都不算错。正因为它程度义比较突出一些，所以，在和“‘广’类（形）/‘甚’类（副）”组合时，与程度义组合就显得更自由。很鲜明的一点，它和“大”（此时它指程度而非范围）类词组合多，跟“广”类（范围义）词组合就少。首先能够证明这种情况的，就是跟“大”为类义的“少”“厚”“数”“小”等，能跟“加”组合，而跟“广”为类义的，像“宽”“狭”等词就难以与“加”组合。例如：

（1）愿大王孰察，少加怜焉！（邹阳《狱中上梁王书》）

（2）臣乘愿披腹心而效愚忠，惟大王少加意，念恻怛之心於臣乘言。（枚乘《上书谏吴王》）

（3）每顾问之，多呼其小字阿稣，数加赏赐，为起大第於京城中。（《三国志注·魏书三》）

（4）既还国已，厚加爵赏，大赐珍宝，封以聚落。（《百喻经·卷第三》）

（5）圣主明目达聪，逖听悬视，罪其私冒不慎举者，小加谴黜，大正刑典，责成授任，谁敢不勉。（《通典·卷第十八》）

再则，根据古代汉语使用中的真实情况看，“大加”也是使用频率很高的一个语言单位。它虽然没有像“广为”“大为”等词一样，经历由句法的跨层次结构而组合一个词的过程，倒是像“极为”“尤为”“更为”一样，是一步到位、直接成词的。看具体运用中的情况：

（6）长鸾乃令军士牵曳而出，立琎于朝堂，大加诮责。（《北齐书·卷三十九》）

（7）鉴大加赏重，擢为主簿，仍荐之于右仆射崔暹，与辽东李广、渤海封孝琰等为暹宾客。（《北齐书·卷四十五》）

（8）武成怒，大加鞭朴。（《北史·卷四十二》）

（9）手下仓头，常令执烛，或时睡顿，大加其杖，如此非一。（《北史·卷四十》）

很有意思的是，魏晋南北朝时期，居然还有将“大加”作为特定官职名称的。如《北史》中的表述：“魏景初二年，遣太傅、司马宣王率众讨公孙文懿，位宫遣主簿、大加将数千人助军。”《梁书》中载：“大加、主簿头所著似帻而无后；其小加著折风，形如弁。”《三国志》注：“王之宗族，其大加皆称古雏加。”当然，我们推测这是一种同音偶合现象，究竟如何恐怕还需要结合当时少数民族语言及相互影响情况进行研究，才能得出正确的说明。如上，南北朝之时，“大加”自产生起，在其后的历朝历代，可以说长盛不衰。其使用中的类型主要集中在两个方面上，一个是正面赏赐褒奖性的：

（10）族祖允视之若孙，大加赒给。（《北史·卷四十》）

（11）自是大加赏异，礼遇日隆。（《周书·卷四十八》）

（12）及帝还，大加赏劳，拜楼烦太守。（《隋书·卷三十九》）

（13）夹河之战，实赖其用，屡立殊功，常许以灭梁之日大加赏赉。（《资治通鉴·卷二百七十四》）

（14）乃召怀英，大加奖激，仍以骏马、珍器赐之。（《旧五代史·卷二十三》）

（15）天子闻奏，大加称赞，就传圣旨，命黄门侍郎宣宋江等面君朝见，都教披挂入城。（《水浒传·第九十回》）

（16）嘉靖三年，征元节入京，见于便殿，大加宠信，俾居显灵宫，专司祷祀。（《明史·卷三百七》）

（17）蒙公子一见钟情，大加谬赞，妾何有缘若此耶？（《青楼梦·第二回》）

（18）前日王宗师考他一个案首，大加叹赏。（《平山冷燕·第九回》）

一个是反面惩治斥责性的：

（19）神龟末，以郎选不精，大加沙汰。（《魏书·卷七十二》）

（20）隆之时有受纳，文襄于尚书省大加责让。（《北史·卷五十四》）

（21）焘归闻知，大加搜检。（《宋书·卷九十五》）

（22）然源休与泚频议，欲逼胁潜藏衣冠，大加杀戮，镇辄力争救，获全者甚众。（《旧唐书·卷一百二十七》）

（23）季父大加惭恨。（《广异记·第八卷》）

（24）察其秘书省大加删正，又奏撰中书表集。（《陈书·卷二十七》）

（25）时世宗作宰，风俗肃清，隆之时有受纳，世宗于尚书省大加责辱。（《北齐书·卷十八》）

（26）庄闻，怒夺所好，途中偶逢，大加诟骂；晟不服，遂嗾从人折棰笞之，垂毙乃去。（《聊斋志异·卷六》）

相比之下，“广加”的使用情况就不如“大加”了。它出现的时间倒是与后者相同，南北朝时期也颇用了一些，但其后总的偏少，甚至有些朝代都很难见着。看具体的用例：

（27）可普下牧守，广加搜采。（《宋书·卷九》）

（28）又复公私传屯邸冶，爰至僧尼，当其地界，止应依限守视乃至广加封固，越界分断，水陆采捕，及以樵苏，遂致细民措手无所。（《梁书·宋武帝纪下》）

（29）四月丁巳，诏曰“诸旱处广加祈请”。（《晋书·卷十九》）

（30）其省先无本者，广加推寻，搜求令足。（《魏书·卷八十四》）

（31）伏愿广加逖访，勿使朋党路开，威恩自任。（《隋书·卷七十五》）

（32）伏愿广加访察，勿使朋党路开，威恩自任。（《北史·卷八十二》）

（33）朕下诏求贤良，当躬新阅试，亦遣使臣黜陟，广加搜访闻荐，擢其能者用之，冀以傅理。（《旧唐书·卷一百三十》）

（34）今方居盛夏，谓宜诘旦数坐，（广加）延问；漏及巳午，则炎赫可畏，圣躬

劳矣。(《新唐书·卷一百七十三》)

(35) 愿广加荐举，延问恢复之计。(《宋史·卷一百六十》)

(36) 于时或急欲成书，不复广加搜访，有一传而仅载历官先后者，读之不能使人无恨。(朱弁《曲洧旧闻》)

(37) 其令所在有司广加招徕，给以荒田，永为口业，六年之后，方议征租。(《清史稿·卷四》)

可以看得很清楚的是，关键还是“广”的范围义和“加”的程度义不甚匹配的缘故。正因为如此，“大加”和“广加”在现代汉语中也有不同的表现：依据北大语料库做一查检，前者用例能达近两千条之多，而后者仅见一例。然而很多不同类型的词典却不收前者作为词条，显然是有失偏颇的。

在“甚”类（副）与“加”的组合里边，也可以分为两类。第一类是静态的极性单位，像“颇”“尤”“最”“极”“甚”等，“颇”“尤”组词能力强。

先看“颇加”：

(38) 会楚王玮将讨骏，观受贾后旨宣诏，颇加诬其事。(《晋书·卷六十》)

(39) 世充惮其威名，颇加猜防。(《隋书·卷七十》)

(40) 上每日亲自访问，颇加敬仰。(苏鹗《杜阳杂编》)

(41) 不数年，求者浸多，亦颇加简汰。(《新唐书·卷四十五》)

(42) 宿怨执政摈己，颇加谗毁。(《旧唐书·卷一百五十四》)

(43) 有石头大师者，温颇加待遇。(《五国故事·卷上》)

(44) 出镇之后，子颇加修葺。(《太平广记·卷一百六十五》)

(45) 本朝修开宝礼，多本开元，而颇加详备。(《朱子语类·卷八十四》)

(46) 夆子引之，蹑石而去，颇加悚栗，不敢顾视。(《云笈七签·卷八十二》)

再看“尤加”：

(47) 上尤加意，赏赐至或数千万。(《史记·龟策列传》)

(48) 於是笃信之心，尤加恭肃，赂以殊玩，为之执奴仆之役，不辞负重涉远，不避经险履危，欲以积劳自效，服苦求哀，庶有异闻。(《抱朴子·内篇·勤求》)

(49) 因子腾书陇、蜀，告示祸福。嚣宾客、掾史多文学生，每所上事，当世士大夫皆讽诵之，故帝有所辞荅，尤加意焉。(《后汉书·卷十三》)

(50) 忠烈王尤加钦重，征州主簿；湘东王闻之，亦板为法曹参军；并不赴。(《梁书·卷五十一》)

(51) 及简文嗣位，尤加礼接。(《南史·卷二十七》)

(52) 节使乌汉真尤加待遇，籍中饮妓段东美者，薛颇属情，连帅置于驿中。(《太平广记·卷二百七十四》)

（53）广疑张子之言尤加精密。（《朱子语类·卷第三十》）

（54）两僧尤加悫励，远近皆来钦仰，一应斋供，多自日逐有人来给与。（《初刻拍案惊奇·卷三十六》）

但值得注意的是，随着时间的推移，越是接近于近代，它们的使用越呈逐渐减少之趋势。现代汉语里边除书面语还偶然见着外，已基本不用。相比之下，后边三个组合能力在古代汉语中也显得比较贫弱，还在于它们多不修饰动词性的词语；再则就是“最”“极”口语用得自由，而双音节词毕竟多体现出书面色彩。

第二类是趋向于动态的相对程度单位。“更加”和“愈加”是其比较典型的两个词。和第一类不同，它们则是随着时间的推移，频率逐渐增高，即便是在现代汉语中，它们仍然表现得非常活跃。

先说“更加”。最初出现的同样形式，似乎跟通常人们所认定的词汇化的历程并不完全一致，因此自它出现之初即似乎直接成词。例如：

（55）诸有百疾之在目者皆愈，而更加精明倍常也。（《抱朴子·杂应》）

（56）广陵城旧有高楼，湛之更加修整，南望钟山。（《宋书·卷七十一》）

（57）依旧目录，更加修撰，且成百卷，已有六帙五十八卷，上秘阁讫。（许善心《梁史序传论述中国古籍全录》）

（58）然性不宿憾，寻亦待之如初；或因此更加富贵，是以人人怀于利欲，至死而不思退。（《北史·卷十三》）

（59）革称脚疾不拜，延明将害之，见革辞色严正，更加敬重。（《南史·卷六十》）

（60）六坊之内徙者，更加简练，每一人必当百人，任其临阵必死，然后取之，谓之百保鲜卑。（《隋书·卷二十四》）

但其后稍晚出现的文字，却有回归词组的用例。例如：

（61）如其路更细小，即须更加角声。（《通典·卷一百五十七》）

（62）诸营住及营行，前后及左右厢肋上，五里著马两骑，十里更加两骑。（同上）

（63）言人以得礼之中，又能思审索求其礼，谓之能思虑；又不轻易其礼，谓之能坚固。能虑，能固其礼，更加好之，乃圣人矣。（《史记·卷二十三》）

（64）师曰：“雪上更加霜。”（《五灯会元·卷第六》）

例（61）、例（62），因“更加”之后是名词，那么“加”为主要动词应该说是无异议的。例（63），司马迁《史记》中的原文字是：“礼之中，能思索，谓之能虑；能虑勿易，谓之能固。能虑能固，加好之焉，圣矣。”显然，《正义》是在原文字上的直接组合“加好之”基础上的增添，“更”与“好”之间，是状中关系。例（64），连我们现在经常使用的成语都是这样的形式：“雪上加霜”，“更”当然也是后附加上去的。

一旦词汇化稳定之后，就会是另外一种情况。可以看到，“更加”都是出现在形容词的词语前边表程度：

（65）太子还宫，更加愁闷。（《敦煌变文集·卷三》）
（66）叹此贞心，更加愤郁。（同上）
（67）今夜防备，当比每夜更加谨慎。（《三国演义·第五十三回》）
（68）这一场病，比前更加沉重。（《醒世恒言·第十三卷》）
（69）八戒见了是颂子，更加惭愧。（《西游记·第二十四回》）

跟上述句法的状中关系不同，“更加”词汇化之后，“加”的意义便趋于虚化。我们看《朱子语类》中的例子：

（70）但知道粗率，便是病在这上，便更加仔细便了。（卷一百一十四）
（71）须是更仔细，将心体验。不然，皆是闲说。（卷十四）
（72）公更仔细去看这一句，煞有意思。（卷三十五）

此时换作“加”可自由隐现，说明它已虚化。

“愈加”的情况比较中规中矩，发展线索比较分明：“愈”作为单独的程度副词，从上古时期出现一直到现代，都没有失去它的使用功能价值。看早期的例子：

（73）曷云其还？政事愈蹙。（《诗·小雅·小明》）
（74）去险愈近，而过刚不中，故其象如此。（《周易·需卦第五》）
（75）诏多则请者愈多矣，请者愈多，且无不请也（《吕氏春秋·卷十七》）
（76）使者往而复来，辞愈卑，礼愈尊，王又欲许之。（《国语·越语下》）
（77）疾愈，西入关，至栎阳，存问父老，置酒。（《史记·卷八》）
（78）情发于中而声应于外，故厘负羁之壶餐，愈于晋。（《淮南子·齐语训》）
（79）以此周文愈亲待之。（《北史·卷三十八》）

到了唐代，才有后边附缀“加”的用例：

（80）四十一家贫无绢为衾，武帝闻之，愈加惋惜，谥懿伯。（《南史·卷四十一》）
（81）从此以后，帝每见，鞘利等愈加敬畏，不失蕃臣之礼。（《大唐创业起居注·卷一》）

其后愈见增多。仅列数例：

（82）所示诗卷，愈加精绝，但吟讽无已。（苏辙《与参寥大师书》）
（83）二子亦因夫子之哂子路，故其言愈加谦让，皆非其自然，盖有所警也。（《朱子语类·卷四十》）
（84）亦有已说定，一番看，一番见得稳当。愈加分晓。（《朱子读书法·卷一》）
（85）操见公如此，愈加敬服。（《三国演义·第二十五回》）

（86）自此后二人同来同往同起同坐，愈加亲密。（《红楼梦·第九回》）

就"'广'类（形）/'甚'类（副）+为/加"结构式，实际上归纳了两组对应组合在古代汉语中成词的组合情况，即"广"类形素、"甚"类副素分别与"为""加"组合成词的历史演进过程。由基本考察可以看到，整体上看，由单音节词向双音节词的转移是一个大趋势。在这个大趋势中，对于具体的个体单位来讲体现着由实变虚的语法化过程。我们看到，"为"和"加"都有向词缀转移的趋向。对于其结果来讲，词汇化是一个不期而然的目标。两组之所以呈系列性，与此不无关系。推动这一发展变化的因素是多方面的，有内部结构单位自身的原因，如"为"实施行为性强，故多与形容词"广"类组合；"加"主观程度性强，故多与副词"甚"类组合。意义匹配的一致性要求也在其中起到了很大的作用。两个系列虽然没有明显的界限，但总体显示出了一定的互补性。从这种意义上说，语言的组合还是有理据性的。这种比较明显的区分里面，往往呈现出由典型到非典型的渐变序列。除了讨论过的词语之外，还有一些边界状态的情况，如"越+发/加/为"，似乎就有些渐行渐远。从具体的词的建构来看，很多都不是类推形成的，往往都有自己的来源经历与发展过程。这又让我们看到了语言作为一个庞大的系统，它的组合丰富复杂，并非理性指导下的产物。与此同时，语用的因素，修辞的追求，这种外部功能条件的价值作用也是不容忽视的。两组对应组合，甚至扩大到在由单音节词向双音节词的转变，韵律的追求、语体的效用方面，都起着一定的影响。不但现代汉语，即便是古代汉语，不可否认的一种事实是，这一结构前后两类型词语的组合并不像更多的其他的词一样结合得那么紧密牢固，可单可双的实际用例就说明了这一点。很多词典在确立词条的时候显得犹豫不定，很难达到自身的一致或与他人的一致，很大程度上就是由这种客观现象造成的。

第三节　"老~""~子/儿/头"的词汇化

如果说上面一组过去谈的人比较少，这两组的构词就可以算老话题了。尽管如此，我们觉得这里边仍有一些需要进一步澄清的东西。那么，别人已经说过的，就尽可能少说或者不说；说得不够到位的地方当然就多费些笔墨。

一、"老~"

汉语中的实词虚化，"老"肯定是一个比较典型的语言单位。语言学界讨论的也多。但有关语法化的动因，揭示得却相对不足；有关意义虚实的描写同样显得不够精细。我们往往基于一种理想化的模式看问题：随着时间的推移，特定的一个语言单位或由于位序组合的不同，或词义上发生了变化，很自然地就呈现为这样一个过程：由体现具体实在的词汇意义逐渐地演变为仅表示比较单纯的语法功能标记，直至成为一个已经没有多少价值的构词上的陪衬符号。纵观人类社会发展的历程，思维方式愈来愈趋向丰富和严谨。作为记录思想的工具，很自然地会表现出以最少的表象形式记录尽可能多的信息量；与此同时，也以尽可能明晰的形式标记来显示复杂多样的组合意义。这种历史的进步是显而易见的。现代汉语里边也确实有数量可观的虚词或词缀，其往往都有一个实在意义的源头。由此似乎可以进一步强化这种理想化的模式观念。但事情往往就是这样：泛泛地给出一个普遍性的原理似乎并不难，但往往不能解决什么问题，更无助于对特定现象的阐释。比如说，对于具体的实词虚化来讲，其先后多是参差不齐；就某一个单位来讲，意义实在与否在共时层次可以共存，也可以不共存。更何况我们现在还解释不了：为什么在先秦时期有那么多的词头或词尾，而在嗣后的历史长河中并没有反映出比较强的能产性？

（一）"老"的虚化时段问题

"老"在一开始为实义性的形容词，这应该是没有什么问题的。《说文·老部》："老，考也。七十曰老。"且众所周知，它可以一个词的身份在语句里边自由使用。有些文章在论述该课题时喜欢引证《易经》和《论语》里边的下述用例来说明"老"的实义：

（1）九二，枯杨生稊，老夫得其女妻；无不利。(《易·大过》)

（2）樊迟请学稼，子曰："吾不如老农。"请学为圃，曰："吾不如老圃。"(《论语·子路》)

例(1)"老夫"中的"老"有意义是不错，问题在于：此时年纪大，是由它自身体现的，还是由句法中的组合才显现出来的呢？比如苏轼在《江城子·密州出猎》中的词句"老夫聊发少年狂"，虽称"老夫"，但当时他才 38 岁。虽然不是一个时期，似乎缺乏比较的基础，但总的来说，从历史发展及其使用来讲，很多时候这个"老"字却是远离《说文》所说的那个实数的。这个语句如果不是有上边"枯杨生稊"的比兴，是不是一定表示年龄大，还真说不准。我们再看《诗经·大雅·板》中的诗句："老夫灌灌，小子跷跷。"有"小子"的对照，"老夫"当然年纪大。一旦失去了这种句法上的条件，这种意义便会不再明晰。例(2) 似乎就能够说明这样的问题。"老农""老圃"，是不是真的"年龄大"？白话翻译恐怕也是用"有经验"最合适，这里边当然包含年龄大的成分，但已不指实际的年龄。这跟我们现代汉语中的"老农民"差不多，跟"老百姓"的"老"就比较接近了。有人总是在寻求给"老"字实义虚化一个合理的解说。如宋代陆佃的《埤雅·卷十一》载："狐鼠进退又鼠类最寿，俗谓之老鼠是也。"今天有学者仍以此推证。但非常有意思的是：最早对该词有解说的是西汉时的扬雄，《方言·卷八》中载："蝙蝠，自关而东谓之服翼，或谓之飞鼠，或谓之老鼠，或谓之仙鼠。"与此同时，后人所辑刘向的《淮南万毕术》也有类似的称谓："老鼠不祥，过，自受其殃！"虽然该词所指不同，但该词形式却已确立；至于组合缘由，两人都没有做出解释。后来人们的认定便颇有点推测猜想的成分了。但有一点可以肯定，此时“老”的虚化并非个案。为什么呢？因为时间比较早的《尔雅》一书，即有了类似的组合。如《释鸟第十七》中即有这样的两组释词：一是“老鳸，鴳”。再一是“萑，老鳸”。胡奇光、方环海《尔雅译注》中对前者的解释是：“鳸，农桑候鸟的通称。或又写作‘扈’。《左传·昭公十七年》：‘九扈为九农正。’孔疏：‘贾逵云：春扈分循、相五土之宜，趣民耕种者也。夏扈窃玄，趣民耘苗者也。秋扈窃蓝，趣民收敛者也。冬扈窃黄，趣民盖藏者也。棘扈窃（丹），为果驱鸟者也。行扈唶唶，昼为民驱鸟者也。宵扈啧啧，夜为农驱兽者也。桑扈窃脂，为蚕驱雀者也。老扈鷃鷃，趣民收麦令不得晏起者也。’”可见两汉之交，“老~”构词已不止“老鼠”一个。再则，《尔雅》释词上述两种鸟的命名也都无关乎年岁问题。

在此前后，似乎还有类似的其他词语组合。例如：

（3）至齐襄王时，而荀卿最为老师。（《史记·孟子荀卿列传》）

（4）诚哀老姊垂白，随无状子出关，愿勿复用前事相侵。（《汉书·杜钦传》）

可能是史料遗留不足，如贾逵等人的很多著述都已亡佚。如上所说的“老~”构词在两汉时期虽非个例，但也并不普遍，故显得弥足珍贵。六朝时才逐渐增多，例如：

（5）荞叶细，俗呼之曰老荞。（郭璞《尔雅注》）

（6）我固疑是老奴，果如所卜！（刘义庆《世说新语·假谲》）

（7）何至作老婢声！（同上，《轻诋》）

（8）但令老兄平安，必无过虑。（《宋书·卷四十七》）

（9）刘秀之俭吝，呼为老悭。（沈约《宋书·卷七十六》）

当然，此时“老鼠”一词的使用也相对多了起来：

（10）有一老鼠，色正苍黄，迳就其前。（郭璞《洞林》）

（11）曾不如老鼠，翻飞成蝙蝠。（陆机《失题诗》）

（12）子为国郎中，亲领此土，荆州俗谚或云是老鼠所作，名曰灵侯。（刘敬叔《异苑》）

（13）卿非狐狸，即是老鼠。（刘义庆《幽明录》）

之所以如此，跟特定历史文化、风俗传说、心理联想恐怕都有着直接的关系。看葛洪《抱朴子》里的一段文字：

山中寅日，有自称虞吏者，虎也。称当路君者，狼也。称令长者，老狸也。卯日称丈人者，兔也。称东王父者，麋也。称西王母者，鹿也。辰日称雨师者，龙也。称河伯者，鱼也。称无肠公子者，蟹也。巳日称寡人者，社中蛇也。称时君者，龟也。午日称三公者，马也。称仙人者，老树也。未日称主人者，羊也。称吏者，獐也。申日称人君者，猴也。称九卿者，猿也。酉日称将军者，老鸡也。称捕贼者，雉也。戌日称人姓字者，犬也。称成阳公者，狐也。亥日称神君者，猪也。称妇人者，金玉也。子日称社君者，鼠也。称神人者，伏翼也。丑日称书生者，牛也。但知其物名，则不能为害也。

这一段文字里边有两个方面的信息非常值得我们重视：一个是传统文化中的地支生肖在很早的时间即已开始；一个是“老”字作为词缀还未形成稳定态。以后者来讲，“虎”未带而“鸡”却带，比照我们前边所考察的“小鸡”产生的时日可知。即便如此，参照其他的资料似乎还可以做出一定的判断。扬雄《方言》中对蝙蝠称谓的解释，其实由于它与鼠两者形体上的相似，甚至迄今文化落后的农村仍有鼠变蝙蝠的传说。传统里的长寿崇拜很早即已建立，《大戴礼记·易本命》载：“有羽之虫三百六十，而凤皇为之长；有毛之虫三百六十，而麒麟为之长；有甲之虫三百六十，而神龟为之长；有鳞之虫三百六十，而蛟龙为之长；倮之虫三百六十，而圣人为之长。”五类分科，又都有长寿者的典型形象。逐渐演化发展的道家学说，又以长生不老、羽化登仙为一种终极追求。袁枚《子不语》有“狐生员劝人修仙”篇中说：狐中蒙太山娘娘考试得其生员者才具有升仙资格，然而修仙的途径颇为不易：得先学人形，再学人语；而学人语，尚需先学鸟语；而学鸟又需将四海九洲的鸟语都学够，才能为人声，以成人——而此过程即已逾500年矣。人学仙比异类少500年功苦。若贵人、文士学仙，又较凡人省300年时日。大率学仙者，千年而成，此为定理。葛洪上边的一段话里边已点明：“称令长者，老狸也”，“称仙人者，老树也”，都与年龄长有关。这里的“鼠”虽未冠以“老”字，不过在《对俗》篇中，又有这样的记述：“鼠寿三百岁，满百岁则色白，善凭人而卜，名曰仲，能知一年中吉凶及千里外事。”北宋大型类书《太平御览》引东晋郭璞《玄中记》云：“百岁鼠化为神。”“百岁之鼠，化为蝙蝠。”李时珍也在《本草纲目》中写道：“其寿最长，故俗称老鼠。”所以，尽管“鼠”自古至今都在人们的心目中不是什么好形象，但人们受联想心理、价值观念的影响，最终还是将“老”的字眼附在它的前头。北宋学者陆佃在《埤雅》一书中的解释还是有道理的：“鼠类最寿，俗谓之老鼠是也，若老鹳、老鸱、老乌之类，以老称，亦如此。”至于上述文字中“老”称“狸”不称“狐”，原因当然是多方面的。西汉刘安等编撰的《淮南子·缪称训》中辨析说：“今谓狐狸，则必不知狐，又不知狸。非未尝见狐者，必未尝见狸也。狐、狸非异，同类也。而谓狐狸，则不知狐、狸。”其实那一时期的人们，甚至至今的人们并不想在这上边做精细的区分，距此不久的干宝《搜神记》中的用法即能说明这一点：

(14) 舒戏之曰：“巢居知风，穴居知雨。卿非狐狸，则是鼷鼠。”客遂化为老狸。(卷十八)

(15) 明日视之，乃老狐也。(同上)

里边叫“老狸”也好，“老狐”也罢，其实指的都是“狐狸”。这一时段的人们还想在这里边做一点区分，后来的人们似乎觉得没有这种必要，干脆又合到了一块儿。既然已经是双音节了，再带“老”也就没有什么意义了。

到唐宋时期，“老鼠”一词可以说是构建成功并趋于稳定了。例如：

（16）老鼠入饭瓮，虽饱难出头。（寒山《诗三百三首之二百六十八》）

（17）若解捉老鼠，不在五白猫。（拾得《若解捉老鼠》）

（18）钟不闻，虚度日，唯闻老鼠闹啾唧。（《全唐诗补编·全唐诗续拾卷三十》）

（19）大虫老鼠，俱为十二相属，何怪之有？（李肇《国史补》）

（20）此间有个老鼠子，今在浴室里。（《景德传灯录·卷十九》）

（21）唐山东一老佐史，前后县令，无不遭侮。家致巨富。令初至者，皆以文案试之，即知强弱。有令初至，因差丁造名簿，将身点过。有姓向名明府者、姓宋名郎君者、姓成名老鼠者、姓张名破袋者，此佐史故超越次第，使其名一处，以观明府强弱。先唤张破袋、成老鼠、宋郎君、向明府，其县令但点头而已，意无所问。佐史出而喜曰：“帽底可知。”（李昉等《太平广记》）

宋时“老~”已普遍地使用起来，并为注意观察的人们及时地捕捉到了。如洪迈《容斋三笔》：“东坡诗用人名，每以老字为助语，非真谓其老也。如‘老濞宫妆传父祖’、‘老可能为竹写真’、‘不如老娄几时归’、‘曾使老谦名不朽’之类，皆随语势而然。”

（二）“老头”是怎样的结构方式

“老头”是什么样的构词方式？这是很多讲有关内容的著述大都是回避的；有些讲了，似乎也不怎么让人信服。比如有的认为是“词缀+词根”（冯英，2005）；有的认为这是“词根+词缀”。“无忧考网”转载自：https：//www. 51test. net 的自学考试《现代汉语》复习资料第四章中说：“‘子、头、老’有时是定位语素，有时是不定位语素。不定位语素意义比较实在，定位语素意义较虚，定位的‘子、头’念轻声。如‘瓜子、老头’中的‘子、老’是不定位语素，意义实在。‘桌子、老师’中的‘子、老’是定位语素，意义较虚。”跟很多同类型教材的表述方式一样，这里也是多认定而论证不足。这一段话仍需要对这些问题做出解释才能说是准确完整的：如果说“老头”中的“老”是不定位语素，那么它的实在意义是什么？姑且将它看作不定位语素，那么它后边的“头”又是什么，定位不定位？如果是定位的，那么跟前者的观点正好相反；如果是不定位的，那么它跟“老”的结合又是什么关系呢？当然，从它所举例证讲释看，其意向是很清楚的，就是后边的一种认定。

首先我们知道，“老头”一词于我们现今是一个比较典型的指称名词，虽然有的词典笼而统之地解释为“年老的男子”，但通常不用于面称而多用于他称。该词在汉语发展史上出现的时间相对稍晚，是在唐代；它开初时所体现的意义即需要人们费心斟酌。《汉语大词典》给出的第一个义项是“白头”，谓“容颜已老”。如果该解释准确的话，显然与现代汉语中的意义不同，属于描述性定义。看所举例证，窦常《酬舍弟牟秋日洛阳官舍寄怀十韵》：“老头亲帝里，归处失吾庐。”元稹《酬乐天重寄别》：“却报君侯听苦辞，老头抛我欲何之。”根据上下文语境，该词义的训释似乎比较确切；同时也合乎汉语新造词一开始多侧重反映形象特征的基本方式。但我们需要注意的是，在比这早的时间即有人开始用到该词，且其意义理解要费些周折：

（22）少年生夜叉，老头自受苦。（王梵志诗《夫妻生五男》）

这里的“老头”似乎解作“老年”比较合适。一如《长歌行》中的“少壮不努力，老大徒伤悲”中的“老大”一样，一开始就偏重于指人生的特定时段。甚至我们说，窦、元两位诗句中的“老头”未尝不是这种意味。之所以这样说，就在于：“白头”“白首”两词早已有之并普遍使用，在唐诗里边使用的频率似乎更高。即便是在以后的历史时间里仍未失去其作用。所以，没有必要偶然用一个“老头”来表达同样的意思。

倒是这一时期白居易用了好几次。这里尽列如下：

（23）风疾侵凌临老头，血凝筋滞不调柔。（《病中诗十五首·枕上作》）

（24）三愿临老头，数与君相见。（《赠梦得》）

（25）同贫同病退闲日，一死一生临老头。（《哭刘尚书梦得二首》）

此时的“老头”仍解作“老年”为好。究其原因，在于白居易在其他诗里边，真正用到特征义的，也多是用形象鲜明的词语直接体现，且用量相应为多。这里仅举几例：

（26）老去一时成白首，别来七度换春风。（白居易《微之就拜尚书居易续除刑部因书贺意兼咏离怀》）

（27）念此忽内热，坐看成白头。（白居易《效陶潜体诗十六首》）

（28）白头老人照镜时，掩镜沉吟吟旧诗。（白居易《对镜吟·白头老人照镜时》）

与此同时，众所周知，对“年老男子”的指称很早时间就有了。例（1）中的“老夫”，不管其中的“老”是否已开始虚化，作为词，其意义的明确性还是有的。后边的时间里，与现代指称义“老头”同义的词语还有很多，如“老者”“丈人”“老丈”“老人”“老翁”“老父”“老叟”等。即便唐初有了“老头”这一形式，大历前后几位诗人用了好几例，但此时仍未取得指称义的资格。它甚至还落后于“老婆”的形成，寒山的诗句很能说明这一点：

（29）老翁娶老婆，一一无弃背。（寒山《老翁》）

这种情况一直延续到整个宋代。似乎除了彭乘《墨客挥犀卷一》中偶然用到：“罚教临老头，补衲归中条。”大家都没有怎样使用；偶然见到，也仅为调侃戏谑性的。如苏轼《东坡志林·卷六》："宋真宗闻隐者杨朴能诗，如对，问：'此来有人作诗送卿否？'对曰：'臣妻有一首云：更休落魄耽杯酒，且莫猖狂爱咏诗。今日提将官里去，这回断送老头皮。'上大笑，放还山。东坡赴诏狱，妻子送出门，皆哭，坡顾谓曰：'子独不能如杨处士妻作一首诗送我乎？妻子失笑，坡乃出。'"这里的"老头皮"，应该说仍是本源意义上的描述性名词，即对脑袋的戏谑性称谓，跟现在有些地方开玩笑称述"脑瓜壳"差不多。有了这个典故，辛弃疾《添字浣溪沙·山花子》也就有了类似的用例：

（30）记得瓢泉快活时。长年耽酒更吟诗。蓦地捉将来断送，老头皮。

这后边的"皮"纯粹是接近联想而用的连带字眼儿，以增加其口语的随意和灵动色彩。罗大经《鹤林玉露》也有一类似的用例："与世长多忤，持身转觉孤。夤缘新齿舌，收拾老头颅。"到了明代，仍有这种敷衍诡谲的用法：杨慎《升庵诗话·黑云》："或问：此诗（指李贺《雁门太守行》）韩王二公去取不同，谁为是？予曰：宋老头巾不知诗。"

自唐初至宋末，在相对漫长的时间里边，"老头"一词之所以没能普遍地应用开来，恐怕是两个方面的原因在起着作用：一方面是称谓性名词与描写性名词两套系统完整清楚地存在。称谓性名词除了我们已经列述过的之外，唐宋时期禅宗语录里边，伴随着口语兴起，又有了"老汉""老儿"的用法：

（31）峰云："者老汉！老僧臂长，则便打二十棒。"（《祖堂集·卷七》）

（32）又云："百岁老儿作歌舞。"（《古尊宿语录·卷二十九》）

特别值得注意的是，这一时期竟有姓氏夹在"老头"中间的用法，类似于现代汉语中最为自由随便性的称呼"老李头""老王头"等：

（33）救得老卢头，失却少林齿。（同上）

描写性名词"白首""白头"一类特征形象的典型性为人们所关注。当时很有些诗文对此都有精细的描写，看李隆基《傀儡吟》："刻木牵丝作老翁，鸡皮鹤发与真同。"无名氏《九张机》："可怜未老头先白，春波碧草，晓寒深处，相对浴红衣。"《敦煌变文》里边似乎就更多了：

（34）遂出南门，忽尔行次，见一老人，发白面皱，形容燋燋。（《太子成道经一卷》）

（35）不逢别事，见一老人，发白如霜，鬓毛似雪，眉中有千重碎皱，项上有百道（粗）筋，双目则珠泪长垂，两手乃（牢）扶柱杖，看人不识，共语无类，缓行慢行，粗喘细喘。（《八相变》）

另一方面是这一时期的口语白话毕竟还不够成熟，还没有形成完整的长篇话语表达方式。唯有这种语体形式全面占据上风，新的指称在与当时多样化的其他指称相互角力中才有可能占据全胜的地位。

元曲里边，与“老头”同义的词语用了不少，似乎大家都在竞争中进行择选一样。例如：

(36) 这老子是甚么人，敢冲着我马头？(关汉卿《包待制三勘蝴蝶梦》)

(37) 老的，这家私分他怎么，还是着大哥管的好。(郑廷玉《崔府君断冤家债主》)

(38) 我两人接爹爹去，见一老爹，问是谁家的。(白朴《裴少俊墙头马上》)

当然，与此直接相关的褒贬词语也同时用着：

(39) 这老人家好苦恼也。(郑廷玉《看钱奴买冤家债主》)

(40) 我先杀了你这老匹夫，落个垫背的。(高文秀《须贾大夫谇范叔》)

(41) 则你那伍奢老头儿，也还让着我哩！(郑廷玉《楚昭王疏者下船》)

在保持描述性名词“白头”不变的情况下，指称性名词“老头”最终在元曲里边取得了优势地位。例如：

(42) 他待将这老头儿监押去游街。(武汉臣《老生儿》)

(43) 你这老头儿不要琐碎，你只是把眼儿撑着，看我这架子衣服如何？(秦简夫《东堂老》)

(44) 张千，我家那老头儿在那里？(无名氏《冯玉兰夜月泣江舟》)

(45) 两个老头儿则是赶我，难道我就这等罢了？(无名氏《小尉迟将斗将认父归朝》)

过去的人物称谓都不免体现有礼仪或情感上的色彩，而这新起的称谓比较通俗、中和，随意性意味浓厚；至于它的构成，综上所述，跟“白头”“白首”的类推不无关系。我们注意到，即便其后稍晚的时间，“老头”已取得广泛认可的情况下，甚至还有人尝试用其他语素来组织同义词语：

(46) 只见午门之内，跪着一班老首，深衣幅巾，长眉白发，手里拄着一根紫竹杖，脚底穿着一双黄泥鞋。(罗懋登《三宝太监西洋记》)

也就是说，“白”和“老”，与“首”和“头”，在组词方面一直在进行着选择。在文言色彩比较浓重的“首”字将要由前台退居后台的情况下，还要拿它来尝试，当然就有点不合时宜了。因此，在我们所能够搜罗到的材料中仅发现这一例，自然也就是情理之中的事了。逐步发展到现代汉语中的结果，就是“老头”和“白头”在表意上的明确分工：一个侧重于指称，一个侧重于描述。至于前者内部的组合结构关系，到这个时候我们就非常容易判断了，那就是两者均为实语素的偏正型复合式合成词。不过，元代该词得以为人们普遍所接受，与过去该词语形式稍有差别的，就是在它的末尾带有了后缀性的儿化，借以弱化它指称上了年纪的人不够尊重的色调。如果是同年龄段的人们用来指称，则多了些戏谑、欢悦的意味。其意义，也经历了一个由侧重表年纪到单一表指称的转变。

（三）语素意义虚实的认识

现代汉语通俗性称谓，像“老+单音节姓氏”中的“老”，是词缀还是词根？人们大都倾向于将其看作词缀，但判断的标准是什么却很少做出解释。客观地讲，这里边有客观和主观两个方面的问题：一是意义的实在与否确实不容易把握。词多对应一个明确的概念，在语句里边由于上下语境的制约而能体现出相对清晰的内涵；与此相对，不成词语素就不能利用这些有利条件了。因此，正是基于这种因素，语言学界才在构词法领域提出“类词缀”这个概念。这种概念的提出很有意思，多是针对现时类推造词来的。因为它们多是近来体现的新功能，带有本源的意义；与此同时，位置的相对稳定又使它们具有了趋向于词缀的可能性。这样就构成了两难状态：从其意义来说还保留着一定的实义性，从其位置的相对固定来说则具有了形式的虚化特征。这就使得这类单位处于变化的中介状态。

相对于过去多从两极对立观念看待问题，即非此即彼的判断方式，现时的人们或许不再过度单纯或极端；但要说今天大家在认识方法上已经趋向于准确、成熟和科学，恐怕还不好说。正像我们看到的那样，现在大多数的教科书中，大都是毫不客气地将“老李”“老师”“老虎”等词语一股脑儿地归属为附加关系的合成词，处理得很是干脆。从一定意义上讲，有些现象的硬性规定虽然说不上有着怎样科学的理据，但是为了现实的需要，仍有必要采取这种方式。教科书、词典里边的内容便有这种特征。不如此的话，基础学习者就会失去基本的依据和准绳。社会管理上面也有这种情况。对不同的人们会有什么样的要求表述，年龄段就是一个重要的标准。关于这一点，古代汉语似乎比现代汉语还要清晰明确。看唐代两个不同时期对不同人等做出的认定：

（47）武德七年，始定律令……男女始生者为黄，四岁为小，十六岁为中，二十一为丁，六十为老。（《旧唐书·卷四十八》）

（48）广德元年七月，诏：“天下男子，宜二十三成丁，五十五为老。”（同上）

显然，人之老小，是相对而言的。但为了便于社会运作，模糊、弹性肯定是不行的，于是就根据情况进行调整和规定。我们今天缺少这种明确系统的认定，有限的词语要想排序就不免有几分尴尬：如我们常用“老、中、青”来表现成人之后的三个主要阶段。然而需要人们思考的是：“壮年”属不属于其中的一个环节？不要说通常的人们，就是在这上面下了功夫的专家学者恐怕都不容易给出一个明确的答案。看李行健主编《现代汉语规范词典》对“壮年”一词的解释：“指人三四十岁正当强壮有力的年龄”，对“中年”一词的解释是“一般指四五十岁的年纪”，对“青年”一词的解释是“传统认为15岁以上到30岁左右”。如果真是这样的话，显然“壮年”正好是处在连续序列的一个节段上，但该词典对“中年”的解释还有这么一个追加说明：“介于青年和老年之间的年龄段。”显然这里又屈从了世俗的三段分法，将自己对“壮年”的解释挤兑得没了位置。

研究层面就不能硬性规定了，更不能将判断建立在意义虚实的感觉体会上。拿“老屋”“老李”“老师”“老虎”来说，很多时候它们都以相对凝固的形式、相同的功能状态出现在句法的组合之中。正是从这种意义上讲，人们往往会将它们归为一类。认定容易证明难。很多事物现象之所以需要辨析，就在于还有很多情况下它们所表现的形式及意义并非绝对相同。另外，无数事实也告诉人们：事物之间的区别既不是泾渭分明的非此即彼，也不是混沌一团的既此亦彼，往往呈现为一种典型特征到另外一种典型特征的渐变连续统状态。我们先看“老屋”。该单位看起来与后边三个词一样，我们也曾下功夫试图找寻到由该原形趋向离散性的中间有“的”的用例，可惜的是终究没能实现愿望。这种情况说明：“老”与“屋”的组合，即便我们别异性地想将它们说成是词与词的组合，也是比较勉强的。但是，相对应的，如果让哪一部词典将“老屋”列为词条，恐怕也比较为难，尽管计算机文字输入已将它看作一个单位给予显示。之所以如此，仍在于该单位属于口语性的，在相对应的书面语里仍比较多地使用着同样意义的句法组合。例如：

(49) 这样，一丝丝的温暖，使这古老的房屋里还有一些生气。(曹禺《雷雨》)

(50) 有一所落寞的古老的屋子，画壁漫漶，阶石上铺着白藓，象期待着最后的脚步。(何其芳《独语》)

虽然不能用典型的句法标志“的”将它们隔开，但其他的词语仍是可以插进来的：

(51) 丽丽，还记得柯桥乡下的那几间老破屋吗？(邵丽达《五月的第一天》)

(52) 想克丽奥女神的殿堂也许只是一间容易失火的老木屋。(秦凌《抒臆集》)

“老~”是在左向添加还是中间添加，显然是验证其组合凝固与否、词和非词的重要手段。古人在这方面虽然没有这种意识，但其应用却给出了有力的证明。看下边的例子：

(53) 此物不得去，遽变老白雄鸡，推问是家鸡，杀之遂绝。(刘义庆《幽明录》)

(54) 恰好的藤上又走下两个小老鼠儿，一个白白如雪，一个黑黑如铁。(罗懋登《三宝太监西洋记·第三十九回》)

(55) 其年正当烧纸，忽见有白老鼠一个，绕树走了一遍，径钻在树底下去，不见了。(冯梦龙《警世通言·桂员外途穷忏悔》)

至于能够自由替代“老”的其他词语就更多了：

(56) 把我新屋当个牲口圈，我只好认命，这也罢了。(周立波《暴风骤雨》)

（57）看见一个破破落落的大院，里面有几间塌败的小屋。（杨绛《老王》）

（58）那儿有石根先生祖辈留下的一幢旧屋。（梁晓声《激杀》）

（59）我结婚是两间，楞叫我老婆搬出来，另给一间小破屋。（冯骥才《一百个人的十年》）

由此我们说，可以不把该组合中的“老”看作词，无非是因为它与“屋”的组合不像其他句法组合那么自由罢了，但在意义上仍保留着实在的描述功能。

再看“老李”。此时的“老”，很有些著作是看作词缀的。有两个将它看作词缀的理由似乎很充分：一个就是“老+单音节姓氏”这种组合非常具有普遍性。如董秀芳（2004）通过周遍性考察，认为此时的“老”作为前缀很典型，可以依此类推，如“老张、老李、老王”；而其他对动物的命名，如“老虎”“老鼠”等不具有周遍性，“*老猪、*老鹿、*老鸡”等不行。另一个是具有典型词缀所有的语法上或色彩上的类化意义。于此，赵树理的《李有才板话》里边有很好的描述：

李有才常说：“老槐树底的人只有两辈——一个‘老’字辈，一个‘小’字辈。”这话也只是取笑：他说的“老”字辈，就是说外来的开荒的，因为这些人的名字除了闾长派差派款在条子上开一下以外，别的人很少留意，人叫起来只是把他们的姓上边加个“老”字，像老陈、老秦、老常等。他说的“小”字辈，就是其余的本地人，因为这地方人起乳名，常把前边加个“小”字，像小顺、小保等。可是西头那些大户人家，都用的是官名，有乳名别人也不敢叫——比方老村长阎恒元乳名叫“小囤”，别人对上人家不只不敢叫“小囤”，就是该说“谷囤”也只得说成“谷仓”，谁还好意思说出“囤”字来？一到了老槐树底，风俗大变，活八十岁也只能叫小什么，小什么，你就起上个官名也使不出去——比方陈小元前几年请柿子洼老先生给起了个官名叫“陈万昌”，回来虽然请闾长在闾账上改过了，可是老村长看账时候想不起这“陈万昌”是谁，问了一下闾长，仍然提起笔来给他改成陈小元。因为有这种关系，老槐树底的本地人，终于还都是“小”字辈。李有才自己，也只能算“小”字辈人，不过他父母是大名府人，起乳名不用“小”字，所以从小就把他叫成“有才”。

显然，在这一段情况介绍里边，姓和名前头加“老”或“小”，既有那时农村称谓共性的一面，也有当地特殊的一面。但有一点是清楚的，这两个字眼儿不怎么体现对人的尊重，似乎跟人的年龄关系不怎么大。当然，作为文学作品，赵树理不需要辨析详尽。其实里边还有些信息是需要读者自己有所澄清的：叫姓称“老”的多，叫名称“小”的多；第一辈是“外来的开荒的”，下一辈就不是了。紧接下来的文字就证明了这一点：“老秦”一出场作者还专门做注道“小明的爹”。尽管如此，如果细心斟酌的话，其中的“老”和“小”还是能体现一定的年龄特征的。虽然它们之间存在不够分明的区分界限，然而辈儿上的差别却不容否认，甚至人们往往借助于年龄上的差异来做文章。词语上面由年龄大小而形成对举性的系列类义词也能说明这一点，如

“老人、大人和小孩”“老朋友、新伙伴”“老字辈、小一茬”等，所以，我们说，“老+单音节姓氏”中的“老”仍未完全实现词缀化。相应的，如果有些词不具有这种对举性，纯粹是一种色彩或语气上的辅助性质，如“老百姓”“老大爷”“老白干”“老奶奶”等，说此时的“老”虚化了倒是可以的。

“老师”的“老”可以看作词缀了吧？有人做出论证，依据《儒林外史》中人物的说法：学里的老师是由朝廷制下的，有官方的认可；再一就是明、清两代，生员（秀才）、举子称座主和学官为老师，不重年龄，转而体现尊重色彩，此时的“老”应该看作真正的词头。但语言中的事儿往往不是权威说了算。“老师”中的“老”也并非不关乎年龄资格问题。与“老+单音节姓氏”相比，此时的“老”更虚了，很明显的就是没有与之相对举表年龄的其他词语自由出现，形成表大小的序列。但是，如果说它已经虚到极点了，恐怕也不确切。因为我们注意到：真正用关乎年龄意义的词语去与“老师”组合的时候并不怎么自由。为此，我们借助北大语料库进行搜索，结果是这样的：

“小老师”：30 例；“老老师”：1 例；“大老师”：0 例

在这 30 例的“小老师”中，下边的这种用法有 5 例：

（60）颖颖像一个小老师那么认真。（白帆《寂寞的太太们》）

有 9 例是打引号的：

（61）现在，天天来跳舞的她不仅身材恢复了苗条，而且还成了一位“小老师”。（新华网 2003 年 11 月 26 日）

例（60），“颖颖像一个小老师那么认真”，这样的语句怎样理解？是“像‘小老师’那么认真”还是“小小年纪却像‘老师’那么认真”？这样的表达句显然是比喻，一如“教师是园丁”，喻体只要体现特定的、典型的职业特征就可以了，其特征本身，凭着人们通常建立起来的观念，即需要拥有一定的资历和相应的年龄。正因为如此，再用“小”来分辨，分明是悖论，所以正确的理解只能是后者。再如例（61），之所以有那么多的用例给“小老师”打上引号，深层次上的意思和上例一样：还不够资格，只是担当的角色像老师罢了。此外，还有相当的一些用例内容表达的是幼儿园、小学等开展的“小老师”活动，主要在于激发学生的自信心，利用儿童羡慕大人、想成为大人，即“小大人”的心理，临时性地扮演或履行老师的一点职责。再深入一步，我们可以看到，“老师”前边即便添加形式上跟年龄有关的词语，也都是“一头沉”地向“小”这儿倾斜，不对称，即显示了该词中的“老”，还未彻底失去它的分量，彻底虚化。正因为如此，用“老”“大”对它进行再描述并不自由。真正要辨析的话，倒是可以在“教师”一词上来体现“年轻”或“老”。

“老虎”“老鼠”这一类就不一样了。前人有楹联句云：“鼠无大小皆称老，鹦有雌雄都叫哥。”同样，我们也查检了北大语料库，结果是这样的：

“小老虎”：157 例；“大老虎”：39 例；“老老虎”：1 例

“小老鼠”：146 例；“大老鼠”：33 例；“老老鼠”：0 例

对于这两种事物来讲，论及年龄的概率显然高起来了，尽管比例上不甚相称，这跟它们与人们生活的密切度、关注度、认知倾向等有关。至于称“大”不称“老”，除了上述情况之外，还有一个语言应用的避复问题：其实这里的“大”就是“老”的意思，尽管它是通过个头来识辨的。

至此，对比中我们可以看到，词语意义的虚实，都会在语言形式上显示出它的差异来。即便是我们将“老屋”“老李”“老师”“老虎”中的“老”都看作词缀，这也只是命名而已，并不重要；重要的是怎样看待它们之间的不同点。由其能否替换、添加位置以及和特定词语的匹配能力，即所谓的广义形态，我们分明看到它们呈现出一个由实到虚的渐变环节链，其数值可以用这样的形式来表现：1—0. 75—0. 25—0

二、“~子/儿/头”

除了“老~”式，这三组可以说是现代汉语里边出现频率最高的附加式构词了。然而它们的产生及成词过程却是在古代实现的，且也大都有“个性”，成词的先后不一，成词之后的风格色彩也不一样。

（一）“~子”

“子”，《说文》：“十一月，阳气动，万物滋，人以为称。象形。”不过这一段话很不容易正确理解：象形是象形，问题是象什么形？段注对此做了两个方面的解释：一是在声训基础上认为象其苗状滋生，“万物莫灵于人，故因假借以为人之称”；一个是一步到位，“亦象人首与手足之形也”。

在先秦比较长的历史时期，人们于“子”的使用多倾向于褒义表达。孔子著《春秋》，在对周王朝以及诸侯国国君、卿士大夫们的称谓上面就显示了拨乱反正、弘扬道统的担当精神，即“文王既没，文不在兹乎？”（《论语·子罕》）“天生德于予。”（《论语·述而》）本来到了他生活的那个时代，礼崩乐坏，所谓公、侯、伯、子、男已不再体现爵位的高低，多反映的是与周王朝的亲疏关系以及与居于中央华夏文化的远近程度，然而孔子判断的标准只有一个，那就是“周监乎二代，郁郁乎文哉！吾从周。”（《论语·八佾》）爵位的高低虽然已经成为历史的陈迹，但在他的心目中还是重要的评价尺度。例如《春秋·僖公二十七年》：“二十有七年春，杞子来朝。”“杞子”是谁？是杞国的国君。因为杞国和宋国一样，它们分别代表了夏朝和商朝的香火传承，故周王朝给予了它们很高的规格待遇，名义上都是公爵。《左传》对此的解说是：“杞桓公来朝，用夷礼，故曰子。”孔子认为杞桓公没有用正统的礼节来从事外交事务，有自我贬低之嫌，故在名分上就给予了“子”的称谓。与此相反，《春秋·哀公十三年》："公会晋侯及吴子于黄池。"《春秋公羊传》对此的阐发是："吴何以称子？吴主会也。吴主会则曷为先言晋侯？不与夷狄之主中国也。其言及吴子何？会两伯之辞也。不与夷狄之主中国，则曷为以会两伯之辞言之？重吴也。曷为重吴？吴在是则天下诸侯莫敢不至也。"反映在其中的，是孔子复杂的心绪情怀：这次黄池会，是吴国发起的，而且是它主动融入华夏文化的重要聚会；相对于中原地区来讲，它仍属于夷狄之国，然而又是现时崛起的一个强国，所以，对其国君称子，即表达了尊重的意思。但这种尊重又不能太过了，所以，接下来的语序将它放在晋的后边。真是煞费苦心！

但对于中原地区的诸侯国，包括周王朝公卿大夫及其子孙们的称谓，"子"显然都带有尊称的色彩。例如：

（1）秋，天王使王季子来聘。（《春秋·宣公十年》）

《春秋谷梁传》解析说："其曰'王季'，王子也。其曰'子'，尊之也。"

（2）九月，齐人取子纠杀之。（《春秋·庄公九年》）

《春秋公羊传》："其称子纠何？贵也。"

（3）季子来归。（《春秋·闵公元年》）

《春秋公羊传》："其称季子何？贤也。"

（4）冬，齐高子来盟。（《春秋·闵公二年》）

《礼记·曲礼下》："子，有德之称。"

（5）二月庚子，子叔姬卒。（《春秋·文公十二年》）

《公羊传》："此未适人，何以卒？许嫁矣，字而笄之，死则以成人之丧治之。其称子何？贵也。其贵奈何？母弟也。"

由此可以看到，当时对人的称指，"子"是一个富有典型性的敬称，不管是放在名字的前边或后边，虽然是放在后边的居多。顾炎武《日知录》言道："周制，公、侯、伯、子、男为五等之爵，而大夫虽贵，不敢称子。春秋自僖公以后，执政之卿始称之。其后匹夫为学者所宗亦得称子，老子、孔子是也。孔子弟子惟有有子、曾子二人称子，闵子、冉子仅一见。"其大致描画了"子"于这一时期的基本历史概貌。

另外，当时，甚至更早的时候，这个"子"是不分男女的。例(66)就非常能够说明问题。所以说何晏《论语集解》载马融曰："子者，男子之通称。"邢昺《论语注疏解经》疏："是子者，男子有德之通称也。"肯定是不准确的。可以用更多的事实说明这一点：

（6）夫婴儿子之知，独慕父母而已。（《墨子·公孟》）

（7）大功之末，可以冠子，可以嫁子。（《礼记·杂记下》）

（8）饮酒，酣，公见其妻曰："此子之内子邪？"（《晏子春秋·杂下六》）

（9）是郑穆少妃姚子之子，子貉之妹也。（《左传·昭公二十八年》）

更有甚者，《仪礼·丧服》中用到了三个相当特殊的组合："女子子""妇人子"

"君子子"，看具体的用例：

(10) 女子子适人者为其父母、昆弟之为父后者。

(11) 妇人子者，女子子也。不言女子子者，因出，见恩疏。

(12) 君子子者，贵人之子也，为庶母何以小功也？

它们具体所指为谁？还是《仪礼·丧服》中的用例："女子子在室为父。"郑玄注："女子子者，女子也，别于男子也。"又曰："泛言子者可以兼男女。"但这里着意双言，显然就不是泛指。贾公彦疏："男子、女子各单称子，是对父母生称，今于女子别加一字，故双言二子，以别于男一子者云。"

《礼记》中也有类似"女子子"这样的称谓，但《曲礼下》里边仍明明确确地言道："言子者，通男女。"

即便是今天我们有了明确的性别区分，在当时也都是不分的。例如：

(13) 能儿子乎，儿子终日嗥而嗌不嗄。(《庄子·庚桑楚》)

成玄英疏："同于赤子也。"

(14) 逾东家墙而搂其处子，则得妻。(《孟子·告子下》)

赵注："处子，处女也。"

不分性别，表敬称或尊称，这种普遍性的特征即便是用今天的眼光看，似乎也更合乎词缀的表类化意义的功能属性。当然，认定、下判语其实都不重要，重要的是将其实际的状貌认识清楚就可以了。

就是这个时段里边，采取"～子"格式已经创制了相当一些的词，最典型的就是"男子""女子"的分辨：

(15) 乃生男子，乃生女子。(《诗经·小雅·斯干》)

(16) 寡人使吏禁女子而男子饰，裂断其衣带，相望而不止者何也？(《晏子春秋·内篇·杂下》)

(17) 女子曰："皇祖妣某氏。"(《仪礼·士虞礼》)

(18) 其奴，男子入于罪隶，女子入于舂藁。(《周礼·秋官·司厉》)

其他的还有"国子""门子""僮子""内子""生子""才子"等构词，如下所述。

国子：公卿大夫的子弟。

(19) 宣王欲得国子之能导训诸侯者。(《国语·周语上》)

(20) 虽齐国子亦将与焉。(《国语·周语下》)

(21) 乐师掌国学之政，以教国子小舞。(《周礼·春官·乐师》)

门子：周及春秋时卿大夫的嫡子。杜预："门子，卿之适子。"《周礼·小宗伯》：

“掌三族之别，以辨亲疏，其正室皆谓之门子。”郑玄：“正室，适子也，将代父当门者也。”韦昭注：“门子，大夫之子。”

(22) 定百事，立百官，育门子，选贤良。(《国语·晋语》)
(23) 子孔当国，为载书，以位序听政辟。大夫诸司门子弗顺，将诛子。(《左传·襄公十年》)

僮子：即童子，未成年人。

(24) 使僮子备官而未之闻耶？(《国语·鲁语下》)

内子：妻子。

(25) (赵姬) 以叔隗为内子，而已下之。(《左传·僖公二十四年》)

先子：祖先、(已去世的) 前辈。

(26) 鲁以先子之故，将存吾宗，必召女。(《左传·昭公四年》)

才子：德才兼备的人。

(27) 昔高阳氏有才子八人。(《左传·文公十八年》)
(28) 昔帝鸿氏有不才子。(同上)

掌子：王世子的管家。

(29) 掌役畜养鸟，而阜蕃教扰之，掌子则取隶焉。(《周礼·秋官·闽隶》)

童子：未成年的男子。

(30) 童子唯当室缌。(《仪礼·丧服》)

竖子：童仆，孩子，引申为无知孩童。

(31) 故人喜，命竖子杀雁而烹之。(《庄子·山木》)
(32) 未至，公梦疾为二竖子。(《左传·成公十年》)
(33) 今日往而不反者，竖子也！(《战国策·燕策三》)

生子：刚成人的少年。

(34) 若生子，罔不在厥初生，自贻哲命。(《书·召诰》)

公子：诸侯之庶子 (包括女儿)。

(35) 公子为其母，练冠，麻，麻衣縓缘。(《仪礼·丧服》)
(36) 颜淫九公子于宫中。(《春秋公羊传·昭公三十一年》)

胄子：帝王及贵族长子。

(37) 夔！命汝典乐，教胄子。(《书·舜典》)

臣子：官宦，多用于自称。

(38) 儒者法先王，隆礼义，谨乎臣子而致贵其上者也。(《荀子·儒效》)

二三子：诸位，君子。

(39) 孤违蹇叔，以辱二三子，孤之罪也。(《左传·僖公三十三年》)
(40) 二三子何患乎无君？(《孟子·梁惠王下》)

上述构词多为人不同时段命名及身份地位的称谓，而对职业的归属则刚刚开始。例如：

舟子：撑船人。

(41) 招招舟子，人涉卬否？(《诗·邶风·匏有苦叶》)

车子：驾车人。

(42) 叔孙氏之车子钼商获麟，以为不祥，以赐虞人。(《左传·哀公十四年》)

至于对事物命名，则就更少，现今能确认的只有一个“眸子”：

(43) 存乎仁者莫良于眸子。(《孟子·离娄上》)

两汉以降，特别是到了魏晋南北朝时期，情况得到了相当的改观。就一般著述来看，并没有太大的变化，甚至还没有先秦时期“~子”结构形式出现的频率高，所出现的新词里边，也仅仅是个别现象。有代表性的可能就一个“师子（狮子）”了。最早在东汉时就已经出现：

(44) 得勇猛如师子无所畏，一切魔不能动。(支娄迦谶《佛说般舟三昧经》)
(45) 闻彼邻多有师子，此献未睹，可悉致之。(裴松之《宋元嘉起居注》)

其他的社会用词新产生的有：

监子：监官。

(46) 既至省，杨太妃骤遣监子去来参察。(《宋书·卷七十二》)
(47) 第令受酒肉之赐，制以动静，监子待钱帛之私，节其言笑。(《南史·卷二十三》)
(48) 第令必凡庸下才，监子皆葭萌愚竖。(同上)

县子：爵名。

(49) 缪公问县子：“天旱不雨，寡人欲暴巫，奚如?”(《论衡·卷十五》)
(50) 秀之可封乐安县伯，食邑六百户，师伯平都县子，愍孙兴平县子，谦之石阳县子，淹广晋县子，食邑各五百户。(《宋书·卷七十七》)

庖子：厨子。

（51）故庖子涉族，怵然为戒，差之一毫，弊犹如此。（《宋书·卷四十三》）

（52）伊公爨鼎，庖子挥刀。（文选·张协《七命》）

荡子：辞家远出、羁旅忘返的游子。

（53）昔为娼家女，今为荡子夫。（《古诗十九首·青青河畔草》）

（54）荡子行不归，空床难独守。（同上）

（55）报荡子之长信，送仙人之短书。（萧绎《玄览赋》）

穷子：穷人。

（56）值大宝而不取，遇深经而不求，亦何异穷子反走於宅中，独姥掩目於道上，此乃惑行之常性，迷途之恒心。（萧衍《注解大品经序》）

不过总体来讲，这些词用得还不是那么普遍，没有形成规模。有的仅仅出现一两例、数例，且意义单一；在后边的时间里边才逐渐地推行开来，意义也变得明确。如“荡子”，后来多指游荡子。“穷子”也多指乞丐。

“~子”组合也开始少量地指物。例如：

石子：

（57）吴孙峻杀朱主，埋于石子冈。（《搜神记·卷二》）

（58）先服方寸匕，乃吞石子大如雀卵十二枚，足辟百日，辄更服散，气力颜色如故也。（《抱朴子·内篇·杂应》）

钗子：

（59）开屏易叠，卷廉难攀，握头敛髻，钗子萦鬟。（《全梁文·卷六十三》）

舍梨子：

（60）新经须菩提，旧经舍梨子。（《全梁文·卷七十一》）

这一时期内，最值得提及的就是北魏贾思勰的《齐民要术》。这部著作不仅是中国传统农业种植管理再加工等一系列操作技术的集大成者，同样也是体现当时北方民间话语本源面貌的最忠实的记录。它和当时基本上是同时代的另外一部著作《世说新语》可以说形成了两种言语形式最典范的代表：一南一北，一仕宦一农耕，一书面一口语，可以说形成了最为鲜明的两种景观。不说别的，就它引述早期的著述来讲即近200种，像西汉末的《氾胜之书》，东汉的《四民月令》等，里边即保留有活生生的最下层民众的系统词汇，而这些词语恰恰是不被所谓的正史所关注进行反映的。由上面的简单介绍可知，整个两汉400多年的历史里边，可以说是“罢黜百家，独尊儒术”的结果，就是思想的高度统一，语言上面也就是班、马所代表的道统上的规范语言，词汇系统里双音节化推进的速率倒是显得迅捷而坚定，然而最具有活跃创新能力的附加式构词方式却大受冷落。与这种整体情况形成十分显豁对照的是，《齐民要术》中的这种构词，简直是旷野上生机盎然的一块绿洲，而“～子”构词，即是其中最鲜艳夺目的一束奇葩。其类推之强，已经相对固化下来的系列词语之多，似乎是同类型著作所不可比拟的。例如：

（61）某所大木，可以为棺；某亭豚子，可以祭。（序）

（62）如去城郭近，务须多种瓜、菜、茄子等：且得供家，有余出卖。（杂说）

（63）取汁以渍附子，率汁一斗，附子五枚。渍之五日，去附子。（卷一，种谷）

（64）岁暮夕，四更中，取二七豆子，二七麻子。（卷二，小豆第七）

（65）作汤，净洗芜菁根，漉著一斛瓮子中。（卷三，蔓菁第十八）

（66）刀子切去蒂，勿令汁出。（卷四，种桃柰第三十四）

（67）俗人呼杼为橡子，以橡壳为“杼斗”，以剜剜似斗故也。（卷五，种槐、柳、梓、梧、柞第五十一）

（68）后两足白，老马子；前两足白，驹马子。（卷六，养牛、马、驴、骡第五十六）

（69）作胡叶汤令沸，笼子中盛麴五六饼许。（卷七，白醪麴第六十五）

（70）以一鉎锹铁钉子，背岁杀钉着瓮底石下。（卷八，作酱法第七十）

（71）若碗子奠，仰与碗子相应。（卷九，炙法第八十）

（72）关桃子，其味酸。（卷十，五谷、果蓏、菜茹非中国物产者）

如例，《齐民要术》里边的“～子”构词，每一卷都有，甚至每下位的每个专题内容里边都有，出现频率高，数量大。再有就是与人们日常生活密切相关的果蔬类，如“桃子”“梅子”“杏子”“椰子”“茄子”“匏子”；作物类，如“麦子”“谷子”“芋子”“稗子”“麻子”；用具类，如“钉子”“瓮子”“碗子”“盆子”“刀子”“棘子”“石子”“渠子”“锯子”“瓦子”“杷子”“袋子”“屋子”“瓶子”“镊子”“算子”“杓子”“钩子”；牲畜类，如“羖子”“羔子”“老马子”。还有吃的“饼子”，观赏的“栀子”，小生物“蝎子”，玩具“棋子”，等等，都已普遍用到，可以说现代汉语中的常用“～子”词在那个时期都已基本建立。可以说，贾思勰的著作让我们看到了这方面历史信息的有机关联。当然，还有相当一些的同样形式，称谓上的变化，抑或实义“种子”的“子”和虚化了的“子”，难以辨析。例如：

（73）但以蓬子押取汁，以匕匙纥纥搅之，不须扬。（卷九，饧铺第八十九）

特别是它的“卷十”，标题就是“五谷、果蓏、菜茹非中国物产者”，里边提到的“～子”类称谓颇多，如“梅桃子”“猴闼子”“土翁子”“枸槽子”“鸡橘子”“猴总子”“多南子”“王坛子”“多感子”“蔗子”“弥子”“栝蒌子”“驳子”“草昧子”“橄榄子”“余甘子”“桶子”等，就更不好多加猜测。但有一点是可以看到的，说明当时南北方的交流已经相当普遍。《齐民要术》中的“~子”，简直是“子”字词族的一个大会展。大多数的称谓叫法，从引证的前代书籍来看，从两汉时期就已经开始；至今仍为人们习惯常用。这说明口语白话，特别是反映农民生活生产的用语，始终处于一种相对稳定的状态。然而这在《世说新语》这种文人雅士们的谈玄谐趣里边却是找不到的。从整个“~子”产词的数量来看，形成了奇特的现象，就是作为附加式构词，至此在“子”这么一个单位上面，实现了相对自觉的成熟。即便是后来历代以降，也仅为量上有限的增补而已。

（二）“~儿”

“儿”，《说文》：“孺子也。从儿，象小儿头囟未合。”本源的这个字肯定是象形，与“子”字可以说互补对应，只是“儿”画成其形更细腻一些。

在先秦，“儿”的使用可以说都是用它的本义，这种情况一直延续到两汉。例如：

（74）始用乐舞，益如歌儿，作二十五弦及箜篌瑟自此起。（《史记·卷二》）

（75）使奴从宾客，浆酒霍肉，苍头庐儿，皆用致富。（《汉书·鲍宣传》）

（76）左邻崇山，右接旷野，邻垣乞儿，终贫且窭。（扬雄《逐贫赋》）

（77）广佯死，渐渐腾而上马，抱胡儿而鞭马南驰。（《汉纪·武帝纪四》）

（78）给事平阳公主家，与少儿私通。（同上）

东汉的时候，开始有虚化的萌芽：

（79）正犹春儿生而死，不睹秋事；生而终，不睹冬事。（《太平经·丙部之十六》）

魏晋时期，很有意思的是，当时人的名字，以“儿”作为末尾字的，可以说大昌其道。这似乎一改汉代人起名字的习惯，要么多倾向于“寿”，要么多倾向于“国”，特别是小名，将“儿”附于其后更是普遍，爱子的情感由此可见一斑。例如：

（80）又使府史徐虎儿招引边将，要结禁旅，规害台辅，图犯宫掖。（《全宋文·卷八》）

（81）构诱敬儿，志相攻陷，悖图未遂，狼戾弥甚。（《全宋文·卷十》）

（82）灵运小名客儿，陈郡阳夏人。（《宋书·卷三十》）

（83）文帝太祖文皇帝讳义隆，小字车儿，武帝第三子也。（《宋书·卷三十八》）

（84）幸得张敬儿提戈直奋，元恶受戮。（《宋书·卷八十三》）

（85）逆党陈叔儿等，泉宝钜亿，资货不赀，诞收籍所得，不归天府。（《宋书·卷七十九》）

（86）所爱幸阉人华愿儿有盛宠，赐与金帛无算，法兴常加裁减，愿儿甚恨之。（《宋书·卷九十四》）

（87）景素儿乃佳，但不能接物，颇亦堕事，卿每谏之。（《南齐书·卷二十七》）

（88）第三女推儿，春秋卅有一，亡于偏忧。（《全刘宋文·卷六十》）

之所以成为当时的风尚，大概有一个由贱到爱的反语过程。如《汉书》的《鲍宣传》《萧望之传》，都出现过“苍（仓）头庐儿”这个名称，《萧望之传》颜师古注指出：“比官府之给贱役者。”《抱朴子外篇·弹祢》：“游许下，自公卿国士以下，衡初不称其官，皆名之云阿某，或以姓呼之为某儿，呼孔融为大儿，呼杨修为小儿。”看来当时称“儿”成风，但直接称人为儿，并不是什么尊敬的称谓。但他人的称谓和自己的故意自我贬抑并不是一回事儿。一如过去农村给自己的孩子起名叫“狗剩”“驴蛋”一样，反话正解，好养活，可以躲避三灾八难。魏晋时期可能也有这样的心理暗示。看《三国志·卷十八》中的一则裴注：

（89）霸一名奴寇。孙观名婴子。吴敦名黯奴。尹礼名卢儿。

这一例能够说明的问题是，“奴”“寇”肯定都不是好字眼儿、鲜亮的字眼儿，然而当时人们的名字并不忌讳。还有就是，“子”和“儿”一样，同样也是当时人们所热衷采纳的。上边所举多例，都是父母为孩子起名字，“～儿”成首选的惯例，连帝王的孩子也不例外，“～子”也是佳选。例如司马相如，其小名就叫“犬子”。《晋书·王修传》：“修字敬仁，小字苟子。”《颜氏家训·风操》进而解释说：“王修名狗子。”

张永言《世说新语辞典》将《世说新语》中的“儿”的用法归为5个义项：孩子（5次），青年人（4次，像“兵儿”“健儿”），人（2次），对人蔑称（10次），儿子（57次）。然而具体应用中的情况是复杂多样的。如陆游《老学庵笔记·卷六》中言道：“晋语‘儿’、‘人’二字通用。《世说》载桓温行经王大将军墓，望之曰：‘可儿，可儿。’盖谓‘可人’为‘可儿’也。故《晋书》及孙绰《与庾亮笺》皆以为‘可人’。又陶渊明不欲束带见乡里小儿，亦是以‘小人’为‘小儿’耳，故《宋书》云‘乡里小人’也。”意义理解当然可以这样认为，但真正的命名，还是用“儿”不用“人”。对人戏谑性的称谓也是这样。如《三国志·卷三十六》裴注：

《山阳公载记》曰：初，曹公军在蒲阪，欲西渡，超谓韩遂曰：“宜于谓北拒之，不过二十日，河东谷尽，彼必走矣。”遂曰：“可听令渡，蹙于河中，顾不快耶！”超计不得施。曹公闻之曰：“马儿不死，吾无葬地也。”

如若此时用“人”，显然不伦不类，所寄寓的情感也无从表现。

此时人的名字用“儿”，似乎也不容易归类。看《世说新语》中的例子：

（90）谢胡儿语庾道季：“诸人莫当就卿谈，可坚城垒。”（《言语》）

（91）许柳儿思妣者至佳，诸公欲全之；若全思妣，则不得不为陶全让。（《政事》）

（92）田舍儿，强学人作尔馨语！（《文学》）

此时的“儿”开始有了分类称述的功用。例如：

(93) 男儿在他乡，那得不憔悴。(《古歌》)

(94) 世谓蚕为“女儿”，古之遗言也。(《齐民要术·卷五》)

这和过去所称述的“男子”“女子”相比，显然有了改变。

(95) 虽复羸弱，亦言健儿可惜，天下未平，但令以功赎罪。(《宋书·卷九》)

(96) 布谓性曰：“卿健儿也！”(《三国志·魏书七裴注》)

(97) 所宠遇骄恣者，类多庸儿。(王粲《英雄记》)

(98) 令庸儿不得尽其称，称而不问不对，对必辞让而后言。(《抱朴子·内篇·勤求》)

这是对人格的评价。

(99) 武子乃令兵家儿与群小杂处，使母惟中察之。(《世说新语·贤媛》)

(100) 兵儿数年果亡。(同上)

(101) 魏武少时，尝与袁绍好为游侠。观人新婚，因潜入主人园中，夜叫呼云：“有偷儿贼！”青庐中人皆出观，魏武乃入，抽刃劫新妇。与绍还出，失道，坠枳棘中，绍不能得动。复大叫云：“偷儿在此！”绍遑迫自掷出，遂以俱免。(《世说新语·假谲》)

(102) 有人于一时中，以一把面麦，施一乞儿，能得如是解脱分法。(《优婆塞戒经·卷第一》)

(103) 故经云，心如工伎儿，意如和伎者。(《宝藏论·本际虚玄品第三》)

这里边的“兵儿”“偷儿”“乞儿”“伎儿”，显然是对人身份特征的类属称谓。

这个时段里边，也可以看到少数音节的后边附缀“儿”的用法。例如：

(104) 御儿，吴界边戍之地名。(《三国志·卷十三》裴注)

(105) 禹本汶山广柔县人也，生於石纽，其地名刳儿坪，见世帝纪。(《三国志·卷三十九》裴注)

(106) 内中逼促，无复房宇，近营东边儿孙二宅，乃藉十住南还之资。(徐勉《为书戒子崧》)

这些都为地名或方位后加“儿”。

(107) 有一生、再生之异，灰儿蚕，秋母蚕，秋中蚕，老秋儿蚕，秋末老，獬儿蚕，绵儿蚕，同功蚕，或二蚕三蚕，共为一茧。(《齐民要术·卷五》)

但这种组合却没能成为相对普遍性的方式手段。

上述种种情况在后来漫长的时间里边，由唐至宋一直延续着。例如用“儿”做人名中的首选，并和“子”一道，仍然成为命名中的亮丽景色。先看后边附缀“儿”的：

（108）故夏白儿春秋七十八，殡葬斯墓。（侯灿《解放后新出土吐鲁番墓志录》）

（109）新除领兵将、转迁祀部参军贾容儿之墓表。（同上）

（110）师俗姓庞，名六儿，法号空寂，右千牛将军同本之第六女也。（《唐代墓志汇编续·集7》）

（111）有女生三年，其名曰罗儿。（白居易《弄龟罗》）

我们再来看“儿”“子”交互使用的例子：

（112）有子凤儿、鸳儿、麟子、豹子等五人。（《隋唐五代墓志汇编·洛阳卷第七册》）

（113）僧问洞山：“抚掌大笑，是奴儿婢子不？”（《祖堂集·卷十五》）

（114）贫儿二亩地，干枯十树桑。（王梵志《贫儿二亩地》）

对人，不明确区分性别，都可以带“儿”或“子”附缀。这似乎也可以扩展到家禽或其他动物的称谓上面。例如：

（115）骅骝将捕鼠，不及跛猫儿。浪捧鸳鸯儿，波摇鸿鹈子。（寒山《诗三百三首》）

（116）犊子悬驹、驴儿拔橛、凤凰晒翅、猕猴钻火、上麦索、下阑单，人不聊生，囚皆乞死。（张鷟《野朝佥载·卷二》）

（117）撑却鹞子眼，雀儿舞堂堂。（李益《江南词》）

（118）细雨鱼儿出，微风燕子斜。（杜甫《水槛遣心二首》）

（119）龙生龙子，凤生凤儿。（《景德传灯录·卷十四》）

（120）没底篮儿盛皓月，无心碗子贮清风。（《五灯会元·卷十四》）

广为人知的词牌名有此缀加的也很多，如“摸鱼儿”“丑奴儿”“玉团儿”“乔牌儿”“孤雁儿”“破阵子”“采桑子”“卜算子”“生查子”“南乡子”等。

由此我们可以有较深刻的感知：在漫长的中世纪，人们造词用语，类推法里边相对显豁的就是喜爱用“儿”或“子”附缀于其后。当然，与此同时，我们还可以发现，唐宋时期尽管人们已经开始比较广泛地用它们来构词，特别是一些与自己生活密切相关的人或动物的命名，尤其是后者，有些甚至已经趋于词汇化。例如：

（121）打起黄莺儿，莫教枝上啼。（金昌绪《春怨·伊州歌》）

（122）自此，禁中不许养猫儿。（刘肃《大唐新语·卷十二》）

（123）澹澹衫儿薄薄罗，轻颦双黛螺。（李煜《长相思》）

（124）云鬟乱，晚妆残，带恨眉儿远岫攒。（李煜《捣练子·云鬟乱》）

（125）去年今夜，扇儿扇我，情人何处。（柳永《女冠子·断云残雨》）

（126）病得那人妆晃了，巴巴，系上裙儿稳也哪。（辛弃疾《南乡子》）

（127）不如向、帘儿底下，听人笑语。（李清照《永遇乐》）

上面语句中的“～儿”式构词至今都为人们所惯用。但是，在那个时间里边，整体看来，仍未达到积极稳定状态的程度。下面两种情况值得人们注意：

一是三音节的组合，最后一个都是“儿”，此时仍表实义还是虚化了，让人颇费心思：

（128）夫婿轻薄儿，新人美如玉。（杜甫《佳人》）

（129）早知潮有信，嫁与弄潮儿。（李益《江南词》）

（130）又见出家儿，有力及无力。（同上）

（131）莫学游侠儿，矜夸紫骝好。（王昌龄《塞上曲·其一》）

例子中的“轻薄”“弄潮”“出家”本身都是谓词性的，加不加“儿”关系极大，转指很容易被人们看作附加式构词，然而此时的“儿”还未彻底虚化，又确实是指人，这构成了一对矛盾。“游侠”，本身就是体词性的，后边的“儿”只能自指，此时有没有它都不影响前边词语的表意，从这种意义上说它又是附缀性的，然而我们并不能认为它本身就没了实义。因为这样的用法又多出现在诗词里边，更容易被人们看作临时性地用作衬字。再如：

（132）索强欺得客，可是丈夫儿？（王梵志诗，204首）

（133）牵来河里饮，踏杀鲤鱼儿。（张鷟《野朝佥载·卷一》）

（134）炉香闲袅凤凰儿，空持罗带，回首恨依依。（李煜《临江仙·樱桃落尽春归去》）

（135）身材儿、早是妖娆。算风措、实难描。（柳永《合欢带》）

（136）钩寒玉，凤鞋儿小，翠眉儿蹙。（朱淑真《忆秦娥·正月初六日夜月》）

二是有时候加与不加，似乎显得比较自由：

（137）祖曰：“莫是狮子儿否？”主曰：“不敢。”祖作“嘘嘘”声。主曰：“此是法。”

祖曰：“是甚么法？”主曰：“狮子出窟法。”祖乃默然，主曰：“此亦是法。”

祖曰：“是甚么法？”主曰：“狮子在窟法。”（《五灯会元·卷三》）

例子里边，有的“狮子”带“儿”，有的不带。从多数情况看，以不带为常。说明当时很多组合都处在试用期。

相对特殊一点的是，当时有些“儿”用在词中间：

（138）可举追至药儿岭，大败之。（《新五代史·卷四》）

（139）静难军节度使药彦稠及党项战于牛儿谷。（《新五代史·卷六》）

（140）口儿里、道知张陈赵。（柳永《传华枝》）

（141）算得伊家，也应随分，烦恼心儿里。（柳永《慢卷袖》）

（142）晚妆初过，沉檀轻注些儿个。（李煜《一斛珠·晚妆初过》）

如果真的考究“～儿”构词的成熟，我们认为是在宋元时期，当时的话本可以给我们提供最为真实的面貌。由上边的分析可以看到，虽然“儿”附缀构词开始的比较早，但一直没有形成规模状态，即便唐诗宋词及其行文里边已经比较多了，但总是与句法的运用糅合在一起，没有形成清晰明朗的双音构词情状。到了宋元话本中，则有了一种成熟和稳定的状态。我们在此类有限的四篇小说里边的用例：

（143）摩候罗儿只是七月七日乞巧使得，寻常间又无用处。（《碾玉观音》）

（144）却把这十五贯钱，一垛儿堆在刘官人脚后边。（《京本通俗小说·错斩崔宁》）

（145）淡画眉儿斜插梳，不先拈弄绣工夫。（《简帖和尚》）

（146）刷净锅儿掩厨柜，前后收拾自用意。（《快嘴李翠莲记》）

从“儿”缀词使用的情况也似乎能够据此判断语言的大致时间概貌。看吴自牧《梦粱录》中的一段文字：

（147）其官私妓女，择为三等，上马先以顶冠花衫子裆，次择秀丽有名者，带珠翠朵玉冠儿，销金衫儿、裙儿，各执花斗鼓儿，或捧龙阮琴瑟，后十余辈，着红大衣，带皂时髻，名之“行首”。

吴自牧生卒时间多有讨论，但从他应用“儿”词缀自然流丽的程度讲，在宋元之间应该是没错的。

需要提及的是，“～儿”的组合到明代，特别是在《金瓶梅》一书里得到了最充分的展示。这不仅表现为“儿”化词的数量多，还表现在将“儿”的功能延伸至句法范畴中，那就是动词重叠的结构形式里边也带有了这样的附缀形式。这主要表现在“VV儿”和“V一V儿”两种形式上，① 并且这种形式一直延续到清代，看《红楼梦》中的例子：

（148）你们天天一处顽，我好容易来了，也不理我一理儿。（第二十回）

虽然这超出了词法范畴，但有理据可言：因为现代汉语动词重叠体现的是时短量小义，“儿”无非是将这种语法义显性化了。同时我们由历时发展的梳理也可以看到，由自然亲情而来的“儿”，保留有亲切、喜爱等附加色彩。它们同时熔铸于上述语句中，也就在情理之中了。但唐宋时期出现的“丈夫”后边也带“儿”就不可理喻了。

不过话又说回来了：这样的延伸，会使词法句法混淆，会对语言系统的清晰明朗产生一定的负效应。所以现代汉语里边这样的情况就比较少见了。

另外有人说现代汉语的“儿化”在趋于减少，这需要专题做具体的统计调查分析。相比于明清，我们上面说的现象现时肯定保留的不多，这一方面的因素就会强化

① 可参看拙著《汉语动词重叠的历史考察》，光明日报出版社2011年版，第243、246页。

这方面的印象。还有就是口语和书面语的差异。北京口语中的“今儿”“明儿”，书面语往往改为“今天”“明天”，恐怕也是影响因素之一。

（三）“~头”

《说文》：“头，首也。”段注：“首，头也。”两者假借，所指相同。然而自先秦以降，历朝历代多用“首”而少用“头”，这种情况一直到南宋才有所改观。从使用的早晚来说，也是“首”早“头”晚。看《易经》和《诗经》中的用法：

（149）用九，见群龙无首，吉。（《易·乾卦》）

（150）螓首蛾眉，巧笑倩兮，美目盼兮！（《诗·卫风·硕人》）

这个时段还没出现“头”，但“头”一出现，其本义即指人的头部；再则是它的隐喻用法，指事物端部，似乎是同时出现一样。例如：

（151）荀偃瘅疽，生疡于头。（《左传·襄公十九年》）

（152）行头皆官师，拥铎拱稽，建肥胡，奉文犀之渠。（《国语·吴语》）

（153）今有刀于此，试之人头，倅然断之，可谓利乎？（《墨子·鲁问》）

（154）十步一斫，长椎，柄长六尺，头长尺，斧亓两端。（《墨子·守城门》）

（155）盛吾头于笥中，奉以托。（《吕氏春秋·季冬纪》）

（156）为三书，同辞，血之以牲，埋一于共头之下，皆以一归。（《吕氏春秋·季冬纪第十二》）

两汉期间这种情况基本上没有什么变化。例如：

（157）今窃闻大王之卒，武力二十余万，苍头二千万。（《战国策·魏策一》）

（158）昴为髦头（旄头），胡星也。（《史记·卷二十六》）

（159）是故公孙戎位在充郎，选繇（由）旄头，壹明樊哙，封二千户。（《汉书·卷九十九》）

不过东汉时有些特殊一点的情况值得注意：一是“头”开始用作量词：

（160）常以岁八月赐羊一头，酒二斗。（《汉书·龚胜传》）

（161）臣来见道旁野民，持一头鱼。（《全汉文·卷三十九》）

再一个就是“头”开始附在方位词后边，由“端”的意义变得不再明确所指。例如：

（162）近黎阳南故大金堤，从河西西北行，至西山南头，乃折东，与东山相属。（《汉书·卷二十九》）

（163）戊部之一推问，乃里头沽家狗。（桓谭《新论·辨惑第十三》）

（164）佛说尸迦罗越六方礼经夫五行者，上头皆帝王，其次相，其次微气。（《太平经·卷六十九》）

（165）谨按汝南汝阳彭氏墓路头立一石人，在石兽后。（《风俗演义·卷九》）

虚化中的单位往往会被人误解，如《汉乐府·陌上桑》“东方千余骑，夫婿居上头”，往往被人看作“头”字开始虚化的早期用例。然而由上述诸多材料即可以看出，一是它并非最早，再则是它并不典型明确。余冠英选注的《汉魏六朝诗选》解释说：“‘上头’，行列的前端。”再如《乐府·企喻歌》：“前行看后行，齐着铁裲裆；前头看后头，齐着铁钽鉾。”杨伯峻、何乐士合著的《古汉语语法及其发展》认为：“这个‘前头’和‘后头’与上文‘前行’和‘后行’相对配，从前行往后看，都穿上了防护衣；从头上往后看，都戴上了头盔。‘行’‘头’都有实义。”他们的看法也都是有一定道理的，但要说它们还不具有虚化的趋向，显然也是不准确的。由上边的诸多例证可以看出，相当一些出现在它前边的用法词义已相当模糊，用“边（儿）”来替换它完全成立。

当然，先秦及两汉，上举用例总体来说数量有限，还没能成为人们语言的自觉行为。

这种情况到魏晋南北朝时期出现了新气象，“～头”造词已经形成一定的风尚。这在一定程度上是和“子”“儿”都属于这一时期命名选字有关。例如：

（166）浚字休明，小字虎头，文帝次子。（《全刘宋文·卷十二》）

其他的例子还有：

（167）镇北参军王元德等，并率部曲，保据石头。（《宋书·卷一》）

（168）往来者见床头有数帙书，便言学问；试就检，当何有哉！（王景玄《报何偃书》）

（169）乃至江乘要道，湖头断路，遂使京邑士女，早闭晏开。（《全梁文·卷一》）

（170）圆如椎头，大上小下，乐作，鸣之，与鼓相和。（萧纲《金驮赋（并序）》）

（171）梦见迎来至佛殿西头，人人捉幡竿，犹车在地。（《全梁文·卷三十一》）

（172）东方曼倩发愤於侏儒，遂与火头食子，禀赐不殊。（何逊《拍张赋》）

（173）便於田头树下饮食劝勉之，因留其余肴而去。（《齐民要术·序》）

（174）常岁岁先取“本母子”瓜，截去两头，止取中央子。（《齐民要术·卷二》）

（175）构槽子，如指头大，正赤，其味甘。（《齐民要术·卷十》）

（176）在一树下，正身正意，结跏趺坐，无他异念，系意鼻头。（《增壹阿含经》）

（177）上头见师端正无比，视面色无有厌无有逮者。（《佛说菩萨内戒经》）

（178）取一瓦子，密发其碓屋东头第七椽，以瓦著下。（《三国志·卷二十九》）

（179）后人遇放于阳城山头，因复逐之。（《搜神记·卷一》）

（180）视之舌头，半舌犹在，既而还取含续之。（《搜神记·卷二》）

(181) 世云尧眉八采，不然也，直两眉头甚竖，似八字耳。(《抱朴子·内篇·祛惑》)

不过跟其他词缀不同的是，同样是“头”，有的虚化，有的带有实义。看下边的例证：

(182) 其土令没枝头一寸许也。(《齐民要术·卷四》)

(183) 五十头作一“洪”，“洪”，十字，大头向外，以葛缠络。(同上)

(184) 香炉峰头有大磐石，可坐数百人，垂生山石榴。(周景式《庐山记》)

这几个语句中的“头”仍有较明确地表事物一端义，故不能看作附加性的虚语素。

“头”真正完成词缀化应该说是在唐代，“~头”的组合已经达到相当自由的状态。看具体的用例：

(185) 三锋枪头穿之，杆高三丈余，上头题名，先绕两市，进入内里。(《入唐求法巡礼行记》)

(186) 待某甲舌头烂，即向和尚道。(《筠州洞山悟本禅师语录》)

(187) 娉娉袅袅十三余，豆蔻梢头二月初。(杜牧《赠别》)

(188) 含情欲说宫中事，鹦鹉前头不敢言。(朱庆余《宫中词》)

(189) 深宫富贵事风流，莫忘生身老骨头。(郭城令《示女诗》)

(190) 时见归村人，沙行渡头歇。(孟浩然《秋登兰山寄张五》)

(191) 诸天合在藤萝外，错黑应须到上头。(杜甫《涪城县香积寺官阁》)

(192) 走马脱辔头，手中挑青丝。(杜甫《前出塞九首》)

(193) 觅道不见道，到头还自恼。(《六祖坛经》)

(194) 什麼处学得虚头来？(《祖堂集·卷七》)

当然，用“~头”表现更为抽象意义的词语，如“苦头、甜头、想头、看头、盼头、赚头、来头、苗头、劲头、气头、吃头、玩头、听头、说头”等，它们在出现时间上就要更靠后，到了明清之际才得以实现：

(195) 耐心坐坐，若转得快时，便是没想头了。(《喻世明言·卷四十》)

(196) 却只是他尝了甜头，不达时务，到那日晚间，依然又来。(《醒世恒言·第十三卷》

(197) 但有了盼头，却也死心塌地的做饭。(《醒世姻缘传·第五十五回》)

(198) 比咱先要起来，这就是待打咱的苗头来了。(《醒世姻缘传·第九十七回》)

(199) 咱家儿是头一次出差，也不想个什么赚头。(《续济公传·第一百四十五回》)

(200) 还是另外想一个什么说头儿的好？(《续济公传·第二百三回》)

(201) 既如此说，也是个有来头的人。(《西游记·第二十一回》)

（202）这才是劲头儿呢！（《儿女英雄传·第四回》）

（203）那么怪有个听头儿的。（《儿女英雄传·第三十二回》）

（204）彩云知道雯青正在气头上，不是三言两语解释得开。（《孽海花·第二十一回》）

（205）你想上海堂子还有什么玩头？（《九尾龟·第十三回》）

（206）故歇格大菜也呒啥吃头。（《九尾龟·第一百一十四回》）

（207）假打假闹，假杀假砍，没有看头。（《康熙侠义传·第五十二回》）

（208）如果是亲生女儿，就叫他做大姐，不要缠脚，不要吃苦头。（《文明小史·第十九回》）

（209）这句话没什么讲头。（《红楼梦·第八十二回》）

第三章　兴盛期（现代）

第一节　变革与特点

一、变革

从词缀的角度分期，现代汉语虽然是第三个阶段，然而从历史的进程上看，它却呈现为一种全新的面貌。语言与社会之间存在共变关系，也正因为如此，语言体现为社会发展变化最为直接鲜明的一种镜像，在它上面烙印着社会方方面面的种种波动，甚至包括当事人，也就是言语主体自己在应用之时也难以意识到的思想情感方面的信息。从社会变革角度讲，五四运动前后，中国社会经历了从未有过的除旧布新，摧陷廓清。西方列强以坚船利炮轰开了天朝大国自我封闭的大门，一向以“化内”自居的人们不得不重新审视自己的文化。西学东渐的结果，包括我们汉语本身新质要素的不断积累，使得这种转变顺利实现，并为后续的健康发展奠定了坚实的基础。汉民族文化从来就是特别能够包容和通融的文化。中国历史上有多次吸收和采纳其他语言词汇的重要时期。张骞出使西域，引进了包括石榴、苜蓿、狮子等迄今仍广泛使用的系列词语。佛教的引入，在相当程度上促进了汉语双音化的步伐。五四时期，既从印欧语系的诸多语言中移入词汇语法的新要素，又从日语中直接借用了大量体现着新观念的语汇。不能不说，与历史上任何一个时期相比，一百年的现代汉语对其他语言的参照吸纳，是最为强劲有力的。最明显的一点是字母词的使用，使得表意文字一统天下的状况变得有史以来第一次不那么纯正。有人试图用汉字来代替比较早引进来的卡拉“OK”，却并未成功。也有人大声疾呼，用“电子计算机”代替习用的“电脑”，以便使指称更合乎对象本身的特征属性，然而作为社会使用主体的人们似乎并不为所动，依然故我地按照最便捷的形式从事着表达。语言毕竟是工具，得心应手，能够跟上时代的步伐充分地反映思想观念，它就能完满地体现自己的价值。正如王国维《论新学语输入》一文所表述的那样：“夫言语者，代表国民之思想者也。思想之精粗广狭，视言语之精粗广狭为准，观其言语，而其国民思想可知矣。周、秦之言语，至翻译佛典之时代而苦其不足；近世之言语，至翻译西籍时又苦其不足，是非独两国民之言语间有精粗广狭之异焉而已，国民之性质各有所特长，其思想所造之处各异故。”“事务之无名者，实不便于吾人之思索，故我国学术而欲进步乎，则虽在闭关独立之时代犹不得不新名，况西洋之学术骎骎而入中国，则言语之不足用固自然之势也。”“日本人多用双字，其不能通者，则更用四字以表之。中国则习用单字，精密不精密之分，全在于此。”① 黄兴涛在《近代中国新名词的思想史意义发微——兼谈对于“一般思想史”之认识》中论述说：“数以千计、万计的大量双音节以上新名词的出现和活跃，词汇的概念意义即确切含义、规范‘界说’的社会认同于实践，以及与之相伴随的新式词典的编撰和流行，相当明显地增强了汉语语言表达的准确性，在从语言词汇层面体现出现代性变革要求的同时，又反过来通过使用这些新名词的社会文化实践，极为有效地增进了中国人思维的严密性和逻辑性。这是中国语言和思想现代化的重要表现形式。”

一个大变革的时代，语言也随之变得丰富多彩。但这种巨大的变化，也总容易引来正反两个方面的不同评价。关乎社会变化方面的评价是这样，学术方面也是这样。瞿秋白当时就持积极的肯定态度，指出：“采取一些汉字，把它们变成新式的字尾，例如‘资本家’的‘家’，‘民权主义’的‘主义’；再则，还有新式的字头，例如‘非资本主义的’的‘非’。”② 应该说这在当时是非常专业性的认可。可惜的是，语言学内部，具有宏观视野的人们的认识却并不多见。颇有古文功底的叶德辉就指责说：“自梁启超、徐勤、欧榘甲主持《时务报》《新知报》，而异学之诐，西文之俚语与夫支那、震旦、热力、压力、阻力、爱力、抵力、涨力等字触目鳞比，而东南数省之文风日趋于诡僻，不得谓之词章。”③ 从他列举的词语例证来看，颇近似于今天所谓的附加式构词的特征，但其固守于传统，视新的语言现象为洪水猛兽，自然置学术理性的眼光于不顾。严复作为大学问家、翻译家，对此问题也显得颇为踌躇。他既认为：“新理踵出，名目纷繁，索之中文，渺不可得，即有牵合终嫌参差。”④ 甚至还分析说：引入“宪法”一词，“宪即是法，二字连用，于辞为赘”，并认为“今日之新名词，由日本稗贩而来者，每多此病”。⑤ 虽是如此，同时又出于文章大家的切实体验，认为：“科学名词，涵义不容两歧，更不容矛盾。”“科学入手，第一层功夫便是正名。凡此等处，皆当谨别牢记，方有进境可图，并非烦赘。所恨中国文字，经词章家遣用败坏，多含混闪烁之词，此乃学问发达之大阻力。”⑥ 显然，不深入于汉语自身的内部发展认

---

① 王国维．论新学语之输入［J］//中国近代文学大系·文学理论集．上海：上海书店出版社，1995：720-721，723.

② 瞿秋白．瞿秋白文集·文学编·第三卷［M］．北京：人民文学出版社，1989：248.

③ 叶德辉．《长兴学纪》驳文［M］//晓虹．觉世与传世——梁启超的文学道路．上海：上海人民出版社，1991：124.

④ 严复．天演论译例言［M］//中国近代文学大系·文学理论集．上海：上海书店出版社，1995：714.

⑤ 严复．宪法大义［M］//严复集第2册．北京：中华书局，1985：238-239.

⑥ 《严复集》第5册，第1290、1247页。

识到其大趋势，仍执着于感觉的层面是不可能做出正确的判断的。

至于语言学界真正的专业研究，似乎更有些“只缘身在此山中”。虽不像社会思想领域的人们反应过于激烈，但于语言现象的事实揭示却也不尽如人意。表现出的总的倾向是过多地看重其他语言对汉语的影响作用。如《五四以来汉语书面语的变迁和发展》判断说：“以‘-性’为词尾的汉语词不是什么新词，早在戊戌变法——辛亥革命时期，已由日语借入，往往构成‘XX性’的三音节词语。”王立达（1958）也认为：“现代汉语以词尾‘化’、‘式’、‘力’、‘性’、‘的’、‘界’、‘型’、‘感’、‘点’、‘观’、‘线’、‘论’、‘率’构成的词都是日语或利用这种构词法创造的。”其实他们这种观点并不鲜见，即便是语言学界的诸多大家也如此说。早在1951年，吕叔湘、朱德熙在其合著的《语法修辞讲话》中即表达了这种看法。王力也说：“五四运动以后，新兴的动词词尾有‘化’字。这个词尾大致等于英语的-ize，多数使名词转化为动词，也有少数是使形容词转化的。”① 他甚至还描述了该词缀引入的过程：用“化”对译英语的-ize，并非中国人的发明，而是由日文先引进，然后再传入中国。丁声树等说：“‘性’和‘化’都是近几十年来由于翻译外国语新产生的词尾。”② 即便在今天，仍有很多人坚持这种观点。如张彬在《论汉语的词缀化倾向》一文中再次强调说：“总的来说，汉语的构词词缀原先并不丰富。后来在与英语的接触过程中，受英语的影响，汉语中出现了一些新词缀。例如，我们用XX化来翻译英语的-ize和-ify这两个动词后缀：modemize现代化，militarnze军事化，standardize标准化，idealize理想化，internationalize国际化，imstitutionalize制度化，visualize可视化，beautify美化，simplify简化，electrify电气化。后来，在汉语中，‘化’就经常加在名词或形容词后面以构成动词。”刘英凯（2000）也认为：“弥漫在汉语中的各种‘主义’来自英语的后缀-ism。‘国际化’、‘现代化’等词语派生自后缀‘化’，而‘化’又译自英语的-ization。”众多这样的表述，很容易给人们造成这样的误解：似乎汉语里边从来就没有词缀，或者说就没有附加式构词法。这样不期而然地就会落入西方许多语言学家早已固化了的观念：汉语是没有形态因素的。只有在近代接受了西方语言的熏染，才有了这样的词法内容。我们不能说这些研究人员本意如此，只能说史的观念淡漠了许多，或者说没能顾及历史发展的因素。近些年来，颇有几位青年学者开始对这种似乎已经形成定论的认识提出否定意见，如张云秋（2002）、陈晓明（2005）等，后者明确指出：“词缀‘化’是由动词虚化而来的。它由具体的‘变化、融化、消除、消化’等意义的‘化’，虚化为表示某词——转变成具有某种性质或状态的‘化’。”两种不同的认识看法到底哪一个准确？朱庆祥、方梅（2011）对此做了比较全面的考察，从而也得出了比较公允的认识判断：“化缀词‘X化’来源于汉语本身，‘X化’存在自身

① 王力．汉语史稿（修订本）［M］．北京：中华书局，1980：313.
② 丁声树．现代汉语语法讲话［M］．北京：商务印书馆，1979：224.

的虚化动因。但是汉语本身虚化出来的‘X 化’使用范围相对较窄。西方语言的影响是一种诱发因素，这个外因使得‘X 化’流行开来，‘化’进一步虚化。”显然，这无论是从观察视野还是从方法上都比过去完善了许多，尽管在具体事实的描写上还存在可讨论之处（有关这方面的内容可参看第四章的专题讨论），然而学理上沉静了下来，应该说值得肯定。

二、特征

纵观汉语文献记载的众多史料，可以明显地看到这样一种客观的事实：语言与社会发展变化的速率是相协一致的。当社会呈现为一种开放态势的时候，思想认识上的活跃与丰富，在语词上面也同样体现为突然增升与多彩。我们看一组数据，程湘清对历代有代表性的著作做了定量统计，他给出的结论是这样的：

《论语》一书附加式有 20 个，占语法造词总数的 13.07%。

《论衡》一书附加式复音词共 98 个，占语法造词总数的 5.49%。

《敦煌变文集》附加式有 316 个，占语法造词总数的 8.70%。

有意思的是，姚汉铭（1990）对当时出现的 1000 多个新词语进行分析，让他惊奇的是：派生法构词竟然占到了 13.9%！2001 年，汤志祥出版了他的《当代汉语词语的共时状况及其嬗变——九十年代中国大陆、香港、台湾汉语词语的现状研究》一书，以 1991 年到 1994 年，《汉语新词语》中所记录的词语为主，共收集词语 922 条，双音节词语 653 条，三音节词语 247 条。由“词根加词缀”方式派生的新词分别为 77 条、19 条，各占总数的 11.8%和 9%。将所有的附加式构词总计在一起，在合成词里边也超过了 11%。其比例和姚汉铭的是比较接近的。这说明，这种构词方式已经成为现代汉语，特别是新时期以来不容小觑的构词方法。

上面的数字，对于古代汉语来讲，代表性的著作虽然不能说反映了特定阶段构词方式的真实面貌，然而它可以从一定意义上为人们做出认识评价提供参照。先秦时期众家蜂起，学说纷呈。撇开不同的伦理观念，单就文风上的取向来讲，就有“重质轻文”“先质后文”“尚质反文”“文质彬彬”等不同的主张。多样化的风貌，多功能的效用，是以语言自身组合结构的十足张力为其保障的。只有在短时间内造就足够鲜活的词语才能适应这种需要，而附加式派生造词在相当程度上可以担当起这项任务，它以其形式的简便，类化意义的鲜明为人们快速造词并随机投入使用提供了条件。我们从先秦时期庄子、孟子、荀子他们对“X 然”族词的运用就可以看到这种便利，里边的有些词似乎还有临时创制的特点，仅此一例，偶一闪现，但因为有整个词族的背景在，并不因此显得生涩，反倒显得灵动活泼。这种情况我们应该并不生疏，因为我们经历过甚至还在经历着同样的语言生活。改革开放以来，人们的思想大解放，与此同时，似乎语言也获得了自由，现代化的交际工具更是为个性情绪的充分展示提供了偌大的天地。我们看下面的两则用例：

（1）山东省公安边防部队烟台支队日前着力发挥“微课堂”方便、及时、全覆盖的优势，在助推党员官兵素质教育中取得明显的成效。（人民网，2012 年 10 月 24 日）

（2）他实践着人品与官品相统一的原则，置身于官场与文场之外，在当代作家中成为有一种巨大影响的道德力量……这些人或以文沽名，而后从政；或政余弄文，以邀名声，因而文场荒芜，士林斑驳，文艺便日益商贾化、政客化、青皮化。（张学正《观夕阳——晚年孙犁述略》）

两例中的新词形式：一个“微 X”，一个“X 化”。它们的语体背景都属于比较严肃的内容，后者更是如此，本来是批评，最后的“青皮化”，恐怕这样的组合难得在别处见到，然而放在此处颇形象，很活脱，烙印着时代的深刻印迹。

具体说来，现代汉语附加式构词的特点可以从以下方面来概括。

（一）拓展与吸纳

一个先秦，一个现今，前者于中国传统文化所起到的发展奠定作用恐怕任谁都是不能否认的。即便有些没有被很好地继承发扬，但仍能起到启迪和昭示作用。至于后者，尽管我们现今的人不可能有后续的历史进程给予更准确地评说，然而无论是从以往的民族历史还是从个人的成长体验来讲，今天所经历的也正是一个伟大的变革时期，是历史的一个重大转折点：由农耕向现代科技文明，由闭关锁国向全球一体化的转变。在语言上面也可以清楚地看到这一点。仅以附加式构词来说，体现为词缀上的，先秦以“然”为代表的系列性单位，如果说其价值主要在于语言本身的双音化和状态描绘的话，今汉语所表现出的整体状貌不是简单概括就能够给予反映的。它既体现了对历史的继承，又表现出了对当今其他先进表达手段的吸收容纳。仍以“X 然”构词为例，比起先秦诸子所用该类词，现代汉语似乎没什么减少，但有淘汰，有沿用，也有增添。很明显的一点是：“然”前边的“X”双音节基本没有了。说明该类词以表状貌情感为主，其形式的多样化已不再是现今人们注意的中心。下边是《现代汉语逆序词典》所列“X 然”词：

蔼然　安然　岸然　黯然　昂然　盎然　傲然　勃然　惨然　粲然　怅然
超然　怆然　嗒然　淡然　澹然　当然　荡然　愕然　翻然　斐然　废然
愤然　骇然　悍然　郝然　赫然　轰然　哄然　哗然　涣然　恍然　浑然
豁然　寂然　孑然　截然　井然　迥然　慨然　铿然　岿然　喟然　了然
栗然　凛然　茫然　贸然　靡然　漠然　木然　偶然　翩然　飘然　凄然
悄然　愀然　跫然　蘧然　阒然　飒然　森然　潸然　释然　爽然　悚然
肃然　索然　泰然　坦然　陶然　倜然　天然　恬然　颓然　宛然　枉然
惘然　巍然　未然　蔚然　怃然　翕然　萧然　欣然　悻然　泫然　哑然
嫣然　俨然　怏然　怡然　已然　屹然　毅然　悠然　油然　跃然　崭然

昭然　卓然　自然

再如“X客”类词，其在过去的数千年时间里，才逐渐缓慢地产生出：宾客、食客、门客、刺客、侠客、掮客、说客、顾客、房客等有限的词语，而今在二三十年的光景中，首先是由20世纪80年代的“偷渡客”始，当它普遍地活跃于人们的口语中时，创制“X客”系列性新词的活动似乎是在人们还来不及意识到的情况下就普遍地运作开来，如黑客、威客、博客、播客、克客、灰客、闪客、砍客、酷客、奇客、健客、极客、优客、红客、晒客、驴客、安徽客、都市客、淘金客、背包客、搜索客、投机客、数码客、自由客、软件客、写字客、木马杀客、知音网客、天涯行客等。这样的造词速率如果前人有知，定会惊讶不已。当然，与此同时，此时的“客”已非彼时的“客”，主要是概括具有某种共同属性的一类人，且多与网络操作有极大的关系；而且由原来的自由语素在特定位置上稳定下来，其身份也由此发生了改变，即类词缀化了。

汉宋明清，不管漫长的两千多年的时间里边朝代如何更迭，城头的大王旗如何变换，其文化可以说始终处于一种相对稳定的状态。当然，汉语以其内在的生命力，以贴近生活的属性，将其中最为典型的词缀“老”“子”“儿”“头”逐渐地生成并使其成为当今汉语中的核心附缀，即便如此，人们也是不满足于一成不变的刻板使用的。以“老”为例，现代汉语中的“老X”词族衍生出了异彩纷呈的情感意义：

可恨可怕：老财、老鼠、老鸨、老鸦

可怜可笑：老土、老抠、老蔫、老粗

平易共识：老乡、老婆、老农、老百姓

欢快戏谑：老公、老爸、老外、老记

可亲可敬：老师、老伯、老辈、老总

对当今其他语言派生方式的吸收容纳，前边已经有所涉及。很多人对此强调过多，超越了客观事实；但话又说回来，现代汉语中的有些词缀确确实实是来自其他语言的。瞿秋白所举例证是富有典型性的，“主义”是汉语原先所没有的，可以说纯粹是与英语中的“-ism”对译而来。孙常叙（1956）认为：“汉语后缀是有自己的民族语言特点的。不能把它们和其它民族语言对应，特别是某些译词。例如：‘社会主义’俄语是 социализм，英语是 socialism。我们不能简单照搬，说汉语的‘主义’完全同于［-изм］［-ism］，把它当作词的后缀。”并举出“一个主义”的例子来说它可以作为一个词来用。还有“反”，他也说它是一个现代汉语的词，可以独立应用，举的例子有：“反比例、反作用、反侵略、反革命、反法西斯蒂”等。现在我们可以看得很清楚，这些例子也大都是以词缀的身份出现的，而里边的“反”，相当于英语中的 Anti-。还有类似的其他前缀“非”non-，“泛”Pan-等，都是同样的道理。原先汉语中没有，而借用过来之后，又确实是用来组词的，就得依照它的本来面貌给予认可。再如新时期其他附加式构词：

来自英语：

X门、X吧、X贴士、低碳X

来自日语：

X控、X族、宅X

如果说它们都改用了汉字记录，得按照汉语的特点来反映，但还有保留字母的呢：

e时代、e概念、e广告、e生活、e教学、e世纪、e行动

E意指什么？最初借用的是英语电子（electronic）第一个字母，以此喻义电子时代。电脑网络出现后有了E-mail，电子信件的快速、简便、多功能，在很短的时间内便取代了传统的手写信件邮寄。紧接着，微软的“浏览e”出现了，扩大了人们认识世界的方式与交际天地，为人们精神生活注入了全新的体验。尔后，电子商务也来了，连人们的日常生活与市场交易都紧密地联系在了一起。E化了的时代已经到来，而且它还在进一步地拓展——当然，这个E，你也可以联想到经济（economy）时代、环境（environment）时代和快乐（enjoyment）时代。它们由E时代的到来而变得息息相关，想象到哪一个层面也都不会错的，而这一切都是因为有了电子网络！

字母进入了汉语词缀的行列，同样是史无前例的。

（二）繁复与多样

繁复主要体现在类词缀的大量产生上。

在对类词缀（虽然有些语言学家采取了不同的命名方法）的认识方面，赵元任、吕叔湘等老一代的学者是有建立之功的。词缀问题之所以在共识上面显得异常困难，首先是由语言自身的复杂性所造成的。时至今日，没有人会否认汉语词缀的存在。之所以如此，就在于有典型词缀的存在；而典型词缀存在最重要的标志就在于位置的固化和意义的彻底虚化。作为语法化、词汇化的最终结果，这些典型词缀是经历了长久的词法演变才得以确立的。然而当社会处于大变革的时代，新思想、新观念、新认识、新信息呈大爆炸的情态陡然涌现之时，旧有的词汇显然不能满足思想情感表达的需要，而句法构词语素之间的多重择选往往会引发全局性的震荡或理解上的不适感。缩略造词应该被看作人类思维愈加严密化和丰富化的一种标志，也合乎由句法到词法的发展途径。然而过度地缩略也会造成表述的含混。一如汉字简化得有一定的“度”，写法的简略在一定程度上也意味着分辨率的递减，缩略词也是这样。如果说“纠风办”还可以接受的话，“打拐办”（打击拐卖妇女儿童办公室）接受起来就有些困难。一个“河师大”，河北师范大学和河南师范大学的学生都用来称谓自己的学校，然而到了更广阔的地域再这样用就不合适了。再如活跃在大学生口语中的“马哲”“毛概”“邓论”“思修”，说给社会上很多人听的时候，人们大都会一头雾水。由传统向现代转

变，除了政治、经济的巨大变革之外，科学技术在人们的社会生活中愈来愈占有重要的地位，里边所浸润的严谨繁复的理性思维观念更需要用系列性的词语来进行反映。在相当的意义上说正是现代新科技所带来的生产方式的变革，有效地推动了社会政治经济、生活方式的巨大变化。正因为如此，它成为由传统到现代转型的标志。黄兴涛于此论述说："具体说来，晚清民初的新名词涵带'现代性'的方式大约有以下四种：(1) 直接生动地反映现代性物质文明成果，如'蒸气机'、'轮船'、'火车'、'军舰（铁甲）'、'电报'、'煤气灯'、'手表'，等等；(2) 直接具体地反映现代性制度设施，如'议院'、'邮政局'、'交易所'、'证券'、'银行'、'公司'、'博览会'、'图书馆'、'高等师范专科学校'、'公园'、'卫生局'、'警察署'、'实验室'、'新闻馆'、'报纸'，等等；(3) 集中凝聚现代性的核心价值观念，如'科学'、'民主'、'自由'、'人权'、'进步'、'进化'、'民族'、'社会'、'文明'，等等；(4) 广泛反映现代性学科知识和成就的学术术语，如'代数'、'化学'、'物理学'、'天文学'、'逻辑学'、'哲学'、'法学'、'政治学'、'经济学'，等等。而各门学科又有自己的术语体系，以逻辑学为例，就有'概念'、'判断'、'推理'、'大前提'、'小前提'、'三段论'、'归纳'、'演绎' 等。"① 而其中的第(4)，一系列学科的建立，构成了现代科学的坚实根基。其学科称谓，在英语中则是以不同的形态形式呈现的。它对于人们识辨、把握学科体系有着类型化的效用，即执简驭繁，形式明晰且条理化。至于每门具体的学科，则属于系统内部的东西。虽然各自有特色，隔行如隔山，但隔行不隔理，都得遵循科学方法论一般的规律。那就是，要识见对象的本质属性，就必须深入解剖事物对象的内部构造，洞晓其单位、层次和关系；条分缕析，分门别类。其分类即意味着对其属性特征的认识，即对其排他性的深刻了解，对其量质界限的精准把握。此时，特定词语的准确反映便显得特别重要。

至此，我们重温吕叔湘在《汉语语法分析问题》中有关词缀问题的论述，似乎就能领悟出典型词缀与类词缀之间区分的价值意义了。吕叔湘指出："汉语里地道的语缀不很多，前缀有阿、第、初、老（鼠，虎，师，表）、小（鸡儿，孩儿，辫儿）等，后缀有子、儿、头、巴、者、们、然等，中缀只有得、不（看得出，看不出）。有不少语素差不多可以算是前缀和后缀，然而还是差点儿，只可以称为类前缀和类后缀。""说它们作为前缀和后缀还差点儿，还得加个'类'字，是因为它们在语义上还没有完全虚化，有时候还以词根的面貌出现。"吕叔湘列出的类词缀如下。

类前缀：

可、好、难、准、类、亚、次、超、半、单、多、不、无、非、反、自、前、代

---

① 黄兴涛．清末民初新名词新概念的"现代性"问题——兼论"思想现代性"与现代性"社会"概念的中国认同［J］．天津社会科学，2005（4）．

类后缀：

员、家、人、民、界、物、品、具、件、子（分子、原子、电子、转子）、种、类、别、度、率、法、学、体、质、力、气、性、化

如果我们能从单纯语言学的小环境中超拔出来，将这两类词缀置于社会文化的大视野中进行认识的话，即可以看到，所谓的典型词缀往往属于语文类的，生活类的，而所谓的类词缀，往往融含着现代科技内涵的信息意义。

如果我们再将思路放得更广阔一些。1981 年，吕叔湘在《中国语文》第 2 期上发表了他和饶长溶合写的《试论非谓形容词》一文，文中写道："这样的词不仅是大量存在，而且是不断产生，其增殖率仅次于名词。""它们表示事物的性质，可以管它们叫做属性词。"很有意思的是，吕叔湘在列述该类词下属小类时，有很多采用了词语模的方式，像［X 式］［X 型］［X 性］［X 色］［X 等］［X 级］［X 号］［（数）X］［单、双、多 X］［有、无 X］［不、非 X］等，里边多个单位恰与类词缀是重合的，换句话来说，这些非谓形容词的词法标记，是对他 1979 年所提类词缀的进一步补充。其实，吕叔湘的《汉语语法分析问题》在谈到"词和短语"的区分时，同样涉及了这一方面的问题，举的例子有："袖珍英汉词典""大型彩色纪录片""同步稳相回旋加速器""多弹头分导重入大气层运载工具"等，说其中的"袖珍""英汉""大型""彩色""同步""稳相""多弹头"往往不能单用，说它们是词汇词可以，说它们是语法词则稍难。为什么？因为它们功能比较弱，总是出现在名词的前边，且不易单独回答问题。其实，这类词的特性，吕叔湘有意无意地给我们传递了这样的一些信息：往往是体现事物特征意义的。一如亚里士多德给人们所列出的定义的公式那样，它们正好是处在"种差"的位置上。而这类词的大量产生与当今世界科学的昌兴、注重属性的认定、思维的日趋严谨是密切相关的。如果说吕叔湘在那个时段提出类词缀的问题，或者说赵元任在更早的时间里边提出"新兴"词缀，很能说明他们于发展中的语言现象具有深刻洞察力的话，20 世纪 90 年代以来汉语大量采用类词缀方式造词的爆发涌起，也颇能说明他们前瞻性的预测力。

再则就是附加式构词的多音节化。王国维所推崇的日语的多音节化，认为其形式易于反映事物现象内涵的丰富，思维方式的日趋严谨，这在我们现代汉语上面很快也实现了。

苏新春的《汉语词汇计量研究》曾对《现代汉语词典》所收录词语进行音节方面的统计，结果如下表：

音节数	1	2	3	4	5	6	7	8	9~12	平均词长
词语数	10540	35056	5073	4364	260	114	27	41	42	2.10
比例	18.78	62.47	10.16	7.78	0.46	0.20	0.05	0.07	0.07	%

从这一统计数字可以清楚地看到，自此以前的现代汉语，双音节词占据着绝对的比例。说现代汉语词汇以双音节词为主，有着这样具体的数据，就很能说明问题了。

然而这种情况自改革开放以来，特别是21世纪以来，新造词方面正在鲜明地发生着变化。

黄廖本2002年版的《现代汉语》教材指出，改革开放之后，新词语成倍增加，其中三音节词语占新词语的比例为30%。

国家语言资源监测研究中心《2006年中国语言生活状况报告》，里边收录了2006年新兴词汇171个。其中三音节词语52个，占总数的30.4%。

《2007年中国语言生活状况报告》则是这样表述的："国家语言资源监测与研究中心采用计算机半自动提取的方式对2007年度新词语进行调查，根据'公众语感'及若干操作准则进行人工干预，并在新浪网上广泛征求意见，最后得到254个新词语。这些新词语表现出的特点有：第一，多字词语占优势。其中三字词语占37%，四字词语占28.74%，两者合计超过65%。第二，大量使用词语模类推构词，词族化表现明显，如'爱邦族、帮帮族、晒黑族、晒卡族、代排族、试客族、拒电族、掏空族、考碗族、懒婚族；嚼吧、爽吧、眼吧、熨吧、K客吧、手工吧、自驾吧；绿客、淘客、试客、职客、群租客、刷书客；翻新门、国旗门、女友门、歧视门、违法门、艳女门'等，运用较多的类后缀有'~族、~客、~奴、~友、~门、~吧、~日'等。词族化的新词语占27.55%。"①

由《中国语言生活绿皮书——中国语言生活状况报告2008》及《2008汉语新词语》可知，该年度产生汉语新词语359个。统计结果显示：三字词的比例占到47.63%，比2007年高出了10个百分点；四字词语的比例为27.85%，比2007年低了不到1个百分点。

2009年，新词语共396条。其中三音节词语的数量为202个，第一次超过全年新词语总数的半数，比例为51.01%；四音节及以上的多音节词语为117个，占全年总数的29.74%。而双音节数为74，仅占总数的18.69%。

2010年新增词条为497条，其中三音节词269，所占比例为54.21%；四音节词113，占总数的22.74%。而双音节词的数量继续下降，仅有82个，为总数的16.70%。

① 中国语言生活状况报告课题组．中国语言生活状况报告［R］．北京：商务印书馆，2008.

更为直观详尽的数据见下表：

年度	音节数	1	2	3	4	5	6及以上	总数
2006	数量/个	1	56	53	45	11	5	171
	比例/%	0.58	32.74	30.99	26.31	6.43	2.95	100
2007	数量/个	0	47	94	73	27	13	254
	比例/%	0.00	18.50	37.00	28.74	10.63	5.13	100
2008	数量/个	3	55	171	100	22	8	359
	比例/%	0.84	15.32	47.63	27.85	6.13	2.23	100
2009	数量/个	3	74	202	69	38	10	396
	比例/%	0.76	18.69	51.01	17.42	9.59	2.53	100
2010	数量/个	0	82	269	113	30	2	497
	比例/%	0.00	16.70	54.21	22.74	6.04	0.40	100

为什么会是这样？最深层的原因是科技理性的推动力量。像吕叔湘于《汉语语法分析问题》一书中有关词和短语区分所举例子，再如“大机器工业时代”“面板式加色法连续接触印片机”“JZS_2系列三相异步换向器变速电动机”等，从命名的角度讲是单一指称，将对象内在的特征属性都得以显性的凸显；然而从词汇的自由运用的角度讲，动摇了积习形成的双音节定式。这也正是吕叔湘所提出的悖论。从2006年到2010年5年期间新词语构词情况的统计讲，确实体现了多音节不断增升并越居双音节词之前这样一种趋势。这种趋势告诉人们的是：所有的东西都在变。汉语由单音节词向双音节词转变，是历史上的一个大事件。同样的道理，现今表现出来的情状是，双音节词似乎不可能一直固守住自己的霸主地位，人类社会生产生活日趋丰富和复杂，人们的思想思维也日趋严谨和精密，原有的词汇形式不免显得困窘，目前情况下即已经表现出了需要多音节化的强烈倾向。这不是我们主观上愿意不愿意的问题，大势所趋，我们也只能适应而不可能干预。

这种情况也是汉语词语再更新必然的结果：现时双音节词已经占优势了，新的词语仍将源源不断地产生。其产生创制仍需以原有的材料为基础、为依托。现时的汉语词语口语与书面语单双音节的综合比例大致为1∶2。单音节词大都为基本词汇，它们作为词汇里边稳定保守的部分，只有和双音节的带有新时代信息意义的词语组合才可以重新体现自己的价值，还有就是古代汉语中的词在当今被赋予新的含义，焕发青春，成为富有吸引力的创制新词的标志。这样一来，三音节词就成了21世纪头一个10年中最具活力的一种构词形式。拿最基本、最常用的一个词“人”来说，按说它是最不宜词缀化的，但新时期以来，以经济建设为中心，各色人等都在这个浪潮中重新寻找自己的位置，也都可能成为被人们关注的对象。这样“X人”也就有了成为建构新词的词模，也就有了成为创构系列新词的机会，如“边缘人”“经纪人”“纳税人”“投资人”“音乐人”“合伙人”“住井人”“井底人”“斑马人”“电影人”“科技商人”“绝代佳人”等便进入了大家的视野。再如“非”，这是一个古代汉语词，到了现代汉语里边便不能自由运用，剩下的职能似乎只能用来构词。令人惊奇的是，它的构词能力表现得还非常强。例如：

非但 非得 非典 非独 非法 非凡 非分 非礼 非命 非难 非人
非特 非议 非本质 非典型 非定居 非党员 非独立 非金属 非晶体
非理性 非历史 非联网 非卖品 非生命 非人道 非系统 非现实 非艺术
非正规 非正式 非哲学 非重点 非处方药 非电解质 非技术性 非契约性
非全日制 非偶发性 非特性化 非无产者 非预期性 非知识性 非直观性
非制度化 非典型肺炎 非故意行为 非科学成分 非农业人口 非企业法人
非数值计算 非认知因素 非生产部门 非实时讲授 非条件反射 非无产阶级
非线形结构 非学历教育 非学校教育 非应试能力 非政府组织 非语言环境
非智力因素 非致命武器 非遵从行为 非单向性传递 非流媒体课程
非对抗性矛盾 非故意过错行为 非户籍所在地 非马克思主义 非确定性信息
非师范院校毕业生 非特意组织起来的 非马克思主义历史学家

单音节的类词缀组词，要么是“2+1”，要么是“1+2”，要么是加在词或更大的语言单位上。这就集中体现了附加式构词的灵变性。

如果说现代汉语开始的阶段，双音节的类词缀为数还不多，比较典型的还仅仅是一个“主义”的话，那么改革开放以来，双音节的类词缀则出现了不少。例如：

山寨X：

山寨版、山寨帮、山寨潮、山寨车、山寨风、山寨军、山寨药、山寨族
山寨春晚、山寨货币、山寨经济、山寨精神、山寨明星、山寨文化、山寨现象

保健X：

保健菜、保健盒、保健品、保健球、保健网
保健按摩、保健服装、保健食品、保健药品、保健饮料

绿色X：

绿色汽车、绿色食品、绿色冰箱、绿色包装、绿色效益、绿色消费、绿色管理、绿色环保、绿色观念、绿色星期天

草根X：

草根奖、草根性、草根化、草根网、草根导演、草根大众、草根企业、草根艺人
草根英雄、草根城市、草根政治、草根文化、草根春晚

快餐X：

快餐时代、快餐情感、快餐文化、快餐评论、快餐电视、快餐新闻、快餐电影、快餐阅读、快餐爱情、快餐文学、快餐历史

精神X：

精神毒品、精神家园、精神陪护、精神损失、精神快餐、精神损失、精神消费

X工程：

素质工程、放心工程、遗传工程、绿色工程、胡子工程、系统工程、再就业工程、豆腐渣工程、博士化工程

X意识：

纳税意识、精品意识、名牌意识、风险意识、广告意识、包装意识、市场意识、群体意识、忧患意识、危机意识、法律意识、小农意识

X资源：

人力资源、信息资源、旅游资源、人才资源、不可再生资源、不可更新资源、

X效应：

名人效应、品牌效应、广告效应、负面效应、温室效应、光环效应、轰动效应、马太效应、晕轮效应

X消费：

物质消费、个性消费、健康消费、精神消费、白色消费、超前消费、适度消费、高档消费

X文化：

企业文化、商业文化、服饰文化、饮食文化、校园文化、性文化、史前文化

此外，还有“黄金X”“X行动”“X心态”“X商品”“X市场”“X现象”“X经济”“X小姐”等多个能产的词语模方式。

不但特定的词可以成为词语模中的模标，就是相对组合不够紧密的语言单位也有可能模标化。因为这种框架一旦填入特定的词语，就会使得整个单位都指称化、词汇化。如2012年兴起的寻找“最美××人”活动，就造就了一系列同类型词语：

最美教师、最美司机、最美护士、最美青工、最美妈妈、最美员工、最美90后、最美保安、最美路人、最美铁警、最美孕妇、最美女儿
最美环卫工、最美高富帅、最美富二代、最美洗脚妹

由此我们可以说，历史变革的程度，在词语上会体现得最为显豁和直接。相应的，以什么样的构词方式反映社会的变化，在它上面也会有所体现。

第二节　现代汉语的附加式构词

就其附加式构词的整体概貌来讲，现代汉语尽管历史不长，但其纷繁复杂的变化，但里边有一些时段是很有特点的。比如五四运动前后，“文化大革命”，改革开放之后的世纪之交，都给人们留下了深刻记忆。但总体来说，现代汉语毕竟是今天的语言文化，有的还是刚刚经历过甚至正在经历着的，心感身受，恐怕人人都有一定的体会。再则就是有关新词新语，青年一代是使用的主体，他们对该现象的研究成果也比较多，人们也多可以参看。还有，对历史事实的认识远观或许要比身处要好，因为参照多，定位也明确。所以，整个这一阶段我们都准备略写，特别是别人说得比较详尽的，就尽可能不重复。基于这种基本考虑，将现代汉语百年历史大致分为前后三个时期，一个是五四运动前后，一个是中华人民共和国成立到“文化大革命”，一个是新时期。即前期、中期和现今。

一、五四运动前后

19 世纪与 20 世纪之交，是中国历史上一个重要转折时期。西学东渐所带来的，就是当时人们新旧思想的激烈撞击。表现在语言文化上的重大成果，就是白话文的胜出，文言文成为历史。如前所述，当时反映新思想观念的新词语可以说是铺天盖地而来，其程度甚至比我们今天电子化、信息化时代都要猛烈。杨霞（2011）对《东方杂志》1911—1921 年 10 年间近 3000 万字语料进行甄选，最终确认当时用到的新词即达 11951 条。这样的创词速率恐怕是其他任何同时间段都不可能比拟的。对于现代汉语早期阶段词汇状貌的研究，以及历史价值的准确评价，不能不说不够到位，人手较少，其成果也显得相对单薄了一些。值得注意的著述有：北京师范大学中文系汉语教研组编著的《五四以来汉语书面语言的变迁和发展》，刁晏斌《现代汉语史》，以及伍民（1959），张寿康（1979），吴欣欣、芦茅（1993），汪允（2004），原新梅（2006），刘晓梅（2007），张蕾（2008），杨端志（2007）等的著述。很有一些的专题描写表现出了非常细腻的特点，给人留下深刻的印象。有些观察发现还是很有历史观念的。比如前边的两项先后认定了这样的语言变化：“词的继续双音化并且开始多音化，是五四以来汉语构词的一个新的发展。”（116 页）“在现代汉语的第一阶段，除了有较多数量的双音节词继续产生外，三音节词开始异军突起，成为新生词中比较多见的一种音节形式。”（82 页）对此，杨霞（2011）的研究给出了具体的事实描述。从她所举大量例证看，当时三音节以及更多音节词的创制在相当程度上类类似于我们眼下的类推方式。例如：

保险 X：

保险费、保险界、保险金、保险业、保险者、保险储金、保险合同、保险机关、保险金额、保险信件、保险证书、保险制度、保险经理人

标准 X：

标准锤、标准罐、标准局、标准律、标准率、标准时、标准物、标准型、标准船舶、标准武器、标准制造、标准自行车

人造 X：

人造靛、人造品、人造肉、人造石、人造眼、人造语、人造靛青、人造肥料、人造胶灰、人造梨露、人造牛酪、人造色素、人造石油、人造食物、人造树胶、人造象牙、人造颜料、人造羊毛、人造药品、人造樟脑、人造有色物、人造苹果露、人造金鸡纳霜、人造蓝那夫他林

超 X：

超感界、超个人、超国家、超经验、超理性、超偶像、超人论、超人生、超时间、超物理、超现世、超自然、超官能界、超潜航艇、超无畏舰、超弩级舰、超现实世界、超自由意志、超自然主义

X 界：

保险界、产业界、慈善界、非政界、飞行界、官能界、教育界、经济界、净水界、科学界、劳动界、企业界、生产界、体育界、无机界、新闻界、学术界、言论界、医学界、游戏界、有机界、绘画界、舆论界、政治界、植物界、超感界、出版界、出版界、飞行界、观念界、化学界、绘画界、精神界、可感界、矿业界、留学界、批评理、评论界、商工界、石油界、经济学界、留学界、司法界、文学界、文艺界、无生界、物理界、现象界、小说界、学生界、学问界、艺术界、音乐界、印刷界、幽灵界、有生界、造纸界、哲学界、智识界、制造界、著述界

据杨霞（2011）统计，1911—1921 年，加缀的派生词构成了大量的新词语，总数为 2712 个，占取全部新词语的 21%。单纯 XX 主义，即达 457 个；非 X，也有 102 个。

双音节的单位也看作类词缀，与人们逐步形成的派生构词观念自然有悖，但不能不看到，这种现象与通常的词模形式有相同之处，对于短时间内创制适应需要的大量新词来讲，不失为有效且高效的手段。

突然而来的巨大变化，肯定会造成人们相当程度的不适之感。从语言文字的记录上面可以看到当时人们应对这一情况的种种态度与策略。其中之一就是：先用句法的形式体现新观念，然后再整合为词法的三音节或四音节。例如：

生力之军—生力军　　繁殖之力—繁殖力
耐受之力—耐受力　　好奇之心—好奇心
摩擦之力—摩擦力　　试验之品—试验品
日常之用品—日用品　　必需之用品—必需品
法律上之效力—法律效力　　野生之动物—野生动物
奖学资金—奖学金　　科学学院—科学院
产业的革命—产业革命　　经济的危机—经济危机
生理的现象—生理现象

二、中华人民共和国成立到“文化大革命”

这一时段里边，有两个方面的突出特点：一个是社会政治生活，一个是科技文化生活。

第一个方面给生活在这个时段的人们都带来了深切的感受。这个时段虽然说的是从中华人民共和国成立开始，事实上很多好的作风、好的传统在这之前就已经开始了。如中国军网（www. 81. cn）登载过的一篇文章《“八大员”的前世今生》：

1940 年百团大战开始后的一天，129 师供应部送来一些缴获的罐头，准备分给勤杂人员。卫生所所长赖玉明在院中大叫：“伙夫、马夫、卫兵、号兵，大家快来呀，有好吃的！”

师长刘伯承听了赖所长对士兵的这些称呼，觉得不太好，就想改过来。

第二天，刘伯承把赖所长叫到办公室说：“我们的伙夫、马夫应该取个什么名？你们不要笑，这是革命家庭的大事，我们革命的军队官兵平等，都是革命大家庭的一员。今后，伙夫就叫炊事员，马夫就叫饲养员，挑夫就叫运输员，卫兵就叫警卫员，号兵就叫司号员，勤务兵就叫公务员，卫生兵就叫卫生员，理发师就叫理发员。我们人民军队是礼仪之师、文明之师，称呼也应该文明。”从此，129 师机关再没有喊“伙夫”“马夫”的了，炊事员、卫生员、饲养员、警卫员、司号员、公务员、理发员、运输员这“八大员”的称呼很快传遍了解放区。

之后“八大员”的说法在全军逐渐规范，“八大员”的组成也因一些岗位退出历史舞台，而变成了现在的炊事员、卫生员、饲养员、种植员、文书兼军械员、理发员、驾驶员。它们有的在《中国人民解放军基层后勤管理条例》《中国人民解放军武器管理条例》《中国人民解放军内务条令》中有不同程度的体现，有的则是虽无编制却约定俗成的叫法。

这种以精当的称谓体现人民军队中官兵一致、人人平等原则的做法，其实早在第一次国内革命战争时期就开始了。20 世纪 30 年代初，刘伯承从苏联回国，组织左权、叶剑英等一起翻译带回的各种条例，当时他们便想到了中国红军内部不同人等的称呼应与旧军队明确区分开来，尽可能地消解等级制度和对勤务人员的歧视。当时即确定红军中的“司令”后边要加一个“员”字。这种称谓方式还形成了系列性的名称，像建制中的“指导员”“教导员”；干部统称“指挥员”，士兵统称“战斗员”，以及其全称“指战员”等，对民主作风的弘扬等起到了积极的作用。中华人民共和国成立之后，始于部队的这种称谓方式又逐步地扩大到社会不同的行业中，形成了丰富鲜明的“员”族词：

兵员、病员、成员、船员、党员、店员、定员、队员、访员、阁员、雇员、官员、海员、会员、教员、球员、人员、伤员、社员、随员、团员、委员、学员、演员、要员、议员、译员、职员、专员

办事员、保管员、保育员、裁判员、参议员、操作员、乘务员、出纳员、从业员、督导员、服务员、公务员、观察员、管理员、话务员、记录员、技术员、教练员、教养员、教职员、联络员、列车员、领航员、陪审员、评论员、评议员、潜水员、勤务员、审计员、实验员、售货员、售票员、特派员、调查员、通信员、投递员、推销员、协理员、信号员、研究员、营业员、宇航员、运动员、侦察员、众议员、咨询员、组织员

可惜的是，这一初衷没能很好地坚持下来，政治化走至极端，则会走向其反面。“文化大革命”期间，也在词语构造方面留下了自己的印迹，同样也是附加式构词的方式。例如：

红X：

红线、红心、红卫兵、红小兵、红司令、红海洋、红宝书、红五类、红代会、红管家、红后代、红司令、红太阳、红色长城、红色电波、红色风暴、红色日记、红色政权、红色江山、红色司令部、红色外交战士

黑X：

黑帮、黑线、黑心、黑手、黑五类、黑老保、黑后台、黑据点、黑司令、黑样板

X派：

走资派、造反派、逍遥派、保皇派、当权派、死硬派、保爹保娘派、秋后算账派

X风：

歪风、妖风、邪风、游斗风、武斗风、串连风、罢官风、抄家风、右倾翻案风

X字：

怕字、敢字、破字、立字、公字、私字、学字、权字、官字、修字、忠字、活字

与此同时，毕竟是走在现代文明、科技文明的征途中，如前所述，仅从不同学者

对类词缀、准词缀的认可及对其范围的不断扩大来讲，即分明体现了人们对事物现象的认知，属类特征方面的内容增强了。这里不面面俱道，仅以“式”和“型”为例，就它们的历史发展概貌做重点考察。

之所以以这两个词为例，就在于它们开初的意义比较接近，都与事物现象的属性有关，宽泛地讲，通指范式和法度。《说文》：“式，法也。”段注：“引申之义为式、用也。按周礼八法八测九式异其文。注曰：则亦法也。式谓用财之节度。”《说文》：“型，铸器之法也。”段注：“以木为之曰模，以竹曰范，以土曰型。引申之为典型。”虽然它们都出现得比较早，其后的历史发展过程中所遭际的命运也不完全相同，但总的来讲，其功能价值并不被人们看重，最明显的一点，两者都不可能归入常用字词的范围。

先看“式”的使用情况。例如：

(1) 城保之境，诸所课仗，竝加雕镌，别造程式。(何承天《安边论》)

(2) 楚为人短小而大声，自为吏，初不朝觐，被诏登阶，不知仪式。(《三国志·魏志·张既传》“令既之武都”裴松之注引晋鱼豢《魏略》)

(3) 体式雅郑，鲜有反其习：各师成心，其异如面。(《文心雕龙·体性》)

(4) 从今已后，每至先朝忌日，常令设斋行香，仍永为恒式。(《唐会要·卷四十九》)

(5) 又有所谓虎城，全如边外墩堡式，前后铁门扃固。(《万历野获编·卷二十四》)

(6) 状自有一定的体式。(《醒世姻缘传·第七十四回》)

这些语句中的“X式”，多是就常规格局来讲的。

明清两朝，这种构词多表现为两种类别：一是用在手工制器上，二是用在军事器物上。它们主要体现在《天工开物》和戚继光所著的《纪效新书》两书中：

(7) 凡造杯盘无有定形模式，两手棒泥盔冒之上，旋盘使转，拇指剪去甲，按定泥底，大指薄旋而上，即成一杯碗之形。(《陶埏》)

(8) 大小无定式，常用者径口二尺为率，厚约二分。(《冶铸》)

(9) 凡烧松烟，伐松斩成尺寸，鞠篾为圆屋如舟中雨篷式，接连十余丈。(《丹青》)

(10) 止许伏哨扎营，以待中军号令，不尔擅便轻易失事，照节制图式施行。(卷九)

(11) 连子铳式，因《武经总要》所无，故图。(卷十五)

《纪效新书·卷十五》里边，还列述有：铳内装药式、佛狼机式、火箭线眼式、刚柔牌式、福船大旗式、兵夫列船式、分营式等。虽然少见，但“X式”体现有一定的技术含量的内容，古代总算是有了这方面的尝试。要么是形状描绘性的，要么是身姿形象性的。这主要反映在当时的小说里边。

第一种情况的用例，如：

(12) 又从多宝阁上拿下一个净白光亮的羊脂白玉荷叶式的碗，交付二人。(《七侠五义·第四十三回》)

(13) 小内相，捧着一个金丝累就、上面嵌着宝石蟠桃式的小盒子。(同上，第八十回)

(14) 住在兴隆馆间壁，门前扬州式矮闼门，并没堂名，却像住家一般。(《七剑十三侠·第四十六回》)

(15) 年纪不过二十余岁，背后背着翘尖式钢刀一口。(《三剑侠·第一回》)

(16) 里面包着一块圆式砚台，用檀木盒儿装着。(《儿女英雄传·第十回》)

(17) 把那两荤三素的五碟吃食献上去，摆成一个梅花式。(同上，第二十八回)

第二种情况的用例，如：

(18) 眼瞧着他迎面扑了恶道，将左手一扬（是个虚晃架式），右手对准面门一捽，口中说："恶道看我的法宝取你。"(《三侠五义·第八回》)

(19) 只见卢方在那边打手式，叫他屈膝。(《七侠五义·第五十八回》)

(20) 只见玉堂拉了个回马式，北侠故意的跟了一步。(同上，第七十八回)

(21) 一排排，一行行，做二龙出水式，南北垂手侍立。(《南北剑侠传·第二十二回》)

(22) 又用一个燕子钻云式，嗖，纵至木头栅栏板墙之上。(《三侠剑·第一回》)

一到了现代汉语，"X 式"构词似乎是陡然间将其潜能充分释放一般。《现代汉语逆序词典》仅仅列举了有限的词语：

把式　板式　版式　程式　等式　调式

被动式　闭架式　不等式　代数式　单项式　多项式

其实，借助语料库查找一下就会看到，"X 式"具有怎样的能产性：

自由式、英式、西洋式、正式、沙石峪式、硕主式、捆绑式、老式、新式、款式、固定式、花式、男式、女式、穿射式、中国式、开幕式、被动式（红外线控制器）、套式、分列式、雷锋式、喷气式、预压式（插板阀）、家庭式（牧点）、花园式、庭院式、日本式、封闭式、复式、谈心式、启发式、爆发式、非爆发式、结构式、组合式、便携式、新款式、别墅式、大庆式、枣木式、驴槽式、浅碟式、移动式、三家村式、首映式、粗放式、挂式、I 式、开放式、闭幕式、兔式、台式、手持式、车载式、落架式（橡胶滑轮）、郎平式、柏拉图式、（"万洁牌"高效能）百页式（换气扇）、组合式（豪华型厨房用具）、流行式、闻鸡起舞式、蝙蝠式（卡曲衫）、（双角牌）茄克款式、中式、滚轴式、滚筒式、欧美式、高速喷气式、（英雄牌）背带式（8 贝司手风琴）、手握式（2 贝司 18 音手风琴）、不制式、机械式、（美生牌 R2-A 双头）浮动式

(电剃刀)、分列式、苏制“冥河”式反舰导弹、五四式、陶式和龙式（热观察器材)、委托式（指挥法)、课题式（教学)、集中式、条件反射式、藏式、平衡式（全自动热水器)、闭营式、孺子牛式、“茶杯闹剧”式、开创式、螺旋式、直冲式（节水型)、结业式、塔式、祠堂式、连锁式、瑞典式、古典式、铰接式、(日本进口组装银燕牌)窗式（空调)、(多立克）柱式（门廊)、手推式、立式、下饲式、闪电式、披挂式、(35毫米）面板式（加色法连续接触印片机)、贯入式、投射式、(十英寸）施密特式(投射显像管)、民兵式、首映式、哥特式、飞鱼式、跳跃式、关系式、方程式、俄国式、预言式、德国式、学者式、三八式、家长式、作文式、取舍式、朱德毛泽东式、方志敏式、罗马式、修补式、“最后通牒”式、贵族式、个人弹劾式、国家弹劾式、封建割据式、九二式、斜坡式、东方式、乌托邦式、田园牧歌式、蠢猪式、就业式、兼语式、连谓式、图式、粘合式、拉丁字母式、国际音标式、扩展式、A式、B式、向心式、重迭式、发式、主谓式、注入式、教条式、不等式、军队式、“报告文学”式、同志式、口号式、说教式、毡包式、协和式、民营式、自治式、“羊拉屎”式、计数式（超声波检测仪)

很有意思的是：当“式”与单音节语素构成双音节词之后，还可以再构成四音节或多音节的特定词语。如：

仪式：抽签仪式、宗教仪式、祭祀仪式、颁奖仪式、斋醮仪式
把式：车把式、老把式、全把式、天桥把式、庄稼把式
模式：温州模式、苏联模式、深圳模式
定式：思维定式、常值定式
公式：物理公式、数学公式、线形公式、计算公式、预测公式
方式：和平方式、排列方式、电动方式、摇号方式、融资方式、单循环方式
生产方式、认识方式、经营方式、斗争方式、交换方式
形式：所有制形式、股份形式、知识形式、法律形式、组织形式、多党制形式
阵式：四三三阵式、进攻阵式、防守阵式、主守阵式
格式：呆板格式、命令格式、美余格式、数据格式

我们再看语句中“X式”词语的使用：

(23) 这个地方真是把中国式建筑之美，表现无遗。(陈叔华《龙马潭游记》)

(24) 近代月饼，花式繁纷，有京式、广式、宁式、潮式、滇式等，其中以广式最著名。(陆一帆《民俗美》)

(25) 从大的范围看，有黄平式、溪式、凯棠式、雷山式、桃江式、施洞式、革东式、剑河式、舟寨式、排莫式、榕江式等等。(杜平等《中国各民族消费风俗》)

个体往往是不可复制的。仅以第一个语句为例，其中的“中国式”很可能就是“中国特色”提法的最早形式。当然，两者在语义内涵、适配环境上并不完全相同，但有后者的参照可以说明它所具有的含量价值。

（26）米秋喜式的商品生产者应不应该担任农村党支部书记？（《河北日报》1984年7月2日）

（27）有谁见过科学家们成为潘金莲式或者王熙凤式或者虎妞大娘子式的。（史仲文《欲望启示录》）

（28）我曾经比西洋人的哲学，为青年恋爱式的哲学，中国人的哲学，是为夫妇和合式的哲学。（周辅成《哲学大纲》）

（29）哥特式教堂的雄伟气势，洛可可式建筑装饰如花似锦。（刘飞茂、成志伟《实用心理学全书》）

（30）由此而相应具有三种悲剧类型，即 A. “赞歌式悲剧”；B. “哀歌式悲剧”；C. “挽歌式悲剧”。（徐岱《艺术文化理论》）

特定的事物现象富有特征性也是不言而喻的，加“式”可以使之凸显出来。

我们再来看“型”。

它在古代汉语里边似乎是备受冷落，连“式”都不如，因为文献里边难得看到它的使用，给人的感觉是它能保存下来都已经很不错了。例如：

（31）夫纯钧鱼肠之始下型，击则不能断，刺则不能入，及加之砥砺，摩其锋，则水断龙舟，陆剸犀甲。明镜之始下型，蒙然未见形容，及其粉以玄锡，摩以白旃，鬓眉微豪，可得而察。（《淮南子·修务训》）

这是颇为难得的“型”作为单个词的使用，且义亦为最基本的意义：（器物）型模。

（32）宋人尊杜子美为诗中之圣，字型句矱，莫敢轻拔。（陆时雍《诗镜总论》）

这里“型”，则是在本义基础上的引申，指抽象意义上的典范、楷模。

“型”和其他的语素组合构成合成词的时候，唯有“典型”“模型”两词还让人觉得踏实，一则是它们出现的比较晚，一直用到现在，意义也显豁明确：

（33）盖一代宗师之典型、后来衲子之模楷也。（《禅林僧宝传·卷第二十三》）

（34）吾道虽艰难，斯文终典型。（苏轼《送家安国教授归成都》）

（35）灰上必定有迹，那么就有模型可寻，依样可画了。（无名氏《上古秘史·第三十五回》）

（36）以为礼明之后，不过如一种陶器，仅具模型而已。（同上，第一百三十四回）

一旦它与其他语素组合似乎就让人有些惴惴不安了：因为“型”“形”“刑”三者似乎是相通的。例如：

（37）后尘遵轨辙，前席咏仪型。（温庭筠《过孔北海墓二十韵》）

（38）所谓男女型貌端严，修目长眉，朱唇素齿，及世间宝物，青黄赤白，红紫缥绿，种种妙色，能令愚人见则生爱，作诸恶业。（《小止观序·诃欲第二》）

（39）吊羊裘，追往躅，尚仪型。（黄子功《水调歌头》）

（40）乃数月后，侦其仪刑，稍稍憔悴。（郑万钧《大唐故代国长公主碑》）

（41）惟流传于歌舞，庶仿佛其仪刑。（苏轼《坤成节集英殿宴教坊词·小儿致语》）

（42）肮脏仪型在，惊呼岁月遒。（苏轼《滕达道挽词·之二》）

（43）途过丞相墓，再拜想仪型。（李长盛《过史公墓》）

正因为如此，人们在把握的时候就颇有些犯难。如任乃强著《华阳国志校补图注》：

仲元抑抑，邦家仪形。（《华阳国志·卷十上》）校注：“形，读如型。”

进贤为国，稽考典刑。（同上）校注：“刑，型义通。”

《汉语大词典》对“仪刑”“仪形”“仪型”做出的解释是：

仪刑：❶效法。❷为法，做楷模。❸楷模；典范。❹仪容，风范。

仪形：❶仪容，形体。❷效法。❸行法规；做楷模。❹典范；楷模。

仪型：同“仪刑”。❶做楷模，做典范。❷楷模；典范。❸仪容。

其释义应该说是很有意思的：既说“同‘仪刑’”，又将其义项改做3条。其实“仪型”未尝不具有“效法”义。例如：

（44）君王者，万方之主，是为万国所仪型。（钟惺《夏商野史·第十四回》）

（45）惟正是视，玄黄匪惑，非礼不观，仪型是则。（王士禛《香祖笔记》）

所以说，就从古人对三者，特别是“型”“刑”“性”之间不做明确区分，甚至有些已经临近错别字界点的情况，可以判断，该语言单位，其价值，让古人发挥多少，实在是勉为其难。它在那样的一种文化、生活水平的环境中也是不可能得到怎样的重视的。

一到了现代汉语这样的一种情景下，“型”和“式”一样，备受青睐，其造词能力突然得到了激发。随便进行一下搜寻，“型”族词便会铺天盖地涌来。社会不同的行业领域，科技不同的学科门类，似乎都缺不了该类词一样，不如此就不能反映该学科的价值含量。甭说别的，单纯一个社会营销学，里边即有这样一类群体性的词杂叠堆上。

心理学的理论根据，将人的高级神经活动的类型与人的气质相对应，可以形成四组：

兴奋型——胆汁质（兴奋型）
活泼型——多血质（活泼型）
安静型——黏液质（安静型）
抑制型——抑郁质（抑制型）

由此而分化体现出不同的性格，并形成不同的购买个性：

内向型　外向型　理智型　情绪型　独立型　顺从型
实际型　研究型　社交型　传统型　创业型　艺术型

与此密切相关，形成了不同人群不同的购买类型：

富裕型　比较富裕型　小康型　温饱型　贫困型
理智型顾客　烦躁型顾客　依赖型顾客　挑剔型顾客　尝试型顾客　常识型顾客

其购买的方式也大不相同：

确定型购买　不确定型购买　深涉型购买　浅涉型购买　静型购买　活泼型购买
顺从型购买　逆反型购买　傲慢型购买　礼貌型购买
连续型大规模购买　随机型小件类购买

那么促销的类型也繁复多样：

份额竞争型促销　介绍型促销　营造回头业务型促销　有奖型促销
自我赏识型促销　联合型促销　合作型促销

这还仅仅是市场营销一个领域。科技战线就更是门类繁多，而每一个学科里边所建立的理论体系也都是以概括能力强、抽象度极高的系列性的概念术语为基础的。例如：

（46）传统的血清方法能检测红细胞血型、白细胞血型、血清型和红细胞酶型等，这些遗传学标志为蛋白质（包括糖蛋白）或多肽，容易失活而导致检材得不到理想的检验结果。（吕虎《现代生物技术导论》）

（47）LDH-X：乳酸脱氢酶-X。是仅存在于人类精子中的乳酸脱氢酶同工酶型，其淀粉凝胶电泳的条带位于 LDH-3 和 LDH-4 之间。（《法医学》2010 年 5 月 8 日）

（48）Commbs 和 Gell 等（1963）将其分为四个型，即Ⅰ、Ⅱ、Ⅲ、Ⅳ型变态反应。（岳华《变态反应》）

正所谓“术业有专攻”，其中各自所用的“X 型”都体现特定的内涵属性，浸润着现代科技的色彩，是非专业的人们所能够理解的。

正因为“X 型”词语多从根本性质上来说明特定事物的特质，如上所举同类型的诸多例证，它们之间往往能形成相对、相关直到对立的内容意义。于是人们也多采用对应性的方式将其共现，在对比当中以突出其巨大的差距与变化。例如：

（49）当前我们的经济发展正处于由高度集中的计划经济向有计划商品经济，由追求速度向讲求效益，由封闭向开放型的战略性转变的关键时期。（《解放日报》1987 年 2 月 28 日）

下边都是同样的情况：

由劳动密集型向技术密集型的转变
由“粗放型”向“集约型”转变
由修改型模式过渡到解释型模式
由手工型操作管理向计算机系统管理转变
由过去的资源型管理向主体型管理转变
由传统督导型向科学疏导型转变
从“经验型”逐步上升为“理论型”
由过去的雇用型向合作型转变

此外，还有值得注意的一种现象是：“型”“式”“性”“化”四者有相近相似之处。我们先看具体的用例：

（50）现代教学观：与传统教学观中的封闭式、程式化、平面式的老式教育观念相对立，个性化、开放化、探索化的现代教学观正在形成。（《解放军报》1987 年 5 月 4 日）

（51）这种政治更需要的是老人式的守成，而不是年轻化的开拓与变革。（崔文华《权力的祭坛》）

（52）武强县农业银行变救济式为开发型，扶贫扶到了点子上，今年被中国农业银行总行定为扶贫联系点，并受到总行和国务院扶贫办公室的表彰。（《经济日报》1992 年 11 月 20 日）

（53）这是由一定区域内的某些城市和地区联合起来组成的跨地区、开放式、松散型的区域经济协调组织。（张萍《城市经济区的组织与管理》）

（54）城市经济本身是一个开放性的经济系统。（同上）

（55）衡量各所大学国际化程度的标准主要有三个，即开放化、多样性和研究成果。（《东方早报》2006 年 9 月 8 日）

（56）加快金融对外开放步伐，把深圳特区建设成现代化、多功能、开放型的区

域性金融中心。(王奇岩《深圳金融产业的发展趋向与对策选择》)

(57) 程序并没有设定决策真理的标准是什么，只是一个开放性结构。(李建华《公共政策程序正义及其价值》)

这些语句中的情况可以使我们看到这样两个方面的东西：一是和前边的“X 型”对“X 型”不同，这里要么是“X 式”与“X 化”并列、“X 式”与“X 型”并列，要么是“X 式”与“X 化”对应、“X 式”与“X 型”对应。二是一个“开放”，能够和“式”“型”“性”“化”四者都能组合。甚至是一篇文章里边都可以采用不同的组合方式。那么，给我们留下的思考是：

开放式=开放性=开放化=开放型?

它们当然不可能完全等同。虽然四个单位都能跟“开放”相匹配，且其总体的意义均表示属性与特征，但就具体的“个性”、内涵的侧重来讲仍是有差别的。“化”因其由来就一直附有动态的色彩，“开放”自身带有动态的意义，二者重合，故其组合数量最少。其他三个倒是都着眼于静态的性质状貌或程度，都能够给予“开放”以一定的补充性的意义。“型”侧重于形貌，“性”偏重于程度，“式”可多方面兼顾，故其组合能力按强弱分，可以形成这样一个递减序列：

开放式>开放性>开放型>开放化

我们这里再集中说一下“大 X”的构词。

绪论里边我们即指出，中国古代便将“大”“小”作为词缀来用了。比较典型的就是“丈夫”和“大丈夫”等义。也就是说，前者本身即隐含了褒奖的含义，后者无非是将这种含义显性化了。“媳妇”本来也有一定的隐含义，“小媳妇”也是将这种含义显性化了，特别是在早期。这样的构词在相当程度上可以说是封建社会男尊女卑观念的持续。现代汉语中的现今阶段，也就是改革以来，人们的思想空前活跃，学历层次普遍提高，理性观念大大增强，在组词附缀的大小选择上边似乎不应该再像过去那样有过多的偏颇倾向性了，而且由于更多青年一代的介入网络、介入语言生活，甚至对传统的东西还来了一个比较大的颠覆，一大批新产生的“小 X”族词，像“小清新”“小文艺”“小正太”“小鲜肉”“小萝莉”等，不管后来人们如何评价，但它们出现之初，人们还是赋予了它们青春活泼的意味的。但 2002 年突如其来的一个词“大数据”，至今在科技行业、网络领域仍保持着坚挺的魅力。因为科技永远是助推社会进步的原动力，它深层次的理性力量永远不会过时。尽管如此，所有这一切，从社会层面来看汉语构词变化发展中期阶段的一个显著特点，就是“大 X”得到了极大的发扬。有几个数据在一定程度可以体现这种基本认定：北京大学中国语言学研究中心 CCL 现代汉语语料字符统计信息显示，“大”的呈现为 3103938 次，排在第 12 位。《现代汉语词典》(第 6 版)，由“大”作为词头构成的词语为 425 条（这里的统计排除了改革开放之后出现的新词条，如“大哥大”；还有固定框式结构，如“大……大……”），而“小”仅为248条。下面只将三音节的词列举出来：

大白菜　大白话　大伯子　大板车　大暴雨　大本营　大不敬　大不了　大出血
大动脉　大肚子　大多数　大盖帽　大公国　大革命　大姑子　大褂儿　大锅饭
大合唱　大后方　大后天　大呼隆　大花脸　大环境　大黄鱼　大伙儿　大家伙
大家庭　大静脉　大舅子　大块头　大老婆　大礼拜　大理石　大理岩　大力士
大丽花　大陆岛　大陆架　大陆坡　大路货　大麻子　大熊猫　大面儿　大拇哥
大拇指　大年夜　大排档　大排行　大篷车　大片儿　大婆儿　大谱儿　大气层
大气候　大气圈　大气儿　大气压　大前年　大前儿　大前提　大前天　大青叶
大犬座　大人物　大撒把　大扫除　大少爷　大舌头　大婶儿　大师傅　大事记
大手笔　大踏步　大提琴　大同乡　大头菜　大头针　大团圆　大无畏　大五金
大猩猩　大行星　大熊猫　大熊座　大学生　大循环　大叶杨　大姨子　大元帅
大约莫　大杂烩　大杂院　大丈夫　大众化　大轴子　大主教　大庄稼　大自然

词条的选取显然是一个不容易的功夫。比如这里边选了“大元帅”而没选“大总统”，原来版的该词典是有的，不知为什么给删掉了。要说是不应该的：国外军衔里边有“元帅”和“大元帅”的区分，国内却没有“总统”与“大总统”的分辨。“大总统”的“大”应该是典型的词缀，作为词条应该是收录的，何况离我们今天时间上还不远。还有，自五四运动至今，还有相当的一些词条没能收录进来，且这些词语似乎比现在有些已经收录进来的，使用频率上高得多。例如：

大编队　大变动　大包干　大草原　大道理　大动荡　大多数　大规模
大功率　大范围　大方向　大幅度　大改组　大工业　大集体　大降价
大救星　大跨度　大联合　大面额　大面积　大批量　大前提　大生产
大讨论　大屠杀　大学问　大学堂　大游行　大跃进

这些还仅仅是列举性的，如果真正全面统计的话，还要多得多。例如：

(58) 大白天的把个房门关上，好看呢！（《二十年目睹之怪现状·第八八回》）

(59) 日本就乘此时机，爆发九一八事变，而且得寸进尺，接二连三的，继续向我内地进攻，想独占这东方的大市场，大殖民地。（社会改造问题研究委员会《中国问题各派思潮》）

(60) 不要紧，问一下清爽些，大天光里讲话：大家要明明白白。（张天翼《万仞约》）

(61) 大戈壁的夏天，气候特别酷烈。（华山《大戈壁之夜》）

(62) 今儿个要红票，明儿个要包袱，我真想抽自己几个大嘴巴！（老舍《方珍珠》）

(63) 毕竟，冷西泽这个大嘴巴子还在呢！若是让他知道了事实，估计不出半天的功夫，就已经全世界都知道了。（笛声悠扬《老婆大人有点拽》）

同样是“大嘴巴”，例（62）和例（63）显然不是一个意思：前者是句法赋予的，还不能说已经词汇化了；后者则是转喻，字面已不反映实际的词汇意义。

“大 X”之所以富有能产性，原因是多方面的。民族文化的背景肯定是其中重要的一项。传统文化里边我们往往是从大处着眼：“会当凌绝顶，一览众山小”“高瞻远瞩”“站得高，看得远”等，往往都赋予正面的积极的意义色彩，而“井底之蛙”“谨小慎微”“盲人摸象”“一叶障目，不识泰山”等，自然也都附有反面的、贬义的意味。这在两类词上面也可以清楚地看到。例如“大 X”类词：

大度　大气　大道　大典　大法　大纲　大观　大吉　大家　大局　大力士　大气磅礴　大器晚成　大事记　大手笔　大团圆　大腕儿　大无畏　大智若愚　大巧若拙　大作

再看“小 X”类词：

小白脸　小报告　小丑　小聪明　小动作　小儿科　小广播　小皇帝　小道消息　小打小闹　小家子气　小看　小农　小气　小市民　小算盘　小心眼儿　小性儿

尽管两类词中，也各有其贬义、褒义的词，如“大 X”类词中的“大意”“大肆”“大呼隆”“大腹便便”“大吹大擂”等，“小 X”类词中的“小巧”“小家碧玉”等，但毕竟是少数，都不足以改变这种整体的特征。成语里边有“大醇小疵”，《现代汉语词典》在解释“大我”和“小我”的时候，分别举的用例为：“牺牲小我的利益，服从大我的利益。”“小我服从大我”从中都可以看到传统观念的积淀。

在表达上面我们也可以看到价值选择的倾向性。例如：

（64）秀珍女士，原谅我，大晚上的说这么可怕的事！（老舍《赶集》）

（65）这大冬天的，脱下的炕面子也不结实。等开春再说吧。（张贤亮《绿化树》）

（66）这大雪天的，哪达儿追去哩，回家睡去吧！（同上）

（67）大过年的！不会说吉利话吗？呸三声！（六六《蜗居》）

（68）这大半夜的，怎么了这是？（六六《双面胶》）

（69）大中午的，人人都回家吃饭去了。（不光《闯西南》）

（70）另一个朋友，北方人，大夏天不幸被派到武汉出公差。（池莉《武汉的夏天》）

（71）到了购物的地方或者办公的地方空调都开得很猛，又热又闷，让人大冬天里出汗。（南丘阳《从头到脚要美丽》）

此外，还有前边举过的例子“大白天”，以及“大清早”“大过节”“大热天”“大冷天”等，通常不带“大”，带了并在其后再加“的”，往往是为了突出强调特定的时段、特定的节假日人们自然应有的行为规则，有的是遵从，更多的是引发出相悖离的另外一种情形，以显示其前后间的巨大反差。

有着这样的文化背景和心理定式，则往往会在言语主体思维形态上表现出为一方是求的特征，情绪化的因素会起主导作用。特别是当一种思潮澎湃激荡、历史风云诡谲变幻之时，就会更进一步地强化这种思维方式，群体的力量则会将这种思维方式所产生的系列性词语推助为学说，变成精神力量。

民主革命时期，下边的词语肯定给人以深刻的印象：

大军阀　大地主　大买办　大官僚资本家　大土匪

社会主义建设时期，主旋律是“鼓足干劲，力争上游”，最激越的节奏是：

大搞　大干　大跃进

“文化大革命”时期耳熟能详的词语是：

大搏斗　大阴谋　大毒草　大帽子

精神观念上的东西往往有一个积累增升的过程，这有具体词语的存在作为记录。“文化大革命”时期的所谓“四大”民主方式，其实并不是当时的临时发明，早在1957年反右之时就有了。下边是1958年、1959年两年里边的文字：

（72）现在，我国的社会主义民主有了新的发展，在整风和反右派斗争中又创造了大鸣大放、大辩论、大字报等社会主义民主的新形式。（中国人民大学法律系国家与法权理论教研室《论人民民主专政和人民民主法制是我国建成社会主义并逐步过渡到共产主义的重要条件》）

（73）大鸣大放、大争大辨、出大字报等形式，是人民群众创造出来的一种新的阶级斗争的形式，是对于敌人进行专政的新形式。（同上）

（74）采用大鸣大放、大辩论、贴大字报的民主方法之初，有人以为这样一来领导就难当了；事实恰恰相反，结果是领导和群众的关系更密切了。（左其煌《论民主·自由与平等》）

“文化大革命”时期只是将先前的“大辩论”改作了“大批判”。

三、当代

当代，即我们现今，可以说每一个活在当下的人都能够对自己每日的生存生活、学习工作生活、语言生活心感身受。“语言是存在之家。”我们每一个人都生活在语言的汪洋大海里，约定俗成的结果，会让我们觉得语言既存在又不存在。康德在他的《纯粹理性批判》里边做的一个比喻特别好：当鸟儿迎风飞翔的时候它或许会想，如果没有空气的话自己会飞得更快。事实也确实是这样，当我们实施交际对话的时候，很少能够觉察出自己是在使用语言，而只是意识到自己正在办事儿。即使是阅读报纸，我们也多是想：我想了解刚刚发生了什么事情，他人的或社会的，很多时候我们都难自觉地意识到还有一个语言的存在。一个最鲜明的例子，就是绝大多数的人看小说，往往都沉浸在作家所营造的故事情节之中，陶醉于里边人物的悲欢离全，“象喜亦喜，象忧亦忧”，忘却了语言的存在。很多小说家也是如此，往往想的是编织怎样的故事，塑造怎样性格的人，只有当代作家汪曾祺石破天惊般地唤道：“写小说就是写语言。”对相当一些著名作家意识到了并有着卓越造诣却没有清醒认识的艺术真谛给予了率直的揭示。历史大变革的时代，也往往是语言自觉的时代。特别是当今时期的年轻人，他们以特别欣喜的眼光寻觅着手机网络里边光怪陆离的新词新语，甚至也为自己能够参与其中而兴奋不已。正像胡明扬等所指出的那样（1990）：“青年人最急于寻求独立性，也最急于显示独立性，他们要和传统决裂，不喜欢陈词滥调，最富于创新精神，什么都爱新鲜，爱好玩儿，所以最常见的流行语总是在青少年群体中创造和使用的。”他们好像是突然发现，社会，一向是大人们的天地，然而今天网络的运行，居然自己也可以成为话语的主体！是的，网络的普及化，创造了真正信息大爆炸的时代，这种科技化手段所传递的，既有现实社会的正能量，也有虚拟化空间的情绪弥漫。

如果我们回溯 20 世纪末走过来的语言历程就会注意到：这一时期的词语创制是一个渐变递增的过程，且不同的年代各有特点。有几位这方面的专家关注其发展，并做了早期的统计工作。得出结论说：80 年代平均每年新增 700 个词左右，90 年代每年也增添 300~400 个词。（朱永锴、林伦伦，1999）数字标明，90 年代新词产生的速率似乎在放慢。其实不然，改革开放初期，百废待兴。一个鲜明的标志就是恢复高考制度之后，很多学科都在积极引进国外新的学说理论，译介包括后来的汉化，形成了新词语大量涌现的一个高潮。深圳特区的建立，作为对外开放的窗口，客观上也使得粤语成为一种强势方言。南风北渐，也是新词语增长的重要因素。但整个 80 年代，利用附加式造词却并没有形成自觉的情势。吕叔湘 1984 年在《辞书研究》第 1 期上发表的《大家来关心新词新义》一文，并未谈及类似的这种现象。语言文字应用研究所 1984 年 9 月成立。1986 年着手新词语方面的搜集和研究工作，《语文建设》上开始连载“新词新语新用法”的一些样条，也很少触及这方面的现象。1983 年 7 月 8 日，深圳市宝安县联合投资公司向社会公开发行新中国第一只股票，同时提出实行入股自愿、退股自由、保本付息、盈利分红的先进理念。但这仍是小气候，局限在狭小的区域内，没有形成较大的影响。所以在新词新语的创制上面也没有表现出这方面的丰富内容。再如 80 年代开始有了的士车，以郑州市为例，一开始还都是黄色面包车，“Taxi”的标志也没醒目地展示出来。尽管作为新鲜事物，人们在乘坐的时候也觉得时尚，且可以多人共同搭乘，但要想体现及时便利恐怕也很难。1987 年底在北京西山召开中国第一届社会语言学学术讨论会，除了提交会议的论文外，专家们讨论比较多的是语言变异和规范化问题。从主导取向上说，大家还是对语言的发展变化持积极肯定态度的。从一定意义上讲，这同吕叔湘、陈原等早些时间的关注并给出指导性的意见是分不开的。比如吕叔湘（1984）讲：“一般语文词典只收一般词语，也就是说，要排除太专门的词语、方言词语以及昙花一现的词语。道理是对的，分寸却难于掌握。现在一般的倾向于偏于保守。要想到人们的生活在发展，在前进，专门词语、方言词语都在不断地涌进一般词汇。有些新词新义是来去匆匆的过客，还是要就此定居下来，也难于预测。在这个问题上，我个人的意见是与其失之于严，无宁失之于宽。”陈原（1984）也说：“社会语言学家对新语条的出现应当给予极大的关心。即使出现了将来肯定被淘汰的新语条，社会语言学家们仍然要付出足够的精力去蒐集、比较和分析，并评定它们的社会价值和社会意义。”

据李振开（1987）对这一时段语言新现象的研究表明，采用附加式构成新词的，主要表现在这样的类型中：

热：足球～、熊猫～、奥运～、体育～、自学～、出国～

性：一次～、爆炸～、连续～、可读～

式：盒～、组合～、塔～

化：年轻～、专业～、老龄～、低龄～、成人～、系列～

型：开放～、开拓～、封闭～、生产～、外向～

由此不难看到，这一时期所谓的附加式构词，其能产的词缀，仍大多局限在已有的那些单位。总体来讲，仍局限在传统的既定延续上。当然，也有一些已经初显出这方面的态势。如“万元户”，它的产生正好是在1979年到1980年两年间。这个词在当时叫得是很响亮的，成为农村很多人向往的目标。后来仿拟造出了“个体户”“重点户”“专业户”“科技户”“单干户”“关系户”等。其他的如：

感：立体～、分寸～、失落～、超脱～、紧迫～

坛：足～、排～、画～、羽～

多：～学科、～层次、～功能、～兵种

将散见的放置在一起，似乎也有了一种趋势。但不能不说，这些现象并没有形成一定的气候，在人们的意识中并没有形成明确的趋向。

附加式造词成为一种群体自觉言语活动，要从20世纪90年代算起。1990年12月19日上海证券交易所开始正式营业。次年，中国第二家证券交易平台——深圳证券交易所正式营业。经济开放的步伐进一步加大，人们投身于市场经济的热情普遍高涨。于是在词语上面出现了爆发式的反映：

股：股市、股民、股盲、股经、公股、私股、认股、职工内部股、炒股、配股、原始股、二手股、上市股、垃圾股、权力股

也正是在这个时段，黄面的得到了全面整顿，全国由大城市首先改换，其被新的车型夏利、桑塔纳等代替。而在农村许多旅游区，许多农民也有样学样，尽管使用的工具大不相同。于是，关乎这种代步工具的系列性的词语便很快地创造出来，并风行开来：

的：打的、面的、马的、残的、摩的、驴的、板的、飞的、的哥、的姐、的爷

与此同时，语言学界出于对语言新现象的敏感性，也很快出台策略部署，紧跟社会发展的节奏，加快对新词新语的搜集、整理、研究、解释的步伐。据于根元介绍，1991 年 3 月，有关领导督促新词语研讨的课题上马。于是由于根元主持，周洪波、刘一玲为课题组成员；所外有张朝炳、宋孝才、程国富参加，后又有凌云加入。北京语言学院给予了支持，当年就出版了《1991 汉语新词语》的专著。其后多年，这种记录新词语的专书都保持了出版，为今后的研究提供了真实的语料。

说 20 世纪 90 年代是附加式构词自觉的时段，主要表现在以下两个方面上。

一是原有形式增添了更多的数量，使得词族现象愈发显著化。例如：

热：体育热、书法热、针灸热、琼瑶热、录像热、领带热、京剧热、石油热、高跟热、公司热、大陆热、公关热、发明热、乒乓热、川菜热、羽绒热、文凭热、汉语热、武术热、托福热、科研热、参观热、经商热、收藏热、办厂热

感：危机感、亲切感、紧张感、认同感、惶惑感、节奏感、归属感、充实感、神秘感、忧患感、被重视感、安全感、逼近感

多：多层次、多功能、多极化、多角度、多渠道、多视角、多元化、多时、多级、多头、多侧面、多门路、多品种、多棱镜

可：可燃冰、可视电话、可更新资源、可持续发展

化：边缘化、经济全球化、格式化、数字化、信息化、富营养化

人：边缘人、纳税人、经纪人、广告人、音乐人、制作人、电影人、乐评人、新闻人、担保人、见证人、监护人、介绍人、中间人、证婚人、公诉人、公证人、代理人、辩护人

二是增添了相当数量的类词缀，并创制出相当的新词族。例如：

热：热评、热炒、热卖、热销、热键、热线、热映、热播

风：车风、家风、官风、路风、会风、站风、邮风、说情风、送礼风、尊师风、倒流风、假冒风、吃喝风、麻将风、浮夸风、宴请风、作弊风

制：聘任制、定期制、二部制、两段制、夏时制、分餐制、AA 制、双轨制、筛选制、单轨制、常任制、公筷制、任期制

点：冷点、卖点、买点、视点、看点、赛点、增长点

族：上班族、追星族、红唇族、推销族、打工族、工薪族

角：英语角、法律角、恋爱角、技术革新角、卫生死角

网：网虫、网民、网址、网站、网页、网恋、网德、网格

恤：恤衫、T 恤、机恤、时恤

城：商城、鞋城、书城、大学城、娱乐城、图书城、美发城、家具城、美食城、科学城、火锅城、服装城

走：走牛、走低、走熊、走高、走弱、走强、走好、走软、走跌、走热

超：超编、超产、超凡、超级、超人、超员、超期、超重、超龄、超额、超一流、超新星、超巨星、超低温

高：高科技、高分子、高保真、高产出、高回报、高含量、高节奏、高层次、高难度、高消费、高投入、高效能、高精度、高学历、高智商、高技术

隐形：隐形飞机、隐形就业、隐形眼镜

隐性：隐性失业、隐性就业、隐性收入

激光：激光武器、激光视盘、激光唱片

生态：生态农业、生态住宅、生态科学、生态旅游、生态美学

绿色：绿色包装、绿色产品、绿色建筑、绿色标志、绿色食品、绿色消费、绿色营销、绿色壁垒

数字：数字电视、数字图书馆、数字城市、数字相机、数字通讯、数字通信、数字移动电话

环境：环境风险、环境伦理、环境标志、环境容量、环境难民

电子：电子商务、电子干扰、电子对抗、电子伪装、电子防御、电子邮包、电子图书、电子货币、电子函件、电子重合、电子签名、电子信箱、电子贺卡、电子游戏、电子汇兑、电子出版物

网络：网络犯罪、网络电话、网络会议、网络安全、网络营销、网络银行、网络警察、网络综合征

广场：文化广场、中粮广场、话题广场、消费广场、E 政广场

除此之外，像“吧”“炒”“酷”“秀”“族”“软”“亚”“盲”“零”“品”等构词也开始展露出热爆的态势。

周洪波主编的《新华新词语词典》虽然出版的时间是2003 年，但统计描写的对象主要是上一个 10 年新词创制的基本状貌。它总共收词 2200 个，去掉 16 个字母词“3+1、3+2、3+X、911 事件、BBS、DVD、E-mail、IC 卡、IP 电话、VCD、卡拉 OK、移动 PC”等，剩下 2189 个词，其中，复合式合成词 1164 个，占 50.6%。然则构词音节的情况是：

新词语	数量	百分比/%
单音节	12	0.55
双音节	1208	55.2
三音节	334	15.2
四音节	456	20.8
五音节以上	179	8.17

对照苏新春（2001）对《现代汉语词典》统计的数字应该说是基本照应的。这是因为：一是时间稍晚，二是仅仅局限于新词。由此可以说：20 世纪的最后 10 年，附加式造词已经悄然体现出强势状态，但它毕竟是起步，还没有形成蓬勃的社会整体趋向。

即便如此，各种各样、形形色色、繁复多彩的新词汇已经引起社会各界的关注和重视，上述《新华新词语词典》的出版，即产生了比较大的反响共鸣。2003 年 1 月 18 日中新社北京 1 月 17 日电即称述：媒体盘点两个 10 年之交的大量新词语现象是中国社会发展的"浮世绘"。指出："中国正处在新词语大量涌现的第三次高峰。""新词语来得这么猛，这么快，令人振奋"，称其为人们把脉时代及展望未来提供了新的依据。有媒体还进一步感慨说：这是一个新词泛滥的时代，这也是一个生机无限的时代；这是一个时尚的年代，是一个互动、发烧的年代。从新词中可见一斑。

2002 年 8 月 27 日，教育部语言文字应用管理司召开"语言社会应用热点问题座谈会"。会议主要针对"纳米""克隆""酷""秀"等英文音译词、"菜鸟""大虾""版主""伊妹儿"等网络新词、"WTO""APEC""MTV""CEO"等字母词的应用与规范展开讨论。持批评态度与宽容对待意见的各有之。

21 世纪的头一个 10 年并一直延续到第二个 10 年的前 5 年，是附加式创制新词的井喷时期。下边的台词就很能体现这个时段的脉波与情绪：

震撼的节奏奏响热血与激情，动感的爆点点亮快乐与开心。独特的动作与创意，帅气的律动与张扬，这就是时下最流行、最给力、最潮、最酷的舞蹈——街舞！让我们请出 N 位帅气的 DANCER，让他们用超炫舞蹈点燃今天的 high party 吧！

我们由不同时期对类词缀范围认识的不断扩大也能够比较直观地看到这一点：

赵元任（1968）

新兴前缀：不、单、多、泛、准、伪、无、非、亲、反

新兴后缀：化、的、性、论、观、率、法、界、炎、学、家、员

沈孟璎（1986）

词缀化倾向：多、非、反、无、高、可、软、大

类词缀或准词缀：度、家、性、化、然、手、品、者、热、感、户、族、盲、员、爷、坛、星、学、型

马庆株（1995）

类前缀：分、准、总、伪、亚、可、不

类后缀：化、性、棍、户、家、迷、派、师、犯、夫、鬼、生、士、手、徒、员、子、界、别、处、带、度、法、份、坛、体、线、学、观、理、论、热、儿

陈光磊（1993）

类前缀：半、超、次、打、大、单、反、非、好、可、类、前、全、伪、小、亚、有、准、总

类后缀：夫、家、匠、师、生、士、员、长、汉、翁、馆、工、星、迷、族、佬、鬼、棍、蛋、虫、观、论、学、派、界、度、率、气、类、品、种、件、具、子、化、性、法、是、来、角、型、式、牌、号、热、业、科、处、局、厅、店、部、组

汤志祥（2001）

类前缀：超、多、高、性、软、核、半、全、大、单、双

准前缀：可、反、非、准

类后缀：风、热、难、人、车、卡、站、票、券、水、税、鞋、肉、舞、歌、班、灯、箱、酒、饭、货、楼、文化、意识、商品、经济、工程、消费、市场、精神、公司、小姐、现象、资源、行动

准后缀：者、员、家、士、师、生、手、夫、星、派、鬼、棍、品、性、化、然、感、坛、族、盲、户、学、论、观、界、星、机、赛、节、式、型、群、物、剂、金、法、款、库、服、价、罪、犯、案、级、牌、片、所、率、史、业、度

曾立英（2008）

类前缀：大、电、小、老、水、打、中、地、白、保、发、工、黑、高、一、生、自、三、外、不、红、分、黄、天、无、公、防、金、出、人、马、文、单、太、主、花、交、核、多、总、冷、通、海、火、上、开、反、有、二

类后缀：性、机、器、学、人、员、化、会、品、者、率、法、费、家、病、部、线、剂、表、权、车、力、量、站、队、式、室、花、片、物、纸、生、业、体、石、头、词、面、期、书、场、油、图、素、炎、点、虫、院、色、界、制、处、台、局、管、灯、话、草、度、团、气、板、所、论、单、军、战、树、水、鱼、画、计、风、地、菜、镜、数、国、症、戏、网、税、节、区、馆、山、号、星、店、工、箱、药、型、厂、音、赛、证、乎、炉、派、本、仪、语、手、道、心、市、符、球、层、犯、感、金、字、角、族、皮、师、诗、酸、罪、级、形、科、兵、眼、曲、货、系、口、额、粉、船、社、课、省、服、户、林、簿、弹、矿、舞、岩、布、文、值、得、枪、针、信、房、剧、间、商

首先要说明的是：语言现象的复杂性，使得每个个人不一定将其共时、历时的真实面貌反映得真实充分，但从整体及其基本概貌上说应该出入不至于太大。即便是不同的人在把握类词缀的标准上面不一定完全相同，专业上的共识性大致还是差不多的。由此我们可以说，他们的总结在一定程度上还是反映了这一时期类词缀进递特征状貌的，即不断扩大。在历史激荡的时刻，当时代变化的速率加快的时候，当人们的思维

异常活跃之时，附加式构词就成了人们尽可能地创造新词以适应迫切需要的首选。

或许说，经济的相对增长、人们的生活开始富足，使得相当的一些人可以借助新的言语表达手段来反映他们对社会事件的敏感性。例如，2007年陕西镇坪的华南虎事件之后，一下子出现了一批与这一事件相关的新词语，《2007汉语新词语》就收录了“周老虎、虎照门、伪虎门、正龙拍虎、华南虎事件”等。2008年是事件多发年。有以“事件”命名的，如“黑屏事件、饺子事件、孟连事件、三鹿事件、3·14事件、平江虎事件、黑砖窑事件”等。“山寨版”诞生后，“山寨X”便一发而不可收，如“山寨春晚、山寨足球、山寨货币、山寨药、山寨剧”等，仿佛在这一年人们要把“山寨”潜在的效能展示个通透。汶川大地震后，“范跑跑”出台亮相，接下来类似的格式，如“郭跳跳、洋跑跑、朱抢抢、姚抄抄”等便纷至沓来。2009年，上海某工地发生楼体倒塌事故，“楼脆脆”很快被智慧的网民创造了出来。随后，“楼歪歪、楼薄薄、楼断断、楼高高、楼靠靠、楼垮垮、楼裂裂、楼酥酥”等，大都含有戏谑、调侃色彩的ABB式同族词成批量出现，它们集中反映了人们对当时普遍存在的建筑物的质量问题。2009年的“被”字打破了传统，出现了变异，相当一些人受困于自己择业或生活里边面临的种种不便或一时的困难，无奈又不得不面临具体的现实，于是调侃自己：“被就业、被自杀、被代表、被富裕、被捐款、被民意、被医保、被小康”等一系列词语便被创建了出来。

社会的变革和个体的适应显得是那样的悖异，每个人又以欣喜的眼光和态度企盼着未知世界的光彩，于是在21世纪的头两个10年之交，整个社会对语言的关注度是其他任何时期都很难比拟的。有一种明显的倾向就是，人们对新词语的出现似乎有一种期待感；而新闻媒体也在以兴奋的心情观察着，同时又以不确定的观念给予反映，并试图找到既共知又有差异的对该现象的评述。

这种亢奋状态在接下来的十多年的时间里边得到了进一步的证明。

2010年，被称为“微博元年”。这是《2010年中国语言生活状况报告》认定的。

报告认为，微博具有信息传递快、保真性强的特点，可以随时随地发布见闻、感想，对网民极具感召力。生活在“微时代”的人们在经历着由微博引发的传递方式、生活方式、社会生态等方面的“微革命”。

到了2011年，“微X”系列性词语顿然呈爆发的态势，被成批式地造出：

微币、微辩论、微表白、微博打拐、微博公文、微博结婚证、微博私访、微博外交、微博问诊、微博血型、微博应用元年、微博自首、微采访、微传播、微代表、微电台、微电影、微电影节、微调查、微反应、微访谈、微航班、微话题、微基金、微计划、微记者、微家书、微建议、微空间、微恐怖主义、微乐活、微力量、微猎头、微领地、微旅游、微论坛、微卖场、微评、微祈福、微折福、微求职、微人才、微生活、微诗会、微思念、微素养、微童话、微团、微外交、微文明、微小说、微心愿、

微信、微型妈妈、微讯、微议案、微游记、微游戏、微愿景、微运动、微招聘、微政务、微直播、微祝福

2012年虽稍有减弱，但仍具有造词的空间，也足以让人称奇：

微吧、微光、微捐、微博钱包、微博专员、微电商、微都市、微护照、微依托、微房间、微媒介、微音乐、微博运维、微拼车、微信号、微公交、微田园、微信群、微课程

这种情况被具有敏锐性的媒体及时地捕捉到了。2013年3月11日的《人民日报》评议说：信息时代，人们日常生活中碎片化、便捷化、个性化的“微需求”日益增长，以微产品、微电影、微旅游等为代表的“微经济”，在社会生活中发挥着越来越重要的作用。

特别是“X体”，2012年12月8日，网友“Rabbit儿爷”在微博中发了一个西游记倒写的小段子，不料一石激起千层浪，短短几天时间，就拥有2万余次的转发量和4800多条评论。一些家喻户晓的故事被网友逆时空重新演绎。“今天你倒写了吗?”瞬时在微博上掀起了“倒写体”风潮。（2012年12月12日《北京青年报》）这种造词方式便成为人们，特别是青年人热衷追逐、追捧的“故事新编”的新形式，无论是内容创制还是强化这种“体”的词汇。其他类似的词族便蜂拥而出，成为一个热闹的社会语言景观：

白素贞体、表白体、厕所体、承诺体、惆怅体、倒写体、德纲体、丢脸体、方阵体、非凡体、废话体、乌青体、高贵体、高晓松体、海燕体、合并体、假想体、流氓体、玛雅体、明星体、末日体、青春体、忍够体、三宝体、舌尖体、生活体、眼中体、遗憾体、一句话体、因为体、英雄体、元芳体、甄嬛体、高考体、下班回家体、紧紧抱住体

中国网（www. china. com. cn）2012年11月26日发表评论《别让“房叔”刚走“房婶”又来》说：“有‘房叔’就有‘房婶’‘房嫂’‘房哥’‘房大爷’，根在制度不在房，否则防不胜防。”果不其然，2013年，“房”族的系列词语便接连产出：“房亲”“房族”“房姨”“房妈”“房爸”“房爹”“房神”“房帝”“房弟”等，甚至还有了“房警”。

2012年10月19日，大河网指出：蚁族、3A族、H族都是近3年来相继走红的族群，代表着中国不同状况的三个阶层，有据可查的是，蚁族是2009年、2010年引起广泛关注的群体，3A族则是2010年、2011年提及率相当高的词汇，H族的提出最早见于2012年的8月，很快便成为中国精英的代名词。该词前边的H，为英文High（高）、Healthy（健康）、Honest（忠诚）、Harmony（和谐）、Honey（甜蜜）、Hope（希望）、Handsome（英俊）等具有一致色彩意义词语的缩写，以此来指称拥有自然、

时尚、健康、优雅的生活方式的人们，其中多为高知、高收入、高品位的精英。

这一时段里边创造了汉语历史上附加式造词最活跃的时期，也是人们对新词语的关注度最高的一个时期。特别是2011年，可以说达到了汉语这种构词产出的最高峰值。这一年正式公布了594条新词语，其中有267条均为附加式构词，占据了总数的44.95%。几个典型类词缀体现出了极强的造词能力：如上所述，“微”构词最多，为63条，占10.61%。其他的，“体”构词44条，占7.41%；“族”构词29条，占4.88%；“哥”构词30条，占5.05%。

如何解读附加式构词能够在这一段时间里成为引人注目的构词方式？它的深层次动因是什么？毫无疑问，社会发展变化节奏的加快，新事物、新现象的层出涌现，是其客观基础。由2011年的新词语即可看到，一些词语确确实实反映了社会的多元化和个性化。如“円族”，它指的是喜欢宅在家里进行网上购物的人。它跟早些时候已经叫响的“宅男”“宅女”还不相同，那些词侧重指人多待在家里，而该词多指网上购物似乎成瘾，乐此不疲。“円”为日元的货币单位，因字形酷似鼠标，故借其形以表示点击鼠标购物；以此代人，启发想象，非常形象。与此有异曲同工之妙的还有“电茧族”，这一词则多指人沉溺于网络生活，简直是作茧自缚。网络时代，新的生存方式随不同的人而改变，自然也需要新的词语给予反映。新的传信手段也在其中起到了很重要的作用。手机的普及化给年轻一代提供了展示自己个性言语方式的空间和平台。微博140字的框限，只能是言简意赅，与此同时，每个人又都可以拥有自己的话语权，发声平台，与世界实现无缝链接，及时传递。2011年新词中的45个“X体”，来自微博的就有19个，占42%。相当一些的青年人欣喜地发现，自己也有可能为这种大势做一点小小的助推，自己类推创制的某个词语或许也可能成为这种大潮中的一朵小浪花。在“X体”族词的竞逐中可以鲜明地看到这一点。而在社会经济商战中已经脱颖而出的大佬们也审时度势，站在一定的制高点上以鲜亮的新词来引领新观念。如百度公司的创始人李彦宏在移动通信、大数据、云计算等科技手段不断发展的背景下，率先提出了“互联网思维”的概念。这在一定意义上揭示了信息社会的一种根本属性：如果说工业化社会的特征表现在有形生产上的话，信息社会则突出地表现在无形的文化资源的整合上。2013年11月3日，新闻联播发布了专题报道：“互联网思维带来了什么?”使得该词进一步走红，也使得创造它的人获得了更高的知名度。其实，不管是怎样的人众，事实上具有普遍性的思维方式还是类推思维。索绪尔指出：“类比形式就是以一个或几个其他形式为模型，按照一定的规则构成的形式。”① 布龙菲尔德也说：“凡说话的人没有听到过就会说的形式，它的成分有着规则的功能——语法模式往往叫做类推。”② 附加式构词最宜于满足这种需要。从新的词语上面还要看到人们积极反映

① 索绪尔．普通语言学教程［M］．北京：商务印书馆，2001：226.

② 伦纳德·布龙菲尔德．语言论［M］．熊兵，译．布龙菲尔德语言学文集．长沙：湖南教育出版社，2006：79.

社会现实、表达情绪的一面。2012 年的“最美 XX”活动事实上在 2011 年就开始了。像这一年里出现的“最美妈妈”“最美奶奶”“最美婆婆”“最美爷爷”，都是对好人好事的称颂赞美。再如像“浓烟哥”“麻袋哥”这样的词语，显然富于当前时期的亲切情味，不再像过去一样，动不动就将人物英雄化、神圣化。即便是对社会不公现象、对官员言语行为有所批评，其词语构成方式也往往由已有的方式类推过来，有一定的前提铺垫，故显得诙谐戏谑。

有人说：“网络新词体现世情民心。”

有人说：“轻讽刺，小快乐，不正经用语吃香。”

还有人说：“词语代表网民们的风趣幽默。”

还有人深度解读，认为“X 体”类词语的大量产生，可以借助于巴赫金对话学说中的狂欢理论进行解读。巴赫金通过对中世纪狂欢节和狂欢文化的考察，认为该节日与其文化应看作是对应于中世纪严格等级秩序生活的第二种生活。在他看来，这种特定的环境中宜赋予人们平等自由的感受，这种感受既感性又理性，既建构又解构。人们在互动中彼此认同，群体力量放大时才能感受到自己价值的存在。从现时新词语“X 体”词群的创制中，可以追寻到相同之处，即对话性和全民参与的理性狂欢精神。①

不能不说，巴赫金的考察仅仅是从现象出发，究其根本却是违背了社会学中的一条基本原理，即集体无意识。情绪可以传染，理性却始终为个体所拥有。能够创造出“理性狂欢”一词的，也可算思维观念上的奇葩。就从新词语自身状况上就可看到的一种事实是：词语毕竟不是语言本身。以简短词语的形式来代替思想，来代替思考，显然是不切实际的。它似乎很能取得短时效应，特别是当今手机风行的时代，更容易获得狂欢的效果：点击率或跟帖，一天时间里边都有可能达到数万、数十万，甚至上百万，然而蜂拥而上的景象背后是虚拟的空间，或许就是人们上班路上的匆匆一瞥。理性思考与不经意、与一时情绪的激愤从来不是一码事儿。逻辑的概念、判断和推理也跟 140 字的微博搭不上界儿。所以，从一定意义上说，快节奏、高频次与人们的冷静思考是相左的。正因为如此，正像已有的考察所指出的那样：传播快、消亡快、生命周期短是这一时期新词语的特点，年度新词语往往在第二年时就有 1/3 不再出现，成为“隐退词”。就在 2011 年附加式构词高峰时期的第二年，据中新网发布消息称：从 2006 年到 2010 年，国家语委从语料中搜集了 2977 条新词语，其中只有 40%的年度新词语保留了下来，25%的词语使用频率低但尚未消失，接近 35%的新词语已经被人们弃置不用，如“楼断断”“晒黑族”基本消失。因为这些词的起源往往就是发生在通常人们的生活中，是网络的放大效应使它成为热点。一旦再出现新的关注对象，它们很快就会被人们忘却，词语也就被覆盖和代替。特别是有些词语的产生类似于言语

① 何宇茵，梁琳琳. 2011 年新词语全“体”出动的文化解读［J］. 北华大学学报，2012（5）.

游戏，纯粹是猎奇、好玩儿。像缩略语“我伙呆”，是“我和我的小伙伴们都惊呆了”的紧缩；“人艰不拆”是“人生已经如此的艰难，有些事情就不要拆穿”的紧缩，“不明觉厉”是“虽然不明白你在说什么，但是听起来很厉害的样子”的紧缩，这既不符合语言词汇化的规律，又于人的严谨思维方式的培养历练无益。所以，它注定不可能有生命力。至于有些词语格调不高，甚至改换形式的脏话，本身就是与创立新词的初衷相违背的。所以，《2014 年度中国语言生活状况报告》指出：2014 年中国语言生活热点频发，网络语言粗鄙化需要治理，规范网络语言的必要性逐步得到社会认同。2015 年 10 月 18 日《光明日报》也发文说：活跃的网络语言折射普通民众的生活态度。由于网络“虚拟社区”和自媒体“缺少把关人”，网络低俗词语大量涌现，聚集了社会戾气。不过，就 2018 年来说，有这样两个词族系列：“X 婊”“佛系 X”。

前者如：

酱油婊、农夫山泉婊、咖啡婊、地沟油婊、普洱婊、观音婊、菊花婊、茶水婊、杂七杂八婊、龙井婊、红茶婊

后者如：

佛系男子、佛系青年、佛系女子、佛系父母、佛系子女、佛系追星、佛系生活、佛系乘客、佛系学生、佛系购物、佛系恋爱、佛系饮食、佛系买家、佛系职员

前者仍带有不健康的色彩，后者似乎有点绚烂过后趋于沉静的意味。这在一定程度上反映出多方面的因素信息。看来，社会积极健康的正气弘扬还需要做很多的工作。

第四章　典型词缀

第一节　说“于”

“于”在汉语中句法语义的表现可以说是最复杂多样的。吕叔湘（1957）指出：“‘于’字是文言里应用最广的介词，所表示的关系也最繁多。我们竟不妨就，凡是需要用一个介词而‘以、为、与、自’等字都不适用的地方，大概都可以用‘于’字。”① 有关“于”的起源及历史演变，20世纪末，很有几位学者进行了讨论②，但总的来讲，参与者及论及的深广度还嫌偏弱。

语言的共时和历时研究是一种相互参证的关系。共时研究的目的性再明确不过了，就是在于揭示系统结构关系的基本面貌。然而越来越多的事实说明，语言单位之间，相似相近的词语之间，就是一个词的多种语义功能之间，也往往呈连续统形式的一种渐变状态。硬性认定，甚至采用数字统计的方法进行划分，其效果很多时候并不理想。因为蕴含其中的多为综合性的因素，包括语言发展到特定阶段相对成熟和仍处在变动中等参差不齐的情况。此时，把断代的现象置于历时的流变中进行认识，共时平面渐变连续统上的节点或许就会变得清晰。从这种意义上说，语法化的真实再现就成为保证共时描写科学性的重要手段。当然，有了特定时期相对稳定的具体现象结构特征的说明反映做参照，历时的考察相对来说会少走弯路，会更多地注意到事实现象之间的有机性联系。

动补结构一向是语法化研究中的重点课题，“重新分析”解释的主要对象就是该

① 吕叔湘．文言虚字［M］．上海：新知识出版社，1957：45.

② 见郭锡良：汉语介词“于”的起源和发展，《中国语文》1997年第2期。时兵：也论介词于的起源和发展，《中国语文》2003年第3期。梅祖麟：介词于在甲骨文和汉藏语里的起源，《中国语文》2004年第4期。郭锡良：汉语介词于起源于汉藏语商榷，《中国语文》2005年第2期等。迄今仍没有一个一致的认定。现代汉语中使用的“于”是古代汉语的孑遗，它的使用状况又是怎样的一种面貌？近些年来也有论及，如金钟赞：试论“双音节+于”的句子成分，《语言研究》2004年第3期。龚娜：“X于”结构的多角度考察，湖南师范大学硕士论文，2006。张谊生：从错配到脱落：附缀“于”的零形化后果与形容词、动词的及物化，《中国语文》2010年第2期。

结构。在“V+介+N”形式中，里边的“介”是一个笼统的称述，似乎是一个小类群，像“自、从、与、到、于”等。其实它们各有“个性”，其发展也具有不平衡性。“于”虽然是其中的一个单位，但其复杂与特殊有目共睹。下边我们对“于”的讨论，将重点放在三个方面上：起源、重要的历史发展时期和它在现代汉语中的类型概貌。

一、甲骨文中的“于”

甲骨文中的“于”是动词还是介词？如果说以前人们的认识还不够明确的话，郭锡良（1997）则给予了由动词向介词转移的肯定性论证。时兵（2003）却持否定态度，其理由是，像这样的可以形成鲜明对比参照的句子：“壬寅卜，王于商。（合33124）”“辛卯卜，王入商。（合33125）”是前者省略了主要动词。后者的判断，如果只看个别卜辞，如“戊寅卜，壳贞，生七月，王入于商”（合7780正），似乎是这样的。但问题在于，甲骨文中怎么会有那么多的省略现象？郭锡良的文章列举有六种类型，其中五种都应该属于“于”单独做谓语的。至于省略的判定，郭锡良（2005）已有否定性驳论，无须赘言。有必要补充说明的是，依照郭锡良的统计，在甲骨文里，真正的“于”字做动词的比例已经比较少了，即大致5%。着眼于历时的进程去认识语言现象的时候，就不能像共时状态常用的方法，即少数服从多数的方法：多就是它的主要语法功能，少就是特例或超常规状态。处于运动变化状态的少数，甚至就是几例或者是一例，说不定就是一种新现象的开端，也说不定是一种旧现象的残余。这少数例证的价值，就是要看该现象是否具有前后的延续性。如果有，即说明该现象不是偶发的，甚至是文字传抄的乖误存留。我们先来看看“于”字动词用法后续性的情况：

（1）震不于其躬，于其邻。（《易·震五十一》）

（2）鸿渐于干，小子厉，有言。无咎。鸿渐于磐，饮食衎衎。吉。
鸿渐于陆，夫征不复，妇孕不育。凶。利御寇。
鸿渐于木，或得其桷。无咎。
鸿渐于陵，妇三岁不孕，终莫之胜。吉。
鸿渐于阿，其羽可用为仪。吉。（《易·渐五十三》）

（3）惟三月，周公初于新邑洛，用告商王士。（《书·多士》）

（4）我服既成，于三十里。（《诗·小雅·六月》）

（5）陨石于宋五。是月，六鹢退飞过宋都。（《春秋》）

（6）九月己亥，公孙于齐，次于阳州。（《左传·昭公二十五年》）

（7）四年春正月，行幸东莱，临大海。二月丁酉，有陨石于雍。（荀悦《前汉纪》）

（8）及热于杵臼净者舂之为米咨糍，须令极熟，勿令有米粒。（无名氏《食次》）

例(5) 是春秋三传里都论述过的句法。套用这种春秋笔法，除例(7) 外，司马光主编的《资治通鉴》里还相当多见。

由此可见，在古代汉语中，“于”做动词是可以肯定的一种功能。甲骨文中相对比较少见，可以推测是它虚化的比较早。裘锡圭（2010）也进一步从时间上考察，甲骨文中“于”用作动词多为武丁、祖庚时期，属于早期文献。这种事实在一定程度上可以较清晰地反映出“于”同其他实现语法化的词一样，其本源亦为典型的实词。

有必要指出的是，在“于”做动词的多种形式中，郭锡良少列了一类，那就是它处于其他动词后边所形成的连谓结构。甲骨文中也有间隔式和紧临式两种类型：

1. V+N+于+N

(9) 丑卜，行贞，王其寻舟于滳，无灾，在八月。(合 24608)

(10) 丙戌伐人方于笋，吉。(英 2526)

2. V+于+N

(11) 丙午卜，在商贞，今日步于乐，无灾。(合 36501)

(12) 未卜，宾贞，王往于敦。二告。(英 723 正)

说这两种形式中的“于”也是动词，特别是第一种，似乎更容易引发争议。对此，张玉金（1994）虽然也将其中的“于”字看作介词，但他通过归纳注意到：“于”字结构做状语还是做补语，往往受谓语动词成分的影响而有所区别：如果谓语动词具有位移性，如“往、出、步、先、入”等，则“于”字结构后置，表示动作行为将在某地发生；若谓语动词不具有位移性，如“舞、燎、宿、令”等，则多前置，该介词结构强调动作行为在某地发生。其实，如果我们综合认识“于”作为动词的基本词汇意义的话，可以明显感知它表达的是“达至”某一特定对象。张玉金的概括还可以说反映着这样的信息：从认知的角度讲，“于”及其连带成分也是整个行动的一个组成部分，也具有时间的延续性。“于”在古代应该比现代更具有临摹性的句法组合特征。春秋三传对例(5) 的解释都证明了这一点。用董仲舒的话来说，即为“皆以其先接于我者序之”。(《春秋繁露·观德第三十三》) 再看《春秋公羊传注疏·僖公二十八年》对上述两种形式的辨析：

晋人执卫侯，归之于京师。“归之于”者何?“归于”者何?“归之于”者，罪已定矣；“归于”者，罪未定也……“归之于”者，执之于天子之侧者也，罪定不定已可知矣。“归于”者，非执之于天子之侧者也，罪定不定未可知也。

古人虽没有语法观念，但意思还是比较清楚的，用现在的话来讲，第一类是实现关系，行动完成义鲜明；第二类则不够明确。也就是说，第二类中的“于”动词功能最容易弱化。即便如此，后来汉语中的“V 于”也有仍保留了“动+动”联合的延续性的。例如：

(13) 得一斗许，于铛中炒少许时，即出于盘上，日曝。(贾思勰《齐民要术》)

(14) 水尽，着铛中暂炒，即出于盘上，日曝。(同上)

两例中的“出于”与现代汉语同形式的单位在动作方向上正好相反：是由铛中出，“于”还是本源的意义，即放置（达至）盘上。

需要进一步辨析的是，郭锡良过多地强调了“于”的语义功能认定的区别，将本属于由动词向介词转化的初始状态做了不够确当的解析。我们来看郭锡良（1997）一文中的主要观点：

“于”和“往”义近，都表示从甲地到乙地的行为，“往”重在表明离开甲地要去乙地意向，“于”重在表明从甲地到达乙地的进程。“往”一般不带宾语，也就是不要说明到达的地点；“于”必须带宾语，表明到达的地点。“于”和“至”意义相近，“于”是从甲地着眼，是“去到”，“至”是从乙地着眼，是“来到”。

对相近词语进行语义功能上的比较辨别当然是个好办法。问题在于，当我们将这两项比较放在一起看“于”的特征时就会觉得它对于一个完整的动程来说似乎是无所不包的：既着眼于起点又照顾整个进程，还得有明确的到达地点，这简直是一种全功能状态的单位。然而我们再看郭锡良所列举的“于”做动词的六种类型的时候，就会发现这种概括是不能成立的。因为这六类除了可以显示它能够“从乙地着眼”“明确的到达地点”（后有宾语）外，其他的，不管是起点说也好，进程说也好，都很难找到坚实的根据。特别是第二种类型就更能说明这一点。这里再举数例以显示：

(15) 乙酉卜，行贞，王步自遘于大，无灾。(合 24238)

(16) 丁未卜，争贞；王往，去剌于敦。(合 5127)

(17) 贞，王去束于甘。(合 5129)

“自（去）+处所名词+于+处所名词”这种结构，就我们所查阅的甲骨文献看，“于+处所名词”还没有表现起始点的。例外的是“至”，它可以没有“明确的到达地点”：

(18) 其至今五月史无至。(合 13759)

(19) 辛亥卜，内贞，今一月插各化其有至。/贞，插各化其于生二月有至。(合 10964)

在上述认定的基础上，郭锡良又是这样分析“于”动词虚化的根由的：其义为“去往”。表现出的句法特征是与表“往”义类的动词相匹配，一旦它与“来”义动词相匹配，语义上面便构成了冲突，因为它们运动方向相反，这就使得“于”不得不通过改变意义的方式来适应这种组合，于是它的虚化就开始了，此时的“于”也就变成了介词。如果我们详查甲骨文辞，很难看到动词“往”义和“来”义两类的对立。后者除了上举“入”字外，还能见到的是“来”，两词在甲骨文辞中出现的频率太少了。

我们不知道为什么郭锡良将“至”也列入了“来”义类动词。因为甲骨文中单独的“至”字做谓语的也不多，与“于”对应着或组合着来用倒是一引人注目的景观。例如：

（20）于祖乙祷，王受年。/于大甲祷，王受年。（合 28274）

（21）癸巳卜，大贞，其至祖丁祝，王受有佑。（合 27283）

（22）至毓祖丁祷年。（合 27318）

（23）庚子卜，争贞，其祀于河以大示，至于多毓。（合 14851）

例（20）是“于+N+V”，例（21）、例（22）是“至+N+V”，“于”和“至”应该没语义上的差别。而类似于例（23）这样的组合倒是比较多见的。如果仅从频率上讲，甲骨文中如果说有双音节词的话，那么“至于”则已经开始了它们的历程。不过有意思的是，在甲骨文中该单位真正做典型动词，即做谓语的情况不算多，倒是进入抽象范畴，也就是反映人们的心理移动，表范围起迄或时间起止体现终端到达概念的，颇为多见。我们可以将这样相对固定的形式看作郭锡良所归纳的“于”作为动词第二种类型的拷贝并动能弱化。因为它们是现代汉语“从……到……”结构最初组合结构表示“到”的本源形式。例如：

（24）乙酉卜，行贞，王宾岁自祖乙至于父丁，无尤。（合 22899）

（25）己巳，帝允令雨至于庚。（合 14153）

（26）自大乙至毓有大雨。（怀 1369）

我们看到，“于”的虚词化并非与它所附缀的动词运动方向有关。如果说甲骨文辞还不够明晰的话，看后来文献中的用例：

（27）子墨子闻之，起于齐，行十日十夜，而至于郢，见公输盘。（《墨子·公输》）

对此，我们说其中“于”所表示的运动有什么明确的方向呢？有一点倒是可以解释：如果说甲骨文中该词的意义比较单一，直接可以用“到”解释；后起的意义当然是复杂了，既可以从甲地着眼，又可以从乙地着眼，但唯独纵向的“去往”义仍是不明确的。

“于”的真正虚化仍在于它的特定搭配对象和功能的改变。它表示的意义是物体移动到达目的地，那么，人作为实体最不宜作为它的搭配对象。如果两者组合的话，此时的“于”无论如何都是不可能按着本源的动词来理解的。上述张玉金先生的归纳只参考了前边动词一个方面，如果再结合后边名词的类别的话或许就会更全面准确一些。我们注意到：“于”与 $N_{人}$ 的组合也有出现在动词后的，此时的“于”仅表对象。例如：

（28）丁卯卜，其酒祷于父丁宗。（合 30335）

（29）王省从西，告于大甲。（合 1434）

时间词语更不是它的适配对象，于是“于”与它的组合仅做状语：

(30) 贞，于庚申燎。(合 40504)

(31) 于壬不遘雨。(怀 1444)

二、西汉时期的“于”

我们之所以重点选取这么一个历史阶段，是因为“于”在这一时期经历了重要的变化，非常易于反映它的各种用法的典型性。有这样的四个方面值得重视：一是继承过去的传统，将“于”表对象的功能引向极致；二是“X 于”使用普遍化，扩大了词语的句法功能效用；三是“X 于”迅速词汇化，成为整体双音节化的一个重要亮点；四是注意发挥“于”虚化后的用途，在调整音律上富有弹性。当然，重点标注西汉，也并非这些特征仅由这个阶段完成，没有春秋战国的铺垫，没有东汉及六朝的延续，该特征也不会表现得这样鲜明。

首先值得注意的是春秋时期，此时的“于”由后附于其他动词之后，由连动到涉及对象表完成，这在《周易》卜辞上体现得很显豁。例如：

(1) 入于左腹，获得夷之心，于出门庭。(《易·明夷三十六》)

(2) 初登于天，后入于地。(同上)

(3) 震来厉，亿丧贝，跻于九陵。(《易·震六二》)

此时的“于”大都可以用“到”直接来理解。在它上面所存留的，既有本源的动词属性，又有新起的完成新含义：如果说本源的“于”体现的是整个位移过程的话，此时重在体现整个位移过程临近结束的那个时点。这种情况非常能够说明语法化过程中像沈家煊（1979）所说的“意义滞留”现象：“当一个新的虚词意义产生时，旧的词义未必消失，在发生形态化以前，新用法会体现旧用法。”

当然，这一时期“于”所前附的词语开始丰富，不及物动词增多，使得“于”虚词化的可能加大：

(4) 龙战于野，其血玄黄。(《易·乾一》)

(5) 城复于隍，勿用师，自邑告命。(《易·泰十一》)

(6) 臀困于株木，人于幽谷，三岁不觌。(《易·困四十七》)

特别值得注意的是，这一时期是“到”的产生时期。“于”“至”“到”三者在其后的时间中有了一个如何分布功能的问题。例如《墨子》里便有了“到”做动词并开始了由具体到抽象的虚化：

(7) 到水中周，鼓四，举二帜。到藩，鼓五，举三帜。(《旗帜第六十九》)

(8) 城上广三步到四步，乃可以为使斗。(《备城门》)

这一时期，“到”还出现了迄今仍在使用的表时间的用法：

(9) 伯夷叔齐饿於首阳之下，民到于今称之。(《论语·季氏》)

至此，“至”开始式微，而“于”的部分用法，如完成义，也为“到”逐步取代。

这一时期“于”用法的第一个显著特征就是突出显示对象的标志。越是及物动词，越是能与后边宾语匹配的动词，其间出现“于”的频率越多。让人觉得此时的“于”简直就是衍文。例如：

(10) 卫君跣行，告诉于魏。(《战国策·齐五》)

(11) 今事有可急者，秦之欲伐韩、梁东窥于周室甚，惟寐亡之。(《战国策·赵一》)

(12) 战胜攻取，则利归于陶；国弊，御于诸侯；战败，则怨结于百姓，而祸归社稷。(《战国策·秦三》)

(13) 古先圣王之所以导其民者，先务于农。(《吕氏春秋·上农篇》)

(14) 夫神蛟济于渊，而凤鸟乘于风，圣人因于时。(刘向《新序》)

这种泛滥的情况还影响到了后来的佛经翻译。周一良（1948）曾举六朝译经中的例子说：“如竺法护译佛说海龙王经：‘护于法音’，‘见于要’。罗什译法华经：‘击于大法鼓’，‘供养于诸佛’。罗什译童受喻鬘论：‘得于圣道’。例子不胜枚举。”“虽然文人著作里没有沿用，唐代变文和讲经文里却屡见不鲜，而且变本加厉。第一因为讲经文是敷演佛经，变文也多采佛典资料，逐渐受它影响。第二因为民间作家比较自由，不受传统的约束，并不认为这个用法有什么不合。随意举几个例，如八相变文：‘见于何物’。降魔变文：‘每弘扬于三教’，‘好给济于孤贫’。维摩诘经讲经文：‘侧耳专听于敕命’，‘怕于居士’，‘尔现于菩萨之相’等等，不一而足。这种用法一直传到皮黄戏词里，如‘打骂于他’、‘怨恨于我’等。”再则就是承继着春秋战国以来的“于”虚化的效能，附缀于丰富多样的词语后边，表现复杂多样的句法语义关系。仅以《战国策》中的用法为例：

(15) 故贤人观时，而不观于时；制兵，而不制于兵。(《赵二》)

(16) 使臣得同行于箕子、接舆，漆身可以补所贤之主，是臣之大荣也，臣又何耻乎？(《秦三》)

(17) 秦王怒于战不胜，必悉起而击楚，是王与秦相罢，而以利三国也。(《楚二》)

(18) 知伯索地于魏桓子，魏桓子弗予。(《魏一》)

(19) 上倦于教，士断于兵，故三下城而能胜敌者寡矣。(《齐五》)

(20) 国之虞，而不可恃者；或以年谷不奉，畜积竭尽，而不可恃者；或化于利，比于患。(《魏四》)

例(15)表被动，例(16)表与同，例(17)表原因，等等，恕不一一列举。显然，此时“于”前后的词语，特别是前边的词语已经不拘泥于什么类型了，各种各样的关系似乎都能在该句式中得以体现；换句话来说，不管什么样的词语带了“于”也就能够带宾语，这样就极大地拓展了语句的表现力。

正是在这样的基础上，“X 于”的词汇化得以实现。

以“至于”为例。该词在西汉用的频率很高，搜索北大语料库，查检到该阶段达110 条之多。其义也很复杂。在春秋战国时期大都是实义，也就是“到达”。到了这一时段该原语义仍保留着，把它看作义项（一）。例如：“三人偶行，南游于楚，至于新城。”（《战国策 · 楚一》）但更多的开始是逐渐虚化。它的虚化过程可以简单地表现为：由具体到抽象，延至思维意念中范围距离的运行，至义项（二）。例如：“今燕尽韩之河南，距沙丘，而至钜鹿之界三百里；距于捍关，至于榆中千五百里。”（《战国策 · 赵一》）“自人君公卿至于庶人，不自强而功成者，天下未之有也。”（《淮南子 · 卷十九》）由距离再延至时间上的演进，至义项（三）。例如：“今三世以前，至于赵之为赵，赵主之子孙侯者，其继有在者乎？”（《战国策 · 赵四》）“臣以为自天下之始分以至于今，未尝有之也。”（《战国策 · 魏三》）更为抽象的则意味着事情到达一极端的地步，至义项（四）。例如：“寡人不能用先生之言，今事至于此，为之奈何？”（《战国策 · 楚四》）直至今天仍常用的提起另一个话题的用法，至义项（五）。例如：“至于无妒而进贤，未见一人也。”（《战国策 · 楚三》）

有的则是不再拘泥于字面义，而演化为更为集中统一的词义。例如“善于”，本初的意义是指人与人、国与国之间交好。这在西汉时期仍大量地使用着：

（21）人皆以谓公不善于富挚。（《战国策 · 楚四》）

（22）仪善于魏王，魏王甚信之，公虽百说之，犹不听也。（《战国策 · 楚三》）

（23）秦见君之交反善于楚、魏也，其收韩必重矣。（《战国策 · 韩三》）

然而这一时期该组合有了明确的义项，指人在某一方面见长。例如：

（24）善射者发不失的，善于射矣，而不善所射；善于钓者无所失，善于钓矣，而不善所钓。（《淮南子 · 卷十六》）

下面是对西汉时期出现频率比较高，意义已相对趋于明确化和稳定化，词汇化程度比较高的“X 于”的统计：

词目	条数	词目	条数
在于	56	免于	24
困于	15	异于	7
况于	13	易于	7
结于	6	伤于	4
归于	15	居于	5
鉴于	7	利于	19

续表

词目	条数	词目	条数
便于	19	拘于	12
习于	8	害于	14
归于	14	求于	14

该表只是举例性质，还照顾到了与现代汉语使用情况的对照。有必要说明的是，有个别的跟现在有所不同，如“况于”，现为“况且”。有的出现频率也相当高，如“出于”，达47条，之所以没有在表中列出，在于它的义项稍多，如“起源于”“根据”等，似乎不宜笼统认定。还有的是仅出现数例，故没列入表中，如：“勇于”3例，“基于、赖于”，于《国语》中也都仅限1例，倒是在现代汉语中广为使用。其他的则于下文解说。

总的来说，“X于”的词汇化，是与这一历史时期双音节词的大量产生相一致的。

值得注意的是，这一阶段三音节的“XX于”式也开始产生。上表有的词语就兼以这种形式出现，不过比例数量还不能算多。如“无害于”3条，“有害于”1条，于是就没算进“害于”条。“利于”条也大致呈同样的情况。比较典型的是“益于”，它单独使用仅2条，而以“无益于”形式出现的则有15条，“有益于”是6条，“不益于”是1条。因为三音节词的比例高，故没有在上表中显示。其他，“不至于”“从事于”“有求于”都是5条。

之所以如此，与这一时期大量双音节词产生，并在此基础上带“于”有关：

（25）寡人之使骑劫代将军者，为将军久暴露于外，故召将军且休计事。（《战国策·燕二》）

（26）兵为秦禽，智为楚笑，过听于陈轸，失计于韩明也。（《战国策·韩一》）

（27）臣今见王独立于庙朝矣。（《战国策·秦三》）

（28）田单将齐之良，以兵横行于中十四年。（《战国策·赵二》）

（29）善用之者，奄忽焉莫知所从出，孙吴用之，无敌于天下。（刘向《新序》）

其实，这在先秦时期即发轫。《道德经》中的一例很典型：“天地尚不能久，而况于人乎？故从事于道者，同于道；德者，同于德；失者，同于失。”

众所周知，三字格结构并不是汉语句法音律的总体趋向结构。但奇偶的错综，乃是反映汉语整散组合的合理搭配。以“忠于”和“忠诚于”的使用为例：春秋时还无用例，但到了战国，前者产生并达到10例，西汉12例。东汉少，仅2例，但后者1例。六朝前者7例，后者1例。该事实说明：偶数音节并非汉语唯一追求的方向。

还能说明该现象的是，这一时期“拘于”的用例已达11例。当然，其中有3例仍属于基本义，即解释为“（被）抵押”，如：

(30) 昔者，文王之拘于牖里，而武王羁于玉门，卒断纣之头而县于天白者，是武王之功也。(《战国策·赵三》)

然而更多的是趋向于表达“固守”：

(31) 故制礼义，行至德，而不拘于儒墨。(《淮南子·齐俗训》)

(32) 夫井鱼不可与语大，拘于隘也。(《淮南子·原道训》)

很有意思的是，当时还有1例“泥于”：

(33) 常民泥于习俗，悬着沉于所闻。(《战国策·赵二》)

到现代汉语中，常见的用法却是“拘泥于”。显然，汉语里句法音律倾向于双音节化，但也不妨有奇数的音节穿插于其中。

还有必要提及的是，这一时期的“于”的使用，有张扬多用的一面，有时候看起来似乎还很随意，用与不用有着一定的自由度。例如：

(34) 少出师则不足以伤齐；多之则害于秦。(《战国策·秦三》)

(35) 吾山居北围城之中者，皆有求于平原君者也。今吾视先生之玉貌，非有求平原君者。(《战国策·赵三》)

例(34)“伤齐”，对应后边的分句即知少了“于”。例(35)后一句“有求”后边亦属同样的道理。

有些则属于词汇化还没完善所造成的。如上所举“善于”的例子，其实当时更多的相同组合，“善”是可以直接带宾语的。例如：

(36) 善为国者，内固其威，而外重其权。(《战国策·秦三》)

(37) 楚有养由基者，善射；去柳叶者百步而射之，百发百中。(《战国策·西周》)

对此，还可以说带“于”与否还有一个习惯制约问题。

还有重要的一项则是音律的奇偶适配。这是已有多位学者提及过的，如王云路(2007)指出：“在表义明确的前提下注意音节的平衡与和谐，是汉语词语运用的基本规律。”(258页)“可以通过内部自行增删无关紧要的字(主要是虚词)以构成四字句。”(259页)她举具体例证说，有些词本来是及物动词，如“非”“惠”等，为音节的需要加了“加”，但加了之后又不能带宾语了。若要实现这种功能，后边又得借助“于”的帮助。三者之间即处在功能与音节之间的调配之中。这里再以“忠”为例看其使用情况。它本可以直接做及物动词的，如：“秦王出楚王因为和，君令弊邑以此忠秦，秦得无破，而以楚之东国自免也，必欲之。”(《战国策·西周》)显然在下面的语句里，是用“忠”还是用“忠于”，音节效用是起了很大作用的：

(38) 昔者子胥忠其君，天下皆欲以为臣；孝己爱其亲，天下皆欲以为子。(《秦一》)

(39) 曾参孝其亲，天下愿以为子；子胥忠于君，天下愿以为臣。(《秦五》)

(40) 今有一举可以忠于主，便于国，利于身，愿公之行之也。(《韩三》)

由其后六朝时期的“忠诚”和“忠诚于”的使用也可以看到这一点：

(41) 却知是非，忠诚于天，照见日月星宿。(《太平经・卷一百一十一》)

(42) 忠诚简帝，番君膺上爵之尊，勤劳王室，姬公增附庸之地。(《梁书・卷一》)

西汉时期注重音节的用法，再举两例：

(43) 君凿池不知天寒，以宛春知而罢役，是德归宛春，怨归于君。(刘向《新序》)

(44) 齐、燕、赵、卫之妙音美人，必充后宫矣。赵、代良马橐他，必实于外厩。(《战国策・楚一》)

例(44)，“德归宛春”和“怨归于君”都是四字格，故“于”的隐现在所必然。例(75)则是“充”后无，“实”后有。

我们可以猜想，如果没有“到”的出现，或许“于”仍可能按照先前的跟在其他动词后由表连动再到表实现这样一种轨迹运行。然而这条路线被“到”占据了，它便改由附缀在其他动词后边，虚化为表示涉及对象的标志。那些已经实现了词汇化的，其中的“于”则是词缀化了。这一时期值得重视的是，相当一些动词后边的“于”隐现自由，说明此时它已彻底虚化，已经处在衬字的效用上。

三、现代汉语中的“X 于”

现代汉语，“X 于”是怎样的一种功能状态？应该怎样认识该语言单位？

由上述可知，“于”应该属于比较古老的汉语单位，我们首先可以感知的就是它在现代汉语中并没有失去其价值效用，使用的频率仍然是比较高的。点击北大语料库现代汉语部分，上面显示达到 66 万余条就是明证。再一点，凭借语感进一步能推知到，它有庄重古雅的色彩特征：书面语多于口语，书面语里，说明论证性语体又多于记述语体。

仅以赵树理的《三里湾》和老舍的《骆驼祥子》为例。前者是 14 万 5 千余字，后者是 11 万余字。前者的“X 于”仅 18 条，其中：至于 12 例，属于、限于、等于、对于、急于、终于各 1 例。后者的“X 于”则达 68 条，其中双音节的有：生于、属于、多于、出于、至于、急于、对于、善于、便于、等于、关于、归于、甘于等 38 条，三音节的有：甚至于、不至于、不利于、不止于、无补于、何至于、不屑于、不便于、归罪于、习惯于、不安于等 30 条。对此，我们又查阅了《毛泽东选集》(1991) 前边的 13 篇文章，约计 13 万字（没计注释中的文字），其中用到“X 于”形式的达 426 条。其中双音节的 294 条，不重复单位 48 条；三音节的 132 条，不重复单位 74 条。

接下来则需要看“X 于”所组成单位的认定。

《倒序现代汉语词典》列举了这样一些词条：

便于　濒于　长于　处于　等于　对于　甘于　敢于　关于　归于　过于　基于
急于　见于　鉴于　居于　苦于　乐于　利于　忙于　难于　期于　善于　属于
位于　限于　陷于　易于　勇于　由于　寓于　在于　至于　忠于　终于
不下于　不至于　乃至于　甚至于　以至于

应该说，“V+到、自、在、于、从”类的组合中，《现代汉语词典》在认定词汇化上面对“V 于”是最宽松的。即便如此，事情似乎也还没完。有这样一些问题值得思考：一是该结构词与非词的界限确认颇不轻松。比较典型的是《现代汉语词典》在解释“于”这一词条的时候，首先判断为“介词”。分列义项里边，“d）是‘对；对于’”，举的例子有“忠~祖国”。然而在解释“忠”下边的词条的时候，仍将“忠于”认定为动词。前后不统一，显然是在词与非词的把握上不那么轻松。《倒序现代汉语词典》看来是注意了这一矛盾性，删去了该例，然而后者在解释“于”的第二项功能时，在后缀这个基本认定的前提下，“a）是动词后缀”。举的第一个例子就是“合~”。可是由上边的归总可知，并没有将它作为单一的词条进行解释。由此说明，“X 于”词与非词的界限并不容易把握。

先来说双音节“X 于”的情况。我们把北大语料库中可以查阅到的“X 于”，就前边 X 的不同，做了大致的分类，叙述如下。

1. 形容词

大都是表比较的：

(1) 距离：a. 长于、短于。b. 远于、近于；宽于、窄于
(2) 速度：快于、慢于
(3) 时间：早于、晚于；先于、迟于
(4) 数量：多于、少于
(5) 体积：大于、小于
(6) 力度：强于、弱于；次于、差于、逊于
(7) 质量：优于、劣于；好于、差于
(8) 重量：重于、轻于、同于
(9) 亮度：明于、暗于
(10) 高低：高于、低于
(11) 贫富：富于、贫于
(12) 胜负：胜于、负于
(13) 能力：精于、善于、工于、荒于
(14) 勤懒：勤于、懒于、怠于、惰于
(15) 宽严：宽于、严于、懈于、疏于

(16) 缓急：猛于、缓于、急于

(17) 难易：难于、易于

(18) 状态：苦于、乐于、困于、激于、耽于、迷于、沉于、疲于、慑于、羞于

(19) 长项：善于、偏于、适于、宜于、便于、甘于、擅于

(20) 程度：过于、基于、忙于、免于、迫于

2. 动词

(1) 非自主动词

①V 于 N/V。

碍于 安于 悖于 濒于 等于 堕于 敢于 惯于 介于 鉴于 肯于 属于 限于 勇于 寓于 在于 忠于

②V 于（自）$N_{方位}$。

产于 出于 生于 始于 收于 死于 位于 系于 源于

(2) 自主动词

①V 于（至）$+N_{方位}$。

抱于 逼于 藏于 操于 插于 沉于 处于 垂于 存于 躲于 放于 浮于 挂于 归于 集于 交于 浸于 居于 聚于 刻于 立于 流于 埋于 盘于 囚于 趋于 溶于 设于 贴于 退于 屯于 陷于 行于 悬于 隐于 用于 葬于 栽于 载于 战于 臻于 置于 筑于 铸于 坐于

②V 于（至/自）$N_{方位/时间}$。

定于 毁于 建于 见于

3. 介词

对于 关于 由于 至于 终于

依照最方便的排除法，介词类的都是词，这不存在异议。

动词里边，(一) 类非自主动词中的“1.”，《现代汉语词典》大都看作了动词。《现代汉语规范词典》对其的范围更宽泛，基本上包括了所列举的所有单位。这类单位历史长，本来多不带宾语，带了“于”拓展功能而形成集中统一的词义。“2.”则与（二）类形成对应，不过其后边的名词多表现前边的动词始于何地，而（二）类中的“1.”则表现至于何地，“2.”后边的名词除方位外，还往往是时间。这三小类，特别是（二）中的1.，应看作古代汉语用法的孑遗。由上所述可知，除了“归于”之外很少有能列入词的行列的。关键在于该类词仍带有鲜明的远古汉语的特征，即“到”的语义：它要么与前边的动词并立，要么虚化成“完成”义，不容易与前边的动词形成集中统一的词义。如里边的“插于”，“插于水中”跟“插到水中”是一样

的。这就是两者的竞争，也就是说，古代汉语的遗迹仍残存着，这正是这类单位的尴尬之处。至1.2.类单位会更尴尬，因为后边的名词，不是前边动词的必然搭配，就更不宜为人们所接受。特别是分化成“VN于N”式的时候，在现代汉语中仍能看到古代汉语的轨迹。例如：

“围剿”战略是“长驱直入”，大不同于第二次“围剿”之“步步为营”，企图压迫红军于赣江而消灭之。(毛泽东《中国革命战争的战略问题》)

此时所有向西向南之敌军主力，皆转旗向东，集中视线于黄陂。(同上)

为什么要学习战争规律？因为要使用这些规律于战争。(同上)

这仍是继承认知上时间性的临摹原则的缘故。

至于形容词，则有些繁难。越是具体的比较越不容易判断为词，倒是越趋于抽象的，特别是最后四类，表示难易、状态、长项、程度的，词典里则比较多地趋向于词。这是一个普遍的趋势。但《现代汉语词典》很多时候把握得是相当细腻的，如“长于”“短于”，两者都有两个义项。一个是“擅长”和“不擅长”，一个是具体比较中可知距离大或距离小。然而两者的侧重是不一样的：前者以第一种义项进行使用的概率高，后者则反之。因此，《现代汉语词典》将前者看作词，对后者却予以否定，是对的。接下来相近似的却是颇费斟酌了：与“长于”第一个义项同义的“善于”是词，而“擅于”“适于”“宜于”却都不承认是词。其实即便是现代汉语中，它们的出现频率也是比较高的。

有些字面义看似对比，开初使用时也确实是这样，如“富于”“贫于”。刘勰《文心雕龙·炼字》云：“故善为文者，富于万篇，贫于一定，一字非少，相避为难。”但现代汉语中，“富于”偏重于表抽象的“某一方面充分具有”，能跟“富有”互换，故宜看作动词。而“贫于”仍停留在原来的意义上，不宜看作动词。

我们再来看三音节的“X于”。

首先需要知道的是，三音节的单位并非汉语中构词的必然单位。比较多见的“XX于”组合往往来源于对古代汉语的继承。看下边的这些形式：

臣服于　称霸于　称雄于　重归于　防患于　蜚声于　嫁祸于　加害于
公开于　流行于　取信于　取悦于　同归于　委身于　闻名于　无济于
幸免于　云集于　造福于　著称于

相对有些汉语语感积累的人都明白，它们后边跟着的名词都是常见的特别词语。

如果再将三音节的连词性质的“XX于”排除开来，剩下的是怎样的一种情况呢？

我们大致可以将该组合分为两大类。第一类是相对比较多的要带“于”。我们将这一类看作对古代汉语用法的继承和发展。由比较概括的归纳即可看出，“于”附在动词后边表示各种各样的句法语义关系，在现代汉语中并没有失去它的价值意义：

1. 行为

1）VV于（到、至）+N方位

安装于　安葬于　藏身于　储藏于　储存于　存放于　存在于　定点于
定居于　分布于　附着于　固定于　贯穿于　龟缩于　会合于　汇集于
集结于　集中于　寄生于　跻身于　接近于　降落于　浸没于　埋藏于
埋伏于　浓缩于　潜伏于　蜷缩于　熔铸于　深藏于　深入于　释放于
停留于　统一于　投身于　涂抹于　现存于　悬浮于　移植于　隐蔽于
隐现于　应用于　拥塞于　栽培于　张贴于　置身于　植根于　贮存于
转用于　作用于

2）VV于（在）+N方位

遨游于　奔波于　奔忙于　奔走于　驰骋于　出没于　出入于　穿梭于
穿行于　荡漾于　点缀于　对峙于　放荡于　静止于　就读于　就学于
横亘于　横行于　回游于　混迹于　活动于　活跃于　流传于　流连于
流通于　弥漫于　密生于　栖息于　徘徊于　盘旋于　漂浮于　漂泊于
蜿蜒于　往返于　相会于　相交于　游浮于　游离于　游牧于　游说于
运行于　转战于　辗转于　周旋于　坐落于　惨死于　丧命于　丧生于
牺牲于　就义于　歼灭于

3）VV于（自）+N方位

毕业于　产生于　成型于　出身于　出生于　出现于　成立于　创办于
创建于　创作于　诞生于　发明于　发生于　发现于　发祥于　发育于
繁荣于　绘制于　记载于　开始于　来源于　来自于　窃取于　起源于
摄制于　盛行于　始建于　开凿于　脱胎于　兴起于　形成于　肇始于

2. 关系

1）比较

并列于　不迟于　不同于　不下于　不亚于　垂直于　独立于　混同于
近似于　雷同于　类似于　领先于　凌驾于　区别于　无异于　相当于
相对于　相似于　逊色于　落后于　滞后于　平行于

2）得予

从师于　得力于　得益于　归咎于　归功于　归结于　归属于　归因于
归罪于　寄托于　求教于　求救于　求食于　求助于　禅位于　受惠于
受命于　受聘于　受辱于　受制于　受益于

3. 情状

1）心绪

不安于　不耻于　不满于　沉浸于　沉迷于　沉湎于　沉溺于　沉醉于
痴迷于　垂涎于　甘心于　悔恨于　骄傲于　惊讶于　惊异于　满足于
迷恋于　迁怒于　陶醉于　忘情于　无愧于　着迷于　忠诚于　忠实于
忠贞于　钟情于　醉心于

2）程度

侧重于　不止于　拘泥于　局限于　立足于　倾向于　偏重于　倾注于
强加于　依附于　着重于　致力于　注重于　着意于　决定于　签订于
取决于　有助于

3）状态

暴露于　呈现于　充斥于　扼守于　高踞于　耸立于　体现于　效力于
雄踞于　屹立于　驻守于

第二类是仍受古代汉语的影响，在带宾语的同时对带与不带“于”采取了自由的态度。如这样的一些单位：

服从于　服务于　符合于　借助于　热心于　热衷于　擅长于　屈从于
适合于　适宜于　适应于　希望于　习惯于　献身于　以便于　依赖于
有碍于　有待于　有赖于　有利于　有望于　有违于　有损于　有志于
着眼于　着力于

以“屈从（于）”和“不屑（于）”为例：

（1）我掩饰着自己的失态，故意恶狠狠地盯着他，然后摆出一副不屑与他争辩的样子，甩手走了。（姜天民《第九个售货亭》）

（2）那蓝衣少年皱了皱眉，背负着双手，傲然转过了头，他显然不屑和这些人为伍，是以也不愿争先。（古龙《小李飞刀》）

（3）事前没有商量一下或者通知一声，好像根本不屑于交涉似的。（董良《忆我的爸爸董必武》）

（4）这和他一贯将自己的写作说成是“码字”的风格一致，不屑于世俗的做法，显得很潇洒。（赵亚山《作家的艺术名片》）

（5）他们所说的团结是要我们牺牲主权，屈从苏联领导指挥棒的团结。（余湛《周恩来最后一次访苏》）

（6）所以你就采取了明哲保身的做法，宁可屈从田家人，而不愿冒任何风险去保护这个小本子？（陆天明《苍天在上》）

（7）原来侯老儿夫妇嫌贫爱富，女儿却并不同意，只是屈从于父母的压力，不能

作主罢了。(刘连群《谭鑫培的戏外戏》)

(8) 因为你还得想到人本来就该是各种各样的，想到人性中不屈从于教化和诱导的那一部分。(张炜《羞涩和温柔》)

比较典型的是“注意”一词，通常是不带“于”的，然而在毛泽东《中国革命战争的战略问题》一文中，一处的表述，一个不带一个带，更易于表现其灵活性的一面：

(9) 一个民众大会，主要应注意动员民众到会和提出恰当的口号。

(10) 一个原则，就是注意于那些有关全局的重要的关节。

四、余论

任何一个具体语言单位句法语义特征的认识，往往需要于整个系统中来考察，甚至还要参照特定时期民族认知的程度。比如有人将甲骨文中的“于”当作对象、参与等的标记体，显然这有点儿超前了，体现在该书面语中的整个的语法化程度还不高，将单一的某一单位提到不适当的位置无助于准确地反映其真实的属性。汉语从总体来讲，临摹性贯穿于其整个发展历史。如果以此切入的话，特别是在它的早期，或许能将问题揭示得更本质一些。当然，越向早期追溯，古人的表述就越简略，时间的代沟就越大。但只要我们忠实于事实，着眼于汉语自身进行描写，观点也会更接近其结构的客观规律。将我们整体的考察描写进行一下再归纳的话，可以看到这样一些值得重视的东西：

(1) “于”的语法化仍遵循了汉语动补结构通常的规则，即由连动到附缀性虚化的历程。反过来也可以这样说：由“于”的历史发展有力地支持了语法化“重新分析”的理论。从语言发展的整体情况看，开始时往往都是单一的和具体的，随着人们思维的丰富复杂化，结构系统信息的增值，逐渐地趋于复杂。特定的语言单位上边也应实足地反映这种总趋势。“于”在甲骨文中往往附在其他动词后边表单一的“到达、至于”，到现代汉语里边，则扩大到动作行为的起始点，在一定的区间或某点，到达特定的方位。

(2) 语言是一个整体系统，相互影响和相互制衡。比较说“于”“至”“到”，在春秋时期三者有着共性，但后边的发展则明显分化了：“至”用法衰落；而“于”和“到”，一个着眼于行为过程本身的起讫，一个着眼于认识主体角度的出入。故“于”只是从范围义上扩大了效用，而“到”则由“入”逐渐演化出了“获得”“实现”义。从另一角度讲，古代汉语里“于”“自”“在”“至”也有着共性。但“于”与其后三者，有上下位层次上的差别、笼统与具体的差别。由此我们可以说：语言里很难允许绝对同义语言单位的长期共存，要么随着时间的推移而分化，要么在共时的阶段里体现出功能上的差别。

(3) 音节因素是词汇化认定上的一个难点。我们看到，双音节的“X于”可以凝固成词，三音节的“XX 于”则处于比较尴尬的境地。如“拘于”，战国时期即已出现：“故圣人法天贵真，不拘于俗。”（《庄子》）“泥于”，西汉时期亦已出现：“常民泥于习俗，恳着沉于所闻。”（刘向《战国策》）如果两者沿用至今的话，很容易为人们接受为词，可是现时的“拘泥于”却是不具备此资格的。其实我们在“X 于”上面看到的情况是，有些属于句法上的，如比较类、方向类的等，还有相当一些则纯粹属于衬字性的，如连词类的，其后的“于”都属该性质。像“不至于”，其实在西汉时期该形式也有不用最后的“于”的：“秦虽善攻，不能取六城；赵虽不能守，而不至失六城。”（《战国策·赵三》）再比如现在习惯用法“来自于”，“自”“于”语义重复。显然，语言中也允许一些羡余成分，以给人们更多的宽松余地和自由。

第二节 说“性”

一、“～性”中的“性”是否为词缀

“性”在汉语里边到底以怎样的资格参与到语言单位的组合中？一个非常明确的判定可以是被人们承认的：运用排除法的话，首先它很难作为一个词在句法中实现自由。《现代汉语词典》列有它的 6 个义项：“❶性格：个～｜天～｜耐～。❷物质所具有的性能；物质因含有某种成分而产生的性质：黏～｜弹～｜药～｜碱～｜油～。❸后缀，加在名词、动词或形容词之后构成抽象名词或属性词，表示事物的某种性质或性能。党～｜纪律～｜创造～｜适应～｜优越～｜普遍～｜先天～｜流行～。❹名 有关生物的生殖或性欲的：～器官｜～行为｜～生活｜～的知识。❺性别：男～｜女～｜雄～｜雌～。❻名 表示名词（以及代词、形容词）的类别的语法范畴。语法上的性跟事物的自然性别有时有关，有时无关。如俄语名词有阳、阴、中三性。”（第 6 版，1460—1461 页）这里边，虽然也有“～的知识”的例证，但这种使用除了特定的内涵范围，普遍的场合通常还是比较避讳的。也就是说，它作为一个独立的词来用，受到了相当的限制。从这种意义上说，《现代汉语词典》举这么一例，其意味还是不言而喻的，或者说意在言外的内容很丰富。另外我们还可以注意到：该词典唯有在这个义项里边取“性”在左的位序。这也非常符合词法语义和语气重音都偏重左向的基本特征。值得提醒的是：组词的时候也并不是说处于左边位置的就都是这么一种意义。“性格”“性情”中的“性”就不是这种意思。这也可以理解：一部词典并非严谨的科学著作，不能苛求它将特定对象的所有表现都反映得严密周详，它只要将最常见、最基本的用法给予概括反映即可。然而恰恰是这种没有表现的东西到了研究领域，就变成了判定上的对立。在此，我们用排除法先将与问题无关的舍弃掉：“❻”完全属于专业上的理论内容，跟组词关系不大；特别是对于汉语这种非形态语言来讲更是如此，无须关

注。接下来值得重点分析的就是“❸”与其他未说的几项之间的关系，这与我们刚说过的“性”组词时的位序有关联。《现代汉语词典》虽然现时明确标定了词缀的功能，但语言学界的人们并不见得都能认可。如朱德熙就不同意。之所以如此，就在于朱德熙认为“性”不是定位语素。朱德熙的这种认定恐怕也需要具体情况具体分析，也就是我们现时之所以强调要将《现代汉语词典》中的“❻”排除之后，将前边多项放在一起进行认识的原因之一。事实上，“❺”是由“❹”引申出来的，两者在意义上属于一个大类。❶和❷也可以看作一个大类，都是说特征的，差别在于一个侧重指人的本性禀赋，一个侧重指物的性质或性能。而“❸”并不跟它们处在一个平面上：它是从构词的角度看它的范围大小的，即它仅属于“❶”和“❷”后边的“性”还是包括❺后边的“性”一并认识？如果朱德熙是指这两个统共来讲的，应该说非常有道理。如上所述，“❹”中的组词，“性”大都在前边。即便是“❺”中的“性”大都在后边，但其意义是那样的显豁，其组词的能力也不怎么强。仍以《现代汉语词典》所解释的词语为例：其后列举的词条共 31 个，其中双音节的 18 个，三音节的 11 个，四音节的 2 个。里边表示“❹❺”意义且全居于前边位置的竟有 17 条之多，占据了总数的 55%。这种情况下，说“性”是自由语素是一点都不错的。如果仅指“❶”和“❷”，情况就比较复杂，需要更具体深入的讨论。由上统计可知，该范围中的词语共 13 个。而这 13 个里边，除了一个“性子”属于附加式构词，一个“性急”属于主谓式复合构词外，其他的，像“性格”“性灵”“性命”“性能”“性情”“性质”“性状”（“性命”和“性情”的组合还分别进入四字格的单位中：“性命交关”“性情中人”，此外还有一个“性价比”，这是一个多层次的结构，其中“性”和“价”是并列组合。故都不再列举）等 8 个，均属于并列组合。这种情况中的“性”当然肯定不是词缀了。问题在于它与挪于其中的“性”是否均衡？我们来看一看《倒序现代汉语词典》中的列举：

本性　变性　秉性　禀性　词性　磁性　脆性　党性　定性　惰性　恶性　耳性
范性　赋性　感性　个性　共性　惯性　火性　急性　记性　理性　两性　烈性
灵性　慢性　母性　耐性　男性　牛性　女性　脾性　癖性　品性　气性　人性
任性　生性　食性　兽性　属性　爽性　水性　塑性　索性　弹性　特性　天性
同性　土性　忘性　悟性　习性　心性　血性　延性　阳性　药性　野性　异性
阴性　硬性　油性　展性　真性　直性　中性
背光性　背日性　彼岸性　必然性　此岸性　二重性　放射性　盖然性　好性儿
获得性　积极性　技术性　阶级性　决定性　抗药性　可塑性　两重性　两面性
劣根性　慕光性　偶然性　排他性　迁移性　倾向性　趋光性　热固性　热敏性
热塑性　人民性　时间性　思想性　小性儿　旋光性　延展性　艺术性
超导电性　各向同性　各向异性　主观能动性

共106条。

除了极个别外，如“男性”“女性”“两性”等表生殖、性别意义，其他的都属于表性质或性能。相对《倒序现代汉语词典》中的情况来说，两者之间显然是不成比例的，呈现出明显的“一头沉”的状貌，即清一色地趋向于偏正关系或说是附加式的组合。若依朱德熙位置固定与否的标准，这种大比例的情状，完全可以将比例高的那一方看作普遍性的现象，而将有限的逆序组词看作特殊现象。再则这种组合关系不对应的情状，后附性的组合关系很容易形成词族化的趋势。这也和通常的词根加词缀的附加式构词方式是一致的。另外，我们还可以看到，与正序的“性”构词不同的是：三音节词、四音节词，甚至是五音节词都出现了，这也反映了汉语构词的大趋势，即新词语中，多音节词的创制已经成为值得重视的新特征。

二、“性”构词的历史源流

事实上，在今天的语言运用中，类似《倒序现代汉语词典》提供的词条只是反映了“性”构词的一角，当然，这一角并不体现在词语的量上，而是这些词都是人们常说常用的那一部分。从简练的角度说，它反映了“性”族词的基本状貌；然而从实际的运用看，它并不能反映其客观的真实全貌。我们这里即想就其构词情况做一考察。

构词的研究不能不顾及意义。性，作为中国传统文化中的一个核心观念，早在先秦时期即引发了人们的高度关注。相当多的一些人都根据通常的理解，试图对其含义做出明确的认定。例如：

（1）天命之谓性；率性之谓道；修道之谓教。(《中庸》)

（2）口之於味也，目之於色也，耳之於声也，鼻之於臭也，四肢之於安佚也，性也。有命焉，君子不谓性也。(《孟子·尽心下》)

（3）性者，生之质也。若木性则仁，金性则义，火性则礼，水性则知，土性则信。(《孝经》)

究其实，其时的“性”，可能后来的《玉篇》解释得比较到位，即“性，命也，质也”。上述三例可以看得很清楚：例(1)，万物禀赋，天命也就是天性，遵从自然规律，循道而施教才能达到以文德化之的目的。例(2)则是指人的本性，各种感受器官无一不执行着自然生理之需要。当然，这一表述中，孟子试图将“性”和“命”区别开来，在有限的文字里恐怕并不容易做得到。例(3)则是指自然事物的属性。不过有意思的是，其语义表述实则有天人合一、物我混同的效果。

不过当时人们普遍关心的主体认识论，即人性善恶的讨论，则主要是指人的总体天性。孔子所说的“性相近，习相远”即指的这种含义。正因为该课题是当时人们主要思考的对象，故其使用的频率也比较高。于是在比较早的时间里边，在将“性”当作一个词广泛使用的同时，复合词也就出现了。有人说先秦那个历史阶段只有单用，没有双音节词，恐怕在认识上不怎么准确。例如：

(4) 若有恒性，克绥厥猷惟后。(《书·汤诰》)

(5) 不有康食，不虞天性，不迪率典。(《书·西伯戡黎》)

(6) 乾道变化，各正性命。(《易·乾卦一》)

(7) “利，贞”者，性情也。(同上)

(8) 以秦人之从情性、安恣睢、慢于礼义故也，岂其性异矣哉！(《荀子·性恶》)

(9) 懋穑劝分，省用足财，利器明德，以厚民性。(《国语·晋语四》)

(10) 厚而不博，敬守一事，正性是喜。(《吕氏春秋·知度》)

先秦思想活跃，词语的双音节化已经开始。由以上例证可知，于开初阶段，它仍遵循了词语创制的基本程序，即要么是联合，要么是偏正。如果是前者，其形制当然还处于不稳定状态。如例(7)、例(8)，显然呈逆序形式。如果是后者，应该说还处于复合构词阶段。如例(9)，“民性”与“民心”“民情”同义。历代以降，虽也绵延不断地使用，但始终没有成为一个基本词汇，明清之际也就不再出现。再如例(10)，此时的“正性”似乎还不是正宗的偏正结构，两汉之后才逐步明确。

两汉时期，单纯就“性”来说，并没有怎样的发展。能见到的是很有限的偏正构词：

(11) 每出入下殿门，止进有常处，郎仆射窃识视之，不失尺寸，其资性端正如此。(《汉书·卷八十一》)

(12) 禀性软弱者，气少泊而性羸窳，羸窳则寿命短，短则蚤死。(《论衡·命义篇》)

(13) 人以气为寿，形随气而动，气性不均，则於体不同。(《论衡·无形》)

(14) 夫虎豹在山，鼋鼍在渊，物性之所托。(《风俗通义·卷二》)

(15) 本性和而专，得火而散成灰。(《太平经·卷十八至三十四》)

不过此时已有了初步将“性”具体化，开始称说特定事物的属性特征。例如：

(16) 金性坚刚，得火而柔。土性大柔，得火而坚成瓦。水性寒，得火而温。(同上)

魏晋时期汉语有了一个全新的面貌。在“性”类词的创制上面也得到了鲜明的体现。首先是“~性”形制的词语似乎有一个爆发的态势。其总的特点就是以“~性”语序方式形成了主导趋势。且内容上面则主要表现为两种类型：一种是表现人的气质神态的。例如：

(17) 但淑逸操偏迴，野性瞢滞，果兹冲寂，必沈乐忘归。(《全宋文·卷四十四》)

(18) 承柔刚以率性，随四八而化生，各附所安，本无尊卑也。(《抱朴子·外篇·诘鲍》)

(19) 雅性高亮，不修意气，或以此望之。(《三国志·吴书》)

(20) 浩感其至性，遂令舁来，为诊脉处方。(《世说新语·术解第二十》)

其他的词语还有“慧性”“恣性”“淑性”“懿性”“贤性”“志性”“睿性”“谲性”“贞性”“气性”“正性”等。

另一种则是佛教文化的。众所周知，该教自东汉末传入中国，魏晋时期译经首先形成第一个高潮。它对汉语的发展变化产生了不小的影响，在词语的创制方面更是如此。我们看《佛说大乘稻秆经》中的两段话：

(21) 如佛所说，若能见因缘之法：常、无寿、离寿、如实性、无错谬性、无生、无起、无作、无为、无障碍、无境界、寂静、无畏、无侵夺、不寂静相者，是也。

(22) 世尊略说因缘之相：彼缘生果，如来出现、若不出现，法性常住。乃至法性、法住性、法定性、与因缘相应性、真如性、无错谬性、无变异性、真实性、不虚妄性、不颠倒性等，作如是说。

这一类的词语有些一望便知，如“佛性”“法性”“定性”“菩萨性”等。而有些则需要一定的鉴别，如“识性”“自性”，也多为佛经中使用：

(23) 识即是空，非识灭空，识性自空，于其中而通远者，是为入不二法门。(《维摩经》)

(24) 若复有人，自性清净，含一而生，中无妄想，即为圣人。(《宝藏论·本际虚玄品第三》)

当然，如果说还有第三种的话，那就是有关客观事物属性特征的，不过这一类比较少：

(25) 水火在天，而取之以诸燧。铅性白也，而赤之以为丹。丹性赤也，而白之而为铅。(《抱朴子·内篇·卷十六》)

(26) 通体强韧，高节而实心，具弹性，不折，不破，不挠。(《华阳国志校补图注卷四》)

值得强调的是例(21)、例(22)，特别是后者，如果将一系列“~性”单列出来，在无上下文的情况下，我们恍惚会觉得有一种似曾相识的感觉，那就是与当今现代汉语中的使用没有多大的差别。很明显的就是，它当时即突破了双音节的限制，实现多音节化；再则就是词语与“性”组合的自由度，带有一种开放式的洒脱。整体来说，佛经的传入及翻译，对于推动汉语词汇的双音节化以及构词的灵活，都产生了积极的作用，由“~性”的造词可见一斑。这种情况在其后的唐代仍在继续保持着：

(27) 或是菩萨化身来，或是诸佛慈悲性。(《敦煌变文集新书·佛说阿弥陀经讲经文（二）》)

(28) 言下合无生，同于法界性，若能如是解，通达事理境。(《祖堂集·卷二》)

(29) 元无烦恼，无漏智性本自具足，此心即佛，毕竟无异，依此而修者，是最

上乘禅。(《禅源诸诠集都序·卷上之一》)

(30) 如诸经所说真妙理性，每云不生不灭，不垢不净，无因无果，无相无为，非凡非圣，非性非相等，皆是遮诠。(《禅源诸诠集都序·卷下之一》)

诸例中像“慈悲性”“法界性”“无漏智性”“真妙理性”等，都是多音节化的“~性”结构。显然，佛教文化作品中的语词可以说是起到了先行的作用。

当然，这一时期仍是双音节造词为多。就其使用来讲，这些词的使用频率还是比较高的：

豺性　禅性　触性　聪性　道性　风性　福性　根性　海性　花性　惠性　火性
金性　净性　觉性　空性　迷性　妙性　木性　鸟性　热性　色性　生性　圣性
识性　食性　水性　贪性　体性　土性　妄性　味性　物性　孝性　心性　嗅性
药性　业性　音性　淫性　欲性　真性　正性　质性　猪性　资性　自性

元明清时期，“~性”构词已与现代汉语口语中的同族词语没有什么差别，甚至可以说正是在那个时段的创制使用，才为今天成了惯常词语奠定了基础。例如：

(31) 却有一件癖性，酷信丹术。(《今古奇观·第三十九卷》)

(32) 亏得两个丫头拦住，劝道：“官人耐性。”(《初刻拍案惊奇·卷十八》)

(33) 小僧生性不十分畏暑，相公请自便。(《初刻拍案惊奇·卷三十四》)

(34) 蓉哥儿，你别在焦大跟前使主子性儿。(《红楼梦·第七回》)

(35) 格格儿，你可别拿着合我的那一铳子性儿合人家闹！(《儿女英雄传·第七回》)

(36) 我们本是杨花性儿，但不该瞒我做事，做了也与我无干。(《风流悟·第五回》)

当时的有些词，如“耐性”，其功能很强，如例(32)，直接做了谓语，甚至有动词的意义。再如《儿女英雄传·第十六回》：“列公，且耐性安心，少烦勿躁。”这里边的“耐性”肯定是形容词。与此同时，该词还有做名词的用法，如“若是没有耐性的人，从那入秋的时节，也使个性子，粜不成这谷了。”(《醒世姻缘传·第三十二回》)做形容词用，这在现代汉语中，只是偶然时候用，如“程平笑了笑，很耐性的教育他”。(孔厥、袁静《新儿女英雄传·第二回》)绝大多数情况下，就只剩下一种功能，即名词。例如：

(37) 钓鱼得有耐性，最好不要动。(徐劭《小布头掉进了大海里》)

(38) 大家都变得缺乏耐性了，都想从前面的人头上踏过去。(蒋子龙《净火》)

三、现代汉语“~性”类词的来源及使用

由前边对“~性”源流的简单考察可知，该词族显然是土生土长的本土词语，然

而很有几位语言学家提出不同意见。王力在其《汉语史稿》中指出："五四以后，由于西洋语言的影响，现代汉语有了一些新兴的名词词尾……真正新兴的名词词尾是'品'、'性'、'度'等……'性'字和英语词尾-ty，-ce，-ness 大致相当。这也是受了日本译文的影响。日本人把英语的 possibility 译为'可能性'，importance 译为'重要性'（'重大性'），impermcability 译为'不渗透性'（'不可渗透性'）等，我们都采用了。当然我们自己也创造了一些。"（231—232 页）丁声树于《现代汉语语法讲话》一书中也判断说："'性'和'化'都是近几十年来由于翻译外国语新产生的词尾。"（224 页）怎么看待他们的认定？我们觉得赵元任的处理意见是比较妥当的。他把"性"分作两种类型：①复合词末尾的结合面宽的语素：记性、常性、耐性（轻声）。②新兴后缀：可能性、必然性、普遍性、严重性、片面性、弹性、酸性、碱性。（非轻声）。（《汉语口语语法》，115—116 页）赵元任这样的处理办法也确实反映了历史的真实面貌：要说，"～性"也确实是汉语历朝历代为我们自己所有的词语，且随着时间的推移，还不断地扩大着它的词族范围，张扬着它的表现力。但是，也正是像大家所看到的那样：这种由来已久的词语材料及创制方式，如果没有其他力量触动的话，多是反映着量上的增加。也就是说，基于本源的双音节，就其人文的自我修养，加之对物质世界的表象特征的认识，缓慢地积累着词语的数量。从其本质属性上讲，这是自我的东西，如果不是旧有的材料及可能性的思维方式中潜在的能力，似乎是不可能凭空形成爆发性的"～性"大量产生并以前所未有的面貌展示出全新的态势的。佛教的传入，佛经的翻译所造就的这类形式的词似乎就已经昭示了这种客观事实。如果说，20 世纪的人们，包括密切关注着语言变化的语法学家们，都惊异地发现，似乎是凭空陡然间产生出了那么多的这种形式的新词，因为这种现象似乎给人的印象有些突兀，从这种意义上说，将这类词看作外来词的影响，可以说不足为怪。也正是如此，我们认为赵元任的两分法似乎就更容易被人们接受一些，也更符合客观事实一些。我们借助于北大语料库，将新时期以来用到过的"～性"做了一个比较详尽的定量统计，这里先将这些词语列举出来，让大家先有一个整体的印象：

傲性　操性　长性　词性　磁性　脆性　党性　毒性　钝性　惰性　恶性　耳性
范性　赋性　刚性　个性　根性　共性　惯性　好性　花性　活性　火性　急性
极性　激性　记性　假性　碱性　贱性　酒性　抗性　狼性　冷性　烈性　理性
良性　凉性　灵性　慢性　尿性　民性　魔性　耐性　黏性　牛性　奴性　气性
热性　韧性　软性　柔性　沙性　善性　神性　食性　率性　爽性　水性　兽性
素性　酸性　弹性　体性　通性　透性　土性　忘性　物性　悟性　习性　喜性
显性　线性　乡性　邪性　血性　心性　延性　岩性　药性　野性　硬性　隐性
油性　贼性　展性　真性　智性　恣性　揍性

报刊性　悲剧性　本原性　本质性　表面性　财团性　策略性　差别性　差异性

常规性　常识性　程序性　传奇性　传统性　大陆性　大众性　地方性　地区性
对象性　法律性　法制性　方向性　风湿性　风土性　风险性　概念性　纲领性
工业性　工资性　公众性　功利性　功能性　故事性　规律性　国民性　海洋性
行政性　化学性　基础性　集团性　技巧性　技术性　季风性　季节性　家庭性
阶段性　阶级性　结构性　金融性　经济性　经验性　楷模性　科学性　框架性
礼节性　礼貌性　立场性　粒子性　淋巴性　灵魂性　流域性　龙头性　路网性
轮廓性　逻辑性　矛盾性　民间性　民族性　目的性　内战性　前提性　情节性
情绪性　区域性　屈辱性　趣味性　全港性　群伙性　群体性　群众性　人民性
荣誉性　商品性　商业性　社会性　社交性　生理性　时间性　实体性　史诗性
矢量性　世界性　世俗性　事务性　事业性　视觉性　手续性　睡眠性　思维性
思想性　体制性　团伙性　网络性　文学性　文艺性　文字性　物理性　喜剧性
戏剧性　系统性　宪制性　学术性　艺术性　因果性　音乐性　娱乐性　原则性
灾难性　战略性　战术性　障碍性　哲理性　真理性　正义性　政策性　政治性
支柱性　知识性　职业性　种族性　周期性　主题性　资源性　自传性　宗教性
宗派性　暗示性　包容性　保护性　保密性　保暖性　保释性　报复性　爆炸性
背光性　变通性　变异性　表态性　播散性　补白性　补充性　猜测性　参考性
尝试性　承传性　惩罚性　持续性　冲击性　崇拜性　出血性　穿插性　传染性
创新性　创造性　刺激性　代谢性　待续性　导电性　导向性　等价性　递减性
颠覆性　独创性　独立性　独占性　赌博性　对称性　对抗性　反光性　反抗性
反思性　反应性　泛化性　泛滥性　防御性　仿古性　放射性　诽谤性　分割性
分泌性　粉碎性　封闭性　讽喻性　奉献性　否定性　辅助性　腐蚀性　附着性
概括性　感光性　感应性　感召性　歌唱性　隔热性　隔音性　攻击性　共享性
鼓动性　关闭性　观赏性　贯穿性　过渡性　还原性　合法性　轰动性　互换性
坏死性　挥发性　恢复性　回顾性　毁灭性　混合性　获得性　激发性　记事性
继承性　寄生性　假定性　坚持性　间断性　间歇性　兼容性　兼用性　建设性
渐变性　交叉性　节制性　解释性　介绍性　借鉴性　进取性　浸润性　经营性
惊惧性　警觉性　警示性　警惕性　救助性　局限性　决定性　绝缘性　开创性
开发性　开拓性　抗蚀性　抗药性　抗震性　抗争性　可比性　可变性　可读性
可行性　可逆性　可燃性　可溶性　可塑性　可信性　可用性　克制性　恐慌性
恐吓性　夸张性　跨越性　宽容性　扩展性　类比性　连贯性　连续性　流动性
流通性　垄断性　掠夺性　谩骂性　冒险性　蒙蔽性　迷惑性　免疫性　描述性
模拟性　磨损性　慕光性　耐旱性　逆反性　黏结性　凝固性　凝聚性　排斥性
排他性　喷射性　飘移性　评介性　破坏性　普及性　欺骗性　欺诈性　歧视性
乞讨性　启发性　迁移性　牵动性　潜伏性　强制性　抢救性　亲水性　趋光性
趋利性　劝告性　确定性　容忍性　容许性　杀伤性　煽动性　伸缩性　生产性

使用性　示范性　试探性　适应性　适用性　首创性　抒情性　衰减性　说理性
思辨性　速溶性　探查性　探索性　替补性　挑拨性　挑逗性　挑衅性　挑战性
调和性　调节性　跳跃性　通用性　投机性　透光性　透视性　突击性　突破性
团结性　推荐性　妥协性　危害性　威慑性　萎缩性　侮辱性　吸湿性　吸水性
限制性　相关性　相容性　相似性　享受性　想象性　消遣性　协作性　亵渎性
兴奋性　旋光性　选择性　渲染性　压倒性　压缩性　压制性　延展性　掩护性
验证性　依赖性　依恋性　移植性　遗传性　易损性　隐蔽性　营利性　营业性
应酬性　应用性　永存性　有效性　有序性　诱导性　诱骗性　预备性　预防性
预见性　约束性　折中性　针对性　争议性　支配性　指导性　制约性　致命性
致伤性　中和性　重叠性　转折性　装饰性　自燃性　自杀性　综合性　安全性
必然性　必要性　闭合性　变态性　标志性　表现性　残酷性　超恶性　超前性
持久性　抽象性　纯洁性　慈善性　脆弱性　代表性　单纯性　单一性　典型性
斗争性　独特性　对等性　对偶性　多变性　多发性　多态性　多样性　多义性
多元性　发散性　繁杂性　反复性　返真性　封建性　浮躁性　复杂性　改革性
盖然性　高峰性　革命性　个体性　根本性　公共性　公开性　公正性　共同性
孤独性　关键性　光脆性　广泛性　广谱性　广义性　规范性　果断性　合理性
恒常性　宏观性　活跃性　或然性　机动性　积极性　极端性　即兴性　集成性
计划性　纪念性　纪实性　尖锐性　坚定性　间接性　艰巨性　简约性　狡猾性
教育性　紧迫性　经常性　经典性　精密性　精确性　均匀性　开放性　可悲性
可靠性　客观性　狂热性　浪漫性　老年性　冷胀性　离散性　劣根性　临时性
灵活性　领先性　流行性　买办性　密集性　敏锐性　耐热性　内源性　能动性
偶然性　配套性　偏执性　片面性　频发性　迫切性　普遍性　普遍性　前卫性
前沿性　前瞻性　强直性　亲和性　倾向性　权威性　热敏性　人为性　任意性
柔韧性　深广性　深刻性　深入性　生动性　时效性　实践性　实验性　实用性
试验性　守恒性　舒适性　双面性　双重性　瞬时性　私人性　私营性　随机性
随意性　特殊性　特异性　通俗性　同构性　同一性　同质性　统一性　统战性
透明性　突发性　外在性　完美性　完整性　顽固性　危急性　微观性　唯一性
伪善性　伪装性　稳定性　无菌性　习惯性　狭隘性　先导性　先锋性　先进性
先天性　现代性　现实性　相对性　翔实性　新颖性　形象性　休闲性　虚构性
虚假性　虚荣性　虚伪性　严格性　严峻性　严酷性　严密性　严肃性　严重性
研究性　一般性　一次性　一贯性　一致性　义务性　易感性　庸俗性　优越性
有机性　原创性　原始性　暂时性　战斗性　长期性　真实性　整体性　正常性
正确性　直观性　指令性　滞后性　终极性　终身性　重要性　主观性　专门性
专一性　庄严性　庄重性　自动性　自发性　自觉性　自由性　组织性

这是我们花了相当工夫而做出的比较详备的一个统计。当然，这个统计我们仅仅是为了给大家一个直观的印象：现代汉语的“~性”构词是怎样的一种状况，具有怎样的能产性?! 双音节词为91例，三音节词达到629例。仅仅是前者的话还不足以让人们惊奇，可是后者，实足地反映了它在我们这个时期的新特色。在三音节词中，我们有意识地做了一点儿分辨：名、动、形双音节的词，似乎都可以比较随意地加上“性”而成为这个词族中的一个成员。即便如此，还需要声明的是：四音节及其之上的多音节我们还没有进行全部统计，这里也只是就其相对典型的罗列一下，以便加强这种印象：

半永久性　多目标性　区域关联性　易于修改性　自由散漫性　自私自利性

怎么解释这一现象？借用这个词族里边人们已习惯常用的一个词来说明它似乎是最形象不过了：“爆发性”。不但数量陡然增长，还有一个突出的特点就是不再局限于双音节，三音节以至多音节化成为多数。这跟当今汉语新造词的趋势也是一致的。这显示了汉语发展的新活力，更具有表现力。在当前，这肯定是顺应世界发展的大势的必然结果。那就是新的思想观念，要求人们以丰富多样、准确并能揭示事物现象特征的词语给予显示。这主要体现在政论表述和科技表述这两个方面上。例如：

(1) 这些规定，方便了当事人，也保证了行政执法和司法审判的一致性、公正性和严肃性。(《中国政府白皮书：1994年中国知识产权保护状况》)

(2) 中方希望日方能够切实按照备忘录的有关原则和规定，尽早启动实质性销毁工作。(《中国政府白皮书：2000年中国的国防》)

(3) 中国国防费的增长一直保持较低幅度，主要是补偿性增长。(同上)

(4) 用高新技术改造军工企业，实现武器装备生产能力由刚性结构向柔性结构转变。(《中国政府白皮书：2004年中国的国防》)

改革开放以来，我国政府也采取了以白皮书的方式向世界传递国家于政治、经济、军事、司法、文化、外交等各个方面的意志和主张。显而易见，其措辞表述一定要非常严谨、明确和不容置疑。一如例(1)中对司法条文规定所做出的陈述那样：一致性、公正性和严肃性。例(2)中的“实质性”，例(7)中的“补偿性”，分别将事务的性质认定得非常到位。例(4)中的“由刚性结构向柔性结构转变”，对两个阶段的性质给予了确切的反映。

正像这一专题开始部分所辨析的那样，“性”这一汉语词汇单位，自它产生的初期，即体现着特征、属性的基本含义。历代以降，传统文化里边将比较多的关注点放在了人的主体性认识及修养建设上，而对客观事物的内在组织（包括人自身的生理结构）投入的精力相对偏少。整个20世纪，西风东渐，其中的一项冲击就是科学知识系统观念的建立。科学，简单地解释就是分科之学，分门别类，形成物质对象的层次系统。而这分门别类，很大程度上就建立在对于不对层次类别对象特征的准确认识上。

20 世纪 80 年代，吕叔湘、饶长溶率先将非谓形容词从形容词中分离出来，创立一新的词类，就在于他们识见到随着现代科技的发展，体现这种发展进步的重要标志就在于反映这些科技新成果的一大批这种新词语正在层出不穷地产生。接下来朱德熙将该类词称作“区别词”，称谓由词法上的功能改作词义上的更贴近现实，反映了其实际的价值，故为人们所用。事实上，“性”类词族呈爆炸性的产生，从基本功能上讲，也正是适应着同样的格局来实现的，它们也是属于非谓形容词中的一个次类。上述 720 条词语的列举，实际上仍不能反映“性”类词族的全貌。因为很多“性”类词族的词属于专业词汇，很难成为社会上广泛流通的一般词汇。仅以“皮炎”为例，医学上简单的分类即有“神经性皮炎”“接触性皮炎”“日光性皮炎”“脂溢性皮炎”，此外还有“激素性皮炎”“丘疹性皮炎”“过敏性皮炎”“类风湿嗜中性皮炎”“职业性皮炎”“激素依赖性皮炎”“特征性皮炎”“电光性皮炎”“放射性皮炎”“光毒性或光变应性接触皮炎”等不同的症状称谓。因为不同类的事物现象体现不同的特征属性，且其特征属性又往往具有排他性或渐变性，所以我们看到“性”类词像其他的区别词一样，往往是只对举或过渡状态来呈现出反义或近义系列的。例如：

单性—双性　　先天性—后天性

常绿性—落叶性　　抗湿性—抗干性

外倾性—内倾性　　好气性—嫌气性

中性粒细胞—嗜酸性细胞—嗜碱性细胞

透性（通透性）、膜透性—不透性　　全透性—半透性　失透性—内透性

正因为如此，我们看普及类的科技内容的作品，根据“性”类词的这种特征，由特定的词很容易联想到与它相对的另一种特性。例如：

（5）獭兔具有夜行性、嗜睡性、敏感性、喜干性、穴居性、啃食性等六大生理特性，耐寒怕热，适宜的温度是 15℃～25℃，较低临界温度为 5℃，较高临界温度为 30℃。（汤修建《獭兔的养殖方法》）

例中有“喜干性”，很自然地我们就会联想到“喜湿性”。

很有一些表述正是明显具有对立性或差异性的反义或近义“性”类词放置在一起，以强调事物之间的区别：

（6）色彩由对称性向非对称性变化，色谱发展为多套型，有的产品还采用多花色面料贴花、绣花等。（沪息：纺织装饰市场“主旋律”——新、阔、密、配套型产品，《家具与环境》1994 年第 1 期）

（7）而像生物学、心理学、医学、地质学、语言学这些往往涉及历史的学科，它们的发展基本上走过了“规定性”（回答“对或错”），“描写性”（回答“什么样”），直到现在的“解释性”（回答“为什么”）三大阶段。（朱晓

农《语言学应有的地位》)

(8) 波普尔毫不留情地驳斥了这种主张，他说，我们必须看到证实性实验和证伪性实验在逻辑上的不对称性：不管有多少实验是理论的正面证据，和可能有的无数次实验相比，概率是零，但一次证伪性实验就足以彻底判决一个理论不能成立。(徐友渔《批判·理性·精神世界》)

像例(6)，“对称性”和“非对称性”，正反两个方面，一个无标记，一个有标记。这种情况在当今的“性”类词中表现得非常突出。甚至还可以成为下位层次上的类来描写它。这一类词如：

非X性：非理性、非主题性、非对抗性、非掠夺性、非正规性、非独立性

不X性：不统一性、不可能性、不明晰性、不饱和性、不均匀性、不完全性
不平衡性、不稳定性、不对称性

无X性：无标记性、无自动性

当然，这些都是有明确表否定意义的词头的，相对来说，去掉该类词头即又反映出相对相反的正面的意义。

还有一些则体现其他的类属意义。下面只列举其框架，如：

准X性　未X性　超X性　后X性　半X性

这种表类属意义的，也可以自成系列。例如“可X性”：

可比性　可变性　可采性　可测性　可得性　可读性　可锻性　可罚性　可防性
可分性　可歌性　可呼性　可及性　可看性　可靠性　可控性　可见性　可磨性
可能性　可逆性　可燃性　可染性　可溶性　可适性　可视性　可数性　可诉性
可塑性　可调性　可误性　可信性　可行性　可用性　可育性　可循性　可有性
可知性

可把握性　可饱和性　可避免性　可编程性　可变现性　可变易性　可辨认性
可操作性　可测量性　可察觉性　可偿付性　可撤回性　可撤销性　可持续性
可储存性　可传递性　可搭配性　可叠加性　可兑换性　可发散性　可分割性
可分解性　可分解性　可分离性　可分析性　可复原性　可复制性　可感知性
可跟踪性　可公示性　可观测性　可观赏性　可管理性　可归责性　可合并性
可回收性　可获得性　可激发性　可计量性　可计数性　可监督性　可兼容性
可检索性　可降解性　可接近性　可接受性　可解释性　可进入性　可居住性
可开放性　可考核性　可扣减性　可扩充性　可理解性　可利用性　可联系性
可流动性　可履行性　可描述性　可逆溯性　可拍卖性　可配伍性　可评价性
可期待性　可谴责性　可强制性　可区别性　可确定性　可让与性　可伸缩性
可实施性　可受理性　可说明性　可替代性　可替换性　可调控性　可拓展性

可挖掘性 可维护性 可维修性 可物化性 可销售性 可修改性 可选择性
可验证性 可依赖性 可移动性 可移植性 可移转性 可遗传性 可营利性
可应用性 可游离性 可诱导性 可预测性 可预见性 可再现性 可证伪性
可执行性 可制造性 可重复性 可重构性 可重组性 可主张性 可转换性
可转让性 可装配性 可追溯性 可追踪性

这些也都是可以查证的在实际的语料中使用过的，单纯一个“可X性”类词，其粗略的统计就达到146条。

与此相对的，凡是“可X性”的，从理论上讲也都可以在其前边加上“不”，然而我们看到实际应用到的并没有那么多。下边这些倒是我们都能见到的：

不可贬低性 不可处分性 不可抵御性 不可独占性 不可否认性 不可回复性
不可间断性 不可抗拒性 不可欠缺性 不可侵犯性 不可收买性 不可替代性

由此不难推想，“~性”构词模式该是一个怎样宏大又层次浩繁的词族！它顺应了由古代向现代转变思维方式上的变革，从而给现代汉语的新面貌增添了非常具体的内容。它在相当程度上引发了人们对其事物现象、特征属性聚焦性的关注，不管什么样的词语，不管其原本在于指称也好，还是重在述谓也好，当把它“性”化之后，随即都会实现对其所隐含的性状质地的转向彰显，使人不得不涵咏体味其深层次中潜藏的内在含量。如果说它的大量产生确实对人们认知世界有一种正面的积极的冲击的话，相当多的表述，特别是人文科学中的研究，人们都是在有意无意地强化着这种表述方式。例如：

（9）这个通告是倡导性的，非强制性的。（新华网2004年1月2日）

（10）现实生活，永远有其富有英雄性、开创性、悲壮性的一面。（张志忠《渴望激情》）

（11）因为股票市场的风险性、投机性、多变性，国家日益重视对股票市场的管理。（翟永存《六十万元股票失窃之谜》）

（12）学校从教学理念更新、教学设计、教学方式方法、教学条件支持、教学过程与效果评价等方面进行系统性的改革与实践，努力提高课堂教学的科学性、深刻性、前沿性、丰富性和生动性，着力提升课堂教学质量和效能。（张金锁、武忠远《向课堂教学要质量 让课堂教学活起来——延安大学课堂教学改革的探索与实践》）

（13）作者对辛勤辑集的史料进行了更辛勤的思考和解析，在纷繁复杂的崇拜现象中，作者发现了行业神的多种特点：庞杂性、行业性、虚构性、附会性、随意性、含混性；他还发现了通俗小说和道教对行业神形成所施以的重要影响；他剖析了行业神崇拜的原因、目的和作用，归纳出行业神崇拜的若干必经阶段，再现了形形色色的神灵崇拜场面；他还大胆断言了行业神传

说的历史价值和民俗价值。（李乔《中国行业神崇拜》）

（14）本来广告的文学性与实用性是有距离的，甚至是不相容的，因为从美学角度看，古典美学强调审美的“非商品化”，也就是强调文学艺术的超功利性，超利害性，超铜臭味。文学艺术毕竟是文学艺术，它有其自身独特的规定性，有其“文化圈层的自律性”，它作用于人们深层审美心理结构。（廖道政《论对联广告的特性》）

（15）有创见的理论家在构建他们的理论时，往往抓住一个前人未见的出发点，这一点的深刻性、丰富性和可展开性决定了理论的感染力和发展前途。（徐友渔《批判·理性·精神世界——读波普尔的自传〈无穷的探索〉》

有些领域，比如文学评论，对象无疑是文学作品，形象思维的根基很大程度上决定了其特定思想观念的反映很难用科学的理念给予明确的界定。然而恰恰是该领域的语言表述，在相当一段时间里，“性”类词语的使用却成为亮点。有人调侃说，这简直是“性”泛滥。这在一定意义上也说明：这类词本来是体现属性特征的，如果确实能够揭示其对象的根本特点，当然能让人见识到思想的深刻；如果仅仅是连自己都不一定清楚的新词语杂沓堆上，反倒是强化了认识上的模糊，不规范词语将泛滥成灾。

早在20世纪50年代，吕叔湘和朱德熙在《语法修辞讲话》中即对当时已经显出苗头的“性”类新词随意创制提出批评，并根据当时的情况，把它们作为病句提了出来：当时被认为是不合法的5个病句。例如：“例31. 犯了严重性的错误。例32. 都是很专门性的问题。例33. 没有很好地去调查情况，研究政策，只是一个人盲目性的瞎干。”并给出了修改意见：删掉词缀“性”。

然而这种提醒并没有引起人们的足够重视。新时期以来，思想解放的另一方面，使得很多值得肯定的东西也被无端怀疑，如规范要求。那么使用中的个人随意创制也就屡见不鲜了：

（16）马克思在很多地方都强调了资本和劳动作为两个最基本生产要素的缺一不可性，以及劳动力所有者与资本所有者利益的相互依赖性。

（17）揭密非洲令人匪夷所思的可怕性风俗。

（18）陵墓石雕是古代帝王及显赫人物墓前带纪念碑性的石刻雕像。

（19）曼氏的创作丰富了由普希金所创造的俄罗斯语言的表现性。

（20）出于根深蒂固的虚荣性，他力图避人耳目，瞒天过海。

例(16)、例(17)，都是将最明确不过的词语随兴添加“性”。例（18）则是故作高深。例(19)、例(20) 则是将通常的词语“表现力”“虚荣心”也都给“性”化了。

第三节 说“化”

“化”是后起字。《说文·匕部》：“匕，变也，从倒人。”对“化”的解释是：

"教行也。"段注："教行于上，则化成于下。贾生曰：'此五学者既成于上，则百姓黎民化辑于下矣。'老子曰：我无为而民自化。从匕人，上匕之而下从匕谓之化。化篆不入人部而入匕部者，不主谓匕于人者。主谓匕人者也。今以化为变匕字矣。"南朝梁顾野王《玉篇·匕部》："匕，变也。今作化。"也就是说，"匕"为"化"的原字形，当早期它们共现时，"化"是"匕"下位层次上的一个概念。

一、古代汉语的"化"

（一）先秦

看重运动变化，是我们民族很早就建立起来的思维观念。能够证明这一点的，就是早在先秦即通过特定的词语将其充分地给予了反映。

像很多词语一样，"化"一开始也多是单音节词。例如：

（1）淫酗肆虐，臣下化之，朋家作仇，胁权相灭。（《书·泰誓》）

（2）贰公弘化，寅亮天地，弼予一人。（《书·周官》）

（3）后得主而有常，含万物化光。（《易·坤卦》）

（4）化，征易也。（《墨经·卷十》）

（5）能尽物之性，则可以赞天地之化育。（《中庸》）

（6）侯王若能守之，万物将自化。（《老子·第三十二章》）

实际上，"化"出现得早，分布功能又颇广，所以，能够构成双音节词应该说是很自然的。

变化：

（7）乾道变化，各正性命，保合太和，乃利贞。（《易·乾卦》）

（8）万物化作，萌区有状，盛衰之杀，变化之流也。（《庄子·天道》）

（9）其声能短能长，能柔能刚；变化齐一，不主故常。（《庄子·天运》）

（10）故知一，则应物变化，阔大渊深，不可测也。（《吕氏春秋·论人》）

转化：

（11）赢缩转化，后将悔之。（《国语·越语下》）

（12）转化者，所以观计谋；接物者，所以观进退之意。（《鬼谷子·本经阴符七术》）

造化：

（13）伟哉造化！（《庄子·大宗师》）

（14）夫造化者必以为不祥之人。（同上）

物化：

（15）知天乐者，其生也天行，其死也物化。（《庄子·天地》）

（16）方且为物絯，方且四顾而物应，方且应众宜，方且与物化而未始有恒。（同上）

当然，也有些近似于双音节词的，“化”在前边的情况：

（17）化变者也，天地之极也。（《管子·侈靡》）

（18）精神四达并流，无所不极，上际于天，下蟠于地，化育万物，不可为象，其名为同帝。（《庄子·刻意》）

（19）虚无无形谓之道，化育万物谓之德，君臣父子人间之事谓之义。（《管子·心术上》）

（20）四海之内，莫不变心易虑以化顺之。（《荀子·儒效》）

有些甚至还可以拆开来用。例如：

（21）以臣观之也，莒之细人，变而不化，贪而好假。（《晏子春秋·内篇问上》）

然而“变化”一词，这是在先秦且比较早的时间里边即已实现了的，因为据我们统计，这一时段里边该词语的使用竟达到了30处之多，复呈性已经很高了。还很少有像该词一样，即早成词并有这样高的出现频率。这充分说明它所反映的功能效用问题，也正如孔子于《易经·系辞》里边所表述的：“知变化之道者，其知神之所为乎？”“知几其神乎？”宏观动态认知世界的特定方式，从而也就决定了它于语言词汇上的表现。由上边的诸多例证还可以看到，“~化”的构词方式在该时段已基本形成。类似的单位还有“教化”：“顺州里，定廛宅，养六畜，闲树艺，劝教化，趋孝弟，以时顺修，使百姓顺命，安乐处乡，乡师之事也。”（《荀子·王制》）“自化”：“侯王若能守之，万物将自化。”“善化”：“国有事，则学民恶法，商民善化，技艺之民不用，故其国易破也。”（《商君书·农战》）虽然我们不能说此时的“化”已经虚化，然则分布的固化，显然是走向词缀化的第一步。

（二）两汉时期的“化”

到了两汉，“变化”一词仍为出现频率较高的一个词，其变体形式看上去也非常自然：

（22）一范人之形而犹喜，若人者，千变万化而未始有极也。（《淮南子·俶真训》）

其他诸词仍然继续发挥着自己的功能，而“化”的组合搭配更趋繁复，如：

（23）天地之合和，阴阳之陶化万物，皆乘人气者也。（《淮南子·本经训》）

（24）刑罚不足以移风，杀戮不足以禁奸，唯神化为贵。（同上，主术训）

（25）等化器类，庇荫尊屋。（汉淮南王《屏风赋》）

(26) 放命圮族，亏损德化，罪恶虽在赦前，不宜奉朝请，其遣就国。(《汉书·卷八十二》)

(27) 何为不可以乐化之？(孔安国《古文孝经序》)

(28) 周之流化，岂不大哉。(刘向《〈战国策〉序》)

(29) 赖蒙圣化，从容中道，乐不淫兮。(王褒《洞箫赋》)

(30) 大化隆洽，男女条畅。(王褒《四子讲德论》)

(31) 厥被风濡化者，京师沈潜，甸内匝洽。(扬雄《剧秦美新》)

(32) 上象人君父，无所不能制化，实得道意。(《太平经·卷十八至三十四》)

(33) 凡含血气者，教之所以异化也。(《论衡·率性》)

(34) 昔圣人之绥俗，莫美于施化。(崔瑗《博士箴》)

当然，这些新的组合不足以都看作词，但从一定意义上可以看到人们对它的看重。这一时期仍继承着先秦“化”作为单音节词的自由组合功效，且带宾语：

(35) 圣人师弟子主通天教，助帝王化天下。(《太平经·卷三十六》)

(36) 助天生物，助地养形，助帝王化民。(同上，卷六十七)

其后所带宾语往往是要改变、要“化”的对象。例如：

(37) 今思其古今要意，为化民臣之大义。(同上，卷六十五)

(38) 助帝王化恶，恩下及草木小微，莫不被蒙其德化者。(同上，卷九十六)

而“化”的结果，则往往要在其后带上“成/为”等标记以显示：

(39) 火少气则化成灰，化成灰则变成土。(同上，卷六十九)

(40) 投杼之误不足怪，则玉变为石，珠化为砾，不足诡也。(《论衡·累害》)

这一时期，“化”类词语也有了体词的功能倾向。此时出现了“文化”的最初形式，显然还不能说它是一个词，仅为一例：

(41) 治者，当象天以文化，故东方为文，龙见负之也。(《太平经·卷六十九》)

下边语句中的“化”类词语，也都有了一定的指称意义：

(42) 天下兴作善酒以相饮，市道尤极，名为水令火行，为伤于阳化。(《太平经·卷五十六到六十四)

(43) 四五占倏，俱详可否，赞弘正化，总曰辅师。(《太平经·卷一至十七》)

(44) 诏礼官劝学，明礼崇化。(《前汉纪·卷第十二》)

(三) 魏晋南北朝时期的“化”

魏晋南北朝，“X 化”的组合应用变得愈加繁复灵活。特别是南朝的宋、齐、梁、陈，尽管历史都比较短暂，但实施政治管理的君臣们对道统教化流播的重要性在观念上愈加认识得清晰，故这一方面的词语显得非常的丰富。看具体的用例：

（45）杂居流寓，闾伍弗修，王化所以未纯，民瘼所以犹在。（《宋书·卷二》）

（46）今皇化惟新，四方无事，役召之宜，应存乎消息。（同上，卷八十二）

（47）丰功茂勋，大造于王室，淳风懿化，永结于荆南。（傅亮《司徒刘穆之碑》）

（48）诚曰吏职，然监观民瘼，翼化宣风，则隐厚之求。（《宋书·卷六十三》）

（49）夫建极开化，树声贻则，典防之兴，由来尚矣。（顾愿《定命论》）

（50）文王造周，太伯创吴，革化戎夷，不因旧俗。（托为道人通公驳顾欢《夷夏论》）

（51）闻风向化，所见奇异。《后汉书·卷八十六》

（52）集大小官僚四百余员，武将御林虎卫禁军一十余万，及匈奴单于四夷化外之人，亦有数万。（《两晋秘史·卷三五零回》）

除了上例中的词语外，其他的，如“天化、圣化、王化、大化、鸿化、广化、弘化、布化、万化、盛化、懋化、正化、宏化、昌化、淳化、隆化、茂化、博化”等，都是这一领域同类型的意思，即匡谬正俗，开化民智，将正统的伦理秩序思想变为所有人的共识。虽然“化外之民”一说为后来的《唐律疏义·名例》所用，但这种观念却是很早即已奠定了的。

与此相应的，是佛教思想的广泛宣传，且这种宣传又往往和本土已有的儒家学说、道家文化紧密结合在了一起，即所谓的儒、道、释三位一体，在这一时期其观念已经基本建立。这由宗炳的《明佛论》即可看得很清楚：他崇尚佛教，引证的却是儒和道。为了讲释佛家的境界，借用的却是广成子的“至道之精，窈窈冥冥”。这体现了当时的人们对三者较普遍性的认可与接受。因此，“X化”类词中，相当的一部分反映的是这方面的内容：

（53）今没於邪见，慢诞灵化，理固天隔，当何由睹其事之符乎？（宗炳《答何衡阳书》）

（54）敬览来论，抑裁佛化，毕志儒业，意义检著，才笔辨覈。（同上）

（55）诚能僧貌天虚，深识真伪，何必非天帝释化作，故激厉以成佛邪？（同上）

（56）然则治之《五经》，未可以塞天表之奇化也。（宗炳《明佛论》）

（57）普冥化之所容，俱眇末其未央，何独安我而疑彼哉。（同上）

（58）又仙化以变形为上，泥洹以陶神为先。（托为道人通公驳顾欢《夷夏论》）

（59）君当遂其高步，成其羽化，望其还策之日，暂纡清尘，亦愿助为譬说。（《齐书·卷五十四》）

其他的还有“幻化、慈化”等，恕不一一列举。

上边我们侧重说的是这一时期“X化”词内容上的特点，当然我们也可以从另一个角度再行认识。细心一点即可以发现，其中相当的一些词与过去大不一样，即用来和“化”组合的词语单位，大都是形容词性的，这是这个时段“X化”组合最富有特点的一种现象。现代汉语“X化”词之所以呈现多功能状态，很大程度上与前边的“X”自身的属性有直接的关系。魏晋南北朝时期“X化”组词从这种意义上讲，已经具备了该类词应该具备的各种能力。再看其他类似的例子：

（60）他日宝惜三光，割嗜好以祈年，今也唯速化耳。(《宋书·卷六十二》)

（61）有慈心整化，不以尊豪轻绝物命，不使不肖窃假非服。(宗炳《明佛论》)

（62）夫以通神之众，革穷化之堂，故须弥可见於芥子之内耳。(同上)

再看一个最为典型的组合：

（63）文思在躬，则时雍自洽，礼行江汉，而美化斯远。(《宋书·卷六十四》)

（64）辨方正位，纳之轨度，蠲削烦苛，较若画一，淳风美化，盈塞宇宙。(傅亮《策加宋公九锡文》)

“美化”这个词，即便是在现今的汉语里边，也是一个出现频率比较高的词，而该词的组建却是在这个时段里边完成的。

“X化”词，就其内容的类型讲，其实还有一大块，尽管数量上不能与前两种相比，使用频率也不能算高。这便是具有一定科技含量的词。看例子：

（65）三宿一酘，无定准，惟须消化乃酘之。(《齐民要术·卷七》)

（66）参出则风到，此乃阴阳之感化，非龙虎之所致也。(《三国志·卷二十九》)

（67）郑人入王府，多脱化为蜮，射人。(《搜神记·卷六》)

（68）我无腾化术，必尔不复疑。(陶渊明《形赠影》)

（69）迁化或夷险，肆志无窊隆。(陶渊明《五月旦作和戴主簿》)

“消化”也是现代汉语中常见多用的词，同样也是这个时段完成组建的。

词语的创制与使用，总体来看有一定的趋势或曰规则，但对具体的词来讲，就有可能显得比较奇异。两汉时期即出现的一个词“陶化”，到了南北朝却有点反语法化、词汇化的倾向，看具体例证：

（70）此言儒学拨乱反正、鸣鼓矫俗之大义也，未是夫穷理尽性、陶冶变化之实论也。(《三国志·卷二十三》)

这里的“陶化”却又回归到本源意义的两个词上面去了。当然，一到了句法境遇中，即又回到了相对自由的状态。那么接下来的时间里边它作为一个词的地位也就产生了动摇：

（71）是以六艺备则卑鄙化为君子，众誉集则孤陋邈乎贵游。(《抱朴子·博喻》)

（四）唐至明清的“化”

唐宋直至元代，虽然“化”的出现频率仍然不低，但其组词上面却没有显著的特点，只除了个别词语。例如：

(72) 夫真如演化，以广大慈悲，济度沙界。(钱元瓘《建化度禅院宝幢记》)
(73) 爰命微臣，延扬禅化。(唐高丽大安寺广慈禅师碑铭)
(74) 遂点化黄白之物，投外藩，转钱物而创观宇。(李冲昭《南岳小录》)
(75) 盖由绯袍子、紫袍子纷纷化使然也。(李肇《唐国史补·卷下》)
(76) 杨氏（杨行密）之未解化而去，弟子葬之。(黄庭坚《书问政先生诰后》)
(77) 抄化些剩汤残酒，嗜这愚鼓简子便是行头。(邓学可《端正好·乐道》)

之所以如此，也可以说原先的政治教化、佛教禅理的颂扬等似乎都趋于式微，作为一种转折，代之而来的是明清两朝市井小说、神话小说题材内容的崛起。“X 化”构词在内容上又是一种新面貌。人生劝化、生活情趣化的词语自然也增多，形式上显得丰富多彩。例如：

(78) 道副见这光景，深知难以口舌化。(《东度记·第三十二回》)
(79) 天下的事，善化不足，恶化有余。(《东度记·第六十七回》)
(80) 恳究原情，遂断完聚，异乡沾化。(《二刻拍案惊奇·卷二》)
(81) 小人们归顺，概县人谁敢梗化？(《喻世明言·卷十五》)
(82) 这日以后，唐氏渐渐的也就合晁大舍熟化了。(《醒世姻缘传·第十九回》)
(83) 圣人因见他气宇凝重，风度高化，见识深沉，心地纯正，早知他是个不凡之器。(《儿女英雄传·第四十回》)
(84) 变了一条灵幻的金蛇，温腻的潜势力，蜿蜒地把自己灌顶醍醐似的软化了全身，要动也动不得。(《孽海花·第三十一回》)
(85) 若说有奇缘，如何心事终虚化？(《红楼梦·第五回》)

例子中的“X 化”组合或许会给我们以比较深刻的印象，也就是说，明清之际，“化”的运用似乎比我们现在还口语化，具有普遍性。相当多的一些现代汉语里边各有其特定形式的复合词，在当时却多是以“X 化”的形式来表达的，而且很贴切。如“善化”和“恶化”，将它们与今天的“善行”“恶行”相对应，好像难以将其中暗含的动态取向体现出来，即将今天的俗语“学好三年，学坏三天”表达的这种意味能够保留下来。再如人与人之间的交往，由不熟悉到熟悉，这是非常正常的一个过程。然而当时用的是“熟化”！再如用话语解决问题，当时用的一个词是“口舌化”，很形象，同时又能说明口语劝说的局限性。因此不难看出，“X 化”类组词，传统言辞里边已经非常惯用了，并非清末民初借助于外语的材料才兴盛起来的。再则就是承继魏晋南北朝时已经丰富了的构词特点，谓词性的语素，特别是形容词性的语素和“化”组合，使得词语的句法功能效用得到了极大的发挥。

当然，“X 化”的组合，对于组词单位来说，应该是相辅相成、相得益彰的。词语的双音节化对于汉语精确表意来讲实在是功莫大焉。例如：

(86) 与善人居，如入芝兰之室，久而不闻其香，即与之化矣。与不善人居，如

入鲍鱼之肆，久而不闻其臭，亦与之化矣。(《孔子家语·卷第四》)

(87) 习俗传染人，就是说入鲍鱼之室，久而不闻其臭，慢慢同化了。(《曾国藩家书·致诸弟》)

这一时期反映宗教神话内容的“X化”也很有特点：

(88) 哄动杭州市上之人，皆以为显化。(《警世通言·第二十八卷》)

(89) 今朝觉化归西去，且听山僧道本风。(《东度记·第三十回》)

(90) 所云道人，安知不是白侍郎托化来的！(同上，九十二回)

(91) 行善的升化仙道，尽忠的超生贵道。(《西游记·第十一回》)

(92) 幸观世音菩萨出现，指化贫僧。(同上，第九十一回)

(93) 他夫妇二人便知得是观音大士现身点化。(《三宝太监西洋记·第三回》)

因为这一类的词语很多，同一个词语出现的频率也很高，故其用法及其意义也显得繁复多样，单一的解释有时候很难概括其实际的情况。如“显化”，《汉语大词典》的解释是：“佛教所称佛或菩萨在人间显现的化身。”举的例子是：蒲松龄《聊斋志异·布商》：“将军又械问女子所在，实则乌有，盖神佛现化也。”纪昀《阅微草堂笔记·滦阳消夏录三》：“及病起往访，则寺中无是二僧。或曰古佛现化，或曰十方常住，来往如云，萍水偶逢，已飞锡他往云。”《三侠五义·第八回》：“大家方明白，红衣女子乃是菩萨现化。”应该说其释义与例证甚相吻合，但不免过于狭窄。该词明代即开始运用。当时的意义即非单一的“化身”，还有“提携、点拨、点化”他人的功用。这种多义性，到了清代仍存在。例如：

(94) 上圣何神，显化弟子？(《东度记·第二十六回》)

(95) 佛爷爷，你怎么这等现化？(同上，第七十九回)

“X化”构词中，很有一些是在意义上前后都有变化的，非常需要注意。

如“火化”，一开始的时候只是指人懂得利用火烧烤以得到熟食：

(96) 未有火化，食草木之实、鸟兽之肉，饮其血，茹其毛。(《礼记·礼运》)

(97) 故燧人火化，变腥为熟。(沈约《均圣论》)

唐宋之际，才相继出现表述器具经火淬炼和尸体火化不同的意义：

(98) 太卤之金，棠谿之工，火化水淬，器备以充。(柳宗元《晋问》)

(99) 师付法已，火化三昧而自焚身。(《祖堂集·卷一》)

(100) 自释氏火化之说起，於是死而焚尸者所在皆然。(洪迈《容斋续笔·民俗火葬》)

不过，同样的意义也可以采取其他的形式：

(101) 放我归来，身尸焚化，今没处去了。(《二刻拍案惊奇·卷十四》)

（102）用绫缎布匹裹尸，用柴烧化。（《万历野获编·卷二十九》）

有意思的是，祭奠或拜佛、扶乩等烧纸陌神符亦用类似的词语：

（103）我将这陌纸钱烧化，以报夫妇之情。（《西游记·第七十三回》）

（104）就夺过符来，一时烧化，全无动静。（《警世通言·第二十八》）

其他再如："鳞化"，原为唐传奇李复言的《薛伟》，指想象中人变化为鱼逐渐附鳞的过程："暂从鳞化，非遽成身。""湿化"，传统里边为运气学说中的术语，如《素问·至真要大论》中说："太阴司天为湿化。"再如"气化"，指阴阳两气的相互转化。如张载《正蒙·太和》中说："由太虚，有天之名；由气化，有道之名。"而今汉语仍在使用这些词语，不过意思上已有很大的改变，都成为特定领域里边富有一定科技内涵的专业术语，应注意分辨。

明清之际，由传统的积淀，"X 化"词语也有一部分在体现着科学技术的内容。这主要体现在《天工开物》这部著作中：

（105）去子取花，悬弓弹化。（《上篇乃服》）

（106）湖绵独白净清化者，总缘手法之妙。（同上）

（107）赤色者名曰胶饴，一时宫中尚之，含于口内即溶化，形如琥珀。（《甘嗜》）

（108）造冰糖者将洋糖煎化，蛋青澄去浮滓，候视火色。（同上）

（109）若金银熔化之极然，陶长辨之。（《中篇陶埏》）

（110）火力到后，烧酥石性，置于风中久自吹化成粉。（《燔石》）

（111）使其内外透体干坚，外施火力炙化其中油蜡。（《冶铸》）

（112）一出铜矿中，入烘炉炼化。（《五金》）

（113）硝化水干，倾于器内，经过一宿，即结成硝。（《佳兵》）

二、现代汉语的"化"

现代汉语的"X 化"词语，与过去相比，显然有了根本性的不同。这样说并非指其在构词方式上有着怎样的差别，《倒序现代汉语词典》在"化"类词条中，就它的第❽种义项解释说："后缀，加在名词或形容词之后构成动词，表示转变成某种性质或状态：绿～｜美～｜恶～｜电气～｜机械～｜水利～。"如果严格推敲的话，这种表述本身有着比较大的讨论空间。所举例子当然很能验证它所做出的理论概括，然而接下来它所列举的众多词条就不一定了。语法化、词汇化的发展走向，由以单音节词为主演变为以双音节词为主，其中就体现着自由单位的词向不自由的语素的转化。此时的词性判断已经是非常不容易的事了。当然，难是难，但并不妨碍我们以句法的词类划分作为参照，以方便对其中的成分及关系给出解释，只是不清楚它为什么将动词性的"X"给排除出去了。我们看它所举出的"X 化"类词语：

丑化　春化　酸化　醇化　磁化　淡化　点化　毒化　恶化　儿化　分化
焚化　风化　孵化　腐化　钙化　感化　骨化　幻化　活化　火化　机化
激化　极化　简化　僵化　焦化　教化　进化　净化　开化　克化　老化
理化　裂化　硫化　绿化　煤化　美化　慕化　奴化　欧化　贫化　汽化
强化　劝化　热化　溶化　融化　乳化　软化　热化　烧化　深化　熟化
水化　炭化　糖化　同化　退化　蜕化　物化　消化　硝化　驯化　演化
氧化　液化　异化　硬化　弱化　羽化　皂化　造化　转化　坐化
白热化　标准化　表面化　大众化　电气化　概念化　肝硬化　工业化
公式化　规范化　合理化　合作化　机械化　扩大化　企业化　人格化
现代化　一元化　自动化
动脉硬化　风土驯化　民族同化
农业合作化

除了多音节的“化”族词，两个音节中的“X”，从历史发展的眼光看，体词性和谓词性的语素应该说都有，这由上文对不同时期的梳理即可以看到，它们是一脉相承的，有些就是由古代汉语直接延伸下来的。我们所说的不同，变化很大，则主要是侧重内容和形式两个方面来说的。内容上面，“化”作为词缀，它与“性”一样，虽说都有虚化的因素，但仍保留了体现事物属性及其发展变化的信息意义，而这两个方面又恰恰最能体现现代政治、现代科技的观念意识，故两者的能产性在所有附加式组词中都表现得异常突出。《倒序现代汉语词典》对于“X 化”的收录还是不够详尽到位，最显豁的，就是当时已经有了且人们耳熟能详的“四化”居然都没有反映上来，不能不说是一个大缺憾。后来修订版的《现代汉语词典》则弥补得很及时：“❶指工业现代化、农业现代化、国防现代化和科学技术现代化。❷指干部队伍的革命化、年轻化、知识化、专业化。”其他的，我们虽不能要求一部词典能将同时代社会运用的词语全都没有遗漏地反映出来，但体现其风貌特征还是需要的。下面是我们借助多家语料库对其做的一个比较全面的搜集和筛选，列述如下：

草化　催化　电化　泛化　固化　活化　碱化　楷化　量化　硫化　氯化　内化
清化　儒化　沙化　神化　渗化　外化　物化　虚化　盐化　氧化　优化
本土化　边缘化　层次化　产品化　超验化　成人化　成套化　城市化
城镇化　程序化　抽象化　词汇化　词缀化　单机化　单一化　弹性化
地方化　电气化　电子化　独立化　对象化　多样化　多元化　法制化
分散化　符号化　复杂化　概念化　革命化　个性化　公有化　固定化
官场化　官僚化　规模化　贵族化　国产化　国际化　国有化　合法化
合理化　机关化　基地化　畸形化　极端化　集成化　集团化　集约化
集中化　技术化　家族化　间接化　简单化　健康化　交际化　节奏化

结构化　近代化　经常化　精密化　精确化　精细化　具体化　绝对化
均质化　科学化　可视化　客观化　客体化　口语化　快速化　拉丁化
理据化　理论化　理想化　理性化　林网化　美国化　美术化　民主化
民族化　明朗化　模块化　模式化　摩托化　年轻化　凝固化　片面化
拼音化　贫乏化　平民化　平直化　普遍化　普及化　企业化　轻型化
清晰化　情境化　情绪化　趣味化　全球化　群众化　人格化　人性化
沙漠化　商品化　社会化　神秘化　神圣化　神学化　生活化　实证化
世俗化　市场化　书面化　数量化　数字化　私有化　特殊化　体系化
体制化　条款化　条目化　通用化　同质化　透明化　图形化　外延化
网络化　西方化　西洋化　习惯化　戏剧化　系列化　系统化　现实化
线条化　小型化　协作化　信息化　形式化　形象化　学习化　野战化
一般化　一律化　一体化　艺术化　庸俗化　永恒化　优良化　语法化
语用化　园林化　长条化　整齐化　正常化　正规化　政治化　知识化
职业化　制度化　智能化　中国化　终身化　主体化　专门化　专制化
资本化　自由化　综合化　组织化　最大化　最小化

这里所列举的，并非不加选择的搜罗殆尽，统统堆上。同样的形式是不是词仍是需要考虑的。有些专业性比较强，其使用频率很低的，有的甚至是仅见一例，就不再列入其中，如：

高化　复化　汉化　圣化　雅化　治化
禅学化　道士化　几何化　突厥化　希腊化　盐渍化
超大型化　日耳曼化　资本主义化　资产阶级化

有些甚至是在专用词语里边才出现：

个别化学习　小班化教学

显而易见的现代汉语“X 化”词的另一个特点，即形式上的特点是，三音节的词开始占据相当大的比例，几乎已经可以和双音节的词平分秋色。例如：

(1) 21 世纪的成人教育已经和正在发生若干重大变化，展现出多彩光芒的美好前景，呈现出多元化、多样化、开放化、产业化、终身化、社区化、网络化、高端化、国际化、法制化、学科化等十二个发展趋势。（纪望平《21 世纪中国成人教育发展的十二大趋势》）

还有些“X 化”类词，似乎可以看作临时性的组合：

(2) 存在主义严厉批评学校简单化、划一化和工具化的倾向，认为教育应该是学生自我发展和自我实现的手段。（贾淑秀、豆文静《中、西方教育差异的哲

学根源及对教育改革的启示》)

(3) 她也在进行工业化，虽然比西方世界迟了许多，但是迟化总比不化好。(冯友兰《中国哲学简史·第二章》)

(4) 除最后第三者乡村贵族已贫困式微而农民化了以外，朝政大体是由宫廷贵族治理，中下级官吏是由职官贵族充当。(王亚南《中国官僚政治研究·第一篇》)

(5) 他们兴奋地告诉我们：村里说到做到，不到两年全村汉民全部实现了瓦房化。(《人民日报》1991 年 9 月 4 日)

(6) 现代教学观：与传统教学观中的封闭式、程式化、平面式的老式教育观念相对立，个性化、开放化、探索化的现代教学观正在形成。(《解放军报》1987 年 5 月 4 日)

(7) 3 个基地的建立，使部队的育才工作走上了学校化、规范化、中专化的轨道。(《解放军报》1987 年 10 月 12 日)

余　论

语言学界现在耳熟能详的一种理论就是美国语言学家布赖特（W. Bright）于1964年提出的“共变”论。该理论认为：语言与社会都是发展变化的，这两个变数之间相互影响、相互作用，存在着共变关系。“当社会生活发生渐变或激变时，作为社会现象的语言会毫不含糊地随着社会生活的步伐而发生变化。”① 中国近代学者罗常培也认为：“语言是社会组织的产物，是跟着社会发展的进程而演变的。”② 词汇又是语言对社会反映最敏感的因素，它与社会之间的发展变化简直就是同步的。所以，对词汇，特别是对词汇中的构词法进行观察研究，既可以及时地捕捉特定时段社会的真实景观，又可以感触当时言语主体们的心率的脉动，运思的意识。这一如读书，如果能够通过符号的流动深切感受到作者用笔时的情思：哪一点儿是他最得意的，文字韵律都在激起地跳荡着；哪一点儿是他自己也搞不明白的，所以措辞上边都在折绕，想蒙混过关。这样的读书当然就读得进去且出得来，就达到了既读书又读人的最佳效果。语言学的研究，“读”的是更大的书。要读到这样的境界颇为不易。所以，临到现代汉语附加式构词法的内容时，特别是身处其间，就颇有些井底之蛙的谦卑感觉。虽然谈到了一些，但自觉很不到位。好在虽然课题角度是史的观察，不能不触及其社会；但学科归属毕竟是语言学，将语言本身的客观事实描写清楚，揭示出一些规律性的东西才是根本。想到这一层的时候才稍稍释然，但并没有因此而让自己变得彻底放松。

语素属于最小一级的语法单位。虽然小，问题可不少；从某种意义上讲，它比高层次位序上的其他单位都要更难。特别是词缀，从共时平面上讲它失去了“随文释义”，即上下文给予确认的条件，所以它的意义的虚实就很难把握。好在老一辈的语言学家们，近期从事语法化、词汇化研究的学者，在这方面做了有益的探索。大家共同找到了认识它的另一条途径，即从历史的纵坐标上来追寻它的变化轨迹，让另外的一种语境来识辨它的“真面目”。即便如此，汉语词汇化、语缀化涉及的范围也太大了，每个词缀似乎都有特立独行的“个性”：有的长寿，基本上延续整个汉语有文字记载

---

① 《社会语言学》Cociolinguistis，海牙，1964。见姚汉铭《新词语·社会·文化》，上海辞书出版社1998年版，第213页。

② 罗常培．语言与文化·序言［M］．北京：北京出版社，2004：108．

的历史；有的短命，仅仅在特定的时段里边昙花一现。有的性格活泼，组词能力非常强；有的内敛，只与有限的单位相组合。这在历史的分期上都让我们颇为踌躇，很难为了一阵子。最后我们选取了“拣主要的说”的策略，而放弃过于边缘、过于琐碎的内容。比如属于状态形容词范畴的双音节、三音节词缀，我们就没做这方面的工作。其因有二：一是马彪（2010）已经做过，且做得相当好了。再一是我们认为这类词缀是非典型性的，历史演化特色也不鲜明，使用的语体也有局限性。还有，我们没有就人们已经提到过的种种词缀现象进行穷尽式的铺陈，像“XX家（价）”“XX中间”等，也没进行反映。我们是这样考虑的：边界状态的东西太多。语言学界一向争议纷繁。过多地涉及，会引发无数的话题，如“所以说”“因此上”后边的“说”和“上”应该怎么讲？留下来供专题讨论或许更明智一些。我们的这种定位是否妥当，还请专家学者指教为盼。

另外就是，该类课题做起来比较费力。所以读潘文国、叶步青他们为自己所著的《汉语构词法研究》分别所写的《新版前言》和《序》，真是于我心戚戚然。资料工作是做好这项工作的前提，然而又特别繁重：传统的语文学、训诂学，依着现代科学的观念来讲系统性不足，但散见于不同时期文人诗词曲赋、神怪传奇、笔记小说，直至专业著作中的相关论述，还是相当丰富的，需要查兑继承。自《马氏文通》以来的研究则更是繁复厚重，特别是20世纪90年代以来的语法化、词汇化课题的研究，更是做出了骄人的成绩。然而，有价值材料的搜集翻阅颇费功夫。尽管如此，我们却一直没有放弃这项最费时间、最费功夫的工作。但为了减少篇幅，“拣主要的说”，行文里边就没再一一介引评述。我们将见到过、翻阅过，有些还做了多次研读的著作、论文都做了记录，放置在后边的“参考文献”中。借此想给进一步深入研究的人们提供一些方便，也弥补文中对相关性研究引述的不足。当然，我们没有做到搜罗殆尽的列举，特别是对一支生力军——相当多的一些研究生的论文没能展示出来。也就是说，毕竟是研究，而不是索引，想来这些专业上的才俊也是能够理解的。

参考文献

艾红娟．专书复音词研究的回顾与展望［J］．齐鲁学刊，2008（3）．

巴丹．极性程度副词“极其”与“极为”［J］．汉语学报，2011（2）．

巴丹．“极其”与“极为”的演化机制［J］．百色学院学报，2011（4）．

白利利．“睡觉”类常用词的历史演变［D］．西安：陕西师范大学，2005．

白平．双声联绵词成因浅探［J］．山西大学学报，1982（3）．

白平．“圪”非词头辩［J］．山西大学学报，1988（2）．

白平．“其”非词头辨［J］．山西大学学报，1996（2）．

白平．谈汉语中的子尾问题［J］．山西大学学报，1997（1）．

白兆麟．衬音助词再论［J］．中国语文，1991（2）．

白兆麟．语法研究应当重视语法体系的总格局——从通行的“词缀说”谈起［J］．安徽大学学报，1991（3）．

白振有，蒋宗许．词尾“自”臆说［J］．延安大学学报，1990（4）．

柏莹．试析“艳照门”之“门”的类词缀化［J］．扬州教育学院学报，2008（2）．

北京师范大学中文系汉语教研组．五四以来汉语书面语言的变迁和发展［M］．北京：商务印书馆，1959．

鲍延毅．《金瓶梅》逆序词与中古词汇变迁［J］．西南师范大学学报，1995（1）．

边星灿．元明戏曲中的“单音词+非叠音单纯复音词”的结构［J］．杭州大学学报，1982（4）．

卞成林．汉语工程词论［M］．济南：山东大学出版社，2000．

卞觉非．略论语素、词、短语的分辨及其区分方法［J］．语文研究，1983（3）．

薄家富．也谈同素异序词［J］．天津师范大学学报，1996（6）．

卜师霞．语素的古义特征对双音词构词的影响——从几个表“视觉动作”的语素谈起［J］．学术交流，2009（6）．

蔡华祥．汉语词缀研究的历史分歧及其解决途径［J］．南通大学学报，2016（5）．

蔡红梅．《摩诃僧祇律》复音词研究［D］．杭州：浙江大学，2009．

蔡妮妮．楚辞中的ABB式研究，台湾国立中正大学中国文学研究所语言学专题研究室主编《中国语言学论文集》［M］．高雄：复文图书出版社，1993．

蔡勇飞．汉语单字的构形和构词［J］．杭州师范学院学报，1992（1）．

曹宝麟．诗骚联绵字辨义［J］．语言学论丛，第9辑，1982．

曹保平．汉语类词缀研究述评［J］．曲靖师范学院学报，2004（1）．

曹大为．“族”的类词缀化使用分析［J］．山东社会科学，2007（5）．

曹广顺．敦煌变文中的双音节副词［J］．语言学论丛，第12辑，1984．

曹广顺．魏晋南北朝到宋代的“动+将”结构［J］．中国语文，1990（2）．

曹广顺．近代汉语助词［M］．北京：语文出版社，1995．

曹海涛．述宾式复合名词的构造过程［J］．河南科技大学学报，2006（1）．

曹明丽．《贤愚经》复音词研究［D］．广州：暨南大学，2011．

曹起．当代汉语流行结构“零X”探析［J］．湖北师范学院学报，2005（1）．

曹铁根，莫伟勇．网络新词语“X控”语义解析［J］．湖南科技大学学报，2012（1）．

曹廷玉．近代汉语同素逆序同义词探析［J］．暨南学报，2000（5）．

曹炜．一个新兴的副词后缀“为”［J］．淮阴师专学报，1988（1）．

曹炜．现代汉语词汇研究［M］．北京：北京大学出版社，2004．

曹先擢．并列式同素异序同义词［J］．中国语文，1979（6）．

曹先擢．《诗经》叠字，词汇学论文汇编［M］．北京：商务印书馆，1989．

曹翔．王梵志诗合成词专题研究［D］．上海：华东师范大学，2007．

曹小云．《西游记》中的人称代词前缀“是”［J］．古汉语研究，1996（4）．

曹小云．论《司牧安骥集》中的名词后缀——“家”［J］．沈阳师范大学学报，2007（1）．

曹小云，邢会娟．敦煌汉简中的联合式复音词［J］．阜阳师范学院学报，2013（6）．

曹秀玲．从主谓结构到话语标记——“我/你V”的语法化及相关问题［J］．汉语学习，2010（5）．

曹秀玲，辛慧．话语标记的多源性与非排他性——以汉语超预期话语标记为例［J］．语言科学，2012（3）．

曹跃香．现代汉语“V+子/儿/头”结构的多角度考察［D］．长沙：湖南师范大学，2004．

曹跃香．从“X儿”产生理据上分析“儿”的性质和作用［J］．内蒙古师范大学学报，2004（1）．

曹跃香．与“词缀”有关的术语使用情况考察［J］．内蒙古师范大学学报，2009（1）．

曹昭聪．中古佛经中的字序对换双音词举例［J］．古汉语研究，2005（1）．

岑麒祥．关于汉语构词法的几个问题［J］．中国语文，1956（12）．

岑麒祥．关于构词法问题的一点意见——敬答来信询问的同志并与高名凯、刘正埮二位同志商榷［J］．中国语文，1960（4）．

岑时甫．“和缓”呢还是“缓和”？［J］．语文知识，1956（3）．

柴昳．《齐东野语》双音词研究［D］．成都：四川师范大学，2012．

常洪．古代汉语语汇中的偏义复词［J］．阜阳师范学院学报，2006（2）．

常敬宇．论词缀［J］．汉语学习，1986（6）．

常志伟．“极其”的词化历程与动因［J］．南京师范大学文学院学报，2014（1）．

晁瑞．“容易”的词汇化与“容”表“许可”义［J］．汉语学习，2007（1）．

晁瑞．《元刊杂剧三十种》三音节词构词研究［J］．淮阴师范学院学报，2010（6）．

车淑娅．《韩非子》词汇研究［M］．成都：巴蜀书社，2008．

车录彬．汉语词汇复音化的再思考［J］．宁夏大学学报，2009（6）．

辰苏文．关于“屈原赋”复音词约初步探索与分析［J］．河北民族师范学院学报，1983（21）．

辰苏文．关于“信”字的“使者”　“书信”二义之缘起［J］．吉林师范大学学报，1984（4）．

陈爱文，于平．并列双音词的字序［J］．中国语文，1979（2）．

陈爱文，蒋钦文．关于并列结构固定词语的内部次序［J］．中国语文，1982（4）．

陈保亚．对剩余语素提取方法的限制［J］．汉语学习，1997（3）．

陈宝勤．试论汉语词头“阿”的产生与发展［J］．古汉语研究，2004（1）．

陈宝条．国语构词法举例［M］．高雄：复文图书出版社，1992．

陈宝勤．汉语造词研究［M］．成都：巴蜀书社，2002．

陈宝勤．试论汉语语位构造双音词［J］．语文研究，2004（1）．

陈宝勤．汉语词汇的生成与演化［M］．北京：商务印书馆，2011．

陈本源．语素在合成词中意义、功能的变异［J］．东吴教学，1989（Z1）．

陈冰冰，周掌胜．《现代汉语词典》（第7版）收释词缀存在的问题［J］．宁夏大学学报，2017（1）．

陈昌来．“后来”的词汇化及相关问题［J］．汉语学习，2009（4）．

陈昌来．“由来”的词汇化历程及其相关问题［J］．世界汉语教学，2010（2）．

陈昌来．时间词“将来”的词汇化历程及其指称化机制［J］．鲁东大学学报，2010（5）．

陈昌来，杨丹毅．介词框架“对/对于……来说/而言”的形成和语法化机制［J］．华东师范大学学报，2009（1）．

陈昌来，朱峰．“除”类介词语法化历程及“除”类介词框架的产生和发展［J］．上海师范大学学报，2009（2）．

陈昌来，占云芬．“多少”的词汇化、虚化及其主观量［J］．汉语学报，2009（3）．

陈昌来，张长永．“由来”的词汇化历程及其相关问题［J］．世界汉语教学，2010（2）．

陈昌来，朱艳霞．说流行语“X党”——兼论指人语素的类词缀［J］．当代修辞学，2010（3）．

陈昌来，张长永．“从来”的词汇化历程及其指称化机制［J］．上海师范大学学报，2011（3）．

陈昌来，王韦皓．“据说”的词汇化历程及其动因分析［J］．对外汉语研究，2014（1）．

陈长书．《国语》词汇研究［D］．济南：山东大学，2005．

陈承泽．国文法草创［M］．北京：商务印书馆，1925．

陈重德．关于语素理论的思考［J］．汉字文化，1991（1）．

陈绂：简析含有“题词语素”的名词性复合词，语言文字应用2006年第3期。

陈颖．汉语双音节名词性“名+动”复合词研究［D］．北京：北京师范大学，2012.

陈光磊．汉语词法论［M］．上海：学林出版社，1994.

陈海峰．“化”的词缀化等级构拟［J］．现代语文，2009（9）.

陈宏．现代汉语同义并列复合词词性、词序分析［J］．南开语言学刊，2008（1）.

陈宏．现代汉语同义并列复合词语义语用分析［J］．天津大学学报，2008（4）.

陈焕良，王君霞．论释名含声训字复音词［J］．中山大学学报，1998（2）.

陈建民．现代汉语里的简称［J］．中国语文，1963（6）.

陈建裕．也谈《世说新语》中的“复”尾［J］．南都学刊，1997（4）.

陈珂．汉语词缀的性质与判定［J］．淮北煤炭师范学院学报，2010（5）.

陈俊芳，郭雁文．英汉语词缀对比研究［J］．华北工学院学报，2003（1）.

陈克炯．《左传》复音词初探［J］．华中师范学院学报，1978（4）.

陈克炯．《左传》词汇简论［J］．华中师范学院学报，1982（1）.

陈克炯．上古汉语名词词头 g-说略［J］．中南民族学院学报，1983（2）.

陈克炯．《墨子》词汇谭概［J］．中南民族学院学报，1990（5）.

陈坤德．古代汉语复音词虚词简论［J］．广东教育学院学报，1997（3）.

陈兰芬．《晏子春秋》双音词构成方式简论［J］．阜阳师范学院学报，2003（3）.

陈琳．魏晋南北朝小说复音词研究［J］．湖南师范大学，2006.

陈明娥．试论汉语双音词的判定标准［J］．泰安师专学报，1999（4）.

陈明娥．敦煌变文双音新词全面透视［J］．敦煌研究，2001（3）.

陈明娥．敦煌变文词汇研究［D］．济南：山东大学，2003.

陈明娥．从敦煌变文看中近古词缀的新变化［J］．宁夏大学学报，2003（4）.

陈明娥．敦煌变文同素异序词的特点及成因［J］．中南大学学报，2004（5）.

陈明娥．从敦煌变文多音词看近代汉语复音化的趋势［J］．敦煌学辑刊，2005（1）.

陈年福．殷墟甲骨文词汇概要［J］．浙江师范大学学报，2006（1）.

陈年高．《诗经》“于V”之“于”非词头说［J］．古汉语研究，2009（1）.

陈美琪．两周金文重叠构词汇释［J］．屏东教育大学学报（人文社会类），2007，6（7）.

陈美兰．西周金文复词研究［D］．台北：国立台湾师范大学国文研究所，2004.

陈全静．汉语并列式双音时间副词的词汇化及相关问题研究［D］．上海：上海师范大学，2011.

陈全静．数词的紧邻连用与“一再”、“再三”的副词化［J］．安徽师范大学学报，2011（3）.

陈汝立．谈词缀“性”［J］．新疆师范大学学报，1986（2）.

陈荣杰．周家台秦简《病方及其它》构词法分析［J］．乐山师范学院学报，2005（9）.

陈瑞衡．当今“联绵字”：传统名称的挪用［J］．中国语文，1989（4）.

陈若愚．试谈合成词词素义和构词方式的缺点［J］．内江师专学报，1997（1）.

陈绍炎．《论语》复音词研究［J］．毕节师专学报，1996（3）.

陈士林．《诗经》的“薄”“言”和“薄言”［J］．中国语文，1989（6）.

陈淑静．平谷方言的两种构词方式［J］．方言，1992（4）．

陈婷珠．试论甲骨文复音词的形成原因［J］．中国文字学报，2004（2）．

陈晚姑．复合词语义的形式化——述谓结构分析［J］．广西社会科学，2008（6）．

陈伟琳．现代汉语词缀新探究［J］．中州学刊，2006（4）．

陈望道．文法简论［M］．上海：上海教育出版社，1978．

陈伟武．论先秦反义复合词的产生及其偏义现象［J］．古汉语研究，1989（1）．

陈卫兰．试论敦煌变文词汇复音化的三个趋势［J］．北方论丛，1997（5）．

陈希伦，刘冬冰．浅谈汉语并列式双音词产生的内外机制［J］．文教资料，2013（24）．

陈晓明．浅析词缀"化"及化缀词［J］．江汉大学学报，2005（4）．

陈馨．"之X"类方位词及其词汇化研究［D］．桂林：广西师范大学，2013．

陈秀兰．敦煌变文与汉语常用词演变研究［J］．古汉语研究，2001（3）．

陈秀兰．敦煌变文词汇研究［M］．成都：四川民族出版社，2002．

陈秀清，张凯．"可不是"的词汇化［J］．渤海大学学报，2010（6）．

陈亚琳．《北梦琐言》联合式复音词研究［J］．西昌学院学报，2009（2）．

陈亚琳．《北梦琐言》双音词研究［D］．成都：四川师范大学，2010．

陈艳．小议"词缀"的判定［J］．辽宁工学院学报，2003（4）．

陈瑶．近年来现代汉语复合词结构研究述评［J］．暨南学报，2000（5）．

陈要男．论古代汉语中联合式复音词多于其他复音词的原因［J］．文教资料，2011（17）．

陈颖．汉语双音节名词性"名+动"复合词研究［D］．北京：北京师范大学，2012．

陈宇涵，任汇江．现代双音复合词的语义结构模式［J］．山东工商学院学报，2003（4）．

陈垣．校勘学释例［M］．北京：中华书局，1959．

陈正瑜．汉语叙词构词法的研究［J］．情报理论与实践，1996（5）．

陈治安．英汉复合词比较［J］．西南师范大学学报，1990（4）．

陈治安．英汉词缀法构词比较［J］．四川外国语学院学报，2001（1）．

成镇权．汉语动补复合词的句法-语义错位［J］．韶关学院学报，2011（3）．

程辰．从犀利哥和凤姐看哥、姐背后文化义的嬗变［J］．广州广播电视大学学报，2010（3）．

程工．论构词规则的有限能产性［J］．解放军外国语学院学报，2004（3）．

程工．汉语"者"字合成复合词及其对普遍语法的启示［J］．现代外语，2005（3）．

程国煜．仿造造词说略［J］．内蒙古社会科学，1997（2）．

程家枢，张云徽．并列式双音复合词名词的字序规律新探［J］．云南教育学院学报，1989（1）．

程娟．《金瓶梅》动词研究，载程湘清主编《宋元明汉语研究》［M］．济南：山东教育出版社，1992．

程娟．《金瓶梅》复音形容词结构特征初探［J］．中国语文，1995（5）．

程丽霞．语言接触、类推与形态化［J］．外语与外语教学，2004（8）．

程荣．试谈词语缩略［J］．语文建设，1992（7）．

程荣．形象词语及其释义，编辑组编《词汇学新研究——首届全国现代汉语词汇学术讨论会选集》［M］．北京：语文出版社，1995．

程湘清．汉语发展规律初探［J］．东岳论丛，1980（1）．

程湘清．试论上古汉语双音词和双音词组的区分标准［J］．东岳论丛，1981（4）．

程湘清．先秦汉语研究［M］．济南：山东教育出版社，1982.

程湘清．《论衡》复音词研究，程湘清主编《两汉汉语研究》［M］．济南：山东教育出版社，1984.

程湘清．变文复音词研究，程湘清主编《隋唐五代汉语研究》［M］．济南：山东教育出版社，1992.

程湘清．汉语史断代专书研究方法论［J］．汉字文化，1991（2）．

程湘清．《世说新语》复音词研究，程湘清主编《魏晋南北朝汉语研究》［M］．济南：山东教育出版社，1982.

程湘清．汉语史专书复音词研究［M］．北京：商务印书馆，2003.

程雨民．汉语中的语素短语，复旦大学中国语言文学研究所编《中国语言文学研究的现代思考》［M］．上海：复旦大学出版社，1991.

程志兵．名词比喻造词［J］．郑州大学学报，1997（3）．

程志兵．《名词比喻造词》辨正［J］．中国语文，1997（5）．

成俊甜．基于语言使用的现代汉语类词缀化过程：频率效应及其认知表征［D］．重庆：西南大学，2014.

储泽祥．“对着”的虚化过程及其语法地位［M］//语言学论丛编委会编．语言学论丛（第29辑）．北京：商务印书馆，2004.

储泽祥，谢晓明．汉语语法化研究中应重视的若干问题［J］．世界汉语教学，2002（2）．

储泽祥，智红霞．动词双音化及其造成的语法后果——以“战胜”的词汇化过程为例［J］．汉语学习，2012（2）．

褚福侠．试析全元曲的词缀“头”［J］．山东社会科学，2006（12）．

褚福侠．元曲词尾“家”的用法［J］．齐鲁学刊，2007（1）．

褚福侠．元曲词缀研究［M］．青岛：中国海洋大学出版社，2014.

崔伯阜．关于汉语构词法［J］．文史哲，1958（5）．

崔复爰．现代汉语构词法例释［M］．济南：山东出版社，1957.

崔金涛．汉语词汇双音化途径试析［J］．桂林航天工业学院学报，2013（4）．

崔黎．汉语合音现象简论［J］．郑州大学学报，1994（3）．

崔蕊．“其实”的主观性和主观化［J］．语言科学，2008（5）．

崔山佳．“肉松”和“饼干”应该是限定式合成词［J］．汉字文化，2009（1）．

崔泰吉．古代汉语复词偏义初探［J］．延边大学学报，2001（3）．

崔希亮．并列式双音词的结构模式［J］．第三届国际汉语教学讨论会论文选，1990.

崔应贤．略谈汉语复合式合成词的复杂性［J］．河南师范大学成人高教，1993（1）．

崔应贤．“V到N”中的“到”的重新分析［J］．河南师范大学学报，2013（4）．

崔应贤．有关“于”字词汇化的几个问题［J］．河南师范大学学报，2014（6）．

崔应贤．“于”字的历史考察与共时分析［M］．//现代汉语虚词研究与对外汉语教学（第五辑）. 上海：学林出版社，2014.

戴琏璋. 殷周构词法初探，屈万里先生七秩荣庆论文集［M］. 台北：台北连经出版社，1974.

戴军明. 网络词语的造词分析［J］. 语言文字应用，2006（2）.

戴卫平，高丽佳. 当代汉语“准 X”词族探微［J］. 语言与翻译，2007（4）.

戴昭明. 现代汉语合成词的内部结构与外部功能的关系［J］. 语文研究，1988（4）.

道尔吉. 论古汉语的偏义复词［J］. 内蒙古大学学报，2004（6）.

邓景滨. 港澳新词语构造八法［J］. 暨南学报，1996（4）.

邓景滨. 港澳粤方言新词探源［J］. 中国语文，1997（3）.

邓细南. 谈古今汉语偏义复词的不同特点［J］. 漳州师范学院学报，1994（4）.

邓伟. 论晚清“新名词”与汉语书面语体系变革［J］. 中华文化论坛，2008（3）.

邓志强.《幽明录》复音词构词方式研究［D］. 武汉：华中师范大学，2001.

邓志强.《幽明录》偏正式复音词构成方式的纵向比较［J］. 广西社会科学，2005（11）.

邓志强.《幽明录》复音词的结构及中古汉语复音化的发展［J］. 株洲师范高等专科学校学报，2006（4）.

刁晏斌. 现代汉语类词缀发展变化的几种模式［J］. 廊坊师范学院学报，2003（1）.

刁晏斌. 现代汉语准词缀发展变化的几种模式［J］. 廊坊师范学院学报，2004（3）.

刁晏斌. 当代汉语中比较流行的几种双音简缩造词现象［J］. 语文研究，2009（3）.

丁邦新. 国语中双音节并列语两成分间的声调关系［J］. 历史语言研究所集刊，1969 年 39 本 2 分.

丁邦新. 论语、孟子及诗经并列语两成分间的声调关系［J］. 历史语言研究所集刊，1975 年 47 本.

丁邦新. 上古汉语的音节结构［J］. 历史语言研究所集刊，1979 年 50 本 4 分.

丁邦新. 上古汉语的构词问题——评 Laurent Sagart：The Roots of Old Chinese［J］. 北京大学汉语语言学研究中心《语言学论丛》，第二十六辑，2002.

丁桂英. 汉语双音词的融合与分解［J］. 齐齐哈尔大学学报，2004（5）.

丁国盛，彭聃龄. 汉语逆词识别中整词与词素的关系［J］. 当代语言学，2006（1）.

丁建川. 两个新兴的类前缀——看、走［J］. 宁夏大学学报，2006（2）.

丁玲玲. 英汉类词缀对比研究［D］. 泉州：华侨大学，2016.

丁凌云. 双音节复合词语序排列中的认知因素［J］. 合肥师范学院学报，2009（4）.

丁勉哉. 同素词的结构形式和意义的关系［J］. 学术月刊，1957（2）.

丁全. 也谈词的构成［J］. 南都学刊，1987（3）.

丁西霞. 训诂与词汇史研究［J］. 古汉语研究，2005（2）.

丁西霞. 联想构词：同义并列双音词的构成模式［J］. 周口师范学院，2006（1）.

丁西霞. 中古常用并列双音词的成词和演变［M］. 北京：语文出版社，2006.

丁西霞. 汉语常用词的演变模式初探［J］. 河南大学学报，2013（2）.

丁颖.《现代汉语词典》中的同素异序词［J］. 首都师范大学，2008.

董琨．“同经异译”与佛经语言特点管窥［J］．中国语文，2002（6）．

董绍克．谈“理舛扩展”造词［J］．香港《语文建设通讯》，1997（54）．

董绍克．试证元曲的儿化音［J］．中国语文，1998（3）．

董为光．汉语词汇双音代换管窥［J］．语言研究，1992（2）．

董为光．“语素替换确定法”献疑［J］．语言研究，1994（1）．

董为光．称谓表达与词缀“老”的虚化［J］．语言研究，2002（1）．

董为光．汉语词义发展基本类型［M］．武汉：华中科技大学出版社，2004．

董维纳．《搜神记》复音词虚词研究［J］．青年文学家，2011（8）．

董维纳．《搜神记》复音实词的构词法研究［J］．青年文学家，2011（9）．

董维纳．隋代墓志复音词研究［D］．西安：西北大学，2013．

董秀芳．跨层结构的形成与语言系统的调整［J］．河北师范大学学报，1997（3）．

董秀芳．古汉语中的后置词“所”——兼论古汉语中表方位的后置词系统［J］．四川大学学报，1999（2）．

董秀芳．动词性并列式复合词的历时发展特点与词化程度的等级［J］．河北师范大学学报，2000（1）．

董秀芳．古汉语中偏指代词“相”的使用规则［J］．四川大学学报，2001（2）．

董秀芳．主谓式复合词成词的条件限制［J］．西南民族学院学报，2001（4）．

董秀芳．词汇化：汉语双音词的衍生和发展［M］．成都：四川民族出版社，2002．北京：商务印书馆，2011．

董秀芳．主谓式复合词成词的条件限制［J］．西南民族学院学报，2002（1）．

董秀芳．论句法结构的词汇化［J］．语言研究，2002（3）．

董秀芳．“不”与所修饰的中心词的粘合现象［J］．当代语言学，2003（1）．

董秀芳．论“X着”的词汇化［M］//语言学论丛（第二十八辑）．北京：商务印书馆，2003．

董秀芳．“X说”的词汇化［J］．语言科学，2003（2）．

董秀芳．汉语词缀的性质与汉语词法特点［J］．汉语学习，2005（6）．

董秀芳．古汉语中动名之间“于/於”的功能再认识［J］．古汉语研究，2006（2）．

董秀芳．词汇化与话语标记的形成［J］．世界汉语教学，2007（1）．

董秀芳．从词汇化的角度看粘合式动补结构的性质［J］．语言科学，2007（1）．

董秀芳．汉语的句法演变与词汇化［J］．中国语文，2009（5）．

董玉芝．《抱朴子》复音词构词方式初探［J］．古汉语研究，1994（4）．

董玉芝．《抱朴子》词缀研究［J］．新疆教育学院学报，2005（4）．

董正存．关于几个新兴“词缀”的探讨［J］．唐山师范学院，2003（1）．

董志翘．古文献中多音节同义复词［J］．训诂教学与研究，1988（1）．

董志翘．《入唐求法巡礼行记》词汇研究［M］．北京：中国社会科学出版社，2000．

董志翘．《高僧传》的史料、语料价值及重新校理与研究［J］．东南大学学报，2004（4）．

董志翘，王东．中古汉语语法研究概述［J］．南京师范大学文学院学报，2002（2）．

窦晓蕾．现代汉语同素逆序同义词研究［D］．济南：山东大学，2012.
杜纯梓．论“偏义复词”［J］．古汉语研究，2004（3）.
杜厚文．科学术语的构成方法［J］．语言教学与研究，1982（2）.
杜丽荣．《商君书》实词研究［M］．济南：山东文艺出版社，2010.
杜威．《墨子》并列式复合词研究［D］．石家庄：河北师范大学，2005.
杜征．韩愈散文复音词研究［D］．石家庄：河北师范大学，2014.
杜治本．论汉语构词法的几个问题［J］．锦州师专学报，1985（3）.
杜治本．合成词的几种结构方式辨析［J］．逻辑与语言学习，1986（5）.
端木三．重音理论和汉语的词长选择［J］．中国语文，1999（4）.
端木三．汉语的节奏［J］．当代语言学，2000（4）.
端木三．重音理论及汉语重音现象［J］．当代语言学，2014（3）.
段吉福．《诗经》中完全重叠字调查［J］．西南民族学院学报，1984（3）.
段茂升．古汉语“如、若、然、焉、尔”语法化过程考察［D］．重庆：西南师范大学，2005.
段业辉．论离合词［D］．南京：南京师范大学，1994（2）.
段英倩．《史记》名词性联合式复音词初探［J］．山东教育学院学报，2010（1）.
鄂巧玲．再谈并列双音词的字序［J］．甘肃教育学院学报，2001（1）.
范公保．试谈汉藏翻译中联合式合成词的对应规律［J］．西藏研究，1993（2）.
范可育．从“生词熟字说”看词义和构词语素义的关系［J］．语言文字应用，1993（1）.
范玲．从“吧”谈汉语词的词缀化倾向［J］．新疆大学学报，2002（2）.
范晓．短语和词的界限，范晓著《三个平面的语法观》［M］．北京：北京语言学院出版社，1996.
（明）方以智．《方以智全书》第一册［M］．上海：上海古籍出版社，1980.
方环海，刘继磊．“完了”的虚化与性质［J］．语言科学，2005（4）.
方懋．日汉语构词法比较［J］．日语学习与研究，1995（4）.
方绪军．双音节动宾型动词性结构体的零扩展与嵌入扩展分析［J］．汉语学习，1995（4）.
方一新．《世说新语》词语札记［J］．古汉语研究，1990（1）.
方一新．东汉语料与词汇史研究刍议［J］．中国语文，1996（2）.
方一新，雷冬平．近代汉语“看来”的词汇化和主观化［J］．周口师范学院学报，2006（3）.
方一新，姜兴鲁．“甚至”的词汇化历程［J］．江南大学学报，2009（1）.
房艳红．“名-谓”型复合词的结构方式及其与语素义选择限制的关系［J］．北京联合大学学报，2001（3）.
封鹏程．汉语词缀的语义分析［J］．语文学刊，2004（2）.
封树芬．论《左传》中的同义词连用［J］．北方论丛，2001（6）.
冯桂容．汉语双音词的词汇化来源及双音化的原因讨论［J］．齐齐哈尔师范高等专科学校学报，2013（3）.

冯凌宇．汉语“面”的词缀化考察［J］．古汉语研究，2008（3）．

冯敏萱，杨翠兰，陈小荷．带后缀“者”的派生词识别［J］．语言文字应用，2006（2）．

冯胜利．论汉语的“韵律词”［J］．中国社会科学，1996（1）．

冯胜利．汉语的韵律、词法与句法［M］．北京：北京大学出版社，1997．

冯胜利．论汉语的“自然音步”［J］．中国语文，1998（1）．

冯胜利．汉语双音化的历史来源，日本［J］．现代中国语研究，2000（1）．

冯胜利．从韵律看汉语“词”“语”分流之大界［J］．中国语文，2001（5）．

冯胜利．韵律构词与韵律句法之间的交互作用［J］．中国语文，2002（6）．

冯胜利．动宾倒置与韵律构词法［J］．语言科学，2004（3）．

冯胜利．汉语韵律语法研究［M］．北京：北京大学出版社，2005．

冯淑仪．《敦煌变文集》和《祖堂集》的形容词、副词词尾［J］．语文研究，1994（1）．

冯杏实．名词的构形重叠与构词重叠［J］．西南民族学院学报，1980（2）．

冯英．复音词的产生与复音化的关系——汉藏系语言词汇复音化思考［J］．云南师范大学学报，2005（1）．

冯英．复音词产生的动因与复音词产生的条件——汉藏系语言词汇复音化思考［J］．云南师范大学学报，2006（2）．

符淮青．现代汉语词汇［M］．北京：北京大学出版社，1985．

符淮青．汉语词汇学史［M］．合肥：安徽教育出版社，1996．

符淮青．构词法研究的一些问题［J］．中国语文，2000（3）．

符渝．论《左传》分化型偏正双音合成词［J］．三峡大学学报，2005（3）．

傅爱平．汉语信息处理中的单字的构词方式与合成词的识别和理解［J］．语言文字应用，（4）．

傅力．偏正式合成词的一个小类与主谓式合成词的区别［J］．语言教学与研究，1986（4）．

傅力．复合式合成词中应该有“同位型”的地位［J］．汉语学习，1989（4）．

付爽．能产性词法及能产性的理据［J］．哈尔滨学院学报，2010（8）．

付义琴，赵家栋．从明代小说中的“正”、“在”看时间副词“正在”的来源［J］．中国语文，2007（3）．

傅璇宗．论双音词转型视角下的十九首与建安五言诗［J］．清华大学学报，2010（3）．

高光新．《今文尚书》周公话语的词汇研究［D］．济南：山东大学，2005．

高航，严辰松．“头”的语法化考察［J］．外语研究，2007（2）．

高惠敏．关于同素异序词研究的几点思考［J］．松辽学刊，1988（2）．

高健平．从北京流行的新语汇说到“肌肉运动感觉+心理感觉”构词法［J］．中国人民大学学报，1992（5）．

高君．《墨子》并列式双音结构研究［D］．北京：北京师范大学，2005．

高亮．现代汉语人体名词造词法与构词法研究［J］．学行堂语言文字论丛，2013．

高守纲．古代汉语词义通论［M］．北京：语文出版社，1994．

高松．汉语词汇化过程中的频率机制［D］．哈尔滨：黑龙江大学，2008．

高伟男，于游洋．基于复杂网络的成语构词法分析［J］．系统工程，2009（11）．

高小方，蒋来娣．汉语史语料学［M］．北京：高等教育出版社，2005.

高亚男．现代汉语“X了”类词语的词汇化研究［D］．南京：南京师范大学，2009.

高艳．近代汉语词缀“老”、“头”、“子”的发展演变［J］．太原大学教育学院学报，2006（1）．

高育花．《潜夫论》中联合式复音词的语义构成［J］．中南工业大学学报，2001（2）．

高育花．揣测类语气副词“X必”的词汇化与主观化［J］．北方论丛，2014（1）．

高元石．《现代汉语词典》的同素异序词说略［J］．鞍山师专学报，1991（4）．

高元石．古代工具书的释义与并列式合成词的形成［J］．辽宁师范大学学报，1993（6）．

高元石．说“邮政编码”［J］．语文建设，1993（8）．

高月丽．述宾式复合词变异用法探析［J］．唐都学刊，2006（6）．

高云海．“自”和“复”非词尾说质疑［J］．中国语文，1998（4）．

高增霞．自然口语中的话语标记“回头”［J］．中国社会科学院研究生学报，2004（1）．

高增霞．自然口语中的话语标记“完了”［J］．语文研究，2004（4）．

葛本仪．句法构词与逻辑［J］．山东大学文科论文集刊，1980.

葛本仪．汉语的造词与构词［J］．文史哲，1985（4）．

葛本仪．汉语词汇研究［M］．济南：山东教育出版社，1985.

葛本仪．论汉语合成词形成的有理性，编辑组编《词汇新研究——首届全国现代汉语词汇学术讨论会选集》［M］．北京：语文出版社，1995.

葛本仪．论汉语词形成的基础形式［M］．济南：山东大学学报，1997（3）．

葛本仪．现代汉语词汇学［M］．济南：山东人民出版社，2000.

葛本仪．汉语词汇学［M］．济南：山东大学出版社，2003.

葛全德．简说古汉语中的同义复用和偏义复词［J］．上海师范大学学报，1998（2）．

葛荣，徐丽萍．“超X”类词的来源初探［J］．合肥师范学院学报，2008（2）．

葛信益．汉语构词的特点和方法［J］．语言教学与研究，1979（2）．

龚娜，邹勇明．“然”的语法化探析［J］．玉林师范学院学报，2008（4）．

宫齐，聂志平．现代汉语四字词语缩略的制约条件［J］．语言文字应用，2006（1）．

顾炎武．日知录［M］．上海：上海古籍出版社，2006.

顾晔锋．《穆天子传》词汇研究［D］．扬州：扬州大学，2004.

顾介鑫，杨亦鸣．复合构词法能产性及其神经电生理学研究［J］．语言文字应用，2010（3）．

顾阳，沈阳．汉语合成复词的构造过程［J］．中国语文，2001（2）．

管燮初．殷墟甲骨刻辞的语法研究［M］．北京：中国科学院，1953.

管燮初．西周金文语法研究［M］．北京：商务印书馆，1981.

龚娜，罗昕如．“X于”结构的语法化［J］．湖南科技大学学报，2011（2）．

管志斌．“得了”的词汇化和语法化［J］．汉语学习，2012（2）．

郭春环．《尔雅》与同义复合词研究［J］．古汉语研究，2000（4）．

郭潮．“化”尾动词的语法特点［J］．汉语学习，1982（3）．

郭凤杰，乔芸．现代汉语中缀研究［J］．内蒙古工业大学学报，2007（1）．

郭伏良．字母词与词典二题［J］．河北大学学报，1997（2）．

郭伏良．新中国成立以来汉语词汇发展变化研究［M］．保定：河北大学出版社，2001.

郭鸿杰．从形态学的角度论汉语中的英语借词对汉语构词法的影响［J］．上海交通大学学报，2002（4）．

郭进军．数词缩语初探［J］．天津师范大学学报，1990（1）．

郭锦桴．汉语造词法与传统哲学观［J］．中国人民大学学报，1992（1）．

郭立萍．现代汉语外来词单音成分语素化和词缀化研究［D］．南京：南京师范大学，2008.

郭立萍．现代汉语外来词单音成分语素化和词缀化动因研究［J］．山西大同大学学报，2008（6）．

郭莉琳．“就是说”的话语标记功能及其词汇化过程［J］．牡丹江师范学院学报，2012（5）．

郭良夫．现代汉语的前缀和后缀［J］．中国语文，1993（4）．

郭良夫．词汇［M］．北京：商务印书馆，1985.

郭良夫．词汇与词典［M］．北京：商务印书馆，1999.

郭珑．《诗经》叠音词新探［J］．广西师范大学学报，2000（2）．

郭培培．中古汉语并列双音词分析［J］．安徽文学（下半月），2012（2）．

郭萍．《孟子》复音词研究［D］．厦门：厦门大学，2001.

郭齐．《水浒传》双音动词的“等义并行”现象［J］．中国语文，1988（2）．

郭绍虞．中国语词的弹性作用［J］．燕京学报，1938（24）．

郭绍虞．汉语语法修辞新探［M］．北京：商务印书馆，1979.

郭绍虞．照隅室语言文字论集［M］．上海：上海古籍出版社，1985.

郭书林．《诗经》复音词研究［J］．北华大学学报，2008（5）．

郭曙纶．汉语复合名词的语义构成方式［J］．井冈山师院学报，2001（1）．

郭曙纶，吴颖．对动词构成规律的探讨［J］．洛阳大学学报，2002（3）．

郭锡良．先秦汉语构词法的发展，《第一届国际先秦汉语语法研讨会论文集》［M］．长沙：岳麓书社，1994.

郭锡良．介词“于”的起源和发展［J］．中国语文，1997（2）．

郭锡良．汉语的同源词和构词法［J］．湖北大学学报，2000（5）．

郭锡良．汉语介词“于”起源于汉藏语说商榷［J］．中国语文，2005（4）．

郭象相．《齐民要术》复音词研究［D］．大连：辽宁师范大学，2007.

郭欣欣．《吕氏春秋注》复音词研究［D］．郑州：郑州大学，2014.

郭璇．“恨不得”的词汇化动因与机制［J］．安徽文学（下半月），2009（12）．

郭在贻．读江蓝生《魏晋南北朝小说词语汇释》［J］．中国语文，1989（3）．

郭振华．汉语词语结构的特征［J］．汉语学习，1993（4）．

郭作飞．汉语词缀形成的历史考察——以“老”、“阿”、“子”、“儿”为例［J］．内蒙古民族大学学报，2004（6）．

郭作飞．从历时平面看汉语词缀演化的一般规律——以“老”、“子”为例［J］．西北农林科技大学学报，2005（1）．

郭作飞．汉语词缀历时演化略论——以词缀“老”的形成为例［J］．河海大学学报，2005（2）．

翰承．汉语句法与词法的错综现象［J］．汉语学习，1993（6）．

韩陈其．《史记》中字序对换的双音词［J］．中国语文，1983（3）．

韩陈其．论《史记》复音词的意义特点［M］//徐州师范学院中文系编《汉语研究论集》（第一辑）．北京：语文出版社，1992．

韩陈其．论连语的源变［J］．南京师范大学学报，1994（3）．

韩陈其．论语词组合关系历时变化的理据［J］．南京师大报：社会科学版，1996（3）．

韩陈其．汉语词缀新论［J］．扬州大学学报，2002（4）．

韩陈其．汉语词汇论稿［M］．南京：江苏古籍出版社，2002．

韩陈其，季龙花．论语词组合关系历时变化的理据［J］．南京师范大学学报，1996（3）．

韩晨宇．汉语三音节新词语与类词缀的发展初探［J］．北京广播电视大学学报，2007（3）．

韩大伟．浅说“有”字充当动词词头［J］．语文学习，2010（10）．

韩根东．天津方言后缀试说［J］．天津师范大学学报，1993（4）．

韩汉雄．英汉词缀比较及其它［J］．杭州师范学院学报，1994（4）．

韩惠言．《世说新语》复音词构词方式初探［J］．固原师专学报，1990（1）．

韩惠言．汉语复音词实际义与字面义的关系［J］．古汉语研究，1991（2）．

韩品夫．新词语的性质和范围［M］．//编辑组编．词汇学新研究——首届全国现代汉语词汇学术讨论会选集．语文出版社，1995．

韩素素．《现代汉语词典》（第六版）同素异序词研究［D］．兰州：西北师范大学，2014．

韩茜．敦煌变文同素异序词研究［D］．西安：西北大学，2009．

韩忠治．《韩诗外传》双音词研究［D］．石家庄：河北师范大学，2005．

郝文华．论“耳朵”的构词方式——兼谈判断复合词构词类型的标准［J］．郧阳师范高等专科学校学报，2000（1）．

何耿镛．古代汉语单音词发展为复音词转化组合［J］．厦门大学学报，1992（1）．

何瑾．零距离接触“零X”［J］．汉语学习，2004（5）．

何九盈，蒋绍愚．古汉语词汇讲话［M］．北京：北京出版社，1980．

何九盈．中国古代语言学史［M］．广州：广东教育出版社，2000．

何乐士．《左传》的“若”［J］．语文月刊，1989（2、3）．

何乐士．左传虚词研究［M］．北京：商务印书馆，2004．

何融．汉语动词词尾“将”的研究［J］．中山大学学报，1955（1）．

何思成．谈谈支配式合成词的界限［J］．成都大学学报，1982（2）．

何先辟，蒋得德．《朱子语类》复合词构词方式研究［J］．现代语文（语言研究版），2010（3）．

何潇．“所X”词汇化的层级研究［D］．武汉：华中师范大学，2014．

何毓玲．试论《毛诗正义》疏经语言中的状貌词词尾［J］．华中师范大学学报，1989（1）．

何宇东．汉语词缀和英语词缀的对比研究［J］．今日中国论坛，2013（Z1）．

何元建．回环理论与汉语构词法［J］．当代语言学，2004（3）．

何元建．论合成复合词的逻辑形式［J］．语言科学，2009（5）．

何元建．汉语合成词的构词原则、类型学特征及其以语言习得的启示［J］．外语教学与研究，2013（4）．

何元建，王玲玲．汉语真假复合词［J］．语言教学与研究，2005（5）．

贺阳，崔艳蕾．汉语复合词结构与句法结构的异同及其根源［J］．语文研究，2012（1）．

黑维强．陕北绥德话带“日”字头词语［J］．方言，1996（2）．

洪波．论汉语实词虚化的机制，汉语语法化研究［M］．北京：商务印书馆，2005．

洪君，富丽．试论现代汉语的类词缀［J］．语言科学，2005（5）．

洪丽娣．古代汉语中同素异序词的研究［J］．沈阳师范学院学报，1997（2）．

洪淼．现代汉语连动结构方式构词研究［J］．徐州师范大学学报，2004（3）．

洪帅．赵岐《孟子章句》复音词研究［D］．郑州：河南大学，2007．

洪爽，石定栩．汉语合成复合词的组合结构［J］．华文教学与研究，2012（4）．

侯敏．同素异序词的发展和规范问题［J］．语文建设，1987（3）．

侯月明．基于《汉语大词典》语料库的西周词汇研究［D］．济南：山东大学，2012．

呼叙利．副词后缀“为”例释［J］．西南交通大学学报，2007（2）．

胡敕瑞．《论衡》与东汉佛典词语比较研究［M］．成都：巴蜀书社，2002．

胡敕瑞．动结式的早期形式及其判定标准［J］．中国语文，2005（3）．

胡德明，汪钰淇．“拉倒”的词汇化和语法化［J］．海外华文教育，2016（1）．

胡附，文炼．词的范围、形态、功能［J］．中国语文，1954（8）．

胡华．《名词比喻造词》疑点［J］．中国语文，1997（5）．

胡继明．《汉书》应劭注偏正式双音词研究［J］．东南大学学报，2003（2）．

胡良．《楚辞》构词法研究［J］．长江学术，2010（3）。

胡明扬．说“词语”［J］．语言文字应用，1999（3）．

胡习之．现代汉语词缀研究鸟瞰［J］．阜阳师范学院，1991（1）．

胡忆涛．张家山汉墓竹简《二年律令·贼律》构词法分析［J］．和田师范专科学校学报，2005（3）．

胡运飚．《庄子》中的复音词，汉语史论文集［M］．重庆：西南师范大学出版社，1995．

胡运飚．从复音词数据看词汇复音化和构词法的发展［J］．贵州文史丛刊，1997（2）．

胡运飚．汉语词汇复音化原因的哲学探索［J］．贵州民族学院学报，1997（1）．

化振红．《洛阳伽蓝记》词汇研究［M］．北京：中国文史出版社，2002．

黄洁．名名复合词内部语义关系多样性的认知理据［J］．语言教学与研究，2008（6）．

黄建宁．《太平经》复音词初探［D］．成都：四川师范大学，1997．

黄建宁．《太平经》中的同素异序词［J］．四川师范大学学报，2001（1）．

黄金贵．古汉语同义词辨释论［M］．上海：上海古籍出版，2002．

黄金金．典型称谓名词中类词缀的认知语义研究［J］．重庆理工大学学报，2013（4）．

黄绮．关于古代汉语复音词问题的探讨（上、下）［J］．河北大学学报，1985（4），1986（1）．

黄奇逸．古国、族名前的“有”字新解［J］．中国语文，1981 年 1 月号。

黄瑞丽．《焦氏易林》并列式复音词研究［D］．开封：河南大学，2010.

黄树先．试论古代汉语动物词前缀［J］．语言研究，1993（2）．

黄树先．古文献中的汉藏语前缀 a-［J］．民族语文，1997（6）．

黄树先．试论古代汉语 A-前缀［J］．语言研究，2000（2）．

黄卫平．现代汉语“动+介”式合成词浅论［J］．广州师范学院学报，1996（4）．

黄献．汉语古今同形双音合成词的词汇化问题［J］．广西社会科学，2010（5）．

黄小锐．从认知范畴角度看英汉构词法对比［J］．云南财经大学学报，2011（3）．

黄雅玲．中国人眼里的“天”——浅谈传统哲学观对汉语构词的影响［J］．汉语学习，1995（4）．

黄月圆．复合词研究［J］．国外语言学，1995（2）．

黄岳洲．论联合式合成词构成的种种方式［J］．语言教学与研究，1956（2）．

黄云云．《潜夫论》复音词研究［D］．曲阜：曲阜师范大学，2002.

黄哲．《黄帝内经》复合词同义聚合关系初探［J］．云梦学刊，1994（4）．

黄志强．西周、春秋时代汉语构词法概论［J］．求是学刊，1986（4）．

黄志强，杨剑桥．论汉语词汇双音节化的原因［J］．复旦大学学报，1990（1）．

黄沚青．中古反义并列复音词词义演变研究［D］．杭州：浙江大学，2011.

慧红军．《金瓶梅》词缀的突显功能和标示功能［J］．宁夏大学学报，2008（3）．

慧生．也谈字母词［J］．语文建设，1995（7）．

吉益民．“对了”的词汇化和语用化［J］．宁夏大学学报，2012（5）．

冀文秀．谈谈词缀“然”和“A 然”词［J］．内蒙古师范大学学报，1983（4）．

季琴．三国支谦译经词汇研究［D］．杭州：浙江大学，2004.

季文．《南齐书》复音词研究［D］．南京：南京大学，1999.

季永海．汉语儿化音的发生与发展［J］．民族语文，1999（5）．

贾宝书．词素发展演变中的依赖性和独立性［J］．汉语学习，1997（6）．

贾迪扉．词缀“儿”特殊性浅论［J］．殷都学刊，2004（2）．

贾禄娟．《比丘尼传》复音形容词研究［J］．和田师范专科学校学报，2009（2）．

贾清妍．近二十年中古汉语复音词研究综述［J］．吉林广播电视大学学报，2013（1）．

贾益民，刘慧．“后 X”结构新词语的多维度考察［J］．广西社会科学，2005（1）．

江傲霜．《左传》同义复词研究［J］．古籍整理研究学刊，2006（1）．

江傲霜．历时演变中双音组合的词汇化现象［J］．时代文学，2008（2）．

江蓝生．概数词“来”的历史考察［J］．中国语文，1984（2）．

江蓝生．魏晋南北朝小说词语汇释［M］．北京：语文出版社，1988.

江蓝生．说“麽”与“们”同源［J］．中国语文，1995（3）．

江蓝生．跨层非短语结构“的话”的词汇化［J］．中国语文，2004（5）．

江蓝生．近代汉语探源［M］．北京：商务印书馆，2000.

姜丽．《毛诗笺》联合式复音词构成研究［J］．东方论坛，2013（4）.

姜黎黎．古代汉语同素异序词研究综述［J］．江南大学学报，2009（3）.

姜喆．《孟子》复音词的构成［J］．传奇·传记，2010（7）.

蒋斌．关于词缀确定的几个问题［J］．重庆三峡学院学报，2001（6）.

蒋海莉．试析"所以"的词汇化路程［J］．黑龙江教育学院学报，2006（4）.

蒋绍愚．关于古汉语词义的一些问题，语言学论丛第7辑［M］．北京：商务印书馆，1979.

蒋绍愚．唐诗词语札记［J］．北京大学学报，1980（3）.

蒋绍愚．汉语史研究的回顾与前瞻［J］．语言教学与研究，1989（2）.

蒋绍愚．关于汉语词汇系统及其发展变化的几点想法［J］．中国语文，1989（1）.

蒋绍愚．古汉语词汇纲要［M］．北京：北京大学出版社，1989.

蒋绍愚．近代汉语研究概况［M］．北京：北京大学出版社，1994.

蒋绍愚．两次分类——再谈词汇系统及其变化［J］．中国语文，1999（5）.

蒋绍愚，曹广顺．近代汉语语法史研究综述［M］．北京：商务印书馆，2000.

蒋文钦，陈爱文．关于并列结构固定词语的内部次序［J］．中国语文，1982（4）.

蒋信，蒋宗许．汉语词缀的衍生机制和前缀后缀的异同［J］．绵阳师范学院学报，2009（7）.

蒋荫楠．双枝共干——谈一种复合词［J］．安徽师范大学学报，1981（2）.

蒋争．英语构词解析——前缀、后缀与词根［M］．北京：北京出版社，1981.

蒋宗许．汉语词缀研究综述［J］．西南科技大学学报，2008（3）.

蒋宗许．也谈词尾"复"［J］．中国语文，1990（4）.

蒋宗许．词尾"复"浅论［J］．菏泽师专学报，1991（1）.

蒋宗许．再说词尾"自"和"复"［J］．古汉语研究，1992（3）.

蒋宗许．试论变文中的词尾"即"［J］．敦煌研究，1992（1）.

蒋宗许．再谈词尾"自"和"复"［J］．中国语文，1994（6）.

蒋宗许．关于词尾"复"的一些具体问题［J］．中国语文，1998（4）.

蒋宗许．古代汉语词尾纵横谈［J］．绵阳师范高等专科学校学报，1999（6）.

蒋宗许．论中古汉语词尾"当"［J］．古汉语研究，2004（2）.

蒋宗许．中古汉语的"儿"后缀商榷［J］．中国语文，2006（6）.

蒋宗许．汉语词缀研究［M］．成都：巴蜀书社，2009.

焦浩．汉语不平等同义并列式双音词研究［J］．西华大学学报，2012（5）.

金昌吉．汉语介词和介词短语［M］．天津：南开大学出版社，1996.

金春梅．实词虚化研究述评［J］．学术研究，2004（10）.

金奉民．助词"着"的基本语法意义［J］．汉语学习，1991（4）.

金河钟．殷商金文词汇研究［D］．济南：山东大学，2006.

金美．贵阳方言复合词结构的文化型分类［J］．贵州民族学院学报，1998（1）.

金硕．反义复合词词汇化过程中的语义发展［D］．石家庄：河北师范大学，2007.

金迎喜．中韩词缀化现象比较［J］．解放军外国语学院学报，2005（1）．

金中．试论《内经》复音词的构词法［J］．医古文知识，1998（2）．

井苗．现代汉语类词缀研究述评［J］．牡丹江师范学院学报，2016（4）．

竟成．也谈汉语前缀“阿”的来源，兼与杨天戈先生商榷［J］．华东师范大学学报，1994（3）．

靖志茹．汉语偏义复词古今差异之研究［J］．河北师范大学学报，2008（7）．

鞠君．四字格中“1+3”音段和“3+1”音段组合规律初探［J］．汉语学习，1995（1）．

峻峡．再议带后缀“化”的词［J］．汉语学习，1994（1）．

阚绪良．《齐民要术》词语札记［J］．语言研究，2003（4）．

康健．现代汉语反序词琐谈［J］．喀什师范学院学报，2001（1）．

康军帅．当代汉语新词族研究［D］．北京：中央民族大学，2012．

康甦，宋广田．谈谈偏义复词［J］．山东师范大学学报，1983（3）．

柯彼德．试论汉语语素的分类［J］．世界汉语教学，1992（1）．

匡鹏飞．时间副词“从来”的词汇化及相关问题［J］．古汉语研究，2010（3）．

匡鹏飞．《拍案惊奇》与现代汉语词汇比较研究［D］．武汉：华中师范大学，2001．

旷书文．论“程度副语素+为/是”的语法化［J］．暨南大学华文学院学报，2005（3）．

赖国英．“一X”类协同副词词汇化与语法化研究［D］．南昌：江西师范大学，2013．

赖积船．《论语》与其汉魏注中的常用词比较研究［D］．成都：四川大学，2004．

蓝鹰．古汉语复音虚词结构模式分析［J］．当代电大，1994（3）．

朗桂青．汉语常用词缀辨［J］．通化师范学院学报，1984（1）．

劳宁．嵌“无”的四音节词［J］．中国语文，1954（10）．

劳宁．关于词尾的“性”［J］．中国语文，1955（4）．

雷冬平．近代汉语常用双音虚词演变研究及认知分析［M］．北京：中国社会科学出版社，2008．

雷宇．《论衡》偏正式复音词研究［D］．长沙：湖南师范大学，2011．

黎锦熙．词类连书条例，黎锦熙的国语讲坛［M］．北京：中华书局，1921．

黎锦熙．复音词类构成表［J］．国语月刊汉字改革号，1923．

黎锦熙．复合词构词方式简谱［J］．国语旬刊，1929（12）．

黎锦熙．中国语法中的“词法”研讨［J］．中国语文，1953（9）．

黎锦熙．汉语构词法和词表研究［J］．北京师范大学学报，1959（5—6）．

黎锦熙．国语中复合词的歧义和偏义——古书疑义举例的理董和扩张［M］．//杨庆蕙．黎锦熙语言文字论著选集．北京：北京师范大学出版社，2001．

黎锦熙，刘世儒．汉语语法教材［M］．北京：商务印书馆，1957．

黎良军．汉语词汇语义学论稿［M］．桂林：广西师范大学出版社，1995．

李蓓．类词缀研究［D］．大连：辽宁师范大学，2005．

李伯超．汉语语素融合与融合词论［J］．湘潭大学学报，1992（1）．

李朝虹．汉语字母词现象的及其成因探析［J］．文本师范学院，2003（4）．

李成君．“X+性”类词语中的“性”是实语素［J］．呼伦贝尔学院学报，2002（4）．

李成蹊．古汉语单纯双音词的几种变化［J］．徐州师范学院学报，1983（1）．

李丹葵．《战国策》中联合式双音词探析［J］．武汉科技大学学报，2000（1）．

李丹弟．语用化视域下英汉构词缀化对比研究［J］．中国外语，2015（4）．

李德鹏．论古汉语现代汉语双音词判断标准的一致性［J］．云南民族大学学报，2009（1）．

李德鹏．现代汉语双音节介词成词研究［D］．武汉：华中师范大学，2009.

李德鹏．汉语双音词判定的语法意义标准［J］．学术探索，2010（3）．

李德鹏．汉语双音词成词的词法途径［J］．西南石油大学学报，2011（1）．

李道明．古汉语中的复音单纯词与复辅音［J］．四川师范大学学报，1997（4）．

李冬．英语派生词缀的语义问题［J］．外国语，1985（1）．

李刚．现代汉语类词缀“非、准、性、化、家”的发展演变与特点［D］．北京：首都师范大学，2011.

李赓钧．三语素合成词说略［J］．中国语文，1992（2）．

李广瑜．跨层结构“恨不得”的词汇化及其他［J］．古汉语研究，2010（1）．

李国．《诗经》与《左传》双音词比较研究［J］．现代语文（语言研究版），2012（11）．

李国正．联绵词刍议［J］．厦门大学学报，1992（2）．

李海燕．《盐铁论》复音词研究［D］．合肥：安徽大学，2005.

李菡幽．现代汉语中缀问题浅议［J］．福建论坛，2007（1）．

李昊．《焦氏易林》词汇研究［D］．成都：四川大学，2003.

李昊．《焦氏易林》中“徒自”、“还自”及副词词尾“自”的演变［J］．成都大学学报，2005（2）．

李洪彩．“然”字意义形式的历史演革［J］．语言研究，2005（11）．

李洪尧．浅析由《说文》中的互训所形成的双音词［M］//袁晓园．汉语汉字学术研讨会论文集（下）．长春：吉林教育出版社，1991.

李红云．“然X”词语的词汇化研究［D］．沈阳：辽宁大学，2011.

李泓萍．当代外来词及其对现代汉语构词法的影响［J］．天水师范学院学报，2003（4）．

李华．现代汉语表人名词后缀、类后缀考察［D］．北京：北京语言文化大学，2003.

李慧．现代汉语双音节词组与词共存现象及词组词汇化考察［D］．北京：北京语言文化大学，2005.

李慧．现代汉语双音节词组词汇化基本特征探析［J］．语言教学与研究，2007（2）．

李健雪．论作为语法化反例的词汇化［J］．广西师范大学学报，2005（1）．

李杰．“族”类词中词缀化倾向现象［J］．西安航空学院学报，2013（2）．

李金满，王同顺．词汇化和语法化的接口——“X们儿”的演变［J］．当代语言学，2008（1）．

李金平．汉语词汇复音化原因的哲学考探［J］．技术与教育，2007（1）．

李进学．动宾复合词的词汇化的原因和机制分析［J］．社会科学论坛，2007（10）．

李进玉．现代汉语类词缀研究［D］．兰州：西北师范大学，2009.

李晋霞．论格式义对“V双+N双”定中结构的制约［J］．中国语文，2003（2）．

李晋霞．论动词的内部构造对动词直接作定语的制约［J］．语言教学与研究，2004（3）．

李晋霞，刘云．论定中V双+N双词汇化的制约机制［J］．当代语言学，2003（4）．

李瑾．卜辞“王妇”名称所反映之殷代构词法分析——评“非王卜辞”说［J］．重庆师院学报，1983（1、2）．

李立成．“儿化”性质新探［J］．杭州大学学报，1994（3）．

李丽．《国语》韦昭注联合式复音词研究［J］．燕山大学学报，2005（3）．

李丽．《南史》复音词研究［D］．长沙：中南大学，2010．

李美子．现代汉语词缀研究［D］．天津：天津师范大学，2001．

李妹雯．网络新词语中类词缀的主观性初探，语言文字法制化、规范化、标准化、信息化建设——第七届全国语言文字应用学术研讨会论文集［C］．2011．

李萌．谈汉语中来自外来语的类词缀［J］．齐齐哈尔师范高等专科学校学报，2009（4）．

李萌，马贝加．动词“波及”的产生以及“及”的词缀化［J］．齐齐哈尔大学学报，2016（6）．

李明．从《红楼梦》中的词语看儿化韵的表义功能［J］．世界汉语教学，1995（1）．

李明洁．作为一种社会文化现象的新语汇——关于“某嫂”称谓法［J］．语文建设，1997（6）．

李媛媛．网络“控”族新词及其所折射的社会文化心理［J］．山西大同大学学报，2010（4）．

李纳，石毓智．汉语动词拷贝结构的演化过程［J］．国外语言学，1997（3）．

李南．“否定语素+X”类副词的词汇化研究［D］．开封：河南大学，2013．

李荣嵩．“反”是词头吗？——与《汉语造词法》作者商榷［J］．天津师范大学学报，1983（6）．

李荣嵩．中缀试探［J］．天津师范大学学报，1986（2）．

李荣奎．汉语词汇之演变与中国文字［J］．中国人民大学学报，1996（6）．

李如龙．汉语词汇衍生的方式及其流变［J］．河北师范大学学报，2002（5）．

李润．略论音节助词“相”［J］．西华师范大学学报（哲学社会科学版），1991（4）．

李绍群，王进安．双音节定中式复合词的语法特点［J］．湖南文理学院学报，2004（1）．

李申．近代汉语词语的羡余现象［J］．徐州师范学院学报，1998（3）．

李仕春．从复音词数据看早期汉语各类复音词的发展趋势［J］．烟台教育学院学报，2005（3）．

李仕春．“类推”在汉语新词语产生和流传中的作用［J］．语文学刊，2005（9）．

李仕春．《战国策》复音词的统计与研究［J］．江西科技师范学院学报，2006（2）．

李仕春．专书复音词统计方法新论——以《唐传奇》复音词的统计作说明［J］．西华大学学报，2006（4）．

李仕春．联合式构词法在中古时期最能产的原因［J］．云南师范大学学报（对外汉语教学与研究版），2006（4）．

李仕春．从复音词数据看上古汉语单音节词复音化现象［J］．西南交通大学学报，2007（2）．

李仕春．从复音词数据看中古汉语构词法的发展［J］．宁夏大学学报，2007（3）．

李仕春．《水浒传》复音词的统计［J］．殷都学刊，2007（4）．

李仕春．从复音词数据看中古佛教类语料构词法的发展［J］．西南交通大学学报，2009（4）．

李仕春．口语词和书面语词复音化程度的差别［J］．西华大学学报，2009（4）．

李仕春.《朱子语类》复音词统计［J］. 今日南国，2009（10）.

李仕春. 汉语构词法和造词法研究［M］. 北京：语文出版社，2011.

李仕春，艾红娟. 偏正式构词法并非一直最能产［J］. 学术论坛，2006（1）.

李恕豪. 论语言信息和汉语词汇系统双音节化的关系［J］. 四川师范大学学报，1993（3）.

李思敬. 从《金瓶梅》考察十六世纪中叶北方话中的儿化现象［M］//语言学论丛：第十二辑. 北京：商务印书馆，1984.

李思敬. 汉语儿“儿”［ɚ］音史研究［M］. 北京：商务印书馆，1986.

李思明. 中古汉语并列合成词中决定词素次序诸因素考察［J］. 安庆师范学院学报，1997（1）.

李思旭. 从词汇化、语法化看话语标记的形成——兼谈话语标记的来源问题［J］. 世界汉语教学，2012（3）.

李思旭. 话语标记来源模式的多样性［J］. 汉语学习，2016（2）.

李苏鸣. “邮编”还是“邮码”——小议“邮政编码”的缩略形式［J］. 语文建设，1991（9）.

李睢云.《水浒传》并列式复合词计量研究［D］. 苏州：苏州大学，2012.

李伟.《搜神记》复音词研究［D］. 长春：东北师范大学，2010.

李文聪. 时间副词“从来”的极性敏感特征阐释［D］. 上海：复旦大学，2012.

李锡梅. 江津方言词尾“头”和方位词“高”［J］. 方言，1990（1）.

李曦. 殷墟卜辞语法［M］. 西安：陕西师范大学出版社，2003.

李先耕. 外来音译词泛滥探源［J］. 语文建设，1996（4）.

李先银. 甲骨文中“于”语法化过程构拟［J］. 武汉工程大学学报，2010（2）.

李娴霞. 关于新时期汉语词汇发展现象的扫描与分析［J］. 河北学刊，1995（2）.

李潇，汤伟清，李仕春.《朱子语类》复音词统计［J］. 今日南国（理论创新版），2009（10）.

李晓燕.《墨子》复音词研究［D］. 重庆：西南大学，2010.

李小军. 试论汉语词汇在魏晋六朝时的复音化发展——以《论语》、《孟子》、《世说新语》为例［J］. 山东科技大学学报，2004（2）.

李小军.《颜氏家训》简缩式双字格现象及成因［J］. 北京教育学院学报，2008（4）.

李小军. 跨层结构的词汇化与词典的收词及释义［J］. 辞书研究，2008（6）.

李小军. 类属关系偏正式双音词的特点及成因——以《齐民要术》为例［J］. 集美大学学报，2014（3）.

李小军，唐小薇. 因果连词“因而”“从而”的词汇化［J］. 淮北煤炭师范学院学报，2007（2）.

李小平. 从《颜氏家训》看骈文对汉语词汇双音化的影响［J］. 重庆社会科学，2006（3）.

李小平.《世说新语》附加式复音词构词法初探［J］. 克拉玛依学刊，2003（4）.

李孝明. 词尾“复”、“自”例补［J］. 语文教学与研究，1992（10）.

李新建.《搜神记》复合词研究——就语义看《搜神记》中联合式复合词的构成［J］. 郑州大学学报，1990（3），1991（4），1992（6）.

李新建.《搜神记》复合词浅探［J］. 黄淮学刊，1990（2）.

李行健. 汉语构词法研究中的一个问题——关于“养病”“救火”“打抱不平”等词语的结

构［J］. 语文研究，1982（2）.

李杏华.《世说新语》双音复合词内部形式反映对象特征类分［J］. 古汉语研究，1996（3）.

李焱. 蒲松龄《聊斋俚曲集》中的儿化现象［J］. 中国语文，2002（3）.

李妍. 再论“冬至”一词的结构关系［J］. 汉字文化，2009（4）.

李瑛，文旭. 从“头”认知——转喻、隐喻与一词多义现象研究［J］. 外语教学，2006（3）.

李宇明. 所谓名词词头“有”新议［J］. 中州学刊，1982（3）.

李宇明. 试论“们”在现代汉语人称代词中的类化作用［J］. 华中师范大学学报（人文社会科学版），1984（1）.

李宇明. 析字构词——隐语构词法研究［J］. 语文研究，1995（4）.

李宇明. 泌阳方言的儿化及儿化闪音［J］. 方言，1996（4）.

李宇明. 词语模，汉语法特点面面观［M］. 北京：北京语言文化大学出版社，1999.

李玉红.《新语》复音词研究［D］. 济南：山东师范大学，2011.

李学军. 现代汉语词缀问题初探［J］. 安阳师范学院学报，2006.

李运富. 是误解不是“挪用”——兼谈古今联绵字观念上的差异［J］. 中国语文，1991（5）.

李振东.《论衡》复合词研究［D］. 长春：吉林大学，2006.

李振东，张丽，韩建. 古汉语双音复合词理论研究的历史与现状述评［J］. 佳木斯大学社会科学学报，2007（1）.

李振杰. 汉语常用简称词典［M］. 北京：北京语言学院出版社，1993.

李振中. 试论《阅微草堂笔记》双音节复音词的类别和特点［J］. 广西师范大学学报，2012（4）.

李智.《孟子》并列式双音复合词研究［J］. 乐山师范学院学报，2009（4）.

李智译.《孟子》与《孟子章句》复音词构词法比较［J］. 中国语文，1988（5）.

李志明. 台湾新词语管窥［J］. 语言教学与研究，1990（1）.

李忠初. 汉语隐喻造词法的系统性特点［J］. 湘潭师范学院学报，2003（6）.

李宗江. 汉语常用词演变研究［M］. 北京：汉语大词典出版社，1999.

李宗江. 说“完了”［J］. 汉语学习，2004（5）.

李宗江. 语法化的逆过程：汉语量词的实义化［J］. 古汉语研究，2004（4）.

李宗江.“回头”的词汇化与主观性［J］. 语言科学，2006（4）.

李宗江. 去词汇化：“结婚”和“洗澡”由词返语［J］. 语言研究，2006（4）.

李宗江. 说“想来”“看来”“说来”的虚化和主观化［J］. 汉语史学报，2007（7）.

李宗江. 关于语法化机制研究的几点看法［M］//吴福祥，崔希亮. 语法化与语法研究（四）. 北京：商务印书馆，2009.

李宗江.“看你”类话语标记分析［J］. 语言科学，2009（3）.

李宗江. 连词“不说”的语义和语用功能［J］. 汉语学报，2009（3）.

李宗江. 关于话语标记来源研究的两点看法——从“我说”类话语标记的来源说起［J］. 世界汉语教学，2010（2）.

李宗江. 关于词汇化的概念及其相关问题——从同义并列双音词的成词性质说起［J］. 汉语

史学报，2012.

李宗江．演变视角的汉语研究［M］．北京：世界图书出版公司，2014.

李宗江．“使劲”：由动词和副词的语法化［J］．通化师范学院学报，2014（7）.

李佐丰．先秦汉语实词［M］．北京：北京广播学院出版社，2003.

栗学英．“手自”之“自”是词缀吗［J］．古汉语研究，2008（3）.

厉兵．说“分子”［J］．语言文字应用，1991（4）.

力量．近代汉语中词缀“子、儿”等的独特用法［J］．河南师范大学学报，2006（2）.

连佳．语法化影响下的词尾“然”的构词形式［J］．株洲工学院学报，2005（5）.

梁伯枢．“词尾“性”的语法功能［J］．中国语文通讯，1984（4）.

梁光华．试论汉语词汇双音化的形成原因［J］．贵州文史丛刊，1995（5）.

梁浩．古汉语常用词历史演变研究综述［J］．社会科学学报，2013（5）.

梁洁，汪秀军．“不管”的语法化历程及语用特点［J］．唐山师范学院学报，2011（3）.

梁晓虹．论佛教对汉语词汇的影响［J］．语文建设通讯，1990（28）.

梁晓虹．汉魏六朝译经对汉语词汇双音化的影响［J］．南京师范大学学报，1991（2）.

梁晓虹．汉译佛经中的“比喻造词”［J］．暨南学报，1991（2）.

梁晓虹．简论佛教对汉语的影响［J］．汉语学习，1992（6）.

梁晓虹．佛经翻译对现代汉语吸收外来词的启迪［J］．语文建设，1992（3）.

梁晓虹．佛教词语的构造与汉语词汇的发展［M］．北京：北京语言学院出版社，1994.

梁晓虹．禅宗典籍中“子”的用法［J］．古汉语研究，1998（2）.

梁晓虹，徐时仪，陈五云．佛经音义与汉语词汇研究［M］．北京：商务印书馆，2005.

梁荫众．略论同素词的修辞作用及其规范化问题［J］．山西大学学报，1982（1）.

梁银峰．现代汉语“X来”式合成词溯源［J］．语言科学，2009（4）.

梁玉璋．福州方言词汇里普通话词儿替换现象［J］．语文建设，1990（6）.

梁玉璋．福州方言的一种构词法［J］．语言研究，1994（2）.

梁占先．诗经双音词（含多音词）分析［J］．六盘水师范高等专科学校学报，2003（1、2）.

廖集玲．论《韩非子》复音词［J］．广西大学学报，1991（4）.

廖秋忠．现代汉语并列名词性成分的顺序［J］．中国语文，1992（3）.

廖序东．金文中的同义并列复合词［J］．中国语言学报（第四期），1991.

廖序东．金文中的同义并列复合词续考，载《汉语研究论集》［M］．北京：语文出版社，1992.

林贵夫．传统穴位名称与新穴位名称的造词对比［J］．汉语学习，1992（6）.

林海鹰．《太平御览》引《释名》校释［D］．长春：东北师范大学，2003.

林华东：从复合词的“屏序”论汉语的类型学特征，泉州师范学院，2004（5）.

林金强．《太平经》双音词研究［D］．广州：华南师范大学，2003.

林君峰．现代汉语派生构词研究［D］．福州：福建师范大学，2005.

林连通，顾士熙．先秦汉语构词法的发展［J］．中国语言学年鉴，1985—1998.

林伦伦．普通话里表示儿化的“儿”是后缀吗？［J］．中国语文天地，1986（5）.

凌云，陈励中．汉语复合式同形词初探［J］．中国语文通讯，1995（35）．

凌云．汉语义素运动造词［J］．语文教学与研究，1995（4）．

凌云．汉语类比造词初探［J］．语言教学与研究，1999（2）．

刘冰洁．《儒林外史》双音词研究［D］．南京：南京师范大学，2007.

刘波．一种特殊结构偏正式复合名词的中心词问题［J］．沈阳大学学报，2015（3）．

刘才秀．浅谈汉语的反义复合词［J］．广州师院学报，1987（2）．

刘诚．《韩非子》构词法初探——兼论“单音词在上古汉语里占优势”的问题［J］．湖南师范大学学报，1985（2）．

刘楚群，陈波．新兴亲属义类词缀探究［J］．江西师范大学学报，2016（6）．

刘传鸿．敦煌变文词尾“即”考辨［J］．敦煌研究，2012（5）．

刘传鸿．“切”非后缀辨［J］．古汉语研究，2014（2）．

刘翠．试论汉语截割词［J］．传统文化与现代化，1998（2）．

刘大为．比喻词汇化的四个阶段［J］．福建师范大学学报，2004（6）．

刘丹青．当代汉语的词与非词问题［J］．辞书研究，1987（5）．

刘丹青．汉语形态的节律制约［J］．南京师范大学学报，1993（1）．

刘丹青．语法化中的更新、强化与叠加［J］．语言研究，2001（2）．

刘丹青．重新分析的无标化解释［J］．世界汉语教学，2008（1）．

刘道锋．古汉语好恶偏义复词的语义指向与语言拜物教［J］．唐山师范学院学报，2005（6）．

刘芳薇．鸠摩罗什译品复合词研究，台湾中正大学中国文学研究所语言学专题研究室主编《中国语言学论文集》［M］．高雄：复文图书出版社，1993.

刘枫．从 HSK 同素逆序词看对外汉语词汇教学［J］．云南师范大学学报，2007（3）．

刘桂芳．义素分析略说［J］．山西师大学报，1995（2）．

刘光明．《颜氏家训》偏正式复音词构词法初探［J］．巢湖学院学报，2005（3）．

刘国泰．古汉语联合式双音词试析［J］．江西师范大学学报，1985（1）．

刘兰民．汉语比喻造词法刍议［J］．汉语学习，2001（4）．

刘禾．谈古代汉语几种词源造词法［J］．东北师范大学，1988（4）．

刘红妮．关于“一律”词汇化、语法化演变过程的认知与阐释［J］．西华大学学报，2007（6）．

刘红妮．非句法结构“算了”的词汇化与语法化［J］．语言科学，2007（6）．

刘红妮．“一概”的词汇化、语法化以及认知阐释［J］．忻州师范学院学报，2008（3）．

刘红妮．“以免”的词汇化［J］．楚雄师范学院学报，2008（5）．

刘红妮．汉语非句法结构的词汇化［D］．上海：上海师范大学，2009.

刘红妮．汉语词汇化研究的发展历程［J］．上海师范大学学报，2009（5）．

刘红妮．“以期”的词汇化及相关问题——兼论“以 V”的词汇化、共性与个性［J］．语言科学，2009（1）．

刘红妮．“则已”的词汇化和构式语法化［J］．古汉语研究，2009（2）．

刘红妮．词汇化与语法化［J］．当代语言学，2010（1）．

刘红妮．“终于”的词汇化——兼谈“X于”词汇化中的介词并入［J］．阜阳师范学院学报，2010（2）．

刘红妮．“跨层结构”语言学术语的发展和流变［J］．术语标准化与信息技术，2010（4）．

刘红妮．“加以”的多元词汇化与语法化［J］．语言科学，2011（6）．

刘红妮．“甚至”的词汇化与多种功能的形成［J］．当代语言学，2012（3）．

刘红妮．结构省缩与词汇化［J］．语文研究，2013（1）．

刘红妮．结构简化与词汇化［J］．语言科学，2014（5）．

刘慧．唐五代时期的词尾“头”［J］．江苏教育学院学报，2001（2）．

刘基森．《诗经》语法中的词头问题献疑［J］．湖南教育学院院刊，1983（3）．

刘吉艳．汉语新词群研究［M］．上海：学林出版社，2010．

刘继超．论同素逆序构成的新词［J］．宝鸡文理学院学报，1995（4）．

刘坚，曹广顺，吴福祥．论诱发汉语词汇语法化的若干因素［J］．中国语文，1995（3）．

刘剑三．双音词在凝固过程中偏旁的同化现象［J］．四川师范大学学报，1986（5）．

刘杰．缩略语词化［J］．阜阳师范学院学报，2004（2）．

刘金波．自然的词汇化和语法化［J］．绥化学院学报，2011（1）．

刘锦明．复合动词及其理据再认识［J］．重庆大学学报，2001（1）．

刘缙．谈词的褒贬义与构词语素义之关系［J］．中国人民大学学报，1993（4）．

刘进．语法化理论综述［J］．殷都学刊，2006（1）．

刘经建．三音节“化”缀动词浅析［J］．宁夏大学学报，1994（2）．

刘敬林．论与“取”字词缀说相反的事实［J］．徐州师范大学学报，2006（2）．

刘开骅．中古汉语的并列式双音副词［J］．烟台师范学院学报，2004（1）．

刘兰民．试论汉民族传统思维方式对汉语造词的影响［J］．汉字文化，2001（3）．

刘兰民．汉语修辞造词法初探［J］．语言文字应用，2007（12）．

刘利．“然而”的词汇化过程及其动因［J］．北京师范大学学报，2008（5）．

刘伶．现代汉语构词法［M］//文史哲杂志编辑部编．汉语论丛，1958．

刘蒙蒙．外源类词缀“门”的类词缀化分析［J］．南昌教育学院学报，2013（5）．

刘乃叔．“冬至”“夏至”的理据及结构［J］．吉林大学社会科学学报，1991（6）．

刘乃叔．探寻“内部形式”是研究汉语造词法的又一途径［J］．吉林师范学院学报，1998（2）．

刘琼．《盛明杂剧》复音词研究［D］．南宁：广西师范学院，2011．

刘瑞明．助词“复”续说［J］．语言研究，1987（2）．

刘瑞明．“家”是古汉语中历史悠久的词尾［J］．天津师范大学学报，1988（2）．

刘瑞明．关于后缀“家”的时代和古今关系——与吕叔湘先生等讨论［J］．北京社会科学，1988（4）．

刘瑞明．《世说新语》中的词尾“自”和“复”［J］．中国语文，1989（3）．

刘瑞明．论“持”、“迟”应是古汉语词尾［J］．北京社会科学，1990（2、3）．

刘瑞明．关于“自”的再讨论［J］．中国语文，1994（6）．

刘瑞明．“自”非词尾说驳议［J］．中国语文，1998（4）．

刘瑞明．“自”词尾说否定之再否定［J］．绵阳师范学院学报，1998（2）．

刘世儒．魏晋南北朝量词研究［M］．北京：中华书局，1965．

刘书玉．《墨子》词汇研究［D］．广州：广州大学，2004．

刘叔新．词汇学和词典学问题研究［M］．天津：天津人民出版社，1984．

刘叔新．汉语描写词汇学［M］．北京：商务印书馆，1990．

刘叔新．汉语复合词内部形式的特点与类别［J］．中国语文，1985（3）．

刘叔新．复合词结构的词汇属性——兼论语法学、词汇学同构词法的关系［J］．中国语文，1990（4）．

刘叔新．“词素”赋以新义的主要功效：词的结构层次分析——答宋玉柱先生［J］．世界汉语教学，1993（4）．

刘叔新．轻声“里”属什么单位的问题［J］．语言教学与研究，1996（1）．

刘叔新．汉语构词法的几个理论问题，侯精一、江蓝生．汉语现状与历史研究——首届汉语语言学国际研讨会论文集［M］．北京：中国社会科学出版社，1999．

刘淑娥，赵静贞．谈单音词与双音词组成的同义副词［J］．语言教学与研究，1987（3）．

刘顺．“算了”的词汇化与语法化［J］．语言研究，2010（2）．

刘顺，潘文．“便是（了）”的词汇化与语法化——兼论语气词“就是（了）的形成”［J］．语言科学，2014（1）．

刘挺，马金山，李生．基于词汇支配度的汉语依存分析模型［J］．软件科学，2006（9）．

刘唯力．《孙子》的并列复合词［J］．聊城师范学院学报，1983（1）．

刘玮，张黎．汉语词汇双音化制约与促成机制研究——以《水经注》名物词为例［J］．河北北方学院学报，2013（1）．

刘文正．《朱子语类》附加式双音量词及发展［J］．徐州教育学院学报，2007（1）．

刘晓勇．试论佛学东渐对中古汉语词汇的影响［J］．西安外国语学院学报，2006（4）．

刘晓农．唐五代叠音词初探，程湘清．隋唐五代汉语研究［M］．济南：山东教育出版社，1992．

刘晓梅．当代汉语新词语研究［D］．厦门：厦门大学，2003．

刘晓梅．当代新词语对汉语语素系统的影响［J］．暨南学报，2005（1）．

刘晓梅．当代汉语新词语语素的表义关系考察［J］．华南师范大学学报，2005（5）．

刘晓然．双音短语的词汇化：以《太平经》为例［D］．成都：四川大学，2007．

刘学敏．佛典与汉语词汇的发展［J］．神州学人，1999（5）．

刘炎飞．《释名》释语中的“叠音形式+然”复音词初探［J］．长沙铁道学院学报，2005（3）．

刘瑶瑶．《孟子》与《孟子章句》复音词构词法比较研究［D］．兰州：兰州大学，2007．

刘又辛．古汉语复音词研究法初探——章太炎《一字重音说》议疏［J］．西南师范学院学报，1982（2）．

刘又辛．古汉语复音研究法初探［J］．古汉语研究，1994（2）．

刘涌泉．谈谈字母词［J］．语文建设，1994（10）．

刘涌泉．关于汉语字母词的问题［J］．语言文字应用，2002（1）．

刘云．一个能产的前缀——零［J］．辞书研究，2003（5）．

刘云．说“X门”［J］．汉语学报，2008（4）．

刘云．“之X”的词汇化及其动因［J］．语言教学与研究，2010（3）．

刘云汉．复合式合成词分类补说［J］．香港，语文建设通讯，1997（52）．

刘云泉．现代汉语构词法中的前正后偏式［J］．杭州大学学报，1984（6）．

刘云泉．语素研究四十年［M］//中国语文杂志社．语法研究和探索（七）．北京：语文出版社，1995．

刘英凯．汉语与英语的共有词缀化趋势文化顺涵化的镜像［J］．深圳大学学报，2000（2）．

刘又辛．古汉语复音词研究法初探——章太炎《一字重音说》义疏［J］．西南师范学院学报，1982（2）．

刘兆君．《商君书》复音词研究［D］．长春：东北师范大学，2005．

刘志纲．联绵词造词探源［J］．江西师范大学学报，2006（6）．

刘志生．《庄子》复音词构词方式初探［J］．喀什师范学院学报，1995（4）．

刘志生．论近代汉语词缀“生”的用法及来源［J］．长沙电力学院学报，2000（2）．

刘志生．东汉碑刻复音词研究［D］．上海：华东师范大学，2005．

刘志生．东汉碑刻联合式复音词研究［J］．古汉语研究，2006（3）．

刘志生．东汉碑刻支配式复音词初探［J］．学术论坛，2006（4）．

刘志远，刘顺．“罢了”的词汇化及语气意义的形成［J］．语文研究，2012（1）．

刘祖国．《太平经》复音词研究与《汉语大词典》［D］．上海：华东师范大学，2006．

刘宗德．偏义复词管窥［J］．浙江师范大学学报，1987（1）．

刘宗德．关于“广场”及词语的简缩［J］．中国语文通讯，1993（26）．

（清）刘淇．助词辨略［M］．北京：中华书局，1954．

柳贤雅．《晏子春秋》复音词研究［J］．南阳师范学院学报，2006（4）．

龙琳．汉语复合词构词法研究述评［J］．励耘学刊（语言卷），2011（2）．

龙国富．从语言接触看“复”和“自”的语法地位［J］．语文研究，2010（2）．

龙又珍．古代汉语里的音节助词“有”［J］．语言研究，2002（1）．

（元）卢以纬著．王克仲集注．助语辞集注［M］．北京：中华书局，1998．

卢春红．《荀子》复音词研究［D］．大连：辽宁师范大学，2005．

卢金．敦煌变文词缀探析［D］．南京：南京师范大学，2011．

卢普生．语气副词“最好”的词汇化［J］．阜阳师范学院学报，2010（4）．

卢英顺．说“通过”［J］．语言教学与研究，2003（6）．

卢元孝．有关语素的一些理论问题［J］．湖北教育学院学报，1991（1）．

鲁六．谈古汉语复音词的判断标准［J］．中州学刊，2006（5）．

鲁六．《荀子》联合式复音词研究［J］．郑州大学学报，2006（5）．

鲁六．《荀子》词汇研究［M］．郑州：河南人民出版社，2007．

鲁小娟．汉语构词法研究综述［J］．社会科学论坛（学术研究卷），2008（4）．

鲁瑛．“XX族”词类的语言学研究［J］．外国语文，2010（2）．

陆俭明．名词性“来信”是词还是词组？［J］．中国语文，1988（5）．

陆仁昌．汉语的根词［J］．语文建设通讯，1990（29）．

陆卫萍．汉语复合词语法结构关系与语义关系 之关系论析——以“名+名”偏正式双音复合词为例［D］．桂林：广西师范大学，2007．

陆志韦．构词学的对象和手续［J］．中国语文，1956（12）．

陆志韦．汉语的构词法［M］．北京：科学出版社，1957．

陆志韦．汉语的并列四字格［J］．语言研究，1956（1）．

路飞飞，张科晓．《左传》杜注中双音词的结构类型与特点［J］．太原大学学报，2004（4）．

路云．现代汉语双音节“形名”组合复合词构词法研究［J］．语言文字应用，2009（1）．

路云．现代汉语双音节形名组合复合词构词法研究［M］．长沙：湖南大学出版社，2011．

罗进军．“X 性”词族探微［J］．湘潭师范学院学报，2004（3）．

罗福腾．无理的“邮编”打败了有理的“邮码”［J］．语文建设，1996（11）．

罗思明等．当代词汇化研究综合考察［J］．现代外语，2007（1）．

罗思明．《词汇化与语言演变》简介［J］．当代语言学，2008（3）．

罗惜．百年来的近代汉语词缀研究［J］．苏州教育学院学报，2011（4）．

罗湘英．亲属称谓的词缀化现象［J］．汉语学习，2000（4）．

罗耀华，孙敏．“何必/何苦”的词汇化与语法化［J］．汉语学习，2010（2）．

罗正坚．《史记》中的同义词语连用［J］．安徽大学学报，1994（1）．

骆晓平．魏晋六朝汉语词汇双音化倾向三题［J］．古汉语研究，1990（4）．

吕传峰．“嘴”的词义演变及其与“口”的历时更替［J］．语言研究，2006（1）．

吕冀平等．惯用语的划界及释义问题［J］．中国语文，1987（6）．

吕乐．构词力及其特征［J］．外国语，2000（4）．

吕叔湘．释您，俺，咱，喒，附论们字［J］．华西协合大学中国文化研究所集刊，1940，1（2）．

吕叔湘．释景德传灯录中在、著二助词［J］．华西协合大学中国文化研究所集刊，1941，1（3）．

吕叔湘．相字偏指释例，金陵、齐鲁［J］．华西大学中国文化汇刊，1942（2）．

吕叔湘．试说概数词“来”［J］．中国语文，1957（4）．

吕叔湘．再说“来”，以及“多”和“半”［J］．中国语文，1957（9）．

吕叔湘．说“自由”和“粘着”［J］．中国语文，1962（1）．

吕叔湘．现代汉语单双音节问题初探［J］．中国语文，1963（1）．

吕叔湘．汉语语法分析问题［M］．北京：商务印书馆，1979．

吕云生．同义复合词的语素分析［J］．北京师范大学学报，1987（5）．

吕云生．论汉语并列复合词形成的条件与原因［J］．古汉语研究，1990（4）．

马彪．“零报告”“第一时间”及“零”“第一”的运用［J］．第三届全国语言文字应用学术研讨会论文集，2004．

马彪．古代汉语状态词缀的变化发展［J］．语言科学，2008（2）．

马彪．汉语状态词缀构成的语用词缀系统［J］．世界汉语教学，2010（2）．

马彪．汉语单音节描写性后缀及其构词功能［J］．中国语言学报，2010（14）．

马彪．汉语语用词缀系统研究——兼与其他语言比较［M］．北京：中国社会科学出版社，2010.

马重奇．漳州方言的重叠式形容词［J］．中国语文，1995（2）.

马加贝．“关于”的成词及其语法化［J］．中国语言学报，2009.

马加贝．汉语动词语法化［M］．北京：中华书局，2014.

马建忠．马氏文通［M］．北京：商务印书馆，1981.

马琳．现代汉语双音词发展动因研究综述［J］．语文学刊，2010（9）.

马麦贞．评汉语构词法——兼谈汉语词语化［J］．山西大学师范学院学报，1997（4）.

马曼曼．“蝴蝶”是几个语素，安徽文学（下半月），2007（4）.

马启俊．《庄子》“甚雨”释义辨析［J］．宿州学院学报，2007（3）.

马清华．词汇语法化的动因［J］．汉语学习，2003（2）.

马清华．论汉语并列复合词调序的成因［J］．语言研究，2009（1）.

马清华．并列复合词的有序化机制，日本［J］．中国语研究，2007.

马庆株．关于缩略语及其构成方式［M］．//语言研究论丛第5辑．天津：南开大学出版社，1988.

马庆株．缩略语的性质、语法功能和运用［J］．语言教学与研究，1987（3）.

马庆株．现代汉语词缀的性质、范围和分类［J］．中国语言学报，1995（6）.

马思周，潘慎．试论元杂剧中四音词的构成规则［J］．语文研究，1981（2）.

马希文．北京方言里的“着”［J］．方言，1987（1）.

马显彬．古代汉语同素异序词综论［J］．湛江师范学院学报，2003（2）.

马显彬．同素异序词成因质疑［J］．湛江师范学院学报，2004（5）.

马英新．现代汉语“动+名”偏正式双音复合词初探［J］．渤海大学学报，2012（4）.

马英新．“动+名”偏正式双音复合词的结构义及其释义研究［D］．石家庄：河北师范大学，2013.

马兴茹．话语标记“还好”的词汇化分析［J］．洛阳师范学院学报，2015（6）.

马真．先秦复音词初探［J］．北京大学学报，1980（5），1981（1）.

毛远明．左传词汇研究［M］．重庆：西南师范大学出版社，1999.

毛向樱．“所有”的词汇化过程探析［J］．北方文学，2011（6）.

茆雅凤．同义并列双音词字序新探［J］．湖南科技学院学报，2009（9）.

梅冰．基于历时语料的“家族词”认知解析——以“～客”为例［J］．山东外语教学，2010（1）.

梅祖麟．从汉代的“动、杀”、“动、死”来看动补结构的发展——兼论中古时期起词的施受关系的中立化［M］//语言学论丛第十六辑．北京：商务印书馆1991.

梅祖麟．介词“于”在甲骨文和汉藏语里的起源［J］．中国语文，2004（4）.

孟广道．古汉语单音词散论［J］．吴中学刊，1991（4）.

孟蓬生．上古汉语的大名冠小名语序［J］．中国语文，1993（4）.

孟守介．谈词汇的仿造及其制约［J］．语文建设通讯，1993（6）.

孟宪章 . 词义引申造词法初探：兼谈词的兼类问题 [J]. 徐州教育学院学报，1997 (2).

孟晓妍 .《方言》郭璞注双音词研究 [D]. 苏州：苏州大学，2005.

孟晓妍 .《方言》郭璞注中新词产生的途径 [J]. 学术交流，2008 (1).

米万锁 . 试论汉语的复音化问题 [J]. 山西大学学报，1985 (3).

闵龙华 . 论“简略语”[J]. 南京师范大学学报，1984 (1).

闵龙华，陈仁俊 . 汉语简略语词典 [M]. 桂林：广西师范大学出版社，1988.

闵祥顺 .《朱子语类辑略》中复音词的构词法 [J]. 兰州大学学报，1987 (4).

敏春芳 . 敦煌愿文中的同素异序双音词 [J]. 敦煌研究，2007 (3).

倪毛琴，谢竞贤 . 国内外类词缀研究述评 [J]. 牡丹江大学学报，2017 (10).

宁会灵 . 语义类别指人的类词缀“手”的研究 [D]. 石家庄：河北师范大学，2013.

宁燕 .《论语》双音词研究 [J]. 新疆教育学院学报，2005 (3).

谬小放 . 新兴词缀例释 [J]. 语文建设，1999 (3).

牛太清 .《洛阳伽蓝记》双音词概貌 [J]. 江西行政学院学报，2005 (1).

牛太清 .《异苑》双音词研究 [J]. 佳木斯大学社会科学学报，2010 (4).

牛申那 .《诗经》“薄”“薄言”索引钩沉 [J]. 郑州大学学报，1996 (4).

欧阳国泰 .《论语》、《孟子》构词法比较 [J]. 厦门大学学报，1994 (2).

欧阳骏鹏 . 新词语中的词群现象 [J]. 语文建设，1998 (9).

潘国英，齐沪扬 . 论“也好”的词汇化 [J]. 汉语学习，2009 (5).

潘俊婷 . 论“干净”的词汇化与反词汇化 [J]. 文学界，2012 (4).

潘攀 .《金瓶梅词话》中的同素反序词 [J]. 江汉大学学报，1996 (4).

潘攀 .《金瓶梅词话》中“儿”尾 [J]. 语言研究，1996 (2).

潘攀 .《金瓶梅词话》ABB、AABB 构词格 [J]. 华中师范大学学报，1997 (4).

潘文国，叶步青，Han Yang Saxena. 汉语构词法研究的先驱薛祥绥 [J]. 中国语文，1993 (1).

潘文国 . 汉英构词法对比研究，华东师范大学《汉语论丛》[M]. 上海：华东师范大学出版社，1990.

潘文国 . 汉英对比纲要 [M]. 北京：北京语言文化大学出版社，1997.

潘文国，叶步青，韩洋 . 汉语构词法的历史研究 [J]. 华东师范大学学报，1993 (5).

潘文国，叶步青，韩洋 . 汉语的构词法研究 [M]. 上海：华东师范大学出版社，2004.

潘文帝 .《战国策》词语的切分及其复音词计量研究 [D]. 哈尔滨：黑龙江大学，2011.

潘允中 . 鸦片战争以前汉语中的借词 [J]. 中山大学学报，1957 (5).

潘允中 . 汉语词汇史概要 [M]. 上海：上海古籍出版社，1989.

潘祖炎 . 略谈《诗经》复音词的构词形式 [J]. 绍兴师专学报，1981 (1).

彭凡 .《孟子》中“然”的词义讨论 [J]. 乐山师范学院学报，2006 (4).

裴景瑞，于全有 . 网络“客”族新词的产生机制与社会文化心理 [J]. 柳州职业技术学院学报，2008 (12).

彭伶楠 . 现代汉语双音词“X 了”的虚化与词汇化研究 [D]. 上海：上海师范大学，2006.

彭伶楠 .“好了”的词化、分化和虚化 [J]. 语言科学，2005 (3).

彭路，彭维．谈虚词“然”的指示范畴［J］．吉首大学学报，2000（2）．

彭奇伟．《齐民要术》复音词的构词法研究［D］．延吉：延边大学，2007.

彭睿．构式语法化的机制和后果——以“从而”、“以及”和“极其”的演变为例［J］．汉语学报，2007（3）．

彭聃龄，丁国盛，王春茂．汉语逆序词的加工——词素在词加工中的作用［J］．心理学报，1999（1）．

彭小川，毛哲诗．类前缀“准”的多角度研究［J］．湖南大学学报，2006（2）．

彭小琴．古汉语词缀研究——以“阿、老、头、子”为例［D］．成都：四川大学，2003.

彭嫣，刘秀明．语法化理论研究综述［J］．新疆大学学报，2011（5）．

彭迎喜．几种新拟设立的汉语复合词结构［J］．清华大学学报，1995（2）．

彭永昭．研究构词法必须重视语义全面［J］．重庆师范学院学报，1990（3）．

彭再新．《释名》中的合成词刍议［J］．辞书研究，2009（2）．

戚桂宴．汉语的词和词语［J］．山西大学学报，1992（1）．

戚俊丽．《汉书》同义连用研究［D］．济南：山东师范大学，2007.

皮鸿鸣．汉语词汇双音化演变的性质和意义［J］．古汉语研究，1992（1）．

齐国海．汉语的韵律和汉语词汇的双音化［D］．济南：鲁东大学（2009）．

齐沪扬．论单音节副词的重叠［J］．中国语文，1987（4）．

齐焕美．《祖堂集》词缀研究［D］．上海：上海师范大学，2006.

齐佩瑢．训诂学概论［M］．北京：中华书局，1984.

祁峰．从层面互动看汉语构词法的一些问题［J］．海外华文教育，2012（1）．

祁艳．“自V”结构中“自”浅谈［J］．江西省语言学会2004年年会论文集.

钱大昕．十驾斋养新录［M］．苏州：凤凰出版社，2000.

钱光．《墨子》复音词初探［J］．甘肃社会科，学1992（1）．

钱惠英．特殊语素辨识谈［J］．北京师范学院学报，1992（3）．

钱进．说“脚”构词系列及其文化内涵［J］．语文月刊，1996（4）．

钱玄．论古汉语虚词双音化［J］．南京师大学报，1982（1）．

钱玄．论古汉语虚词双音化（续二）［J］．南京师大学报，1982（3）．

钱韵，余戈．现代汉语四字格成语的词汇化研究［J］．语言科学，2003（6）．

钱宗武．论今文《尚书》复合词的特点和成因［J］．湖南师范大学学报，1996（5）．

乔刚．“界”、“坛”词缀化辨［J］．修辞学习，2007（2）．

乔全生．山西方言的几个詈词后缀［J］．方言，1996（2）．

乔全生．晋语附加式构词的形态特征［J］．山西大学学报，1996（3）．

郄远春．现代汉语构词法中的词缀化倾向研究［D］．北京：中央民族大学，2006.

秦华镇．“X化”结构构成及条件［J］．北京理工大学学报，2005（8）．

秦炯灵，胡常熟．连绵词音节语素化问题说略［J］．汉语学习，1997（3）．

邱冰．中古汉语词汇双音化研究［J］．燕山大学学报，2010（1）．

邱冰．中古汉语词汇复音化的历史动因［J］．重庆理工大学学报，2013（3）．

邱冰．中古汉语词汇双音化的定量趋势研究，第四届汉语史研讨会暨第七届中古汉语国际学术研讨会论文.

邱沉香．“X说”的词汇化和语法化研究［D］. 长沙：湖南师范大学，(2010).

邱广君．后缀“子”与“儿”的造词类型及其异同［J］. 辽宁大学学报，1990（1）.

邱薇瑜．《陈书》复音词结构简析［J］. 语文学刊，2003（4）.

邱震强．论汉语语素义［J］. 广西社会科学，2006（2）.

裘锡圭．谈谈殷墟甲骨卜辞中的“于”［M］//余霭芹，柯蔚南主编．罗杰瑞先生七秩晋三寿庆论文集．香港中文大学中国文化研究所吴多泰中国语文研究中心，2010.

瞿秋白．普通中国话的字眼的研究［M］//瞿秋白文集（第2卷）．北京：人民文学出版社，1957.

曲春雪．武丁时期甲骨文双音词研究［D］. 保定：河北大学，2011.

曲士虎．“零口供”“零申报”及其他［J］. 咬文嚼字，2001（6）.

曲抒浩．从“品”的词缀化看汉语词汇的演变特点［J］. 科教文汇，2006（1）.

饶勤．从句法结构看合词中的一种新的构词方式——连动式构词［J］. 汉语学习，1993（6）.

饶勤．从“国有”看“名语素+动语素”结构的词［J］. 外语与外语教学（增刊），1996.

饶勤．离合词的结构特点和语用分析［J］. 汉语学习，1997（1）.

任竞春．“X霸”新词产生方式及成因探析［J］. 语文学刊，2005（9）.

任学良．汉语造词法［M］. 北京：中国社会科学出版社，1981.

任艳丽．《墨子》复音词研究［D］. 兰州：兰州大学，2006.

任志萍．小议“类词缀”的判别标准［J］. 新疆石油教育学院学报，2002（2）.

阮善志．越南语和汉语构词法比较研究初探［J］. 中国语文，1962（7）.

阮绪和．类词缀的意义虚化与虚化等级［J］. 高等教育与学术研究，2009（8）.

阮绪和．现代汉语类词缀“热”和“风”［J］. 辽东学院学报，2011（2）.

荣晶．汉语语法构词的困惑［J］. 新疆大学学报，2000（6）.

单宏伟．《楚辞》双音词研究［D］. 武汉：武汉大学，2005.

商怡．现代汉语偏正式双音复合词构词探析［J］. 唐山学院学报，2014（1）.

商怡．偏正式双音复合词的界定及影响构词的因素［J］. 沧州师范学院学报，2014（2）.

尚平．“介词+着”现象考察［J］. 语言文字应用，2005（5）.

邵炳军．现代汉语形容词的词缀与附加式构词法［J］. 新疆大学学报，2001（2）.

邵敬敏．两种不同性质的虚语素“头”［J］. 中国语文通讯，1984（3）.

邵敬敏．说“V一把”中V的泛化与“一把”的词汇化［J］. 中国语文，2007（1）.

沈光浩．现代汉语类词缀的界定标准与范围［J］. 河北师范大学学报，2011（3）.

沈光浩．汉语派生式新词语研究［M］. 北京：中国社会科学出版社，2015.

沈怀兴．汉语偏正式构词探微［J］. 中国语文，1998（3）.

沈怀兴．“联绵字——双音单纯词”说产生的历史背景——兼及先秦汉语构词方式问题［J］. 汉字文化，2010（4）.

沈怀兴．联绵字理论问题研究［M］. 北京：商务印书馆，2013.

沈家煊．“语法化”研究纵观［J］．外语教学与研究，1994（4）．

沈家煊．词义与认识——《从词源学到语用学》评介［J］．外语教学与研究，1997（3）．

沈家煊．实词虚化的机制——《演化而来的语法》评介［J］．当代语言学，1998（3）．

沈家煊．转指和转喻［J］．当代语言学，1999（1）．

沈家煊．语用原则、语用推理和语义演变［J］．外语教学与研究，2004（4）．

沈家煊．说“不过”［J］．清华大学学报，2004（5）．

沈家煊．“糅合”和“截搭”［J］．世界汉语教学，2006（4）．

沈家煊．概念整合与浮现意义——在复旦大学“望道论坛”报告述要［J］．修辞学习，2006（5）．

沈家煊，吴福祥，李宗江．语法化与语法研究［M］．北京：商务印书馆，2007．

沈光浩．现代汉语类词缀的界定标准与范围［J］．河北师范大学学报，2011（3）．

沈光浩．汉语派生词新词语研究述评［J］．唐山师范学院，2014（1）．

沈光浩．汉语派生式新词语研究［M］．北京：中国社会科学出版社，2015．

沈莉珍．中缀：从屈折到派生［J］．安徽工业大学学报，2006（4）．

沈林．《左传》单音节同义词群的考察［J］．古汉语研究，2001（4）．

沈孟璎．汉语新的词缀化倾向［J］．南京师范大学学报，1986（4）．

沈孟璎．修辞方式的侵入与新词语的创造［J］．山东大学学报，1988（3）．

沈孟璎．新词语构成特点纵览［J］．南京师大学报，1988（4）．

沈孟璎．再谈汉语新的词缀化倾向，编辑组编［M］//词汇学新研究——首届全国现代汉语词汇学术讨论会选集．北京：语文出版社，1995．

沈孟璎．试论新时期词缀化的汉民族性［J］．南京师范大学学报，1995（1）．

沈孟璎．关于新词语词义表面化倾向的考察［J］．语言文字应用，1995（4）．

沈孟璎．词汇学新研究［M］．北京：语文出版社，1995．

沈孟璎．现代汉语理论与应用［M］．南京：南京师范大学出版社，1999．

沈力．关于汉语结果复合动词中参项结构的问题［J］．语文研究，1993（3）．

沈太宁．汉语的词族与词群［J］．语文建设通讯，1989（总25）．

沈阳．现代汉语复合词的动态类型——谈语言教学中的一种词汇语法单位范畴［J］．语言教学与研究，1997（2）．

沈阳．汉语合成复合词的构造过程［J］．中国语文，2001（2）．

沈阳，顾阳．汉语合成复合词的词库和句法句法界面特征［M］//自然语言理解与机器翻译——全国第六届计算语言学联合学术会议论文集．北京：清华大学出版社，2001．

沈阳，洪爽．再论论元结构与汉语合成复合词的构造形式［J］．学术交流，2014（12）．

盛九畴．汉语由单音词渐变为复音词的发展规律［J］．学术论坛，1983（5）．

盛银花．“还有”的连接功能及其词汇化［J］．语言研究，2007（4）．

盛玉麒．语言文字信息处理［M］．济南：山东大学出版社，2006．

施春宏．说“界”和“坛”［J］．汉语学习，2002（1）．

施春宏．新“被”字式的生成机制、语义理解及语用效应［J］．当代修辞学，2013（1）．

施雅丽．关于汉语构词法的对象——词项和词［J］．当代语言学，1989（2）．

施正宇．现代汉语离合动词的结构和特点，编委会编［M］//语言学和汉语教学．北京：北京语言学院出版社，1990.

石定栩．汉语的定中关系动-名复合词［J］．中国语文，2003（2）．

石锓．近代汉语词尾“生”的功能［J］．古汉语研究，1996（2）．

石锓．古汉语复音词研究综述——兼谈睡虎地秦墓竹简的复音词［J］．湖北师范学院学报，1999（3）．

石锓．ABB式形容词语在宋代的演变［J］．河北师范学院学报，2005（3）．

石毓智．论汉语的大音节结构［J］．中国语文，1995（3）．

石毓智．时间的一维性对介词衍生的影响［J］．中国语文，1995（1）．

石毓智．汉语发展史上的双音化趋势及动补结构的诞生［J］．语言研究，2002（1）．

石毓智．论汉语的构词法与句法之关系［J］．汉语学报，2004（1）．

石毓智．语法化的动因与机制［M］．北京：北京大学出版社，2006.

石毓智，李讷．汉语语法化的历程［M］．北京：北京大学出版社，2001.

石云孙．训诂构词及其他［J］．安庆师范学院学报，1983（1）．

石云孙．《诗经》双音词语分言、合用例释［J］．淮北煤炭师范学院学报，1990（1）．

史存直．汉语词汇史纲要［M］．上海：华东师范大学出版社，1989.

史改红．词尾“化”的来源、意义及“X化”动词语义特征［J］．北京电视大学学报，2009（2）．

史光辉．从《齐民要术》看《汉语大词典》编纂方面存在的问题［J］．东南学术，1998（5）．

史光辉．《齐民要术》偏正式复音词初探［J］．广播电视大学学报，1999（1）．

史光辉．东汉佛经词汇研究［D］．杭州：浙江大学，2001.

史光辉．20世纪80年代以来中古汉语词汇研究的回顾与反思［J］．福州大学学报，2004（3）．

史慧媛．“老”缀新议——兼论“老鹰”的“老”不同于“老虎”的“老”［J］．语言新观察，2006.

史金生．“要不”的语法化、语用机制及相关的形式变化［J］．解放军外国语学院学报，2005（6）．

史静薇，高光新．《诗》毛传单音词到郑笺的双音化［J］．唐山师范学院学报，2009（6）．

史锡尧．“人”与动性语素组合的语义［J］．世界汉语教学，1992（2）．

史锡尧．借代手法造词探索［J］．修辞学习，1994（3）．

史锡尧．名词比喻造词［J］．中国语文，1996（6）．

舒光寰．比喻、借代造词与词的比喻义、借代义［J］．吉首大学学报，1990（3）．

束定芳，黄洁．汉语反义复合词构词理据和语义变化的认知分析［J］．外语教学与研究（外国语文双月刊），2008（6）．

司徒允昌．试论联合式合成词的构成［J］．上海师范大学学报，2001（3）．

宋娟娟．定中式合成词词汇化研究综述［J］．绥化学院学报，2008（2）．

宋培杰．浅析“亲属称谓名词”的类词缀化及构成新词的特点［J］．语言研究，2002年特刊。

宋平润．试论“X门”的语法化和语义隐喻化［J］．语言应用研究，2009（6）．

宋玉柱．关于语素“们”和助词“们”［J］．汉语学习，2005（4）．

宋子然．从汉人训诂看上古并列复合词的构成及其特点［J］．四川师范学院学报，1985（2）．

苏宝荣．词义的层次与义素的类型［J］．河北师范大学学报，1996（3）．

苏宝荣．汉语复合词结构的隐含性、多元性及其认知原则［J］．学术研究，2016（1）．

苏宝荣，沈光浩．汉语派生词新词语的语言特征［J］．江苏大学学报，2011（1）．

苏宝荣．类词缀的语义特征与识别方法［J］．语文研究，2014（4）．

苏东华．当代新词语修辞现象词汇化研究［D］．广州：暨南大学，2006．

苏锡育．改革开放与词汇发展［J］．江淮论坛，1994（4）．

苏向红．当代汉语词语模研究［M］．杭州：浙江大学出版社，2010．

苏向丽．现代汉语惯用语的词汇化等级分析［J］．语言教学与研究，2008（5）．

苏新春．汉语双音化的根据和动因［J］．广州师范学院学报，1990（4）．

苏新春．汉语词义学［M］．广州：广东教育出版社，1992．

苏新春．论会意字与复合词的共同生成机制［J］．暨南学报，1994（2）．

苏新春．当代中国词汇学［M］．广州：广东教育出版社，1996．

苏新春，许鸿．词语的结构类型与表义功现代汉语类词缀的界定标准与范围能，编辑组编［M］//词汇学新研究——首届全国现代汉语词汇学术讨论会选集．北京：语文出版社，1995．

苏振华，毛向樱．从《国语》与韦昭注的对比看汉语的双音化［M］．宜宾学院学报，2008（8）．

孙常叙．汉语词汇［M］．长春：吉林人民出版社，1956．

孙朝奋．《虚化论》评介［J］．国外语言学，1994（4）．

孙凤华．《后汉书》复音词研究［D］．南京：南京师范大学，2000．

孙宏林．浅谈汉语分词的标准［J］．语言文字应用，1997（4）．

孙继善．无义音节语素化的形成及特点［J］．语文月刊，1995（5）．

孙剑艺．“零距离”追踪［J］．山东教育学院学报，2004（4）．

孙景涛．古汉语重叠构词法研究［M］．上海：上海教育出版社，2008．

孙克东．说“消息”变为“音信”的时代［J］．学术研究，1982（2）．

孙良明．《汉语词汇》中几个问题的商榷［J］．中国语文，1958（8）．

孙利萍．答语标记“可不是”的词汇化及其形成机制［J］．宁夏大学学报，2011（1）．

孙瑞霞．话语标记“好了”的语法化过程及无标化分析［J］．沈阳航空工业学院学报，2008（6）．

孙锡信．元代指物名词后加“们（每）”的由来［J］．中国语文，1990（4）．

孙锡信．汉语历史语法要略［M］．上海：复旦大学出版社，1992．

孙艳．试论类推机制在汉语新词语构造中的作用［J］．西北师范大学学报，1998（2）．

孙艳．现代汉语词缀问题探讨［J］．河北师范大学学报，2000（3）．

孙玉文．汉语构词法中的几个理论问题［J］．山东师范大学学报，1959（1）．

孙玉文．汉语双音词两音节之间语音异同研究［J］．语文研究，2013（3）．

孙玉文．汉语变调构词研究［D］．北京：北京大学，1997.

孙玉文．上古汉语词缀构拟析评（上、下）［J］．江汉大学学报，2007（3、4）.

孙玮．《孟子》复音词考察——兼谈古汉语复音词的判别标准［J］．甘肃联合大学学报，2006（4）.

孙修章．必读儿化词研究报告［J］．语文建设，1992（8）.

孙艳．现代汉语词缀问题探讨［J］．河北师范大学学报，2000（3）.

孙银新．汉语构词法与造句法的一对矛盾［J］．汉语学习，1997（3）.

孙银新．黎锦熙的汉语构词法研究及其贡献［J］．安徽师范大学学报，2011（6）.

孙雍长．《楚辞》中词的后缀问题［J］．中国语文，1982（3）.

孙雍长．古汉语的词义渗透［J］．中国语文，1985（3）.

孙云，王桂华．比喻构词刍议［J］．中国修辞学会华东分会编．修辞丛谈，1986.

隋萌萌．从词汇化、语法化看话语标记的形成［J］．世界汉语教学，2015（3）.

谭达人．造词法和构词法的两个问题——和任学良先生商榷［J］．逻辑与语言学习，1989（6）.

谭达人．略论反义相成词［J］．语文研究，1989（1）.

谭戒甫．论“若”字的本义及其演变［J］．武汉大学学报，1957（1）.

谭科宏，李保民．试论先秦韵文对单音词双音化的助推作用［J］．长沙大学学报，2008（3）.

潭汝为．同素逆序词四论，词汇学新研究——首届全国现代汉语词汇学术讨论会选集［M］．北京：语文出版社，1995.

潭汝为．从大同中辨析小异——并联式复合词同义语素的语义差别［J］．平顶山师专学报，1997（4）.

谭书旺．从《孟子章句》看战国至东汉的语言发展［J］．古汉语研究，2001（3）.

汤道淮．汉英词缀构词的准对应关系［J］．山东外语教学，1995（3）.

汤廷池．词汇结构与构词规律，汤廷池《汉语词法句法论集》［M］．台北：台湾学生书局，1988.

汤廷池．汉语的“字”、“词”“语”与“语素”，《汉语词法句法三集》，台湾学生书局，1992.

汤廷池．汉语复合词的内部结构：敬答谢质彬先生（上）（下）［J］．台湾，华文世界，1994（71）、（73）.

汤亚平．《史记》双音词比较［J］．云南师范大学学报，1998（4）.

汤志祥．当代汉语词语的共时状况及其嬗变——90年代中国大陆、香港、台湾汉语词语现状研究［M］．上海：复旦大学出版社，2001.

唐超群．从《常用构词词典》谈构词字典型的编纂［J］．辞书研究，1984（5）.

唐超群．动宾式合成词研究［J］．华中师范大学学报，1990（2）.

唐发铙．关于《汉语造词法》的若干问题［J］．中国语文通讯，1982（1）.

唐功敏．偏正式复合词的衍生与发展［J］．乐山师范学院学报，2006（2）.

唐洪亮．类词缀研究综述［J］．高校社科动态，2014（2）.

唐健雄．现代汉语同素异序词语分析［J］．语文研究，2004（2）.

唐莉．近代汉语词语发展的更替现象［J］．古汉语研究，2001（4）．

唐伶．双音节并列式复合词语素序研究［D］．长春：东北师范大学，2002.

唐艳．现代汉语词缀形成的语法化机制［J］．衡阳师范学院学报，2006（5）．

唐艳．词缀研究中需考虑的几个问题［J］．湖南科技学院学报，2006（7）．

唐艳．基于语法化理论的现代汉语词缀研究［D］．长沙：湖南师范大学，2006.

唐钰明．金文复音词简论——兼论复音化的起源［M］//人类学论文选集，中山大学出版社，1986. 中年著名语言学家自选集，安徽教育出版社，2002.

唐钰明．定量方法与古文字资料的词汇语法研究［J］．海南师范学院学报，1991（4）．

唐元发．汉语复音化成因再思考［J］．浙江工业大学学报，2008（3）．

唐元发．先秦复音词的产生与发展［J］．宁夏大学学报，2007（3）．

唐韵．一种特殊的构词材料条件复合语素［J］．南充师范学院学报，1985（1）．

唐子恒．《三国志》双音词研究［J］．文史哲，1998（1）．

唐子恒．也谈汉语词复音化的原因［J］．文史哲，2004（6）．

唐子恒．汉语 ABB 式形容词的形成和发展［J］．山东大学学报，2004（1）．

唐子恒．汉语词复音化问题概说［J］．临沂师范学院，2005（2）．

唐子恒．《尚书》复音词初探［J］．理论探讨，2005（5）．

陶建芳．《论语》复音词研究［D］．呼和浩特：内蒙古大学，2007.

陶炼．20 世纪汉语新词语构词法发展演变初探［J］．南开语言学刊，2010（2）．

陶沙．机能度最高的构词字［J］．河北师院学报，1983（2）．

陶小东．关于“新兴词缀”［J］．上海师范大学学报，1993（4）．

陶家骏．《说苑》复音词研究［D］．苏州：苏州大学，2003.

陶振民．物类名词后用“们”的语法现象：兼论修辞现象和构词现象的差异［J］．华中师范大学学报，1998（1）．

田斌宗，肖九根．汉语缩略语的构成方式及缩略机制［J］．江西师范大学学报，2006（6）．

田启涛．汉语词汇复音化再认识——以魏晋时期天师道文献为例［J］．宁波大学学报，2013（6）．

田涛．从《说文解字》的同义词看同义并列双音词词素义的历时演变［J］．滨州学院学报，2008（1）．

田小琳．香港词汇研究初探［J］．语言文字应用，1997（2）．

田英华．表领属的“名+名”偏正结构词的内部语义关系［J］．阜阳师范学院学报，2005（5）．

田宇贺．当代汉语新词语的构成方式及音节发展趋势［J］．南通师范学院学报，2003（4）．

田照军，肖岚．《汤显祖戏曲集》字序对换的双音词初探［J］．北京航空航天大学学报，2008（2）．

廷木．现代汉语变序式双音节词初探［J］．江西师范大学学报，1986（1）．

佟涤非．《诗经》复合词构词方式浅析［J］．吉林大学学报，1996（6）．

佟慧君．常用同素反序词辨析［M］．长沙：湖南人民出版社，1983.

万惠洲．汉英后加法构词比较［J］．语言教学与研究，1979（1）．

万久富．词尾“若尔如然而”的再认识——从“觳觫若”谈起［J］．南通师专学报，1997（3）．

万久富，王芳．《宋书》复音词中的古语词［J］．南通师范学院学报，2003（1）．

万久富，王芳．中古汉语中的词尾“当”［J］．西南民族大学学报，2006（3）．

万红．当代汉语的社会语言学观照：外来词进入汉语的第三次高潮和港台词语的北上［M］．天津：南开大学出版社，2007．

万琴．类词缀与词缀的共性特点分析［J］．温州职业技术学院学报，2011（12）．

万献初．汉语构词论［M］．长沙：湖北人民出版社，2004．

万献初．现代汉语并列式双音词的优化构成［J］．汉语学习，2004（1）．

万莹．析介词“朝”和“朝着”［J］．汉语学报，2006（2）．

万莹．相似介词“X”与“X着/了”比较研究［D］．武汉：华中师范大学，2006．

王国维．连绵字谱［M］．台北：兰台出版社，2013．

汪家靓．现代汉语类词缀的语义虚化研究［J］．环球人文地理，2014（2）．

汪梅枝．《论衡》反义聚合研究［D］．济南：山东大学，2006．

汪维辉．常用词历时更替札记［J］．语言研究，1998（2）．

汪维辉．几组常用词历史演变的考察［J］．汉语史研究集刊，1998．

汪维辉．东汉——隋常用词演变研究［M］．南京：南京大学出版社，2000．

汪维辉．《齐民要术》“喜烂”考辨［J］．古籍整理研究学刊，2002（2）．

汪维辉．汉语“说类词”的历时演变与共时分布［J］．中国语文，2003（4）．

汪维辉．试论《齐民要术》的语料价值［J］．古汉语研究，2004（4）．

汪维辉．《词汇化：汉语双音词的衍生和发展》评价［J］．语言科学 2006（2）．

汪维辉．汉语常用词演变研究的若干问题［J］．南开语言学刊，2007（1）．

汪维辉．“所以”完全变成连词的时代［J］．古汉语研究，2010（3）．

王艾录．论偏正复词的内部组合特征［J］．汉语学习，1989（4）．

王艾录．语义干涉和义素脱落［J］．汉语学习，1994（6）．

王艾录．琐说汉语词的理据［J］．山西大学学报，1994（4）．

王艾录．关于语词的内部形式［J］．盐城师范学院学报，2002（3）．

王艾录，孟宪良．语素入词所发生的意义偏移现象［J］．山西大学学报，1996（1）．

王艾录，孟宪良．试论相似思维在语言创造中的地位［J］．山西大学学报，1997（2）．

王艾录，司富珍．汉语的语词理据［M］．北京：商务印书馆，2001．

王安节．单音词双音节化的考查［J］．吉林师范大学学报，1992（2）．

王宝珠．古汉语复音词研究综述［J］．现代语文，2006．

王宝珠．《玄怪录》与《续玄怪录》复音词研究［D］．南京：南京师范大学，2007．

王宾．论不可译性——理论反思与个案分析［J］．中国翻译，2001（3）．

王冰．北朝汉语复音词研究［D］．长春：吉林大学，2008．

王灿龙．词汇化二例——兼谈词汇化和语法化的关系［J］．当代语言学，2005（3）．

王灿龙．一个濒于消亡的主观性标记词——想是［J］．当代语言学，2009（1）．

王昌东．再论汉语词汇复音化的原因［J］．内蒙古师范大学学报（教育科学版），1994

(Z1).

王昌茂，勾俊涛. 古汉语构形重叠词研究［J］. 华中师范大学学报，2000（2）.

王超. 从"零X"看"零"的词缀化倾向［J］. 大众文艺，2011（3）.

王朝贵. 关于词的构成以及复合语素问题——与唐韵同志商榷［J］. 四川师范大学学报，1986（6）.

王承惠. 关于"重言"、"迭字"的构词法浅析［J］. 宁波师院学报，1997（3）.

王春玲. 吴越春秋复音动词结构特点研究［J］. 语言研究，2002（4）.

王冬梅，赵志强. "前正后偏"说质疑［J］. 语文学刊，2006（8）.

王芳，万久富.《宋书》双音词的研究价值［J］. 南通大学学报，2005（2）.

王凤敏. 关于语法化及语法化五个方面的述评［J］. 河南大学学报，2005（5）.

王广庆. 复音词声义阐微［M］. 台北：台北商务印书馆，1973.

王海棻. 汉语新词结构方式试析［J］. 语言教学与研究，1990（4）.

王海英. 共时平面上的现代汉语词缀"老"［J］. 语言研究，2002年（特刊）。

王浩然. 古汉语单音词同义词双音化问题初探［J］. 河南大学学报，1994（3）.

王洪君. 汉语常用的两种语音构词法［J］. 语言研究，1994（1）.

王洪君. 从字和字组看词和短语［J］. 中国语文，1994（2）.

王洪君. 汉语语音词的韵律类型［J］. 中国语文，1996（3）.

王洪君. 从与自由短语的类比看"打拳""养病"的内部结构［J］. 语文研究，1998（4）.

王洪君. 汉语的韵律词与韵律短语［J］. 中国语文，2000（6）.

王洪君. 音节单双、音域展敛与语法结构类型和成分次序［J］. 当代语言学，2001（4）.

王洪君. 试论汉语的节奏类型——松紧型［J］. 语言科学，2004（3）.

王洪君，富丽. 试论现代汉语的类词缀［J］. 语言科学，2005（5）.

王化鹏. 论现代汉语词的双音节化及其发展规律［J］. 北方论丛，2000（6）.

王吉辉. 非汉字词语研究［J］. 南京师范大学学报，1996（2）.

王吉辉. 现代汉语缩略词研究［M］. 天津：天津人民出版社，2001.

王建莉.《尔雅》在同义复合词研究中的利用价值［J］. 内蒙古大学学报，2004（2）.

王建军. 粘合、移位、虚化、替换——语气词"便是"到"就是"的演变历程［J］. 古汉语研究，2006（4）.

王建伟，苗兴伟. 语法化现象的认知语用解释［J］. 外语研究，2001（2）.

王晶，王理嘉. 普通话多音节词音节时长分布模式［J］. 中国语文，1993（2）.

王晶. 现代汉语中一个活跃的单音节后缀——"性"［J］. 苏州大学学报，2008（1）.

王静. 汉语词汇化研究综述［J］. 汉语学习，2010（3）.

王克仲. "载"、"再"通假与"载A载B"句式［J］. 中国语文，1984（1）.

王克仲. 是词缀还是助词［J］. 古汉语研究，2003（2）.

王力. 复音词的创造［J］. 国文月刊，1946（40）.

王力. 词和仂语的界限问题［J］. 中国语文，1953（9）.

王力. 汉语史稿［M］. 北京：中华书局，1980.

王力．汉语语法史［M］．北京：商务印书馆，1989.

王力．汉语的滋生词［J］．北京大学学报，1990（3）.

王力．汉语词汇史［M］．北京：商务印书馆，1992.

王立．从“单音动词+单音名词”结构的拼写看正词法则的客观依据［J］．语言文字应用，1998（1）.

王立．汉语构词范式初探［J］．山西大学学报，2000（1）.

王立．北京话儿化成分的语义特点及语素身份［J］．语言文字应用，2001（4）.

王立达．现代汉语中从日语借来的词儿［J］．中国语文，1958（9）.

王立廷．音节字的思考［J］．语文建设，1995（3）.

王丽华．《法言》构词法与造句法探究［J］．台湾淡江学报，1981（18）.

王玲．外来语素的词缀化［J］．语文学刊，2006（7）.

王领．佛教词语对汉语的影响［J］．白城师范学院，2008（1）.

王玲芳．现代汉语新兴类词缀（语缀）研究［D］．桂林：广西大学，2001.

王魁京，那须雅之．现代汉语缩略语词典［M］．北京：商务印书馆，1996.

王脉．佛教对汉语词汇影响的探析［J］．东疆学刊，2007（1）.

王敏．“准 X”新词初探［J］．牡丹江师范学院学报，2007（2）.

王明华．论 AABB 式重叠构词法［J］．杭州大学学报，1992（4）.

王明思．语素定型是词儿定型的前提［J］．语文建设通讯，1984（13）.

王鸣宇．现代汉语“可 X”式双音词的词汇化和相关问题研究［D］．上海：上海师范大学，2010.

王铭宇．汉语主谓式复合词与非宾格动词假设［J］．语文研究，2011（3）.

王宁．论本源双音合成词凝结的历史原因，古典文献与文化论丛（第二辑）［M］．杭州：杭州大学出版社，1999.

王宁．汉语词源的探求与阐释［J］．中国社会科学，1995（2）.

王宁．训诂学与汉语双音词的结构和意义［J］．语言教学与研究，1997（4）.

王宁．汉语双音合成词结构的非句法特征［J］．江苏大学学报，2008（1）.

王宁宁．汉语词缀“老”的研究［D］．上海：上海师范大学，2010.

王萍．《洛阳伽蓝记》復音词研究［D］．西安：西北大学，2004.

王其和．《史记》同义连用研究［D］．济南：山东师范大学，2002.

王启涛．近五十年来的中古汉语词汇研究［J］．四川师范大学学报，2003（1）.

王秋景．汉语名名复合词隐喻模式研究［D］．济南：山东财经大学，2014.

王绍新．甲骨刻辞时代的词汇，先秦汉语研究［M］．济南：山东教育出版社，1982.

王绍新．谈汉语复合词内部的语义构成［J］．语言教学与研究，1987（3）.

王绍新．谈谈后缀［M］//北京大学中文系．《语言学论丛》第十七辑．北京：商务印书馆，1992.

王森．新词语的容量和寿命［J］．兰州大学学报，1992（2）.

王森，王毅．《金瓶梅词话》中字序对换的双音词［J］．兰州大学学报，2000（6）.

王士元．语言变化的词汇透视［J］．语言研究，1982（2）．

王淑华．关汉卿杂剧复音词研究［D］．长春：东北师范大学，2005.

王树斋．汉语复合词词素义和词义的关系［J］．汉语学习，1993（2）．

王斯璐．现代汉语前缀研究［D］．长春：东北师范大学，2009.

王松亭．浅谈隐喻在词汇体系发展和演变中的作用［J］．中国俄语教学，1996（2）．

王天佑．“宁可”词汇化的过程及机制［J］．山西师大学报，2011（3）．

王天佑．连词“与其”词汇化的过程及动因［J］．语文研究，2011（2）．

王铁昆．十年来的汉语新词语研究［J］．语文建设，1991（4）．

王伟．现代汉语同素异序词浅论［J］．枣庄学院学报，2005（3）．

王伟．两周金文中合成复音词及词组的初步研究［D］．北京：首都师范大学，2006.

王伟，周卫红．“然后”一词在现代汉语口语中使用范围的扩大及其机制［J］．汉语学习，2005（4）．

王维理．从合音的训释看“如何”结构［J］．南京师范大学学报，1991（3）．

王卫峰．古汉语教学中的几个问题［J］．黄山学院学报，2004（1）．

王希杰．复合词的深层结构和表层结构及其理据性［J］//第一届中国语言文字国际学术研讨会与会论文．扬州大学学报，2002（3）．

王显．《诗经》中跟重言作用相当的“有”字式、“其”字式、“斯”字式和“思”字式［J］．语言研究，1959（4）．

王晓俊．《坛经》复音词初探［J］．湖北广播电视大学学报，2007（10）．

王晓平．汉语语素组合的灵活性及其构词的能产性［J］．江西大学学报，1990（4）．

王小莘，魏达纯．《颜氏家训》中联合式双音词的词义构成论析［J］．广西大学学报，1994（6）．

王小莘．魏晋南北朝词汇研究与词书的编纂［J］．中国语文，1997（4）．

王小莘．从魏晋南北朝笔记小说看中古汉语词汇新旧质素的共融和更替［J］．南京师范大学学报，2003（1）．

王忻．从《颜氏家训》管窥魏晋时期汉语词汇复音化的发展［J］．古汉语研究，1998（3）．

王兴才．关于“之所以”［J］．汉语学报，2007（4）．

王兴才．汉语词汇语法化和语法词汇研究［M］．北京：人民出版社，2009.

王旭东．北京话的轻声儿化及其影响［J］．中国语文，1992（2）．

王雪梅．汉语类词缀对当代汉语词汇系统的影响［J］．长春大学学报，2007（2）．

王雅．浅析类词缀中的“控”式词［J］．楚雄师范学院学报，2013（7）．

王怡．从《颜氏家训》管窥魏晋时期汉语词汇复音化的发展［J］．古汉语研究，1998（3）．

王锳．汉语词汇研究与中古汉语［J］．贵州大学学报，2003（4）．

王锳．试论古代白话词汇研究的意义和作用，近代汉语词汇语法散论［M］．北京：商务印书馆，2004.

王一涵．从“颜值”的出现看现代汉语新词的词缀化发展［J］．北方文学，2015（8）．

王裕恩．构词逻辑初探——语言逻辑研究［J］．大连大学学报，1991（2）．

王玥雯．鸠摩罗什五种译经复音词研究［D］．武汉：武汉大学，2004.

王云路．谈谈词缀在古汉语构词法中的地位［M］//汉语史研究集刊（第1辑）．成都：巴蜀书社，1998.

王云路．说“儿”［J］．杭州大学学报，1998（3）．

王云路．中国诗歌附加式双音词举例［J］．中国语文，1999（5）．

王云路．从《唐五代语言词典》看附加式构词法在中古汉语中的地位［J］．古汉语研究，2001（2）．

王云路．百年中古汉语词汇研究概述［M］．北京：北京语言文化大学出版社，2002.

王云路．谈“摒当”及其相关词语的附加式构词特点［J］．语言研究，2002（1）．

王云路．中古汉语词汇研究综述［J］．古汉语研究，2003（2）．

王云路．谈谈词缀在古汉语构词法中的地位［M］//朱庆之编《中古汉语研究》（二）．北京：商务印书馆，2005.

王云路．释“零丁”与“伶俜”——兼谈连绵词的产生方式之一［J］．古汉语研究，2007（3）．

王云路．试谈韵律与某些双音词的形成［J］．中国语文，2007（3）．

王云路，郭颖．试说古汉语中的词缀“家”［J］．古汉语研究，2005（1）．

王泽鹏．现代汉语的中缀问题［J］．烟台师范学院学报，1998（4）．

王振昆．词汇的规范化与词的内部形式［J］．汉语学习，1983（4）．

王政红．名形语素构词格分析——复合词构成格式研究之一［J］．南京师大学报，1992（4）．

王政红．论双音复合词的构成格式［J］．南京理工大学学报，1997（6）．

王政红．复合词结构的语法属性问题［J］．苏州大学学报，1998（2）．

王志英．话语标记“拉倒吧”的形成和功能——兼谈“拉倒”的词汇化与语法化［J］．励耘语言学刊，2016（1）．

王周．类词缀“族”“党”“迷”“控”研究［D］．扬州：扬州大学，2013.

王宗炎．关于语素、词和短语［J］．中国语文，1981（5）．

王作新．汉语复音词结构特征的文化透视［J］．汉字文化，1995（2）．

王作新．《说文解字》复体字的组合与系统思维［J］．北方论丛，1997（5）．

韦茂繁．谈“词尾”与“后缀”——兼论“词头”与“前缀”［J］．广西民族学院学报，1990（2）．

魏达纯．《颜氏家训》中的并列式同义（近义、类义）词语研究［J］．古汉语研究，1996（3）．

魏达纯．从《颜氏家训》看修辞手段在魏晋六朝复音词构成中的重要作用［J］．康定民族师范高等专科学校学报，1997（2）．

魏达纯．《颜氏家训》中反义语素并列双音词研究［J］．东北师大学报，1998（1）．

魏德胜．韩非子复音词研究［M］．北京：北京语言学院出版社，1995.

魏德胜．《睡虎地秦墓竹简》复音词简论［J］．语言研究，1999（2）．

魏建华．《世说新语》中的词缀［J］．沧州师范专科学校学报，2008（3）．

魏红华．小议英语影响下的汉语词缀化倾向［J］．民族论坛，2006（12）．

魏慧萍．“再说”的词汇化及相关问题［J］．河北大学学报，2010（4）．

魏启峰.《诗经》复音词研究［D］. 兰州：兰州大学，2011.

魏伟. 现代汉语外来类词缀研究［D］. 大连：辽宁师范大学，2007.

魏志成. 英汉语比较导论［M］. 上海：上海外语教育出版社，2003.

尉万传.《词汇化与语言演变》述介［J］. 外语教学与研究，2007（6）.

闻静. 同素逆序同义词浅析［J］. 柳州职业技术学院学报，2003（2）.

文金. "然"和"气"不是构词标志［J］. 中国语文，1958（2）.

文旭. 词序的拟象性探索［J］. 外语学刊，2001（3）.

问青松.《诗经》双音节复合词合成词研究［J］. 华中师范学院研究生学报，1984（2）.

沃哈拉. 漫谈汉语语素的特征［J］. 中国语文，1987（2）.

邬菊艳，王文斌. 论英汉类词缀的语法化和词汇化［J］. 外语教学，2014（5）.

吴东英. 再论英语借对现代汉语词法的影响［J］. 当代语言学，2001（2）.

吴福祥. 近年来语法研究的进展［J］. 外语教学与研究，1994（4）.

吴福祥. 试论现代汉语动补结构的来源［M］//汉语现状与历史的研究. 北京：中国社会科学出版社，1998.

吴福祥. 语法化与语法研究［M］. 北京：商务印书馆，2003.

吴福祥. 关于语法化的单向性问题［J］. 当代语言学，2003（4）.

吴福祥. 汉语语法化演变的几个类型学特征［J］. 中国语文，2005（6）.

吴福祥. 汉语语法化研究的当前课题［J］. 语言科学，2005（2）.

吴福祥. 语法化理论、历史句法学与汉语历史语法研究［M］//认知语言学与汉语研究. 上海：上海教育出版社，2005.

吴福祥. 汉语方所词语"后"的语义演变［J］. 中国语文，2007（6）.

吴福祥. 汉语方所词语"前"的语义演变［J］. 历史语言学研究（第三辑）. 北京：商务印书馆，2010.

吴国忠.《史记》虚词同义连用初探［J］. 中国语文，1987（3）.

吴和忠. 港台"国语"与大陆普通话复合构词的差异［J］. 广西师院学报，1997（3）.

吴鸿逵. 论同义复词的类型及其作用［J］. 徐州师范学院学报，1991（1）.

吴建生. 万荣方言的"子"尾［J］. 语文研究，1992（2）.

吴竞存，梁伯枢. 现代汉语句法结构与分析［J］. 语文出版社，1992.

吴凯风. "虽然"的语法化探析［J］. 井冈山学院学报，2006（6）.

吴凯风. "然"系词语的词汇化考察［D］. 桂林：广西师范大学，2007.

吴亮. 试论汉语词缀的形成和途径——语法化［J］. 河南教育学院学报，2005（1）.

吴鹏. 现代汉语准词缀研究［D］. 北京：中国社会科学院研究生院，2010.

吴仁甫. 语素和词义［J］. 华东师范大学学报，1995（3）.

吴铁平. 词义的感染［J］. 语文研究，1984（3）.

吴婷婷.《殷芸小说》复音词研究［D］. 长春：东北师范大学，2010.

吴为善. 双音化、语法化和韵律词的再分析［J］. 汉语学习，2003（2）.

吴为善. 汉语节奏的自然特征［J］. 上海师范大学学报，2003（3）.

吴为善．汉语韵律句法探索［M］．上海：学林出版社，2005.

吴锡根．无宾动词及其构成的句型［J］．浙江师范大学学报，1991（1）.

吴湘飞．简论汉语新词构词法的特点［J］．浙江工商大学学报，1997（3）.

吴晓峰．叠字与叠音词［J］．长春师院学报，1995（2）.

吴晓峰．修辞现象词汇化：新词新义产生的重要途径［J］．益阳师范高等专科学校学报，1998（4）.

吴晓露．从《论语》《孟子》看战国时期的双音词［J］．南京大学学报，1984（2）.

吴欣欣．汉语缩略语三题［J］．安徽大学学报，1993（3）.

吴旋．《汉法大词典》“X 性”双音节条目词类标［D］．重庆：四川外国语大学，2017.

吴艳．吧——新产生的类后缀［J］．江西师范大学学报，2000（4）.

吴艳娜．金文常用双音词释义［D］．广州：华南师范大学，2007.

吴永利．法语与汉语主要构词法比较［J］．牡丹江师范学院学报，2010（4）.

吴泽顺．《百喻经》复音词研究［J］．吉首大学学报，1987（1）.

吴泽顺．汉魏时期同义并列双音词的衍生模式——以高诱注中的音训词为例［J］．古汉语研究，2009（4）.

吴占海．同素反序词及其语音修辞［J］．内蒙古师大学报，1995（1）.

吴政国．现代汉语中的粘合式联合结构［J］．语言研究，2004（1）.

吴宗渊．试论并列式双音词的新创［J］．宁夏大学学报，1982（1）.

武建宇．《夷坚志》复音词研究［D］．成都：四川大学，2004.

武建宇．殷周金文词汇研究综述［J］．西华大学学报，2010（2）.

吴文杰，徐艳．并列式双音词语素义隐显特征分析［J］．石家庄学院学报，2016（4）.

武占坤，王勤．现代汉语词汇概要［M］．呼和浩特：内蒙古人民出版社，1983.

武振玉．程度副词“非常、异常”的产生与发展［J］．古汉语研究，2004（2）.

伍巍．汉语“—儿”尾纵谈［M］//中国音韵学研究会．《音韵学研究》（第二辑）．北京：中华书局，1986.

伍宗文．先秦汉语中字序对换的双音词［M］//汉语史研究集刊第 4 辑．成都：巴蜀书社，2000.

伍宗文．先秦汉语复音词研究［M］．成都：巴蜀出版社，2001.

伍宗文．从“意义的结合”看复音词［J］．西南民族学院学报，2001（2）.

夏剑钦．“薄”非“语助”辨［J］．学术月刊，1981（11）.

夏历．网络语境下的“X 哥”形式研究［J］．语言文字应用，2014（3）.

夏丏尊．双字词语的构成方式［J］．国文月刊，1946，3（41）.

夏青．《内经》联合式复音词的语素分析［J］．河南中医，1998（4）.

夏宇，谢婕妤．从“~门”浅析语义虚化和语法化［J］．湖北师范学院学报，2011（4）.

奚潇凌．《水浒传》偏正式复合词计量研究［D］．苏州：苏州大学，2012.

相银歌．先秦同义连用现象研究［D］．成都：四川大学，2007.

向熹．《诗经》语言研究［M］．成都：四川人民出版社，1987.

向熹．《诗经》里的复音词［M］//词汇学论文汇编．北京：商务印书馆，1989.

向熹．简明汉语史，高等教育出版社［M］//简明汉语史（修订本）．北京：商务印书馆，2010.

向烈．现代汉语词缀的确定［J］．常州教育学院学刊，1993（1）.

项梦冰．试论汉语方言复合词的异序现象［J］．语言研究，1988（2）.

项梦冰．上 V/A 儿，还是 N 儿［J］．语文建设，1994（8）.

萧广安．汉语同一词语结构多样性管见［J］．四川教育学院学报，1989（1）.

萧岚．《近代汉语中字序对换的双音词》补例［M］//近代汉语文献整理与研究．石家庄：河北教育出版社，2000.

萧天柱．谈汉语研究中的“词根”说［J］．信阳师范学院，1984（1）.

筱文．现代汉语词汇的缩简［J］．中国语文，1959（3）.

肖冬．傈僳语和现代汉语构词法比较研究［M］．德宏民族出版社，2011.

肖模艳．现代汉语比喻造词研究［D］．厦门：厦门大学，2008.

肖晓晖．对一类并列复合词的语义分析［J］．井冈山师范学院学报，2003（3）.

肖晓晖．汉语并列双音词构词规律研究——以《墨子》语料为中心［M］．北京：中国传媒大学出版社，2009.

肖奚强，王灿龙．“之所以”的词汇化［J］．中国语文，2006（6）.

肖新．说词缀“户”、“热”、“化”——新词产生的途径之一［J］．学汉语，1994（8）.

肖旭．也谈“自”和“复”［J］．中国语文，1998（4）.

（苏）谢米纳斯．现代汉语词汇学［M］．学林出版社，2011.

谢晖．汉语词缀的特征［J］．湖北广播电视大学学报，2004（5）.

谢仙丹．“要说”的词汇化和语法化［D］．杭州：浙江师范大学，2010.

谢耀基．外来词的语素分析［J］．中国语文通讯，1994（30）.

谢永玲．叠音词和重叠式合成词的区分［J］．河南师范大学学报，1998（3）.

谢之，谢静．论同义连言词的内部构型特征［J］．三峡大学学报，2003（3）.

谢质彬．关于“春分”、“夏至”等词的内部结构——与汤廷池教授商榷（上）（下）［J］．台湾．华文世界，1994（71）、（73）.

谢自立．苏州方言里的语缀［J］．方言，1989（2）.

解芳，毛远明．《宋书》本纪中的同义并列复合词考察［J］．重庆邮电学院学报，2006（3）.

解芳．《宋书》偏正复合词研究［D］．重庆：西南大学，2007.

解惠全．关于虚词复音化的一些问题［M］//南开大学中文系《语言研究论丛》编委会．语言研究论丛：第 7 辑．北京：语文出版社，1987.

解惠全．谈实词虚化［M］//吴福祥．汉语语法化．北京：商务印书馆，2005.

辛光．谈现代汉语的叠音后缀［J］．沈阳师范学院学报，1987（4）.

邢公畹．现代汉语的构形法和构词法［J］．南开大学学报，1956（2）.

邢公畹．现代汉语形容词后附字探源［J］．南开学报，1982（1）.

邢公畹．汉台语构词法的一个比较研究——大名冠小名［M］//语言论集．北京：商务印书馆，1983.

邢素丹．语气副词“最好”的词汇化与标记化［J］．国际汉语学报，2015（1）．

熊文华．论汉语词和短语的界定标准及实际问题的处理［J］．广西教育学院学报，1997（2）．

徐朝华．古代汉语中的偏义复词［J］．天津师范大学学报，1982（4）．

徐朝华．上古汉语词汇史［M］．北京：商务印书馆，2003.

徐从权．《释名》双音词研究［D］．苏州：苏州大学，2003.

徐从权．《释名》联合式双音词探析［J］．黄山学院学报，2005（4）．

徐从权．《释名》单音词扩展成双音词的途径与特点［J］．安庆师范学院学报，2005（6）．

徐德庵．汉语早期构词法——以《尔雅》《方言》同郭注的对照为例［J］．西南师范大学学报，1981（4）．

徐复岭．“知道”的构词方式是什么？［J］．汉语学习，1992（6）．

徐根松．双音节同素反序词的语法、语义考察［J］．浙江师大学报，1997（1）．

徐国庆．现代汉语词汇系统论［M］．北京：北京大学出版社，1999.

徐国珍．论仿拟造词法的内部理据［J］．汉语学习，2007（6）．

徐慧文．汉语附加式构词法浅析［J］．滨州师专学报，2004（3）．

徐家宁．儿化中的语义变异［J］．天津师大学报，1999（1）．

徐力．春秋金文词汇系统研究［D］．上海：华东师范大学，2007.

徐磊．汉语“跌倒”类常用词历史演变的描写与解释［D］．武汉：华中师范大学，2010.

徐流．论同义复词［J］．古汉语研究，1990（4）．

徐流．论多音节同义并列复用［J］．古汉语研究，1996（3）．

徐乃忠．古汉语中词与词组的辨析［J］．上海大学学报，1992（1）．

徐鹏鹏．朱子语类中的词尾“然”字［J］．哈尔滨学院学报，2006（4）．

徐萍．原型范畴视野下类词缀探析［J］．语文学刊，2011（2）．

徐山．《潜夫论》并列复词逆序词与《汉语大词典》编纂［J］．天津师范学院学报，2006（1）．

徐时仪．也谈“不成”词性的转移［J］．中国语文，1993（5）．

徐时仪．古代语文辞书释义特征探微［J］．上海师范大学学报，1997（1）．

徐时仪．论词组结构功能的虚化［J］．复旦学报，1998（5）．

徐时仪．古白话词汇研究论稿［M］．上海：上海教育出版社，2000.

徐时仪．词组词汇化与词典释义考探［J］．湖州师范学院学报，2004（3）．

徐时仪．玄应《众经音义》所释常用词考［J］．语言研究，2004（4）．

徐时仪．汉语双音词的衍生和发展探论［J］．柳州职业技术学院学报，2005（1）．

徐时仪．汉语词汇双音化的内在原因考探［J］．语言教学与研究，2005（2）．

徐时仪．“一味”的词汇化与语法化考探［J］．语言教学与研究，2006（6）．

徐时仪．词组义与词典释义考探［J］．辞书研究，2006（1）．

徐时仪．“民主”的成词及其词义内涵考［J］．上海师范大学学报，2007（4）．

徐时仪．“东西”成词及词义演变考［J］．汉语学报，2010（2）．

徐世荣．汉语词语结构的音乐性［M］//徐世荣《语文浅论集稿》．合肥：安徽教育出版社，1984.

徐世璇．汉藏语言的派生构词方式 分析［J］．民族语文，1999（4）．

徐天云．联绵词的历史观与非历史观［J］．牡丹江师范学院学报，1998（3）．

徐天云．汉语语素的造词性质［J］．牡丹江师范学院学报，1994（4）．

徐通锵．汉藏语言的语音屈折构词现象［J］．民族语文，1996（3）．

徐通锵．核心字和汉语的语义构辞法［J］．语文研究，1997（3）．

徐通锵．语言论——语义型语言的结构原理和研究方法［M］．长春：东北师范大学出版社，1997.

徐通锵．汉藏语言的派生构词方式分析［J］．民族语文，1999（4）．

徐威汉．汉语词汇学引论［M］．北京：商务印书馆，1992.

徐威汉．二十世纪汉语词汇学［M］．太原：书海出版社，2000.

徐小波．《说文》单字同义训释与同义并列双音词的产生［J］．上饶师范学院学报，2006（1）．

徐亚军，田宇．现代汉语词缀的性质及其分类研究［J］．学术交流，2000（2）．

徐妍雁．《朴通事》复音词专题研究［D］．北京：北京语言大学，2008.

徐耀良．缩略语的划界与规范化问题［J］．语文建设，1988（3）．

徐宜良．从语相学的角度看英汉语言构词的相同性［J］．湖北民族学院学报，2000（4）．

徐幼军．新词语新用法与社会心理［J］．语文建设，1988（3）．

徐越．现代汉语的“-头”［J］．语言教学与研究，2001（4）．

徐正考．汉语词汇学引论［M］．北京：商务印书馆，1992.

徐正考，王冰．两汉词汇语法史研究语料述论［J］．南开语言学刊，2007（1）．

徐正考，张烨．一种结构特殊的偏正式复合词［J］．苏州大学学报，2011（5）．

徐正考，张烨．一种特殊的动物复合名词［J］．河北大学学报，2012（3）．

徐志敏，蔡亮．汉语前缀与外来语素的前缀提取［J］．淮北煤炭师范学院学报，2007（6）．

许宝华．论说普通话和方言构词的异同［J］．中国语文，1965（5）．

许倍倍．“谁说”的词汇化与话语标记功能的形成［J］．北方文学，2013（3）．

许德楠．试论成语四音化问题［J］．语言教学与研究（试刊），1979（4）．

许德楠．说单音词与语素在构形上的同一性［J］．语言教学与研究，1981（4）．

许德楠．说若干词语构成中的同位和等价关系［J］．语言教学与研究，1989（4）．

许德楠．并列式词语在构词中的自补自注功能［J］．语言教学与研究，2000（2）．

许光烈，孙永兰．汉语词汇双音节化源流初探［J］．内蒙古民族大学学报，1991（4）．

许光烈．汉语词的理据及其基本类型［J］．内蒙古民族大学学报，1994（1）．

许海燕．《新书》反义聚合研究［D］．成都：四川师范大学，2008.

许皓光．东北方言词汇的构词和修辞特点初探［J］．辽宁大学学报，1994（4）．

许嘉璐．论同步引申［J］．中国语文，1987（1）．

许进．试论先秦双音节能愿动词［J］．山东师大学报，1989（1）．

许丽．析附缀式新词“X奴”［J］．语文学刊，2009（7）．

许连贵．双音合成词的分解现象［J］．语文战线，1981（4）．

许社丽．《西京杂记》中的复音词研究［J］．中州大学学报，2012（3）．

许威汉．汉语词汇学引论［M］．北京：商务印书馆，1992.

许惟贤．论联绵字［J］．南京大学学报，1988（2）．

许云，樊孝忠，张锋．自动提取词汇化树邻接文法［J］．计算机应用，2005（1）．

禤健聪．甲骨文“于”作动词献疑［J］．古汉语研究，2009（1）．

薛恭穆．“楚辞”中形容词副词的后缀［J］．中国语文，1980（6）．

薛莲．汉语词缀界定问题研究述评［J］．宜宾学院学报，2006（3）．

薛平．汉语构词法与英语构词法相似性研究［J］．长江大学学报，2011（4）．

薛祥绥．中国言语文字说略［J］．国故月刊，1919（4）．

雪梨．复合词内的词素搭配［J］．民族语文，1985（4）．

闫滨．《庄子》名词研究［D］．济南：山东大学，2006.

严宝刚．甲骨文词汇中的复音词［J］．宁夏大学学报，2009（5）．

严辰松．运动事件的词汇化模式，——英汉比较研究［J］．解放军外语学院学报，1998（6）．

严戎庚．论现代汉语词缀及其与助词的区别［J］．新疆大学学报，1996（4）．

严廷德．古汉语词汇学［M］．成都：四川大学出版社，1992.

严学窘．论汉语同族词内部屈折的变换模式［J］．中国语文，1979（2）．

严学窘．原始汉语韵尾后缀-s 试探［J］．华中师范学院学报，1979（1）．

严振海．词汇特点宜有知——古汉语构词法简述［J］．上海中医药杂志，1982（1）．

严志军．《荀子》构词法初探［J］．青海师范大学学报，1992（2）．

阎玉文．《三国志》复音词专题研究［D］．上海：复旦大学，2003.

阎早德．“老”字的称谓化作用［J］．语言教学与研究，1992（3）．

颜红菊．复合词语义成分的符号实现［J］．长沙理工大学学报，2008（1）．

颜森．黎川方言的仔尾和儿尾［J］．方言，1989（1）．

颜红菊．话语标记的主观性和语法化——从“真的”的主观性和语法化谈起［J］．湖南科技大学学报，2006（6）．

颜红菊．现代汉语复合词语义结构研究［D］．北京：首都师范大学，2007.

颜红菊．从句法独立到词法独立——主谓结构成词的独立性象似动因［J］．湖南科技学院学报，2008（7）．

颜洽茂．南北朝佛经复音词研究——《贤愚经》《杂宝藏经》《百喻经》复音词初探［D］．大连：辽宁师范大学，1984.

颜洽茂．缩略构词补说［J］．辽宁师大学报，1984（4）．

颜洽茂．佛教语言阐释——中古佛经词汇研究［M］．杭州：杭州大学出版社，1997.

晏颖，薛欢，黄文学．《本草纲目》所见双字格中药名称的构词法［J］．河北理工大学学报，2010（5）．

杨树达．词诠［M］．北京：中华书局，1965.

杨爱姣．“小”词缀化原因、词缀化类型的语义学分析［J］．武汉大学学报，2007（3）．

杨奔．关于同素反序词的规范问题［J］．玉林师专学报，1999（4）．

杨奔．汉语同素反序词源流初探［J］．广西民族学院学报，1999（3）．

杨必胜．论“同义联用”［J］．语文研究，1983（1）．

杨必胜．试论“港词北进”［J］．语文建设，1984（4）．

杨伯峻．《诗经》句法偶谈［J］．中国语文，1978（1）．

杨伯峻．反义复词单词例证［J］．语言研究，1984（1）．

杨博．偏正式：汉语新词的主要构词方式［J］．海外华文教育，2008（4）．

杨彩梅．Hayes 的重音理论与汉语词重音系统［J］．现代外语，2008（1）．

杨彩梅，李兵．重音（音步）理论与汉语的词重音系统［G］//第六届全国现代语音学学术会议论文集（下）．2003．

杨成虎，么孝颖．词汇化中的虚词问题［J］．西安邮电学院学报，2007（6）．

杨鼎夫．古汉语迭音词的产生及其发展［J］．暨南学报，1991（3）．

杨凤仙．试论上古介词“于”用法的演变——兼谈“V+N2+N1”的归类［J］．中国政法大学学报，2012（3）．

杨福绵．反映在上古汉语多音字中的原始汉语前缀［J］．语言研究，1991（1）．

杨钢．试论汉语复音化与语音简化的关系［J］．四川师范大学学报，1989（5）．

杨桂敏．汉语简称的形成及其应用［J］．汉语学习，1982（1）．

杨贵敏．从“老”词缀看汉语词缀的演变［J］．安徽文学（下半月），2008（1）．

杨海峰．《吴越春秋》词汇研究［D］．成都：四川大学，2005．

杨贺．试论前缀“老”的语法化历程及其意义［J］．山东科技大学学报，2003（2）．

杨贺．中古汉语词缀研究［M］．济南：山东大学出版社，2016．

杨红华．汉语构词法分类标准质疑［J］．广西大学学报，1993（4）．

杨会永．《佛本行集经》词汇研究［D］．杭州：浙江大学，2005．

杨华．汉语新词语研究［M］．哈尔滨：黑龙江教育出版社，2002．

杨怀源．西周金文词汇研究［D］．成都：四川大学，2006．

杨怀源．西周金文复音词的来源与复音化动因［J］．重庆三峡学院学报，2008（5）．

杨怀源．汉语构词法研究史的第一幅全景图——评《汉语的构词法研究》［J］．内江师范学院学报，2008（7）．

杨吉春．偏义复词“睡觉”意义的嬗变［J］．西北师范大学学报，2004（3）．

杨吉春．汉语反义复词研究［M］．北京：中华书局，2007．

杨建国．后缀“如”小考［J］．中国语文，1990（4）．

杨建国．元曲中的状态形容词［J］．北京大学《语言学论丛》第 9 辑，1982．

杨建国．先秦汉语的状态形容词［J］．中国语文，1979（6）．

杨靖轩．汉语医学词构词法［J］．语言教学与研究，1983（2）．

杨娟．汉语词缀的类型学研究［J］．辽宁教育行政学院学报，2011（5）．

杨丽珠．“然”字小议［J］．语言教学与研究，1980（1）．

杨琳．汉语词汇复音化新论［J］．烟台大学学报，1995（4）．

杨琳．汉语词汇与华夏文化［M］．北京：语文出版社，1996.
杨梅．论“性”缀语法化进程及相关问题［J］．南京师范大学学报，2005（3）．
杨梅．现代汉语合成词构词研究［D］．南京：南京师范大学，2006.
杨明明．《殷周金文集成》所见叠音词的初步研究［D］．北京：北京语言大学，2006.
杨秋玲．词缀及类词缀“子”［J］．开封大学学报，2004（3）．
杨荣祥．汉语副词形成争议——以近代汉语为例［M］//语言学论丛第23辑．北京：商务印书馆，2001.
杨荣祥．副词词尾源流考察［J］．语言研究，2002（3）．
杨荣祥．论汉语史上的“副词并用”［J］．中国语文，2004（4）．
杨荣祥．从历史演变看“VP+甚/极”的句法语义结构关系及“甚/极”的形容词词性［J］．语言科学，2004（2）．
杨树达．积微居甲文说·释于，杨树达文集之五［M］．上海：上海古籍出版社，1986.
杨天戈．说兀［J］．中国语文，1980（5）．
杨天戈．名词前缀“阿”探源［J］．中国语文，1991（3）．
杨同军．支谦译经复音词研究［D］．成都：四川大学，2006.
杨同用．汉语构词研究与语言信息处理［J］．河北师范大学学报，2002（1）．
杨锡彭．论复合词结构的语法属性［J］．南京大学学报，2002（1）．
杨锡彭．汉语语素论［M］．南京：南京大学出版社，2003.
杨锡彭．关于词根与词缀的思考［J］．汉语学习，2003（2）．
杨晓黎．四音节新词语及其成因［J］．江淮论坛，1996（4）．
杨晓宇．《法言》复音词研究［D］．兰州：兰州大学，2007.
杨小平．当代汉语新词新语研究［M］．北京：中国社会科学出版社，2012.
杨信川．名词后缀的语义等级［J］．修辞学习，1997（3）．
杨星荧．谈比喻造词［J］．广西师范学院学报，1982（2）．
杨修彭．汉语语素论［M］．南京：南京大学出版社，2003.
杨修彭．汉语外来词研究［M］．上海：上海人民出版社，2007.
杨雅丽．论《墨子》中的同义复词［J］．西北第二民族学院学报，2001（2）．
杨亦鸣，余光武．《汉语词法：语言学和认知的研究》评述［J］．当代语言学，2003（1）．
杨英耀．同素逆序词应用词典［M］．珠海：珠海出版社，2003.
杨永龙．近代汉语反诘副词“不成”的来源及虚化过程［J］．语言研究，2000（1）．
杨永龙．“已经”的初见时代及成词过程［J］．中国语文，2002（1）．
杨余森．汉俄语构词法比较［J］．武汉大学学报，1990（3）．
杨振兰．试论词义与语素义［J］．汉语学习，1993（6）．
杨振兰．汉语后缀“子”的范畴化功能［J］．山东大学学报，2007（5）．
姚汉铭．试控复合动词转化成名词的界线［J］．河南师大学报，1980（5）．
姚汉铭．试探复合动词向名词转化的方式［J］．青海师范学院学报，1981（4）．
姚汉铭．论新词语的文化分布、产生途径及成因［J］．曲靖师专学报，1984（1）．

姚莉．中古汉语介词双音组合的发展［J］．广西民族学院学报，2004（1）．

姚莫诩，王治平．“动+宾=名”的构词法［J］．阅读与写作，1995（8）．

姚双云，姚小鹏．自然口语中“就是”话语标记功能的浮现［J］．世界汉语教学，2012（1）．

姚玮．《荀子》双音词研究［D］．天津：南开大学，2005．

姚兮廷．《韩诗外传》反义聚合系统研究［D］．长沙：湖南师范大学，2008．

姚维锐．古书疑义举例增补［M］．北京：中华书局，1962．

姚小鹏，姚双云．“不X”类副词的语法化与表义功用［J］．汉语学习，2010（4）．

姚艳颖．《新书》复音词研究［D］．西安：陕西师范大学，2007．

姚永铭．新词语·社会·文化［M］．上海：辞书出版社，1998．

姚振武．关于中古汉语的“自”和“复”［J］．中国语文，1993（2）．

姚振武．汉语谓词性成分名词化的原因及其规律［J］．中国语文，1996（1）．

姚振武．再谈中古汉语的“自”和“复”及相关问题［J］．中国语文，1997（1）．

姚振武．“以为”的形成及相关问题［J］．古汉语研究，1997（3）．

姚振武．指称与陈述的兼容性与引申问题［J］．中国语文，2000（6）．

易丰．华语词汇双音化的社会基础，［J］．华文世界，1994（71）．

易国杰．说《孔雀东南飞》中的“自”［J］．南昌师专学报，1985（1）．

易孟醇．先秦语法［M］．长沙：湖南大学出版社，1989．

易熙吾．汉语中的双音词（上，下）［J］．中国语文，1954（10、11）．

伊安．比喻造词浅论［J］．中国人民警官大学学报，1995（3）．

伊兴荣．从《新华新词语词典》看新词语造词法［D］．乌鲁木齐：新疆师范大学，2006．

叶双．双音词“X乎”的词汇化和语法化考察——兼论“乎”的词缀化问题［D］．上海：上海师范大学，2014．

叶正渤．上古汉语词汇研究［M］．北京：中央文献出版社，2007．

殷国光．《吕氏春秋》同类词并列连用考察［J］．古汉语研究，1994（1）．

殷国光．上古汉语语法研究［M］．北京：中国大百科全书出版社，2002．

殷寄明．从语源学角度看“干巴巴”类派生词［J］．南京师范大学学报，2001（1）．

殷孟伦．关于汉语复音词构词形式二三例的试解［J］．文史哲，1958（4）．

殷树林．话语标记“不是”［J］．汉语学习，2011（1）．

殷树林．也说“完了”［J］．世界汉语教学，2001（3）．

殷树林．论话语标记的形成［J］．湖南科技大学学报，2012（2）．

殷晓杰．“再来”的词汇化和语法化［J］．聊城大学学报，2008（1）．

殷晓明．《荀子》复音词研究［D］．南京：南京大学，2003．

殷晓明．《荀子》中联合式复音词［J］．安庆师范学院学报，2005（2）．

殷晓明．《荀子》中偏正式复音词［J］．佳木斯大学社会科学学报，2005（1）．

殷志平．构造缩略语的方法和原则［J］．语言教学与研究，1999（2）．

殷志平．“零”的突破［J］．语文建设，2001（2）．

殷志平．数字式缩略语的特点［J］．汉语学习，2002（2）．

殷作炎．普通话儿尾词的规范化问题［J］．语文建设，1987（5）．

尹斌庸．汉语语素的定量研究［J］．中国语文，1984（5）．

尹海良．现代汉语类词缀研究［D］．济南：山东大学，2007．

尹海良．现代汉语方位类后缀“-头”和“-面”的认知考察［J］．东南大学学报，2008（4）．

尹海良．新时期“海X”系列新词及构词法思考［J］．辞书研究，2010（6）．

尹黎云．现代汉语双音词源考［J］．赣南师范学院学报，1988（4）．

尹艳普．双音词的界定及成因、来源［J］．安徽文学（下半月），2009（8）．

银菲．“我看”的词汇化、语法化及形成模式［D］．桂林：广西师范大学，2012．

应学凤．韵律语法理论与汉语韵律语法研究述评［J］．汉语学习，2013（1）．

尤俊成．试论佛教对汉语词汇的影响［J］．内蒙古师大学报，1993（2）．

于静丽．“X说”的语法化与主观性研究［D］．武汉：华中师范大学，2009．

于红．现代汉语新词语考察［J］．南京师大学报，2004（2）．

于秒．也谈现代汉语词缀的判定［J］．辽东学院学报，2005（6）．

于秒．现代汉语“X性”词研究［D］．延吉：延边大学，2006．

于姗．《新序》复音词研究［D］．长春：东北师范大学，2007．

于为．《吴越春秋》复音词研究［D］．长春：东北师范大学，2006．

于永玉等．现代汉语造词词典［M］．延吉：延边大学出版社，1992．

语用所“新词新语新用法研究”课题组：整理汉语新词语的若干思考［J］．语言文字应用，1993（3）．

余光武，满在江．连词“完了”来源新解［J］．语言教学与研究，2008（1）．

余广川．关于现代汉语儿化词中“儿”语素地位的质疑及相关构词法的思考［J］．文学界，2011（6）．

余健萍．使成式的起源和发展，语言论集（第二集）［M］．北京：中华书局，1957．

余云霞．汉俄构词后缀对比［J］．语言教学与研究，1986（1）．

余云霞．汉语和俄语前缀构词对比［J］．语言教学与研究，1990（1）．

余颖．楚简文献复音词研究［D］．上海：华东师范大学，2006．

俞正燮．癸巳类稿［M］．沈阳：辽宁教育出版社，2001．

俞樾．古书疑义举例［M］．北京：中华书局，2005．

俞理明．佛经文献语言［M］．成都：巴蜀书社，2001．

俞理明．汉语词汇中的非理复合词——一种特殊的词汇结构类型：既非单纯词又非合成词［J］．四川大学学报，2003（4）．

俞理明，谭代龙．共时材料的历时分析［J］．四川大学学报，2004（5）．

俞理明，谭代龙．汉语缩略研究——缩略：语言符号的再符号化［M］．成都：巴蜀书社，2005．

俞敏．《诗》“薄言”平议［M］//中国语言学报（1）．北京：商务印书馆，1982．

俞敏．化石语素［J］．中国语文，1984（1）．

俞敏．“哥儿、哥儿俩、哥儿们”［J］．方言，1984（3）．

俞扬．泰州话名词后缀“儿”和“子”的语法特点［M］//语言研究集刊．杭州：江苏教育出版社，1986.

俞扬．汉语并立四字组合成词问题初探［J］．宁波师范学院学报，1986（2）.

俞扬．对偏义复词的再认识［J］．宁波师范学院学报，1992（2）.

余晓惠．介词“于”在甲骨文和先秦时期的用法比较［J］．黑龙江教育学院学报，2011（5）.

余云霞．汉俄构词后缀对比［J］．语言教学与研究，1986（1）.

遇笑容．《儒林外史》词汇研究［M］．北京：北京大学出版社，2001.

喻华．《释名》释语复音词研究［D］．长沙：湖南师范大学，2002.

喻遂生．重庆话的附缀形容词［J］．北京大学《语言学论丛》第9辑，1982.

喻遂生．重庆话名词的重叠构词法［J］．北京大学《语言学论丛》第15辑，1988.

喻遂生，郭力．《说文解字》的复音词［J］．西南师范大学学报，1987（1）.

袁晖等．汉字、音节和语素“三位一体”［J］．内蒙古民族师范学院学报，1985（1）.

袁慧．古代汉语、现代汉语词缀探析［J］．船山学刊，2000（4）.

袁岘．双音节优势的一种表现［J］．中国语文，1981（1）.

袁开惠．《黄帝内经·素问》复音词研究［D］．长春：东北师范大学，2006.

袁庆德．早期汉语造词法新探［J］．殷都学刊，2002（1）.

袁毓林．“者”的语法功能及其历史演变［J］．中国社会科学，1997（3）.

苑春法．汉语构词研究［J］．汉语构词研究，2000（1）.

苑春法，黄昌宁．现代汉语中二字复合词的构词格式研究［M］//计算语言学进展与应用．北京：清华大学出版社，1995.

苑春法等．汉语构词研究［J］．语言文字应用，2000（1）.

苑春法，黄昌宁．基于语素数据库的汉语语素及构词研究［J］．世界汉语教学，1998（2）.

苑春法，李莼，崔永华，等．基于遗传算法的汉语构词研究［J］．清华大学学报（自然科学版），2001（4—5）.

岳长顺．论类推创造新词［J］．世界汉语教学，1993（2）.

云汉，峻峡．再议带后缀“化”的词［J］．汉语学习，1994（1）.

臧彤．《战国策》复音词研究［D］．西安：陕西师范大学，2011.

曾丹．反义复合词形成演变的认知研究［D］．杭州：浙江大学，2007.

曾德祥．简论比喻对汉语双音节化的促进作用［J］．四川师范大学学报，1997（2）.

曾立英．“我看”与“你看”的主观化［J］．汉语学习，2005（2）.

曾立英．三字词中的类词缀［J］．语言文字应用，2008（2）.

曾立英．现代汉语类词缀的定量与定性研究［J］．世界汉语教学，2008（4）.

曾令香．儿缀考［D］．济南：山东大学，2006.

曾晓鹰．说“词缀”［J］．贵州教育学院学报，1996（1）.

曾艳绘．“冬至”一词的结构关系［J］．汉字文化，2006（1）.

翟燕．《洛阳伽蓝记》中新词新义的语义及结构分析［J］．济宁师范专科学校学报，2003（1）.

詹伯慧．专名的简略［J］．中国语文通讯，1993（25）．

詹人凤．现代汉语语义学［M］．北京：商务印书馆，1997．

詹秀惠．《世说新语》语法研究［M］．台北：台湾学生书局，1973．

占勇．汉语构词法研究述评［J］．兰州学刊，2006（9）．

占勇．现代汉语词缀的再思考［J］．温州大学学报，2009（5）．

占勇，钱益军．现代汉语复合词判断标准研究述评［J］．湖州师范学院学报，2009（3）．

赵翼．陔余丛考［M］．石家庄：河北人民出版社，2003．

（宋）张有．复古篇［M］．学识斋，1868．

张彬．论汉语的词缀化倾向［J］．河南科技大学学报，2005（6）．

张斌．现代汉语附缀研究［D］．上海：上海师范大学，2013．

张柏喜．《易经》复音词研究［J］．晋中学院学报，2007（5）．

张博．先秦形容词后缀“如、若、尔、然、焉”考察［J］．宁夏大学学报，1992（4）．

张博．先秦并列式连用词序的制约机制［J］．语言研究，1996（2）．

张博．组合同化——词义衍生的一种途径［J］．中国语文，1999（2）．

张长永．现代汉语表时双音词“X来”的词汇化及语法化问题研究［D］．上海：上海师范大学，2009．

张超．“词汇化”和“语法化”的含义及相互关系［J］．社科纵横，2012（2）．

张赪．金元时期“名量词+儿”的用法［J］．华东师范大学学报，1993（5）．

张成进．现代汉语双音介词的词汇化与语法化研究［D］．合肥：安徽大学，2013．

张成进．时间副词“一向”的词汇化与语法化考察［J］．语言研究，2013（2）．

张成进．“一旦”的词汇化、语法化及相关问题［J］．安徽大学学报，2013（3）．

张传真．《列子》中联合式复音词语义构成研究［J］．清远职业技术学院学报，2010（2）．

张翠翠，徐阳．谈“冬至”一词的结构关系［J］．安徽文学（下半月），2009（7）．

张翠敏．汉语新词语词缀化趋势特点及心理基础刍议［J］．华北电力大学学报，2005（3）．

张道新．汉字缩略语语素的类化和族化［J］．辽宁工业大学学报，2010（2）．

张德鑫．谈颠倒词［J］．汉语学习，1995（6）．

张登岐．合成动词的结构及其功能［J］．上海师范大学学报，1992（3）．

张登岐．汉语合成动词的结构特点［J］．中国语文，1997（5）．

张福德．古汉语复合义单音证书中探微［J］．北方论丛，1996（3）．

张冈．“调序说”异议［J］．中国语文，1980（5）．

张耿光．汉语名词附缀成分形成发展中的几个问题［J］．宁夏教育学院学报，1984（3）．

张归璧．《诗经》中动词前之“于”字［J］．中国语文，1984（5）．

张国宪．“动+名”结构中单双音节动作动词功能差异初探［J］．中国语文，1989（3）．

张国宪．并列式合成词的语义构词原则与中国传统文化［J］．汉语学习1992（5）．

张国宪．双音节动词功能增殖探讨，语法研究与语法应用［M］．北京：北京语言学院出版社，1994．

张国宪．“V双+N双”短语的理解因素［J］．中国语文，1997（3）．

张鹤泉．试谈《金瓶梅》中的动词后缀“子”［J］．聊城师范学院，1987（4）．

张鸿魁．《世说新语》并列结构的字序［M］//程湘清．魏晋南北朝汉语研究．济南：山东教育出版社，1988.

张宏国．“够了”的词汇化及话语标记功能研究［J］．贵州大学学报，2014（1）．

张焕新．《法言》复音词研究［D］．长春：东北师范大学，2004.

张焕新．《法言》中联合式复音词研究［J］．通化师范学院学报，2006（1）．

张慧娜．当代汉语类词缀发展探微［J］．内蒙古师范大学学报，2006（1）．

张慧欣．王梵志诗双音节副词初探［D］．济南：山东大学，2006.

张吉生．英汉词缀对比分析［J］．外语教学，2001（3）．

张金圈．“别看”的连词化及话语标记功能的浮现［J］．汉语学习，2016（1）．

张江丽．论汉语双音复合词结构的独特性——以语素“花”所构双音复合词为例［J］．励耘学刊（语言卷），2011（1）．

张锦笙．“相”字考略［J］．镇江师专学报，1997（2）．

张静．现代汉语的词根和词缀［M］//北京大学《语言学论丛》第四辑．上海：上海教育出版社，1960.

张静．新编现代汉语［M］．上海：上海教育出版社，1980.

张静．汉语语法问题［M］．北京：中国社会科学出版社，1987.

张静．汉英网络语言构词法对比研究［J］．湖北师范学院学报，2009（5）．

张凯．汉语构词基本字的统计分析［J］．语言教学与研究，1997（1）．

张凯．《尚书》双音节名词研究［J］．汉字文化，2007（5）．

张丽．《国语》韦昭注联合式复音词研究［J］．燕山大学学报，2005（3）．

张莉娜．从几个常用词演变浅析词汇和词义的发展［J］．四川大学学报，2004（增刊）．

张丽萍．试论汉语词汇复音化［J］．山东教育学院学报，2005（5）．

张丽霞．论汉语构词的双音节化趋势——从“儿”尾与“子”尾的使用频率谈起［J］．山东理工大学学报，2007（3）．

张丽霞．《玉堂闲话》双音合成词研究［D］．兰州：兰州大学，2012.

张联荣．汉语词汇的流变［M］．郑州：大象出版社，1997.

张联荣．《孟子》赵注中的并列复合结构［M］//汉语史研究集刊：第六辑．成都：巴蜀书社，2003.

张琳．《神仙传》偏正式复音词语义构成研究［J］．安徽文学，2009（12）．

张灵秀．汉语复合词结构类型及其判定［J］．天津外国语学院学报，1997（1）．

张美兰．近代汉语后缀形容词［M］．贵阳：贵州教育出版社，2001.

张美兰．明初汉语常用词新旧质素的兴替变化——以《训世评话》为中心［J］．安徽理工大学学报，2013（4）．

张美兰，周滢照．明清常用词的历时替换——以鼓词曲本《西游记》为例［J］．苏州大学学报，2014（5）．

张美霞．《现代汉语词典》（第6版）词缀考察［J］．汉语学习，2013（3）．

张梦井．汉语名词后缀“子”的形态学研究［J］．惠州大学学报，2001（1）．

张能甫．东汉实料及同素异序的时代问题［J］．古汉语研究，2000（3）．

张能甫．简论《旧唐书》中的唐五代新兴词语［J］．渝西学院学报，2003（4）．

张能甫．论《旧唐书》中的唐五代新兴词语［J］．汉语史研究集刊，2007．

张宁．“儿”语缀的语境语义分析［J］．汉语学习，1993（2）．

张鹏．《红楼梦》词缀研究［D］．重庆：西南大学，2008．

张其昀．现代汉语同素词通考［J］．语言研究，2002（1）．

张青．现代汉语类词缀的原型范畴分析——从类词缀的差别标准说起［J］．汉字文化，2016（3）．

张清常．上古汉语的SOV语序及定语后置［J］．语言教学与研究，1989（1）．

张清华．郭璞《尔雅注》双音词研究［D］．烟台：鲁东大学，2008．

张庆凯．《诗经》叠音词初探［J］．河南大学学报，1985（5）．

张庆庆．近代汉语几组常用词演变研究［D］．苏州：苏州大学，2007．

张秋艳．由《颜氏家训》中复音词的结构模式及语义构成看复音词的发展［J］．浙江教育学院，2002（3）．

张秋云．“化”尾动词功能弱化的等级序列［J］．中国语文，2002（1）．

张锐．《颜氏家训》联合式复合词研究［D］．重庆：西南大学，2009．

张瑞朋．现代汉语中的同素异序词［J］．语言研究，2002（特刊）．

张慎．晋语“圪”研究述评［J］．安康学院学报，2010（5）．

张世禄．张世禄语言学论文集［M］．上海：学林出版社，1984．

张世禄．同义为训与同义并行复合词的产生［J］．扬州师院学报，1981（3）．吴文祺主编《语言文字研究专辑》（下）．上海古籍出版社，1986．

张守艳．《离骚》复音词研究［J］．山东教育学院学报，2009（2）．

张守作．谈汉语造词法中的比喻式造词［J］．东北师范大学《研究生学刊》，1986（1）．

张树铮．论普通话“—儿”缀的语音形式［J］．语言教学与研究，2005（3）．

张双棣．《吕氏春秋》词汇研究［M］．济南：山东教育出版社，1989．

张双棣．《吕氏春秋》词汇简论［J］．北京大学学报，1989（5）．

张寿康．略论汉语构造法［J］．中国语文，1957（6）．

张寿康．构词法和构形法［M］．武汉：湖北人民出版社，1981．

张寿康．现代汉语中字序对换的双音词［M］//汉语学习论丛．济南：山东教育出版社，1983．

张田田．与代词“并入”相关的双音词的词汇化与语法化［D］．上海：上海师范大学，2012．

张田田．试论“何必呢”的标记化——兼论非句法结构“何必”的词汇化［J］．语言科学，2013（3）．

张巍．中古汉语同素逆序词演变研究［D］．上海：复旦大学，2005．

张伟．词缀“是”初探［J］．延安大学学报，1982（2）．

张伟芳．《宋书》中词缀“复”的研究［J］．长沙铁道学院学报，2008（1）．

张维耿．一种新的构词法［J］．语文建设通讯，1990（28）．

张维友．英汉语缀合构词法比较［J］．外语与外语教学，2007（2）．

张显成．秦汉简帛构词法分析十二则［M］//简帛语言文字研究（第五辑）．成都：巴蜀书社，2010．

张小平．当代汉语类词缀辨析［J］．宁夏大学学报，2003（5）．

张小平．改革开放以来汉语词汇发展变化研究［D］．济南：山东大学，2000．

张小平．当代汉语词汇发展变化研究［M］．济南：齐鲁书社，2008．

张晓华．《西京杂记》复音词研究［D］．重庆：西南大学，2007．

张新红．汉语词根词缀化研究［D］．长春：东北师范大学，2006．

张新红，刘锋．词缀“老”的结构及语义色彩［J］．伊犁师范学院学报，2004（4）．

张新红，刘锋．汉语词根词缀化［J］．昌吉学院学报，2007（5）．

张秀松．语法化研究的现实与困境［N］．中国社会科学报，2011-10-11．

张学贤．修辞构词法与古汉语词汇丰富发展的关系［J］．浙江师范大学学报，1988（1）．

张洵如．国语中之复音词［J］．国文月刊，1948（63）．

张洵如．语尾“子”字用法调查［M］//叔重．中国语文研究参考资料．北京：中华书局，1957．

张延成．《汉书》复音词研究［D］．南京：南京师范大学，1998．

张艳．《尔雅》双音词浅析［J］．浙江海洋学院学报，2006（3）．

张妍．词缀化和多音节化趋势对现代汉语词汇形态的影响［J］．济源职业技术学院学报，2011（2）．

张映庚．语法与思维——昆明方言构词造句的特点及其与传统思维的关系［J］．云南师范大学学报，1996（1）．

张烨．支谶译经“构词法”及“造词法”研究［D］．长春：吉林大学，2012．

张怡春．偏正结构复合名词语素异序现象分析［J］．南京师大学报，2007（4）．

张谊生．说“X式”——兼论汉语词汇的语法化过程［J］．上海师大学报，2002（3）．

张谊生．当代新词“零X”词族探微——兼论当代汉语构词方式演化的动因［J］．语言文字应用，2003（1）．

张谊生．从间接的跨层连用到典型的程度副词——“极其”词汇化和副词化的演化历程和成熟标志［J］．古汉语研究，2007（4）．

张谊生．浅析“X客”词族——词汇化和语法化的关系新探［J］．语言文字应用，2008（4）．

张谊生．试论连词“及其”的词汇化动因、连接方式及指代歧义［M］//吴福祥，崔希亮．语法化与语法研究（四）．北京：商务印书馆，2009．

张永绵．近代汉语中字序对换的双音词［J］．中国语文，1980（3）．

张永言．关于词的“内部形式”［J］．语言研究（创刊号），1981．

张永言．词汇学简论［M］．武汉：华中工学院出版社，1982．

张永言．从词汇史看《列子》的撰写时代［M］//季羡林教授八十华诞纪念论文集．上卷．南昌：江西人民出版社，1991.

张永言，汪维辉．关于汉语词汇史研究的一点思考［J］．中国语文，1995（6）．

张玉金．甲骨文语法学［M］．上海：学林出版社，2001.

张玉金．西周汉语语法研究［J］．北京：商务印书馆，2004.

张悦．汉语词汇复音化对汉语发展的影响［J］．广西社会科学，2005（6）．

张悦．中古汉语词缀的辨析［J］．山东社会科学，2006（7）．

张悦．从《三国志》、《洛阳伽蓝记》、《水经注》看魏晋南北朝汉语双音合成词的发展及演变［D］．济南：山东大学，2006.

张云秋．“化”尾动词功能弱化的等级序列［J］．中国语文，2002（1）．

张云徵．汉语“动·介”组合及其他［J］．云南民族大学学报，2005（2）．

张正霞．《五十二病方》构词法研究［D］．重庆：西南师范大学，2003.

张正霞．《毛公鼎》构词法研究［J］．大理学院学报，2004（6）．

张正霞．帛书《五十二病方》偏正式复音词论析［J］．内江师范学院学报，2010（9）．

张志达．浅谈复语的注释［J］．山东师范大学学报，1993（1）．

张志公．谈汉语的语素［J］．语言教学与研究，1981（4）．

张志毅，张庆云．新时期新词语的趋势与选择［J］．语文建设，1997（3）．

章建文，赵代根．《荀子》复音词初探［J］．池州师专学报，2003（1）．

章也，张少华．试论古代汉语的词尾［J］．语文学习，1982（10）．

章宜华．信息时代新词的产生与构造理据［J］．辞书研究，2003（5）．

赵诚．甲骨文简明词典［M］．北京：中华书局，1988.

赵诚．金文的“于”［J］．语言研究，1996（2）．

赵长才．先秦汉语语气词连用现象的历时演变［J］．中国语文，1995（1）．

赵红梅．基于新词语语料库的修辞词汇化研究［J］．伊犁师范学院学报，2002（4）．

赵晖．论汉语词汇双音化的原因［J］．山西青年管理干部学院学报，2007（2）．

赵建功．元杂剧中的重叠词［J］．郑州大学学报，1982（1）．

赵金铭．元人杂剧中的象声词［J］．中国语文，1981（2）．

赵金铭．动词词缀“-de”和名词标记“-de”，1999（六届国际汉语教学讨论会论文）．

赵克勤．古汉语词汇概要［M］．杭州：浙江教育出版社，1987.

赵克勤．古代汉语词汇学［M］．北京：商务印书馆，1994.

赵立明．《淮南子》复音词研究［D］．南京：南京师范大学，1998.

赵丽娜，李宝文．汉语复音虚词中单“字”虚化为词缀的趋势分析［J］．河北科技师范学院学报，2006（1）．

赵洛生．关于汉语复合词［J］．南京社会科学，1994（6）．

赵明．论现代汉语类词缀构词［J］．海外华文教育，2011（3）．

赵青青，宋作艳．现代汉语隐喻式双音节名名复合词研究——基于生成词库理论［J］．中文信息学报，2017（2）．

赵湜．词尾“头”溯源［J］．吉林师范学院学报，1985（1—2）．
赵淑华，张宝林．离合词的确定与离合词的性质［J］．语言教学与研究，1996（1）．
赵书艳．模因论视域中的“零X”结构［J］．湘南学院学报，2009（6）．
赵晓驰．词缀功能刍议［J］．西华师范大学学报，2005（2）．
赵小刚．汉语造词与选字方式的相似性［J］．兰州学刊，1992（4）．
赵雪，陈青海．网络传播语境下“被”字的前缀化［J］．现代传播，2011（3）．
赵学武．词缀对句型的影响［J］．海南师范学院学报，1999（1）．
赵艳平．现代汉语词缀研究［D］．保定：河北大学，2014．
赵元任．北京口语语法，［M］．李荣编，译．天津：开明书店，1952．
赵元任．汉语口语语法，［M］．吕叔湘，译．北京：商务印书馆，1979．
赵越．现代汉语连词“X而”与“而X”的词汇化问题研究［D］．扬州：扬州大学，2013．
赵振兴．《周易》的复音词考察［J］．古汉语研究，2001（4）．
赵志强，张洋，李涛．话语标记“这不”的词汇化及语用功能［J］．河北科技师范学院学报，2011（1）．
郑奠．汉语词汇史随笔（四）［J］．中国语文，1961（6）．
郑奠．古汉语中字序对换的双音词［J］．中国语文，1964（6）．
郑刚．古文字资料所见叠词研究［J］．中山大学学报，1996（3）．
郑桦．词义引申与实词语法化［J］．宁夏大学学报，2005（1）．
郑家桓，钱揖丽，李竞．二字词词义组合推理方法的研究［J］．中文信息学报，2001（6）．
郑丽萍．《唐语林》复音词研究［D］．合肥：安徽大学，2007．
郑奇夫．汉语前缀后缀汇纂［M］．杭州：浙江大学出版社，2007（9）．
郑厚尧．词头的意义与复合词语素的意义［J］．云南师范大学学报，2008（6）．
郑林曦．试论成词的客观法则［J］．中国语文，1959（9）．
钟海军．《国语》复音词研究［D］．重庆：西南师范大学，2003．
钟如雄．先秦状态形容词后缀初探——兼论结构助词“地”的来源［J］．西南民族学院学报，1987（4）．
钟如雄．偏义复词成因初探［J］．西南民族学院学报，1991（5）．
仲崇山．复合词构词方式分析的两个相关问题［J］．汉字文化，2010（2）．
仲崇山．复合词构词方式的辨认［J］．齐齐哈尔大学学报，2002（3）．
周迟明．汉语的使成性复式动词［J］．《汉语论丛》文史哲丛刊，1958（4）．
周长楫．略论厦门方言的构词手段和方法［J］．厦门大学学报，1983（1）．
周大璞．释阿堵［J］．河北师院学报，1987（3）．
周定一．《红楼梦》里的词尾“儿”和“子”［J］．中国语言学报（第二期）1984（12）．
周法高．联绵词通说［M］//周法高．中国语文论丛．北京：中正书局，1963．
周法高．中国语单音节性之再检讨［J］．香港．中国语文通讯，1984（5）．
周法高．中国古代语法·构词编［M］．北京：中华书局，1989．
周昉．金文复音组合量化研究［D］．上海：华东师范大学，2007．

周福雄．论现代汉语新词语的二重性特征及其规范［J］．怀化学院学报，2005（6）．

周刚．也议带后缀“化”的词［J］．汉语学习，1991（6）．

周国光．现代汉语词汇学导论［M］．广州：广东教育出版社，2004．

周国辉，党俊卿．汉英复合词构词进程中的语法化进制［J］．外语与外语教学，2005（4）．

周光庆．古汉语词汇学简论［M］．重庆：华中师范大学出版社，1989．

周洪波．外来词译音成分的语素化［J］．语言文字应用，1995（4）．

周俊勋．魏晋南北朝志怪小说词汇研究［D］．成都：四川大学，2003．

周荐．并列结构内词语的顺序问题［J］．天津师范大学学报，1986（5）．

周荐．缩略词和缩略语［M］//语言研究论丛第5辑．天津：南开大学出版社，1988．

周荐．复合词词素间的意义结构关系［J］．逻辑与语言学习，1991（2）．

周荐．语素逆序的现代汉语复合词［J］．逻辑与语言学习，1991（2）．

周荐．比喻词语与词语的比喻义［J］．语言教学与研究，1993（4）．

周荐．论词的构成、结构和地位［J］．中国语文，2003（2）．

周荐．几种特殊结构类型的复合词［J］．世界汉语教学，1992（2）．

周荐．汉语词汇研究史史纲［M］．北京：语文出版社，1998（7）．

周荐．双字组合与词典收条［J］．中国语文，1999（4）．

周荐．二十世纪现代汉语词汇论著指要［M］．北京：商务印书馆，2004．

周荐．汉语词汇结构论［M］．上海：上海辞书出版社，2004．

周荐．词汇学词典学研究［M］．北京：商务印书馆，2004．

周荐．论词汇单位及其长度［J］．语言教学与研究，2006（1）．

周荐，杨世铁．汉语词汇研究百年史［M］．北京：外语教学与研究出版社，2006．

周琳娜．古汉语复音新词判定标准刍议［J］．社会科学家，2009（2）．

周静．“甚至”的篇章衔接功能和语法化历程［J］．暨南学报，2004（5）．

周启强．英汉构词法的认知研究［D］．长沙：湖南师范大学，2007．

周庆光．古汉语词汇学研究［M］．重庆：华中师范大学出版社，1989．

周光庆．汉语命名造词的哲学意蕴——兼论任意性与可论证性的争议［J］．语言文字应用，2004（1）．

周韧．共性与个性的汉语动宾饰名复合词研究［J］．中国语文，2006（4）．

周日安．数词“零”的缀化倾向［J］．西北师大学报，2004（3）．

周日健．《颜氏家训》复音词的构成方式［J］．华南师范大学学报，1998（2）．

周慎钦．带后缀“化”和“性”的词的构成及语法特点［J］．淮阴师专学报，1981（3）．

周生亚．《世说新语》中的复音词问题［J］．吉林大学社会科学学报，1982（2）．

周士琦．实用解字组词词典［M］．上海：上海辞书出版社，1986．

周文．《论语》双音词综考［J］．咸宁师专学报，2001（5）．

周文．汉语新词语缀化特征及其分析［J］．江汉大学学报，2002（2）．

周文德．《孟子》联合式复音词语义关系研究［J］．西南民族大学学报，2009（10）．

周锡馥．论“有”、“其”、“斯”、“思”的词性［J］．中山大学学报，1988（2）．

周一良．论佛经翻译文学，魏晋南北朝史论集［M］．北京：中华书局，1962.

周一良．魏晋南北朝史札记［M］．北京：中华书局 1985.

周一民．北京口语动词的若干后缀［J］．语文研究，1985（4）.

周一民．北京方言动词的常用后缀［J］．方言，1991（1）.

周一民．汉语构词后缀的识别和规范［J］．语文建设，1998（1）.

周一农．词汇的文化蕴涵［M］．上海：上海三联书店，2005.

周永忠．复合趋向补语的趋向意义［J］．四川师范大学学报，1991（2）.

周玉琨．"鲸鱼"、"熊猫"、"机器人"的构词分析［J］．语文月刊，1996（1）.

周元琳．前缀"老"和"老"缀词语义色彩探微［J］．安徽大学学报，2000（3）.

周志培．英汉对比与翻译中的转换［M］．上海：华东理工大学出版社，2003.

周祖谟．汉语骈列的词语和四声［J］．北京大学学报，1985（3）.

周祖谟．《汉语词汇讲话》［M］．北京：外语教学与研究出版社，2006.

朱爱娜．现代汉语并列式复合词研究［D］．南京：南京师范大学，2009.

朱钢焄．西周青铜器铭文复音词研究［D］．济南：山东大学，2006.

朱钢焄．西周青铜器铭文复音词构词法［J］．殷都学刊，2006（2）.

朱广祁．诗经双音词论稿［M］．郑州：河南人民出版社，1985.

朱冠明．副词"其实"的形成［J］．语言研究，2002（1）.

朱冠明．情态动词"必须"的形成和发展［J］．语言科学，2005（3）.

朱冠明．从中古佛典看"自己"的形成［J］．中国语文，2007（5）.

朱宏一．汉语词缀的定义、范围、特点和识别——兼析《汉语水平等级标准与语法等级大纲》的词缀问题［J］．语文研究，2004（4）.

朱惠仙．平等并联双音词的语义构成考察——以佛典语料为例［J］．浙江工业大学学报，2008（3）.

朱景松．现代汉语中义项平行的多义复合词［J］．语文建设，1992（1）.

朱莉．从"同一联想"角度看汉语同义双音词的音义联系［J］．桂林师范高等专科学校学报，2013（3）.

朱茂汉．名词后缀"子"、"儿"、"头"［J］．安徽师范大学学报，1982（1）.

朱茂汉．名词前缀"阿"和"老"的形成和发展［J］．安徽师范大学学报，1983（4）.

朱敏．"然而"的语法化研究［J］．北方文学，2012（4）.

朱敏虹，史俊．英汉名词性后缀的语义功能对比研究［J］．浙江理工大学学报，2006（1）.

朱歧祥．论殷商金文的词汇［M］//古文字研究 25 辑．北京：中华书局，2004.

朱庆祥，方梅．现代汉语"化"缀的演变及其结构来源［J］．河南师范大学学报，2011（2）.

朱庆之．从魏晋佛典看中古"消息"词义的演变［J］．四川大学学报，1989（2）.

朱庆之．佛典与中古汉语词汇研究［M］．台北：文津出版社，1992.

朱庆之．试论佛典翻译对中古汉语词汇发展的若干影响［J］．中国语文，1992（4）.

朱庆之．论佛教对古代汉语词汇发展演变的影响（上）［J］．普门学报，2003（15）.

朱庆之．论佛教对古代汉语词汇发展演变的影响（下）［J］．普门学报，2003（16）.

朱山喜．由类词缀构成的新词族研究——以“门”“族”等个案为例分析［D］．昆明：云南大学，2012.

朱新军．语法化中的重新分析机制研究［D］．武汉：华中师范大学，2008.

朱亚军．现代汉语构形后缀的范畴与作用［J］．北方论丛，1995（4）.

朱亚军．现代汉语词缀的性质及其分类研究［J］．汉语学习，2001（2）.

朱亚军，田宇．现代汉语词缀的性质及其分类研究［J］．学术交流，2000（2）.

朱锐．甲骨文复音词研究［J］．北方文学（下半年），2011（4）.

朱星．汉语语法学的若干问题［M］．石家庄：河北人民出版社，1979.

朱艳霞．现代汉语因果连词“X 而”的词汇化［D］．上海：上海师范大学，2010.

朱彦．汉语复合词语义构词法研究［M］．北京：北京大学出版社，2004.

朱彦．复合词的格关系［J］．语言教学与研究，2004（5）.

朱彦．复合词语义的曲折性及其与短语的划分［J］．世界汉语教学，2005（1）.

朱永锴．怎样处理这些“混血儿”词语［J］．词库建设通讯，1994（3）.

朱永谐，林伦伦．二十年来现代汉语新词语的特点及其产生渠道［J］．语言文字应用，1999（2）.

朱永生．汉语词汇化中的词汇语法互补性［J］．中国外语，2014（2）.

朱志平．汉语双音复合词属性研究［M］．北京：北京大学出版社，2005.

竺家宁．早期佛经中的派生词研究［J］．台湾《佛学研究论文集》四，1996.

竺家宁．汉语词汇学［M］．台北：五南出版社，1999.

竺家宁．汉晋语言中的“自”前缀［J］．第九届国际汉语语言学会议暨华语教学国际研讨会会议论文，新加坡国立大学，2000.

祝鸿杰．汉语词缀研究管见［J］．语言研究，1991（2）.

祝建军．近代汉语动词“打”的语义泛化［J］．烟台大学学报，2002（3）.

祝建军．近代汉语动词前缀“打—”演变探析［J］．烟台大学学报，2003（4）.

祝建军．“打 V”之“打”的语法化探析［J］．古汉语研究，2004（3）.

祝克懿．中缀说略［J］．贵州民族学院学报，1997（1）.

祝敏．《西京杂记》新生复音词研究［J］．宁德师专学报，2006（2）.

祝敏彻．“得”字用法演变考［J］．甘肃师范大学，1960（1）.

祝敏彻．使成式的起源和发展［J］．兰州大学学报，1963（2）.

祝敏彻．从《史记》、《汉书》、《论衡》看汉代复音词的构词法［J］．北京大学《语言学论丛》第 8 辑，1981.

祝敏彻．再谈使成式（动结式）的产生时代［J］．古汉语研究，2003（2）.

祝敏青．说形容词“X 然”［J］．福建师范大学学报，1989（4）.

庄会彬．现代汉语轻动词“打”的来源争议［J］．语言教学与研究，2014（3）.

庄会彬，刘振前．汉语合成复合词的构词机制与韵律制约［J］．世界汉语教学，2011（4）.

宗世海．借名法——一种造成具体名词的方法［J］．暨南学报，1995（4）.

宗世海．试论偶发词［J］．汉语学习，1995（5）.

宗世海．“老”缀新用［J］．语文建设，1999（1）.

宗守云．新词的立体透视：理论研究与个案分析［M］．桂林：广西师范大学出版社，2007.

邹黎黎．《世说新语》词缀研究综述［D］．长春：吉林大学，2011.

邹邵华．名词性状特征的外化［J］．中国语文，1994（5）.

邹晓玲．现代汉语新兴词缀的界定标准探析［J］．当代教育理论与实践，2011（3）.

祖生利．《景德传灯录》中的支配式和主谓式复音词浅析［J］．西藏民族学院学报，2001（1）.

祖生利．《景德传灯录》中的偏正式复音词［J］．古汉语研究，2001（4）.

祖生利．《景德传灯录》中的联合式复音词［J］．古汉语研究，2002（3）.

祖生利．元代白话碑文中词尾“每”的特殊用法［J］．语言研究，2002（4）.

祖生利．近代汉语“们”缀研究综述［J］．古汉语研究，2005（4）.

左林霞，宋燕子．中古早期联合式复合词的构成及其特点［J］．孝感学院学报，2007（5）.

左岩 2004 汉语构词的新研究：现代和古代汉语的词法、音系和词汇［J］．当代语言学，2000（4）.

J. L. Packard，左岩．《汉语构词的新研究：现代和古代汉语的词法、音系和词汇》评价［J］．当代语言学，2000（4）.

J. L. Packard，杨亦鸣，余光武．《汉语词法：语言学和认知的研究》评述［J］．当代语言学，2003（1）.

［日］志村良治．汉语的使成复合动词形成过程之研究［M］//大河内康宪．日本近现代汉语研究论文选．北京：北京语言学院出版社，1993.

［日］志村良治．中国中世纪语法史研究［M］江蓝生，白维国，译．北京：中华书局，1995.

［英］劳蕾尔·J. 布林顿，［美］伊丽莎白·克洛斯·特劳戈特．词汇化与语言演变［M］．罗耀华，郑友阶，樊城呈，柴延艳，译．北京：商务印书馆，2013.

布龙菲尔德．语言论［M］．北京：商务印书馆，1997.

萨丕尔．语言论［M］．北京：商务印书馆，1997.

Anderson，S. *A – Morphous Morphology*. New York & Melbourne：Cambridge University Press，1992.

Beard，R. *The Indo – European Lexicon：a Full Synchronic Theory*. Amsterdam：North – Holland，1981.

Beard，R. *Lexeme–Morpheme Base Morphology*. State University of Bew York Press，1995.

Hopper，P. and Traugott，E. 2003 *Grammaticalization*，Cambridge：Cambridge University Press.

Sapir Edward，*Language：An introduction to the Study of Speech*. Harvest：Harcourt Brace Jovanovich，1949，67.

Bloomfield，L.. *Language*. New York：Holt，1933.

Givón，Talmy. *Historical Syntax and Synchronic morphology：an archaeologist ' s field trip*. Regional Meeting of the Chicago Linguistics Society，1971，（7）.

Givón，Talmy. *On Understanding Grammar*. New York：Academic Press，1979.

Jakobson，Roman. *Boas' View of Grammatical Meaning*. In Selected Writings，Vol. II，Word and

Language. The Hague: Morton. 1959, 489-496.

Langacker, Ronald W. *Syntactic Reanalysis*. In C. N. Li (Ed.), *Mechanisms of Syntactic Change*, Austin: University of Texas Press, 1977, 57-139.

Hartis and Campbell. *Historical Syntax in Cross-Linguistic Perspective*. Cambridge: Cambridge University Press, 1995.

Brinton, L. & E. C. Traugott. *Lexicalization and Language Change*. New York: Cambridge University Press, 2005.

Lieber, R. *On the Organization of the Lexcion*. Doctoral dissertation, MIT, 1980.

Cmabridge Massaehusetts. *Distributed by Indiana University Linguisties Club*, Bloomington, Indiana, 2000.

Beard, R. *lexem e-Morphem Base morphology*. State University of New York Press, 1995.

Bussmann, H. *Dictionary of Language and Linguistics*. Beijing: Foreign Language Teaching and Research Press, 2000.

Yip P C. *The Chinese Lexicon: a Comprehensive Survey*. London: Routledge, 2000.